Corporate Governance

AF166839

Karsten Paetzmann

Corporate Governance

Strategische Marktrisiken, Controlling, Überwachung

2. Auflage 2012

 Springer Gabler

PD Dr. Karsten Paetzmann
Hamburg
Deutschland

Priv.-Doz. Dr. Karsten Paetzmann ist als Unternehmensberater tätig und lehrt am Institut für Wirtschaftsprüfung und Steuerwesen der Universität Hamburg.

ISBN 978-3-642-28064-1   ISBN 978-3-642-28065-8 (eBook)
DOI 10.1007/978-3-642-28065-8

Die Deutsche Nationalbibliothek verzeichnet diese Publikation in der Deutschen Nationalbibliografie; detaillierte bibliografische Daten sind im Internet über http://dnb.d-nb.de abrufbar.

Springer Gabler
© Springer-Verlag Berlin Heidelberg 2012
Das Werk einschließlich aller seiner Teile ist urheberrechtlich geschützt. Jede Verwertung, die nicht ausdrücklich vom Urheberrechtsgesetz zugelassen ist, bedarf der vorherigen Zustimmung des Verlags. Das gilt insbesondere für Vervielfältigungen, Bearbeitungen, Übersetzungen, Mikroverfilmungen und die Einspeicherung und Verarbeitung in elektronischen Systemen.

Die Wiedergabe von Gebrauchsnamen, Handelsnamen, Warenbezeichnungen usw. in diesem Werk berechtigt auch ohne besondere Kennzeichnung nicht zu der Annahme, dass solche Namen im Sinne der Warenzeichen- und Markenschutz-Gesetzgebung als frei zu betrachten wären und daher von jedermann benutzt werden dürften.

Gedruckt auf säurefreiem und chlorfrei gebleichtem Papier

Springer Gabler ist eine Marke von Springer DE. Springer DE ist Teil der Fachverlagsgruppe Springer Science+Business Media
www.springer-gabler.de

Vorwort

Ausgangspunkt dieses Buches sind die Modernisierungen der Corporate Governance, die sich in zahlreichen Gesetzen und Kodizes niedergeschlagen haben, etwa im Deutschen Corporate Governance Kodex. Das Buch beschäftigt sich mit dem Management von Risiken (und zugleich und untrennbar von Chancen), das nach heute herrschender Meinung Teil der zunehmend regulierten Unternehmensüberwachung, jedoch ebenso und insbesondere Kern unternehmerischen Handelns, also der Unternehmensführung, ist. Mit den strategischen Marktrisiken/Marktchancen steht dabei eine Risikoart/Chancenart im Fokus, die unbestritten zu den wichtigsten (gefährlichsten/chancenreichsten) gehört, zu der sich jedoch in der vorliegenden Überwachungsliteratur nur wenige praktisch nutzbare Umsetzungsvorschläge finden. Eingeflossen sind nicht nur die Einsichten des Verfassers aus der Unternehmenspraxis, sondern auch seine mehrjährige Erfahrung aus der Lehre des Fachs Corporate Governance am Institut für Wirtschaftsprüfung und Steuerwesen der Universität Hamburg.

Dieses Buch ist aus der Habilitationsschrift des Verfassers hervorgegangen, ihre wesentlichen Teile sind darin enthalten. Die Arbeit wurde im Frühjahr 2007 abgeschlossen und von der Fakultät für Wirtschafts- und Sozialwissenschaften der Helmut-Schmidt-Universität/Universität der Bundeswehr Hamburg im Herbst desselben Jahres als Habilitationsschrift angenommen. Der Verfasser dankt den Mitgliedern des Habilitationsausschusses, namentlich Frau Univ.-Professorin Dr. Matija Denise Mayer-Friedrich sowie den Herren Univ.-Professoren Dr. Carl-Christian Freidank, Dr. Hans-Jochen Kleineidam, Dr. Stefan Müller und Dr. Günter Reiner, für ihre Hinweise und Verbesserungsvorschläge. Für die im Zuge eines Forschungsaufenthalts in den USA gewährte Förderung dankt er der Deutschen Forschungsgemeinschaft. Schließlich schuldet der Verfasser für erhaltene umfangreiche Unterstützung seiner Familie größten Dank, ganz besonders seiner Frau.

Hamburg, 25. Januar 2008   Karsten Paetzmann

Vorwort zur 2. Auflage

Kurz nach Erscheinen der ersten Auflage verdeutlichte die Finanzmarktkrise des Jahres 2008 die Notwendigkeit, die Corporate Governance nicht nur von Unternehmen, sondern insbesondere auch von Finanzinstituten fortzuentwickeln. Nach der Insolvenz der Investmentbank *Lehman Brothers* im September 2008 markierten die Inanspruchnahme des eingerichteten Finanzmarktstabilisierungsfonds durch die *Hypo Real Estate Holding* im Oktober 2008 sowie die Teilverstaatlichung der *Commerzbank* (kurz nach Erwerb der *Dresdner Bank*) im Januar 2009 dabei Höhepunkte aus deutscher Sicht. Als Folge wurden diverse Verbesserungen der Überwachung, insbesondere mit Blick auf die Bankenaufsicht, diskutiert oder bereits umgesetzt.

Die aktuellen Reformbemühungen der EU-Kommission mit Blick auf eine Stärkung der wirtschaftsprüferlichen Unabhängigkeit (Grünbuch aus 2010 und gesetzgeberischer Vorschlag aus 2011) zeugen von dem Bemühen, die Corporate Governance weiter zu verbessern (und die kritisierte Marktkonzentration unter den Wirtschaftsprüfern zu mindern). Der Strauss an Vorschlägen enthält zwischenzeitlich viele Ideen – von der Bestellung und Honorarbestimmung der Abschlussprüfer durch eine staatliche Aufsichtsbehörde [sic] bis hin zu einem stärkeren Einbezug der Fremdkapitalgeber in den Auswahlprozess des Wirtschaftsprüfers (so aufgeworfen auf der Schmalenbachtagung 2011).

Zugleich dringt die Überwachung strategischer Marktrisiken/Marktchancen – diese bilden unverändert den Schwerpunkt dieses Buches – weiter in die Rechnungslegung vor. Die Arbeitsgruppe Lagebericht des Deutschen Standardisierungsrats diskutierte 2011, dass von kapitalmarktorientierten Unternehmen im Konzernlagebericht Aussagen zum Stand der Erreichung der strategischen Ziele zu verlangen sind.

Die zweite Auflage behält das Konzept der Erstauflage bei, jedoch wurden zahlreiche Aktualisierungen vorgenommen. Teile des Textes wurden überarbeitet. Beibehalten wurden insbesondere die praktischen Fallstudien zu den Instrumenten der Marktrisikoanalyse.

Hamburg, 19. Oktober 2011 Karsten Paetzmann

Abkürzungsverzeichnis

Abkürzungen

A.	Anforderungen
AAA	American Accounting Association
Abb.	Abbildung
Abs.	Absatz
AFEP	Association Française des Entreprises Privées
AG	Aktiengesellschaft
AICPA	American Institute of Certified Public Accountants
AK	Arbeitskreis
AKEIÜ	Arbeitskreis Externe und Interne Überwachung der Unternehmung der Schmalenbach-Gesellschaft
AKEU	Arbeitskreis Externe Unternehmensrechnung der Schmalenbach-Gesellschaft
AktG	Aktiengesetz
allg.	allgemein
Amex	American Stock Exchange
Anm.	Anmerkung
AO	Abgabenordnung
APAG	Gesetz zur Fortentwicklung der Berufsaussicht über Abschlussprüfer in der Wirtschaftsprüferordnung (Abschlussprüferaufsichtsgesetz)
Art.	Artikel
ART	Alternative Risk Transfer
AU	Auditing Standard
Aufl.	Auflage
BAFin	Bundesanstalt für Finanzdienstleistungsaufsicht
BAKred	Bundesaufsichtsamt für das Kreditwesen
BARefG	Gesetz zur Stärkung der Berufsaufsicht und zur Reform berufsrechtlicher Regelungen in der Wirtschaftsprüferordnung (Berufsaufsichtsreformgesetz)

BBR	Baetge-Bilanz-Rating
BCG	Boston Consulting Group
Bd.	Band
BDI	Bundesverband der deutschen Industrie e. V.
BE	Betriebsergebnis
BetrVG	Betriebsverfassungsgesetz
BilReG	Bilanzrechtsreformgesetz
BilKoG	Bilanzkontrollgesetz
BilMoG	Bilanzrechtsmodernisierungsgesetz
BMJ	Bundesministerium der Justiz
BSC	Balanced Scorecard
BSO	Verband der Büro-, Sitz- und Objektmöbel e. V.
bzw.	beziehungsweise
CAPM	Capital Asset Pricing Model
CEO	Chief Executive Officer
CFO	Chief Financial Officer
CGU	Cash Generating Units
Co.	Company
COSO	Committee of Sponsoring Organizations of the Treadway Commission
ct	Euro-Cent
D	Deutschland
DAX	Deutscher Aktienindex
D.C.	District of Columbia
DCF	Discounted Cash Flow
DCGK	Deutscher Corporate Governance Kodex
d. h.	das heißt
DPR	Deutsche Prüfstelle für Rechnungslegung
DrittelbG	Drittelbeteiligungsgesetz
DRS	Deutscher Rechnungslegungsstandard
DSR	Deutscher Standardisierungsrat
E	Entwurf
EBITDA	Earnings before interest and tax, depreciation, and amortization
EDV	Elektronische Datenverarbeitung
EF-BSC	Erfolgsfaktoren-basierte Balanced Scorecard
EG	Europäische Gemeinschaft
EHUG	Gesetz über elektronische Handelsregister und Genossenschaftsregister sowie das Unternehmensregister
EPS	Entwurf des Prüfungsstandards
ERM	Enterprise Risk Management
EStG	Einkommensteuergesetz
et al.	et alii, et alia, etc.
etc.	et cetera
EU	Europäische Union
evtl.	eventuell
EWG	Europäische Wirtschaftsgemeinschaft

F	Frankreich
f.	folgende
F&E	Forschung & Entwicklung
FEI	Financial Executives International
ff.	fortfolgende
FIBV	International Federation of Stock Exchanges
Fn.	Fußnote
FS	Festschrift
g	Gramm
GAAP	Generally Accepted Accounting Principles
GCCG	German Code of Corporate Governance
GE	General Electric
Gen.	Generation
GfK	Gesellschaft für Konsumforschung e. V.
GG	Grundgesetz
ggf.	gegebenenfalls
GmbH	Gesellschaft mit beschränkter Haftung
GmbHG	Gesetz über die Gesellschaft mit beschränkter Haftung
GoA	Grundsätze ordnungsmäßiger Abschlussprüfung
GoB	Grundsätze ordnungsmäßiger Buchführung
GoF	Grundsätze ordnungsmäßiger Unternehmensführung
GoÜ	Grundsätze ordnungsmäßiger Unternehmensüberwachung
H.	Heft
HGB	Handelsgesetzbuch
HPV	Hauptverband Papier- und Kunststoffverarbeitung e. V.
Hrsg.	Herausgeber
Hs.	Halbsatz
IAS	International Accounting Standards
IASB	International Accounting Standards Board
i. d. R.	in der Regel
IDW	Institut der Wirtschaftsprüfer in Deutschland e. V.
IFAC	International Federation of Accountants
IfD	Institut für Demoskopie
IFRS	International Financial Reporting Standards
IG Metall	Industriegewerkschaft Metall
IIA	Institute of Internal Auditors
IIR	Deutsches Institut für Interne Revision e. V.
IKS	Internes Kontrollsystem
IMA	Institute of Management Accountants
INSEAD	Institute European d'Administration
IRB	internal ratings-based
ISA	International Standards on Auditing
ISK	Interne Steuerung und Kontrolle
i. S. v.	im Sinne von
IT	Information Technology

IÜS	Internes Überwachungssystem
i. V. m.	in Verbindung mit
Jg.	Jahrgang
JP	Japan
KapMuG	Kapitalanleger-Musterverfahrensgesetz
KfW	Kreditanstalt für Wiederaufbau
kg	Kilogramm
KG	Kommanditgesellschaft
KGaA	Kommanditgesellschaft auf Aktien
KMU	kleine und mittelgroße Unternehmen
KonTraG	Kontrolle und Transparenz im Unternehmensbereich
KWG	Gesetz über das Kreditwesen
LEH	Lebensmitteleinzelhandel
lin.	linear
L/L	Lieferungen/Leistungen
m^2, qm	Quadratmeter
M&A	Mergers & Acquisitions
MaK	Mindestanforderungen an das Kreditgeschäft der Kreditinstitute
MEDEF	Mouvement des Entreprises de France
MER	Managementerfolgsrechnung
Mio.	Millionen
MitbestG	Mitbestimmungsgesetz
MoMiG	Gesetz zur Modernisierung des GmbH-Rechts und zur Bekämpfung von Missbräuchen
Mrd.	Milliarden
M-V	Mecklenburg-Vorpommern
NASDAQ	National Association of Securities Dealers Automated Quotation
NF	Neue Fassung
NJ	New Jersey
NL	Niederlande
No.	Numero
Nr.	Nummer
NYSE	New York Stock Exchange
ÖCGK	Österreichischer Corporate Governance Kodex
OECD	Organisation for Economic Co-operation and Development
OVAR	Objectifs, Variables d'Action, Responsable
PBIT	Profit before interest and tax
PCAOB	Public Company Accounting Oversight Board
PIMS	Profit Impact of Market Strategy
PR	Public Relations
PS	Prüfungsstandard
P-Wert	Plausibilitätswert für die Nullhypothese

R&D	Research and Development
RegE	Regierungsentwurf
RL	Richtlinie
RMS	Risikomanagementsystem
Rn.	Randnummer
RU	Reporting Unit
S.	Satz, Seite
SE	Societas Europaea
SEC	Security Exchange Commission
SEEG	Gesetz zur Einführung der Europäischen Gesellschaft
SFAC	Statements of Financial Accounting Concepts
SOA, SOX	Sarbanes-Oxley Act
Sp.	Spalte
StatBA	Statistisches Bundesamt
SWOT	Strenghts, Weaknesses, Opportunities, Threats
S&P	Standard & Poor's
t	Tonne
Tab.	Tabelle
TdB	Tableau de Bord
TransPuG	Transparenz- und Publizitätsgesetz
TUG	Transparenzrichtlinie-Umsetzungsgesetz
Tz.	Textziffer
u.	und
u. a.	unter anderem
UBS	United Bank of Switzerland
ÜbernRUmsG	Übernahmerichtlinie-Umsetzungsgesetz
UK	United Kingdom
UMAG	Gesetz zur Unternehmensintegrität und Modernisierung des Anfechtungsrechts
US	United States
USA	United States of America
u. U.	unter Umständen
v. a.	vor allem
vdw	Verband der Wellpappen-Industrie e. V.
vgl.	vergleiche
Vol.	Volume
VorstOG	Vorstandsvergütungs-Offenlegungsgesetz
vs.	versus
WAAC	Weighted Average Cost of Capital
WpHG	Wertpapierhandelsgesetz
WPO	Wirtschaftsprüferordnung
ZMP	Zentrale Markt- und Preisberichtstelle für Erzeugnisse der Land-, Forst- und Ernährungswirtschaft

Zeitungen, Zeitschriften und Kommentare

AG	Die Aktiengesellschaft
BeBiKo	Beck'scher Bilanz-Kommentar
BB	Betriebsberater
BFuP	Betriebswirtschaftliche Forschung und Praxis
BGBl.	Bundesgesetzblatt
BT-Druck	Bundestags-Druck
DB	Der Betrieb
DBW	Die Betriebswirtschaft
DStR	Deutsches Steuerrecht
DSWR	Datenverarbeitung Steuer Wirtschaft Recht
FAZ	Frankfurter Allgemeine Zeitung
FTD	Financial Times Deutschland
GVOBl. M-V	Gesetz- und Verordnungsblatt für das Land Mecklenburg-Vorpommern
HBR	Harvard Business Review
IO	Industrielle Organisation
JPE	Journal of Political Economy
KölnerKomm	Kölner Kommentar zum Aktiengesetz
krp	Kostenrechnungspraxis
MünchKommAktG	Münchener Kommentar zum Aktiengesetz
MünchKommHGB	Münchener Kommentar zum Handelsgesetzbuch
NJW	Neue Juristische Wochenzeitschrift
RGBl.	Reichsgesetzblatt
RIW	Recht der Internationalen Wirtschaft
ST	Schweizer Treuhänder
Stbg	Die Steuerberatung
WiSt	Wirtschaftswissenschaftliches Studium
WISU	Das Wirtschaftsstudium
WPg	Die Wirtschaftsprüfung
ZfB	Zeitschrift für Betriebswirtschaft
ZfbF	Zeitschrift für betriebswirtschaftliche Forschung
ZfCM	Zeitschrift für Controlling und Management
ZfgK	Zeitschrift für das gesamte Kreditwesen
ZFHE	Zeitschrift für Hochschulentwicklung
ZfhF	Zeitschrift für handelswissenschaftliche Forschung
zfo	Zeitschrift Führung und Organisation
ZGR	Zeitschrift für Unternehmens- und Gesellschaftsrecht
ZIP	Zeitschrift für Wirtschaftsrecht und Insolvenzpraxis
ZIR	Zeitschrift Interne Revision
ZP	Zeitschrift für Planung und Unternehmenssteuerung
ZVersWiss	Zeitschrift für die gesamte Versicherungswissenschaft

Symbole

$A+$, A, $A-$	Rating-Notation
A	Abhängigkeit von einem Hauptwettbewerber
A, B	Ereignisse
A, M, S	Indizes für Produkte
a	Aktion
a_i	i-tes Eregnis
e	Ergebnisfunktion
EW	Ertragswert
E_t	Ertrag in Periode t (Ertragswertmethode)
f	Funktion
F	unscharfe Menge
G	Grundmenge
i	sicherer Zinsfuß (Ertragswertmethode)
i, j, m, n	Laufindizes
k_{ij}	Korrelationskoeffizient zwischen i und j
k	variable Stückkosten
K	Kosten
p, P	Eintrittswahrscheinlichkeit
$P(\ldots | \ldots)$	Wahrscheinlichkeit von ... unter der Bedingung, dass ...
p	Preis pro Mengeneinheit Output
r_{ij}	Risiko: durch ein Ereignis a_i bei dem Ziel z_j ausgelöste Zielverfehlung
r_M	Rendite des Marktportfolios
s	Umweltsituation
S	sprunghafte technologische Veränderungen
t	Zeitindex
T	Planungshorizont, transponierter Vektor
V	Abnehmerveränderungen
VAR	Value at Risk
x	Element
x_i, x_j	Einzelpositionen i bzw. j
X	kumulierte Stückzahl
z	Risikozuschlagssatz (Ertragswertmethode)
z	Z-Wert für das Konfidenzniveau (Varianz-Korrelations-Ansatz)
z_j	j-tes Ziel
Δz_{ij}	durch das Ereignis a_i bei dem Ziel z_j ausgelöste Zielverfehlung
α	Lernrate
β	systematisches Risiko
Δ	Veränderung, Unterschied
ρ	Korrelation
μ	Erwartungswert
σ	Standardabweichung

σ_i, σ_j	Standardabweichung der Position i bzw. j
κ	Kostenelastizität
$\varphi(\ldots)$	Funktion von
$\hat{}$	kritischer Wert
§	Paragraph
§§	Paragraphen
$	Dollar
€	Euro
%	Prozent
&	und
⌀	durchschnittlich
∈	Element von
∩	und (Schnittmenge)

Inhalt

Abbildungsverzeichnis

Tabellenverzeichnis

Einleitung

Strategische Marktrisiken, Controlling, Überwachung

Vor dem Hintergrund spektakulärer Unternehmenskrisen werden seit den 1990er Jahren weltweit Standards einer *Corporate Governance* zur Verbesserung von Unternehmensführung und -überwachung diskutiert und in Empfehlungen oder Rechtsnormen umgesetzt. Es wird dabei angestrebt, die *Rationalität* der Unternehmensführung zu erhöhen und insbesondere die Erkennung und Handhabung von *Risiken*, die auf Unternehmen potentiell einwirken, zu verbessern. Die praktische Umsetzung soll dabei durch eine Disziplinierung von Seiten des Kapitalmarkts oder durch Instrumente der Unternehmensüberwachung und des Controlling gelingen. Gleichwohl gelten die umgesetzten Governance-Modernisierungen meist nur für kapitalmarktorientierte Unternehmen.

Kapitalmarktferne deutsche Unternehmen sind vom Reformprozess bislang nicht unmittelbar betroffen. Deshalb ist zu fragen, welchen Nutzen sie aus den Modernisierungsbemühungen ziehen können. Die Ergebnisse der empirischen Krisenursachenanalyse zeigen, dass die Risiken des Marktumfeldes eines Unternehmens, ergo *Marktrisiken*, oft eine herausragende Bedeutung besitzen. Zugleich repräsentiert das Marktumfeld jedoch die relevante „Chancenumwelt" eines Unternehmens. Dieser Dualität (Chancen und Risiken) haben Unternehmensführung und -überwachung – zu letzterer gehört insbesondere die vom deutschen Prüfungswesen als Internes Kontrollsystem bezeichnete Komponente – Rechnung zu tragen. „Das Interne Kontrollsystem steht im Fokus eines Zielkonflikts zwischen Unternehmensführung und externer Prüfung: Risikominimierung vs. Chancenmaximierung. ... Ein modernes Internes Kontrollsystem hat die Anforderungen der Unternehmensführung und der externen Prüfung zu integrieren".[1] Es rückt auch bei kapitalmarktfernen Unternehmen das *Überwachungssystem* in das Zentrum des Interesses.

Die Bedeutung von (Markt-)Risiken kann aus (mindestens) vier Perspektiven in diesem Zusammenhang beleuchtet werden (s. Abb. 1): Die *Krisenforschung* hebt Marktrisiken als eine zentrale krisenverursachende Komponente hervor. Der

---

[1] Horváth (2003b, S. 218). Vgl. auch Ruud und Jenal (2004, S. 1048).

Abb. 1 Marktrisiken im Fokus des Buches

Governance-Reformprozess (im Lichte spektakulärer Krisen) beinhaltet seit 2004 ein Enterprise Risk Management Framework der US-amerikanischen *COSO*, dem eine weite Risikoabgrenzung (einschließlich der Chancen) zugrunde liegt. Dieses Enterprise Risk Management (ERM) nach „COSO II" entspricht weitgehend dem führungsunterstützenden deutschen *Controlling* (einschließlich strategischer Frühaufklärung).[2] Schließlich spielen Risiken für die *Rechnungslegung und Prüfung* zunehmend eine Rolle, etwa mit Blick auf den Lagebericht, zuletzt aufgewertet durch das Bilanzrechtsreformgesetz (BilReG) und das Bilanzrechtsmodernisierungsgesetz (BilMoG). Gleiches gilt für die Bonitätsprüfung der finanzierenden Banken.

Trotz ihrer herausragenden Bedeutung[3] sind strategische Marktrisiken und durch sie induzierte *strategische Krisen* nur unzureichend Gegenstand systematisch einordnender, konzeptionell-theoretischer Arbeiten; praktisch-nutzbare Ratgeber zur Krisenerkennung blenden diese teilweise sogar aus.[4] Dabei betonen Marketing-Experten seit Jahren die hohe Bedeutung einer Weiterentwicklung strategischer Überwachungssysteme.[5] Der Arbeitskreis „Externe und Interne Überwachung der

[2] Vgl. Paetzmann (2005c, S. 282).

[3] Vgl. Zech (2001, S. 73 f.); Hauschildt et al. (2006, S. 15 f). Nach Slywotzky und Drzik ist der Rückgang des Anteils von Unternehmen, die von der Ratingagentur Standard und Poor's mit den Noten A +, A und A − bewertet werden, ein Indiz für erhöhte strategische Risiken, denen diese Unternehmen gegenüberstehen. Deren Anteil ging von 41 % (1985) auf 13 % (2003) zurück. Vgl. Slywotzky und Drzik (2005, S. 39).

[4] Vgl. etwa KPMG (2004, S. 30).

[5] Vgl. etwa Meffert (2000, S. 1152); Nieschlag et al. (2002, S. 367); Köhler (2003c, S. 475). Vgl. ebenfalls Reichmann (2001, S. 519); Müller (2003, S. 19).

Unternehmung" der Schmalenbach-Gesellschaft stellt heraus: „Das Risikomanagementsystem hat insbesondere die Marktrisiken ... sowie die Betriebs-, Finanz-,
Rechts- und Umfeldrisiken zu erfassen und zu analysieren",[6] ohne dabei jedoch
konkrete, praktisch nutzbare Umsetzungsvorschläge zu geben.[7] Im Zuge der Arbeiten an der Fortentwicklung der Deutschen Rechnungslegungs Standards (DRS) zur
Konzernlageberichterstattung (E-DRS-27) wurden 2011 als Anforderung an den Inhalt des Konzernlageberichts kapitalmarktorientierter Unternehmen Aussagen zum
Stand der Erreichung der strategischen Ziele verlangt.[8]

Es ist Ziel des vorliegenden Buches, vor diesem Hintergrund die Systeme der
Überwachung, des Risikomanagements und des Controlling einzuordnen und zu
würdigen, die *Bedeutung einer risikoorientierten Marktanalyse* aufzuzeigen und
ein praktisch nutzbares Modell einer risikoorientierten Marktanalyse im Rahmen
der Unternehmensüberwachung zu entwickeln. Teile hieraus konnten durch sechs
empirische Fallstudien, die im Buch enthalten sind, analytisch generalisiert werden.

Das Buch konzentriert sich auf Risiken des *Absatzmarktes.* Untersuchungsgegenstand sind *kapitalmarktferne* (nicht-kapitalmarktorientierte) Unternehmen, also nicht
solche Unternehmen, deren Wertpapiere (Aktien, Schuldverschreibungen, Genuss-
und Optionsscheine und andere) nach der Legaldefinition aus § 2 Abs. 1 S. 1 Wertpapierhandelsgesetz (WpHG) an einer inländischen Börse im amtlichen oder geregelten
Markt (oder an einem ausländischen Markt) gehandelt werden, und zugleich *deutsche*
Unternehmen und zugleich *produzierende* Unternehmen und zwar Industriebetrie-
be sowie landwirtschaftliche Betriebe als Formen der Sachleistungsbetriebe,[9] und
zugleich *unternehmenswertorientierte* Unternehmen, die als Kapitalgesellschaft
organisiert sein können aber nicht müssen, für die jedoch die Vorschriften des
Handelsgesetzbuches (HGB) über Handelsbücher (§§ 238–342e) gelten.

Mit Blick auf die *Unternehmensgröße* soll die Abhandlung keine Eingrenzung
beinhalten, so dass nach § 316 Abs. 1 HGB i. V. m. § 267 Abs. 1 HGB grundsätzlich
nicht prüfungspflichtige wie auch prüfungspflichtige Unternehmen in der Untersuchung enthalten sind. Ebenso ist denkbar aber nicht zwingend, dass es sich um
Konzernunternehmen handelt. Die Analysen berücksichtigen den Rechtsstand zum
1. Januar 2008.

Zum Aufbau des vorliegenden Buches

Das vorliegende Buch ist in vier Kapitel gegliedert (s. Abb. 2). Kapitel 1 wird wesentliche Grundlagen des für die untersuchten Unternehmen relevanten Systems der

---

[6] Kromschröder und Lück (1998, S. 1576).

[7] Vgl. auch Hauschildt (2003a, S. 12), der die Einführung einer Disziplin „Risiko- und Krisenmanagement" als Spezielle Betriebswirtschaftslehre an Hochschulen fordert.

[8] Vgl. DSR (2011, S. 2).

[9] Vgl. die Systematisierungen bei Hansmann (2001, S. 3–6); Schneeweiß (2002, S. 1–6); Bloech
et al. (2004, S. 3–9).

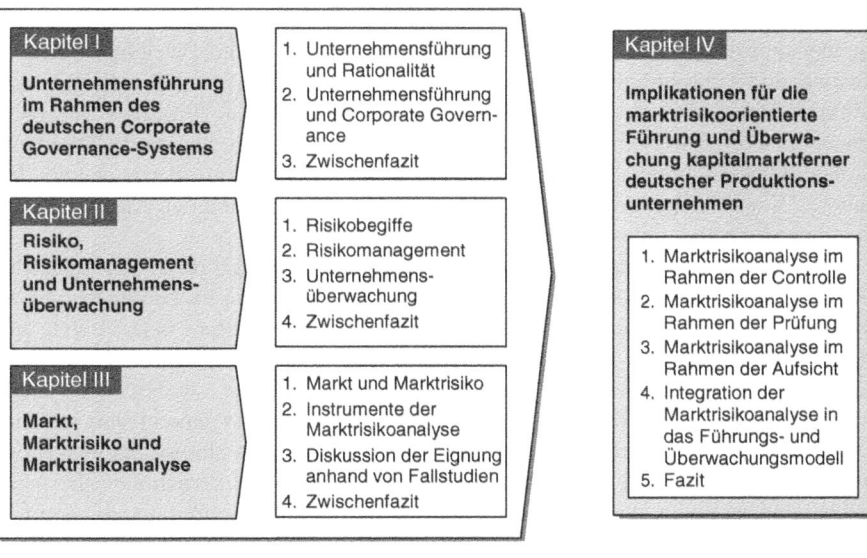

Abb. 2 Aufbau des Buches

Unternehmensführung skizzieren. Hierzu gehören die die praktisch-normative Betriebswirtschaftslehre konstituierende Zweckbezogenheit und Rationalität genauso wie das regulatorische Umfeld, das durch Modernisierungen der Corporate Governance in den letzten Jahren in Bewegung geraten ist. Einige der für die folgende Diskussion maßgeblichen Begriffe werden hier definiert. Dazu gehört die Präzisierung des deutschen Governance-Systems, das vom Autor als Managed Governance bezeichnet wird.

Kapitel 2 beleuchtet die Begriffe Risiko, Risikomanagement und Überwachung. Gerade in diesen Feldern kann die Wirksamkeit der Unternehmensführung und -überwachung (Corporate Governance) entscheidend beeinflusst werden. So wundert es nicht, dass wesentliche Modernisierungen hier wirken – entweder unmittelbar oder über „Ausstrahlungen" auch bei kapitalmarktfernen Unternehmen. Genannt seien (in ihrer zeitlichen Abfolge) insbesondere das Internal Control Framework der *COSO* (1994), das KonTraG (1998), Section 404 des Sarbanes-Oxley Acts (2002), das ERM Framework der *COSO* (2004) und das Bilanzrechtsreformgesetz (2004). Kapitel 1 ordnet diese Modernisierungen nicht nur systematisch den Feldern Risiko, Risikomanagement und Überwachung zu, sondern greift auch den von Freidank und Paetzmann entwickelten Überwachungsansatz des Controlling auf, der dieser Untersuchung im Folgenden als strukturgebendes (Gedanken-)Modell zugrunde liegen wird.[10] In diesem Abschnitt zeigt sich die (gerade in Deutschland) hohe Bedeutung der überwachenden Bonitätsprüfungen seitens kreditgebender Banken für kapitalmarktferne Produktionsunternehmen.

---

[10] Vgl. grundlegend Freidank und Paetzmann (2003, S. 303–325).

Die Begriffe Markt, Marktrisiko und Marktrisikoanalyse werden in Kapitel 3 systematisiert. Die Betrachtung des Markt- und Marktrisikobegriffs aus unterschiedlichen wirtschaftswissenschaftlichen Perspektiven zeigt deren Vielschichtigkeit, jedoch auch die Bedeutung einer Marktrisikoanalyse. Hier werden, mit dem Ziel einer Komplexitätsreduzierung, sechs bedeutende Marktrisiken als „Norm-Marktrisiken" ausgewählt und entsprechende Analyseinstrumente vorgestellt. Sechs Fallstudien illustrieren ihren Einsatz in Situationen der Praxis und leisten einen Beitrag zur Generalisierung der Aussagen zur Eignung der Instrumente in Bezug auf die sechs Norm-Marktrisiken.

In Kapitel 4 erfolgt die Diskussion der Implikationen für die marktrisikoorientierte Führung und Überwachung in kapitalmarktfernen deutschen Produktionsunternehmen. Methodisch gegliedert in die Überwachungskomponenten des Überwachungsmodells (Controlle, Prüfung, Aufsicht), werden für die einzelnen Schritte des Risikomanagement- und Überwachungsprozesses Wege einer Erhöhung der Effektivität und Effizienz marktrisikoorientierter Führung und Überwachung aufgezeigt. Schließlich wird der gesamte marktorientierte Risikomanagement- und Überwachungsprozess in das relevante Führungs- und Überwachungsmodell der Managed Governance eingeordnet. Für kapitalmarktferne deutsche Produktionsunternehmen liegt damit, entsprechend der Zielsetzung der Untersuchung, ein praktisch nutzbares Modell einer risikoorientierten Marktanalyse im Rahmen der Unternehmensüberwachung vor.

Zu den im Buch enthaltenen empirischen Studien

In diesem Buch sind empirische Studien integriert, denen nicht nur deskriptiver (beschreibender, illustrierender) Charakter zukommt, sondern die in Teilbereichen einen Beitrag zur analytischen Generalisierung zu leisten vermögen. Da dies in der deutschen Controllingliteratur in der Vergangenheit weniger verbreitet war,[11] soll zunächst kurz auf die Methodologie empirischer Controllingforschung eingegangen werden.

Ausgehend vom Induktionsproblem, das für Popper einen Ausgangspunkt seiner wissenschaftsmethodischen Überlegungen darstellte, kann für die Wirtschaftswissenschaft als Sozialwissenschaft die Unmöglichkeit der Verifikation anerkannt werden.[12] Innerhalb der Wirtschafts- und Sozialforschung steht daher das Ableitungsverfahren der Deduktion im Vordergrund. Bei dieser deduktiven Methodologie, beruhend auf dem Kritischen Rationalismus, werden Theorien bzw. Hypothesen anhand von empirischen Untersuchungen geprüft. Sofern der Wirtschaftsablauf nicht nur beschrieben, sondern eine Theorie über ihn gebildet wird,[13] wird eine Hypothese

---

[11] Vgl. Homburg und Klarmann (2003, S. 73).

[12] Vgl. Popper (1989, S. 15).

[13] Vgl. Stein (1993, Sp. 471).

über wirtschaftliches Verhalten benötigt. Der für eine Wissenschaftlichkeit einer Hypothese notwendige empirische Gehalt ist wiederum gegeben, wenn die Hypothese durch einen Vergleich mit der Realität falsifizierbar ist.[14]

Die Erzielung von Erkenntnisfortschritt ist so aus zwei Gründen an die Erforschung der sozialen bzw. wirtschaftlichen Realität, die *Empirie*, gebunden: Zum einen kann es keine sozialwissenschaftliche Theorie geben, die ohne die gedankliche Heranziehung der sozialen Realität entsteht, zum anderen ist das theoretische Konstrukt als Hypothese in einem Vergleich mit der wirtschaftlichen Realität – anhand von empirischen Untersuchungen – zu testen.[15] Die dabei anzuwendenden methodischen Regeln haben die Prüfbarkeit der Hypothesen sowie die Reliabilität und Validität der Messinstrumente, insgesamt die Qualität der Forschungsmethodik, sicherzustellen.[16]

Die Wirtschaftswissenschaft ist daher (wie jede Sozialwissenschaft) eine empirische Wissenschaft, wobei eine *Wirtschaftsempirie* neben einer reinen quantitativen Bestandsaufnahme (deskriptive Statistik) die entwickelten Theorien durch den Einsatz der Ökonometrie überprüft, etwa mittels gängiger mathematisch-statistischer Testverfahren, sowie Prognosemodelle erstellt.[17]

In der *deutschsprachigen betriebswirtschaftlichen Forschung* hat die Bedeutung empirischer Forschung in letzter Zeit deutlich zugenommen. Der Anteil empirischer Arbeiten in führenden deutschsprachigen Zeitschriften lag nach *Hauschildt* im Zeitraum 1997 bis 2000 bei rund 1/3, während er in internationalen Fachzeitschriften rund 3/4 betrug.[18] Eine gewisse Vorreiterrolle dürfte die deutsche Marketingforschung haben,[19] während empirische Methoden in der deutschen *Controllingforschung* deutlich unterrepräsentiert sind.[20] „Generell kann man die empirische Controllingforschung pointiert noch als eher rudimentär, weit überwiegend deskriptiv und wenig systematisch bezeichnen".[21] Auch deshalb beschäftigte sich die 2. Controllingtagung an der WHU Vallendar 2003 intensiv mit empirischen Forschungsmethoden.[22] Zwei wesentliche Ratschläge der Vertreter des Marketing konnten die teilnehmenden Controllingforscher annehmen[23]: Erstens sei eine Fokussierung auf leicht beschaffbare große Datenmengen – wie es als exploratives Data Mining etwa zur Erforschung des

---

[14] Zum Popper-Kriterium vgl. Diederich (1969, S. 76 f.); Bartel (1990, S. 55).

[15] Vgl. Haug (2004, S. 92).

[16] Vgl. Yin (1989, S. 41); Fritz (2004, S. 625).

[17] Vgl. Kirchgässner (1983, S. 511–537).

[18] Vgl. Hauschildt (2002, S. 5); Hauschildt (2003b, S. 9).

[19] Vgl. Homburg und Klarmann (2003, S. 66–72).

[20] Vgl. Günther (2003b, S. 166). Zur möglichen, unter anderem empirisch geprägten, Forschungsstrategie im Lichte der Internationalisierung des Controlling vgl. Paetzmann (2005b, S. 303).

[21] Weber (2003a, S. V). Vgl. auch Küpper (1997, S. 603); Wossidlo (1997, S. 451); Becker (2003, S. 59 f.); Schäffer und Brettel (2005, S. 43).

[22] Vgl. ebenfalls Hess et al. (2005, S. 37).

[23] Vgl. Homburg und Klarmann (2003, S. 75–84).

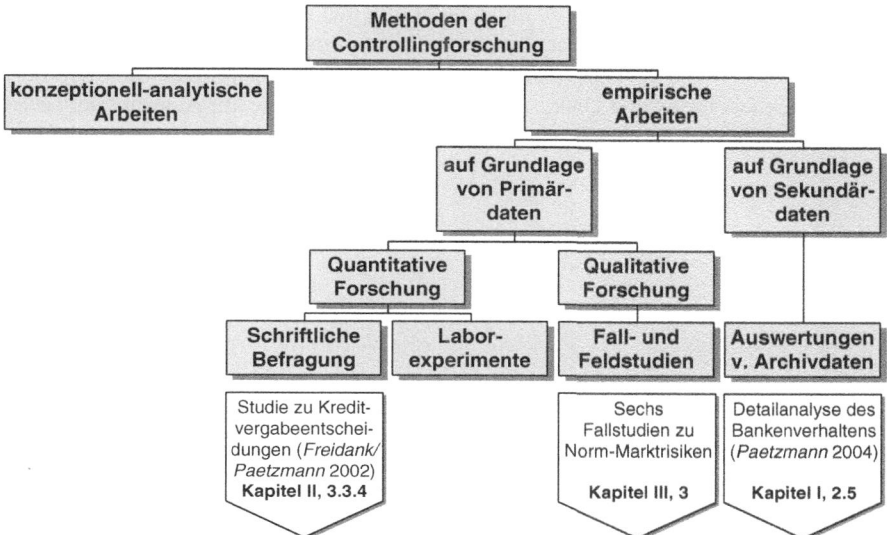

Abb. 3 In diesem Buch enthaltene empirische Methoden der Controllingforschung. (In Anlehnung an Shields (1997, S. 8 f.))

Konsumentenverhaltens inzwischen verbreitet ist[24] – zu vermeiden. Zweitens seien *qualitative empirische Forschungsmethodiken* nicht zu vernachlässigen.

Vor diesem Hintergrund sind in dieses Buch drei empirische Studien in die Abhandlung integriert worden, die in Abb. 3 den verschiedenen Methoden der empirischen Controllingforschung zugeordnet sind. Während die deskriptive Studie von Freidank und Paetzmann[25] genau wie die auf den erhobenen Daten aufbauende konfirmatorische Überprüfung von Governance-Hypothesen durch Paetzmann[26] der *quantitativen* Vorgehensweise zuzurechnen ist, repräsentieren die sechs Fallstudien zu den Norm-Marktrisiken die *qualitative* Forschungsrichtung. Diesen Fallstudien[27] soll nicht nur die Aufgabe der Illustration im Sinne einer „Demonstration einer Methode"[28] zukommen, sondern sie sollen einen Beitrag zur analytischen Generalisierung der Erkenntnisse über Instrumente der Marktrisikoanalyse erbringen. Ihr Ziel

---

[24] Vgl. Decker (2003, S. 47–82); Haug (2004, S. 90 f.); Resch (2005, S. 458–464). Zu den Einsatzmöglichkeiten des Data Mining in der Controllingpraxis vgl. Grauer und Schüll (2004, S. 511–531).

[25] Vgl. Freidank und Paetzmann (2002, S. 1785–1789).

[26] Vgl. Paetzmann (2004). Diese Arbeit stellt als Sekundäranalyse eine Replikation der Arbeit von Freidank und Paetzmann (2002) dar. Zur Sekundäranalyse vgl. grundlegend Martin (1987, S. 175 f).

[27] Zum Begriff der Fallstudie und zu ihrer Abgrenzung von anderen empirischen Forschungsansätzen vgl. Martin (1987, S. 151–155).

[28] Böcker (1975, S. 306, im Original mit Hervorhebungen).

kann nicht die Verifizierung sein, die ja nicht möglich ist (s. oben), sondern die Verallgemeinerung hinsichtlich der Annahmen bis zu einer etwaigen Falsifizierung.[29] Darüber hinaus sind diverse im Rahmen dieses Forschungsprojekts durchgeführte Experteninterviews und Diskussionsrunden, insbesondere zur Auswahl der sechs Norm-Marktrisiken und zur Früherkennung der qualitativen Richtung zuzuordnen.[30]

---

[29] Vgl. Martin (1987, S. 151); Yin (1989, S. 38); Scapens (1990, S. 272); Lukka und Kasanen (1995, S. 77 f.); Jensen und Rodgers (2001, S. 236); Yin (2003, S. 109 f.); Schäffer und Brettel (2005, S. 44).

[30] Insbesondere wurden drei jeweils vierstündige strukturierte Diskussionen zur Auswahl der Norm-Marktrisiken und zu Methodiken der Früherkennung von Risiken mit insgesamt rund 25 Experten des Firmenkunden-Kreditgeschäfts einer deutschen Großbank durchgeführt.

Kapitel 1
Führung kapitalmarktferner Produktionsunternehmen im Rahmen des deutschen Corporate Governance-Systems

1.1 Unternehmensführung und Rationalität

1.1.1 Zweckbezogenheit und Rationalität als Prinzipien betriebswirtschaftlichen Handelns

Die betriebswirtschaftliche Forschung als angewandte (Sozial-)Wissenschaft dient der Optimierung gesellschafts- bzw. wirtschaftspolitischer Gestaltung. Eine Abgrenzung der Betriebswirtschaftslehre gegenüber den engeren Sozialwissenschaften kann darin gesehen werden, dass beim betriebswirtschaftlichen Handeln vom *Rationalprinzip* ausgegangen wird.[1]

Die entscheidungsorientierte angewandte Betriebswirtschaftslehre will Entscheidungsprozesse der Realität erklären und Aussagen über den für eine optimale Zielerreichung erforderlichen Mitteleinsatz generieren. Die angewandte, praktisch normative (präskriptive) Betriebswirtschaftslehre ist praktisch, weil sie einen Beitrag zur Bewältigung von Problemen in der Praxis leisten will, und normativ, weil ihr die Annahme der *Rationalität* zugrunde liegt.[2] Die Suche nach der unter gegebenen Bedingungen zur größten Zielerfüllung führenden Handlung steht dabei im Mittelpunkt.[3] Die praktisch normative Betriebswirtschaftslehre stellt den Führungsinstanzen des Unternehmens entsprechende Wahl- oder Entscheidungsregeln für die *Unternehmensführung* zur Verfügung: etwa für die fünf klassischen Managementfunktionen Planung, Organisation, Personaleinsatz, Führung und Kontrolle[4] bzw. für „alle Entscheidungen, durch die das Unternehmensgeschehen gelenkt wird: Entscheidungen über die anzustrebenden Ziele und die Wege, um die Ziele zu erreichen".[5]

---

[1] Vgl. Stein (1993, Sp. 481).

[2] Vgl. Heinen (1969, Sp. 689–706); Stobbe (1975, S. 2 f.); Kappler (1993, Sp. 3649).

[3] Vgl. Sieben und Schildbach (1994, S. 1).

[4] Zurückgehend auf Koontz und O'Donnell (1955, S. 69–73). Vgl. auch Fayol (1916, S. 1); Wild (1974, S. 32); Steinmann und Schreyögg (1993, S. 8–11, 39–51).

[5] Schneider (1975, S. 22).

K. Paetzmann, *Corporate Governance,*
DOI 10.1007/978-3-642-28065-8_1, © Springer-Verlag Berlin Heidelberg 2012

Anders als bei der praktisch normativen Betriebswirtschaftslehre steht bei ihrer Schwester, der empirisch realistischen (deskriptiven) Betriebswirtschaftslehre, nicht die Rationalität als Norm, sondern das tatsächliche Problemlösungsverhalten von Menschen im Mittelpunkt. Erkenntnisobjekt sind hier die geistigen Fähigkeiten eines oder mehrerer Menschen bei der Problemlösung – die *Kognition*. Diese beinhaltet die verschiedenen Kategorien des Wissens wie Wahrnehmen, Urteilen, Schließen und Erinnern, Denken und Vorstellen.[6] In der Realität führen kognitive Begrenzungen von Handlungsträgern zu *Rationalitätsdefiziten* bzw. begrenzter Rationalität.[7] Prominentes Beispiel ist der erfahrenen Controllern bekannte „Hockeyschlägereffekt" in mehrjährigen Planungsrechnungen.[8]

Rationales Entscheiden der Unternehmensführung konstituiert sich in der effizienten Mittelverwendung bei gegebenen Zwecken.[9] Der oberste Zweck der Nutzenmaximierung – in unserer Gesellschaftsordnung in Form der Gewinn- oder Unternehmenswertmaximierung[10] – wird dabei durch Mittel erreicht, die als untergeordnete Zwecke kaskadenförmig der Erreichung dieses obersten Zwecks dienen (*ökonomisches Prinzip*). Eine reine subjektive Rationalität kann jedoch abgelehnt werden, stattdessen ist – unter Bezugnahme auf Habermas[11] – Rationalität als „herrschende Meinung von Fachleuten hinsichtlich einer bestimmten Zweck-Mittel-Situation"[12] anzusehen. Damit bestimmen Fachleute die Soll-Rationalität.[13]

Zur Rationalität eines Handelnden sind drei wesentliche Dimensionen zu unterscheiden, zwischen denen und ihren jeweiligen Ausprägungen Dependenzen bestehen[14]: Die Dimension *Rationalitätsobjekt* (Was soll rational gestaltet werden?), die Dimension *Rationalitätssubjekt* (Wer soll sich rational verhalten?) und die Dimension *Rationalitätsgrad* (Erreicht das Rationalitätssubjekt absolute oder beschränkte Rationalität,[15] etwa durch Wissensdefizite?[16]).

In Anlehnung an den *Gutenbergschen* faktortheoretischen Ansatz[17] können innerhalb der Dimension Rationalitätsobjekt die richtigen Input-Faktoren, der richtige Kombinationsprozess und das richtige Ergebnis unterschieden werden. Dem entsprechen die drei Rationalitäten Inputrationalität, prozedurale Rationalität

---

[6] Vgl. Kirsch (1977, S. 68).

[7] Vgl. Kern (1969, S. 139); Weber und Schäffer (1998, S. 348 f.); Weber (2004, S. 470).

[8] Vgl. Deyhle (2001, S. 124).

[9] Vgl. grundlegend Gutenberg (1929, S. 30); Gäfgen (1972, S. 1–94); Weber (1972, S. 13); Heinen (1986, S. 349 f.); Kirchgässner (1991, S. 16); Kappler (1993, Sp. 3653–3660).

[10] Vgl. Kirchgässner (1991, S. 14 f.).

[11] Zu Habermas' Rationalitätsbegriff, basierend auf der kommunikativen Einlösbarkeit von explizit oder implizit erhobenen Geltungsansprüchen in Handlungen oder Äußerungen vgl. grundlegend Habermas (1981, S. 44–71).

[12] Weber und Schäffer (2006, S. 43).

[13] Vgl. Weber (2004, S. 472).

[14] Vgl. Weber et al. (1999, S. 3 f.).

[15] Vgl. Sieben und Schildbach (1994, S. 194); Weber et al. (1999, S. 12).

[16] Vgl. Weber und Schäffer (2006, S. 46 f.).

[17] Zur Einordnung vgl. statt vieler Stein (1993, Sp. 475).

(Prozessrationalität) und substantielle Rationalität (Ergebnisrationalität).[18] Diese Rationalitäten bedingen sich gegenseitig und sind voneinander zu unterscheiden. Im Falle von Routineentscheidungen mit häufigem, schnellem Feedback und hoher Motivation des Entscheidungsträgers kann unmittelbar die *substantielle Rationalität* verfolgt werden.[19] Bestehen jedoch auf Seiten des Entscheidungsträgers Wissensdefizite, begriffen als subjektive Kompetenzbeschränkungen und objektive Schwierigkeit der Entscheidungssituation,[20] und ist das Feedback ungenau und/oder verzögert, so ist eine Ausrichtung auf die *prozedurale Rationalität* oder sogar die *Inputrationalität* nötig, wie dies auch die Entscheidungstheorie beschreibt.[21] Je nach Komplexität, Motivation und Qualität des Feedbacks ist daher ein unterschiedlicher Mix aus Inputrationalität, prozeduraler Rationalität und substantieller Rationalität angemessen.[22]

Gleichwohl ist festzustellen, dass ex post nur die substantielle Rationalität von Bedeutung ist, denn im Nachhinein kommt es stets auf das *Ergebnis einer Handlung* an. Eine rationale Gestaltung der Inputs und der Prozesse allein – und sei dies etwa im Falle hoher Komplexität angemessen – ist keine hinreichende Bedingung, um den Anforderungen zu genügen, denen sich das Unternehmen in seinem Markt zu stellen hat. Letztlich verlangt der Markt, etwa der Produkt- oder der Kapitalmarkt, substantielle Rationalität der Unternehmensführung. Denn erfolgreiche Unternehmensführung wird stets durch den *Erfolg im Markt* beurteilt. Die externe Perspektive (des Marktes) stellt eine Anforderung und zugleich Hilfe für die Unternehmensführung dar.

Eine Sicherung der Rationalität von Führungshandlungen zielt darauf ab, Rationalitätsengpässe im Sinne von Abweichungen vom erreichbaren Grad der Rationalität zu reduzieren, indem solche Engpässe identifiziert und korrigiert werden.[23] Da dem Controlling allgemein eine *führungsunterstützende Funktion* zuerkannt wird, soll zunächst untersucht werden, ob das Controlling in diesem Sinne Führungsrationalität sichern kann.

1.1.2 Rationalitätssicherung durch ein führungsunterstützendes Controlling

Tabelle 1.1 zeigt Ansätze der deutschsprachigen Controllingliteratur, wobei die hier genannten Definitionen den Kern der Controllingkonzepte lediglich grob zu charakterisieren vermögen. Für eine detaillierte Diskussion sei auf das in der Synopse genannte Schrifttum verwiesen.

---

[18] Vgl. Kappler (1993, Sp. 3656); Eisenführ und Weber (1999, S. 4–13); Weber et al. (1999, S. 5 f.); Weber und Schäffer (2006, S. 47).

[19] Vgl. Denzau und North (1994, S. 6).

[20] Vgl. Kappler (1993, Sp. 3657).

[21] Vgl. Kirchgässner (1991, S. 32); Kappler (1993, Sp. 3656); Eisenführ und Weber (1999, S. 1–4); Sieben und Schildbach (1994, S. 196 f.).

[22] Vgl. Weber et al. (1999, S. 7 f.).

[23] Vgl. Langenbach (2001, S. 108).

Tab. 1.1 Synoptische Darstellung wesentlicher Ansätze des Controlling. (Vgl. Freidank und Paetzmann 2003, S. 306)

Ansatz	Vertreter (beispielhaft)	Einordnung	Definition des Controlling
Informationsversorgungsansatz	Heigl (1989); Hoffmann (1972); Müller (1974)	Früher Ansatz; 1970er und 1980er Jahre; aktuell kaum noch aktiv vertreten	Controlling erfüllt im Kern eine Informationsversorgungsfunktion, die sich auf das Rechnungswesen bezieht, und stellt damit eine Voraussetzung für Kontrolle im Unternehmen dar
Steuerungsansatz	Coenenberg und Baum (1987); Dellmann (1992); Günther (1997); Hahn und Hungenberg (2001); Mann (1973); Mayer (2003); Siegwart (1986); Strobel (1979)	Seit den 1970er Jahren, wesentlich fußend auf dem Control-Begriff in der angelsächsischen Literatur	Führungsphilosophiebezogener Ansatz mit dem Controlling als „Gewinnsteuerung" (Mann (1973, S. 11); seine Aufgabe ist die Umsetzung von Zielvorgaben in Maßnahmen, Identifikation von Abweichungen sowie Reaktion auf diese. Der Ansatz beinhaltet damit die Durchsetzung und die Kontrolle
Koordinationsansatz	Eschenbach und Niedermayr (1996); Horváth (1978); Kieser und Kubicek (1992); Küpper (1987); Küpper et al. (1990); Schmidt (1986)	Seit Ende der 1970er Jahre, auf Horváth zurückzuführen; manifestiert durch Küpper et al. (1990); heute in der Lehre dominierend	Controlling besitzt bei zugrundeliegender systemtheoretischer Betrachtung die (je nach Spielart unterschiedlich begrenzte) Funktion, Führungsteilsysteme zu koordinieren. Am häufigsten findet sich in der Literatur eine Begrenzung auf Führungssysteme, in denen eine Koordination durch Planung dominiert. Daneben wird von Teilen der Literatur eine Priorisierung des Ergebnisziels des Controlling gegenüber anderen Zielen hervorgehoben (zur Diskussion vgl. etwa Horváth 2002, S. 341). Die Koordination schließt die Gestaltung (Antizipation), Durchsetzung und Kontrolle von Führungshandlungen ein
Rationalitätssicherungsansatz	Weber und Schäffer (1999b)	Junger Ansatz; Ende der 1990er Jahre durch Weber und Schäffer begründet	Controlling als Funktion zur Sicherstellung der Rationalität von Führungshandlungen bezweckt eine Erhöhung der Wahrscheinlichkeit, dass die Realisierung der Führungshandlungen den antizipierten Zweck-Mittel-Beziehungen entspricht. Dies geschieht ex ante als Steuerung und ex post als Kontrolle von Führungshandlungen. Anders als im Koordinationsansatz schließt Controlling hier die Gestaltung (Antizipation) der Führungshandlungen nicht mit ein. Gegenüber dem Steuerungsansatz sind Durchsetzung und Kontrolle hier auf das Objekt Führungshandlungen begrenzt

Seit den im Jahre 1990 von Küpper et al. veröffentlichten Thesen,[24] die die Diskussion der 1980er Jahre zusammenfassen, liegt von Seiten der deutschsprachigen Wissenschaft ein klares Konzept eines Controlling vor, bei dem – trotz teilweise differenzierender Detailauffassungen in der Literatur – seine *Koordinationsorientierung* einheitlich im Zentrum des Interesses steht.[25] Unterschiedliche Meinungen verbleiben insbesondere hinsichtlich des Umfangs des Koordinationsbegriffs. Dabei werden z. B. weitere Interpretationen – etwa Controlling als Koordination des Führungsgesamtsystems zu verstehen – von Vertretern engerer Auslegungen kritisiert.[26] Dies gilt auch für den jungen *Rationalitätssicherungsansatz* Webers und Schäffers:[27] Hier soll das Controlling als eine Art letzte Instanz der Wahrheit fungieren.[28] Horváth sieht hier den in früherem Zusammenhang durch Schneider vorgebrachten Supermannvorwurf[29] erneut als berechtigt an.

Einig sind sich alle genannten Konzepte darin, dass Controlling eine *Nähe zur Führung* aufweist (etwa im Sinne einer Unterstützung, Verbesserung oder Gestaltung der Unternehmensführung). Dies gilt gleichermaßen sowohl für die Funktion als auch die Institution Controlling. Die Verbindung des Controlling zum Management äußert sich dabei – wie auch empirische Studien belegen[30] – in führungsunterstützenden Aufgaben bei der Zielbildung, Planung, Kontrolle, Koordination und Information.[31]

Eine gegenwärtige Herausforderung für die externe Rechnungslegung und ihre Prüfung, aber auch für das Controlling, stellt der fortschreitende Übergang auf internationale Rechnungslegungsstandards, verbunden mit einer Konvergenz von externem und internem Rechnungswesen zum Zwecke einer Verbesserung der Unternehmenssteuerung, dar.[32] Beides übt Einfluss auf extern und intern orientierte Führungs-Informationssysteme aus, deren Aufbau und Einsatz ebenfalls in den Aufgabenbereich des Controlling fällt.[33] Diese Entwicklung, die von kapitalmarktorientierten Unternehmen derzeit vollzogen wird, kann auch für das Controlling kapitalmarktferner, mittelständischer Unternehmen Nutzenvorteile beinhalten, weshalb bereits empfohlen wird, IFRS auch im Mittelstand konsequent einzusetzen.[34]

Der *Rationalitätssicherungsansatz* betont die Kontextabhängigkeit – Abhängigkeit vom Grad vorliegender Rationalität – und damit die Subsidiarität der

---

[24] Vgl. Küpper et al. (1992, S. 281–293).

[25] Vgl. Horváth (2002, S. 341); Ewert und Wagenhofer (2005, S. 413).

[26] Vgl. etwa die Kritik an der weiten Auslegung durch Horváth (2002, S. 346), und Schneider (1991, S. 765).

[27] Vgl. Weber und Schäffer (1999b, S. 731–746).

[28] Horváth (2002b, S. 341).

[29] Vgl. Schneider (1991, S. 765).

[30] Vgl. Weber und Schäffer (2006, S. 3–13).

[31] Vgl. Lachnit (1992, S. 228); Peemöller und Keller (2000, S. 378); Freidank (2001b, S. 623).

[32] Vgl. Freidank (2001a, S. 245–268); Küting und Zwirner (2002, S. 785–790); Freidank (2003, S. 349–360); Freidank und Pottgießer (2003, S. 886–893); Paetzmann (2005b, S. 297 f.).

[33] Vgl. Reichmann (2001, S. 660).

[34] Vgl. Müller et al. (2005, S. 2119–2125).

Sicherstellungsfunktion des Controlling: Je stärker die Unternehmensführung die Rationalität selbst gewährleistet, desto weniger haben Rationalitätssicherungsmaßnahmen zu erfolgen.[35] Da dieser Ansatz die drei anderen genannten Ansätze zu integrieren vermag und seine Ausrichtung im vorliegenden Kontext als zweckmäßig erscheint, soll ihm hier gefolgt werden. Auf eine ausführliche Argumentation wird an dieser Stelle verzichtet, sie liegt in der Literatur geschlossen und aktuell vor.[36]

Die *Zweck-Mittel-Rationalität*[37] und die Effizienz und Effektivität der Führung[38] zu sichern ist Aufgabe der Controllingfunktion. Die Controllingfunktion unterstützt damit die Führungsaufgaben – auch echte Führungsentscheidungen genannt[39] – der Unternehmensleitung.[40] Die Entscheidungen an sich werden dabei nicht delegiert, sondern verbleiben als Führungsentscheidungen beim Management, das auf rational ausgerichtete Entscheidungsgrundlagen zurückgreifen kann.[41] Die Rationalitätssicherungsfunktion des Controlling ist je nach Rationalitätsdefiziten der Unternehmensführung zu gestalten bzw. anzupassen. Sie ist daher kontextabhängig.[42]

Die Existenz von *Controllern* als (interne) Träger der Controllingfunktion hängt eng mit der Dominanz der Koordination durch Pläne[43] im Unternehmen zusammen,[44] bei der eine formalisierte Planung den zentralen Steuerungsmechanismus zur Durchsetzung und Kontrolle der zu realisierenden Zweck-Mittel-Beziehungen darstellt.[45] In mittelständischen Unternehmen ist diese Dominanz heute teilweise noch nicht zu erkennen.[46] Controller sind also an Planungssysteme gebunden.[47] *Planung* – auch als Antizipationsentscheidung[48] begriffen – betrifft Entscheidungen, die in die Zukunft hineinreichen, und enthält ein Vorausdenken dessen, was im Einzelnen

---

[35] Vgl. Weber (2002, S. 62).

[36] Vgl. Weber und Schäffer (1999b, S. 731–746); Weber (2002, S. 48–66).

[37] Vgl. Weber et al. (1999, S. 14); Schäffer (2001, S. 44); Weber (2002, S. 56). Zur Kritik an der absoluten Zweck-Mittel-Rationalität, zum Ansatz der Idee der kritischen Prüfung, zur idealen Kommunikationsgemeinschaft und zum Ansatz der Einwilligung – „acquiescence in disagreement" – vgl. Langenbach (2001, S. 42–58).

[38] Vgl. Anthony (1965, S. 17); Ahn und Dyckhoff (1997, S. 2–6); Langenbach (2001, S. 107–126).

[39] Vgl. Gutenberg (1979, S. 133–140).

[40] Vgl. Horváth (1978a, S. 133 f.); Strobel (1979, S. 12); Horváth (1980, S. 4); Matschke und Kolf (1980, S. 602 f.); Küpper et al. (1990, S. 282 f.); Lachnit (1992, S. 228); Schildbach (1992, S. 22 f.); Reichmann (2001, S. 1–3); Lück und Jahns (2001, S. 57–59).

[41] Vgl. Paetzmann (1995, S. 65).

[42] Vgl. Schildbach (1992, S. 23); Weber und Schäffer (1999b, S. 743).

[43] Vgl. Gutenberg (1962, S. 68 ff.); Katterle (1970, S. 27–36); Kenter (1985, S. 30); Kieser und Kubicek (1992, S. 95); Paetzmann (1995, S. 86–104); Frese (2000, S. 94–107); Lück und Jahns (2001, S. 58).

[44] Vgl. Schäffer und Weber (2001b, S. 2 f.); Weber (1992, S. 176).

[45] Vgl. Schäffer und Weber (2001b, S. 3).

[46] Vgl. Paetzmann (2003a, S. 604 f.).

[47] Vgl. Cordes und Schenck (1992, S. 340); Schäffer und Weber (2001b, S. 3).

[48] Vgl. Koch (1982, S. 5).

zu tun ist, um die Ziele des Unternehmens zu erreichen.[49] Damit ist Planung das idealtypische Instrument der *Vorauskoordination*.[50] Die für die Vorauskoordination notwendige Zukunftsorientiertheit des Controlling ist inzwischen herrschende Meinung in Theorie und Praxis.[51]

Vor diesem Hintergrund zielt die Unterstützung des Controllers auf die Sicherstellung einer rationalen Unternehmensführung unter Beachtung vor allem folgender Aspekte: Zunächst *entlastet* der Controller die Unternehmensführung und stellt über eine rationale Versorgung mit Input-Daten das rationale Handeln der Unternehmensführung sicher. Sodann *ergänzt* der Controller die Unternehmensführung, indem er reaktiv überprüft, ob die richtigen Mittel eingesetzt werden, um den gemeinsamen Zweck zu erreichen, oder indem er *proaktiv* den Einsatz geeigneter Mittel anregt und durchsetzt. Schließlich vermag der Controller durch das *reaktive* Prüfen oder aktive Einwirken einen Beitrag zu leisten, potentiell opportunistisches Handeln von Teilen der Unternehmensführung zu begrenzen und stattdessen korporatives Handeln[52] zu fördern.

Die Aufgabe der Sicherstellung einer rationalen Unternehmensführung liegt jedoch nicht exklusiv beim Controller, sondern wird auch von der Unternehmensführung selbst und anderen Dienstleistern – etwa von der Internen Revision oder von internen Beratern – wahrgenommen. Anders als andere interne Dienstleister ist der Controller jedoch unmittelbar auf das Ziel einer rationalen Unternehmensführung ausgerichtet und besitzt eine immanente Ergebnisorientierung, die sich auch in seiner Fähigkeit zur monetären Bewertung als traditioneller Kernkompetenz widerspiegelt.[53]

1.1.3 Rationalitätssicherung durch Märkte

Neben den internen Trägern einer Rationalitätssicherung stehen auch Externe zur Verfügung. Zu denken ist beispielsweise an den Aufsichtsrat oder Abschlussprüfer mit ihrer Überwachungsfunktion, an den Produktmarkt (etwa Zulieferer oder Kunden), an den Kapitalmarkt (etwa Finanz- oder Kreditanalysten finanzierender Banken) oder an Unternehmensberater.[54] Weiterhin bewirkt der Wettbewerb unter den Marktteilnehmern eine Rationalitätssicherung bei jedem einzelnen (im Wettbewerb stehenden) Marktteilnehmer.

Langenbach hat aufbauend auf dem Rationalitätssicherungsansatz Webers und Schäffers die externen Träger einer Rationalitätssicherung – insbesondere Märkte

---

[49] Vgl. Kern (1969, S. 141 f.); Jacob (1990, S. 385); Sieben und Schildbach (1994, S. 10).

[50] Vgl. Kloock et al. (1993, S. 17); Paetzmann (1995, S. 79–83).

[51] Vgl. Lück und Jahns (2001, S. 58); Paetzmann (2003a, S. 604).

[52] Vgl. Weber et al. (1999, S. 9).

[53] Vgl. Lück und Jahns (2001, S. 58); Schäffer und Weber (2001b, S. 4).

[54] Vgl. Weber (2002, S. 65).

und Marktteilnehmer – untersucht.[55] Seine Betrachtungsweise nimmt Bezug auf den Organisationsteilnehmer-Ansatz, in dem interne und externe Organisationsteilnehmer als Entscheidungsträger mit der Möglichkeit positiver oder negativer Sanktionen auf den Fortbestand der Organisation einwirken.[56] Über die Interaktion mit der betrachteten Organisation können auch externe Organisationsteilnehmer in Form von Märkten und Marktteilnehmern vor allem durch die Steuerung der Aufmerksamkeit die Rationalität sichern.[57] Nachfrager führen in diesem Sinne eine Leistungskontrolle durch. Der Wettbewerb unter den Marktteilnehmern bewirkt so eine Rationalitätssicherung bei einem einzelnen (im Wettbewerb stehenden) Marktteilnehmer.

Märkte werden hier allgemein als Orte des Zusammentreffens von Angebot und Nachfrage begriffen.[58] Die Koordination der Wirtschaftspläne einzelner Marktteilnehmer gelingt über den Marktmechanismus, der durch den Preis geprägt ist. Vollkommene Märkte sind durch sehr viele Anbieter und Nachfrager (atomistische Angebots- und Nachfragestruktur), durch das Fehlen räumlicher, persönlicher oder sachlicher Präferenzen (bei homogenem Güterangebot) und durch vollständige Markttransparenz (vollständige Preisinformation) geprägt.[59] Märkte und Marktteilnehmer können Rationalität sichern. In hohem Maße gelingt dies in einem vollkommenen Markt, auch wenn hier die Rationalitätssicherung des Marktes spät und damit nur eingeschränkt greift. Marktunvollkommenheiten – etwa Marktmacht oder Informationsasymmetrien – mindern grundsätzlich die Effektivität der Rationalitätssicherung.[60] Wichtig ist daher, die Erwartungen des Marktes, also die Rationalitätssicherung durch den Markt, mittels zweier Strategien zu antizipieren[61]:

Diese Antizipation kann zum einen durch eine Rationalitätssicherung *durch Marktteilnehmer* gelingen. Im Absatzmarkt werden etwa anhand von (aktuellen oder potentiellen) großen oder sehr anspruchsvollen Kunden Kundenbedarf und -zufriedenheit sowie Absatzmarkterwartungen zu verifizieren versucht. Der einzelne Kunde sichert hier Rationalität. Diese Methode besitzt gerade bei dynamischen, instabilen Märkten und bei Produkten mit hohem Innovationsgrad eine große Bedeutung.[62] Zum anderen kann eine Rationalitätssicherung durch das Unternehmen *anhand eines Marktes* erfolgen. Beispiele sind Untersuchungen etwa auf Test-Absatzmärkten mit neuen Produkten, die Kundenbedarf zu antizipieren versuchen. Die Initiative zur Rationalitätssicherung liegt hier beim Unternehmen, nicht beim Markt.

---

[55] Vgl. Langenbach (2001, S. 105–228).

[56] Vgl. Grabatin (1981, S. 65).

[57] Vgl. Langenbach (2001, S. 107).

[58] Vgl. Engelhardt (1995, Sp. 1696–1708); Homburg und Krohmer (2003, S. 2); Kotler und Keller (2006, S. 10–13). Auf den Marktbegriff wird detailliert unten in Abschn. 3.1.1 eingegangen.

[59] Vgl. etwa Schumann (1987, S. 1, 177 f.).

[60] Vgl. Langenbach (2001, S. 224 f.).

[61] Vgl. Langenbach (2001, S. 224–228).

[62] Vgl. Sattler (2005a, S. 374–376).

Wird – realistischerweise – von dem Modell eines vollkommenen Marktes abgegangen und etwa das Bestehen von Marktmacht und/oder Informationsasymmetrien unterstellt, steigt die Bedeutung einzelner Marktteilnehmer für die Rationalitätssicherung nochmals. Die Rationalitätssicherungskraft durch einen unvollkommenen Markt ist weniger effektiv, aber sie ist vorhanden.[63]

Als ein Beispiel für eine wirkungsvolle Rationalitätssicherung durch den (Eigen-) Kapitalmarkt können die Reformbestrebungen der vergangenen Jahre zur Verbesserung der Corporate Governance angesehen werden, auf die in den folgenden Kapiteln näher eingegangen wird. Während eine Rationalitätssicherung durch Elemente des *Kapitalmarktes* aus Sicht des Unternehmens i. d. R. wünschenswert und zu fördern ist, kann eine Optimierung der Rationalitätssicherung durch den *Produktmarkt* (Absatz- und Beschaffungsmarkt) nicht im Interesse eines Unternehmens sein. Ein nach Unternehmenswertmaximierung strebendes Unternehmen wird vielmehr versuchen, sich von einer Rationalitätssicherung durch den Produktmarkt zu emanzipieren, denn es sucht über seine Wettbewerbsstrategie seine eigene Marktposition zu stärken und die der anderen Marktteilnehmer zu begrenzen.[64] Schließlich ist es Ziel einer Wettbewerbsstrategie, eine gewinnbringende Position zu erlangen, die sich gegenüber den wettbewerbsbestimmenden Kräften innerhalb der jeweiligen Branche behaupten lässt.[65]

Nach diesen Ausführungen zum Begriffspaar Unternehmensführung und Rationalität erfolgt im Folgenden die Fundierung und Einordnung des Corporate Governance-Begriffs. Dabei stehen empirisch beobachtete Probleme und Phänomene, abseits eines rationalen Handelns, im Vordergrund. Zur Erklärung dienen die neoinstitutionenökonomischen Ansätze, die nicht auf dem Rationalprinzip aufbauen.

1.2 Unternehmensführung und Corporate Governance

1.2.1 Ursprünge und neoinstitutionenökonomische Fundierung der Corporate Governance

Die Trennung von Eigentum an und Verfügungsmacht über Unternehmen zeigt die Notwendigkeit einer Corporate Governance auf. Die unter dem Begriff Corporate Governance diskutierten Probleme haben ihre Kernursache darin, dass die Eigentümer ihre Ziele nicht in den Handlungen des (angestellten) Managements repräsentiert sehen. Es zeigt sich, dass diese kontroversen Erörterungen durchaus die Verhältnisse

---

[63] Vgl. Langenbach (2001, S. 133–139). In diesem Sinne können beispielsweise die „Market-into-company"-Verfahren des Target Costing interpretiert werden, bei denen Zielkosten als „allowable costs" unmittelbar aus den am Kundenmarkt erzielbaren Preisen abgeleitet werden. Vgl. Freidank (2002, S. 12–14).

[64] Vgl. Schmidt et al. (1997, S. 163); Langenbach (2001, S. 211).

[65] Vgl. Porter (1999, S. 25).

in der Gesellschaft widerspiegeln können. In jedem Fall hat die Diskussion um eine Verbesserung der Corporate Governance ihre Wurzeln in der gesellschaftlichen, insbesondere der wirtschaftlichen Entwicklung der USA.[66]

Der Terminus *Corporate Governance* stellt eine Analogie zum Begriff der „Public Governance" dar, genauso wie der Terminus „Corporate Voting" eine Verbindung zum Begriff des „Political Voting" aufweist. In diesem Zusammenhang stellt sich die Frage, wie repräsentativ ein Corporate Government sein kann und wen es repräsentieren sollte.[67] Darüber hinaus ist von Interesse, inwieweit demokratische Verhältnisse anzustreben sind und inwieweit die Privilegien einzelner Eigentümer begrenzt werden sollen. Vor allem die US-amerikanische Literatur hat die Felder „Corporate Voting", die Ausübung der Verfügungsmacht durch das Management und Wege einer Corporate Democracy untersucht, die sich unter den Prämissen einer „one-share-one-vote"-Situation[68] zu einer Eigentums- und Machtkonzentration wandeln kann.

Die historische Entwicklung der US-amerikanischen Wirtschaft (und damit auch Gesellschaft) zeigt verschiedene Bilder einer Governance[69]: Unter dem Begriff *Corporate Feudalism* werden insbesondere die frühen „Voting Trusts" (Eigentümer transferierten ihre Aktien an einen Trust im Austausch für Zertifikate) und die späteren „Holding Companies" zusammengefasst.[70] Die daraus entstehenden (mächtigen) Eigentümer wurden auch Captains of Industry genannt. Später zeigte die *„Managerial Corporation"* das Idealbild eines durch das Management kontrollierten Unternehmens.[71] Aufgrund der zunehmenden Anzahl von Aktionären fielen Eigentum und Verfügungsmacht auseinander. Hieraus entsprang die US-amerikanische Diskussion über das „Corporate Problem".[72] Schließlich können die seit den 1960er Jahren unter dem Stichwort *„Shareholder Activism"* zusammengefassten Bemühungen in die Herstellung einer „Shareholder Democracy" und einer „Minority Representation" als Reformansätze interpretiert werden, die auf eine Verbesserung der Corporate Governance ausgerichtet sind.

Vor diesem Hintergrund hat die US-amerikanische Literatur der 1960er und 1970er Jahre die Frage untersucht, wie das Management im Sinne der Ziele der Eigentümer zu disziplinieren ist. Der populärste Ansatz[73] beinhaltet dem Management zu offerierende Anreize, die die Qualität von Vertragsbeziehungen aufweisen. Er findet die Lösung in einer optimalen Kapitalstruktur des Unternehmens. Diese Vertragstheorie („*Theory of Contracts"*), die der Neuen Institutionenökonomik zuzurechnen ist, bildet weiterhin den Ausgangspunkt der Corporate Governance-Diskussion. Könnten Eigentümer und Management im Vorwege einen (kostenfreien)

---

[66] Vgl. im Folgenden Freidank und Paetzmann (2004, S. 896 f.).

[67] Vgl. Becht et al. (2002, S. 7–10).

[68] Vgl. Harris und Raviv (1988, S. 221); Grossman und Hart (1988, S. 175–202).

[69] Vgl. Paetzmann (2004, S. 2 f.).

[70] Vgl. Liefmann (1909, S. 20).

[71] Vgl. Holmström und Kaplan (2003, S. 5).

[72] Vgl. Becht et al. (2002, S. 8).

[73] Vgl. Jensen und Meckling (1976, S. 11–25).

	Hidden Characteristics	Hidden Information	Hidden Action
Entstehungs-zeitpunkt	vor Vertragsabschluss	nach Vertragsabschluss vor Entscheidung	nach Vertragsabschluss nach Entscheidung
Entstehungs-ursache	ex ante verborgene Eigenschaften des Agents	Nicht beobachtbarer Informationsstand des Agents	Nicht beobachtbare Aktivitäten des Agents
Problem	Eingehen der Vertragsbeziehung	Ergebnisbeurteilung	Verhaltens-/ Leistungsbeurteilung
Resultierende Gefahr	Adverse selection	Moral hazard	Moral hazard shirking
Wichtige Lösungsansätze	Signalling Screening	Anreizsysteme Überwachungssysteme	Anreizsysteme Überwachungssysteme

Abb. 1.1 Typen der Informationsasymmetrie. (Vgl. Küpper 2004, S. 33. Vgl. ebenfalls Spremann 1991, S. 621–640; Karmann 1992, S. 558 f.; Günther 2003, S. 332)

Vertrag schließen, in dem Regelungen für alle zukünftigen Eventualitäten festgelegt sind, entstünden keine Probleme mehr. Alle Entscheidungen würden zum Zeitpunkt des Vertragsschlusses getroffen. In der Realität erscheint dies schon auf Grund der unsicheren zukünftigen Entwicklung nicht möglich. Die daher *unvollständigen Verträge* zwischen Prinzipal und Agent hat die Vertragstheorie eingehend analysiert[74] und damit ein wichtiges, wenn nicht das theoretische Fundament für die Corporate Governance gelegt.[75]

Besondere Bedeutung haben dabei zwischen Prinzipal und Agent bestehende *Informationsasymmetrien* zugunsten des Agenten erlangt.[76] Nach Art der asymmetrischen Verteilung lassen sich die Typen „Hidden Characteristics", „Hidden Information" und „Hidden Action" abgrenzen, für die Abb. 1.1 die wesentlichen Vergleichskriterien nennt.[77] „Hidden Characteristics" beruhen auf vorvertraglichen Unsicherheiten des Prinzipals über die (Charakter-)Eigenschaften des Agenten. Wichtige Lösungsansätze liegen in einem Glaubhaftmachen der eigenen Fähigkeiten durch den Agenten („Signalling") oder einem Einholen von Referenzen oder anderen zusätzlichen Informationen, die Hinweise über die Qualität geben („Screening"), seitens des Prinzipalen. Bei Hidden Information bzw. Hidden Action geht es nach Vertragschluss darum, dass dem Prinzipalen der Informationsstand des Agenten bzw.

---

[74] Vgl. Hart und Holmström (1987, S. 71–155); Grossman und Hart (1988, S. 175–202).

[75] Vgl. Zingales (1998, S. 500–502); Pickett (2005, S. 11 f.).

[76] Vgl. Günther (2003a, S. 331). Empirische Untersuchungen haben nachgewiesen, dass Informationsasymmetrien zwischen Management und Eigentümern umso größer ausfallen, je höher die Wachstumsraten bzw. -möglichkeiten des Unternehmens sind. Vgl. Webb (2004, S. 9–20).

[77] Vgl. auch Spremann (1990, S. 561–586); Breid (1995, S. 823 f.); Günther (2003a, S. 332).

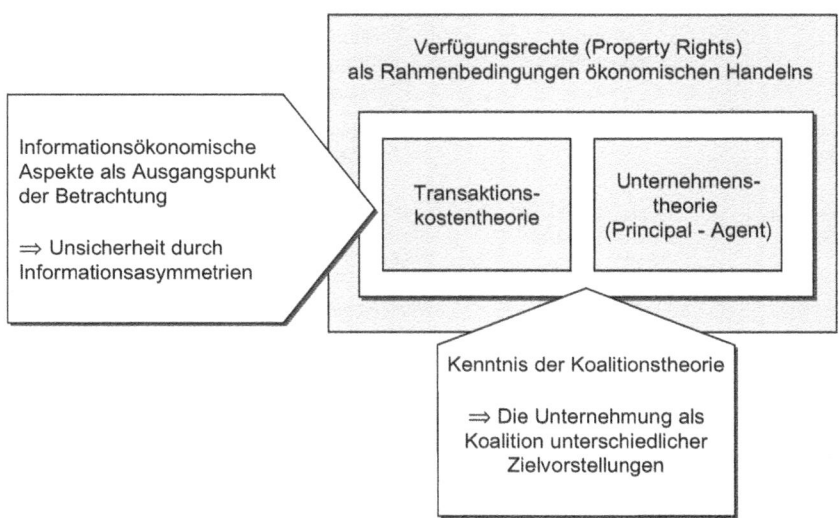

Abb. 1.2 Ansätze der Neuen Institutionenökonomik als wichtige theoretische Fundamente einer Corporate Governance. (In Anlehnung an Fischer et al. 1993, S. 446)

sein Handeln verborgen bleibt. Anreiz- und *Überwachungssysteme* vermögen hier einen Beitrag zur Lösung möglicher Probleme zu erbringen.[78]

Mit Blick auf die unvollständigen Verträge der Kapitalüberlassung und bestehende Informationsasymmetrien ist es das Ziel der Corporate Governance, die Interessen der Aktionäre zu schützen. Corporate Governance bedeutet damit die *zielgerichtete Führung und Überwachung von Unternehmen* und beinhaltet Mechanismen zur Regelung von Kompetenzen, Schaffung von Anreizen, Installierung von Überwachungsprozessen und Koordinierung von Außenbeziehungen des Unternehmens.[79]

Abbildung 1.2 zeigt weitere wichtige theoretische Fundamente der Corporate Governance, die wie auch die Pricipal-Agent-Therie der Neuen Institutionenökonomik entstammen.[80] Während die *Koalitionstheorie* explizit verhaltenswissenschaftliche Aspekte berücksichtigt,[81] eignet sich auch die *Theorie der Verfügungsrechte*,[82] die Effizienz von Institutionen und Leistungsbeziehungen zu analysieren.

---

[78] Die Informationsasymmetrien zu lösen, Verträge zu gestalten und zu überwachen hat sich auch die Positive Accounting Theory („Rochester School's Theory") verschrieben, die sich weitgehend auf das externe Rechnungswesen konzentriert. „Contracting literature suggests the hypothesis that accounting plays an important role both in contract terms and in monitoring those terms." Watts und Zimmerman (1986, S. 196). Obgleich die Positive Accounting Theory vielfach kritisiert wurde, ist doch ihr Beitrag bezüglich des Aufzeigens möglicher Bedeutungen des Rechnungswesens bei der Lösung von Vertrags- und Governance-Problemen unbestritten. Vgl. Becker (2003, S. 96–105).

[79] Vgl. Hachmeister (2002, Sp. 488); Freidank und Paetzmann (2003, S. 304).

[80] Vgl. Fischer et al. (1993, S. 444–470).

[81] Vgl. grundlegend Cyert und March (1963); Sieben und Schildbach (1994, S. 4).

[82] Vgl. grundlegend Alchian und Demsetz (1973, S. 16–27); Schüller (1983).

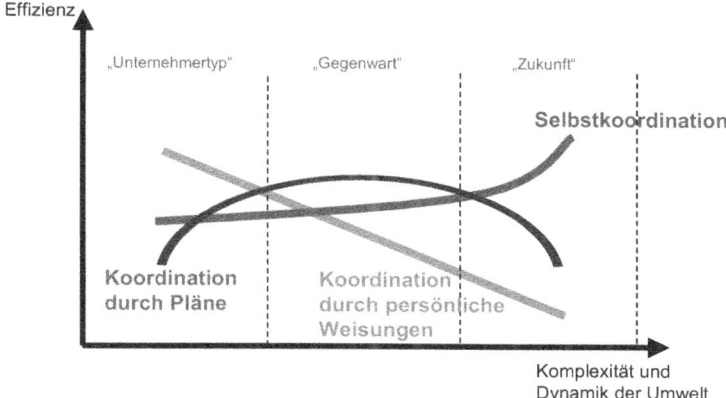

Abb. 1.3 Effizienz unternehmensinterner Koordinationsformen im Vergleich. (Paetzmann 1995, S. 109)

Daneben liefert die *Transaktionskostentheorie* eine theoretische Fundierung von Organisations-, Steuerungs- und Governance-Problemen.[83] Diese auf Coase[84] zurückgehende Theorie, die erst seit den 1970er Jahren als Ansatz der Neuen Institutionenökonomik größere Verbreitung fand,[85] erklärt vornehmlich, weshalb nicht die gesamte Produktion der Volkswirtschaft in einer einzigen Unternehmung abgewickelt wird oder warum marktliche Tauschbeziehungen nicht ausschließlich von Individuen vorgenommen wahrgenommen werden. Nach Art des angewandten Entscheidungssystems werden verschiedene unternehmensinterne *Koordinationsformen* unterschieden: Selbstabstimmung (enthält keine Anweisungen), Gruppenabstimmung (mit Abstimmungen) und Hierarchie (mit Weisungsrechten). In der Praxis dominieren hierarchische Koordinationsformen. Vor dem Hintergrund einer steigenden Komplexität und Dynamik der Umwelt dürfte jedoch die Koordinationsform der Selbstabstimmung effizienzdominant sein, wie Abb. 1.3 zeigt.

Ein Aspekt bleibt im Rahmen dieser Untersuchung bewusst ausgeklammert: Die (Absatz-)Marktrisiken eines produzierenden Unternehmens auf einer Zuliefererposition werden stark von der Beziehung bzw. Interaktion mit seinem oder seinen Auftraggeber(n) determiniert. Industriestrukturen und Wertschöpfungstiefen auf den Stufen der Zuliefererhierarchien sind jedoch nicht statisch, sondern ändern sich, wenn ganze Wertschöpfungsprozesse, etwa die Produktentwicklung, rekonfiguriert und auf Lieferanten verlagert werden ("Outsourcing"), womit das verlagernde Unternehmen prima vista die Kontrolle bzw. Herrschaft darüber verliert.[86] Die effiziente

---

[83] Vgl. Küpper (2004, S. 36 f.).

[84] Vgl. Coase (1937, S. 386–405).

[85] Vgl. grundlegend Williamson (1975).

[86] Auch der andere Weg etwa im Sinne der vertikalen Vorwärtsintegration in den Handel hinein ist möglich. Vgl. Carlton und Perloff (2005, S. 406 f.), und das Praxisbeispiel (Fallstudie) in Kap. 3, 3.1.4.

vertikale Organisation der Wertschöpfungskette produzierender Unternehmen, wichtiger Bestandteil der *Industrieökonomik*,[87] hängt mit der Corporate Governance zusammen.[88] Staatliche Corporate Governance-Regulierungen können daher nicht nur die Überwachungssysteme der produzierenden Unternehmen, sondern, mittels gezielter industriepolitischer Wirkung,[89] auch die Produktionsstrukturen entlang der Wertschöpfungskette beeinflussen. Dieses Feld wird durch die Forschung erst noch aufgearbeitet werden müssen.

1.2.2 Kennzeichen des gegenwärtigen globalen Modernisierungsprozesses

Die wohl wichtigste Strömung innerhalb der heutigen Governance-Diskussion geht in internationalen Fachzeitschriften der Frage nach, ob einzelne Governance-Systeme konvergieren oder nicht.[90] Die Diskussion hatte ihren Vorläufer in der „*Debate on comparative corporate governance*", die sich mit den Unterschieden, Stärken und Schwächen der Governance-Systeme verschiedener Länder auseinander setzte.[91] Bis Anfang der 1990er Jahre war generell zunächst ein hohes Interesse an den *Stärken der deutschen und japanischen Systeme* zu beobachten, die damals als aus ökonomischer und sozialer Sicht favorisierbar galten.[92] Ab Mitte der 1990er Jahre, wesentlich bestimmt durch die Krise in Japan, das Erstarken der „New Economy" in den USA und die ökonomische Vorherrschaft dieser „Supermacht", wandte sich das Interesse den USA zu, die mit einem klar shareholder-orientierten Governance-System das „Ideal" an Produktivität und Beschäftigung zu repräsentieren schien.[93] Im ersten Jahrzehnt des neuen Jahrhunderts, kurz nach dem jähen Ende der „New Economy", trat zunächst Ernüchterung ein, und es bleibt die Frage nach einem „idealen" Governance-System ungelöst.

Die gegenwärtige *Diskussion um das Konvergieren und Divergieren* der verschiedenen Systeme – präziser als der Terminus des Divergierens ist der des Persistierens, wie etwa Gordon und Roe[94] ihn nutzen – hat ihren Ursprung in der Frage, ob es ein

---

[87] Zu den theoretischen Fundamenten der Industrieökonomik (Theory of Industrial Organisation), insbesondere dem Structure-Conduct-Performance-Ansatz und der Transaktionskostentheorie der Neuen Institutionenökonomik, vgl. grundlegend Carlton und Perloff (2005, S. 2–6, 396–403), sowie Kap. 1, 1.2.1.

[88] Vgl. Schmidt et al. (1997, S. 194).

[89] „Als Industriepolitik sollen ... nur solche staatlichen Interventionen bezeichnet werden, die primär nur vorher explizit definierte Empfänger gezielt betreffen, um die Ressourcenallokation des Industriesektors bewusst zu beeinflussen." Conrad (1987, S. 22).

[90] Vgl. Guillén und O'Sullivan (2004, S. 23–48).

[91] Vgl. etwa die Schriften Baums (1997); Hopt et al. (1998); Wie (2003); Mäntysaari (2005).

[92] Vgl. Story (1999, S. 90 f.).

[93] Vgl. Shleifer und Vishny (1997, S. 772).

[94] Vgl. den Titel Gordon und Roe (2004).

„ideales" System gibt und ob sich die anderen Systeme diesem annähern (sollten oder können). Zentrale Bedeutung besitzt dabei in jedem Falle die Frage, inwieweit die fortschreitende *Internationalisierung der Wirtschaft* eine Annäherung der Governance-Systeme fördert.

Die tatsächliche Zunahme an Internationalität zeigt sich in der Entwicklung der Unternehmen der *Fortune Global 500*, die den Typus des Großkonzerns repräsentieren, der den Hauptteil des Umsatzes im Ausland erwirtschaftet.[95] Im Zeitraum 1994–2003 nahm der durch alle Fortune Global 500-Unternehmen erwirtschaftete Gesamtumsatz von 10,3 Billionen $ (1994) auf 14,9 Billionen $ (2003) zu, was den im Jahr 2000 zum Gipfel des Technologiehochs erreichten Wert von 14,1 Billionen $ noch übersteigt.[96] Dies legt den Schluss nahe, dass der Bedeutungszuwachs internationaler Großkonzerne ein anhaltender Prozess ist.

Hinsichtlich der Entwicklung der Bedeutung internationaler Großkonzerne in einzelnen (ausgewählten) Nationen bestehen jedoch teilweise deutliche Unterschiede, wie eine Auswertung anhand der *Fortune Global 500*-Unternehmen verdeutlicht (s. Abb. 1.4): In dem betrachteten Zeitraum zwischen 1994 und 2006 nahmen die Anzahl und der Umsatz der aus Großbritannien, den Niederlanden, Südkorea, China und Indien enthaltenen Unternehmen zu. In den USA nahm die Anzahl der enthaltenen Unternehmen nach einem Anstieg seit 2003 leicht ab. Der Umsatz der enthaltenen US-amerikanischen Unternehmen stieg an, konnte jedoch zuletzt mit dem Gesamtwachstum aller Fortune Global 500-Unternehmen nicht mehr mithalten. Die 2006 enthaltenen US-amerikanischen Unternehmen repräsentierten 36 % des *Fortune Global 500*-Gesamtumsatzes (2003: 39 %; 1994: 29 %), was die Dominanz der USA auf dem Weltmarkt (und die Größe ihres Binnenmarkts) verdeutlicht. Indische Unternehmen spielen in dieser Statistik noch eine untergeordnete Rolle; ersichtlich wird jedoch, wie auch bei China, ein starker relativer Bedeutungsgewinn. Bei den aus Deutschland und Frankreich enthaltenen Unternehmen stieg der addierte Umsatz bei leicht abnehmender Unternehmensanzahl, was auf einen vollzogenen Konzentrationsprozess hindeutet. Das Gewicht enthaltener japanischer Unternehmen nahm insgesamt hinsichtlich Anzahl und addiertem Gesamtumsatz seit 1994 deutlich ab.

In der Sichtweise der Befürworter eines Konvergierens von Governance-Systemen bewirken die internationalen Güter- und Kapitalströme eine Anpassung von Systemen an einen dominanten „best practice"-Standard, wahrscheinlich den der USA.[97] Selbst wenn Staaten keine Änderungen des Systems durchführten, würden Konzerne mit einer Börsennotierung in den USA deren Governance-System Rechnung tragen (müssen). Guillén und O'Sullivan sprechen hier von einer „functional convergence".[98] Dieses *ökonomische Argument* pro ein Konvergieren der Systeme wird unterstützt durch ein eher *politisches Argument*, das auf den Einfluss der Hegemonialmacht USA abzielt, sowie ein *soziologisches Argument*, die internationale,

---

[95] Vgl. Vernon et al. (1996, S. 11). Zum Internationalisierungsprozess bei kleinen und mittleren Unternehmen vgl. grundlegend Fantapié Altobelli (2006, S. 111–128). Im folgenden vgl. Paetzmann (2005b, S. 292–294).

[96] Vgl. Hjelt (2004, S. 52).

[97] Vgl. Hansmann und Kraakman (2001, S. 439); Useem (2004, S. 72).

[98] Guillén und O'Sullivan (2004, S. 25).

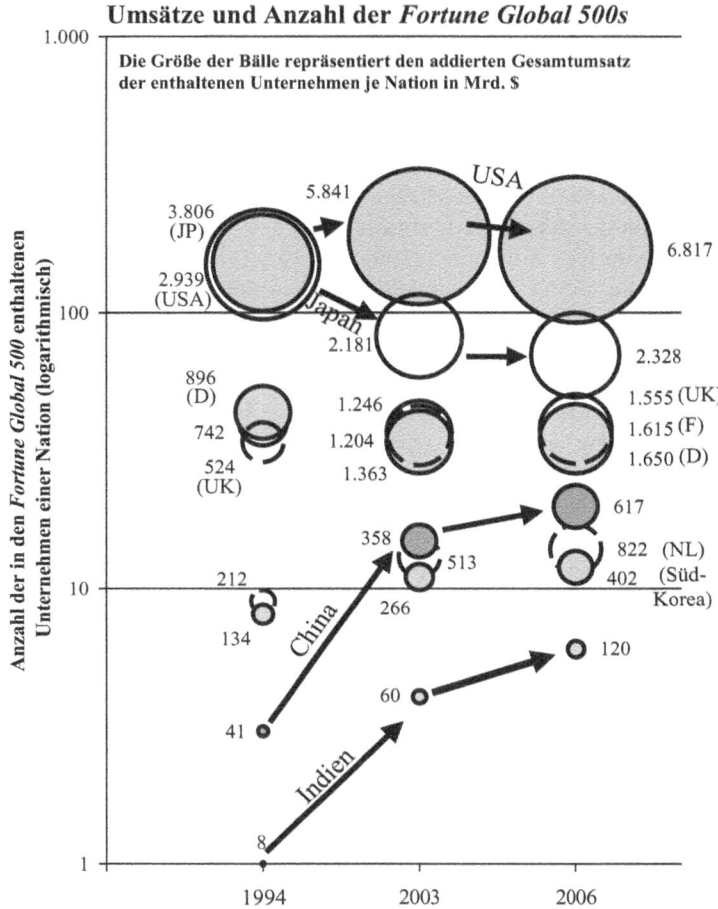

Abb. 1.4 Gesamtumsatz und Anzahl der Unternehmen ausgewählter Nationen, die 1994, 2003 und 2006 jeweils in den Fortune Global 500 enthalten waren. (Vgl. Fortune 2004, S. F1–F43; Fortune 2006, S. F1–F45; Paetzmann 2005b, S. 294)

angelsächsisch ausgebildete und einflussreiche Finanzelite betrachtend. Jüngere Untersuchungen kommen so zu Ergebnissen, die etwa für das gegenwärtige deutsche System Veränderungen erwarten lassen.[99] Es wird sogar eine weitgehende Übernahme des US-Systems nicht ausgeschlossen: „. . . it would come as no surprise if they simply adopt all major features of the US system".[100]

Die Vertreter der Sichtweise eines Divergierens bzw. Persistierens der Governance-Systeme betonen hingegen, dass die Vielfalt der gegebenen Systeme

---

[99] Vgl. O'Sullivan (2000, S. 259).
[100] Witt (2004, S. 329).

sich unter anderem in nationalen, institutionell verankerten Besonderheiten begründet,[101] die im spezifischen Umfeld effizient arbeiten könnten. Einen „best way", ein Governance-System zu organisieren, gebe es nicht, was letztlich auch den Ergebnissen der OECD entspricht.[102] Unterschiedliche Systeme reagierten unterschiedlich auf den „Globalisierungsdruck". Sofern einzelne Staaten oder Unternehmen fremde Governance-Regeln importierten, würden diese in dieser „Varieties-of-capitalism"-Sichtweise[103] als natürliche Folge sogar die Basis ihres Erfolgs untergraben.[104] Diese ökonomische wird um eine politische Argumentation ergänzt, die die Stabilität politischer Systeme betont, durch die signifikante Veränderungen eines Governance-Systems langandauernde Reformprozesse benötigten.[105] Vertreter dieser Auffassung stimmen zu, dass sich durch die zahlreichen Reformen die rechtlichen Unterschiede der beiden Systeme abschleifen, auch wenn von einer Konvergenz der Systeme noch nicht zu sprechen sei.[106]

Auf die heutigen Governance-Systeme wirken verschiedene *interne und externe Veränderungskräfte* ein, die insgesamt einen Modernisierungsbedarf dieser (weltweit vielfältig vorhandenen) Systeme verursachen. Die internen Kräfte bestehen zunächst in einem deutlichen Bedeutungsgewinn der Fachkräfte für Finanzen und Rechnungswesen, die – auch in nicht-englischsprachigen Ländern – binnen weniger Jahre zu einflussreichen „Chief Financial Officers" sublimiert wurden. Diese Entwicklung ging einher mit der zunehmenden Bedeutung der Aktienmärkte als Finanzierungsquelle, begleitet von einem Rückzug von Banken aus Beteiligungen und einem Bedeutungsgewinn institutioneller Investoren. Schließlich kann als dritte wichtige interne Veränderungskraft in vielen Ländern ein Bedeutungsschwund der Gewerkschaften festgestellt werden: „labor unionization is on the decline".[107] Wichtige externe auf Governance-Systeme wirkende Kräfte liegen im gestiegenen globalen Wettbewerb, bei dem grenzüberschreitende Arbitrage-Effekte[108] in einem globalen Markt genutzt werden können, in einer deutlichen Steigerung der technologischen Innovationsraten und in der Privatisierungswelle, bei der die öffentliche Hand in vielen Ländern Beteiligungen in den Markt gibt.

Diese Kräfte haben die Corporate Governance bereits in vielen Ländern verändert. In der zweiten Hälfte der 1990er Jahre bewirkten vor allem die genannten internen Kräfte vor dem Hintergrund anziehender Aktienkurse eine Fokussierung auf den Shareholder Value als oberstes Formalziel unternehmerischen Handelns und eine Ausbreitung variabler, anreizorientierter Vergütungsmodelle für Manager. Insbesondere auch durch zahlreiche Privatisierungen wuchs in den wichtigen Industrieländern

---

[101] Vgl. La Porta et al. (1998, S. 1113 f.).

[102] Vgl. OECD (1999, S. 340–350); Freidank und Paetzmann (2003, S. 305).

[103] Vgl. den Titel Hall und Soskice (2001).

[104] Vgl. Hollingsworth (1998, S. 482–507).

[105] Vgl. etwa Guillén (2000, S. 175–204).

[106] Vgl. Lutter (1995, S. 5–26).

[107] Guillén und O'Sullivan (2004, S. 30).

[108] Vgl. Pindyck und Rubinfeld (2003, S. 30).

	1975	1980	1985	1990	1995	2000
Deutschland [*]	12	9	29	22	24	68
Frankreich	10	8	15	26	33	112
Großbritannien	37	38	77	87	122	184
Italien	5	6	14	14	19	72
Japan	28	36	71	99	69	67
Niederlande	21	17	47	42	72	174
Schweden	3	10	37	40	75	145
USA [**]	48	50	57	56	98	153
Mittelwert	21	22	43	48	64	122
Mittelwert indixiert, 1975 = 100	100	106	212	235	312	595

Abb. 1.5 Entwicklung der Börsenkapitalisierung im Verhältnis zum Brutto-Inlandsprodukt in einigen ausgewählten Ländern. (Quelle: OECD, FIBV; *: Association of Stock Exchanges; **: NYSE, Amex, NASDAQ)

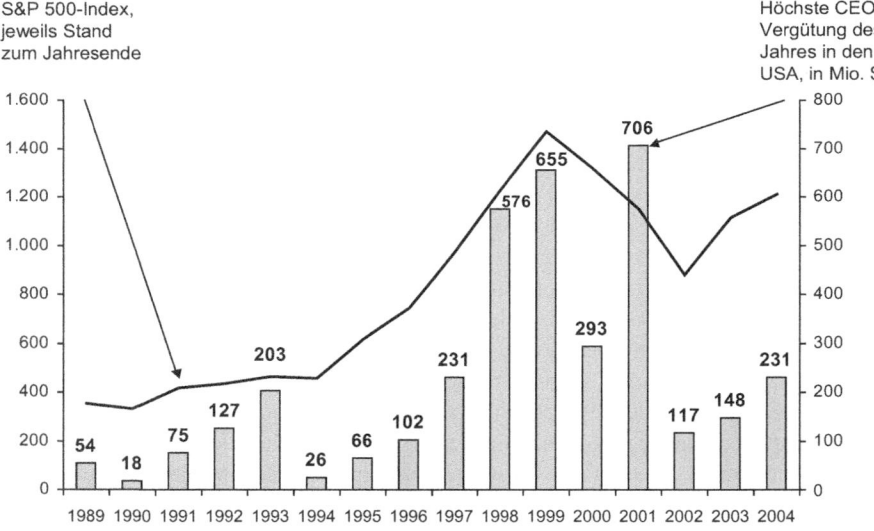

Abb. 1.6 Korrelation von S&P 500-Index zum Jahresende und höchster CEO-Vergütung des Jahres. (Quelle: BusinessWeek, Forbes, Standard & Poor's, eigene Berechnungen)

die *Börsenkapitalisierung*, gemessen im Verhältnis zum Brutto-Inlandsprodukt, zum Ende des Jahrhunderts kräftig an (s. Abb. 1.5).[109]

Die auf die Unternehmenswertsteigerung ausgerichteten *Manager-Vergütungen* haben in den USA zwischenzeitlich zu einer empirisch messbaren Korrelation von Börsenwert und Topmanagement-Vergütung geführt. Abbildung 1.6 zeigt, dass im

---

[109] Vgl. auch Beck und Schlochtermeyer (2003, S. 80).

Zeitraum 1989–2004 die höchste CEO-Vergütung des Jahres und der Index der S&P 500-Werte zum Jahresende signifikant positiv korrelierten (Korrelationskoeffizient 0,758; P-Wert 0,000).[110] Seit dem Ende der „New Economy" und diversen unternehmerischen Skandalen wurden die Vergütungen nach unten korrigiert. Zugleich ist ein weltweiter Modernisierungsprozess in Gang gekommen, der auch in Deutschland bereits zahlreiche Reformwerke hervorgebracht hat.[111]

Ausgelöst durch eine Reihe spektakulärer Unternehmenskrisen[112] war es vor allem der *Kapitalmarkt*, der seit den 1990er Jahren weltweit auf eine Verbesserung der Corporate Governance, insbesondere der Überwachung der obersten Unternehmensorgane mit Blick auf die Wahrnehmung der Interessen der Eigner, drängte. Als Ausfluss der Reformbestrebungen zur Verbesserung der Corporate Governance wurden in einzelnen Ländern durch Regierungen, Börsen, Investoren oder unabhängige Kommissionen spezifische Regelungen ausgearbeitet, die Empfehlungs- oder Gesetzescharakter tragen.[113]

1.2.3 Der Sarbanes-Oxley Act als zentrale Governance-Modernisierung in den USA

Die bekannteste Modernisierung ist sicher der im Juli 2002 ratifizierte US-amerikanische Sarbanes-Oxley Act (SOX), der mit Blick auf die Corporate Governance die Verpflichtungen der Unternehmensführung und ihrer Überwachungsinstitutionen konkretisiert sowie ihre Haftung ausweitet.[114] Es ist zunächst darauf hinzuweisen, dass der SOX in den USA zentrale Bedeutung besitzt, jedoch von anderen Reformansätzen begleitet wurde. So erließen die Börsen NYSE (2002) und NASDAQ (2002) „Corporate Governance Proposals" für dort gelistete Unternehmen.[115] Daneben formierte The Conference Board (Vereinigung großer US-Unternehmen) eine „Commission on Public Trust and Private Enterprise", die

---

[110] Der im Jahre 2004 höchsten US-amerikanischen CEO-Vergütung von 231 Mio. $, die Terry Semel von Yahoo erhielt, liegt lediglich ein Grundgehalt von 600.000 $ zugrunde. Die übrigen 230 Mio. $ der Vergütung sind auf Aktienkurssteigerungen im Geschäftsjahr 2004 zurückzuführen. Vgl. Forbes (2005).

[111] In diesem Zusammenhang sind u. a. die Empfehlung 2004/913/EG der EU-Kommission sowie das deutsche Vorstandsvergütungs-Offenlegungsgesetz (VorstOG) von 2005 zu nennen, die beide auf eine stärkere Transparenz der Managervergütungen abzielen. Vgl. Empfehlung (2004/913/EG, Nr. 5); VorstOG (2005).

[112] Vgl. die Beispiele bei Lenz (2004, S. 219–238); Menzies (2004, S. 7–12).

[113] Zur Begründung der ergänzenden Initiativen auf EU-Ebene vgl. KOM/2003/284, S. 7 f. Als erste zentrale Initiative of EU-Ebene gilt der im November 2002 von einer Expertengruppe um *Jaap Winter* vorgelegte sogenannte „Winter Report". Vgl. Winter Report (2002). Die oben genannte Mitteilung der EU-Kommission KOM/2003/284 stellt u. a. eine Antwort auf den Winter Report dar. Vgl. KOM/2003/284, S. 4.

[114] Vgl. Sarbanes-Oxley Act (2002); ebenfalls etwa Holmstrom und Kaplan (2003, S. 19–27).

[115] Vgl. NYSE (2002); NASDAQ (2002).

ebenfalls 2002 (und Anfang 2003) einen Bericht „Findings and Recommendations" vorlegte.[116]

Der Sarbanes-Oxley Act gilt als die bedeutendste Änderung der US-Wertpapiergesetze seit dem Securities Act von 1933 und dem Securities Exchange Act von 1934. Durch letzteren wurde 1934 die *Security Exchange Commission* (SEC) gegründet, deren Aufgaben bis heute darin bestehen, den Wertpapierhandel vor betrügerischen Handlungen zu schützen und sicherzustellen, dass Kapitalanleger mit entscheidungsrelevanten Informationen versorgt werden. Der SOX gilt für die 7.500 in den USA börsennotierten Gesellschaften (sogenannte SEC Registrants) und ihre im Ausland ansässigen Tochtergesellschaften, für Prüfer und Prüfungsgesellschaften, die diese Unternehmen prüfen, für rund 300 ausländische Gesellschaften, die in den USA notiert sind, sowie deren Abschlussprüfer sowie für alle Prüfer und Prüfungsgesellschaften, die außerhalb der USA Teile bzw. Tochtergesellschaften von US-Konzernen prüfen.

Vorerst nicht betroffen sind die Prüfer bzw. Prüfungsgesellschaften in den USA, die nicht börsennotierte Unternehmen prüfen. Aus den zahlreichen Regelungen des Gesetzes sei hier als wichtige Vorschrift zunächst *Section 101* genannt, die die Gründung eines „*Public Company Accounting Oversight Board*" (PCAOB) als Aufsichtsgremium zur Überwachung der Abschlussprüfung börsennotierter Gesellschaften festlegt.[117] Eine weitere zentrale Neuerung des SOX ist in *Section 301* enthalten, wonach die SEC eine Verordnung zu erlassen hat, die US-Börsen zu verpflichten, bei gelisteten Unternehmen einen unabhängigen Prüfungsausschuss (Audit Committee) zu verlangen.[118] Mit Blick auf die Unternehmensführung und -überwachung sieht der SOX eine deutliche Ausweitung der Verantwortung des Managements vor. Hervorzuheben sind hierbei Abschn. III „Corporate Responsibility" mit *Section 302*, die vom Management eidesstattliche Erklärungen verlangt, sowie Abschn. IV: „Enhanced Financial Disclosures" mit *Section 404*, die einen jährlichen Bericht über die Überwachungssystem der Finanzberichterstattung fordert.

Nach Section 302 (und 906) des SOX haben Chief Executive Officer (CEO) und Chief Financial Officer (CFO) eidesstattliche Erklärungen („certifications") für periodisch bei der SEC eingereichte Berichte abzugeben. Mit diesen Erklärungen bestätigen sie, dass die Situation des Unternehmens richtig dargestellt ist, die veröffentlichungspflichtigen Berichte kritisch durchgesehen wurden und wirksame Überwachungen und Verfahren zur Offenlegung eingerichtet sind. „*Disclosure Controls and Procedures*" (Überwachungen und Verfahren zur Offenlegung) sind nach Section 302 alle unternehmensinternen Überwachungsmaßnahmen, die gewährleisten, dass zu veröffentlichende Informationen ordnungsgemäß sind und dass CEO und CFO diese Informationen rechtzeitig in aufbereiteter Form erhalten. Hierbei geht es um die Qualität und zeitgerechte Veröffentlichung finanzieller sowie nicht-finanzieller Informationen. Hierzu zählen Überwachungsmaßnahmen aus allen drei

---

[116] Vgl. The Conference Board (2003).

[117] Vgl. Niemeier (2003, S. 112–115).

[118] Vgl. Gruson und Kubicek (2003, S. 6–10).

Zielkategorien des COSO „Internal Control – Integrated Framework",[119] sofern sie sich auf die Offenlegungspflichten des Unternehmens beziehen.[120] Bei der Abgabe falscher Erklärungen handelt es sich für CEO und CFO nach Section 906 nun um einen Straftatbestand.[121]

Die SEC hatte durch ihre Final Rule („Management's Reports on Internal Control Over Financial Reporting and Certification of Disclosure in Exchange Act Periodic Reports") zu Section 404 klargestellt, dass Internal Control – anders als in Section 302 – sich hier auf die Ordnungsmäßigkeit der Finanzberichterstattung und damit auf die Erstellung der Abschlüsse nach den Rechnungslegungsvorschriften bezieht.[122] Die Wirksamkeit dieses Überwachungssystems („*Internal Control over Financial Reporting*") ist vom Abschlussprüfer zu testieren, während die „Disclosure Controls and Procedures" nach Section 302 lediglich einer Bewertung durch das eigene Management zu unterziehen sind.[123]

In der Praxis dürfte der größte Implementierungsaufwand mit der Umsetzung von Section 404 verbunden gewesen sein[124]: nach einer FEI-Studie beträgt der von US-Unternehmen geschätzte Aufwand (ohne Prüfer-Testat) durchschnittlich 12.265 Manntage (intern) und durchschnittlich 3.059 Manntage (extern), womit externe Kosten für Beratung, Software etc. von durchschnittlich 732.100 $ verbunden werden.[125] Während die kleineren befragten Unternehmen mit Jahresumsätzen unter 25 Mio. $ (3 % der Befragten) externe Kosten in Höhe von durchschnittlich 170.000 $ kalkulieren, rechnen die befragten Unternehmen mit Jahresumsätzen über 5 Mrd. $ (20 % der Befragten) mit externen Kosten von durchschnittlich 1,4 Mio. $.[126] Zwischenzeitlich hatte die Softwareindustrie eine Vielzahl von „Sarbanes-Oxley Compliance Tools" lanciert.[127] Auch deutsche Unternehmen mit Börsennotierung in den USA hatten sich vorbereitet bzw. umgestellt.[128]

---

[119] Siehe im Detail Kap. 2, 2.3.1.2.

[120] Vgl. COSO (1994); Menzies (2004, S. 43).

[121] Vgl. Gruson und Kubicek (2003, S. 55 f.). In der EU waren durch die 2006 in Kraft getretene Abänderungs-Richtlinie (Richtlinie zur Abänderung der 4. und 7. EG-Richtlinie) alle EU-Mitgliedstaaten u. a. dazu angehalten, ein funktionsfähiges System der Haftung und Strafbewehrung zu gewährleisten, dass die relevanten Vorschriften der 4. und 7. EG-Richtlinie (insbesondere Aufstellung und Veröffentlichung der Jahresabschlüsse und der konsolidierten Abschlüsse sowie der Lageberichte und der konsolidierten Lageberichte) seitens der Kapitalgesellschaften beachtet werden. Aus deutscher Sicht bestätigt die Abänderungs-Richtlinie die geltende Rechtslage, die die Gesamtverantwortung aller Mitglieder des Vorstands und Aufsichtsrats bereits kennt. Vgl. Hüffer (2006, § 93 AktG, Rn. 13a, und § 116 AktG, Rn. 9, und § 171 AktG, Rn. 9 f.); Lentfer und Weber (2006, S. 2358).

[122] Vgl. SEC (2003, II.A.3)

[123] Vgl. Heese (2003, S. 224); Deloitte & Touche et al. (2004, S. 2); Menzies (2004, S. 45).

[124] Vgl. auch Farrell (2004, S. 11 f.).

[125] Vgl. FEI (2004).

[126] Vgl. auch Helbling (2004, S. 36 f.); Biel (2005, S. 16).

[127] Vgl. die Übersicht bei Lanza (2004, S. 46 f.); ebenfalls Robitaille (2004, S. 74–81).

[128] Vgl. Buderath (2003, S. 222 f.).

Für die *Abschlussprüfer* ist insbesondere Section 404 mit der Bestätigung der Einschätzung des Managements hinsichtlich der Wirksamkeit der „Internal Control over Financial Reporting" (als Bestandteil des Prüfungsauftrages zur Prüfung des Jahresabschlusses) von großer Bedeutung.[129] Hier erkennen deutsche Wirtschaftsprüfer mit Blick auf die Prüfung deutscher, an US-Börsen notierter Unternehmen nicht unwesentliche Risiken.[130] In jedem Fall hat sich durch die US-amerikanischen SOX-Regeln die Unabhängigkeit der Abschlussprüfer erhöht.[131]

Unter anderem der mit Section 404 verbundene hohe Aufwand führte bereits in den ersten Jahren nach Inkrafttreten zu starker Kritik der Fachwelt. Diese Kritik richtete sich insbesondere auch gegen den Auditing Standard No. 2, der die Anforderungen der Section 404 SOX präzisierte. Im Jahre 2007 veröffentlichte der PCAOB den Auditing Standard No. 5 („An Audit of Internal Control Over Financial Reporting That Is Integrated with An Audit of Financial Statements"), der den vorherigen Auditing Standard No. 2 ersetzt.[132] Dieser neue Standard soll dazu beitragen, dass bei der Prüfung des Internen Kontrollsystems über die Finanzberichterstattung auf die bedeutsamsten Sachverhalte abgestellt wird, dass Prüfungshandlungen vermieden werden, die zur Erreichung der gewünschten Ziele nicht notwendig erscheinen, und dass der Prüfungsumfang besser an die Größe und Komplexität des jeweiligen Unternehmens angepasst wird. Ergänzend stellte die SEC mit der Final rule 33-9142 2010 kleinere kapitalmarktorientierte Unternehmen von den Anforderungen frei.[133]

1.2.4 *Modernisierungen der Corporate Governance in Deutschland*

Die Reformen des Sarbanes-Oxley Acts sind nicht als rein „amerikanisches Phänomen",[134] sondern als Teil weltweiter Modernisierungsbemühungen zu sehen. In Deutschland wie auch in zahlreichen anderen Ländern wurden parallel Gesetze erlassen, die Ähnliches zu bezwecken versuchen wie der SOX. Hier kommt den US-amerikanischen Reformen eine gewisse Vorbildrolle zu,[135] zumal, wie gezeigt, viele internationale Unternehmen mit Börsennotierung in den USA in jedem Fall den Regelungen des SOX Folge leisten müssen.

Zu beachten sind die Unterschiede hinsichtlich Eigentumskonzentration und Aktionärsschutz in den einzelnen Ländern, wie sie innerhalb der „Debate on comparative

---

[129] Vgl. Menzies (2004, S. 102–108).

[130] Vgl. Lanfermann und Maul (2002, S. 1727); Emmerich und Schaum (2003, S. 677–691).

[131] Vgl. Ebke (2004, S. 507–538).

[132] Vgl. PCAOB (2007, S. 1–56). Der neue Standard gilt für alle Prüfungen des Internen Kontrollsystems über die Finanzberichterstattung für Geschäftsjahre, die am oder nach dem 15. November 2007 enden. Vgl. ebenfalls PCAOB (2006).

[133] Vgl. SEC (2010).

[134] Kämpfer (2004, S. V)

[135] Vgl. Geiger (2003, S. 100).

corporate governance" beleuchtet wurden.[136] So zeigen etwa jüngere vergleichende Untersuchungen einen höheren Grad an Aktionärsschutz in Ländern mit richterlicher Case Law-Orientierung nach anglo-amerikanischem Recht gegenüber Ländern mit Rechtssystemen, die durch die Konzeption des römischen Rechts geprägt sind.[137] Hieraus folgt, dass u. a. diesen rechtsraumspezifischen Diskrepanzen einer Corporate Governance Rechnung zu tragen ist, womit eine reine Übernahme auf andere Länder grundsätzlich nicht infrage kommt.

Die für Deutschland maßgeblichen Initiativen der vergangenen Jahre sind in ihrer zeitlichen Abfolge in Tab. 1.2 grob skizziert. Die Initiativen bedeuten teilweise insofern Neuland, als Vorstände deutscher Unternehmen gewohnt waren, ihr Handeln an gesetzlichen Regelungen, jedoch nicht an Empfehlungen zu orientieren. Normcharakter besitzen in diesem Zusammenhang zunächst neben dem Kapitalaufnahmeerleichterungsgesetz (KapAEG)[138] insbesondere das Gesetz zur Kontrolle und Transparenz im Unternehmensbereich (KonTraG)[139] sowie das Transparenz- und Publizitätsgesetz (TransPuG).[140] Das erste verpflichtet Aktiengesellschaften, ein Risikofrüherkennungssystem einzurichten, während das zweite einige Empfehlungen der Baums-Kommission umsetzt.[141] Insgesamt konnten die grundlegenden Vorschläge der 1. Regierungskommission zu gut 2/3 durch das TransPuG und durch den *Deutschen Corporate Governance Kodex* (DCGK)[142] transformiert werden.

Der DCGK, gegliedert in die Abschnitte (1. Gliederungsebene) Präambel, Aktionäre und Hauptversammlung, Zusammenwirken von Vorstand und Aufsichtsrat, Vorstand, Aufsichtsrat, Transparenz und Rechnungslegung und Abschlussprüfung, stellt das zentrale Reformwerk in Deutschland dar. Dieser Kodex repräsentiert den nationalen deutschen Corporate Governance Kodex, und seine Bedeutung für börsennotierte Gesellschaften entsteht insbesondere dadurch, dass infolge einer Änderung des Aktiengesetzes diese Unternehmen eine *jährliche Entsprechenserklärung* nach § 161 Aktiengesetz (AktG) abzugeben haben, ob den Empfehlungen des DCGK „entsprochen wurde und wird und welche Empfehlungen nicht angewendet wurden oder werden".[143] Etwaige Abweichungen müssen nicht begründet werden, der Kapitalmarkt wird derartige Begründungen jedoch „einfordern".[144] Der DCGK, veröffentlicht im Jahre 2002, wird jährlich vor dem Hintergrund nationaler wie

---

[136] Vgl. Kap. 1, 1.2.2.

[137] Vgl. La Porta et al. (1998, S. 33 f.); Goergen und Renneboog (2002).

[138] Vgl. KapAEG (1998).

[139] Vgl. KonTraG (1998).

[140] Vgl. TransPuG (2000).

[141] Vgl. Baums (2001).

[142] Vgl. DCGK (2010).

[143] § 161 AktG. Zur aktienrechtlichen Entsprechenserklärung vgl. grundlegend Peltzer (2004, S. 39–43); Hüffer (2006, § 161 AktG, Rn. 15). Zur Innen- oder Außenhaftung von Vorstandsmitgliedern bei falschen Angaben vgl. Semler in *MünchKommAktG*, § 161 AktG, Rn. 187 f.; Hüffer (2006, § 161 AktG, Rn. 30).

[144] Vgl. Lutter (2001, S. 236); Ehrhardt und Nowak (2002, S. 336); Peltzer (2004, S. 40).

Tab. 1.2 Die wesentlichen deutschen Governance-Reformschritte

Zeitpunkt	Regelung
April 1998	Inkrafttreten des Gesetzes zur Verbesserung der Wettbewerbsfähigkeit deutscher Konzerne an Kapitalmärkten und zur Erleichterung der Aufnahme von Gesellschafterdarlehen (Kapitalaufnahmeerleichterungsgesetz – KapAEG)
Mai 1998	Inkrafttreten des Gesetzes zur Kontrolle und Transparenz im Unternehmensbereich (KonTraG)
Januar und Juli 2000	Veröffentlichung der Arbeitsergebnisse der privaten Frankfurter Grundsatzkommission Corporate Governance (Leitung: Schneider)
Juni 2000	Veröffentlichung der Ergebnisse „German Code of Corporate Governance" des Berliner Initiativkreises (Leitung: v. Werder)
Januar 2001	Inkrafttreten des Wirtschaftsprüferordnungs-Änderungsgesetzes (Vierte WPO Novelle – WPOÄG)
Juli 2001	Veröffentlichung von Empfehlungen zur Corporate Governance durch die 1. Regierungskommission „Corporate Governance – Unternehmensführung – Unternehmenskontrolle – Modernisierung des Aktienrechts" (Leitung: Baums)
Februar 2002	Veröffentlichung eines Kodex („DCGK") durch die 2. Regierungskommission „Deutscher Corporate Governance Kodex" (Leitung: Cromme)
Juli 2002	Inkrafttreten des Gesetzes zur weiteren Reform des Aktien- und Bilanzrechts, zu Transparenz und Publizität (TransPuG), das Empfehlungen der 1. Regierungskommission aufgreift
Februar 2003	Veröffentlichung (einer überarbeiteten Fassung) des Zehn-Punkte-Programms „Anlegerschutz und Unternehmensintegrität" der Bundesregierung
Oktober 2004	Verabschiedung des Gesetzes zur Einführung internationaler Rechnungslegungsstandards und zur Sicherung der Qualität der Abschlussprüfung (Bilanzrechtsreformgesetz – BilReG)
Oktober 2004	Verabschiedung des Gesetzes zur Kontrolle von Unternehmensabschlüssen (Bilanzkontrollgesetz – BilKoG)
Dezember 2004	Verabschiedung eines Gesetzes zur Fortentwicklung der Berufsaufsicht über Abschlussprüfer in der Wirtschaftsprüferordnung (Abschlussprüferaufsichtsgesetz – APAG)
August 2005	Inkrafttreten eines Gesetzes über die Offenlegung der Vorstandsvergütungen (Vorstandsvergütungs-Offenlegungsgesetz – VorstOG)
November 2005	Inkrafttreten eines Gesetzes zur Unternehmensintegrität und Modernisierung des Anfechtungsrechts (UMAG)
November 2005	Inkrafttreten eines Gesetzes zur Einführung von Kapitalanleger-Musterverfahren (Kapitalanleger-Musterverfahrengesetz – KapMuG)
Juli 2006	Inkrafttreten des Übernahmerichtlinie-Umsetzungsgesetzes (ÜbernRUmsG)
Januar 2007	Inkrafttreten des Gesetzes über elektronische Handelsregister und Genossenschaftsregister sowie das Unternehmensregister (EHUG)
Januar 2007	Inkrafttreten des Transparenzrichtlinie-Umsetzungsgesetzes (TUG)
September 2007	Inkrafttreten eines Gesetzes zur Stärkung der Berufsaufsicht und zur Reform berufsrechtlicher Regelungen in der Wirtschaftsprüferordnung (Berufsaufsichtsreformgesetz – BARefG)
November 2008	Inkrafttreten des Gesetzes zur Modernisierung des GmbH-Rechts und zur Bekämpfung von Missbräuchen (MoMiG)
April 2009	Verabschiedung des Bilanzrechtsmodernisierungsgesetzes (BilMoG)
Juni 2009	Verabschiedung des Gesetzes zur Angemessenheit der Vorstandsvergütung (VorstAG)
Juli 2009	Bundesregierung beschließt Public Corporate Governance Kodex (mit „comply-or-explain"-Mechanismus) für Beteiligungen des Bundes
2010/2011	Drei Grünbücher der EU-Kommission zur Corporate Governance
Dezember 2011	Gesetzgeberische Vorschläge der EU-Kommission zur Abschlussprüfung

internationaler Entwicklungen durch die Regierungskommission „Deutscher Corporate Governance Kodex" überprüft und bei Bedarf durch Novellierungen auf dem neuesten Stand gehalten.[145]

Die wesentlichen weiteren deutschen Reformschritte der letzten Jahre lassen sich wie folgt knapp zusammenfassen: Anfang 2003 veröffentlichte die damalige Bundesregierung eine überarbeitete Fassung ihres erstmals 2002 vorgestellten Zehn-Punkte-Programms „Anlegerschutz und Unternehmensintegrität".[146] Die zeitlich darauf folgenden, in Tab. 1.2 genannten Gesetzesinitiativen dienten im wesentlichen einer (weiteren) *Umsetzung des Zehn-Punkte-Programms.* Das 2004 verabschiedete Bilanzrechtsreformgesetz (BilReG)[147] soll die Unabhängigkeit der Wirtschaftsprüfer stärken und der Fortentwicklung und Internationalisierung des deutschen Bilanzrechts dienen. Durch das Bilanzkontrollgesetz (BilKoG)[148] wurde ein neues Bilanzkontrollverfahren (Enforcement) in Deutschland eingeführt. Das Abschlussprüferaufsichtsgesetz (APAG)[149] diente als 6. WPO-Novelle der Fortentwicklung der Berufsaussicht über Abschlussprüfer.[150] 2005 wurde ein Gesetz zur Unternehmensintegrität und Modernisierung des Anfechtungsrechts (UMAG),[151] ein Kapitalanleger-Musterverfahrensgesetz (KapMuG)[152] und weiterhin ein Vorstandsvergütungs-Offenlegungsgesetz (VorstOG)[153] verabschiedet. Mitte 2006 folgte ein Übernahmerichtlinie-Umsetzungsgesetz (ÜbernRUmsG), wonach deutsche Unternehmen infolge eines in § 289 HGB neu eingefügten Absatzes 4 in ihrem Lagebericht zahlreiche Angaben zur Kapitalstruktur und zu möglichen Übernahmehindernissen aufzunehmen haben.[154]

Auf EU-Ebene trat im September 2006 eine EU-Abänderungsrichtlinie (Richtlinie zur Abänderung der 4. und 7. EG-Richtlinie) in Kraft, die bis September 2008 in nationales Recht umzusetzen ist.[155] Diese sieht unter anderem ein *Corporate Governance Statement* vor, welches weit über die Entsprechenserklärung nach § 161 AktG hinausgeht.[156] Dieses Corporate Governance Statement betrifft jedoch ebenfalls nicht kapitalmarktferne Unternehmen im Sinne der in der Einleitung getroffenen Abgrenzung.[157]

---

[145] Vgl. DCGK (2010), Präambel.

[146] Vgl. BMJ (2003).

[147] Vgl. BilReG (2004).

[148] Vgl. BilKoG (2004).

[149] Vgl. APAG (2004).

[150] Vgl. Wirtschaftsprüferkammer (2004, S. 18–40).

[151] Vgl. UMAG (2005).

[152] Vgl. KapMuG (2005).

[153] Vgl. VorstOG (2005).

[154] Vgl. ÜbernRUmsG (2006).

[155] Vgl. RL 2006/46/EG.

[156] Vgl. RL 2006/46/EG, Art. 46, Buchstabe a.

[157] Vgl. Lenfter und Weber (2006, S. 2358 f.).

Im Jahre 2007 traten zunächst das Gesetz über elektronische Handelsregister und Genossenschaftsregister sowie das Unternehmensregister (EHUG)[158] und das Transparenzrichtlinie-Umsetzungsgesetz (TUG)[159] in Kraft. Ebenfalls im Jahre 2007 trat als Reaktion auf die novellierte 8. EU-Richtlinie („EU-Abschlussprüferrichtlinie")[160] das Berufsaufsichtsreformgesetz (BARefG)[161] in Kraft. Mit dem Referentenentwurf eines Bilanzrechtsmodernisierungsgesetzes (RefE BilMoG) wurde im November 2007 ein lang erwartetes Reformvorhaben vorgestellt, welches die handelsrechtliche Bilanzierung grundlegend geändert hat. Mit dieser Reform sollte das HGB-Bilanzrecht zu einer kostengünstigen und einfachen Alternative zu den internationalen Rechnungslegungsstandards – gerade für kleine und mittelständische Unternehmen – weiterentwickelt werden.[162] Daneben wurde durch das BilMoG die EU-Abschlussprüferrichtlinie sowie die EU-Abänderungrichtlinie in nationales Recht umgesetzt, weshalb das BilMoG für die Corporate Governance deutscher Unternehmen eine hohe Relevanz besitzt. Enthalten ist dabei auch in Umsetzung der oben genannten EU-Abänderungsrichtlinie eine Ergänzung des § 289 HGB um einen neuen Absatz 5, der kapitalmarktorientierte Kapitalgesellschaften verpflichtet, im Lagebericht die wesentlichen Merkmale des Risikomanagementsystems im Hinblick auf den Rechnungslegungsprozess zu beschreiben. Das BilMoG wurde im April 2009 nach ausführlicher Diskussion verabschiedet.[163]

Im November 2008 trat zuvor das Gesetz zur Modernisierung des GmbH-Rechts und zur Bekämpfung von Missbräuchen (MoMiG) in Kraft.[164] Im Jahre 2009 wurde ein Gesetz zur Angemessenheit der Vorstandsvergütung (VorstAG) verabschiedet,[165] und die Bundesregierung beschloss einen Public Corporate Governance Kodex (mit „comply-or-explain"-Mechanismus) für Beteiligungen des Bundes.[166]

Seit dem Ende der jüngsten Finanzmarktkrise sind auf Ebene der Europäischen Union Reformvorhaben zur Verbesserung der Corporate Governance angestoßen worden, die sich zunächst in viel beachteten Grünbüchern niedergeschlagen haben. Es sind dies insbesondere die Grünbücher „Corporate Governance in Finanzinstituten und Vergütungspolitik",[167] „Weiteres Vorgehen im Bereich der Abschlussprüfung: Lehren aus der Krise"[168] und „Europäischer Corporate Governance-Rahmen".[169]

---

[158] Vgl. EHUG (2006, S. 2553–2586). Zur Offenlegung der DCGK-Entsprechenserklärung nach dem durch das EHUG reformierten § 325 HGB vgl. Strieder und Kuhn (2006, S. 2250).

[159] Vgl. TUG (2007).

[160] Vgl. RL 2006/43/EG.

[161] Vgl. BARefG (2007).

[162] Vgl. Fülbier und Gassen (2007, S. 2605–2612).

[163] Vgl. BilMoG (2009).

[164] Vgl. MoMiG (2008).

[165] Vgl. VorstAG (2009).

[166] Vgl. Bundesministerium der Finanzen (2009).

[167] Vgl. KOM/2010/284.

[168] Vgl. KOM/2010/561.

[169] Vgl. KOM/2011/164.

Für die Abschlussprüfung wurde ein gesetzgeberischer Vorschlag Anfang Dezember 2011 vorgelegt.[170]

Insgesamt geht mit den Reforminitiativen eine deutche Erhöhung der *Regulierungsdichte* einher.[171] Ebenfalls werden in den USA Zentralisierungstendenzen durch den Sarbanes-Oxley Act erkannt.[172] Daneben werden rechtliche Konsequenzen („fear of litigation"), die die Personalsuche erschweren können, und Kostensteigerungen kritisiert.[173] Vor diesem Hintergrund wird gegenwärtig gar eine Welle von Umstrukturierungen („going private") von US-Kapitalgesellschaften erwartet.[174]

In der Diskussion der Corporate Governance hat sich – unabhängig von länder- und rechtsraumspezifischen Inhalten – die Auffassung geformt, dass ein wesentlicher Beitrag zur Vermeidung von Unternehmenskrisen aus internen *Risikofrüherkennungssystemen* sowie Prüfungen der *Internen Revision*, flankiert durch externe *Überwachungsmaßnahmen*, resultiert.[175] Im Rahmen des deutschen KonTraG wurde in Verbindung mit der Formulierung des § 91 Abs. 2 AktG und seinen Auslegungen neben dem Internen Überwachungssystem und dem Früherkennungssystem auch das *Controlling* als Teil des Risikomanagementsystems genannt. In den Vorschlägen der beiden Regierungskommissionen finden sich aber zur Bedeutung und Stellung des Controlling im Kontext der Corporate Governance keine konkreten Hinweise; das Stichwort „Controlling" sucht man beispielsweise im Stichwortverzeichnis des Berichts der Baums-Kommission vergebens.[176]

Die Betrachtung der Modernisierungsbemühungen einer Corporate Governance als Rationalitätssicherung[177] zielt auf den Unternehmensbestand gefährdende Rationalitätsdefizite auf Seiten der Vorstände ab: *Opportunismus* (etwa persönliche Karriereziele und Macht kontra Interessen des Unternehmens bzw. der Eigner) auf der einen Seite und kognitive Begrenzungen (etwa Mängel beim Umsetzen einer durch Unternehmensexterne als gefahrvoll wahrgenommenen Strategie) auf der anderen Seite.[178] Die Diskussion vor dem Hintergrund des Rationalitätssicherungsansatzes zeigt, dass sowohl das Controlling als auch die Reformbestrebungen zur Verbesserung der Corporate Governance auf die Unternehmensführung einwirken. Das Controlling unterstützt die Unternehmensführung durch rationalitätssichernde Aufgaben der Zielbildung, Planung, Kontrolle, Koordination und Information. Auch der (internationale) Kapitalmarkt bewirkt – über die angestoßenen Reformbestrebungen zur Verbesserung der Corporate Governance – eine Rationalitätssicherung, indem er eine *zielgerichtete Führung und Überwachung von Unternehmen* verlangt.

---

[170] Vgl. COM/2011/778 und COM/2011/779/3.

[171] Vgl. Freidank und Paetzmann (2004, S. 893–919); Biel (2005, S. 16).

[172] Vgl. Holmstrom und Kaplan (2003, S. 22).

[173] Vgl. FEI (2004).

[174] Vgl. Engel et al. (2004, S. 1).

[175] Vgl. BDI/PwC (2002, S. 48).

[176] Vgl. Baums (2001, S. 349); ebenfalls Peemöller (2002, S. 124).

[177] Vgl. Einleitung zu diesem Buch.

[178] Vgl. Langenbach (2001, S. 155–170); Weber (2002, S. 436).

Damit ergänzen sich – in der Sichtweise des Rationalitätssicherungsansatzes – das führungsunterstützende Controlling und die in Rede stehenden Umbrüche im Kontext der Corporate Governance.[179]

1.2.5 Besondere Charakteristika kapitalmarktferner Produktionsunternehmen in der deutschen Bank-based Economy

Mit Blick auf die hier betrachteten deutschen *kapitalmarktfernen Produktionsunternehmen* soll nun das für diese relevante Governance-System präzisiert werden. Die traditionelle deutsche Governance-Struktur beruht auf drei Grundfesten[180]: Die dominante Rolle der Banken innerhalb eines Systems gegenseitigen Beteiligungsbesitzes („cross-shareholdings"), das System der unternehmerischen Mitbestimmung einschließlich des paritätischen Modells[181] und ein hoher Grad an Produktionszentrierung des leitenden Managements.[182] Diese traditionelle Orientierung an technischen Innovationen und hohe Wertschätzung der Ingenieurskunst ist in deutschen Unternehmen deutlich stärker als etwa in britischen Unternehmen zu beobachten.[183] Die Produktionszentrierung und technische Innovationskraft, aber auch das konsensorientierte Mitbestimmungsmodell, galt bis in die 1980er Jahre hinein als wichtiger Erfolgsfaktor Deutschlands im globalen Wettbewerb.[184]

Das Netz gegenseitiger Beteiligungen zwischen deutschen Großunternehmen, umgangssprachlich oft als „Deutschland AG" tituliert, bestand noch bis in die 1990er Jahre hinein. Kennzeichnend für diese „Deutschland AG" war insbesondere die hohe Bedeutung von Banken und Versicherungen.[185] Seitdem ist eine gewisse Entflechtung in Gang gekommen,[186] unter anderem durch eine fortschreitende Konsolidierung des Finanzdienstleistungssektors (etwa Kauf der Dresdner Bank durch die Allianz).

---

[179] Vgl. Freidank und Paetzmann (2003, S. 311); Günther (2003a, S. 44 f.).

[180] Vgl. Jürgens und Rupp (2002, S. 2).

[181] Vgl. grundlegend Theisen (1991, S. 261–314).

[182] Vgl. Lawrence (1980, S. 98).

[183] Vgl. Millar (1979, S. 63); Eberwein und Tholen (1993, S. 173).

[184] Vgl. Porter (1990, S. 571), der zur Situation Deutschlands zusammenfasst: „German success has been uniquely self-reinforcing. ... [It] allowed Germany to twice recover innovation-driven advantage after world wars. Yet Germany also shows signs of movement into the wealth-driven stage. Market share losses far outnumber gains. Like Switzerland, they include many advanced industries ..., along with more predictable losses in resource-sensitive and less sophisticated industries. Evolving financial markets and a new breed of financial oriented managers are shifting investor and company goals. Unions are increasingly a force retarding dynamism. ... The inability to successfully enter new industries is of concern, made pressing by substantial unemployment." Vgl. ebenfalls Keasey et al. (1997, S. 11); AKEIÜ (2007, S. 177 f.).

[185] Vgl. auch Schmidt et al. (1997, S. 65–67).

[186] Vgl. Wójcik (2001, S. 1–36); Brealey et al. (2011, S. 854 f.).

Der hohe *Einfluss der Banken* innerhalb des deutschen Governance-Systems manifestiert sich insbesondere durch die Elemente Auftrags-/Vollmachts-/Depotstimmrecht, Beteiligungsbesitz, Aufsichtsratsmandate und Kreditvergabe. Bei der Kreditvergabe ist eine im Vergleich zu anderen Ländern relativ starke Position der Banken in der Insolvenz zu konstatieren: „strong legal protection of creditors, particularly of secured creditors".[187] Dies gilt insbesondere mit Blick auf die Wahl und Abwahl des Insolvenzverwalters.[188] Hinsichtlich des Einflusspotentials der Banken auf deutsche Unternehmen ist in der Literatur umfangreich diskutiert worden, inwieweit die genannten Elemente *kumulativ* wirken. Hierzu werden oft „chinese walls" zwischen Bankbereichen oder andere organisatorische Vorkehrungen (beispielsweise durch die Organisation des Depotstimmrechts im Kommunikationsbereich der Bank abseits des Tagesgeschäfts) genannt, durch die keine Interessensvermischung auftrete. Kritiker sehen gleichwohl gerade im kumulativen Zusammenspiel der Einflusspotentiale die (unerwünschte) Macht der Banken, obwohl empirische Untersuchungen signifikante Zusammenhänge nur teilweise erkennen können.[189]

Diskutiert wird ebenfalls die Frage, inwieweit die Banken Einfluss auf die Performance eines Unternehmens ausüben.[190] Die hierzu vorliegenden empirischen Untersuchungen zeigen ein uneinheitliches Bild. So finden sich positive Effekte etwa bei Cable,[191] während Andere[192] negative Effekte erkennen. Aufgrund des hohen Einflusses der Banken auf das wirtschaftliche Geschehen – sowohl bei kapitalmarktorientierten als auch kapitalmarktfernen Unternehmen – wird Deutschland (wie auch Japan) als eine *Bank-based Economy* bezeichnet.[193] Deutschland wird sogar als Prototyp einer Bank-based Economy genannt.[194]

In der Sichtweise der Principal-Agent-Theorie kann sich ein hoher überwachender Einfluss rechtfertigen, wenn es den Banken besser als dem Kapitalmarkt gelingt, *Informationsasymmetrien* zu senken und damit Agency-Kosten zu reduzieren. In der Delegated Monitoring-Diskussion wird argumentiert, dass die Banken bei der Überwachung im Vergleich zu (Klein-)Aktionären Effizienzvorteile nutzen können, vor allem aus ihrer engen Hausbankbeziehung und Spezialisierung resultierend.[195] Die in diesem Zusammenhang ebenfalls adressierte Frage des „who monitors the

---

[187] La Porta et al. (2000, S. 21).

[188] Vgl. Paetzmann (2005a, S. 194).

[189] Vgl. etwa Seger (1997, S. 9).

[190] Vgl. Schmidt et al. (1997, S. 142, 152–158).

[191] Vgl. Cable (1985, S. 118–132).

[192] Vgl. etwa Perlitz und Seger (1994, S. 49–67); Seger (1997, S. 9).

[193] Vgl. OECD (1995, S. 13–35); Schmidt und Prigge (1999, S. 1281–1285); Brealey et al. (2011, S. 854).

[194] Vgl. Köke (2004, S. 54).

[195] Vgl. Halpern (2000, S. 12). Zur Reduzierung asymmetrischer Informationen durch ein Monitoring der Kapitalgeber, zur Idee des delegierten Monitoring und zur Begründung der Finanzintermediation grundlegend Diamond (1984, S. 393–414). Vgl. ebenfalls Edwards und Fisher (1994, S. 196–227); Süchting und Paul (1998, S. 19–25); Rajan und Diamond (2000); Köke und Renneboog (2003); Hartmann-Wendels et al. (2004, S. 122–129); Paetzmann (2004, S. 9 f.).

monitor" bzw. nach den Anreizen der Banken zu überwachen kann durch bankenaufsichtsrechtliche Regulierungen (etwa „Basel II") beantwortet werden – hierauf
wird unten näher eingegangen.[196]
  Es ist festzustellen, dass in Deutschland wie auch im übrigen Kontinentaleuropa
traditionell *Familienunternehmen* eine größere Rolle spielen als in angelsächsischen Ländern.[197] Von vielen Eigentümerfamilien kapitalmarktorientierter Unternehmen, die hohen Wert auf unabhängige unternehmerische Entfaltung legen,[198]
werden die gegenwärtigen Modernisierungen der Corporate Governance als Bedrohung angesehen.[199] Für den börsennotierten Mittelstand sind damit zahlreiche
Kodex-Empfehlungen und -Anregungen unpraktikabel.[200]
  Die große Mehrzahl der deutschen (Familien-)Unternehmen ist jedoch *nicht kapi-
talmarktorientiert* und strebt eine solche Kapitalmarktorientierung auch nicht an,[201]
so dass die obigen, überwiegend kapitalmarktbezogenen, Ausführungen für diese nur
begrenzt gelten. Gleichwohl postulierte die Regierungskommission in der Präambel
zum DCGK eine gewisse Allgemeingültigkeit der DCGK-Standards: „Der Kodex
richtet sich in erster Linie an börsennotierte Gesellschaften. Auch nicht börsennotierten Gesellschaften wird die Beachtung des Kodex empfohlen".[202] Schließlich
enthält der DCGK allgemein gültige Standards guter Unternehmensführung, die unabhängig von der spezifischen Rechtsform berücksichtigt werden können. Obwohl
Spezifika kapitalmarktferner Unternehmen vom Kodex gar nicht erfasst werden (sollen), etwa die hohe Bedeutung der Kreditversorgung und (damit einhergehend), die
typischen Defizite der Eigenkapitalausstattung, die Nachfolgeproblematik oder die
Unabhängigkeit vom Kapitalmarkt mit ihren Vorteilen, soll die weitere Diskussion
(der Führung und Überwachung kapitalmarktferner Unternehmen) einer möglichen
mittelbaren Geltung des DCGK ausreichend Rechnung tragen.[203]
  Mit Blick auf deutsche kapitalmarktferne Familienunternehmen, bei denen die
Bankenfinanzierung traditionell eine hohe Bedeutung einnimmt, steigt seit einigen Jahren die *Intensität des Banken-Monitorings* mit Blick auf Informationstiefe
und -frequenz. Dies konnte in der Auswertung von Paetzmann[204] auf der Grundlage der durch Freidank und Paetzmann[205] erhobenen Daten untermauert werden.
Paetzmann zeigt, dass sich das Monitoringverhalten deutscher Banken bei kapitalmarktfernen Unternehmen in der Betrachtung nach Bankengruppen nicht nur

---

[196] Vgl. Becht et al. (2002, S. 40).
[197] Vgl. Vgl. Daily und Dollinger (1992, S. 117–136); Aronoff und Ward (1995, S. 121–130);
Paetzmann (2006a, S. 344).
[198] Vgl. Aghion und Bolton (1992, S. 473–494).
[199] Vgl. La Porta et al. (2000, S. 24).
[200] Vgl. KPMG (2003, S. 7).
[201] Vgl. Paetzmann (2004, S. 7).
[202] DCGK (2010), Präambel.
[203] Vgl. KPMG (2003, S. 10); Paetzmann (2006a, S. 337–347).
[204] Vgl. Paetzmann (2004).
[205] Vgl. Freidank und Paetzmann (2002, S. 1785–1789).

geringfügig unterscheidet, wie noch zuvor von Freidank und Paetzmann angenommen.[206] Ermittelt wurden signifikante Unterschiede zwischen dem Großbanken- und dem Sparkassensektor mit Blick auf die Bedeutung einzelner Analysematerialien.[207]

Zunächst wurde die Bedeutung von *Planungsunterlagen und Zwischenberichten* des Unternehmenskreditkunden als Grundlage für Kreditentscheidungen von den befragten Großbanken höher eingeschätzt als von Sparkassen. Dabei korreliert die gemessene Bedeutung beider Informationsquellen mit 0,475 (P-Wert: 0,000). Es bleibt abzuwarten, ob im Zuge der Einführung „Basel II"-konformer bankinterner Ratingsysteme in allen Instituten diese signifikanten Unterschiede in Bezug auf die Bedeutung von Planungen (t-Test: 2,83; signifikant bei einem Konfidenzniveau von 1 %) und Zwischenberichten (t-Test: −2,21; signifikant bei einem Konfidenzniveau von 5 %) verbleiben.[208]

Ferner zeigt die Untersuchung, dass die befragten fünf Großbanken im Vergleich zu den rund 50 befragten Instituten des Sparkassensektors insgesamt uniformer agieren. Der arithmetische Mittelwert der Varianzen aller gemessenen Variablen liegt bei den Großbanken bei 0,80, verglichen mit 0,88 bei den Sparkassen und Landesbanken.

Eine Gegenüberstellung der zu allen Variablen gemessenen Mittelwerte nach Bankengruppen ergibt eine insgesamt höhere Bedeutungsbeimessung des Analysematerials seitens der Großbanken als seitens des Sparkassensektors. Nach einem durchgeführten t-Test (−2,21) sind diese Unterschiede bei einem Konfidenzniveau von 5 % signifikant.

Es kann erwartet werden, dass sich das Monitoring-Verhalten zukünftig insgesamt dem an der Großbanken-Gruppe gemessenen Verhalten annähert. Dies würde eine weitere Zunahme der Monitoring-Intensität seitens der kreditfinanzierenden Banken in Deutschland bedeuten, was gerade für kapitalmarktferne Unternehmen relevant wäre.[209] Die intensivierte Informationslage kann Basis für ein Vertrauensverhältnis von Bank und Unternehmen sein. Unklar ist, ob die Banken aus der hieraus zu erwartenden Reduzierung der negativen Auswirkungen asymmetrisch verteilter Informationen auch zukünftig eine Selbstverpflichtung werden ableiten können, „in Krisensituation den Unternehmen helfend zur Seite zu stehen".[210]

Zugleich senkt die Steigerung der Transparenz und die Erhöhung der Effizienz und Effektivität von Führung und Überwachung potentiell die Kapitalkosten des bankfinanzierten Unternehmens. „Gute Corporate Governance" kann so auch nicht-börsennotierten Unternehmen geringere Kapitalkosten bescheren, wobei der Fokus auf den Fremd-, nicht auf den Eigenkapitalkosten liegt.[211]

---

[206] Vgl. Freidank und Paetzmann (2002, S. 1787).

[207] Vgl. im Folgenden Paetzmann (2004, S. 12–21).

[208] Zur Einführung bankinterner Ratingsysteme nach „Basel II" und zu den Implikationen für nicht-kapitalmarktorientierte deutsche Unternehmen vgl. Paetzmann (2001, S. 496).

[209] Vgl. Totzek (2003, S. 92–94); Perridon und Steiner (2004, S. 402); Betsch und Thomas (2005, S. 26–30); Paetzmann (2005a, S. 194 f.).

[210] Gerke und Bank (2003, S. 332).

[211] Vgl. KPMG (2003, S. 10).

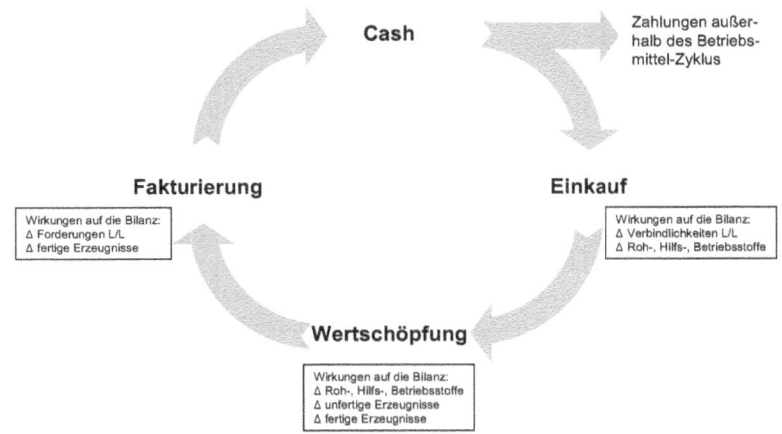

Abb. 1.7 Der Cash-Zyklus des Produktionsunternehmens (vereinfachte Darstellung). (Entnommen aus Paetzmann 2008a, S. 84)

Besondere Bedeutung erlangt die Fremdfinanzierung regelmäßig bei den hier zu diskutierenden *Produktionsunternehmen*,[212] bei denen die langfristige Anlagenfinanzierung neben die kurzfristige Betriebsmittelfinanzierung tritt. Bei produzierenden Unternehmen ist das Verhältnis der durchschnittlichen Kapitalbindungen von Anlage- und Umlaufvermögen auf (realisierte) Investitionsentscheidungen zurückzuführen, welche wiederum mit Entscheidungen im Rahmen der Produktionsdurchführung zusammenhängen: ist der Produktionsverlauf vom Absatz emanzipiert, kann das Unternehmen die Nachfrage mit einer relativ geringen Kapazität (und geringer Kapitalbindung im Anlagevermögen) befriedigen. Dem steht eine höhere Kapitalbindung im Umlaufvermögen gegenüber, denn, anders als bei absatzsynchroner Produktion, bringt eine emanzipierte Produktion höhere Lagerbestände mit sich.[213] Einige Bilanzpositionen sind mit dem Betriebsmittel-Zyklus (Cash-Zyklus) aus Einkauf, Wertschöpfung und Absatz des Produktionsunternehmens besonders eng verbunden (Abb. 1.7).[214]

Vorliegende empirische Untersuchungen lassen den Schluss zu, dass sich im Betriebsmittel-Zyklus eines Produktionsunternehmens nicht nur das unternehmensindividuelle Verhalten hinsichtlich Lagerhaltung für Rohwaren, Zahlungsmodalitäten, Kreditpolitik gegenüber Abnehmern etc. widerspiegelt, sondern auch branchentypische Charakteristika.[215] So kann gezeigt werden, dass insbesondere

---

[212] Zur Systematisierung des Produktionsunternehmens vgl. grundlegend Hansmann (2001, S. 3–6); Schneeweiß (2002, S. 1–6); Bloech et al. (2004, S. 3–9); Günther und Tempelmeier (2005, S. 6–27).

[213] Vgl. Adam (1986, S. 686 f.).

[214] Zu diesen Positionen gehören ebenfalls geleistete und erhaltene Anzahlungen, die in der Abbildung nicht genannt sind.

[215] Vgl. Hawawini et al. (1986, S. 15–24); Shin und Soenen (1998, S. 43).

Produktionsunternehmen der Branche Maschinen- und Anlagenbau lange Cash-Zyklen aufweisen, die mit einem hohen Bedarf an Betriebsmittelfinanzierung (*Working Capital Requirement*) einhergehen.[216]

Von Seiten finanzierender Banken, für die der Betriebsmittelkredit (oft unter Bezeichnungen wie „Barkredit" oder „laufender Kredit") zu einem Standardprodukt im Unternehmenskreditgeschäft gehört, wurden Betriebsmittelkredite – bonitätsabhängig – bislang oft nach „Daumenregeln" vergeben, etwa in Höhe von 1/10 bis 1/8 des Jahresumsatzes eines Unternehmens.[217] Im Anlagen- und Projektgeschäft treten darüber hinaus regelmäßig Projektfinanzierungen neben die Betriebsmittelkredite. Es ist dieser ausgeprägte Finanzierungsbedarf produzierender Unternehmen, der in der Regel zu einem hohen Grad an bankseitiger Kreditfinanzierung führt. Gerade bei kapitalmarktfernen Produktionsunternehmen, denen der Kapitalmarkt als Finanzierungsquelle grundsätzlich verschlossen bleibt, treten die oben genannten Charakteristika der deutschen Bank-based Economy, insbesondere ein intensives Banken-Monitoring, hervor.

1.2.6 Kennzeichnung des deutschen Governance-Systems als Managed Governance

In angelsächsischen Governance-Systemen, die im Gegenzug den Prototyp einer „Market-based economy" verkörpern, wirkt ein „Market for corporate control" disziplinierend auf das Management.[218] Dieser *„Market for corporate control"* bietet marktliche Anreize für das Verhalten des Managements, wobei für ein effizientes Funktionieren eine wichtige Voraussetzung gegeben sein muss: Aktionäre erheben zur Disziplinierung bzw. Überwachung des Managements tatsächlich ihre Stimme („voice"), anstatt die Aktien einfach zu verkaufen („exit"), um Kosten und Ärger der Überwachung zu vermeiden.[219] Typische Kennzeichen für Letzteres sind eine breite Streuung der Aktien ohne dominanten Eigentümer, häufige Wechsel der Aktionäre und keine langfristige Verbundenheit mit dem Unternehmen. Eine asymmetrische Informationsverteilung zwischen Anlegern und Management soll durch eine weitreichende *Transparenz* („disclosure") reduziert bzw. vermieden werden (zeitnahe Information möglicher oder bestehender Aktionäre).[220] Diese Transparenz wird

---

[216] Zum Working Capital Requirement in Unternehmen des kapitalmarktfernen deutschen Maschinenbaus vgl. Paetzmann (2008a, S. 82–94).

[217] Vgl. Rösler und Pohl (2002, S. 167).

[218] Vgl. grundlegend Jensen und Ruback (1983, S. 5–50); Jarell et al. (1988, S. 49).

[219] Vgl. Hachmeister (2002, Sp. 489).

[220] „Transparency is an essential element for the proper functioning of a financial market. It is not only interesting to know who holds the voting rights in a listed company but also constitutes an important prerequisite for achieving transparent securities markets. The timely publication of significant purchases and sales facilitates investor decisions and limits the possible misuse of inside knowledge." Becht und Böhmer (1997, S. 2).

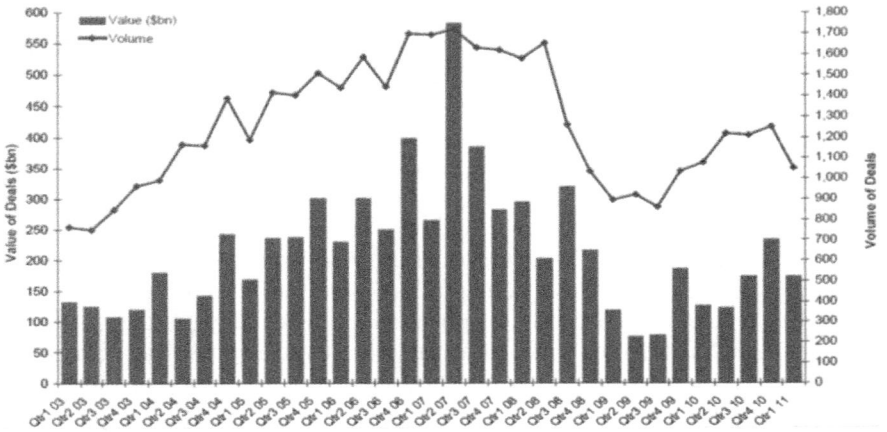

Abb. 1.8 Europäische M&A-Aktivität nach Transaktionsvolumen (in US-$) und -anzahl, quartals-weise, Januar 2003–März 2011. (Vgl. Mergermarket 2011, S. 17)

insbesondere benötigt für die Beurteilung der Wirkung von Unternehmensentscheidungen auf das Aktionärseigentum, die genaue Ermittlung des Unternehmenswertes und die Beurteilung darüber, inwiefern die Anreize der Großaktionäre mit anderen Anlegern übereinstimmen. Da Anleger bei geringerer Transparenz eine höhere Rendite verlangen, kann hieraus die These abgeleitet werden, dass zusätzliche Transparenz die Kapitalkosten von börsennotierten Unternehmen verringert und damit ihre Wettbewerbsfähigkeit erhöht.[221]

Als ein weiteres Kennzeichen eines funktionierenden „Market for corporate control" werden feindliche Übernahmen („hostile takeovers") gesehen. Hierfür gilt eine hohe Aktivität bei *Mergers & Acquisitions* (*M&A*) als wichtiger Indikator.[222] Seit Anfang der 1990er Jahre war ein starker Anstieg auch in kontinental-europäischen Ländern zu verzeichnen.[223] Auch nach Ende der New Economy bleibt der europäische M&A-Markt mit Blick auf Transaktionsanzahl und -volumen rege, wobei jedoch deutliche Effekte infolge der Finanzmarktkrise 2008/2009 zu konstatieren sind (s. Abb. 1.8).

Unabhängig von den in der angelsächsischen Literatur der letzten Jahre zahlreich anzutreffenden Diskussionen, ob die einzelnen M&A-Transaktionen „feindlichen"

---

[221] Zu den Kriterien einer Beurteilung der Stimmrechts- und Anteilspublizität in Deutschland, nämlich einbezogene Unternehmen, Anteilseigneridentität, Konzentrationsgrad, Indirektes Kontrollpotential, Zeitaspekt und Verfügbarkeit, vgl. Bott (2002, S. 196).

[222] Vgl. O'Sullivan (2001, S. 43); Baum et al. (2004, S. 260).

[223] Vgl. Schmidt et al. (1997, S. 125); Jürgens und Rupp (2002, S. 36 f.).

Charakter besitzen,[224] ob „feindliche" Übernahmen erfolgreicher sind als „freund-liche",[225] ob Übernahmen überhaupt wertsteigernde Wirkung haben[226] oder ob eine aktive Partizipation am „Market for corporate control" durch Akquisitionen einen negativen Effekt auf die Innovationskraft haben kann,[227] kann davon ausgegangen werden, dass ein „Market for corporate control" zumindest in einer Bank-based Economy keine disziplinierende Wirkung ausübt.[228]

Die Disziplinierung des Managements erfolgt im deutschen Governance-System durch das Management langfristig mit dem Unternehmen verbundener Stakehol-ders, zu denen vor allem die Anteilseigner, Banken, Mitarbeiter und wichtige Kunden gehören.[229] Mit Blick auf die nachweislich verbreiteten Großaktionärs-Strukturen wird das deutsche wie auch das kontinentaleuropäische (und ebenfalls das japanische) Stakeholder-System daher auch als „long-term large investor mo-del",[230] „network-based model"[231] oder „blockholder-based governance regime"[232] bezeichnet. Die Stakeholder-Sichtweise gewinnt gerade im deutschen System der Mitbestimmung eine große Bedeutung.[233] Im Gegensatz dazu repräsentieren die USA und Großbritannien mit einem hohen Grad an Aktionärsschutz, einer geringen Eigentumskonzentration und einer klaren Shareholder-Ausrichtung das „market-based" Governance-System.[234]

Ein weiterer Ansatz einer Systematisierung der Typen (s. Abb. 1.9) nimmt Bezug auf die disziplinierende Kräfte: Sind diese vornehmlich interner Natur und bestehen aus Vereinbarungen mit Stakeholders, wird von einem „Insider model of corpora-te control" gesprochen. Überwiegen die Marktkräfte mit einem effektiven „Market for corporate control" (Disziplinierung und Überwachung durch den Kapitalmarkt bzw. durch institutionelle Investoren[235]), liegt ein „outsider model" vor. Hier soll in

---

[224] Vgl. etwa O'Sullivan (2001, S. 44).

[225] Vgl. etwa Franks und Mayer (1996, S. 163–181).

[226] Vgl. etwa Rappaport und Sirower (1999, S. 147–158).

[227] Vgl. Hitt et al. (1996, S. 1113).

[228] Vgl. OECD (1998, S. 15–37); Halpern (2000, S. 19); O'Sullivan (2001, S. 49); Köke (2004, S. 75).

[229] OECD (1995, S. 85): „A stylized version of the German model is that it relies on continuous monitoring of managers by other stakeholders, who have a long-term relationship with the firm and engage permanently in important aspects of decision-making and, in case of dissatisfaction, take action to correct management decisions through internal channels."

[230] Becht et al. (2002, S. 59).

[231] Vgl. Mayer (1998, S. 144–176).

[232] Köke und Renneboog (2003, S. 2).

[233] Vgl. Keasey et al. (1997, S. 10).

[234] Vgl. Shleifer und Vishny (1997, S. 737–784); La Porta et al. (1998, S. 33 f.); Halpern (2000, S. 7); Paetzmann (2004, S. 6); Brealey et al. (2011, S. 851).

[235] In den USA nehmen Institutionen, die Sozialkapital (gemeinschaftlich angelegte Mittel zur persönlichen Vorsorge, insbesondere Altersvorsorge) verwalten, einen direkten Zugang zum Kapitalmarkt (über die Börse) in Anspruch. Dies ist anders als in Deutschland. Zum Auftrags-ausführungsprivileg der deutschen Banken vgl. Schmidt und Schleef (2001, S. 663–689).

Managed Governance	Market Governance

	Managed Governance	**Market Governance**
Stakeholder vs. Shareholder model	Disziplinierung erfolgt durch Anteilseigner und durch langfristig mit dem Unternehmen verbundene Stakeholders wie Banken, Mitarbeiter (deutsche Mitbestimmung), Kunden	Disziplinierung erfolgt durch Anteilseigner, insbesondere Institutionelle Investoren und Kapitalmarkt-Analysten
	→ Stakeholder model → Long-term large investor model	→ Shareholder model
Insider vs. Outsider model	Disziplinierung erfolgt durch „interne" Kräfte, nämlich durch Manager von Großaktionären im Aufsichtsrat und durch verbundene Netzwerk-Partner (japanisches Keiretsu)	Disziplinierung erfolgt durch „externe" Kräfte des Marktes, insbesondere durch den „Market for corporate control" einschließlich feindlicher Übernahmen
	→ Insider model → Blockholder-based model → Network-based model	→ Outsider model → Market-based model

Abb. 1.9 Gegenüberstellung der Disziplinierungsmechanismen in den Governance-Typen. (Entnommen aus Paetzmann 2006a, S. 339)

Anlehnung an Kim und Hoskisson[236] von Managed Governance versus Market Governance gesprochen werden. Damit bezieht sich der vorliegende Untersuchungsrahmen innerhalb der Bank-based Economy Deutschland auf das (idealtypisch) vorherrschende System einer *Managed Governance*.

Innerhalb der „Debate on comparative corporate governance" (s. oben) wird bei der Kennzeichnung angelsächsischer Governance-Systeme traditionell die hohe Bedeutung des Eigenkapitalmarktes bei der Unternehmensfinanzierung hervorgehoben.[237] Empirische Untersuchungen können diese hohe Bedeutung indes nicht belegen.[238] Eine Untersuchung von Mayer belegt sogar in Ländern mit Market Governance-Systemen, die nicht als „bank-based" zu qualifizieren sind, die *hohe Bedeutung der Banken* für die Unternehmensfinanzierung.[239]

---

[236] Kim und Hoskisson (1997, S. 174).

[237] Vgl. O'Sullivan 2001, S. 5.

[238] Vgl. Ciccolo und Baum (1985, S. 81–109); Mayer (1988, S. 1167–1189); Corbett und Jenkinson (1996, S. 71–96).

[239] Vgl. Mayer (1999, S. 1).

1.3 Zwischenfazit

Die Diskussion der Rationalitätssicherung der Führung sowie der Corporate Go-vernance hat gezeigt, dass, anders als in der normativen Theorie vorausgesetzt, Führungsentscheidungen bei deskriptiver Betrachtung *Rationalitätsengpässe* etwa durch Wissensdefizite aufweisen. Um *Rationalität* zu sichern, ist stets das Ergebnis einer Handlung zu betrachten, wobei insbesondere in komplexen Situation auch die Inputrationalität und die prozedurale Rationalität im Blickpunkt stehen. Im Nach-hinein kommt es jedoch nur auf die substantielle Rationalität an, denn letztlich zählt – wie meist im Leben – nur das Ergebnis einer Handlung.

Führung wird nach herrschender Meinung durch *Controlling* unterstützt, wobei sich in der Literatur verschiedene Strömungen einer Controllingexplikation finden. Der neuere Rationalitätssicherungsansatz des Controlling betont die je nach Kontext unterschiedlich starke Rationalitätssicherungsfunktion des Controlling und vermag andere Strömungen zu integrieren. Rationalitätssicherung wird jedoch nicht allein durch die Institution der Controller betrieben, zumal diese vorwiegend nur dort anzu-treffen sind, wo formalisierte Planungssysteme vorherrschen. Auch *andere interne Träger* einer Rationalitätssicherung (etwa die Interne Revision) leisten ihren Beitrag genauso wie *externe Träger* (etwa Aufsichtsrat oder Abschlussprüfer).

Zu den externen Trägern einer Rationalitätssicherung gehören auch *Märkte* (Produkt- und Kapitalmärkte). Während die Rationalitätssicherung durch Kapital-märkte aus Sicht eines Unternehmens i. d. R. erwünscht und zu fördern ist, sollte mit Blick auf im Produktmarkt anzustrebende Wettbewerbsvorteile eine Rationali-tätssicherung durch den Produktmarkt gerade vermieden werden. Wichtig ist, die Erwartungen eines Marktes (Produkt- und Kapitalmarkt), die sich später in den Ra-tionalitätssicherungsmechanismen des Marktes niederschlagen werden, frühzeitig zu antizipieren. Für diese *Antizipation der Markterwartungen* und -entwicklungen lie-gen zwei Strategien vor, die – anders formuliert – die Risiken des Marktes frühzeitig zu erkennen versuchen.

Die Modernisierungsbemühungen der letzten Jahre mit Blick auf die Corporate Governance beruhten wesentlich auf den *Erwartungen des Kapitalmarktes* an die Vorstände börsennotierter Aktiengesellschaften. In der Betrachtungsweise des Ra-tionalitätssicherungsansatzes sichert der Eigenkapitalmarkt Rationalität. Corporate Governance bedeutet die zielgerichtete Führung und Überwachung von Unter-nehmen und beinhaltet Mechanismen zur Regelung von Kompetenzen, Schaffung von Anreizen, Installierung von Überwachungsprozessen und Koordinierung von Außenbeziehungen des Unternehmens.

Das deutsche Governance-System wurde – im Abgrenzung zum angelsächsi-schen Market Governance-System (funktionierender „Market for corporate control") – als System einer *Managed Governance* tituliert, bei dem die Disziplinierung bzw. Überwachung des handelnden Managements vorwiegend aus dem internen, langfristig verbundenen Umfeld des Unternehmens heraus erfolgt. Hierbei spie-len die kreditfinanzierenden Banken gerade bei kapitalmarktfernen Unternehmen eine große Rolle. Dies gilt nochmals mehr für *kapitalmarktferne Produktionsun-ternehmen*, bei denen die langfristige Anlagenfinanzierung neben die kurzfristige Betriebsmittelfinanzierung tritt.

Übereinstimmung herrscht in Theorie und Praxis darüber, dass im Rahmen der Corporate Governance der *Risikofrüherkennung*, den Prüfungen der *Internen Revision* sowie *externen Überwachungsmaßnahmen* eine hohe Bedeutung zukommt.[240] Das folgende Kap. 2 wird die Begriffe Risiko, Risikomanagement und Überwachung beleuchten.

---

[240] Vgl. Langenbucher (2003, S. 56).

Kapitel 2
Risiko, Risikomanagement und Unternehmensüberwachung

2.1 Risikobegriffe

Sämtliche zukunftsgerichteten Entscheidungen eines Unternehmens bergen Risiken in sich, da sie unter Unsicherheit getroffen werden.[1] Der Begriff des Risikos wird in den Wirtschaftswissenschaften mit unterschiedlichen Bedeutungen belegt. Einigkeit besteht darin, dass ein Entscheidungsträger in der Realität über seine Handlungen unter *Unsicherheit* bezüglich der Handlungsergebnisse entscheidet, da erstens auf die kausalen und finalen Beziehungen zwischen Handlung und Ergebnis nicht vorhersehbare Umwelteinflüsse wirken und zweitens keine vollkommenen Informationen über den Zusammenhang zwischen Handlung und Ergebnis vorliegen. Unsicherheit ist damit ein zentrales Merkmal einer Entscheidung.[2]

Anders als bei einer Entscheidung unter *Ungewissheit* wird bei der Entscheidung unter *Risiko* die Verfügbarkeit objektiver oder subjektiver Wahrscheinlichkeiten für den Eintritt der Umweltzustände unterstellt.[3] Einige Theorien behandeln Entscheidungen durchweg als Risikosituationen, so dass die Differenzierung zwischen Entscheidungen unter Risiko und unter Ungewissheit teilweise obsolet erscheint,[4] während andere eine Kategorisierung in eine Unsicherheit 1. Ordnung (Vorliegen objektiver Eintrittswahrscheinlichkeiten für alle zukünftigen Umweltzustände), 2. Ordnung (Vorliegen subjektiver Eintrittswahrscheinlichkeiten für alle zukünftigen Umweltzustände), 3. Ordnung (Vorliegen keinerlei Eintrittswahrscheinlichkeiten, Umweltzustände der Art nach jedoch bekannt) und 4. Ordnung (zukünftige Umweltzustände nicht einmal der Art nach bekannt) treffen.[5]

---

[1] Vgl. Porter (1999, S. 561 f.); Brebeck (2002, Sp. 2071); Slywotzky und Drzik (2005, S. 38); IDW (2006, S. 1599, Rn. 6).

[2] Vgl. Farny (1979, S. 12); Raiffa (1979, S. 13 f.); Albach (1984, Sp. 4036–4041); Jacob (1986a, S. 396 f.); Müller (1993, Sp. 3814); Sieben und Schildbach (1994, S. 3, 18); Kromschröder (2001, S. 282 f.); Pinkwart (2002, S. 56 f.); Lachnit und Müller (2003, S. 566); Farny (2011, S. 26).

[3] Vgl. Sieben und Schildbach (1994, S. 26); Wall (2003a, S. 665).

[4] Vgl. Müller (1993, Sp. 3814).

[5] Vgl. Weber et al. (1999b, S. 13). Vgl. ebenfalls Courtney et al. (1997, S. 4 f.).

K. Paetzmann, *Corporate Governance,*
DOI 10.1007/978-3-642-28065-8_2, © Springer-Verlag Berlin Heidelberg 2012

Im Sinne des angenommen Wortursprungs, ursprünglich wohl aus dem Lateinischen von risicare [= Klippe umschiffen] abgeleitet als Gefahr, an einer Klippe zu scheitern,[6] manifestiert sich Risiko zunächst in *Gefahren im Sinne von Schadenereignissen* wie Feuer, Sturm, Unfall, Krankheit, Tod etc., die die Nutzenposition eines Handelnden verschlechtern. Auch auf das wirtschaftliche Handeln können unsichere Ereignisse wie Konjunktur- und Nachfrageschwankungen, Inflation etc. einwirken, die in der Lage sind, die Nutzenposition des Handelnden zu verschlechtern oder zu verbessern. Damit stellen Risiken nicht nur eine Schaden- oder Verlustgefahr, sondern auch eine Gewinnchance dar.[7] In diesem Zusammenhang wird in der Literatur auch von symmetrischen (Chance und Risiko) bzw. von asymmetrischen (nur Chance oder nur Risiko) Unsicherheiten gesprochen.[8]

Eine weite Begriffsdefinition begreift Risiko unter Einbeziehung der positiven Entwicklungen bzw. Abweichungen: Risiko ist hier die Möglichkeit, dass etwas anders kommt als erwartet (*Risiko im weiteren Sinne*). Dies steht in Zusammenhang mit dem aus der Investitionstheorie bekannten $\mu - \sigma$-*Prinzip*, nach dem die Entscheidungen eines Anlegers ausschließlich auf der Grundlage der erwarteten Rendite μ und der Renditestandardabweichung σ seines Gesamtportfolios beruhen.[9] Auf Basis dieses $\mu - \sigma$-Prinzips agiert ein Anleger im klassischen Portfolioselektionsansatz von Markowitz[10], der die Menge der so genannten $\mu - \sigma$-effizienten riskanten Portfolios ermittelt. Die Anschaulichkeit der auf $\mu - \sigma$-Präferenzen basierenden Portfoliotheorie ergibt sich daraus, dass diese einerseits auf einer Höhenkomponente (Erwartungswert) und andererseits auf einer Risikokomponente (Standardabweichung als Parameter, der die Breite der Streuung einer vorliegenden Wahrscheinlichkeitsverteilung erfasst) basiert.

Wird Risiko lediglich als Verlustgefahr begriffen, so spricht man vom *Risiko im engeren Sinne*. Letztere Begriffsfestlegung ist traditionell in der Versicherungsbetriebslehre und im Risikomanagement üblich.[11] Unterschieden werden dabei *endogene* Risiken, die aus einer Handlung oder Entscheidung im Unternehmen resultieren, von *exogenen* Risiken (etwa Länderrisiken, politische Risiken o. ä.), bei denen die Ursache nicht in unternehmerischen Handlungen oder Entscheidungen zu suchen ist. Gerade die exogenen Risiken, die das Unternehmen von außen bedrohen, können eine hohe Gefahr im Sinne eines potentiell existenzbedrohenden Ausmaßes aufweisen.[12]

Wirtschaftswissenschaftliche Risikobegriffe beziehen sich stets auf eine Abweichung zwischen dem tatsächlichen eintretenden Ereignis und dem mit der größten Wahrscheinlichkeit erwarteten Ereignis (Erwartungswert) oder auf die Möglichkeit

---

[6] Vgl. Kromschröder (2001, S. 282).

[7] Vgl. Freidank (2001c, S. 609); Gebhardt und Mansch (2001, S. 59); Wall (2003a, S. 665); Farny (2011, S. 27).

[8] Vgl. Weber (2002, S. 416).

[9] Vgl. Sieben und Schildbach (1994, S. 60 f.).

[10] Vgl. Markowitz (1952, S. 77–91).

[11] Vgl. Albrecht (1998, S. 4); Farny (2011, S. 28).

[12] Vgl. Reichmann und Form (2000, S. 192 f.).

der Verfehlung eines (zuvor festgelegten) Ziels. Bei Letzterem wird dann von Ziel-
verfehlung oder, bei Vorliegen der weiteren Abgrenzung, von Zielübererfüllung
gesprochen.[13] Dies verdeutlicht den *Zusammenhang von Risiko und Ziel*, der an
verschiedenen Stellen in diesem Buch thematisiert werden wird.

Der deutsche Gesetzgeber legte im Zusammenhang mit Risikomanagementsystemen nach dem KonTraG den engeren Risikobegriff zugrunde.[14] Dieser Definition
folgte der Arbeitskreis „Externe und Interne Unternehmensüberwachung der Unternehmung" der *Schmalenbach-Gesellschaft*. Risiko im engeren Sinne wird dabei als
Gefahr verstanden, dass im Rahmen der Geschäftstätigkeit Verluste entstehen.[15] Ob
bei den zu treffenden Entscheidungen Wahrscheinlichkeiten für das Eintreten zukünftiger Umweltzustände angenommen werden können oder nicht ist bei diesem *engeren
Risikobegriff* unerheblich. Der Risikobegriff umfasst damit sowohl die Risiko- als
auch Ungewissheitssituation der betriebswirtschaftlichen Entscheidungstheorie.[16]

Risiken als auf das Unternehmen potentiell wirkende Verlustgefahren besitzen
dann einen wesentlichen Charakter, wenn sie eine *kritische Schwelle* überschreiten
(können). Den Verlustbegriff und die kritischen Schwellenwerte zu präzisieren und
zu überwachen ist die Aufgabe der Unternehmensleitung – aus ihrer Verpflichtung
heraus, das Unternehmensvermögen sowie den Fortbestand des Unternehmens zu
sichern[17] –, die sich zu diesem Zweck eines einzurichtenden effizienten *Risikomanagements* bedient. Daneben wird zu zeigen sein, dass die *weite Risikoabgrenzung*
in neueren Risikomanagement-Ansätzen wie dem der US-amerikanischen *COSO* im
Mittelpunkt steht. Den Ausführungen in diesem Buch wird grundsätzlich die weite
Risikoabgrenzung, angelehnt an das US-amerikanische Enterprise Risk Management
Framework, zugrunde liegen.

2.2 Risikomanagement

2.2.1 Begriff, historische Entwicklung und Einordnung des Risikomanagements

2.2.1.1 Grundlegendes

Risikomanagement kann als die Gesamtheit aller Maßnahmen zur Risikoerkennung und zum Umgang mit den Risiken unternehmerischer Tätigkeit verstanden

---

[13] Vgl. Hoitsch und Winter (2004, S. 116).

[14] Vgl. Kromschröder und Lück (1998b, S. 1573); IDW (1999, S. 658).

[15] Vgl. Kromschröder und Lück (1998b, S. 1573).

[16] Vgl. Hornung et al. (1999, S. 319); Reichmann und Form (2000, S. 189 f.); Wall (2003a,
S. 665 f.); IDW (2006, S. 1599 f., Rn. 8).

[17] Vgl. Lück (1998b, S. 1925).

werden.[18] Risikomanagement geht historisch auf die US-amerikanische Unternehmenspraxis zurück und begründet sich in einem Einkauf von (Industrie-) Versicherungsdeckungen zum Schutz der betrieblichen Sphäre vor reinen Risiken durch ein *Insurance Handling*. Mit dem Ziel einer Optimierung des Deckungsschutzes hinsichtlich Deckungsumfang und Kosten wurde zunächst der Begriff eines *Insurance Management* geprägt. Gegenstand waren hier weiter die versicherbaren Risiken des Unternehmens.

Vor dem Hintergrund steigender Risiken, die sich insbesondere in zunehmenden Schadenhöhen und -frequenzen bei (Natur-)Katastrophen äußern,[19] und damit steigender Risikokosten sind zunächst Unternehmen in den USA mehr und mehr dazu übergegangen, Risiken nicht nur auf Dritte zu überwälzen, also im wesentlichen Versicherungsschutz zu kaufen, sondern bewusst für Risiken auch Wege einer Vermeidung, Verminderung oder Kompensation zu suchen. Hierbei werden Risiken innerhalb eines *Risk Management* identifiziert, analysiert, bewertet und geeignete Lösungen erarbeitet.[20] Diese Lösungen bestanden zunächst vor allem in einer Selbsttragung von Risiken durch Vereinbarung von Selbstbehalten oder Gründung eines „captive insurers".[21]

Zunehmend wurden auch traditionell nicht versicherbare Risiken[22] wie Preis- oder Wechselkursrisiken[23] Gegenstand der Betrachtung, womit auch spekulative Risiken in das Blickfeld des Risikomanagements gerieten. Bei Einbezug auch spekulativer Risiken wird auch von einem *Risikomanagement im weiteren Sinne* gesprochen.[24] Rückversicherer, später auch Industrieversicherer, reagierten auf diese Entwicklung durch Produktinnovationen, die einen Strauß alternativer Produkte bilden. Hierbei sind neue Produkte mit traditionellem Risikotransfer von solchen mit alternativem Risikotransfer (*Alternative Risk Transfer*) zu unterscheiden.[25] In Europa hat sich in den vergangenen Jahren eine ähnliche Entwicklung hin zu einem Risikomanagement vollzogen, wobei diese insbesondere in Deutschland und Großbritannien auch durch eine beträchtlich gestiegene Versicherungsteuer – vom Versicherungsnehmer ist für den selbst getragenen Teil des Risikos diese nicht zu entrichten – getragen ist.[26]

Bei einem zugleich reine und spekulative Risiken betrachtenden Risikomanagement im weiteren Sinne verwischen sich die Grenzen zu einer *risikobewussten*

---

[18] Vgl. Biermann (1998, S. 5); Kromschröder (1998, S. 687); Kromschröder und Lück (1998, S. 1573 f.); Lachnit und Müller (2001, S. 367); IDW (2006, S. 1599, Rn. 5).

[19] Vgl. bspw. Herold (1993, S. 5–35); Geppert et al. (1997, S. 129–143).

[20] Vgl. Herold und Paetzmann (1997, S. 678); Herold und Paetzmann (1999, S. 13); Wall (2003e, S. 679).

[21] Vgl. Bowers (1998, S. 48); Herold und Paetzmann (1999, S. 32).

[22] Zum Begriff der Versicherbarkeit vgl. Karten (1972, S. 279–299); Farny (2011, S. 36).

[23] Zur Bedeutung vgl. Marsh (2002, S. 10 f.).

[24] Vgl. Wall (2003d, S. 675); Homburg et al. (2005, S. 1069).

[25] Vgl. Herold und Paetzmann (1997, S. 672 f.); Zech (2001, S. 72–77). Zum Begriff des Risikotransfers vgl. Farny (2011, S. 36).

[26] Vgl. Herold und Paetzmann (1999, S. 15).

Unternehmensführung: Erfolgreiches Risikomanagement ist Kern unternehmerischen Handelns und eng mit der planenden und entscheidenden Tätigkeit verbunden.[27]

2.2.1.2 Ökonomische Anforderungen an ein Risikomanagement aus Sicht der Finanzierungstheorie

Auch die *Finanzierungstheorie* beschäftigt sich mit Risikomanagement, und zwar mit dem Management finanzieller Risiken (finanzwirtschaftliches Risikomanagement). Finanzwirtschaftliches Risikomanagement wird verstanden als Gesamtheit aller Finanzierungsmaßnahmen mit dem Ziel, die Wahrscheinlichkeitsverteilung des Unternehmenserfolgs zu optimieren.[28] Wird als Zielgröße des Unternehmenserfolgs der Unternehmenswert herangezogen, ergibt sich eine Wertsteigerung durch finanzwirtschaftliches Risikomanagement (im Kalkül der Discounted Cash Flow-Methode) durch eine Erhöhung der Einzahlungsüberschüsse und/oder eine Senkung des risikoadjustierten Kapitalkostensatzes.[29] Da entsprechend der finanzwirtschaftlichen Ausrichtung die monetären Zielsetzungen der Kapitalgeber im Vordergrund stehen, erfordert dies die Berücksichtigung von Kapitalmarktaspekten und die Einbindung des unternehmensbezogenen Risikomanagements in einen unternehmensübergreifenden Zusammenhang. Als Erklärungsansätze dienen zunächst das auf neoklassischen Prämissen fußende Modigliani-Miller-Theorem sowie das Capital Asset Pricing Model (CAPM), weiterhin auch die neoinstitutionale Finanzierungstheorie mit insbesondere der Agency-Theorie.

Zunächst zeigt das Irrelevanztheorem von Modigliani und Miller, dass unternehmensinterne Kapitalstrukturentscheidungen bei Gültigkeit aller neoklassischen Prämissen (vollständige, kostenlose und symmetrische Informationen bei homogenen Erwartungen, konstante Investitionspolitik, keine Marktzugangsbeschränkungen und einheitliche Zinssätze, keine Transaktionskosten, keine Insolvenzmöglichkeit oder vernachlässigbare Insolvenzkosten, keine oder neutrale Steuern) keinen Einfluss auf den Unternehmenswert haben und daher irrelevant sind. Nur die Durchführung von Investitionen mit positivem Kapitalwert, unabhängig von ihrer Finanzierung, vermag den Unternehmenswert zu steigern.[30]

Die weitere Argumentation fußt auf dem Kapitalmarktgleichgewichtsmodell CAPM, das auf den Erkenntnissen der Portfoliotheorie von Markowitz aufbauend[31] erklärt, welchen Preis diversifizierte Investoren in einem vollkommenen Kapitalmarkt für die Übernahme von Risiko (im Sinne der Standardabweichung der

---

[27] Vgl. Reichmann und Form (2000, S. 189); Weber (2002, S. 413); Wall (2003d, S. 675 f.); Franke und Hax (2004, S. 581); Homburg et al. (2005, S. 1069); Paetzmann (2005b, S. 307); Paetzmann (2005c, S. 282).

[28] Vgl. Franke und Hax (2004, S. 581).

[29] Auf die Discounted Cash Flow-Methode wird in Kap. 3, 3.1.2.5 dieses Buches näher eingegangen.

[30] Vgl. Modigliani und Miller (1958, S. 261–297); Froot et al. (1994, S. 61); Brealey und Myers (2003, S. 91–109); Franke und Hax (2004, S. 339); Kruschwitz (2004, S. 255 f.); Brealey et al. (2011, S. 419–426).

[31] Vgl. Kap. 2, 2.1.

Rendite von Wertpapieren) in Form von Renditeaufschlägen fordern. Aufgrund der gegebenen kostenlosen Diversifikationsmöglichkeit können Investoren das unternehmensspezifische, unsystematische Risiko vollständig eliminieren. Daher hängt der geforderte Renditeaufschlag nicht von der Standardabweichung (gesamtes Risiko), sondern allein von der Korrelation der Rendite mit der Rendite des Marktportfolios als systematisches Risiko (so genanntes β) ab. In Bezug auf die oben diskutierten unternehmensbezogenen Kapitalstrukturentscheidungen können Investoren demnach für sich selbst jede beliebige Kapitalstruktur der Unternehmen replizieren. Ebenso ist es möglich zu zeigen, dass alle unternehmensbezogenen finanzwirtschaftlichen Risikomanagement-Maßnahmen durch Investoren in analoger Weise nachgebildet werden können.[32]

Eine *Veränderung des unsystematischen Risikos* durch ein unternehmensgetragenes Risikomanagement hat nach dem CAPM keinen Einfluss auf die Renditeerwartung der diversifizierten Investoren. Für den Unternehmenswert ist in der Sichtweise des CAPM mit dem systematischen Risiko daher nur ein Teil der gesamten Zahlungsstromunsicherheit maßgebend, denn das unsystematische Risiko wird durch die Investoren kostenfrei eliminiert. Führt das Unternehmen dennoch Maßnahmen eines Risikomanagements durch, kann der Unternehmenswert sogar negativ beeinflusst werden, sofern die Maßnahmen Auszahlungen verursachen und so den Erwartungswert des Zahlungsüberschusses senken.

Innerhalb des CAPM zeigt die Wertpapiermarktlinie jene Rendite an, die eine Anlage mit einem bestimmten systematischen Risiko abwerfen muss. Dabei ergibt sich die risikoadjustierte Rendite als lineare Funktion des systematischen Risikos. Jede *Veränderung des systematischen Risikos* durch Maßnahmen eines finanzwirtschaftlichen Risikomanagements bewirkt eine Bewegung entlang der Wertpapiermarktlinie und wirkt neutral auf den Unternehmenswert: Erwartungswert und Diskontierungsfaktor sinken (oder steigen) simultan. Eine Begründung, weshalb finanzwirtschaftliches Risikomanagement für Unternehmen überhaupt ökonomisch sinnvoll ist, liefert die Neoklassische Kapitalmarkttheorie damit nicht.[33]

Es kann jedoch – bei Relativierung der neoklassischen Annahmen im Sinne der Agency-Theorie der Neuen Institutionenökonomik – gezeigt werden, dass durch Zusammenwirken von Risiken und *Marktunvollkommenheiten* Transaktions-, Informations- und Agency-Kosten entstehen (Wohlfahrtseinbußen infolge opportunistischen Verhaltens). Diese Konflikte und Kosten können durch ein Risikomanagement gemindert werden, weshalb das unsystematische Risiko relevant ist.[34] Der Beitrag des Risikomanagements liegt hier in der Erhöhung der erwarteten Zahlungsüberschüsse (durch Verringerung der Auszahlungen bzw. Erhöhung der Einzahlungen).[35]

---

[32] Vgl. Baron (1976, S. 259–261); Hoitsch und Winter (2004, S. 121).

[33] Vgl. Pritsch und Hommel (1997, S. 674); Shapiro und Titman (1998, S. 252); Franke und Hax (2004, S. 583); Hachmeister (2005, S. 136).

[34] Vgl. Doherty (2000, S. 193 f.). Zu den Erklärungsansätzen der Neuen Institutionenökonomik im Einzelnen vgl. Hoitsch und Winter (2004, S. 122–135).

[35] Vgl. Shapiro und Titman (1998, S. 252); Hachmeister (2005, S. 138).

Erweitert man die Sichtweise um das Management leistungswirtschaftlicher Risiken, zeigt sich, dass Risikomanagement direkte Wirkungen auf den Zahlungsstrom auszuüben vermag, indem es Investitionen mit positivem Kapitalwert zu identifizieren und umzusetzen hilft. *Leistungswirtschaftliches Risikomanagement*, eng verbunden mit der Unternehmensstrategie, kann durch die Erhöhung von Stabilität und Vertrauen einen Beitrag zur Unternehmenswertsteigerung stiften.[36]

Aus der finanzierungstheoretischen Betrachtung heraus lassen sich allgemeine *Anforderungen an ein Risikomanagementsystem aus ökonomischer Sicht* ableiten. Hier sollen zunächst nur drei Anforderungen genannt werden, die über die in Deutschland aus dem KonTraG abzuleitenden rechtlichen Anforderungen hinaus gehen. Diese rechtlichen Anforderungen werden unten im Einzelnen beleuchtet.[37] Als wichtige zusätzliche ökonomische Anforderungen sind hier bereits die Anforderungen der Holistik, der Integration und der Wirtschaftlichkeit aufzuführen[38]:

Mit Blick auf den obersten Zweck des Unternehmens und die effektive und effiziente Verfolgung des Oberziels einer Steigerung des Unternehmenswerts ist ein optimaler Grad an Risikovermeidung anzustreben, der sich aus der Risikoneigung des Unternehmens ergibt. Derart äußert sich hier rationales Entscheiden.[39] Nicht die maximale, sondern die optimale Risikovermeidung steht im Blickpunkt, denn unternehmerisches Entscheiden hängt mit Risiken zusammen wie auch mit Chancen. Daher ist aus einer ökonomischen Perspektive zu fordern, das Risikomanagement holistisch auszulegen, und es sind entsprechend der weiteren Risikodefinition[40] Chancen und Risiken einzubeziehen (*Anforderung der Holistik*). Demnach ist aus ökonomischer Sicht ein Risikomanagement im weiteren Sinne zu fordern. „Wird ein Manager mit einem allein auf Risiken ausgerichteten Konzept konfrontiert, besteht die Gefahr, Chancen zu vernachlässigen und damit notwendige Risikobereitschaft zu be- bzw. verhindern".[41]

Um eine bestmögliche Umsetzung der unternehmerischen Primärziele zu gewährleisten, ist das Management von Chancen und Risiken in die Informations-, Planungs- und Kontrollsysteme des Unternehmens zu integrieren (*Anforderung der Integration*). Weiterhin haben Nutzen und Kosten eines Risikomanagementsystems nach der *Anforderung der Wirtschaftlichkeit* in einem angemessenen Verhältnis zu stehen, was sich ebenfalls aus dem Rationalprinzip ableiten lässt.

Die eigentliche Aufwertung hat das Risikomanagement in Deutschland 1998 durch das *KonTraG* erfahren, das einen Kern der Reformbestrebungen zur Verbesserung der Corporate Governance bildet.[42] Gleichwohl findet sich in der Literatur die Ansicht, mit dem KonTraG seien nur ohnehin bereits bestehende gesetzliche

---

[36] Vgl. Froot et al. (1994, S. 62); Hachmeister (2005, S. 142).

[37] Vgl. Kap. 2, 2.2.3.1.

[38] Vgl. Homburg et al. (2005, S. 1071).

[39] Vgl. Kap. 1, 1.1.1 sowie Weber et al. (1999b, S. 10).

[40] Vgl. Kap. 2, 2.1.

[41] Weber (2002, S. 416 f.).

[42] Vgl. Kap. 1, 1.2.4.

Pflichten, die sich aus der gewissenhaften Unternehmensführung bzw. den Leitungs-
aufgaben des § 76 AktG ableiteten, nochmals betont worden.[43] In der Tat hat das
betriebswirtschaftliche Risikomanagement, eng verwoben mit betriebswirtschaftlicher Planung und Kontrolle sowie Entscheidungen, bereits lange vor Entstehen des
KonTraG konzeptionelle Grundlagen entwickelt. Es wird von einem „weitgehend
selbstverständlich vollzogenen fundamentalen Rekurs"[44] des KonTraG auf das betriebswirtschaftliche Risikomanagement gesprochen, so dass es sich anbietet, vor
dem Eingehen auf die Anforderungen des KonTraG dieses zu beleuchten.

2.2.1.3 Konzeptionelle Grundlagen des Risikomanagements aus Sicht der Entscheidungstheorie

Die wesentlichen konzeptionellen Grundlagen für das betriebswirtschaftliche Risikomanagement liefert die betriebswirtschaftliche Entscheidungstheorie. Der dieser
zugrundeliegende *Prozesscharakter* ist auch für das Risikomanagement maßgebend.
Weitgehend einig ist sich die Literatur heute darüber, dass Risikomanagement aus
den Phasen Risikoidentifikation, Risikoanalyse, Risikobewertung, Risikosteuerung
und Risikoüberwachung bzw. -prüfung besteht.[45] Diese Phasen des Risikomanagements können den *Schritten des Entscheidungsprozesses* zugeordnet werden, welche
letztlich kompatibel mit den zwei Grundelementen des Führungsregelkreises,[46]
also (vereinfachend) Willensbildung und -durchsetzung, sind. Diese Grundele-
mente werden in der Literatur häufig auf die Phasen der *Planung und Kontrolle*
übertragen.[47] Während bei der Planung oft mehrere, untereinander in Beziehung
stehende Entscheidungen betrachtet werden, von denen einige mit dem Ziel einer
Komplexitätsreduktion vernachlässigt oder vereinfacht werden, zeichnet sich die
(praktisch normative) Entscheidungstheorie im üblichen einfachen Ansatz durch eine Konzentration auf die isolierte Einzelentscheidung aus.[48] Ebenso finden sich auch
verschiedene, im Ergebnis teils voneinander abweichende,[49] Versuche, die genannten Prozessschritte des Risikomanagements den Teilphasen des Führungsregelkreises
oder Entscheidungsprozesses zuzuordnen.[50] Hier sollen, auch weil die Teilphasen
letztlich nie „rein linear" durchlaufen werden, die Besonderheiten des Risikomanagements im Folgenden anhand des eher formal-strukturierenden Modells von Sieben
und Schildbach veranschaulicht werden.[51]

---

[43] Vgl. Kuhl und Nickel (1999, S. 133–135); Adler et al. (2001, S. 293); Wall (2003g, S. 457).

[44] Wall (2003g, S. 458).

[45] Vgl. Haller (1986, S. 26–33); Wall (2003g, S. 459).

[46] Vgl. grundlegend Hahn und Hungenberg (2001, S. 48).

[47] Vgl. etwa Mag (1992, S. 15); Weber (2002, S. 32).

[48] Vgl. Sieben und Schildbach (1994, S. 12).

[49] Vgl. Neubeck (2003, S. 45, Fn. 273).

[50] Vgl. Haller (1986, S. 26–33); Mikus (1999, S. 85–110); Neubeck (2003, S. 45); Wall (2003g, S. 459).

[51] Vgl. Sieben und Schildbach (1994, S. 15–44).

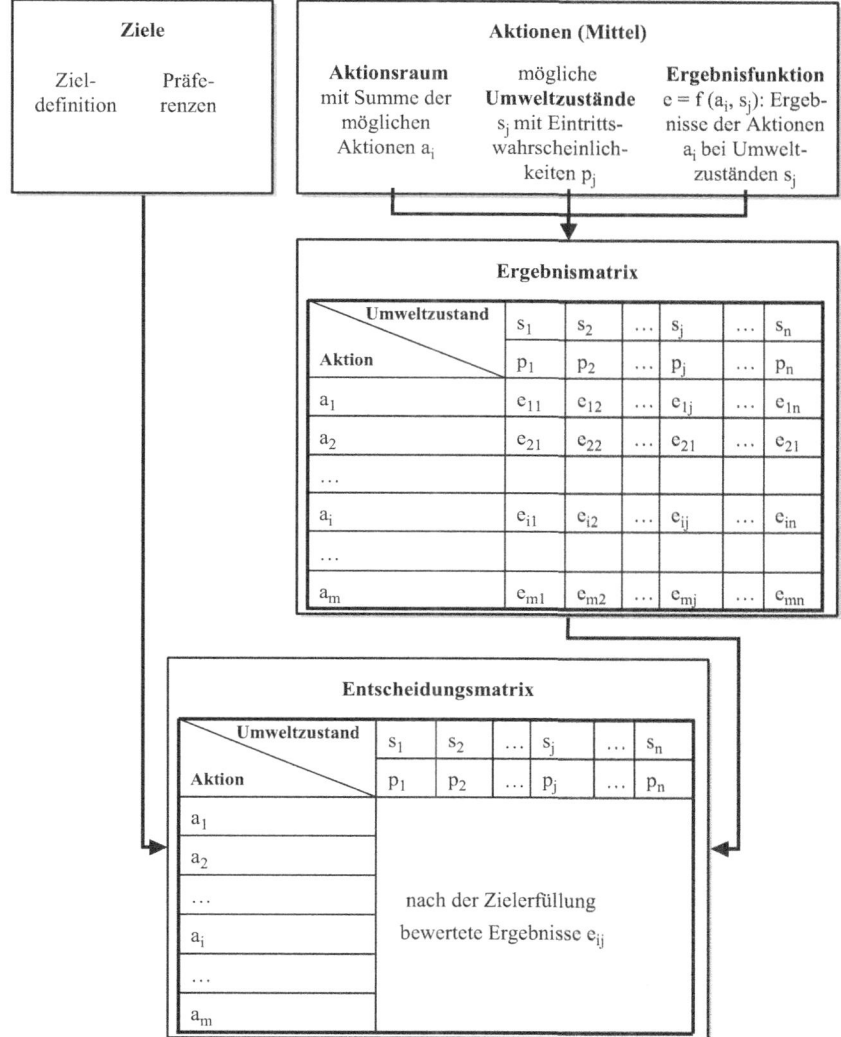

Abb. 2.1 Formale Struktur der Entscheidung. (In Anlehnung an Sieben und Schildbach 1994, S. 16)

Abbildung 2.1 zeigt die *formale Struktur der Entscheidung*. Die im Rahmen der Zielbildung zu ermittelnden Kennzahlen hinsichtlich Art, Höhe, zeitlichem Anfall und Sicherheit prägen die Ergebnisdefinition des jeweiligen Zielträgers. Gemeinsam mit den Präferenzen (Höhen-, Arten-, Sicherheits- und Zeitpräferenzen) bilden sie den *Zielplan*. Bei Auswahlentscheidungen über Mittel (Aktionen) ist stets die erwartete zukünftige *Zielerfüllung* der Maßstab der Vorziehenswürdigkeit einer Alternative. Der *Aktionsraum* (Alternativenraum) beinhaltet, damit eine rationale

Wahl vorliegen kann, stets mehr als eine Aktion (die Unterlassensalternative eingeschlossen). Die Aktionen a_i als Handlungsmöglichkeiten schließen einander aus. Jede mögliche Aktion trifft auf eine *Umweltsituation* s_j, die vom Entscheidungsträger nicht beeinflussbar ist. In der Risikosituation können den möglichen Umweltzuständen objektive oder subjektive Eintrittswahrscheinlichkeiten p_j für den Eintritt der Umweltzustände zugeordnet werden. Zusammen mit der Umweltsituation s_j führt jede entscheidungsrelevante Aktion a_i zu möglichen Ergebnissen e_{ij}, die sich aus der *Ergebnisfunktion* $e = f(a_i, s_j)$ ergeben und in der *Ergebnismatrix* abgebildet werden. In der *Entscheidungsmatrix* werden die Ergebnisse e_{ij} der Ergebnismatrix vergleichbar gemacht, indem ihre Zielerfüllungsbeiträge unter Einbezug der Präferenzen des Entscheidungsträgers bewertet werden.

Die dargestellten Schritte können mit denen des Risikomanagements verglichen werden. Im Falle des Risikomanagements erhält allerdings die Unterlassensalternative (Nichtstun) eine gesonderte Bedeutung. Der Fall, dass wahrgenommene Veränderungen der Umweltzustände (Risikoidentifikation) die Generierung von Handlungsoptionen und damit Entscheidungsbedarf erst auslösen, wird in den Darstellungen der Entscheidungstheorie meist nur am Rande gesteift. Dort wird das Bestehen einer Entscheidungssituation, d. h. das Vorliegen von mehr als einer Alternative, meist als „gegeben" vorausgesetzt.[52] Anders hier: Beim Risikomanagement werden im Rahmen der „Generierung des Aktionsraums" Handlungsalternativen als mögliche Maßnahmen der Risikosteuerung (Vermeiden, Vermindern, Überwälzen, Kompensieren) neben die (stets mögliche) Unterlassensalternative gestellt und sodann alle Alternativen bewertet und auf ihre Tauglichkeit zur Zielerfüllung hin untersucht.

Auch ist, mit anderen Worten, die Interpretation möglich, dass für die zunächst alleinige Aktion des Nichtstuns die Ergebnisse infolge möglicher neuer Umweltzustände (neu identifiziertes Risiko) analysiert und mit Blick auf die Zielerfüllung bewertet werden. Erst in einem zweiten Durchlauf der Schritte werden sodann mögliche Handlungsalternativen einer Risikosteuerung (Vermeiden, Vermindern, Überwälzen, Kompensieren) neben die Unterlassensalternative gestellt, so dass ein Entscheidungsproblem entsteht. Dies dürfte die praxisnähere Interpretation sein, bei der über eine Risikoidentifikation *Entscheidungs- und somit Handlungsbedarf aufgedeckt* wird.

2.2.2 Ansätze der Quantifizierung und Aggregation von Risiken

2.2.2.1 Wahrscheinlichkeitsstatistik, Quantifizierungsprobleme und Risikointerdependenzen

Durch die Risikoanalyse und -bewertung, beides Prozessphasen des betriebswirtschaftlichen Risikomanagements,[53] ist zu klären, welche Risiken Handlungsbedarf

---

[52] Vgl. etwa Sieben und Schildbach (1994, S. 1).

[53] Vgl. Kap. 2, 2.2.1.3.

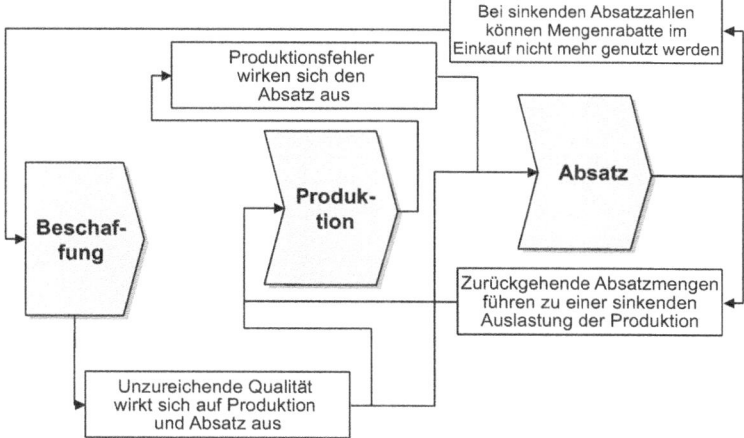

Abb. 2.2 Beispielhafte Risikointerdependenzen in produzierenden Unternehmen

auslösen.[54] Die *Risikoanalyse* soll die Ursachen sowie die Wirkungen der ermittelten Risiken auf bestimmte Objekte erfassen.[55] Dabei kann zwischen Risiken in einem finalen Sinne (Risikowirkungen, insbesondere finanzieller Natur) und Risiken in einem kausalen Sinne (Risikoursachen, Risikoauslöser) differenziert werden.[56] Insbesondere *Risikointerdependenzen* (etwa Gefahr von Kumuls) ist Rechnung zu tragen. Abbildung 2.2 zeigt beispielhafte Risikointerdependenzen in einem produzierenden Unternehmen zwischen den betrieblichen Leistungsbereichen Beschaffung, Produktion und Absatz.[57]

Aufgabe der *Risikobewertung* ist die *Quantifizierung* der identifizierten und analysierten Risiken, um deren Ausmaß sowie Handlungsbedarf mit Blick auf die Risikosteuerung zu ermitteln.[58] Der *Erwartungswert* eines Risikos ergibt sich rechnerisch als Produkt aus erwarteter Höhe und Eintrittswahrscheinlichkeit. Insbesondere bei marktgehandelten Risiken (etwa Währungs-, Zins- oder Warenpreisrisiken) lassen sich aus den Marktpreisen recht einfach Risikobewertungen ableiten. Gleiches gilt für versicherbare Risiken, bei denen gezahlte oder quotierte Prämienbeiträge als Marktpreise herhalten können.[59]

Manche Risiken sind jedoch nur schwer quantifizierbar,[60] da im entscheidungstheoretischen Sinne eine Unsicherheitssituation besteht, in der für zukünftige

---

[54] Vgl. IDW (2006, S. 1610, Rn. 46).

[55] Vgl. Kromschröder und Lück (1998, S. 1574); Lück (1998b, S. 1927); Freidank (2001c, S. 610).

[56] Vgl. Albrecht (1998, S. 2).

[57] Vgl. ebenfalls Hornung et al. (1999, S. 318).

[58] Vgl. Lück (1998b, S. 1927); Freidank (2001c, S. 611); Gebhardt und Mansch (2001, S. 176); Löw (2006, S. 171).

[59] Vgl. Gebhardt und Mansch (2001, S. 58); Gebhardt (2002, Sp. 1720).

[60] Vgl. Reichmann und Diederichs (2003a, S. 669).

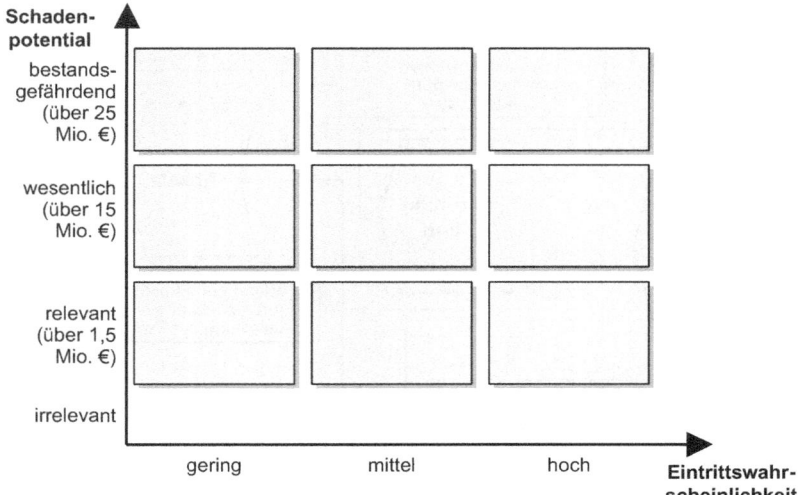

Abb. 2.3 Beispiel eines Risikoprofils

Umweltzustände keine (objektiven oder subjektiven) *Eintrittswahrscheinlichkeiten* vorliegen oder zukünftige Umweltzustände nicht einmal der Art nach bekannt sind. Weiterhin ist bei dieser Methodik nicht auszuschließen, dass existenzbedrohende Risiken mit geringer Eintrittswahrscheinlichkeit („high severity risks") gleichbehandelt werden wie Bagatellrisiken mit hoher Eintrittswahrscheinlichkeit („high frequency risks"). Daher ist in der heutigen Risikomanagement-Praxis, die sich bis heute (entsprechend der KonTraG-Anforderungen) überwiegend auf Risiken im Sinne von Schadengefahren konzentriert (Risikoabgrenzung im engeren Sinne), ein anderes Vorgehen verbreitet, bei dem alle identifizierten Risiken zunächst in Schadenhöhenklassen und Eintrittswahrscheinlichkeitsklassen eingeteilt und in einer Portfolio-Darstellung, wie in Abb. 2.3 skizziert, illustriert werden.[61] Dieses *Risk Mapping*, auch Risikoprofil oder Risikospektrum genannt, stellt dann die Grundlage für die nachfolgende Risikosteuerung bzw. -bewältigung dar.

Die Risikobewertung kann damit in zwei Phasen zerlegt werden. Phase I – *Risk Stripping* genannt – zerlegt die verschiedenen Risiken in isolierte Risikopositionen („isolated risk view"). Diese Einzelrisiken sind innerhalb des Risk Stripping isoliert voneinander zu quantifizieren, wobei etwaige Diversifizierungseffekte bewusst vernachlässigt werden. Die gemessenen Einzelrisiken werden im Risk Mapping der Phase II aggregiert, wobei Abhängigkeiten – Verstärkungen und Diversifikationen – zwischen den Einzelrisiken zu analysieren sind.[62] Auf dieser Basis kann eine Priorisierung der Risiken vorgenommen werden.

---

[61] Vgl. KPMG (1998, S. 22 f.); Lück (1998b, S. 1927); Füser et al. (1999, S. 756); Hornung et al. (1999, S. 321); Freidank (2001c, S. 611 f.); Reichmann und Diederichs (2003a, S. 669 f.).
[62] Vgl. Gebhardt und Mansch (2001, S. 38–55); Lachnit und Müller (2001, S. 371–374).

2.2.2.2 Bedingte Wahrscheinlichkeiten und Bayessche Statistik

Neuere Forschungen auf dem Gebiet des Risikomanagements haben quantitative, operationale Ansätze einer *Risikoaggregation* unter Beachtung von Risikointerdependenzen hervorgebracht. Hervorzuheben sind dabei die im aktuellen prüfungstheoretischen Schrifttum zu findenden Prüfungsrisikomodelle, die Möglichkeiten einer Verdichtung von Teilrisiken im Rahmen einer Planung des Umfangs und der Intensität von Prüfungshandlungen beinhalten.

Zunächst wird in der Literatur die Aufteilung der Teilrisiken in ihre Bestandteile, nämlich in ihre Bedingungen und ihre Charakteristika, vorgeschlagen, um diese isoliert zu beurteilen. Hierdurch können bei simultaner Beurteilung der Charakteristika mehrerer Teilrisiken Erkenntnisse über Wechselwirkungen zu anderen Teilrisiken und ebenfalls exaktere Informationen für eine Quantifizierung gewonnen werden.[63] Weiterhin enthalten in den vergangenen Jahren entwickelte Risikomodelle auf Basis des Bayesschen Theorems *bedingte Wahrscheinlichkeiten*, mit denen die Teilrisiken verknüpft sind.[64] Von der Annahme einer Unabhängigkeit der Ereignisse wird damit abgegangen, und die multiplikative Verknüpfung der Wahrscheinlichkeiten führt nach dem Multiplikationstheorem der abhängigen Ereignisse zu korrekten Ergebnissen. Denn sofern A und B beliebige Ereignisse sind und die Wahrscheinlichkeit $P(B) > 0$ ist, gilt für die Verbundwahrscheinlichkeit als Wahrscheinlichkeit, dass A und B gemeinsam auftreten[65]:

$$P(A \cap B) = P(A) \cdot P(B \mid A) \tag{2.1}$$

Im multivariaten Fall mit mehr als zwei Zufallsereignissen $P(A_1 \cap A_2 \cap \ldots \cap A_n)$ ergibt sich nach dem allgemeinen Multiplikationssatz der Wahrscheinlichkeiten:

$$P(A_1 \cap A_2 \cap \ldots \cap A_n) = P(A_1) \cdot P(A_2 \mid A_1)$$
$$\cdot P(A_3 \mid A_1 \cap A_2) \ldots P(A_n \mid A_1 \cap \ldots \cap A_{n-1}) \tag{2.2}$$

Schließlich wird in den jüngeren Forschungsarbeiten betont, dass über die derart quantifizierten, bedingten subjektiven Wahrscheinlichkeiten hinaus etwaige weitere bekannten, jedoch noch nicht hinreichend erfassten Abhängigkeiten zwischen Teilrisiken bei der subjektiven Einschätzung der einzelnen Teilrisiken implizit zu berücksichtigen sind. Es können dabei anfänglich getroffene Beurteilungen durchaus revidiert werden.[66]

Obwohl die Nutzung bedingter Wahrscheinlichkeiten die wahrscheinlichkeitstheoretischen Zusammenhänge recht präzise und differenziert abzubilden vermag, haben Modelle auf Basis des Bayesschen Theorems, etwa das sogenannte a-posteriori

---

[63] Vgl. Colbert (1987, S. 46 f.); Zaeh)1998, S. 179 f.).

[64] Vgl. Deindl (1981, S. 52–56); Baetge (1997, S. 448–450); Göbel (1997, S. 48); Zaeh (1998, S. 317 f.).

[65] Nur wenn A und B stochastisch unabhängig sind, gilt $P(A \cap B) = P(A) \cdot P(B)$. Vgl. Baetge (1997, S. 448).

[66] Vgl. Stibi (1995, S. 163 f.); Zaeh (1998, S. 318).

Prüfungsrisikomodell,[67] aufgrund der mit ihnen verbundenen Komplexität bislang nur in geringem Umfang Eingang in die Praxis gefunden. Der Vorteil, über die rein qualitative Interpretation, wie sie mit der ordinalen (meist recht groben) Skalierung einer Risk Map einhergeht, hinaus operationale, quantitative Größen zu gewinnen, kann jedoch mit Hilfe IT-basierter Entscheidungsmodelle realisiert werden.

Gleichwohl erweist sich die Verwendung bedingter Wahrscheinlichkeiten, wie auch quantitativer subjektiver Wahrscheinlichkeiten an sich, in vielen Fällen als grundsätzlich nicht angemessen, auch weil die komparativen Wahrscheinlichkeitszuordnungen bestimmte Axiome nicht erfüllen.[68] Die *Wissensstruktur* hinsichtlich des Möglichkeitsraums ist zu grob, als dass eindeutige quantitative Wahrscheinlichkeitsmaße bestimmt werden können.[69] Ähnliches ist für die Ansätze eines Value at Risk zu konstatieren, die heute den Standard einer Messung von Marktpreisrisiken darstellen.

2.2.2.3 Risikoquantifizierung durch den Value at Risk

Insbesondere seit den 1980er Jahren haben vor allem Kreditinstitute Finanzinstrumente zur Steuerung von Marktpreisrisiken entwickelt, deren Nutzung in vielfältiger, differenzierter Form heute gängige Praxis ist. Neben der Nutzung für eigene Zwecke, also für eigene Marktrisiken, begannen Kreditinstitute zügig, das Potential eines Handels mit Finanzmarktinstrumenten für Dritte als attraktives Geschäftsfeld zu erkennen. Die hohe Bedeutung dieser Instrumente für *Banken* im Vergleich zu Nicht-Banken liegt in deren hoher Risikoposition mit Blick auf finanzielle Ansprüche und Verpflichtungen. Im Rahmen der Gesamtbanksteuerung wird unter Marktrisiko oder Marktpreisrisiko die Gefahr von Verlusten, die aus einer Veränderung der Marktpreise von Handelsobjekten resultieren, verstanden.[70] Mit der Einführung von Finanzinstrumenten insbesondere für die Markt(preis)risiken der Bank, nämlich Zinsrisiken, Aktienkursrisiken, Währungsrisiken und Warenpreisrisiken,[71] die neben den traditionell im Bankgeschäft klassisch dominierenden Kreditrisiken[72] einen wesentlichen Risikokomplex der Bank darstellen, ging die Stärkung des Risikocontrolling in Banken[73] einher, um die Risikoposition einer Bank transparent zu machen. Zugleich wurde in den 1990er Jahren erkannt, dass die bankaufsichtsrechtlichen Risikobegrenzungsnormen nicht mehr der Zeit entsprachen, worauf unter anderem mit der

---

[67] Vgl. Zaeh (1998, S. 303–308); Zaeh (2001, S. 326 f).

[68] Zur objektiven (statistischen) und subjektiven (epistemischen) Wahrscheinlichkeit und zu den Axiomen, die eine komparative Wahrscheinlichkeitszuordnung erfüllen muss, vgl. Kutschera (1972, S. 50).

[69] Vgl. Kutschera (1972, S. 57); Göbel (1997, S. 50). Zu Wissensdefiziten vgl. auch die Ausführungen in Kap. 1, 1.1 und 4, 4.1.4.1.

[70] Vgl. Rolfes (1999, S. 47).

[71] Vgl. Paul (2003b, S. 45). Vgl. ebenfalls Krumnow (1998, S. 851); Rolfes (1999, S. 48); Scharpf (2000, S. 256); Deutsche Bank AG (2004, S. 162).

[72] Vgl. grundlegend Rolfes (1999, S. 332); Wahrenburg und Niethen (2000, S. 2).

[73] Vgl. Paul (2003c, S. 671–673); Deutsche Bank AG (2004, S. 137–140).

6. KWG-Novelle marktrisikobeschränkende Regelungen in Kraft traten und der *Baseler Ausschuss für Bankenaufsicht* neue Vorschläge zu erarbeiten begann. Letztere beinhalten wiederum einen starken Bezug zu den in der Bankpraxis entwickelten Verfahren eines Risikomanagements.[74]

In Banken werden zwischenzeitlich umfangreiche Methoden zur Messung, Steuerung und Kontrolle von Preisrisiken eingesetzt, die auch Grundlage für die interne sowie externe (aufsichtsrechtliche) Berichterstattung sind.[75] Bei diesen Verfahren hat sich mit Blick auf Marktwerte insbesondere die Methodologie des *Value at Risk* bewährt, für die eine Wahrscheinlichkeitsverteilung der Risikofaktoren gegeben sein muss (Marktszenarien).[76] Liegen keine Kenntnisse hinsichtlich der Wahrscheinlichkeitsverteilung der Risikofaktoren vor, bedient man sich Sensitivitäts- und Szenarioanalysen (Benchmarkszenarien).[77] Das Value at Risk benennt für ein bestimmtes Portfolio den potentiellen künftigen Verlust bezogen auf den Marktwert, der innerhalb einer vorgegebenen Frist innerhalb eines Konfidenzniveaus nicht überschritten wird. Unter den Varianten einer Ermittlung des Value at Risk sind grundsätzlich der Varianz-Korrelations-Ansatz und nicht-parametrische Simulationsverfahren (Monte-Carlo-Simulation und historische Simulation) zu unterscheiden.[78] Beim *Varianz-Korrelations-Ansatz* wird eine Normalverteilung der Risikoparameterschwankungen unterstellt, weiterhin müssen die historisch ermittelten Standardabweichungen und Korrelationen im Zeitablauf stabil sein.[79] Maßzahl für den Value at Risk ist hier die Portfolio-Standardabweichung. Z stehe für ein Konfidenzniveau Z, etwa 99 %, σ_i bzw. σ_j für die Standardabweichung der Position i bzw. j. Weiterhin seien x_i bzw. x_j die Einzelpositionen i bzw. j und k_{ij} der Korrelationskoeffizient zwischen i und j. Dann lässt sich die Portfolio-Standardabweichung ermitteln mit:

$$VAR = z \cdot \sqrt{\sigma_p{}^2} = z \cdot \sqrt{\sum_{i=1}^{n} \sum_{j=1}^{n} x_i x_j \cdot \sigma_i \sigma_j \cdot k_{ij}} \qquad (2.3)$$

Damit werden die potentiellen Marktwertschwankungen nicht über eine Neubewertung der Positionen, sondern indirekt über statistische Risikomaße, die statistischen Zusammenhänge zwischen allen Risikoparametern berücksichtigen, kalkuliert. In der Praxis zeigt sich, dass die den Varianz-Korrelations-Modellen zugrunde liegende Annahme einer Normalverteilung bei komplexen Finanzprodukten, etwa Derivateportfolios mit asymmetrischer Renditeverteilung, eine Abbildung erschwert und genaue Ergebnisse sogar ausschließen kann. Daneben ist bei stark schwankenden

---

[74] Vgl. Rolfes (1999, S. 151 f.); Paetzmann (2001b, S. 493 f.); Paul (2003a, 236–269).

[75] Vgl. Wilkens und Völker (2001, S. 415); Rösler und Pohl (2002, S. 645 f.); Deutsche Bank AG (2004, S. 140, 163).

[76] Vgl. Kap. 2, 2.1 sowie Johanning (1996, S. 287–303); Götze und Mikus (2001, S. 454).

[77] Vgl. Rolfes (1999, S. 104 f.); BDI/KPMG (2006, S. 28).

[78] Vgl. Bühler et al. (1998, S. 64–85); Rolfes (1999, S. 115–132).

[79] Vgl. Rolfes (1999, S. 116); Gebhardt und Mansch (2001, S. 70).

Portfolien die Annahme einer Stabilität der (historischen) Risikomaße zu hinterfragen. Auch wenn Varianz-Korrelations-Modelle weit verbreitet sind, stoßen sie hier an ihre Grenzen.[80]

Genau wie der Varianz-Korrelations-Ansatz wird in der Bankenpraxis auch der Ansatz der *Monte-Carlo-Simulation* als nicht-parametrisches Simulationsverfahren häufig genutzt.[81] Anders als beim Varianz-Korrelations-Ansatz liegt hier keine Verteilungsannahme zugrunde, und es wird der Value at Risk ohne Ermittlung von Varianzen und Kovarianzen direkt über eine Simulation der Marktwertschwankungen ermittelt. Bei diesem Verfahren wird der Verlust oder Gewinn aus einer Transaktion für eine große Zahl von Marktszenarien, etwa 10.000, berechnet. Im Kern beruhen die Monte-Carlo-Simulation und auch die Varianz-Korrelations-Modelle auf einer Bestandsaufnahme der Risikopositionen, für die die relevanten Risikoparameter zu identifizieren sind. Für diese Positions- bzw. Portfoliowerte erfolgt bei der Monte-Carlo-Simulation sodann eine Neubewertung auf Basis simulierter Marktdaten (bei der historischen Simulation auf Basis historischer Marktdaten[82]). Das übliche schrittweise Vorgehen bei der Monte-Carlo-Simulation ist in der aktuellen Literatur umfangreich dargestellt.[83]

Anders als bei Banken sind bei Nicht-Banken zukünftige Zahlungen zumindest teilweise zunächst mit realwirtschaftlichen Vorgängen verknüpft, die erst zu einem späteren Zeitpunkt in finanziellen Ansprüchen oder Verpflichtungen resultieren.[84] Inzwischen ist jedoch auch unter international agierenden Nicht-Banken, insbesondere in *produzierenden Unternehmen* mit deutlichem Fokus auf das Auslandsgeschäft, etwa im Maschinenbau, der Elektro-, Automobil- und Chemieindustrie, der Einsatz von Finanzinstrumenten zur Steuerung von Marktpreisrisiken stark verbreitet.[85] Dabei steht die Steuerung von *Währungsrisiken* im Vordergrund. Eine 1998 durchgeführte Befragung von 2000 US-amerikanischen und 368 deutschen Unternehmen zur Nutzung von Finanzderivate kommt zu dem Ergebnis, dass ein höherer Anteil der befragten deutschen Unternehmen (78 %) diese nutzt als der befragten US-amerikanischen Unternehmen (57 %). Dabei gaben in Deutschland sogar 50 % der befragten Unternehmen mit Jahresumsätzen unter 500 Mio. DM an, Finanzinstrumente zu nutzen (USA: 18 %). In Deutschland wurde – anders als in den USA – mit

---

[80] Vgl. Rolfes (1999, S. 120). Kritisiert wird am Value at Risk, dass Aussagen über den Bereich oberhalb des Konfidenzniveaus unterbleiben. So werden sogenannte „high severity, low frequency" Risiken aus der Betrachtung ausgeblendet. Während der ursprüngliche, von *Weatherstone* (J. P Morgan) für Marktpreisrisiken initiierte Value at Risk ein Konfidenzniveau von 99 % aufwies, kann gerade der Bereich oberhalb von 99 % mit seinen seltenen Höchstschaden für das Risikomanagement interessant sein. Vgl. etwa Wilkens und Völker (2001, S. 440).

[81] Vgl. Deutsche Bank AG (2004, S. 164).

[82] Zu den Vor- und Nachteilen beider Simulationsverfahren vgl. grundlegend Kupiec (1995, S. 73–84).

[83] Vgl. etwa Brealey et al. (2011, S. 249–252). Vgl. auch die Literaturübersicht bei McLeish (2005, S. 375–381). Heute unterstützen im Markt erhältliche Standard-Softwarepakete wie etwa Crystal Ball[TM] die Monte-Carlo-Simulation.

[84] Vgl. Gebhardt und Mansch (2001, S. 7).

[85] Vgl. Löw (2006, S. 173).

zunehmender Unternehmensgröße eine häufigere Nutzung von Instrumenten für Zins- und Warenpreisrisiken festgestellt.[86]

Die besondere Gefahr des Einsatzes von Finanzinstrumenten im Rahmen des Risikomanagements liegt darin, dass sie sich nicht nur zur Steuerung von Risiken eignen, sondern als „*Nebenwirkung*" auch nicht unerhebliche Risikopositionen herbeiführen können. Dies zeigen illustre Beispiele der jüngeren deutschen Wirtschaftsgeschichte bei produzierenden Unternehmen: 1986 bei *Volkswagen* (betrügerische Manipulationen von Devisenarbitragegeschäften), 1988 bei *Klöckner* (misslungene Spekulationen mit Rohöltermingeschäften, die fast den Zusammenbruch des Unternehmens herbeiführten), in den 1990er Jahren bei einer US-Tochter der *Metallgesellschaft* (nicht durchhaltbare Hedging-Strategie für Öllieferkontrakte).[87]

Wird im Zusammenhang mit Finanzinstrumenten von *Markt(preis)risiken* gesprochen, so sind in der Regel die genannten, mit dem Finanzbereich des Unternehmens originär verbundenen finanziellen Risiken gemeint. Zu trennen sind hiervon die aus dem Leistungsbereich des Unternehmens entspringenden *betrieblichen Risiken* (einschließlich Absatzmengen- und -preisrisiken), aus denen sich (Ertrags- und) Finanzrisiken ergeben können. Die finanziellen Auswirkungen betrieblicher Risiken lassen sich oft nur schwer von den Risiken des Finanzbereichs trennen. So besitzen Risiken aus in Fremdwährung notierenden Forderungen (aus Lieferungen und Leistungen) einen betrieblichen Ursprung, sie lassen jedoch Finanzrisiken und im Falle des Einsatzes von Währungsderivaten auch Risiken aus Finanzinstrumenten entstehen.[88] Tatsächlich lassen sich Absatzmengen- und -preisrisiken oft nur schwer von finanziellen Risiken trennen, zumal sie diese unmittelbar oder mittelbar entstehen lassen. Gleichwohl werden im Rahmen dieses Buches die finanziellen Risiken grundsätzlich ausgeklammert. Dieses Vorgehen scheint auch deshalb gerechtfertigt, weil sich der Arbeitskreis „Finanzierungsrechnung" der *Schmalenbach-Gesellschaft* letzteren Risiken – unter weitgehender Ausklammerung betrieblicher Marktrisiken – angenommen und zuletzt einen umfangreichen Bericht[89] mit Empfehlungen vorgelegt hat, weshalb hier auch von einer Nennung und Darstellung der einzelnen Finanzinstrumente abgesehen wird.[90]

Für die Analyse von *Absatzmarktrisiken*, die im Fokus dieses Buches stehen, bleibt festzuhalten, dass sich die hier diskutierten Modelle eines Value at Risk deshalb es problematisch erweisen, weil die Inputdaten der Modelle, insbesondere die Wahrscheinlichkeitsverteilungen und die stochastischen Abhängigkeiten, bei der

---

[86] Vgl. Bodnar und Gebhardt (1998, S. 3–7). Insgesamt ist zu konstatieren, dass Finanzinstrumente zur Steuerung von Marktpreisrisiken in Deutschland schon vor dem KonTraG eingesetzt wurden, und darüber auch Bericht erstattet wurde. Vgl. Gebhardt (1997, S. 393–401). Zur Bilanzierung von Risiken nach HGB, IAS und US-GAAP vgl. Gebhardt (2003, S. 1–27); Gebhardt et al. (2003, S. 1–44).

[87] Vgl. Gebhard und Mansch (2001, S. 7 f.).

[88] Vgl. Gebhardt und Mansch (2001, S. 5).

[89] Vgl. Gebhardt und Mansch (2001).

[90] Zu den möglichen Problemen einer Übertragung der Finanzinstrumente auf leistungswirtschaftlichen Risiken in produzierenden Unternehmen vgl. Bühler (1998, S. 229 f.).

„unscharfen" Ausgangslage[91] von Absatzmarktrisiken nicht bekannt sind. Eine statistische Modellierung betrieblicher Risiken einschließlich Absatzmarktrisiken gelingt bis heute nur in Ansätzen.[92] Auch der Zugriff auf historische Daten erscheint bei der oft gegebenen Einmaligkeit der Entscheidungen schwierig, weshalb in Theorie und Praxis vielfach die Szenariotechnik herangezogen wird.[93] Auf diese wird weiter unten detailliert eingegangen.[94] Schließlich ist zu konstatieren, dass den verbreiteten Ansätzen eines Value at Risk der engere Risikobegriff zugrunde liegt, eine Quantifizierung von Chancen im Sinne der weiteren Risikoabgrenzung erfolgt nicht.[95]

2.2.2.4 Risikoaggregation mit Hilfe von Korrelationsmatrizen

Unabhängig von der Kritik an der Nutzung des Value at Risk ist grundsätzlich der „klassische" Weg einer Aggregation einzelner Risiken über den *Korrelationsansatz* zu prüfen. Der Korrelationsansatz unterstellt eine multivariate Normalverteilung für die einzelnen Risikofaktoren, so dass die Abhängigkeit zwischen den Risikokategorien durch eine Korrelationsmatrix angegeben werden kann. Es seien beispielhaft die Marktrisikokategorien „Sprunghafte technologische Veränderungen", „Abnehmerveränderungen" und „Abhängigkeit von einem Hauptabnehmer" betrachtet, die weiter unten in diesem Buch als wichtige Risikokategorien des Absatzmarktes identifiziert werden.[96] Auf einem Konfidenzniveau von jeweils 99 % werde für diese Risikokategorien jeweils ein Value at Risk gemessen, und zwar ein $VAR_{Technologie}$ von 1 Mio. €, ein $VAR_{Veränderungen}$ von 3 Mio. € und ein $VAR_{Abhängigkeit}$ von 2 Mio. €. Wird für die Risikokategorien eine multivariate Normalverteilung unterstellt, ergibt sich der VAR_{Gesamt} als Value at Risk für das Gesamtrisiko unmittelbar aus den einzelnen Risiken.[97] Die Abhängigkeiten zwischen den drei Risikokategorien werden über die Korrelationen ρ_{ij} erfasst.[98]

$$VAR_{Gesamt} = \sqrt{ \begin{pmatrix} VAR_{Veränderungen} \\ VAR_{Technologie} \\ VAR_{Abhängigkeit} \end{pmatrix}^T \begin{pmatrix} 1 & \rho_{V,S} & \rho_{V,A} \\ \rho_{V,S} & 1 & \rho_{S,A} \\ \rho_{V,A} & \rho_{S,A} & 1 \end{pmatrix} \begin{pmatrix} VAR_{Veränderungen} \\ VAR_{Technologie} \\ VAR_{Abhängigkeit} \end{pmatrix} }$$

$$(2.4)$$

---

[91] Zur Unschärfe vgl. Kap. 2, 2.2.2.6.

[92] Vgl. Wilkens und Völker (2001, S. 440); Lim et al. (2006, S. 36). Zu beachten sind weitere systemimmanente Aussagegrenzen des Value at Risk, die in der fehlenden Berechnung von Extremverlusten (hohe Wahrscheinlichkeit suggeriert Sicherheit) und in der Unterstellung von unabhängigem Verhalten von Marktteilnehmern in Extremsituationen (Herdentrieb) bestehen. Vgl. Bieta und Milde (2005, S. 36); BDI/KPMG (2006, S. 28); Löw (2006, S. 177 f.).

[93] Vgl. Götze und Mikus (2001, S. 455 f.); Löw (2006, S. 176).

[94] Vgl. Kap. 3, 3.2.9 und 4, 4.1.4.2.

[95] Vgl. Weber et al. (1999, S. 26).

[96] Zur Herleitung und Definition dieser Risikokategorien vgl. Kap. 3, 3.1.3.

[97] Vgl. Cremers (1999, S. 16).

[98] Es indizieren: S = Sprunghafte technologische Veränderungen, V = Abnehmerveränderungen, A = Abhängigkeit von einem Hauptwettbewerber.

Sofern, entsprechend der konservativsten Annahme im Normalverteilungsmodell, zwischen den drei Risikokategorien eine perfekte positive Korrelation vorliegt, beträgt der VAR_{Gesamt} im Beispiel 6 Mio. € (Summe der einzelnen Value at Risk). Sind die Risikokategorien hingegen unkorelliert, errechnet sich der VAR_{Gesamt} mit 3,74 Mio. €. Werden im Beispiel schließlich spezifische Korrelationen unterstellt, etwa zwischen $VAR_{Veränderungen}$ und $VAR_{Abhängigkeit}$ bzw. $VAR_{Technologie}$ und $VAR_{Abhängigkeit}$ von jeweils 0,4 und zwischen $VAR_{Technologie}$ und $VAR_{Veränderungen}$ von 0,8, ergibt sich der VAR_{Gesamt} mit 5,02 Mio. €. Damit weichen einzelne Werte des VAR_{Gesamt} nicht unwesentlich von den Extrema ab, die sich bei Annahme einer perfekten positiven Korrelation bzw. einer fehlenden Korrelation errechnen.[99]

Kritisch ist dabei die *Annahme der Normalverteilungen* der einzelnen Risikokategorien zu betrachten. Diese Annahme dürfte für die hier in Rede stehenden Absatzmarktrisiken nicht zutreffen.[100] Gilt diese zentrale Annahme jedoch nicht, dann verliert auch die Korrelation ihre Bedeutung als Maß für die Abhängigkeit zwischen den Risikokategorien. Die Grenzen eines Einsatzes linearer Korrelationskoeffizienten im Rahmen des Risikomanagements wurden zuletzt von Embrechts et al. aufgezeigt.[101] Danach ist der Einsatz der Korrelationen nur dann vertretbar, wenn die Verteilungen der Risikokategorien der Klasse der elliptischen Verteilungen entstammen.[102] Trifft dies nicht zu, ist der Value at Risk kein kohärentes Risikomaß und die errechneten Korrelationen enthalten keine Information für die adäquate Schätzung der aggregierten Risiken. Ein weiteres Argument liegt in dem Charakter der Korrelation als skalares Maß begründet, das lineare Abhängigkeiten misst, aber nicht alle Informationen über Abhängigkeiten von Zufallsvariablen enthält. So ist aus einer Korrelation von Null nicht grundsätzlich zu schließen, dass eine Unabhängigkeit vorliegt, denn nur im Falle normalverteilter Variablen folgt aus der Unkorreliertheit auch die Unabhängigkeit. Dies führt in Summe zur Wertung, dass eine Aggregation verschiedener Value at Risk mittels des Korrelationsansatzes insbesondere bei Vorliegen unterschiedlicher Risikokategorien im Grundsatz zu verwerfen ist.[103] Darüber hinaus bleibt unklar, wie die einzelnen Korrelationskoeffizienten zu schätzen sind. Hier ist auf die bereits oben geführte Argumentation hinzuweisen, dass eine *Bezugnahme auf historische Werte* nicht unproblematisch ist.[104]

---

[99] In der Praxis sind, soweit derartige Aussagen empirisch abgesichert und verallgemeinert überhaupt getroffen werden können, verschiedene Risikokategorien in der Regel nur leicht korreliert, so dass von einem recht hohen Diversifikationseffekt ausgegangen werden kann. Hiervon gehen auch erste praktische Ansätze zur Messung der operationellen Risiken in der Versicherungswirtschaft aus. Vgl. Lim et al. (2006, S. 38).

[100] Die Annahme gilt ebenso wenig etwa für das Kreditrisiko oder operationelle Risiko in Banken. Zu den Ansätzen einer Aggregation von Bankrisiken vgl. Österreichische Nationalbank (2004, S. 40).

[101] Vgl. Embrechts et al. (2002, S. 176–223).

[102] Vgl. Embrechts et al. (2003, S. 146).

[103] Vgl. Palaro und Hotta (2006, S. 93 f.).

[104] Vgl. Schröder (2005, S. 30). Neuere Ansätze gehen den Weg einer Aggregation von Risikokategorien mit Hilfe von Copulas. Copula-Funktionen stellen den Zusammenhang zwischen der multivariaten Verteilung von Zufallsvariablen und den Grenzverteilungen der einzelnen Variablen

Insbesondere weil auf historische Daten aufgrund der Einmaligkeit der zu treffenden (strategischen) Entscheidungen in der Regel nicht zugegriffen werden kann, sind Modelle eines Value at Risk für betriebliche Risiken, zumal für *strategische Marktrisiken*, bis heute nur in Ansätzen vorhanden.[105] Wichtige Forschungsvorhaben einer Quantifizierung und Aggregation von Risiken wurden in den letzten Jahren mit Blick auf Kreditinstitute und Versicherungsunternehmen, initiiert durch die Prozesse „Basel II" und „Solvency II" mit dem regulatorischen Interesse am Risikokapital, begonnen, so dass der Forschungsstand dort tendenziell höher ist als in Bezug auf Produktionsunternehmen. Gleichwohl ist zwischenzeitlich dort die Zuversicht, die Risikokategorien der operationellen Risiken in Banken und Versicherungen mittels statistischer Modelle zu quantifizieren und zu aggregieren, gering: „their interdependence will make detailed modelling difficult".[106]

2.2.2.5 Neuere Ansätze der Risikoaggregation unter Berücksichtigung ursachen- und wirkungsbezogener Abhängigkeiten

Neben den genannten modellimmanenten Schwächen des Value at Risk, insbesondere der Bezugnahme auf historische Daten und die zugrunde liegende engere Risikoabgrenzung, ist es die Verwendung von Korrelationsmaßen zur Beschreibung der Risikointerdependenzen an sich, die im Grundsatz zu kritisieren ist. Tatsächlich erscheint – sieht man von den traditionellen Anwendungsfeldern im Wertpapier- und Bankenbereich ab, wo die Portfoliotheorie von Markowitz[107] ihren Ursprung hat – die Abbildung von Risikobeziehungen über Korrelationseffekte oft nicht geeignet: Korrelationen nehmen eine lineare Abhängigkeit zwischen zwei Risiken an.[108] Damit negieren Korrelationen ausdifferenziertere Beziehungen zwischen Risiken, die jedoch von anderen Klassifikationen erfasst werden. Etwa können spezifische *ursachenbezogene Abhängigkeiten* (Ereignisäquivalenz, Ereignis-Teilereignis-Beziehung, Disjunktion, Komplementarität, Unabhängigkeit) von *wirkungsbezogenen Abhängigkeiten* unterschieden werden. Letztere Abhängigkeiten beruhen auf den durch einen einzelnen Risikofaktor ausgelösten Effekten bei einem anderen Risikofaktor und hängen eng mit den verfolgten Zielen zusammen.[109]

---

her und können die Abhängigkeitsstrukturen grundsätzlich besser abbilden als lineare Korrelationen. Gleichwohl liegen noch keine empirischen Arbeiten über den Einsatz bei verschiedenen Risikokategorien vor. Bisherige Studien betrafen einzelne Risikogruppen wie Aktien oder Anleihen. Zum Stand der Forschung vgl. Embrechts et al. (2003, S. 145–167); Österreichische Nationalbank (2004, S. 41 f.); Palaro und Hotta (2006, S. 93–11).

[105] Vgl. Wilkens und Völker (2001, S. 440).

[106] „We strongly doubt that a full operational risk capital charge can be based solely on statistical modelling." Embrechts et al. (2004, S. 258). Vgl. ebenfalls Schröder (2005, S. 42); Lim et al. (2006, S. 36).

[107] Vgl. Kap. 2, 2.1.

[108] Vgl. Schröder (2005, S. 30).

[109] Vgl. Stahl (1992, S. 135–148); Schröder (2005, S. 55–66).

Die auf dieser Basis vorliegenden, operationalen Risikoaggregations-Modelle nehmen dann Bezug auf die „*mathematische Erwartung*", wie bereits Philipp sie zusammengefasst hat.[110] Die Höhe des Risikos lässt sich dabei als Produkt aus einer Intensitätsdimension und einer Quantitätsdimension beschreiben. Die Intensitätsdimension indiziert die Wahrscheinlichkeit w_i, mit der der Eintritt eines risikoauslösenden Ereignisses a_i (mit $i = 1, 2, \ldots, n$) zu erwarten ist. Geht mit dem Eintritt des Ereignisses auch eine Verfehlung des Ziels z_j (mit $j = 1, 2, \ldots, m$) einher, resultierend in der Quantitätsdimension Δz_{ij}, dann entsteht das Risiko r_{ij}:

$$r_{ij} = w_i \cdot \Delta z_{ij} \tag{2.5}$$

Ansätze einer Risikoaggregation, die auf dieser „mathematischen Erwartung" beruhen, greifen auf die *Wahrscheinlichkeitstheorie* zurück. Nach der axiomatischen Wahrscheinlichkeitsdefinition, präzisiert durch die Axiome der Wahrscheinlichkeitsrechnung,[111] kann jedem Ereignis eines Ereignisraums eine spezifische Eintrittswahrscheinlichkeit in Form einer nichtnegativen reellen Zahl zugeordnet werden.

Auch im neueren Ansatz Schröders, der auf den obigen Gedanken aufbaut und diesen unter anderem um eine Zeitdimension (Risikoeintrittszeitpunkt) erweitert, können objektiv wie auch subjektiv ermittelte Wahrscheinlichkeiten herangezogen werden[112]. Objektive Wahrscheinlichkeiten, die sich durch intersubjektive Nachprüfbarkeit auszeichnen, sollen dabei durch logische Schlussfolgerungen oder durch relative Häufigkeiten bestimmt werden. Sofern letztere durch Bezugnahme auf historische Daten ermittelt werden, entsteht freilich die Gefahr, in die Nähe eines circulus vitiosus zu geraten, denn genau diese historische Bezugnahme war ein Grund für die Abwendung vom Value at Risk (s. oben). Bei subjektiven Wahrscheinlichkeiten wird hingegen eine Abhängigkeit von dem „Wissen oder den Mutmaßungen eines Beurteilenden"[113] in Kauf genommen. Je unschärfer die Ausgangslage – etwa bei strategischen Absatzmarktrisiken –, umso größer dürfte dabei das Unbehagen ausfallen, auf subjektive Wahrscheinlichkeiten zurückzugreifen. Da die Kenntnis der risikoinduzierenden Ereignisse nebst ihren Wirkungen dann genauso wenig als gegeben gelten darf wie operationale Eintrittswahrscheinlichkeiten, beinhalten Risikoaggregations-Modelle in der Phase der Risikoidentifizierung und -analyse[114] Früherkennungssysteme als geeignetes Hilfsmittel,[115] auf die weiter unten detailliert eingegangen wird.[116]

Festzuhalten bleibt bei (strategischen) Absatzmarktrisiken die „unscharfe" Ausgangslage in Bezug auf Wahrscheinlichkeitsverteilungen und stochastischen Abhängigkeiten. Es ist daher hier zu prüfen, ob ein Rückgriff auf neuere Ansätze der

[110] Vgl. Philipp (1967, S. 26).
[111] Vgl. etwa Schneider (2001, S. 181–206).
[112] Vgl. Schröder (2005, S. 48).
[113] Schröder (2005, S. 48).
[114] Die Teilphasen des Risikomanagementprozesses werden in Kap. 2, 2.2.3 beschrieben.
[115] Vgl. Schröder (2005, S. 156 f.).
[116] Vgl. Kap. 2, 2.3.2.4.

Informationsfusion, deren mathematische Prinzipien ihren historischen Ursprung in den 1960er Jahren haben, Erfolg verspricht.[117] Diese Ansätze bestehen im Kern aus einem Prozess der Integration und Interpretation heterogener Daten mit dem Ziel der Gewinnung von Informationen einer neuen, höheren Qualität und greifen auf *Unschärfemaße* anstelle von Wahrscheinlichkeitsmaßen zurück. Wenngleich bis heute keine klare Systematik der verschiedenen Methoden der Informationsfusion vorliegt, werden zu den wichtigen Fusionsansätzen neben der klassischen und der Bayesschen Statistik auch die Dempster-Shafer-Theorie und die Fuzzy-Logik gezählt.[118]

2.2.2.6 Dempster-Shafer-Theorie als Erweiterung der Wahrscheinlichkeitsstatistik

In der *Dempster-Shafer-Theorie* (Evidenztheorie) treten mit dem Glaubwürdigkeitsmaß (Grad des Dafürhaltens) und dem Plausibilitätsmaß zwei korrespondierende Maße an die Stelle des Wahrscheinlichkeitsmaßes.[119] Das Wahrscheinlichkeitsmaß ist dann ein spezielles Glaubwürdigkeitsmaß, bei dem Wahrscheinlichkeit, Glaubwürdigkeit und Plausibilität für das Eintreten eines Ereignisses gleich groß sind.[120] Insgesamt bietet die Dempster-Shafer-Theorie einen Rahmen auch für eine grobe Struktur des vorliegenden Wissens, denn bei der Verwendung des Glaubwürdigkeitsmaßes können auch Erkenntnisse, die selbst nicht sicher sind, in die Risikomessung einbezogen werden. Für eine Aggregation von Glaubwürdigkeitseinschätzungen mittels der Dempster's Rule of Combination,[121] die hier eine Funktion ähnlich der des Bayesschen Theorem einnimmt,[122] ist es dann doch notwendig, einen höheren Grad an Wissen zu erlangen, ob die zu verknüpfenden Erkenntnisse „verträglich" sind. In der Tat müssen die Glaubwürdigkeitszuordnungen für die Dempster's Rule of Combination voneinander unabhängig sein. Diese Unabhängigkeit wird jedoch „eher intuitiv" bestimmt, klare Aussagen hierzu unterbleiben in der Literatur,[123] so dass

---

[117] Wesentliche Forschungsvorhaben im Bereich der Informationsfusion sind heute in technischen Anwendungsfeldern zu finden. In der Betriebswirtschaftslehre nehmen aktuelle Forschungsprojekte Bezug auf die wachsende „Informationsflut", vor deren Hintergrund sich die Möglichkeiten der Integration, Aufbereitung und Verdichtung von heterogenen Datenbeständen als ein wesentlicher Wettbewerbsfaktor für viele Unternehmen erweisen können. Abgezielt wird auf die Gewinnung von Informationen einer neuen, höheren Qualität. Hierzu werden sowohl Mechanismen für einen effizienten Zugriff auf heterogene Quellen als auch Methoden für verschiedene Fusions- und Analyseaufgaben benötigt. Vgl. Dunemann et al. (2002, S. 112 f.).

[118] Als Methode der Informationsfusion gelten weiterhin künstliche Neuronale Netze, auf die hier nicht näher eingegangen wird.

[119] Vgl. grundlegend Dempster (1967, S. 325–339); Shafer (1976).

[120] Vgl. Göbel (1997, S. 51).

[121] Vgl. Dempster (1967, S. 335–337); Shafer (1976, S. 60).

[122] Die Dempster-Shafer-Theorie wird auch als Erweiterung der Wahrscheinlichkeitstheorie oder als eine Verallgemeinerung der Bayesschen Statistik bezeichnet.

[123] So soll eine Unabhängigkeit verschiedener Glaubwürdigkeitszuordnungen vorliegen, wenn die Quellen, aus denen die Zuordnungen stammen, voneinander unabhängig sind. Vgl. Dempster (1967, S. 335); Shafer (1976, S. 9); Halpern und Fagin (1992, S. 289).

die Praktikabilität der Dempster-Shafer-Theorie für Zwecke der Risikoaggregation eingeschränkt ist.

2.2.2.7 Intrinsische Unschärfen und Fuzzy-Logik

Neben den diskutierten Wahrscheinlichkeits- und Glaubwürdigkeitseinschätzungen tritt bei Entscheidungsproblemen mit geringem Strukturierungsgrad eine weitere Form der *Unschärfe* auf. In der Beurteilung komplexer betriebswirtschaftlicher Problemstellungen werden – anders als in technischen Anwendungsfeldern – häufig ungenaue Tendenzaussagen erhoben, die nicht nur von quantitativen, sondern oft auch von qualitativen Einflussgrößen geprägt sind. Dies zeigt sich etwa in der Beurteilung der Existenz eines Marktrisikos. Formulierungen wie „mittlere Wahrscheinlichkeit" des Eintritts eines Marktrisikos sind ein Beispiel hierfür (s. Abb. 2.3). Zwar ist es möglich, die Wahrscheinlichkeit auf einer metrischen Skala, den reellen Zahlen zwischen Null und Eins, zu messen. Jedoch besteht eine Unschärfe darin, gerade in Gruppen von Menschen exakte Werte für eine „mittlere Wahrscheinlichkeit" abzugrenzen, da verschiedene Menschen unterschiedliche persönliche Erfahrungen besitzen. Könnte man sich auf ein exakt abgegrenztes Intervall einigen, etwa das Intervall $[0,01;0,1]$ für „mittlere Wahrscheinlichkeit", so ist fraglich, ob nicht auch $0,11$ oder $0,101$ noch als „mittlere Wahrscheinlichkeit" gelten können. Es besteht ein Problem der „Fühlbarkeitsschwellen", so dass man letztlich Intervalle mit unscharfen Grenzen zulassen muss.[124] Tatsächlich repräsentieren die auf die Eintrittswahrscheinlichkeit eines Marktrisikos bezogenen natürlichsprachlichen Ausdrücke „gering", „mittel", „hoch" auf der Abszisse der Risk Map in Abb. 2.3 unscharfe, sich überlappende Mengen. Diese Form der Unschärfe wird, da sie im verwendeten Begriff selbst liegt, als *intrinsische Unschärfe* bezeichnet.[125]

Als Lösungsmethodik hierfür wurde 1965 von Zadeh die Technik der unscharfen Logik, bekannt als *Fuzzy-Logik*, vorgestellt.[126] Sie enthält im Kern als Lösung

---

[124] Vgl. Göbel (1997, S. 54); Zaeh (1998, S. 420 f.).

[125] In der Literatur findet sich keine einheitliche Definition des Unschärfebegriffs. Meist wird Unschärfe über eine Abgrenzung gegenüber deterministischen, stochastischen und unsicheren Informationszuständen definiert. Vgl. Zimmermann et al. (1993, S. 3 f.); Hönerloh (1997, S. 23–39); Rehfeldt (1998, S. 39). Unter informationaler Unschärfe wird jene Unschärfe verstanden, die sich aus der Komplexität von Begriffen und den Wahrnehmungs- und Verarbeitungsgrenzen des Menschen ergibt. Vgl. Rehfeldt (1998, S. 41 f.). Intrinsische Unschärfe bezeichnet jene Unschärfe, die durch die Verwendung natürlichsprachlicher Umschreibungen entsteht. Vgl. Hönerloh (1997, S. 33 f.); Rehfeldt (1998, S. 40 f.). Sie wird auch als verbale, lexikalische, linguistische oder sprachliche Unschärfe bezeichnet. Vgl. Zimmermann et al. (1993, S. 4).

[126] Vgl. Zadeh (1965, S. 338–353). Die Fuzzy-Logik wird heute in der Informatik als Kern und Ursprung des „Soft Computing" angesehen, daneben werden die Forschungsgebiete Neuronale Netze, Evolutionäre Algorithmen und Probabilistisches Schließen darunter zusammengefasst. Im Gegensatz zum „Hard Computing", der exakten Datenverarbeitung, in der eindeutig definierte Daten vorliegen, aus denen mit präzisen Berechnungsvorschriften Schlussfolgerungen gezogen oder Optima gesucht werden, wird im „Soft Computing" mit unscharfem Wissen, nicht klar definierten Begriffen und Unexaktheiten gearbeitet.

sogenannte linguistische Variablen, mit deren Hilfe unscharfe Ausdrücke grundsätzlich auf einer metrischen Skala gemessen werden können. Die Ausprägungen einer
linguistischen Variable sind nicht numerischer Natur. So könnte die linguistische
Variable „Wahrscheinlichkeit des Eintritts eines bestimmten Marktrisikos" mit der
Menge ihrer möglichen Ausprägungen { „hoch", „mittel", „gering"} betrachtet werden. Allgemein ist eine linguistische Variable eindeutig definiert durch ihren Namen,
durch den Grundbereich, aus dem sie grundsätzlich Werte entnehmen könnte, durch
die Menge der Ausprägungen in Form natürlichsprachlicher Ausdrücke, welche die
Variable annehmen kann, und schließlich durch die Zugehörigkeitsfunktionen auf
dem Grundbereich der einzelnen Ausprägungen.[127]

Der ursprünglichen Idee von Zadeh folgend wird die klassische Mengenlehre
(Theorie der scharfen Mengen) durch die Beschreibungen und Verknüpfungen un-
scharfer Mengen (Fuzzy-Mengen) erweitert. Daneben verlässt die Fuzzy-Logik die
klassische, dichotome (zweiwertige) Logik, nach der eine Aussage nur wahr oder
falsch sein bzw. nur die beiden Ausprägungen der zweielementigen Menge $\{0,1\}$
annehmen kann (dichotome Sprache). Demnach wird der Wahrheitsgehalt einer
Aussage über den Zugehörigkeitsgrad einer reellwertigen Zugehörigkeitsfunktion
in einem Intervall $[0;1]$ festgelegt. Diese reellwertige Zugehörigkeitsfunktion φ_F
wird auch als (reellwertige) Wahrheitsfunktion bezeichnet. Nach der Fuzzy-Logik
ist die unscharfe Menge F über eine Grundmenge G definiert als[128]:

$$F = \{(x, \varphi_F(x)) \mid x \in G\} \quad \text{mit} \quad \varphi_F : G \to [0;1] \tag{2.6}$$

Während diese unscharfe Menge (Fuzzy Set) den Kern der Fuzzy-Logik repräsentiert,
können mit der Fuzzy-Set-Theorie zugleich klassische zweiwertige Entscheidungen
als Sonderfall modelliert werden. Dann ist die Zugehörigkeitsfunktion auf die zwei-
elementige Menge $\{1,0\}$ als Teilmenge des reellen Intervalls $[1;0]$ beschränkt, und
die zweiwertige Menge ergibt sich mit:

$$F = \{(x, \varphi_F(x)) \mid x \in G\} \quad \text{mit} \quad \varphi_F : G \to \{1, 0\} \tag{2.7}$$

Entsprechend der Fuzzy-Logik kann im obigen Beispiel ein „Eingangssignal" (als
subjektive Schätzung der Wahrscheinlichkeit) von 0,101 nun durchaus einer mittleren und zugleich einer hohen Wahrscheinlichkeit entsprechen, mit einem jeweils
unterschiedlichen Zugehörigkeitsgrad des entsprechenden Terms der linguistischen
Variablen. Es ist sogar denkbar, dass ein Eingangssignal von 0,101 einer mittleren
Wahrscheinlichkeit entspricht, während ein Signal von 0,1 natürlichsprachlich einer
hohen Wahrscheinlichkeit zugeordnet wird.

Der Verarbeitungsprozess der Informationen in der Fuzzy-Logik, bezeichnet als
Inferenzprozess (Fuzzy Control), gliedert sich in die drei Teilprozesse Fuzzyfizierung, Inferenz und Defuzzyfizierung.[129] Im Rahmen der *Fuzzyfizierung* werden
zunächst die als scharfe, exakt bestimmte Werte vorliegenden Eingangssignale in

---

[127] Vgl. Göbel (1997, S. 54).
[128] Vgl. etwa Vojdani et al. (1995, S. 289); Zaeh (1998, S. 416).
[129] Vgl. Vojdani et al. (1995, S. 292–294).

eine unscharfe Beschreibungsform transformiert. Diese „linguistische Interpretation"[130] besteht aus der Definition natürlichsprachlicher Terme als linguistische
Variablen – im vorliegenden Beispiel mit den Ausprägungen {„hoch", „mittel",
„gering"} – und der Festlegung des Zugehörigkeitsgrads aus der jeweiligen Zugehörigkeitsfunktion für alle wertmäßig vorliegenden Eingangssignale. Damit liegen
die reellen Wahrheitswerte als Basis für eine Verknüpfung (Regelbasis) vor.

Der Teilprozess der *Inferenz* besteht aus der Auswertung der Regelbasis und hat
das fuzzy-logische Schließen[131] auf unscharfen Informationen zum Inhalt. Eine Inferenz besteht stets aus einer oder mehrerer Regeln mit Operatoren, aus einem Faktum,
das einen Zustand feststellt, und aus einem Schluss (Konklusion), der das Faktum
unter Berücksichtigung der Regel(n) durch ein neues Faktum ersetzt. Über das Re-
gelwerk werden die ermittelten Zugehörigkeitswerte im Bedingungsteil der Regeln
(WENN-Teil der Regel) über Operatoren aggregiert. Bekannt sind UND-Operatoren
(Minimumoperatoren), ODER-Operatoren (Maximumoperatoren) sowie GAMMA-
und YAGER-Operatoren.[132] Bei Anwendung des am häufigsten anzutreffenden Mini-
mumoperators ist der Wahrheitsgrad der Gesamtprämisse einer Regel das Minimum
der Wahrheitsgrade aller Einzelprämissen (pessimistische Sichtweise). Die Auswertung einer Regel führt, abhängig vom verwendeten Operator und von einem etwaigen
Relevanzgrad,[133] zu einem Zugehörigkeitsgrad des Bedingungsteils jeder Regel.
Dieser Zugehörigkeitsgrad indiziert, ausgedrückt als reellwertige Zahl, den Degree
of Fulfillment (Erfülltheitsgrad) als Wahrheitswert.[134] Der Teilprozess der Inferenz
endet mit der Vereinigung des ermittelten Degree of Fulfillment mit der Zugehörigkeitsfunktion des linguistischen Terms der Konklusion zu einem neuen, temporären
Fuzzy Set (DANN-Teil der Regel).[135] Diese neuen Fuzzy Sets bilden die Grundlage
für die Defuzzyfizierung als letzter Teilprozess des Inferenzprozesses.

Bei der *Defuzzyfizierung* werden die zahlreichen temporären Fuzzy Sets in einen
eindeutigen, scharfen Ergebniswert überführt. Gebräuchlich ist dabei die Schwer-
punktmethode (Center of Gravity Method). Hierbei werden die vorliegenden Fuzzy
Sets addiert und der Schwerpunkt der entstehenden, sich überlagernden Flächen gebildet, um darüber eine quantitativen, scharfen Ergebniswert zu ermitteln. Es liegt
so eine präzise, numerisch explizierbare Lösung vor.

Zwischenzeitlich ist die Fuzzy-Logik sowohl in der technischen Steuerung als
auch beispielsweise im Kreditrisikomanagement von Banken verbreitet.[136] Die Anwendungen werden dabei häufig durch benutzerfreundliche, graphische Werkzeuge

---

[130] Müller (1996, S. 87).

[131] Damit liegt ein Typ des Schlussfolgerns vor, der von den bekannten Typen des deduktiven
Schließens, des induktiven Schließens und des analogen Schließens abzugrenzen ist.

[132] Vgl. Vojdani et al. (1995, S. 291–293); Müller (1996, S. 81 f.).

[133] Durch ergänzende Zuordnung von Relevanzgraden (Konfidenzfaktoren) zu einzelnen Regeln
können Gewichtungsfaktoren der jeweiligen Regel definiert werden.

[134] Vgl. Müller (1996, S. 89).

[135] Hierbei wird meist der sogenannte MAX-PROD-Operator angewandt. Vgl. Vojdani et al. (1995,
S. 293); Müller (1996, S. 91).

[136] Vgl. Dunemann et al. (2002, S. 113 f.).

unterstützt. Insbesondere die Tatsache, dass der Inferenzprozess zur Ableitung des Ergebniswertes vollständig transparent und objektiv nachvollziehbar ist, hat sich als großer Vorteil erwiesen.[137]

Zaeh zeigt ein Beispiel eines prozessorientierten Modells auf Basis der Fuzzy-Logik zum Zwecke der Quantifizierung der Komponenten des Prüfungsrisikos im Rahmen der Jahresabschlussprüfung. Von den Komponenten des Prüfungsrisikos, nämlich Fehlerrisiko, das sich in das inhärente Risiko und das (annahmegemäß stochastisch unabhängige)[138] Kontrollrisiko zergliedert, sowie Entdeckungsrisiko, das sich aus dem analytischen Risiko und dem (annahmegemäß stochastisch unabhängigen) Stichprobenrisiko zusammensetzt,[139] soll hier das Vorgehen exemplarisch mit Blick auf das *inhärente Risiko* näher beleuchtet werden. Das inhärente Risiko beschreibt die Fehleranfälligkeit einer Jahresabschlussposition gegenüber Manipulationen, Irrtümern oder Inkorrektheiten, die unter anderem durch äußere Rahmenbedingungen wie konjunkturelle Lage oder Risikobewusstsein des Managements determiniert werden. Dieses Risiko kann durch den Abschlussprüfer nur sehr vage quantifiziert werden, so dass neuere Informationsfusions-Ansätze in der Tat einen potentiell wichtigen Beitrag zur Operationalisierung leisten können. Mit dem Ziel der Operationalisierung des logischen Prozesses wird das inhärente Risiko zunächst, wie oben bereits angedeutet, in Bedingungen des inhärenten Risikos und Charakteristika des inhärenten Risikos zerlegt. Die Suche nach den *Bestimmungsfaktoren bzw. Indikatoren* der Bedingungen des inhärenten Risikos ist nicht einfach: Es bietet sich mit Blick auf die gesetzliche Krisenwarnfunktion des Abschlussprüfers,[140] wie auch in diesem Buch enthalten, hierfür (mindestens) ein Rückgriff auf die Ergebnisse der Krisenursachenforschung (Kap. 3, 3.1.2.1 dieses Buches), auf Ergebnisse der Strategieforschung (Kap. 3, 3.1.2.2), auf den Entwicklungsstand von Bonitätsprüfungsverfahren (Kap. 3, 3.1.2.3), auf die Ergebnisse der Risikomanagement-Forschung (Kap. 3, 3.1.2.4) oder auf die Ergebnisse der Forschung zur Unternehmensbewertung (Kap. 3, 3.1.2.5) an.[141] Zaeh gelangt, unter Rückgriff auf empirische Ergebnisse von Quick,[142] zu zwölf wesentlichen *Bestimmungsfaktoren*, von denen die zwei Faktoren „Die konjunkturelle Situation der Volkswirtschaft" und „Die Stabilität der Branche, in der das Unternehmen wirkt" engen Bezug zu den in diesem Buch in Rede stehenden Marktrisiken des

---

[137] Vgl. Zaeh (1998, S. 429).

[138] Mögliche Risikointerdependenzen (logische Abhängigkeiten von Ereignissen) werden im vorliegenden Modell bewusst ausgeblendet, die Wahrscheinlichkeiten von inhärentem Risiko und Kontrollrisiko multipliziert, und zwar gemäß: $P(A \cap B) = P(A) \cdot P(B)$. Dies wird inhaltlich mit der mangelnden Einflussnahme des Internen Kontrollsystems auf Fehler, die auf äußere Einflüsse zurückzuführen sind, begründet. Vgl. Zaeh (1998, S. 178, 312 f., Fn. 58).

[139] Vgl. Zaeh (1998, S. 172–254).

[140] Vgl. Strobel (1977, S. 2153–2156).

[141] Vgl. Zaeh (1998, S. 195 f.).

[142] Vgl. Quick (1996, S. 317–321).

Unternehmens aufweisen. Diese Bestimmungsfaktoren bzw. Indikatoren gehen in
dem fuzzy-logischen Prozessmodell als Eingangsgrößen in die Risikoanalyse ein.[143]
    Im fuzzy-logischen IT-Modell von Zaeh gibt der Abschlussprüfer die Ausprä-
gungen aller zwölf Bestimmungsfaktoren ein, und zwar nicht numerisch auf einer
metrischen Intervallskala, sondern über benutzerfreundliche, sogenannte horizontale Bildlaufleisten (Scroll Bars), auf denen er mit der Maus einen Balken „zieht".
Die Bildlaufleisten sind einheitlich mit den natürlichsprachlichen Ausprägungen
bzw. linguistischen Variablen { „sehr schlecht/sehr gering", „durchschnittlich", „sehr
gut/sehr hoch"} versehen, die die Fuzzy Sets repräsentieren.[144] Auch wenn durch die
Technik der Bildlaufleisten der Benutzer visuell auf ein Kontinuum zwischen den
natürlichsprachlichen Extrema trifft, gibt er durch seine subjektive Einschätzung
zu den zwölf Bestimmungsfaktoren (vorgegebene Indikatoren) letztlich ein wert-
mäßiges, scharfes Eingangssignal in das fuzzy-logische Modell. Dieses letztlich
doch wertmäßige, scharfe Eingangssignal gibt im vorliegenden Modell zusammen
mit den vorgegebenen Bestimmungsfaktoren eine modellimmanente Strukturierung
vor,[145] die sich in komplexen, diskontinuierlichen Umfeldsituation als durchaus nicht
unproblematisch erweisen kann.
    So eignet sich mit Blick auf Marktrisiken gerade die für den Benutzer vorge-
gebene und damit *starre Struktur der Indikatoren* eher für Risikoeinschätzungen
kurz- oder mittelfristiger Natur, bei denen noch keine Strukturbrüche auftreten bzw.
zu erwarten sind. Dies hängt eng mit der Frage der strategischen Frühaufklärung
zusammen, auf die unten in Kap. 2, 2.3.2.4 näher eingegangen wird. Modell-
le auf Basis der Fuzzy-Logik können – dies sei hier schon vorweggenommen –
insbesondere aufgrund der vorgegebenen Indikatoren als Methoden der 2. Generation von Frühaufklärungssystemen bzw. als operative Frühaufklärungsinstrumente
bezeichnet werden.
    Generell gilt, dass mit *zunehmendem Zeithorizont* und damit steigender Mög-
lichkeit *struktureller Diskontinuitäten* sich quantitative Methoden der Risikoidentifikation und -bewertung – seien es recht einfache statistische und ökonometrische
Verfahren, neuere Verfahren der Regressions-, Kausal- oder komplexen Zeitreihen-
analysen oder auch der moderne Ansatz der Fuzzy-Logik – als zunehmend unterlegen
gegenüber qualitativen Methoden erweisen.[146] Als leistungsfähige qualitative Methode einer Identifikation, Analyse und Aggregation strategischer Marktrisiken
erweist sich insbesondere die Szenariotechnik, auf die in diesem Buch in Kap. 3,
3.2.9 und in Kap. 4, 4.1.4.2 detailliert eingegangen wird.
    Aufgrund der besonderen Bedeutung des KonTraG für das Risikomanagement
in Deutschland soll der *Prozess des Risikomanagements* im Folgenden im Lichte
des KonTraG diskutiert werden. Dessen gesetzliche Anforderungen erweisen sich

---

[143] Vgl. Zaeh (1998, S. 196–198). Zaeh (1998, S. 386–395) nutzt parallel ein Scoring-Modell, in
das die zwölf Bestimmungsfaktoren ebenfalls eingehen.

[144] Vgl. Zaeh (1998, S. 452–454).

[145] Vgl. Zaeh (1998, S. 424, 430).

[146] Vgl. Gleisner und Füser (2000, S. 935); Weber (2002, S. 221).

bei näherer Analyse als überwiegend kompatibel mit dem betriebswirtschaftlichen Risikomanagement.[147]

2.2.3 Einrichtung eines Risikomanagementsystems sowie eines Überwachungssystems nach dem KonTraG

2.2.3.1 Grundlegendes und rechtliche Anforderungen an ein Risikomanagement

Durch das im Jahre 1998 in Kraft getretene KonTraG wurde ein Risikomanagementsystem für die deutsche Aktiengesellschaft gesetzlich vorgeschrieben. Das Gesetz gilt auch für die GmbH und die GmbH & Co. KG, sofern ein Aufsichtsrat gemäß Mitbestimmungsgesetz (MitbestG) oder Betriebsverfassungsgesetz 1952 (BetrVG 1952)[148] zu bilden ist. Es verpflichtet den Vorstand einer Aktiengesellschaft in Abs. 2 des § 91 AktG, „geeignete Maßnahmen zu treffen, insbesondere ein Überwachungssystem einzurichten, damit den Fortbestand der Gesellschaft gefährdende Entwicklungen früh erkannt werden".[149] Durch die so genannte „Ausstrahlungswirkung"[150] auf andere Gesellschaftsformen besitzt das KonTraG grundsätzliche Bedeutung auch für jene *kapitalmarktfernen deutschen Unternehmen*, die nicht die Rechtsform Aktiengesellschaft aufweisen.

Der Gesetzgeber hat darauf verzichtet festzulegen, welche Maßnahmen der Vorstand im Einzelnen in Bezug auf die Ausgestaltung des in Rede stehenden Risikomanagementsystems treffen muss. Es ist zu vermuten, dass eine Konkretisierung der Struktur und auch der Funktionen eines solchen Systems den Grundsätzen ordnungsmäßiger Unternehmensüberwachung[151] unter Berücksichtigung internationaler Entwicklungen überlassen werden sollte. Zudem wäre mit einer abschließenden gesetzlichen Regelung nicht die Möglichkeit der laufenden Anpassung an neuere Überwachungsgrundsätze verbunden gewesen. Zwischenzeitlich hat sich aber auf breiter Front die Auffassung durchgesetzt, dass das Risikomanagementsystem aus den Komponenten *Internes Überwachungs-, Früherkennungs- und Controllingsystem* besteht (das Interne Überwachungssystem zerfällt bei dieser Systematisierung wiederum in die Teile Internes Kontrollsystem und Interne Revision) und der Prozess des Risikomanagementsystems innerhalb des Unternehmens stufenweise unter

---

[147] Vgl. Wall (2003g, S. 457–471).

[148] Das BetrVG 1952 wurde im Rahmen des 2. Gesetzes zur Vereinfachung der Wahl der Arbeitnehmervertreter in den Aufsichtsrat zum 1. Juli 2004 durch das Drittelbeteiligungsgesetz (DrittelbG) abgelöst. Wesentliche inhaltliche Änderungen waren damit nicht verbunden, lediglich einige Verfahrensvereinfachungen. Vgl. DrittelbG (2004).

[149] KonTraG (1998, S. 787).

[150] Zur Ausstrahlungswirkung auf andere Gesellschaftsformen vgl. RegE KonTraG (1998, S. 15); Lück (1998b, S. 1925); BDI/KPMG (2006, S. 8 f.); *BeBiKo*, § 317 HGB, Rn. 76.

[151] Vgl. Kap. 2, 2.3.5.

Berücksichtigung der *Identifikation, Analyse, Bewertung, Steuerung* und der *Berichterstattung* von Risiken erfolgen sollte.[152] Aus dieser Strukturierung ergeben sich wiederum wichtige Hinweise nicht nur für die Einrichtung des Risikomanagementsystems, sondern auch für seine Überwachung durch den Aufsichtsrat (§ 111 Abs. 1 AktG) und/oder den Wirtschaftsprüfer (§ 317 Abs. 4 HGB) sowie für die Berichterstattung wesentlicher Risiken der künftigen Entwicklung im Lagebericht gemäß § 289 Abs. 1 2. Hs. HGB.[153]

Da, im Falle des *Konzerns*, der Vorstand einer Konzernmuttergesellschaft nicht nur über wesentliche Risiken im eigenen Unternehmen informiert sein sollte, sondern darüber hinaus auch die Risikolage des Gesamtkonzerns im Auge haben muss, lässt sich für die Konzernleitung die Verpflichtung ableiten, in das Risikomanagementsystem ebenfalls sämtliche Tochtergesellschaften mit einzubeziehen.[154] Hierdurch wird es möglich, bestandsgefährdende Risiken des Gesamtkonzerns frühzeitig zu erkennen und ggf. konzerninterne Risikoausgleichsstrategien zu entwickeln. In Analogie zu § 111 Abs. 1 AktG bzw. § 317 Abs. 4 HGB ist das konzernweite Risikomanagementsystem und damit auch das konzernweite Controllingsystem sowohl vom Aufsichtsrat der Konzernmuttergesellschaft als auch von dem Konzernabschlussprüfer (§ 316 Abs. 2 HGB) zu überwachen, sofern es sich bei der Konzernmuttergesellschaft um eine börsennotierte Aktiengesellschaft handelt.[155]

Der Gesetzgeber hat den *Risikobegriff* im KonTraG nicht definiert. Sowohl vom Wortlaut als auch vom Sinnzusammenhang her begreift das KonTraG – wie oben bereits ausgeführt[156] – jedoch Risiko im engeren Sinne als Verlust- oder Schadengefahr. Das Gesetz spricht eingrenzend (nur) von solchen Risiken, die bestandsgefährdend und damit wesentlich sind oder werden können: Als *bestandsgefährdend* wird ein Risiko(potential) für ein Unternehmen dann angesehen, wenn es kausal eine Zahlungsunfähigkeit oder Überschuldung herbeiführen kann.[157] Lachnit und Müller sehen darüber hinaus bereits eine zu erwartende, auf längere Sicht nicht ausreichende Eigenkapitalrentabilität eines Unternehmens als bestandsgefährdend an.[158] Anders als das KonTraG stellt der neuere Sarbanes-Oxley Act nicht allein auf bestandsgefährdende Risiken ab.[159] Zur (potentiellen) *Wesentlichkeit* von Risiken ist beachten,

---

[152] Vgl. Lück (1998a, S. 8–14); Lück (1998b, S. 1925–1933); Freidank (2001b, S. 593–631). Zu anderen Systematisierungen vgl. etwa Brebeck (2002, Sp. 2072); IDW (2006, S. 1605, Rn. 28).

[153] Vgl. Lange in *MünchKommHGB*, § 289 HGB, Rn. 55–59; *BeBiKo*, § 289 HGB, Rn. 43.

[154] Vgl. Hefermehl und Spindler in *MünchKommAktG*, § 91 AktG, Rn. 26; Müller in Semler und Peltzer (2005, S. 646, Rn. 103); Hüffer (2006, § 91 AktG, Rn. 6).

[155] Vgl. IDW (1999, S. 658); *BeBiKo*, § 317 HGB, Rn. 89.

[156] Vgl. Kap. 2, 2.1.

[157] Vgl. Emmerich (1999, S. 1082); Lachnit und Müller (2003, S. 565); Hefermehl und Spindler in *MünchKommAktG*, § 91 AktG, Rn. 17; Müller in Semler und Peltzer (2005, S. 644, Rn. 99); Hüffer (2006, § 91 AktG, Rn. 6); IDW (2006, S. 1600, Rn. 10).

[158] Vgl. Lachnit und Müller (2001, S. 367). Vgl. ebenfalls Lange in *MünchKommHGB*, § 289 HGB, Rn. 58.

[159] Vgl. Lanfermann und Maul (2002, S. 1727); Menzies (2004, S. 39). Vgl. auch Hüffer (2006, § 91 AktG, Rn. 9).

dass in ihrer Einzelwirkung unwesentliche Risiken kumuliert mit anderen Risiken bestandsgefährdend wirken können oder sich im Zeitablauf ändern können.[160]

Da der Gesetzgeber verzichtet hat festzulegen, welche Maßnahmen der Vorstand im Einzelnen bei der Einrichtung eines Risikomanagementsystems zu treffen hat, sollen im Folgenden die Anforderungs- bzw. Beurteilungskriterien dargestellt werden, die sich aus dem Prüfungsstandard 340 „Die Prüfung des Risikofrüherkennungssystems nach § 317 Abs. 4 HGB" des IDW ableiten lassen.[161] Diese rechtlichen Anforderungen des KonTraG sind:

Die Risiken sind so rechtzeitig zu erkennen, dass genügend Zeit für geeignete Gegenmaßnahmen zur Verfügung besteht (*Anforderung der Rechtzeitigkeit*).[162] Nach der *Anforderung der Vollständigkeit* sind alle potentiellen Risikofelder eines Unternehmens (in allen seinen Bereichen) nach Möglichkeit vollständig daraufhin zu überprüfen, ob bestandsgefährdende Risiken bestehen. Die entsprechenden Risiken sind vollständig zu identifizieren und durch das Risikomanagementsystem zu erfassen. Ein entsprechendes Risikobewusstsein ist hierfür bei den Mitarbeitern des Unternehmens zu schaffen.[163] Wirken einzelne Risiken interdependent, kann es zu bestandsgefährdenden Kumuls kommen. Daher sind als Anforderung *Interdependenzen* zwischen Risiken zu beachten.[164] Es hat eine konsistente, quantitative Bewertung der Risiken zu erfolgen, möglichst mit Schadeneintrittswahrscheinlichkeit und potentiellem Schadenausmaß (*Anforderung der Quantifizierung*).[165]

Weiterhin kommt der Berichterstattung über nicht bewältigte Risiken eine zentrale Bedeutung zu (*Anforderung der Kommunikation*). Die Kommunikationsbereitschaft ist durch geeignete Schulungsmaßnahmen zu fördern. Schwellenwerte oder andere festzulegende Kriterien für potentielle Risiken sollen dazu dienen, eine Berichtspflicht innerhalb der Organisation auszulösen.[166]

Daneben sind die Risiken den jeweiligen Verantwortungsträgern („Risk owners") zuzuordnen (*Anforderung der Verantwortung*).[167] Weiterhin ist das Risikomanagement durch integrierte, prozessabhängige Kontrollen und prozessunabhängige Prüfungen zu überwachen (*Anforderung der Überwachung*).[168] Schließlich sind die Maßnahmen des Risikomanagements angemessen zu dokumentieren, auch mit Blick auf die Erfüllung der Pflichten des Vorstands nach § 91 Abs. 2 AktG (*Anforderung der Dokumentation*).[169]

---

[160] Vgl. IDW (2006, S. 1600 f., Rn. 11).

[161] Vgl. im Folgenden IDW (1999, S. 658–662); Homburg et al. (2005, S. 1070 f.).

[162] Vgl. IDW (1999, S. 658, Tz. 5).

[163] Vgl. IDW (1999, S. 659, Tz. 7–9).

[164] Vgl. Kap. 2, 2.2.2.1.

[165] Vgl. IDW (1999, S. 659, Tz. 10).

[166] Vgl. IDW (1999, S. 659, Tz. 11).

[167] Vgl. IDW (1999, S. 659, Tz. 13 f.).

[168] Vgl. IDW (1999, S. 659 f., Tz. 16). Zur Systematisierung der Überwachungshandlungen vgl. Kap. 2, 2.3.1.1.

[169] Vgl. IDW (1999, S. 660, Tz. 17 f.).

Diese rechtlichen Anforderungen des KonTraG treten neben die oben dargestellten ökonomischen Anforderungen der *Holistik*, der *Wirtschaftlichkeit* und der
Integration.[170] Gemeinsam bilden die Anforderungen die wichtige Grundlage für
die Ausgestaltung der einzelnen Phasen des Risikomanagementsystems nach dem
KonTraG, die im Folgenden im Einzelnen diskutiert werden. Risikomanagementsysteme nach dem KonTraG erfüllen jedoch – dies sei jetzt schon vorweggenommen –
nicht die an sie aus ökonomischer Sicht gestellte Anforderung einer Holistik, nach
der neben reinen Risiken auch Chancen einzubeziehen sind.

2.2.3.2 Ziele und Risikostrategien

Um für identifizierte Risiken beurteilen zu können, ob die kritische Schwelle der Wesentlichkeit überschritten ist oder nicht, ist jeweils ein Abgleich mit den durch das
Unternehmen verfolgten Zielen notwendig.[171] Sofern noch nicht vorhanden, sind
hierfür für die einzelnen Risikobereiche eines Unternehmens aus dem Zielsystem
der Unternehmenspolitik *Risikostrategien* zu entwickeln.[172] Diese stellen strategische Vorgaben für die Handhabung der Risiken im Risikobereich dar. Hierbei sind
Sicherheitsziele im Sinne von Toleranzgrenzen möglichst konkret zu formulieren.[173]
Zweck dieses Vorgehens ist die Konzentration auf *wesentliche* Risiken.[174]
   Auf Basis einer Risikostrategie können geeignete Maßnahmen eines Risikomanagements festgelegt werden.[175] Das Risikomanagementsystem weist die Funktionen
Risikoidentifikation und -analyse, Risikobewertung, Risikosteuerung (mit den risikobewältigenden Maßnahmen)[176] sowie Risikoüberwachung auf.[177] Dabei sind die
Grenzen zwischen Risikoidentifikation, -analyse und -bewertung fließend,[178] so dass
ein rein sequentieller Durchlauf dieser Funktionen im Zweifel nicht zweckgerecht
ist.[179]

2.2.3.3 Risikoidentifikation

Im Rahmen der *Risikoidentifikation* sind mögliche Gefährdungen frühzeitig zu
identifizieren. Grundlage der Identifikation bildet in jedem Fall eine allgemeine

---

[170] Vgl. Kap. 2, 2.2.1.

[171] Vgl. KPMG (1998, S. 17 f.); Weber (2002, S. 418 f.); IDW (2006, S. 1606, Rn. 35).

[172] Vgl. Lück (1998b, S. 1926).

[173] Vgl. Freidank (2001c, S. 599, 609).

[174] Vgl. Weber et al. (1999, S. 1712).

[175] Vgl. Lück (1998b, S. 1926).

[176] Das KonTraG selbst beinhaltet keine Verpflichtung zur eigentlichen Handhabung und Steuerung
der (identifizierten, analysierten und bewerteten) Risiken. Vgl. statt vieler Lachnit und Müller
(2001, S. 367).

[177] Vgl. Albrecht (1998, S. 2); Kromschröder und Lück (1998, S. 1574); Lück (1998b, S. 1926);
Freidank (2001c, S. 598).

[178] Vgl. Freidank (2001c, S. 610).

[179] Vgl. COSO (2004a, S. 4).

Risikosystematik, für die es in Theorie und Praxis verschiedene Beispiele gibt.[180]
Zur Einrichtung eines Risikomanagementsystems in *produzierenden Unternehmen*
hat Freidank typische Risikoarten in den Teilfunktionen Produktion, Logistik sowie
Forschung und Entwicklung aufgezeigt.[181] Betriebliche Verlustrisiken sind dabei aus
den kalkulatorischen Wagniskosten der Angebotskalkulation (Beständewagnis, An-
lagewagnis, Fertigungswagnis, Gewährleistungswagnis, Entwicklungswagnis und
Vertriebswagnis) abgeleitet. Diese beschriebenen Wagnisse beziehen sich allesamt
auf Einzelrisiken, die sich vor allem in den Funktionen Fertigung und Vertrieb und
damit vorwiegend unternehmensintern realisieren. Das das Gesamtunternehmen bedrohende allgemeine Unternehmenswagnis besitzt keinen Kostencharakter, sondern
ist kalkulatorisch durch den Gewinn zu decken.[182] Dessen Ursachen liegen hingegen in strategischen Bedrohungen bzw. Risiken und damit vorwiegend außerhalb
des Unternehmens.

Mit Blick auf eine *Zuordnung auf versicherbare Zweige* ist folgende Systematisierung der Risikoarten denkbar, die sich an die spartenbezogene Versicherungspraxis
anlehnt: Sachbezogene Risiken (wirken auf das Vermögen durch z. B. Zerstörung,
Beschädigung, Schwund, Diebstahl),[183] personenbezogene Risiken (wirken auf Verfügbarkeit, Qualität und Integrität von Mitarbeitern), Unterbrechungsrisiken (wirken
durch Produktionsausfälle ertrags- und/oder einnahmenmindernd), Haftpflichtrisi-
ken (wirken durch Ersatzverpflichtungen gegenüber Dritten aus Schäden) sowie das
allgemeine Unternehmensrisiken (wirken als z. B. Markt- und Kapitalrisiken und
sind vielfach nicht oder schwer versicherbar).

Weiterhin hat der Deutsche Standardisierungsrat den DRS 5 zur Risikoberichterstattung veröffentlicht, der einen in DRS 5.17 die Bildung folgender Risikokategorien empfiehlt, um den an ein systematischen Risikomanagementsystem zu
stellenden Anforderungen gerecht zu werden: Umfeld- und Branchenrisiken, un-
ternehmensstrategische Risiken, leistungswirtschaftliche Risiken, Personalrisiken,
informationstechnische Risiken, finanzwirtschaftliche Risiken, sonstige Risiken.[184]

Ebenso ist eine Systematisierung der Risikoarten nach *betrieblichen (operativen) Risiken* auf der einen Seite und *Marktrisiken* auf der anderen Seite, ergänzt
um eine Gruppe *sonstiger Risiken*, denkbar. Diese Gruppen lassen sich deutlich
ausdifferenzieren, wie Abb. 2.4 zeigt. Darüber hinaus wirken auf die ökonomischen Marktrisikoarten jeweils Preis- und/oder Mengenrisiken als Risikofaktoren
der Märkte ein.

---

[180] Vgl. den Überblick bei Williams (1998, S. 70 f.); ebenfalls Albrecht (1998, S. 3); KPMG (1998,
S. 18); Hertel (1999, S. 24); Hornung et al. (1999, S. 318); Reichmann und Form (1999, S. 320);
Gleißner und Meyer (2000, S. 9 f.); Freidank (2001b, S. 600–602); Lange in *MünchKommHGB*,
§ 289 HGB, Rn. 57; Weber (2002, S. 423–425); Reichmann und Diederichs (2003b, S. 674).

[181] Vgl. Freidank (2001c, S. 600–607).

[182] Vgl. Freidank (2001c, S. 601).

[183] In den letzten Jahren hat insbesondere die Bedeutung wetterbedingter Risiken zugenommen,
so dass nach Schätzung der *National Oceanic and Atmospheric Administration* ein Drittel des
US-Bruttosozialprodukts von Wetterveränderungen beeinflusst wird. Vgl. Lustgarten (2005, S. 68).

[184] Vgl. Kajüter (2001, S. 209); Pohle in Semler und Peltzer (2005, S. 443, Rn. 110).

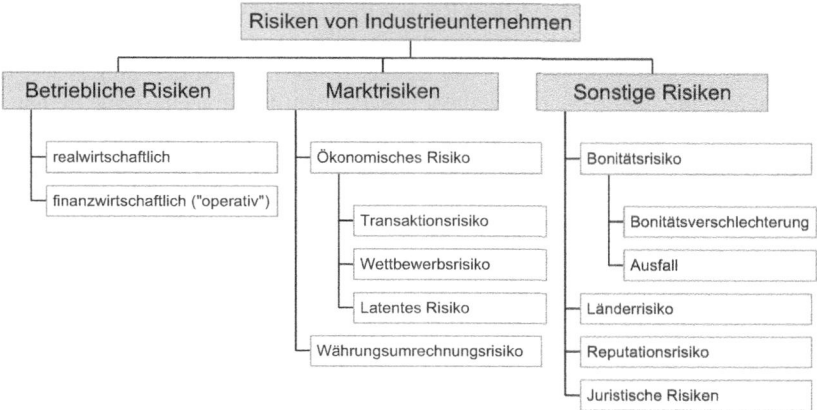

Abb. 2.4 Systematisierung der Risiken von produzierenden Unternehmen. (Vgl. Gebhardt und Mansch 2001, S. 23 f.)

Risiken können sich sowohl in kurz- und mittelfristigen als auch auf in langfristigen, strategischen Bedrohungen äußern. Daher erscheint es wichtig und angemessen, bei der Schaffung und Implementierung von Risikomanagementsystemen zur Erkennung fortbestandsgefährdender Risiken einen Schwerpunkt auch auf langfristige, strategische Risiken zu legen.[185]

Zur Erkennung von Risiken werden verschiedenen Methodiken angewandt. Diese reichen in der Praxis von Checklisten, Fragebögen, Organisationsanalysen, Inaugenscheinnahmen, Schadenstatistiken bis hin zu moderierten Risiko-Workshops. Risiko-Workshops weisen gegenüber den anderen genannten Methodiken den Vorteil auf, sich neben der Identifikation von Risiken auch für die Diskussion ihrer Ursachen und Bedeutung zu eignen, weshalb sie sich in der Praxis bewährt haben.[186] Von zentraler Bedeutung innerhalb der Risikoidentifikation ist die Vollständigkeit der Erfassung aller relevanten Risiken, da unerkannte Risiken weder bekämpft noch bewusst in Kauf genommen werden können. Dies wird von Kromschröder und Lück als das „Hauptproblem" der Risikoerkennung bezeichnet.[187] Daher bietet es sich an, bei Beachtung der Anforderung der Wirtschaftlichkeit[188] mehrere Methoden parallel anzuwenden.[189]

Daneben sind, entsprechend der oben genannten Anforderung der Rechtzeitigkeit, Risiken möglichst früh zu erkennen, um eine rechtzeitige Risikobewältigung

---

[185] Zur möglichen Berücksichtigung strategischer und operativer Ziele im Rahmen der Risikoidentifikation vgl. KPMG (1998, S. 20); BDI/KPMG (2006, S. 27 f.).

[186] Vgl. KPMG (1998, S. 18); Kromschröder und Lück (1998, S. 1574); Füser et al. (1999, S. 754); Spannagl und Häßler (1999, S. 1830); Kohlhoff et al. (2000, S. 4); Freidank (2001c, S. 610 f.); Reichmann und Diederichs (2003b, S. 674).

[187] Vgl. Kromschröder und Lück (1998, S. 1574).

[188] Vgl. Kromschröder und Lück (1998, S. 1574).

[189] Vgl. Lachnit und Müller (2001, S. 370).

einleiten zu können,[190] denn je früher Risiken identifiziert werden, umso mehr Handlungsalternativen zu ihrer Bewältigung stehen zu Verfügung.[191] Zur Gewinnung von Früherkennungsinformationen hat die Betriebswirtschaftslehre strategische Frühwarnsysteme entwickelt, die innerhalb der Risikoidentifikation eine hohe Bedeutung besitzen[192] und vom deutschen Gesetzgeber durch das KonTraG explizit gefordert werden.[193] Frühwarnsysteme beruhen grundlegend auf dem Konzept der schwachen Signale von Ansoff[194] sowie auf Erkenntnissen der Diffusionstheorie.[195] Sie sind sowohl auf die unternehmensinterne Sphäre[196] – etwa die Aufbau- und Ablauforganisation, Daten des Finanz- und Rechnungswesens sowie Schadenstatistiken – als auch auf die unternehmensexterne Sphäre gerichtet. Gerade letztere Perspektive in das (technische, soziokulturelle, politische, wirtschaftliche etc.) *Umfeld* des Unternehmens und in seine *relevanten Produktmärkte* (mit Kunden, Lieferanten, Wettbewerb etc.) ist von hoher Bedeutung, will das Frühwarnsystem langfristig drohende Risiken und strategische Herausforderungen frühzeitig identifizieren. Diese Frühwarnsysteme werden unten näher beleuchtet.[197]

2.2.3.4 Risikoanalyse und -bewertung, Risikokommunikation und Modelle eines integrierten Risikomanagementsystems

Auf die Inhalte der Prozessphasen der *Risikoanalyse und -bewertung* wurde bereits in Kap. 2, 2.2.2 detailliert eingegangen, so dass hier auf die dortigen Ausführungen verwiesen sei. An die Risikoanalyse und -bewertung schließt sich die *Risikokommunikation* an. Durch sie ist ein Informationsfluss über wesentliche Risiken sicherzustellen.[198]

Methoden der Risikoanalyse und -bewertung haben in den vergangenen Jahren Eingang in Modelle eines *integrierten Risikomanagementsystems* gefunden. Lachnit und Müller leiten ein integriertes Risikomanagementsystem aus den Steuerungsgrößen Erfolg und Liquidität ab (s. Abb. 2.5).[199] Der Grundgedanke ihres Modells beruht auf der Annahme, dass sich die Risiken aller Risikobereiche erfolgs- und/oder finanzwirksam auswirken. Entscheidende Bedeutung in diesem Modell besitzt die Transformation der identifizierten Risiken in das quantitative Steuerungssystem, das durch die Steuerungsgrößen Erfolg und Liquidität geprägt ist. Die Wirkung von Risiken auf die Wert- bzw. Steuerungsgrößen Einnahmen/Ausgaben,

---

[190] Vgl. Spannagl und Häßler (1999, S. 1828).

[191] Vgl. Lachnit (1986, S. 6).

[192] Vgl. Lück (1998b, S. 1927); Lück und Hunecke (1998b, S. 516).

[193] Vgl. Lück (1998a).

[194] Vgl. Ansoff (1976).

[195] Vgl. Krampe und Müller (1981, S. 384–401).

[196] Vgl. Bitz (2000, S. 26).

[197] Vgl. Kap. 2, 2.3.2.4.

[198] Vgl. etwa Lange in *MünchKommHGB*, § 289 HGB, Rn. 60–71; IDW (2006, S. 1612, Rn. 57).

[199] Vgl. Lachnit und Müller (2001, S. 377).

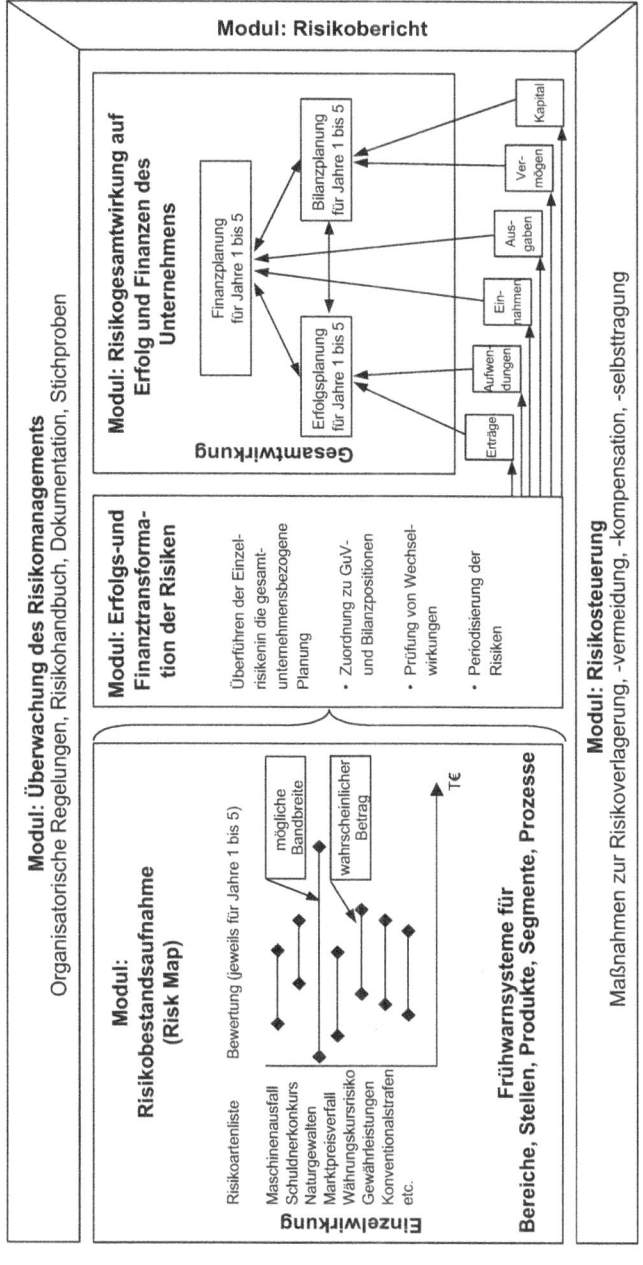

Abb. 2.5 Integriertes Risikomanagementsystem nach Lachnit und Müller. (In Anlehnung an Lachnit und Müller 2001, S. 378)

Erträge/Aufwendungen und Vermögen/Kapital wird in diesem Modell für die Plan-jahre 1–5 erfasst. Über diese Wertgrößen sollen anschließend alle Risiken in ihren Dimensionen abgebildet und gesteuert werden.

2.2.3.5 Risikosteuerung

Im Rahmen der *Risikosteuerung* sind die identifizierten Risiken zu bewältigen. Identifizierte und bewertete Risiken sind Gegenstand strategischer und operati-ver Entscheidungen. Diese Entscheidungen können vier Qualitäten aufweisen, nämlich die identifizierten Risiken vermeiden, vermindern, überwälzen oder kom-pensieren.[200] Eine völlige Risikovermeidung kann, entsprechend der ökonomischen Anforderung der Holistik[201], nicht Gegenstand einer Risikosteuerung sein, denn unternehmerische Chancen gehen in der Regel mit Risiken einher.[202]

In der Praxis der Risikosteuerung sind gegenwärtig zwei wesentliche Trends zu beobachten. Zum einen wird von einem eher passiven Risikomanagement (Überwäl-zen bzw. Versichern oder Kompensieren von Risiken) immer stärker zu einem *aktiven Risikomanagement* (Vermeiden oder Vermindern von Risiken) übergegangen.[203] Zum anderen haben Versicherungswirtschaft und Industrie neue Konzepte einer Überwälzung und Selbsttragung von Risiken entwickelt, die unter dem Begriff *Alternative Risk Transfer (ART)* subsumiert werden. Hierbei stehen insbesonde-re Selbstversicherungslösungen im Vordergrund, bei denen eine Überwälzung auf Dritte vermieden wird. Weitere Beispiele sind Multiline Multiyear-Produkte oder Kapitalmarktprodukte.[204] Der globale ART-Markt wird – je nach Abgrenzung – bereits auf jährlich 88 Mrd. US$ geschätzt, verglichen mit einem globalen Gesamt-Versicherungsmarkt von rund 457 Mrd. US$.[205] Innerhalb des US-amerikanischen Industrieversicherungsmarktes der Fortune 1000 Unternehmen, für den die belastbar-sten Zahlen vorliegen, machten ART-Lösungen inkl. Selbstversicherungslösungen und Captive Insurers im Jahre 2000 bereits einen Anteil von über 61 % am Gesamtmarkt aus (s. Abb. 2.6), wobei allein die beschäftigungs- und umsatzstar-ken Unternehmen der produzierenden Branchen im Jahr 2000 ART-Beiträge über 25,7 Mrd. US$ generierten.

---

[200] Vgl. Haller (1986, S. 220); Lück (1998b, S. 1927); Lachnit und Müller (2001, S. 375). Für ähnliche Systematisierungen vgl. Albrecht (1998, S. 5); KPMG (1998, S. 23); Kromschröder und Lück (1998, S. 1575); Fröhling (2000, S. 64 f.).

[201] Vgl. Kap. 2, 2.2.1.2.

[202] Vgl. ICAEW (1999, S. 5).

[203] Vgl. Freidank (2001b, S. 616).

[204] Vgl. Albrecht (1998, S. 9–13); Herold und Paetzmann (1999, S. 49–68); Paetzmann und Weiler (2000, S. 206–213); SwissRe (2003, S. 16 f.); Farny (2011, S. 40–43, S. 404).

[205] Vgl. SwissRe (2003, S. 13).

Basis: Jahr 2000 Fortune 1000 US	traditionelle Beiträge in Mrd. US$	ART- Beiträge in Mrd. US$	Summe Beiträge in Mrd. US$	Beschäftigte in Mio.	Umsatz in Mrd. US$
Summe	**25,3**	**40,0**	**65,2**	**37,6**	**8.698**
davon produzierende Unternehmen - Anteil an Summe	16,8 66%	25,7 64%	42,5 65%	16,8 45%	4.504 52%
davon sonstige Branchen - Anteil an Summe	8,5 34%	14,3 36%	22,7 35%	20,8 55%	4.194 48%
Sach Haftpflicht Worker's Compensation Kraftfahrt-Flotte	8,8 9,0 5,7 1,8	8,4 11,5 15,8 4,3	17,1 20,5 21,5 6,1		
Summe	**25,3**	**40,0**	**65,2**		
- Anteil an Summe Beiträge	39%	61%	100%		

Abb. 2.6 Bedeutung des Marktes für Alternative Risk Transfer (ART) im US-Industrieversicherungsmarkt (Fortune 1000 US). (Vgl. SwissRe 2003, S. 14 f.)

2.2.3.6 Aufbauorganisation des Risikomanagements und Risikoüberwachung

Die Verantwortung für die *Einrichtung eines Risikomanagements* liegt nach § 91 Abs. 2 AktG beim Vorstand.[206] Der Gesetzgeber hatte in seiner Allgemeinen Begründung zum KonTraG lediglich Hinweise gegeben, wie das Risikomanagementsystem konkret auszugestalten ist.[207] Anzunehmen ist, dass die Struktur des Systems unter betriebswirtschaftlichen Aspekten bzw. unter Beachtung der Grundsätze ordnungsmäßiger Überwachung (GoÜ)[208] und internationaler Entwicklungen konkretisiert werden sollte.[209] Die Aufgaben des Risikomanagements werden nach herrschender Meinung durch die Komponenten Internes Überwachungssystem, Controlling und Frühwarn- bzw. Früherkennungssystem wahrgenommen.[210] Besondere Bedeutung kommt dem *Controlling* zu, in dessen Aufgabenbereich die Ablauf- und Aufbauorganisation des Risikomanagements fallen. Das Controlling soll alle (wesentlichen) drohenden (operativen und strategischen) Risiken frühzeitig transparent machen und Wege einer Risikobewältigung aufzuzeigen.[211] Bei der Erfüllung

---

[206] Zur Gesamtverantwortung des Vorstands vgl. Hüffer (2006, § 91 AktG, Rn. 3).

[207] Vgl. RegE KonTraG (1998, S. 11).

[208] Auf diese Grundsätze wird unten in Kap. 2, 2.3.5 detailliert eingegangen.

[209] Vgl. Theisen (1995, Sp. 4219–4231); Lück und Makowski (1996, S. 157–160); Lück (1998a, S. 9); Freidank (2001c, S. 597 f.).

[210] Vgl. Lück (1998a, 9); Freidank (2001a, S. 252); Freidank (2001c, S. 598); Brebeck (2002, Sp. 2073).

[211] Vgl. Horváth und Gleich (2000, S. 108); Peemöller (2002, S. 118); Hüffer (2006, § 91 AktG, Rn. 8).

dieser risikoorientierten Controlling-Aufgaben steht die *Koordinationsfunktion des Controlling* im Vordergrund.[212] Hierauf wird in Kap. 2, 2.3.2.3 eingegangen. Mit Blick auf die gebotene Unabhängigkeit des Abschlussprüfers hat dieser sich mit Beratungsleistungen im Rahmen des Aufbaus eines Risikomanagementsystems zu enthalten.[213]

Die *Prüfung des Risikomanagementsystems* fällt nicht in die Kompetenz des Controlling.[214] Bei dieser Prüfung im Rahmen der Risikoüberwachung steht die *Interne Revision* als Aufgabenträger im Mittelpunkt. Auch hierauf wird unten näher eingegangen.[215] Im Rahmen einer Beurteilung des *Abschlussprüfers* nach § 317 Abs. 4 HGB, ob ein Risikoüberwachungssystem nach § 91 Abs. 2 AktG seine Aufgaben erfüllen kann,[216] ist das Controlling selbst Revisionsobjekt der Abschlussprüfung. Insgesamt ergibt sich die Aufbauorganisation des Risikomanagements im wesentlichen aus der Einordnung des Controlling zu einem oder in einem Internen Überwachungssystem, worauf in Kap. 2, 2.3.3.3 eingegangen wird. Weiterhin wird das Risikomanagementsystem durch den Aufsichtsrat überwacht. Hierauf wird in Kap. 2, 2.3.4.2 eingegangen.

2.2.4 Einrichtung eines Enterprise Risk Management nach dem COSO ERM Framework

2.2.4.1 Grundlegendes und Struktur des ERM Framework

Obwohl Risikomanagement ein in der Praxis bereits seit Jahren verbreiteter Begriff ist und von vielen Unternehmen eingesetzt wird, gab es bislang in den USA kein einheitliches Verständnis über Begriff und Verständnis von Risikomanagement.[217] Dies zeigt sich u. a. auch darin, dass noch in der 7. Aufl. (2005) des US-amerikanischen Standardwerks für Controllership – „The complete business advisor for today's controller"[218] – das Thema Risikomanagement als letztes, 62. Kapitel in Teil 7 („Some Administrative and Special Aspects of the Controller's Department") abgehandelt wird,[219] und zwar mit Fokus auf das Insurance Management.[220]

Das Committee of Sponsoring Organizations of the Treadway Commission (COSO) begann Anfang 2001, sich mit der Entwicklung einheitlicher Standards und Definitionen für Risikomanagement zu beschäftigen. Ein von den fünf die

---

[212] Vgl. Freidank (2001b, S. 623).

[213] Vgl. Peltzer (2004, S. 128).

[214] Vgl. Peemöller (2002, S. 122 f.); Weber (2002, S. 439).

[215] Vgl. Kap. 2, 2.3.3.2.

[216] Vgl. grundlegend Ebke in *MünchKommHGB*, § 317 HGB, Rn. 58 f.

[217] Vgl. im Folgenden Paetzmann (2005c, S. 279).

[218] Roehl-Anderson und Bragg (2005, S. VII).

[219] Vgl. Roehl-Anderson und Bragg (2005, S. 1117–1126).

[220] Vgl. Kap. 2, 2.2.1.

COSO tragenden Organisationen, es sind dies die American Accounting Association (AAA), American Institute of Certified Public Accountants (AICPA), Financial Executives International (FEI), Institute of Internal Auditors (IIA) und Institute of Management Accountants (IMA), gebildetes Project Advisory Council beauftragte Anfang 2002 PricewaterhouseCoopers, ein *„Enterprise Risk Management – Integrated Framework"* zu entwickeln. Ein Entwurf wurde 2003 vorgelegt.[221] Innerhalb der Konsultationsfrist äußerte sich auch das Institut der Wirtschaftsprüfer in Deutschland (IDW) mit einem Comment Letter.[222] Das endgültige Framework[223] wurde im Herbst 2004 präsentiert.

Über das *Enterprise Risk Management (ERM)*, dem das Unternehmensziel der Wertsteigerung zugrunde liegt, soll der akzeptable Grad an Unsicherheit bestimmt werden, der die Einheiten eines Unternehmens gegenüberstehen. Dem Framework liegt – anders als dem in Deutschland durch das KonTraG vorgeschriebenen Risikomanagementsystem[224] – die *weitere Risikoabgrenzung*[225] zugrunde, die sowohl Risiken als auch Chancen beinhaltet.[226] Damit vermag das Risikomanagementsystem nach dem ERM Framework, anders als im Falle des KonTraG, bei entsprechender Ausgestaltung die ökonomische Anforderung der Holistik[227] zu erfüllen.[228]

Das Framework hebt besonders den *Bezug zu den Zielen* des Unternehmens und ihrer Erreichung hervor. Hierbei liegt ein Führungsmodell zugrunde, in dem aus einer Vision die strategischen Ziele (*„Strategic"*) und die operativen Ziele (*„Operations"*) abgeleitet werden, etwa in Anlehnung an die Führungsstufen des bekannten St. Galler Management-Modells.[229] Daneben werden die Zielkategorien eines *Berichtswesens* sowie einer *Einhaltung von Normen* hervorgehoben, beides um die Reputation des Unternehmens bei allen Stakeholdern sicherzustellen. Das Framework nimmt Bezug auf das gut ein Jahrzehnt zuvor durch die *COSO* veröffentlichte „Internal Control – Integrated Framework", in dem erstmals ebenfalls die Kategorie „Operations" mit der Wirksamkeit und effizienten Gestaltung betrieblicher Abläufe aufgenommen wurde.[230] Die zusätzliche Aufnahme der Zielkategorie „Strategic" in diesem Framework geht darüber noch hinaus. In seinem Comment Letter zum Entwurf hatte

---

[221] Vgl. COSO (2003b). Vgl. ebenfalls Pickett (2005, S. 70).

[222] Vgl. IDW (2003a).

[223] Vgl. COSO (2004a).

[224] Vgl. Freidank und Paetzmann (2003, S. 313).

[225] Vgl. Kap. 2, 2.1.

[226] Vgl. COSO (2004a, S. 2).

[227] Vgl. Kap. 2, 2.2.1.2.

[228] Die Definition von ERM lautet: „Enterprise risk management is a process, effected by an entity's board of directors, management and other personnel, applied in strategy setting and across the enterprise, designed to identify potential events that may affect the entity, and manage risk to be within its risk appetite, to provide reasonable assurance regarding the achievement of entity objectives." COSO (2004a, S. 2).

[229] Vgl. Ulrich und Krieg (1973, S. 16–45).

[230] Vgl. COSO (1994). Hierauf wird in Kap. 2, 2.3.1.2 detailliert eingegangen.

der IDW genau dies kritisiert.[231] Dem Framework liegen damit vier Zielkategorien zugrunde: Strategische Ziele („Strategic") nehmen Bezug auf die Vision und setzen diese um, während operative Ziele („Operations") der Strategieumsetzung dienen und die Wirksamkeit und effiziente Gestaltung betrieblicher Abläufe sichern. Danaben bezieht sich die Zielkategorie „Reporting" auf ein verlässliches Berichtswesen und die Zielkategorie „Compliance" auf die Einhaltung von Normen.

ERM besteht aus *acht mit einander verbundenen Komponenten*, die die Unternehmensführung ergänzen und integraler Bestandteile des Führungsprozesses sind.[232] Anhand dieser acht Komponenten ist auch festzustellen, ob ein ERM innerhalb der Organisationshierarchie wirksam arbeitet. Zunächst bildet das interne Umfeld des Unternehmens („*Internal Environment*") mit der Grundeinstellung („Philosophie") des Managements zu Risiken und zur Überwachung die Basis für ein ERM. Es zeigt sich unter anderem in der Risikobereitschaft des Unternehmens.

Einige weitere ERM-Komponenten orientieren sich an den Prozessphasen des Risikomanagements: Die Ziele und Risikostrategien („*Objective Setting*") bilden den Ausgangspunkt für den Risikomanagementprozess. Die strategischen Ziele des Unternehmens sind in die Organisation „herunterzubrechen" und haben im Einklang mit der Risikobereitschaft zu stehen. Die frühzeitige Ereignis-/Risikoidentifikation sowohl interner als auch externer Faktoren („*Event Identification*") beinhaltet bei zugrundeliegender weiterer Risikodefinition auch die Feststellung, ob es sich bei einem Ereignis um ein Risiko, eine Chance oder beides handelt. Daneben sind Interdependenzen zu beachten, die in eine Kategorisierung der Risiken und Chancen mit einfließen. Im Rahmen der Risikoanalyse und -bewertung („*Risk Assessment*") werden Risiken und Chancen nach Ausmaß (Potential) und Wahrscheinlichkeit analysiert und mit Zielen abgeglichen, die durch sie tangiert werden. Dabei bildet der zeitliche Planungshorizont des Unternehmens den Bewertungsmaßstab.[233] Die Auswahl und der Einsatz der Instrumente der Risikosteuerung („*Risk Response*") erfolgt im Kontext strategischer und operativer Ziele des Unternehmens.

Kontrollaktivitäten („*Control Activities*") sollen sicherstellen, dass die Risikobewältigung wirksam erfolgt. Diese Kontrollaktivitäten sind im ganzen Unternehmen, auf allen Ebenen und für alle Funktionen, zu implementieren, wie dies durch das *COSO* Internal Control – Integrated Framework beschrieben ist.[234] Die angemessene Information und Kommunikation („*Information & Communication*") innerhalb der Organisation soll den Prozess des Risikomanagements auf allen Ebenen des Unternehmens gewährleisten. Schließlich ist der gesamte Risikomanagementprozess ist schließlich Gegenstand einer Überwachung („*Monitoring*").

Die einzelnen Komponenten vom Objective Setting bis zu den Control Activities entsprechen in etwa den *Phasen des Risikomanagementprozesses*, wie er durch das KonTraG in Deutschland gefordert wird.[235] Abbildung 2.7 fasst die acht

---

[231] Vgl. IDW (2003a, S. 10).

[232] Zur Kritik hieran vgl. IDW (2003a, S. 15–20).

[233] Vgl. Menzies (2004, S. 120).

[234] Vgl. Kap. 2, 2.3.1.2.

[235] Vgl. Kap. 2, 2.2.2.

Abb. 2.7 Zielkategorien,
Komponenten und
Organisationshierarchien
innerhalb eines Enterprise
Risk Managements. (COSO
2004a, S. 5)

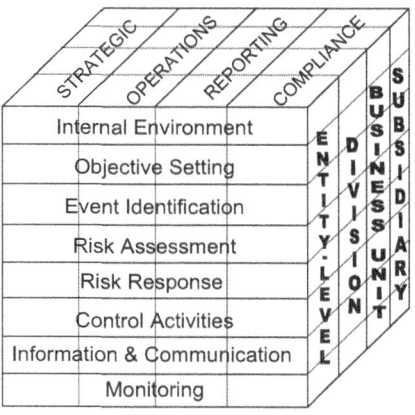

Komponenten mit den vier Zielkategorien zusammen und stellt beispielhaft ihre Einbettung in die Organisation eines Unternehmens mit Divisionen, Abteilungen und
Tochtergesellschaften dar.

2.2.4.2 Beitrag des ERM Framework zur Unternehmensführung und -überwachung

Ein implementiertes ERM kann zwar keine Strategieerreichung garantieren, es soll
jedoch eine führungsunterstützende Funktion ähnlich derjenigen ausüben, wie sie
von einem *ergebniszielorientierten Controlling*[236] erwartet wird.[237] Insbesondere
mit der *Risiken und Chancen umfassenden Risikoabgrenzung* sowie der expliziten Einbeziehung auch des internen Berichtswesens, mit sowohl monetären als
auch nicht-monetären Informationen, geht das Framework über die Kategorien der
Internen Überwachung („Internal Control") hinaus, die traditionell auf die Ordnungsmäßigkeit der externen Berichterstattung ausgerichtet ist. Insgesamt zeigt das
neue *COSO* Framework Leitlinien eines Risikomanagement auf, bei denen sich
die *Unterschiede zu einer risikobewussten Unternehmensführung bzw. einem risikobewussten Controlling verwischen*.[238] Risikomanagement kann nicht getrennt
von Unternehmensführung betrachtet werden und ist eng mit den Themen Planung und Entscheidung verwoben.[239] Das Framework weist darauf hin, dass
ERM entscheidungsvorbereitende und -unterstützende Aufgaben hat, die eigentlichen Entscheidungen jedoch vom Management zu treffen sind.[240] Abbildung 2.8
veranschaulicht dies.

---

[236] Vgl. Baum et al. (2004, S. 3–5); Franz (2004, S. 279–287).

[237] Vgl. COSO (2004a, S. 3).

[238] Vgl. Paetzmann (2005b, S. 307); Paetzmann (2005c, S. 282).

[239] Vgl. Wall (2003d, S. 676); Slywotzki und Drzik (2005, S. 53).

[240] Vgl. auch Wyser und Amhof (2004, S. 7).

Activities	Management Activities	Enterprise Risk Management
Establish mission, values and strategy	✓	-
Apply enterprise risk management in setting strategy	✓	✓
Establish objective-setting processes	✓	✓
Select entity-level and activity-level objectives	✓	-
Set performance measures	✓	-
Establish internal environment	✓	✓
Establish risk appetite and set risk tolerances	✓	✓
Identify potential events	✓	✓
Assess risk impact and likelihood	✓	✓
Identify and assess risk responses	✓	✓
Select and execute risk response	✓	-
Effect control activities	✓	✓
Inform and communicate with internal and external parties	✓	✓
Monitor the presence and functioning of the other components of enterprise risk management	✓	✓

Abb. 2.8 Führungsunterstützende Aufgaben des Enterprise Risk Managements. (COSO 2003b, S. 18. Vgl. ebenfalls Paetzmann 2005c, S. 283)

In den USA wird das ERM Framework heute überwiegend im Lichte der Anforderungen des *Sarbanes-Oxley Act* diskutiert. ERM wird dort als eine Hilfe gesehen, insbesondere die Einhaltung (*Compliance*) der Section 302 „Disclosure Controls and Procedures" und der Section 404 „Internal Control over Financial Reporting" zu gewährleisten.[241] Dabei soll das COSO ERM Framework das rund zehn Jahre ältere COSO Internal Control Framework ergänzen.[242]

Die 2006 vom Europäischen Rat verabschiedete EU-Abschlussprüferrichtlinie enthält Kriterien für die Einrichtung und konkretisierte Aufgaben eines Prüfungsausschusses.[243] Wesentliche Aufgabe des Prüfungsausschusses ist danach die Überwachung des gesamten Finanzberichterstattungsprozesses einschließlich der Wirksamkeit des internen Kontroll- und Risikomanagementsystems und der Innenrevision.[244] Während sich diese Aufgabenschwerpunkte in Deutschland bereits zuvor aus den allgemeinen Sorgfaltspflichten und dem DCGK ergaben, werden sie durch die EU-Abschlussprüferrichtlinie festgeschrieben. Hier deutet sich eine gewisse Annäherung an die US-amerikanische Praxis an, die Anforderungen an Interne Überwachungssysteme zu kodifizieren.[245] Im Folgenden soll nun der Aspekt der

---

[241] Vgl. COSO (2004a, S. V); Farrell (2004, S. 11 f.); Menzies (2004, S. 122).

[242] Vgl. COSO (2004b). Vgl. auch Pickett (2005, S. 27).

[243] Vgl. *RL 2006/43/EG*, Art. 41.

[244] Vgl. *RL 2006/43/EG*, Art. 41, Nr. 2.

[245] Vgl. Lanfermann und Maul (2006).

Überwachung einschließlich des Internal Control-Ansatzes der *COSO* betrachtet werden.

2.3 Unternehmensüberwachung

2.3.1 Ansätze zur Erklärung des Überwachungsbegriffs und Herleitung des dreigliedrigen Überwachungsmodells

2.3.1.1 Überwachung im überwachungstheoretischen Ansatz

In ihren in der Literatur anzufindenden Ausprägungen liefert die *betriebswirtschaftliche Überwachungstheorie* Ansätze zur Beschreibung von Überwachungsvorgängen, Erklärung des Verhaltens der an der Überwachung Beteiligten,[246] Prognose von Überwachungsprozessen sowie Gestaltung der Überwachung (im Rahmen einer normativen Überwachungstheorie). Sowohl für empirisch-kognitive als auch für normative Fragestellungen greift die Überwachungstheorie auf die *Kybernetik* als Teilgebiet der Systemtheorie zurück.[247] Auf der Grundlage kybernetischer Beschreibungen von Kontrollen durch Kromschröder[248] sowie Prüfungen durch Sieben und Bretzke[249] liegen in der Literatur Ansätze für Erklärungen sowie zur Gestaltung und Prognose von Überwachungsvorgängen vor. Insbesondere die frühen quantitativen Modelle Kromschröders bilden dabei ein Fundament, auf dem andere Forscher fußten.[250] Die Überwachungstheorie ist aufgegriffen und präzisiert worden durch die Wirtschaftsprüfer, die sich mit der *Beurteilung und Prüfung der internen Kontrollsysteme* im Rahmen der Abschlussprüfung auseinandersetzen.[251]

Überwachung beinhaltet traditionell den Vorgang des *Vergleichens von Ist-Zuständen mit Soll- oder Norm-Zuständen.*[252] Daneben sind *Ist-Ist-Vergleiche* (Vergleiche von zwei oder mehr Istobjekten) anzutreffen, die ebenfalls als Überwachungshandlung angesehen werden.[253] Zweck der Überwachungsmaßnahmen ist die Gewinnung von Informationen über Abweichungen oder Übereinstimmungen von Ist- und Norm-Zuständen, um festzustellen, ob betriebliche Handlungen *normgerecht* durchgeführt wurden.[254] In Anlehnung an die Begrifflichkeiten *Gutenbergs*

---

[246] Zur empirisch-kognitiven Überwachungstheorie vgl. grundlegend Platzer (1978, S. 169–180).

[247] Vgl. Baetge (1992, Sp. 2042). Zur Abgrenzung der Kybernetik von der (allgemeinen) Systemtheorie vgl. Krieg (1971, S. 28).

[248] Vgl. die verschiedenen quantitativen Modelle bei Kromschröder (1972).

[249] Vgl. Sieben und Bretzke (1973, S. 625–630).

[250] Vgl. etwa Baetge et al. (1985, S. 451–480); Hömberg (1985, S. 481–500).

[251] Vgl. IDW (2006, S. 1951, Rn. 50).

[252] Vgl. Theisen (1993, Sp. 4219); Lück (2001d, S. 326); Hömberg (2002, Sp. 1229).

[253] Vgl. Baetge (1992, Sp. 2040 f.).

[254] Vgl. Lück (1991, S. 22 f.); Lück (2001c, S. 160 f.).

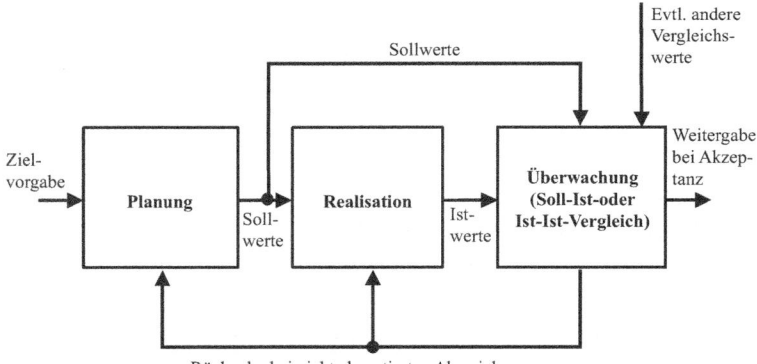

Abb. 2.9 Überwachungsphase im betrieblichen Prozess. (Vgl. Baetge et al. 1985, S. 453)

kann eine Dispositionsüberwachung (Überwachung dient primär der Unterstützung der Planung) von einer Objektüberwachung (Überwachung dient primär der Unterstützung der Realisation) unterschieden werden.[255] Die Überwachung besteht aus einer Gegenüberstellung von realisierten Istwerten mit Sollwerten der Planung oder anderen Vergleichswerten, damit der Grad der Übereinstimmung zwischen Planung und der Realisation festgestellt und eventuell verbessert werden kann.[256] Abbildung 2.9 zeigt einen einfachen Modellansatz mit der Überwachung als Teil des betrieblichen Prozesses, bestehend aus den drei Phasen Planung, Realisation und Überwachung.

In der Literatur sind verschiedene Ansätze einer Systematisierung der Überwachung zu finden. Hervorgehoben wird einheitlich die *Informationsfunktion* der Überwachung, die eine *Rechenschaftsfunktion* und eine *Dokumentationsfunktion* beinhalten kann. Durch eine entsprechende Information über die Ergebnisse der Überwachungsmaßnahmen sollen zum einen Mitarbeiter dazu veranlasst werden, ihre Tätigkeiten mit der notwendigen Sorgfalt zu erledigen (*verhaltensbeeinflussende Wirkungen*). Zum anderen sollen verbliebene Fehler oder Fehlerursachen entdeckt und – sofern nicht tolerierbar[257] – beseitigt werden. Innerhalb der *Sicherungsfunktion* der Überwachung wird eine *Präventivfunktion* von einer *Korrekturfunktion* unterschieden.[258] Zu nennen ist auch eine aufgabenbezogenen Perspektive, bei der in präventive, detektive und korrektive Aufgaben der Überwachung differenziert werden kann.[259]

---

[255] Vgl. Baetge (1992, Sp. 2043 f.); Baetge (1993, S. 182–218).

[256] Vgl. Baetge (1993, S. 177).

[257] Vgl. Hömberg (2002, Sp. 1229).

[258] Vgl. Baetge et al. (1985, S. 457); Lück (1991, S. 23); Baetge (1993, S. 180 f.); Lück (2001c, S. 161); Pickett (2005, S. 98).

[259] Vgl. Hömberg (2002, Sp. 1230).

Nach dem überwachungstheoretischen Ansatz richten sich die Überwachungsmaßnahmen auf die Arbeitsvorgänge und die Sicherung des Unternehmensvermögens. All jene Überwachungsmaßnahmen, die derart abgestimmt sind, formen das *unternehmerische Überwachungssystem*.

In der Prüfungslehre wird *Überwachung als Oberbegriff* geführt, dem die Begriffe Prüfung (synonym: Revision) und Kontrolle untergeordnet sind.[260] Eine abweichende Grundauffassung betrachtet die Kontrolle als Verhaltensbeeinflussung und wird dann im Englischen meist als Management Control bezeichnet.[261] *Kontrollen* umfassen alle Überwachungsmaßnahmen, die fester Bestandteil der geplanten betrieblichen Abläufe sind (Prozessabhängigkeit)[262] und/oder bei denen der (unternehmenszugehörige) Überwachende für die Ergebnisse des überwachten Prozesses selbst verantwortlich ist.

Liegt Unabhängigkeit der Personen vom Überwachungsobjekt vor, wird von der Prüfung (Revision) gesprochen. Kontrolle äußert sich hingegen durch die *Abhängigkeit des Überwachenden vom Überwachungsobjekt*.[263] Daher werden diese auch als interne Kontrollen bezeichnet. Sofern diese auf die Arbeitsvorgänge und die Sicherung des Unternehmensvermögens abgestimmt sind, wird von einem *Internen Kontrollsystem (IKS)* gesprochen.[264] Gemeinsam mit der Funktion der *Internen Revision*, die durch unternehmenszugehörige Personen durchgeführt wird, jedoch nicht fest in die Prozessabläufe eingebettet ist, formt das interne Kontrollsystem das *Interne Überwachungssystem*, das Teil des unternehmerischen Überwachungssystems ist.[265] In anderer, in der deutschen Literatur nicht unüblicher Abgrenzung ist auch die Interne Revision mit ihren Prüfungshandlungen Bestandteil des Internen Kontrollsystems, so dass die Begriffe Interne Kontrolle und Interne Überwachung synonym verwandt werden.[266] Diese Abgrenzung wird insbesondere auch im Rahmen der Abschlussprüfung gewählt, wo stets von der Prüfung des Internen Kontrollsystems die Rede ist.[267]

Während die prozessabhängige Kontrolle einen systeminternen Vorgang darstellt, kann Revision (Prüfung) als *Überprüfung des Systems von außen* aufgefasst werden.[268] Dieser Festlegung entspricht die Aufgabendefinition der Internen Revision des *Institute of Internal Auditors*.[269]

---

[260] Vgl. Freiling und Lück (1986, S. 996–1006); Baetge (1992, Sp. 2038 f.); Lück (2001d, S. 326); Hömberg (2002, Sp. 1228 f.); Horváth (2002a, S. 784 f.); Ewert und Wagenhofer (2005, S. 316).

[261] Vgl. Horváth (2003b, S. 212).

[262] Vgl. Ewert und Wagenhofer (2005, S. 316).

[263] Vgl. Baetge (1992, Sp. 2038); Lück (1998a, S. 10); Lück (2001d, S. 326); Hömberg (2002, Sp. 1230).

[264] Vgl. Hömberg (2002, Sp. 1230).

[265] Vgl. Freidank (2001a, S. 247 f.); Hömberg (2002, Sp. 1231).

[266] Vgl. bspw. Horváth (2002a, S. 785).

[267] Vgl. Hömberg (2002, Sp. 1233). Zur Kritik hieran Lück (2001c, S. 160).

[268] Vgl. Horváth (2002a, S. 785).

[269] Vgl. Institute of Internal Auditors (1999); Lück (2002b, S. 145).

Das umfassendere *unternehmerische Überwachungssystem* enthält – je nach Rechtsform, Betriebsgröße, Branche etc. – auch die externe Revision (Wirtschaftsprüfung) sowie die Aufsicht (mit dem Aufsichtsrat im deutschen dualistischen Aufsichtskonzept, Aufsichtsbehörden wie die Bundesanstalt für Finanzdienstleistungsaufsicht etc.). Die Mitte der 1990er Jahre aufkommende *Kritik am deutschen Überwachungssystem* – ausgelöst durch einige Unternehmenskrisen wie *Metallgesellschaft*, Balsam Procedo und Schneider[270] – wurde u. a. durch das seit 1998 geltende KonTraG aufgegriffen. Dieses beinhaltet eine grundlegende Reform des deutschen Überwachungssystems. Durch das KonTraG ist nunmehr, wie bereits ausführlich in Kap. 2, 2.2.2 erörtert, die Einrichtung eines internen Überwachungssystems in § 91 Abs. 2 AktG gesetzlich explizit normiert worden, auch wenn zuvor die *Leitungsaufgabe des Vorstands* bereits die Verpflichtung zur Installation eines Internen Überwachungssystems umfasste. Die hierdurch erfolgte Betonung risikobehafteter Bereiche und präventiver Maßnahmen – Verpflichtung zur Einrichtung eines angemessenen Risikomanagementsystems – legt damit einen weiteren Schwerpunkt der Überwachung neben die zuvor vorherrschende vergangenheitsorientierte Überwachung des Finanz- und Rechnungswesens. Unter *Risikogesichtspunkten* erfüllt das Interne Überwachungssystem grundsätzlich zwei Aufgaben:[271]

Innerhalb der Präventivfunktion des Überwachungssystems sollen bestehende und potentielle *Risiken* vermieden oder zumindest hinsichtlich ihrer Schadenhöhe vermindert werden. Zum einen sind durch fest in die Aufbau- und Ablauforganisation *integrierte Kontrollen* Fehler zu verhindern. So können bereits durch organisatorische Sicherungsmaßnahmen (etwa Trennung von Kasse und Kassenbuchhaltung, Zugriffsbeschränkungen auf Daten oder Arbeitsanweisungen in Form von Organisationsplänen etc.) Risiken vermieden oder vermindert werden. Fest in die Prozesse integrierte Kontrollen – vorgenommen durch prozessabhängige Personen oder programmiert durch automatische Einrichtungen (etwa über die elektronische Datenverarbeitung) – ergänzen diese überwachende Aufgabe innerhalb der Präventivfunktion des Überwachungssystems. Die Kontrollen sind grundsätzlich dem zu kontrollierenden Arbeitsgang zeitlich vor-, gleich- oder nachgeschaltet.[272] Vorgeschaltete Kontrollen werden auch als vorbeugende Kontrollen bezeichnet, nachgeschaltete Kontrollen auch als Entdeckungskontrollen.[273] Gerade mit Blick auf mittel- oder langfristig drohende Risiken dürfte einer vorgeschalteten, zukunftsorientierten Kontrolle dabei vor dem Hintergrund des hier geforderten präventiven Charakters immer größere Bedeutung zukommen. Innerhalb der Präventivfunktion des Überwachungssystems hat zum anderen die *Interne Revision* Fehler und Schwachstellen zu identifizieren, aus denen sich Risiken für das Unternehmen ergeben können.[274]

---

[270] Vgl. Seibert (2002, S. 22 f.).
[271] Vgl. Lück (1998b, S. 1928 f.).
[272] Vgl. Lück (1998b, S. 1929).
[273] Vgl. IDW (2006, S. 2005, Rn. 230).
[274] Vgl. Peemöller (2002, S. 110 f.).

Die andere Aufgabe des Überwachungssystems besteht unter Risikogesichtspunkten in der *Prüfung der Funktionsfähigkeit des Risikomanagementsystems*
einschließlich etwaiger Korrekturen (Korrekturfunktion des Überwachungssystems
im Sinne einer Prüfung des Systems von außen, anders als die Kontrollen, die einen
systeminternen Vorgang darstellen).

Insbesondere in seiner *Präventivfunktion* ist das Überwachungssystem unter Risi-
koaspekten gefordert, zukünftig drohende Risiken frühzeitig zu erkennen. Vor diesem
Hintergrund ist fraglich, ob der grundsätzlich auf die Vergangenheit ausgerichtete überwachungstheoretische Ansatz die Überwachung noch zeitgemäß erklären
kann.[275]

2.3.1.2 Überwachung im Internal Control-Ansatz

Der im Vergleich zum überwachungstheoretischen Ansatz neuere *Internal Control-
Ansatz* fußt auf dem angelsächsischen Control-Begriff und prägt über ihn ein anderes,
weiter gefasstes Verständnis der internen Kontrolle und damit der unternehmerischen Überwachung.[276] Im Einklang mit der Erklärung des Controlling-Begriffs
(im Deutschen), der ebenfalls aus dem angelsächsischen Control-Begriff hergeleitet ist, kennzeichnen zahlreiche mögliche Übersetzungen ins Deutsche wie Lenken,
Steuern, Überwachen, Planen und Kontrollieren diesen Ansatz.[277] Damit ist der
Inhalt des Control-Begriffs in diesem Ansatz deutlich *weiter gefasst* als der Begriffs-
inhalt der Kontrolle im überwachungstheoretischen Ansatz, wo sich Kontrolle im
wesentlichen im Vergleich von Ist-Zuständen mit Soll- oder Norm-Zuständen manifestiert. Mit seiner *verhaltensbeeinflussenden Wirkung*[278] ist der Internal Control-
Begriff letztlich auch von organisationstheoretischem Interesse, etwa mit Blick auf
die klassische, breit diskutierte Frage, welche relative Autonomie (Lösung zwischen
den Extrema einer totalen Zentralisation und einer totalen Dezentralisation) optimal
ist.[279] Insgesamt ist der angelsächsische Begriff des Internal Control systematisch
nicht leicht in die traditionelle Überwachungstheorie einzuordnen.[280]

Der Internal Control-Ansatz geht zurück auf die 1994 von der COSO veröf-
fentlichte Verlautbarung *Internal Control – Integrated Framework* (sogenannter
COSO-Report). Der Report besteht aus den vier Teilen Executive Summary,
Framework, Reporting to External Parties und Evaluating Tools.[281] Ziel dieses
COSO-Reports war es zum einen, eine einheitliche Definition des Begriffs Inter-
nal Control zu finden, die den Bedürfnissen der verschiedenen involvierten Parteien

---

[275] Vgl. Hömberg (2001, Sp. 1233); Lück (2001, S. 61).

[276] Vgl. im Folgenden Paetzmann (2005c, S. 272–279).

[277] Vgl. Hömberg (2002, Sp. 1232 f.); Horváth (2003b, S. 212 f.).

[278] Vgl. Schewe et al. (1999, S. 1485).

[279] Vgl. Brooke (1984, S. 148); Beuermann und Rahders (1986, S. 201–218); Paetzmann (1995,
S. 171 f.).

[280] Vgl. Frese (1968, S. 127).

[281] Vgl. COSO (1994).

Rechnung trägt. Zum anderen beabsichtigte der Report einen Standard für Control Systems in der unternehmerischen Praxis zu schaffen und Möglichkeiten aufzeigen, diese zu verbessern.[282] Der COSO-Report hat in der Tat einen erheblichen Einfluss auf Theorie und Praxis ausgeübt und ist inzwischen insbesondere auch in die Prüfungstheorie und -praxis eingegangen:

In den USA übernahm der *Prüfungsstandard AU 319* im Jahr 1995 die Internal Control-Definition des *COSO*-Reports: AU 319 „Consideration of Internal Control in a Financial Statement Audit", as modified in 1995 by Statement on Auditing Standards No. 78.[283] Neben dem Begriff Internal Control wurden (und werden) im US-amerikanischen Prüfungswesen – insbesondere vor 1995 – ebenfalls die Termini „internal control systems" und „internal control structure" teilweise synonym genutzt.[284]

In Deutschland nimmt der IDW *Prüfungsstandard 261* (PS 261) „Feststellung und Beurteilung von Fehlerrisiken und Reaktionen des Abschlussprüfers auf die beurteilten Fehlerrisiken" Bezug auf das *COSO* Framework.[285] Dieser IDW PS 261 ersetzt seit 2006 den IDW PS 260[286] und reflektiert die geänderten Anforderungen an das Prüfungsvorgehen aufgrund der ISA 315 „Understanding the Entity and its Environment and Assessing the Risks of Material Misstatement" und ISA 330 „The Auditor's Procedures in Response to Assessed Risks". Die beiden letztgenannten Standards orientieren sich mit Blick auf Internal Control ebenfalls am COSO Framework.[287] Der deutsche PS 261 definiert – wie schon der ältere PS 260 – das Interne Kontrollsystem als Oberbegriff für das (interne) Steuerungssystem und das interne Überwachungssystem. Schließlich ist noch die Sichtweise Lücks zu beachten, der mehrfach darauf hinweist, dass das amerikanische Internal Control nicht mit „Internes Kontrollsystem", sondern mit „Internes Überwachungssystem" zu übersetzen sei.[288]

Der COSO-Report hat in den vergangenen Jahren im Wege der weiteren Reformbemühungen zur Verbesserung der *Corporate Governance* eine noch höhere Bedeutung erlangt, da erkannt wurde, dass das Interne Überwachungssystem des Unternehmens die Basis einer Corporate Governance darstellt.[289] Dies rührt auch daher, dass in den USA sowohl die SEC in ihrer Final Rule[290] als auch die *PCAOB*-Umsetzungsanforderungen die Nutzung des Internal Control-Framework der *COSO*

---

[282] Vgl. COSO (1994); Lück (2001a, S. 60).

[283] Vgl. AICPA (1998).

[284] Vgl. Robertson (1990, S. VIII f.).

[285] Vgl. IDW (2006, S. 1433 f.).

[286] Vgl. IDW (2001a, S. 821–831).

[287] Vgl. Menzies (2004, S. 85).

[288] Vgl. Lück (2001c, S. 160, 2003a, S. 316).

[289] Vgl. etwa Buderath (2003, S. 219–223); Langenbucher (2003, S. 74); Schlüter und Tielmann (2003, S. 121); Kämpfer (2004, S. V).

[290] Vgl. SEC (2003, II.B.3.a).

im Hinblick auf die „Compliance" des *Sarbanes-Oxley Act*[291] empfehlen.[292] In diesem Zusammenhang ist als Reformeinfluss die EU-Abschlussprüferrichtlinie von 2006 zu nennen. Hiernach sollen zukünftig Internationale Prüfungsstandards, also die ISA, allen Pflichtprüfungen zugrunde gelegt werden.[293] Dies schließt auch den ISA 400 bzw. ISA 315 ein, der das *COSO* Internal Control Framework verbindlich vorschreibt. Die Transformation in nationales Recht erfolgt in Deutschland durch eine 7. WPO-Novelle.[294]

Internal Control ist laut COSO definiert als ein von der Unternehmensleitung und anderen Mitarbeitern bewirkter *Prozess mit folgenden Zielkategorien*[295]: Effiziente Gestaltung betrieblicher Abläufe, eingeschlossen die Sicherung der betrieblichen Vermögenswerte und Profitabilität, Verlässlichkeit der Rechnungslegung (Financial Reporting) und Einhaltung von Gesetz und internen Leitlinien.

In der expliziten Integration des Ziels der *Profitabilität* liegt ein wesentlicher Unterschied zur traditionellen, überwachungstheoretisch geprägten Prüfungspraxis, wie frühere Aussagen zur Prüfung des Internen Kontrollsystems zeigen: „Ob das Vermögen wirtschaftlich oder den Unternehmenszielen entsprechend eingesetzt wurde, ist für die Abgabe eines uneingeschränkten Bestätigungsvermerks irrelevant".[296]

Internal Control besteht aus *fünf Komponenten*, die die Anforderungen an die Überwachung im Internal Control-Ansatz beschreiben[297]: Die erste Komponente lautet „*Control Environment*", was dem durch Unternehmenskultur und Führungsstil – „tone at the top"[298] – geprägten Kontrollumfeld entspricht. Dies setzt unter anderem eine integere Grundhaltung der überwachenden Personen voraus.[299] „*Risk Assessment*" als weitere Komponente beinhaltet die Identifikation, Analyse und Beurteilung von Risiken.[300] Voraussetzung ist zunächst die Festlegung von Zielen, um relevante Risiken identifizieren, analysieren und beurteilen zu können.[301]

„*Control Activities*" betrifft überwachende Aktivitäten auf allen Ebenen des Unternehmens, die sicherstellen sollen, das allen möglichen Risiken Rechnung getragen wird und die Ziele des Unternehmens erreicht werden. Dies beinhaltet zum einen die Planung und Steuerung operativer Betriebsabläufe, Prognoserechnungen, Budgeterstellungen sowie Plan-Ist-Vergleiche und zum anderen organisatorische Sicherungsmaßnahmen inkl. physischer Kontrollen und Umsetzung des Grundsatzes

---

[291] Vgl. Kap. 1, 1.2.

[292] Vgl. Niemeier (2003, S. 112–115); Menzies (2004, S. 84).

[293] Vgl. *RL 2006/43/EG*, Art. 2, Nr. 11. Vgl. auch Westhausen (2005, S. 101).

[294] Vgl. RegE BARefG (2006, S. 1–86).

[295] Vgl. COSO (1994); AICPA (1998); Hömberg (2002, Sp. 1231); Freidank und Paetzmann (2003, S. 318); Langenbucher (2003, S. 58 f.); IDW (2006, S. 1952, Rn. 51).

[296] Maul (1977, S. 231). Vgl. auch Horváth (1992, Sp. 882–896).

[297] Vgl. auch Menzies (2004, S. 78–81).

[298] COSO (1994).

[299] Vgl. COSO (1994, S. 2); Hömberg (2002, Sp. 1232).

[300] Vgl. COSO (1994, S. 2).

[301] Vgl. Langenbucher (2003, S. 62).

der Funktionstrennung.[302] Diese Aktivitäten sind nicht allein auf die Vergangenheit ausgerichtet, sondern sollen über eine *zukunftsorientierte Unternehmenssteuerung* auch die Wirksamkeit und Effizienz betrieblicher Abläufe sicherstellen.[303]

Die Komponente „*Information and Communication*" enthält Managementinformationssysteme und (allgemein) die Kommunikation, während „*Monitoring*" durch Aktivitäten zur Überwachung des Internal Control System, und zwar mit prozessabhängigem oder prozessunabhängigem Charakter, ausgefüllt wird. Im letzteren Fall werden diese Überwachungen regelmäßig durch die interne Revision durchgeführt.[304]

Mit dem *COSO*-Report sind erstmals die *operativen Betriebsabläufe* explizit im Internal Control enthalten. Dies bedeutet, dass Internal Control sich nicht – wie im überwachungstheoretischen Ansatz – auf die reine Vergangenheitsprüfung der Soll- oder Normeinhaltung beschränkt, sondern über die *Sicherstellung der Wirksamkeit und der effizienten Gestaltung betrieblicher Abläufe* auch eine zukunftsgerichtete Unternehmenssteuerung beinhaltet. Hierzu gehört auch die *strategische Überwachung*, die im Rahmen des Konzepts der strategischen Kontrolle als ergänzendes Kontrollinstrument gefordert wird. Die strategische Überwachung ergänzt die Prämissen- und Durchführungskontrolle, da möglicherweise kritische Ereignisse auftreten können, die bei der Prämissensetzung zwar übersehen oder falsch eingeschätzt wurden, die sich jedoch noch nicht in Wirkungen oder Ergebnissen der implementierten strategischen Teilschritte niedergeschlagen haben.[305] Diese zukunftsgerichtete Steuerung entspricht wiederum dem inzwischen etablierten *Controlling-Begriff*, der auch aus dem angelsächsischen (Management) Control abgeleitet ist.[306]

Hieraus folgt, dass Controlling im Internal Control-Ansatz einen Teil der Überwachung darstellt, was sich in letzter Zeit mehr und mehr durchsetzt.[307] Dies steht in gewissem Gegensatz zur Sichtweise einiger heute gängiger deutscher Controlling-Standardwerke wie Baum et al., Küpper oder Weber und Schäffer,[308] wo der Begriff des Internal Control nicht enthalten ist. Frei nach dem Grundsatz „Internal control

---

[302] Vgl. COSO (1994); Delaney (1997, S. 124); Hömberg (2002, Sp. 1232).

[303] Vgl. Lück (2001a, S. 60).

[304] Vgl. COSO (1994, S. 2).

[305] Vgl. grundlegend Steinmann und Schreyögg (1986, S. 749 f.); ebenfalls Schäffer (2003, S. 505 f.); Schäffer und Willauer (2003, S. 1–40); Berndt et al. (2005, S. 239 f.).

[306] Horváth (2003c, S. 468), definiert Management Control als „Gesamtheit aller Führungsaufgaben, die der Durchsetzung und Überwachung der geplanten Entscheidungen dienen. In sinngemäßer Übersetzung könnte man von ‚Unternehmenssteuerung' sprechen. ‚Control' ist also mehr als ‚Kontrolle'."

[307] Vgl. Horváth und Gleich (2000, S. 121); Lück und Jahns (2001, S. 58); Pollanz (2001, S. 1322); Buderath (2003, S. 220); Freidank und Paetzmann (2003, S. 319); Füser und Merz (2004, S. 604); Pfyffer und Bodenmann (2004, S. 1092); Ruud und Jenal (2004, S. 1046); Widmer und Pfyffer (2004, S. 14 f.); Lentfer (2005, S. 24); BDI/KPMG (2006, S. 38 f.).

[308] Vgl. Küpper (2001); Baum et al. (2004); Weber und Schäffer (2006).

means different things to different people"[309] ist dies anders bei Horváth[310] und Peemöller,[311] wo Internal Control Teil der Lehrbuch-Darstellung ist.

Tabelle 2.1 stellt den Internal Control-Ansatz dem traditionellen überwachungstheoretischen Ansatz gegenüber. Internal Control liegt in der Verantwortung diverser *Überwachungsträger* im Unternehmen. Kultur und Umfeld (Control Environment) werden maßgeblich von der *Unternehmensleitung* geprägt, dies üblicherweise umso dominanter, je kleiner das Unternehmen ist. Weitere Überwachungsträger sind die *Interne Revision*, das *Controlling* mit dem Schwerpunkt auf der zukunftsorientierten Planungsseite sowie das *Linienmanagement* und die operativen Stellen.[312] Abbildung 2.10 zeigt das Interne Überwachungssystem im Internal Control-Ansatz mit den drei Zielkategorien und den fünf Komponenten. Beispielhaft dargestellt sind einzelne Überwachungshandlungen und deren Verantwortlichkeiten.

Das neuere *Enterprise Risk Management – Integrated Framework* der *COSO* (s. Kap. 2, 2.2.3 und Abb. 2.11) nahm bezug auf das eigene Internal Control – Integrated Framework. Letzteres wird nunmehr auch *COSO I* genannt, ersteres *COSO II*.[313] COSO I wurde durch COSO II nicht ersetzt, auch weil sich zahlreiche Gesetze, Prüfungsstandards etc. (s. oben) auf COSO I beziehen. Das ERM Framework weist jedoch darauf hin, dass COSO II das Framework COSO I beinhaltet bzw. Internal Control ein Baustein eines ERM ist: „Internal control is an integral part of enterprise risk management".[314]

Die *COSO* hat mit dem Internal Control-Ansatz einen Rahmen geschaffen, wie die Unternehmensleitung ein effizientes und weit ausgelegtes internes Überwachungssystem schaffen, unterhalten, überprüfen und weiterentwickeln und zugleich durch externe Prüfer (und ggf. ein Aufsichtsorgan) überwachen lassen kann.[315] Mit Hilfe dieses Ansatzes lassen sich insbesondere solche Anforderungen aufzeigen und Instrumente erklären, die der *Präventivfunktion* des Überwachungssystems dienen.[316] Mit der hier getroffenen *Festlegung auf diesen Ansatz* ist eine zukunftsorientierte, controllingbewusste Unternehmenssteuerung Teil des Überwachungssystems.

In Anlehnung an die neuere – gleichwohl überwachungstheoretisch geprägte – deutschsprachige Literatur, die Überwachung in die Komponenten Kontrolle, Prüfung und Aufsicht zerlegt,[317] wird folgende definitorische Festlegung getroffen: *Interne Überwachung* (Internal Control) besteht aus *Controlle* und *interner Prüfung*. Der Begriff der Controlle [ursprünglich nach contre-rôle im Französischen = doppelt geführtes Register] – hier nun freilich ein zweckdienendes Kunstwort – ist damit

---

[309] COSO (1994, S. 1).

[310] Vgl. Horváth (2003a, S. 782–786).

[311] Vgl. Peemöller (2005b, S. 66–68).

[312] Vgl. COSO (1994); Lück und Jahns (2001, S. 58).

[313] Vgl. Menzies (2004, S. 118).

[314] COSO (2004a, S. 6).

[315] Vgl. Lück (2001a, S. 61).

[316] Vgl. Hömberg (2002, Sp. 1232 f.).

[317] Vgl. etwa Theisen (1987, S. 14); Baetge (1993, S. 179); Freidank (2001a, S. 248).

Tab. 2.1 Gegenüberstellung der beiden Überwachungsansätze. (Vgl. Paetzmann 2005c, S. 276.)

Ansatz	Vertreter	Einordnung	Definition der Überwachung
Überwachungs-theoretischer Ansatz	Baetge 1993; Kromschröder 1972; bis heute herrschende Meinung auch in der Prüfungslehre	Traditioneller, auf der Kybernetik fußender Ansatz seit den 1970er Jahren	Überwachung begründet sich im wesentlichen durch den Vergleich von Ist-Zuständen mit Norm-Zuständen, um festzustellen, ob Handlungen normgerecht durchgeführt wurden. Hierdurch sollen einerseits Handelnde veranlasst werden, ihre Tätigkeiten mit notwendiger Sorgfalt durchzuführen, andererseits sollen verbliebene Fehler oder Fehlerursachen beseitigt werden. Überwachung ist Oberbegriff für die Begriffe Kontrolle und Prüfung. Bei der Kontrolle liegt eine Abhängigkeit der Personen vom Überwachungsobjekt vor, die Kontrollen sind fest in die Arbeitsprozesse integriert. Kontrolle und (interne und externe) Prüfung bilden gemeinsam mit der Aufsicht das Überwachungssystem des Unternehmens
Internal Control-Ansatz	COSO 1994; Lück 2001a	Zurückgehend auf den US-amerikanischen COSO-Report von 1994, auf den insbesondere Lück sich mit Blick auf die (deutsche) interne Unternehmensüberwachung bezieht	Die Definition der Internal Control wird für die Begriffsklärung der Internen Überwachung übernommen. Überwachung bezweckt a) die effiziente Gestaltung betrieblicher Abläufe, Sicherung der betrieblichen Vermögenswerte und Profitabilität, b) die Verlässlichkeit der Rechnungslegung und c) die Einhaltung von Gesetz und internen Leitlinien. Die Umsetzung erfolgt mit Hilfe von fünf Komponenten der Internal Control, die auch zukunftsgerichtete, präventive Überwachungshandlungen beinhalten. Zukunftsorientierte Unternehmenssteuerung und damit das Controlling sind Teil der Internen Überwachung

INTERNES ÜBERWACHUNGSSYSTEM (MIT BEISPIELEN)

Das Interne Über-
wachungssystem
dient der Zielerrei-
chung in den
drei Kategorien...

...und besteht aus fünf Komponenten, die die Zielerreichung sichern sollen:

Control Environment	Risk Assessment	Control Activities	Information and Communication	Monitoring
(Kultur, Führungsstil etc.)	(Identifikation und Analyse von Risiken)	(Steuerung operativer Betriebsabläufe, organisatorische Sicherungsmaßnahmen etc.)	(Managementinformationssysteme (MIS), Kommunikation etc.)	(Prüfungen, Kontrollen)

Effiziente Gestaltung betrieblicher Abläufe, Sicherung der betrieblichen Vermögenswerte, Profitabilität

	Aufbau Risikomanagementsystem durch das Controlling	Prognoserechnungen durch das Controlling	Aufbau und Aufrechterhaltung MIS durch das Controlling	

Verlässlichkeit des Rechnungswesens (Financial Reporting)

		Richtlinien durch Interne Revision	Quartalsberichte durch das Rechnungswesen	

Einhaltung von Gesetz und internen Leitlinien

„Tone at the top" durch die Unternehmensleitung				Prüfungen durch die Interne Revision

Abb. 2.10 Internes Überwachungssystem im Internal Control-Ansatz. (Vgl. Paetzmann 2005c, S. 277)

COSO II: Enterprise Risk Management

- US-amerikanisches *COSO*-Framework von 2004 definierte Standard für Risk Management
- Soll das ältere COSO I-Framework ergänzen
- Enthält zusätzliche Zielkategorie „Strategic" und betrachtet neben Risiken auch Chancen
- Wird als Hilfe bei der Einhaltung (Compliance) des Sarbanes-Oxley Act gesehen, insbesondere mit Blick auf Section 302 und Section 404

COSO I: Internal Control

- US-amerikanisches *COSO*-Framework von 1994 definierte Standard für Control systems
- Beinhaltet auch die zukunftsorientierte Steuerung
- Wurde in die Prüfungsstandards AU 319 (USA) und PS 260 (Deutschland) aufgenommen
- Liegt ebenfalls den International Standards on Auditing ISA 315 und ISA 330 zugrunde
- Wird mit Blick auf eine Sarbanes-Oxley Act Compliance von *SEC* und *PCAOB* empfohlen

Überwachungstheoretischer Ansatz

- Wichtige Grundlagen bilden kybernetische Beschreibungen von Kontrollen durch *Kromschröder* 1972 und Prüfungen durch *Sieben/Bretzke* 1973
- Kontrollen manifestieren sich im wesentlichen im Vergleich von Ist-mit Soll-oder Normzuständen; vgl. etwa *Baetge/Sanders/Schuppert* 1985 und *Hömberg* 1985

Abb. 2.11 Fortentwicklung der Überwachungsansätze vom überwachungstheoretischen Ansatz hin zum ERM Framework der COSO im Überblick

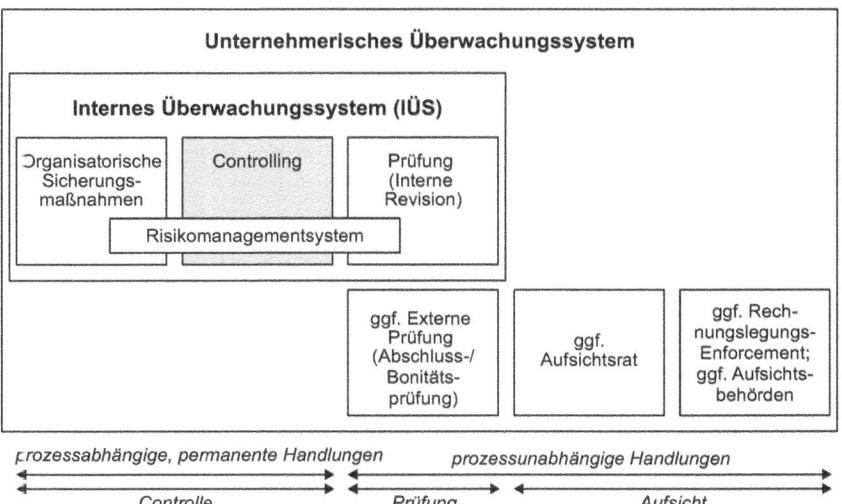

Abb. 2.12 Controlling und Risikomanagement als Komponenten des Unternehmerischen Überwachungssystems. (Vgl. Paetzmann 2005c, S. 278; Paetzmann 2007c, S. 27; in Anlehnung an Freidank und Paetzmann 2003, S. 320)

weiter geprägt als der Kontrollbegriff im traditionellen, überwachungstheoretischen Ansatz. Die Schreibweise nimmt zugleich Bezug auf den in der heutigen Controllerpraxis häufig zu hörenden Ausruf: „Controlling schreibt sich nicht mit K"![318] *Controlle* als – in Abgrenzung zur Prüfung und Aufsicht – prozessabhängige Überwachungshandlung integriert hier neben organisatorischen Sicherungsmaßnahmen auch das *Controlling.* Alle Überwachungsmaßnahmen der Controlle, Prüfung und Aufsicht, die auf die Zielkategorien der Internen Überwachung Effiziente Gestaltung betrieblicher Abläufe, eingeschlossen die Sicherung der betrieblichen Vermögenswerte und die Profitabilität, Verlässlichkeit der Rechnungslegung (Financial Reporting) und Einhaltung von Gesetz und internen Leitlinien abgestimmt sind, formen – in Analogie zur Argumentation im überwachungstheoretischen Ansatz – das *Interne Überwachungssystem* des Unternehmens. Das umfassendere *Unternehmerische Überwachungssystem* beinhaltet neben diesen Überwachungsmaßnahmen auch die externe Revision sowie die Überwachungsmaßnahmen der Aufsicht (s. Abb. 2.12).

Die Integration des *Risikomanagements* in das Interne Überwachungssystem ergibt sich im Wesentlichen aus der Anordnung des Controlling zu einem Internen Überwachungssystem.[319] Wie im Folgenden zu zeigen sein wird, beinhaltet die *Überwachungsfunktion der Controlle* mit einem zukunfts- und risikoorientierten

---

[318] Schäffer (2000, S. 10).

[319] Vgl. Lachnit und Müller (2001, S. 376); Neubeck (2003, S. 54).

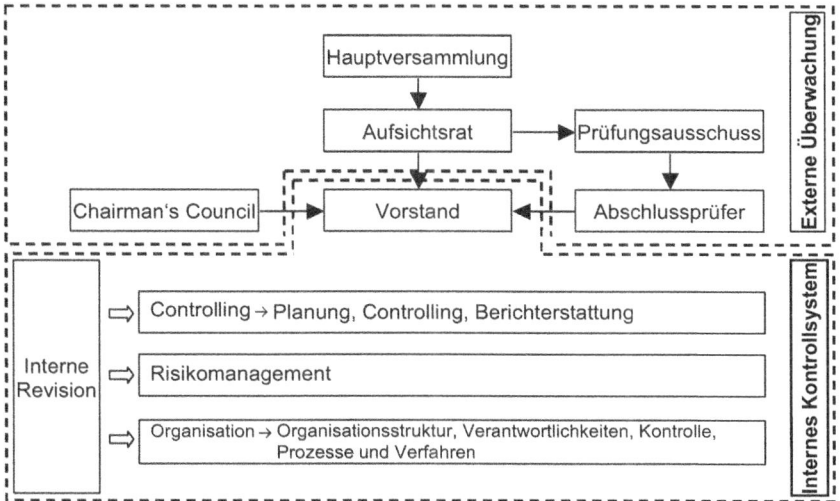

Abb. 2.13 Überwachungssystem der Daimler-Chrysler AG einschließlich Controlling und Risikomanagement. (Buderath 2003, S. 220. Vgl. auch Paetzmann 2005c, S. 268)

Controlling immanent einen Teil der Anforderungen einschließlich Frühwarnsystem,[320] die durch § 91 Abs. 2 AktG an ein Risikomanagementsystem gestellt
werden, so dass sie gemeinsam mit der Internen Revision die Struktur eines
Risikomanagements im engeren Sinne begründet.[321]

Eine ähnliche Struktur des internen und externen Überwachungssystems findet
sich heute bereits in der Praxis vieler Unternehmen.[322] Abbildung 2.13 veranschaulicht das Governance-System bei *Daimler-Chrysler AG*, das innerhalb der internen
Überwachung die Interne Revision, das Controlling, das Risikomanagement und
organisatorische Sicherungsmaßnahmen beinhaltet.

2.3.1.3 Präzisierung des dreigliedrigen Überwachungsmodells

Bereits dargestellt wurde, dass in Anlehnung an die herrschende Meinung Überwachung im Rahmen dieses Buches in die Komponenten Controlle, Prüfung und
Aufsicht zerlegt wird.[323] Bevor auf die drei Überwachungskomponenten im einzelnen eingegangen wird, soll zuvor deren präzise Abgrenzung erfolgen. Die Termini
Prüfung und Kontrolle wurden oben bereits voneinander abgegrenzt[324]. Dabei stand

---

[320] Vgl. Lück (1998a, S. 8–14).

[321] Vgl. Kromschröder und Lück (1998, S. 1573).

[322] Vgl. Paetzmann (2005c, S. 268).

[323] Vgl. Freidank (2001a, S. 248); Freidank und Paetzmann (2003, S. 319).

[324] Vgl. Kap. 2, 2.3.1.1.

zunächst das *Kriterium der Prozessabhängigkeit* im Vordergrund. Anders als die Kontrolle wurde die Prüfung dabei als nicht prozessabhängig bezeichnet, da die Prüfung nicht an der Erstellung des Prüfungsobjekts beteiligt ist. Kontrolle ist hingegen – wie Controlle auch – fester Bestandteil der geplanten betrieblichen Abläufe. Damit ist die Kontrolle bzw. Controlle automatisch Bestandteil der Organisation, während Prüfung nicht unternehmenszugehörig sein muss. Ist die Prüfung Bestandteil der Organisation, ist sicherzustellen, dass sie nicht an der Erstellung des Prüfungsobjekts beteiligt ist. In der deutschen Unternehmenspraxis ist deshalb die Interne Revision als eigener Stabsbereich abseits der Linienorganisation „aufgehängt", wo sie den Weisungen des Vorstandes unterliegt und ausschließlich an diesen berichtet. Nach dem *Kriterium der Häufigkeit* ist festzuhalten, dass Prüfungshandlungen meist periodisch, etwa jährlich, wiederkehren und dann jeweils einmaligen Charakter besitzen, während Kontrolle bzw. Controlle oft permanent erfolgt. Weiterhin kann nach dem *Kriterium der zeitlichen Perspektive* die Prüfung als traditionell vergangenheitsorientiert (auch wenn sich das Selbstverständnis der Prüfer zunehmend ändert) und Kontrolle als gegenwartsorientiert und – gerade im Sinne der Controlle – zukunftsorientiert bezeichnet werden.

Während etwa Lück die Überwachungstätigkeiten von sowohl Aufsichtsrat als auch Aufsichtsbehörden der Prüfung subsumiert,[325] und zwar als unternehmensinternes und -externes Prüfungsorgan, werden diese Überwachungsorgane hier der gesonderten Komponente *Aufsicht* zugeordnet. Aufsicht zeichnet sich wie die Prüfung durch eine Prozessunabhängigkeit aus, eine Differenzierung der Aufsicht von der Prüfung kann jedoch anhand des Zeitbezugs erfolgen.[326] Die Aufsichtsorgane gehören nur im weiteren Sinne zur Organisation,[327] und ihre Überwachungshandlungen folgen meist spezifischen gesetzlichen Bestimmungen (etwa § 111 AktG im Falle des Aufsichtsrats der Aktiengesellschaft oder § 5 Kreditwesengesetz (KWG) bzw. § 1 Versicherungsaufsichtsgesetz (VAG) im Falle der Bundesanstalt für Finanzdienstleistungsaufsicht). Gerade mit Blick auf staatliche Aufsichtinstanzen ist auf deren hoheitlichen, bei Bedarf auch zwangsweisen Charakter hinzuweisen. Dies gilt auch für die zweite Stufe des Rechnungslegungs-Enforcements. Entsprechend der jeweilige Rechtsnormen erfolgen die Überwachungshandlungen der Aufsicht periodisch oder eher begleitend. In Bezug auf die zeitliche Perspektive ist gerade beim Aufsichtsrat der Aktiengesellschaft vermehrt die Forderung einer Zukunftsorientierung zu hören, zumal diese auch in der Begründung zum KonTraG zum § 90 AktG enthalten war.[328]

Im folgenden soll auf die drei Überwachungskomponenten der Controlle, Prüfung und Aufsicht eingegangen werden. Es wird eine systematische Einordnung der einzelnen Überwachungsinstrumente in die Komponenten des dreigliedrigen (Gedanken-)Modells – Grundlage ist der hier präsentierte Überwachungsansatz des Controlling – vorgenommen.

---

[325] Vgl. Lück (1991, S. 26 f.).

[326] Vgl. Theisen (1987, S. 10–18).

[327] Vgl. Jud (1996, S. 16).

[328] Vgl. Ernst et al. (1998, S. 52); Scheffler (2003a, S. 406); Peltzer (2004, S. 45).

2.3.2 Die Controlle als Komponente des Überwachungssystems

2.3.2.1 Überwachungsinstrumente, -träger und -adressaten der Controlle im Überblick

Die Überwachungskomponente der Controlle beinhaltet zunächst *organisatorische Sicherungsmaßnahmen*, die durch laufende, automatische Einrichtungen innerhalb der Organisation sicherstellen, dass Fehler verhindert werden und ein vorgegebenes Sicherheitsniveau gewährleistet wird. Daneben wird diese Überwachungskomponente durch die Inhalte des *Controlling* ausgefüllt. Zum Einsatz kommen Instrumente der *Kontrolle*, die – obwohl gerade in der Controllerpraxis häufig diskutiert und verleugnet – wichtiger Bestandteil des Controlling sind.[329] Aufgabe des Controlling ist stets auch die Kontrolle im Sinne des Soll-Ist-Vergleichs, was sich auch als richtig erweist, da Kontrolle die Effektivität der Planung erhöht und den Unternehmenserfolg steigern kann, wie etwa die empirische Erhebung von Schäffer und Willauer verdeutlicht.[330] Vorliegende empirische Untersuchungen über die Wahrnehmung von Kontrollaufgaben in der deutschen Controllerpraxis zeigen, dass die Kontrolle oder die Sicherung der Kontrolle eine wichtige oder gar die wichtigste Controlleraufgabe darstellt.[331]

Hervorzuheben ist die zukunftsorientierte Planungsaufgabe des Controlling, die innerhalb des Internal Control-Ansatzes in die Überwachung fällt. In der Literatur wird dem Controlling – neben der Informationsversorgungsfunktion – im Rahmen der Planung oft nur eine koordinierende, prozessuale Funktion zugebilligt, bei der eine inhaltliche Einflussnahme des Controlling auf die Planung vermieden werden soll.[332] Will das Controlling jedoch *Rationalität sichern*, indem es potentiellen Opportunismus begrenzt und korporatives Handeln fördert sowie zugleich bestehende begrenzte kognitive Fähigkeiten der Entscheidungsträger ausgleicht, sollte es durchaus inhaltlichen Einfluss nehmen können.[333] Gerade durch ein kritisches Hinterfragen von Planansätzen im Sinne eines „*Sparrings*" eines Entscheidungsträgers durch den Controller kann Rationalität erhöht werden. Die inhaltliche Einflussnahme des Controllers ist dabei aufgrund seiner limitierten (Fach-)Kenntnisse über Markt, Produkt etc. freilich begrenzt, so dass in der Tat seine prozessbezogene Planungsaufgabe sowie das Liefern geeigneter *Planungsinstrumente* im Vordergrund steht. Bei diesen Instrumenten können solche für die *Analyse* der Ausgangssituation und *Prognose* der zukünftigen Entwicklung sowie für die *Bewertung* von Alternativen zum Zwecke der Wahl einer Handlungsalternative (vor dem Hintergrund verfolgter Ziele) unterschieden werden. Schließlich sind auch die Instrumente des *Performance Measurements* der Controlle zuzuordnen.

---

[329] Vgl. Weber (2002, S. 261).

[330] Vgl. Schäffer und Willauer (2002, S. 73–97).

[331] Vgl. statt vieler die Übersicht bei Schäffer (2000, S. 9 f.).

[332] Vgl. Lück und Jahns (2001, S. 58); Peemöller (2001, S. 117).

[333] Vgl. Weber (2002, S. 237 f.).

Tabelle 2.2 stellt wichtige Instrumente der Controlle den jeweiligen Überwachungsträgern und -adressaten gegenüber. Während die organisatorischen Sicherungsmaßnahmen ihren Schwerpunkt auf der Erfüllung der beiden COSO I-Zielkategorien „Verlässlichkeit der Rechnungslegung (Financial Reporting)" und „Einhaltung von Gesetz und internen Leitlinien" der Internen Überwachung haben, ist das Controlling mit seinen drei genannten Instrumentenausprägungen vor allem auf die Zielkategorie „Effiziente Gestaltung betrieblicher Abläufe, Sicherung der betrieblichen Vermögenswerte, Profitabilität" abgestimmt.

2.3.2.2 Organisatorische Sicherungsmaßnahmen

Organisatorische Sicherungsmaßnahmen sind prozessabhängige, permanente Überwachungshandlungen durch laufende, automatische Einrichtungen.[334] Sie stellen flankierende Organisationsmaßnahmen dar, die den Arbeitsablauf und die Aufbauorganisation festlegen und hierüber die Effizienz der Überwachung steigern.[335] Organisatorische Sicherungsmaßnahmen sollen Fehler verhindern und damit der Erreichung einer vorgegebenen Sicherheit dienen.[336]

Bei der Gestaltung der organisatorischen Sicherungsmaßnahmen sind mehrere Aspekte zu beachten.[337] Wesentlichste Voraussetzung der organisatorischen Sicherungsmaßnahmen ist die Einhaltung des *Grundsatzes der Funktionstrennung* (etwa von Kasse und Kassenbuchhaltung).[338] Mit Blick auf die EDV-gestützte Verarbeitung von Geschäftsvorfällen kommt *organisatorischen Sicherungsmaßnahmen in der EDV*, etwa durch Zugriffsbeschränkungen, eine hohe Bedeutung zu. Bei der Gestaltung der organisatorischen Sicherungsmaßnahmen steht neben *Arbeitsanweisungen* (etwa Organisationspläne oder Zahlungsrichtlinien) auch das *innerbetriebliche Belegwesen* im Vordergrund.

2.3.2.3 Einordnung des Risikocontrolling

In den Aufgabenbereich des Controlling fällt, wie in Kap. 2, 2.2 bereits dargestellt, die *Ablauf- und Aufbauorganisation des Risikomanagements*.[339] Beim Risikocontrolling liegt die führungsunterstützende Funktion vor allem in der Bereitstellung von *Instrumenten und Methoden* für die Entwicklung einer Risikostrategie sowie für die Risikoidentifikation, -analyse und -bewertung einschließlich einer Erfolgs- und Finanztransformation und Bereitstellung von Informationen über Risiken und risikosteuernde Maßnahmen durch ein risikospezifisches *Berichtssystem*

---

[334] Vgl. Lück (1991, S. 24 f., 1998a, S. 9).
[335] Vgl. Baetge (1993, S. 190).
[336] Vgl. Lück (1991, S. 25, 2001c, S. 160).
[337] Vgl. statt vieler Lück (1998a, S. 9).
[338] Vgl. grundlegend Zünd (1971, S. 41).
[339] Vgl. Reichmann (1996, S. 561–585); Fischbach (2003, S. 541).

Tab. 2.2 Überwachungsinstrumente, -träger und -adressaten der Controlle

Instrumente	Einzelinstrumente (Beispiele)	Überwachungsträger	Überwachungsadressat
Organisatorische Sicherungsmaßnahmen	Einhaltung des Grundsatzes der Funktionstrennung, organisatorischen Sicherungsmaßnahmen in der EDV, Arbeitsanweisungen, innerbetriebliches Belegwesen	„Implementiert" in die Organisation durch laufende, automatische Einrichtungen	Kein spezifischer Adressat, jedoch Erfüllung des Ziels des Verhinderns von Fehlern und Gewährleisten einer vorgegebenen Sicherheit für die Unternehmensleitung
Analyse- und Prognose-In-strumente	Frühaufklärungssysteme, Erfolgsfaktorenanalyse, SWOT-Analyse, Produkt-Lebenszyklus-Analyse, Erfahrungskurvenkonzept, Kunden-ABC-Analyse, Kundenportfolio-Analyse, Branchenstrukturanalyse, Wertschöpfungsketten-Analyse, Benchmarking, Target Costing, GAP-Analyse, Kostenschätzmodelle, Nutzschwellenanalyse	Unternehmensleitung, Linienverantwortliche, Controller, InterneBeratung, Unternehmensberater	Unternehmensleitung, Linienverantwortliche
Bewertungs-In-strumente	Kostenvergleichsrechnungen, Deckungsbeitragsrechnungen, Investitionsrechnungen bzw. wertorientierte Rechnungen, Scoring-Modelle	Unternehmensleitung, Linienverantwortliche, Controller, Interne Berater, Unternehmensberater	Unternehmensleitung, Linienverantwortliche
Kontroll-Instrumente	Soll-Ist-Vergleiche, Abweichungsanalyse, Unterbreiten von Vorschlägen für Anpassungen	Unternehmensleitung, Linienverantwortliche, Controller, Interne Beratung	Unternehmensleitung, Linienverantwortliche
Performance Measurement-Systeme	Tableau de Bord, Balanced Scorecard, Management-Assistent	Unternehmensleitung, Linienverantwortliche, Controller, Interne Berater, Unternehmensberater	Unternehmensleitung, Linienverantwortliche

(Risikoreporting als Bestandteil eines konzern- bzw. unternehmensweiten kurzfristigen Informationssystems).[340]

Das Controlling ist insbesondere aufgrund seiner Spezialisierung, Erfahrung und inhaltlichen Nähe dazu geeignet, diese Kernaufgaben eines Risikomanagements zu erfüllen. Gerade die Erfahrung im Umgang mit Instrumenten und Methoden zeichnet das Controlling aus.[341] Das Controlling soll alle (wesentlichen) drohenden (operativen und strategischen) Risiken frühzeitig transparent machen und Wege einer Risikobewältigung aufzuzeigen.[342] Zu denken ist etwa an die Unterstützung bei der Entwicklung von Risikostrategien bzw. Toleranzgrenzen und deren Abgleich mit den Unternehmens- und Geschäftsfeldstrategien, die methodische Unterstützung der operativen Bereiche bei der Risikoidentifikation durch Bereitstellen von Instrumenten (etwa der Einrichtung von Frühaufklärungssystemen, was auch schon vor dem KonTraG in den Zuständigkeitsbereich des Controlling fiel), die methodische Unterstützung bei der Aggregation der Einzelrisiken unter Beachtung von Diversifikations- und Kumulationseffekten (Risikobewertung), die Erfolgs- und Finanztransformation der (aggregierten) Risiken, den Abgleich zwischen Risiken auf der einen Seite und operativen wie strategischen Ziel- und Plangrößen des Unternehmens auf der anderen Seite (einschließlich langfristig drohender strategischer Marktrisiken[343]) und die Einrichtung und Pflege eines risikospezifischen Berichtssystems (Risikoreporting als Bestandteil eines konzern- bzw. unternehmensweiten kurzfristigen Informationssystems).[344]

Bei Erfüllung dieser risikoorientierten Controlling-Aufgaben steht die *Koordinationsfunktion* des Controlling im Vordergrund.[345] Sicherzustellen ist eine *Verknüpfung des Risikomanagementsystems mit anderen Controllingsystemen* des Unternehmens, um eine integrierte Unternehmenssteuerung zu ermöglichen (ökonomische Anforderung der Integration).[346] Im folgenden sollen die wesentlichen Controllinginstrumente aufgezeigt und hinsichtlich ihres Beitrags für ein Risikocontrolling gewürdigt werden, nachdem zunächst auf die gesonderte Bedeutung der Frühaufklärungssysteme hinzuweisen ist.

2.3.2.4 Frühaufklärungssysteme

Eine enge Verbindung besteht zwischen den Controllinginstrumenten der Analyse und Prognose und dem *Frühaufklärungssystem*, das schon immer als Funktions-

---

[340] Vgl. Freidank (2001c, S. 623); Lachnit und Müller (2003, S. 567); Reichmann und Diederichs (2003c, S. 683 f.); Wall (2003c, S. 671–673).

[341] Vgl. Reichmann (1996, S. 561 f.); Weber (2002, S. 438).

[342] Vgl. Horváth und Gleich (2000, S. 108); Peemöller (2002, S. 118).

[343] Vgl. Paetzmann (2003a, S. 606 f.).

[344] Vgl. Weber et al. (1999a, S. 1715 f.); Freidank (2001b, S. 624); Weber (2002, S. 438); Freidank und Paetzmann (2003, S. 314).

[345] Vgl. Freidank (2001b, S. 623).

[346] Vgl. Lachnit und Müller (2003, S. 567). Zur Anforderung der Integration vgl. Kap. 2, 2.2.1.2.

Abb. 2.14 Systematik der
Frühwarnung, -erkennung
und -aufklärung

bereich des Controlling galt. Seit dem KonTraG ist ein Frühaufklärungssystem als
Teil des Risikomanagementsystems nun für die deutsche Aktiengesellschaft durch
Rechtsnormen in Gestalt von § 91 Abs. 2 AktG bzw. § 317 Abs. 4 HGB vorgeschrieben.[347] Die weiteren Analyse- und Prognoseinstrumente, etwa die Werkzeuge
der Erfolgsfaktoren-, SWOT-, Produktlebenszyklus- oder Kundenportfolio-Analyse,
sind nicht annähernd einem so starken Einfluss von gesetzlichen Regelungen
ausgesetzt, wie es beim Frühaufklärungssystem der Fall ist.

Die Frühaufklärung soll die aus dem relevanten Umfeld des Unternehmens herrührenden *zukünftigen Chancen und Risiken* identifizieren, analysieren und die Einleitung von (Gegen-)Strategien und Maßnahmen sicherstellen. Für sie sind ebenfalls
die Begriffe *Früherkennung* und *Frühwarnung* üblich.[348] Während die Frühwarnung
sich auf die Aufdeckung reiner Risiken beschränkt, bezieht die Früherkennung auch
zukünftige Chancen mit ein, enthält jedoch wie auch die Frühwarnung ebenfalls
nicht die Sicherstellung der Einleitung von Strategien/Maßnahmen (s. Abb. 2.14).

Der Frühaufklärung liegt damit, wie auch dem *COSO* Enterprise Risk Management Framework, der weitere Risikobegriff zugrunde. Innerhalb der strategischen
Planung ist die Frühaufklärung der Umfeldanalyse zuzuordnen, auf die unten noch
eingegangen wird.[349]

Systeme der Frühaufklärung setzen eine frühzeitige Wahrnehmung bzw. Erkennung von Problemen, also *Diskontinuitäten im relevanten Umfeld*, voraus. Sie
analysieren und beurteilen das erkannte Phänomen, woraus sich Früh(warn)signale
oder direkt Hinweise auf eventuellen Chancen oder Risiken ergeben können. Schließlich münden die Frühaufklärungssysteme in Maßnahmen, die der Nutzung von
Chancen oder Abwehr von Risiken dienen (s. Abb. 2.15). Insofern geht der Inhalt der Frühaufklärungssysteme über die eigentliche Analyse und Prognose hinaus.
Bei den Frühaufklärungssystemen unterscheiden die Lehrbuchdarstellungen heute üblicherweise Generationen von Systemen, nachdem die Forschung sich seit

---

[347] Vgl. Lück (1998a, S. 8–14). Vgl. Kap. 2, 2.2.3.1.

[348] Zur Systematisierung vgl. Hahn und Krystek (2000, S. 75); Hieber (2003, S. 256).

[349] Vgl. Welge und Al-Laham (1992, S. 148–150).

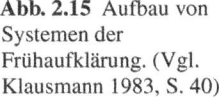

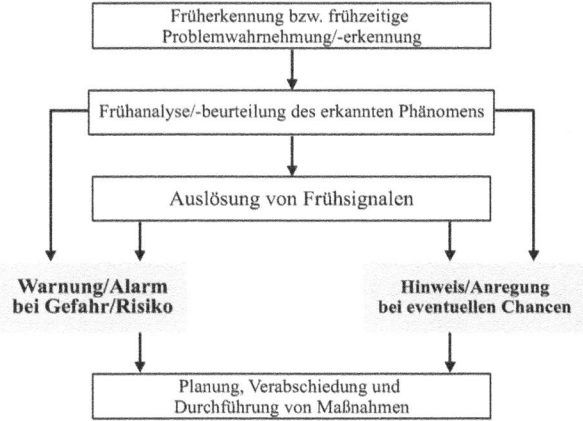

mehreren Jahrzehnten dieses Themas angenommen hat. Die *Frühaufklärungssysteme der ersten Generation*, auf der in den 1970er Jahren noch dominierenden operativen Planung fußend, besteht im Kern aus Kennzahlensystemen und Planungshochrechnungen. Empirische Untersuchungen haben nachgewiesen, dass einige *Kennzahlen* einen hohen (operativen) Prognosegehalt besitzen.[350] Gleichwohl ist den Kennzahlensystemen, bei denen der Zeitvergleich der Kennzahlen im Zentrum steht, vorzuwerfen, dass sie eine Vergangenheitsorientierung vorweisen, während Planungshochrechnungen letztlich den Kern des (heutigen) operativen Controlling treffen: der Vergleich von Ist- oder Forecast-Werten mit Plan-Werten einschließlich Abweichungsanalyse.[351] Auch hier können latent auftretende Strukturbrüche oder Diskontinuitäten des Umfeldes, die Chancen oder Risiken für das Unternehmen in sich bergen können, nicht vorlaufend erkannt werden.

Diese Vorlaufproblematik versuchen die *Frühaufklärungssysteme der zweiten Generation* durch Nutzung von *Indikatoren* zu beheben. Diese Indikatoren basieren, anders als Kennzahlen, nicht auf bereits realisierten Sachverhalten. Die Vorlauffunktion der Indikatoren ermöglicht dabei die Vorhersage von Chancen und Risiken. Empirisch hat sich eine Reihe von Indikatoren als besonders brauchbar erwiesen. Für den Absatzmarkt ermittelten Hahn und Klausmann in einer empirischen Untersuchung unter Industrieunternehmen die folgenden gut oder sehr gut geeigneten Indikatoren: Auftragseingänge (nach Produkten/Regionen), Nachfragevolumen wichtiger Kunden, Preis- und Programmpolitik der Konkurrenz.[352]

Kernproblem der Systeme der zweiten Generation ist das Auffinden der geeigneten Indikatoren. Hierfür wurde die Aufstellung von Kausalketten vorgeschlagen.

---

[350] Vgl. Hansmann und Raubach (1986, S. 31–47); Lachnit (1986, S. 127 f.); Fischbach (2003, S. 550 f.).

[351] Vgl. Hahn und Krystek (2000, S. 81).

[352] Vgl. Hahn (1979, S. 35 f.). Zu absatzmarktbezogenen Frühwarnindikatoren vgl. auch Becker (2001, S. 183–189). Vgl. ebenfalls Palloks-Kahlen (2004, S. 202).

Auch weil die Kausalketten keine vollständige Determiniertheit aufweisen,[353] können mit Hilfe dieses Vorgehens jedoch Diskontinuitäten im relevanten Umfeld nicht
frühzeitig erkannt und analysiert werden. Damit gelten die Instrumente der ersten und
zweiten Generation – zusammen auch als operative Früherkennungssysteme bezeichnet[354] – als letztlich ungeeignet, zukünftige Strukturbrüche und Diskontinuitäten in
ihren Anfangsstadien vorlaufend zu erkennen und zu analysieren.[355] Hierauf wurde
bereits im Rahmen der Diskussion der Fuzzy-Logik in Kap. 2, 2.2.2.7 hingewiesen.
    Die *Frühaufklärungssysteme der dritten Generation* beruhen auf dem Konzept der
schwachen Signale, das von Ansoff entwickelt wurde.[356] Diese sind weit weniger
stark strukturiert als die Systeme der ersten beiden Generationen, was sich hinsichtlich ihrer Ausrichtung auf zukünftige Strukturbrüche nicht als Manko erweist. Oft ist
bei frühzeitig erkannten Veränderungen im Umfeld des Unternehmens nicht einmal
zu beurteilen, ob sich diese als Chance oder Risiko darstellen werden.[357] Grundgedanke dieser Systeme ist, dass auftretende Diskontinuitäten durch die Wahrnehmung
schwacher Signale als Ereignisse identifizierbar sind. Diese schwachen Signale können etwa in einer Häufung gleichartiger Ereignisse mit Bezug zum Unternehmen
bestehen oder als Quelle das Vordringen neuartiger Meinungen, Ideen und Ansich-
ten durch verschiedene Medien haben. Die Quellen für schwache Signale besitzen in
der Regel einen unstrukturierten Charakter und weisen folgende Charakteristika auf:
relativ unstrukturierte und qualitative Informationen, Hinweise auf Innovationen,
Diskontinuitäten oder potentielle Nachfragebedarfe, „weiches" Wissen und intuitive Urteile.[358] Stets geht mit der Unstrukturiertheit der schwachen Signale auch
eine Unsicherheit über deren Informationsgehalt („ignorance") einher, wobei sich
die Kenntnisstände hinsichtlich des Informationsgehalts wie in Abb. 2.16 dargestellt
beschreiben lassen.
    Idealtypisch entspricht das Gefühl, dass ein Risiko oder eine Chance vorliegen
könnte, dem frühest möglichen Kenntnisstand über eine Diskontinuität. Mit zunehmendem Kenntnisstand über den Inhalt des schwachen Signals verdichten sich die
Informationsgehalte so weit, dass sie den üblicherweise im Rahmen der strategischen
Planung zugrundeliegenden entsprechen.[359] Bereits beim schwächsten Kenntnisstand sollte das Unternehmen nach Ansoff mit einer *Reaktionsstrategie* beginnen.
Hierfür ist von ihm eine Matrix mit sechs möglichen Reaktionsstrategien entwickelt
worden, die eine vorausschauende Reaktionsbereitschaft des Unternehmens verkörpern.[360] Diese Matrix enthält direkte Aktionen, Maßnahmen zur Flexibilität sowie die

---

[353] Vgl. Baum et al. (2004, S. 312 f.).

[354] Vgl. Hahn und Krystek (2000, S. 81).

[355] Vgl. etwa Welge und Al-Laham (1992, S. 151–154).

[356] Vgl. grundlegend Ansoff (1976).

[357] Vgl. Hahn und Krystek (2000, S. 83).

[358] Vgl. Baum et al. (2004, S. 317).

[359] Vgl. Krystek und Müller-Stewens (1997, S. 919).

[360] Vgl. Ansoff (1976, S. 137).

Kenntnisstand über Inhalt des Signals

	Gefühl eines Risikos/ einer Chance	Quelle eines Risikos/ einer Chance	Konkretes Risiko/ konkrete Chance	Reaktions-möglich-keit auf Risiko/ Chance	Ergebnis bei Risiko/ Chance
Überzeugung, dass Diskontinuitäten bestehen	JA	JA	JA	JA	JA
Gebiet identifiziert, das Quelle für Risiko/Chance ist		JA	JA	JA	JA
Charakteristika von Risiko/ Chance, Art, Schwere, Zeit der Auswirkung			JA	JA	JA
Art der Reaktionsmöglichkeit: Zeitpunkt, Handlung, Programme, Budgets				JA	JA
Gewinnauswirkungen und Folgen der Reaktion berechenbar					JA

Informationsgehalt (Zeilenbeschriftung links)

Abb. 2.16 Kenntnisstand hinsichtlich Informationsgehalt eines schwachen Signals. (In Anlehnung an Ansoff 1976, S. 135)

Reaktion

		Direkte Aktion	Flexibilität	Wahrnehmung von Informationen
Reaktionsgebiet	Umfeld (extern)	**Externe Aktion** z.B. Eintritt in neue Märkte, Risikoteilung mit anderen Unterneh-men,Sicherung des Zugangs zu knappen Ressourcen, Rückzug aus bedrohten Gebie-ten	**Externe Flexibilität** z,.B. Balance der Pro-duktlebenszyklen, Diver-sifizierung der ökonomi-schen, technologischen, gesellschaftlichen und politischen Diskontinui-täten	**Umfeld-Wahrnehmung** Quantitative Prognosen, Einsatz von Instrumen-ten der Umfeldanalyse, wie z.B. das Branchen-strukturmodell oder die Analyse des globalen Umfeldes
	Unter-nehmen (intern)	**Interne Aktion** z.B. Erwerb von Tech-nologien und Wissen, Entwicklung von neuen Produkten und Servi-ces	**Interne Flexibilität** Eventualpläne, Liquide Mittel („Kriegskasse"), Optionen im F&E-, Be-schaffungs-, Produkti-ons-und Absatzbereich	**Selbstwahrnehmung** Einsatz von Instrumen-ten der Unternehmens-analyse, wie z.B. die Wertkette, der Wert-schöpfungskreis oder das Geschäftssystem

Abb. 2.17 Typen möglicher Reaktionsstrategien. (Vgl. Baum et al. 2004, S. 321)

bewusste Wahrnehmung von Informationen, die sich jeweils auf das (externe) Umfeld des Unternehmens oder das (interne) Unternehmen selbst beziehen (s. Abb. 2.17).

Besondere Bedeutung besitzt die permanente Anpassung der Reaktionsstrategie bei sich ändernden (i. d. R. verbessernden) Kenntnisständen, um dem Unternehmen größtmöglichen Freiraum für eine frühzeitige Reaktion zu ermöglichen.[361] Ziel ist es, die Informationen aus der Früherkennung schnell in die strategische Planung zu

---

[361] Vgl. Ansoff (1976, S. 141).

integrieren. Die Unsicherheit wird durch Früherkennungssysteme somit nicht beseitigt, jedoch können durch Systeme auf Basis schwacher Signale flexible Strategien zur Bewältigung unsicherer Situation generiert werden.

Als *Instrumente* einer Frühaufklärung haben sich neben strukturellen Trendlinien und strukturierten Expertenbefragungen zu den möglichen Auswirkungen von Diskontinuitäten auf das Unternehmen die Cross-Impact-Analyse (Gegenüberstellung von prognostizierten Umfelderwartungen und Strategien) und die Vulnerability-Analyse (entspricht dem Vorgehen bei der Cross-Impact-Analyse, enthält jedoch zusätzlich Eintrittswahrscheinlichkeiten) bewährt.[362] Das bekannteste Instrument dürfte jedoch die Szenariotechnik sein, auf die unten detailliert eingegangen wird.[363]

2.3.2.5 Weitere Analyse- und Prognose-Instrumente des Controlling

Gegenstand der *Analyseinstrumente* des Controlling ist die Einschätzung der gegenwärtigen Situation des Unternehmens. Hierzu gehört sowohl die Einschätzung der eigenen Position mit internen Fähigkeiten, Stärken, Schwächen und Zielen als auch die Perzeption der relevanten Umwelt des Unternehmens. *Prognoseinstrumente* sollen hingegen aufzeigen, wie sich die Zukunft unter bestimmten Annahmen entwickeln könnte.[364]

Die deutsche Controllingforschung hat sich in den vergangenen Jahrzehnten traditionell stark mit der *instrumentellen Sichtweise* befasst. Aus der Vielzahl der vorliegenden Instrumente sollen hier nur diejenigen genannt werden, die mit Blick auf die marktrisikoorientierte Unternehmensführung und -überwachung neben dem Analyseinstrument der Frühaufklärung von hoher Bedeutung sind. Hierzu gehören insbesondere folgende Instrumente, auf die in Kap. 3, 3.2 detailliert mit Blick auf Marktrisiken eingegangen wird: Branchenstrukturanalyse, kundenbezogene ABC-Analysen, Kundenportfolio-Analysen, Kundenzufriedenheits-Analysen, Produktlebenszyklus-Analysen, SWOT-Analysen, Prognoserechnungen, Szenariotechnik (als Instrument der Frühaufklärung, s. Kap. 2, 2.3.2.4).

2.3.2.6 Bewertungs- und Kontroll-Instrumente des Controlling

Ziel der *Bewertungsinstrumente* des Controlling ist es, Entscheidungsalternativen vor dem Hintergrund verfolgter Ziele zu bewerten. Das für viele Entscheidungssituationen praktikable Instrument ist die *Deckungsbeitragsrechnung*. Bei ihr werden, vereinfacht gesprochen, die einer Entscheidungsalternative direkt zurechenbaren Erlöse den direkt zurechenbaren Kosten gegenübergestellt.[365] Der Deckungsbeitrag einer Alternative ist dann vergleichbar mit dem Deckungsbeitrag einer anderen.

---

[362] Vgl. grundlegend Baum et al. (2004, S. 324–331).

[363] Vgl. Kap. 3, 3.2.9 und 4, 4.1.4.2.

[364] Vgl. Weber (2002, S. 265–305).

[365] Vgl. Weber (2002, S. 310).

Zudem ermöglicht die Deckungsbeitragsrechnung in ihrer Ausprägung als *Managementerfolgsrechnung (MER)*, Transparenz über die Ergebnisentstehung im Unternehmen nach Produktgruppen, Vertriebswegen, Standorten etc. auf der einen Seite und nach Strukturkosten sowie neutralen/außerordentlichen etc. Faktoren auf der anderen Seite zu schaffen.[366] Insbesondere bei einer Ausrichtung auf wichtige Absatzsegmente kann die Managementerfolgsrechnung – eventuell unter Zuhilfenahme von Prozesskostenstudien – wichtige Informationen zur Marktbearbeitung liefern.[367] Die MER kann so den Nukleus eines integrierten Operativen Controlling bilden, in dem Finanz-, Bilanz- und Maßnahmenplanung sowie -steuerung und -kontrolle angesiedelt sind.

Bei den *Controllinginstrumenten der Bewertung* steht in jüngerer Zeit das *Konzept der unternehmenswertorientierten Steuerung* im Zentrum des Interesses von Wissenschaft und Praxis.[368] Dieses Steuerungsinstrumentarium unterstützt die Unternehmensführung wirkungsvoll, indem es Entscheidungsalternativen im Hinblick auf ihren Beitrag zur Steigerung des Unternehmenswertes liefert. Als Nukleus eines Controllingkonzepts zielen die Aktivitäten der Unternehmensführung darauf ab, mittels Anreizen, Kontrollen und Informationen das Verhalten innerhalb der Organisation zu steuern, ohne sich an Rechtsnormen orientieren zu müssen, die ein Controlling nicht benötigt.[369]

In diesem Zusammenhang ist aber zu beobachten, dass im Zuge der Modernisierungsbemühungen um eine Verbesserung der Corporate Governance und einer internationalen Vereinheitlichung[370] immer stärker *Elemente der externen Rechnungslegung* für die interne Unternehmenssteuerung Verwendung finden. Dies gilt insbesondere im Hinblick auf globale Großkonzerne, die für die internationale Kapitalbeschaffung interne Steuerungsgrößen auch für die Kommunikation zu (potentiellen) Investoren nutzen und für die das Nebeneinander von in- und externem Rechnungswesen nicht zielführend ist. Insofern werden Kostenvorteile als Begründung für diese Entwicklung angeführt.[371] Mit der Nutzung von Elementen der internationalen Rechnungslegung für interne Steuerungszwecke wirken Normen auf das Controlling ein, wodurch *in- und externes Rechnungswesen konvergieren*.[372] Einflüsse von Normen ergeben sich ferner, wenn Anreize für Führungsinstanzen an das Erreichen bestimmter Kennziffern des externen Rechnungswesens geknüpft werden (z. B. auf Jahresabschlussdaten basierende Rentabilitätskennzahlen). In diesem Fall haben die Normgrößen der Rechnungslegung Auswirkungen auf die *Verhaltenssteuerung* im Unternehmen.[373]

---

[366] Vgl. Paetzmann (2003a, S. 611 f.).

[367] Vgl. Weber und Willauer (2000, S. 25–29).

[368] Vgl. Günther (1997, S. 203–398); Freidank (2002, S. 11 f.).

[369] Vgl. Günther (2003a, S. 347).

[370] Vgl. Kap. 1, 1.2.

[371] Vgl. Kahle (2003, S. 773–789).

[372] Vgl. Freidank und Paetzmann (2004, S. 908).

[373] Vgl. Becker (2003, S. 86).

Grundsätzlich frei von normativen Einflüssen sind bislang die *Kontrollinstrumente* des Controlling, die im Wesentlichen aus Soll-/Ist-Vergleichen, Abweichungsanalysen, Entwicklung gegensteuernder Maßnahmen sowie Planadaptionen ausgerichtet sind. Sofern aber bestimmte Kontrollgrößen im Rahmen von Soll-/Ist-Untersuchungen aus dem extern orientierten Rechnungswesen abgeleitet und den korrespondierenden Vergleichsgrößen der Unternehmensplanung gegenübergestellt werden, finden auch Wertkonventionen der nationalen und internationalen Rechnungslegung Eingang in das Controlling. Derartige Konstellationen sind etwa beim Einsatz jahresabschlussbezogener Kennzahlensysteme zu beobachten,[374] deren Aufgabe sich nicht nur in der Darstellung relevanter retrospektiver Sachverhalte erschöpft, sondern die mit Hilfe traditioneller und wertorientierter Kennzahlen in Gestalt von Planwerten (Soll-Kennzahlen) die Unternehmensleitung in die Lage versetzen soll, durch einen Vergleich von Ist- und Soll-Kennzahlen spezifische Steuerungsmaßnahmen auf bestimmten Betriebsebenen einleiten zu können. Sofern derartige Kennzahlen ggf. auf Soll- und Ist-Basis im Rahmen eines *Value Reporting*[375] an aktuelle und potenzielle Koalitionsteilnehmer durch gesetzliche vorgeschriebene Medien (Jahresabschluss und Lagebericht) kommuniziert werden, übernimmt das Controlling mithin auch *Aufgaben der Rechnungslegungspolitik.* Diese ist darauf ausgerichtet, vor allem das Verhalten externer Adressaten (z. B. Aktionäre, Gläubiger, Investoren, Analysten, Fiskus, Öffentlichkeit) im Sinne der gesetzten Unternehmensziele zu beeinflussen.[376]

2.3.2.7 Performance Measurement-Systeme

Nachdem sich in den 1980er Jahren die *Strategische Planung* in Theorie und Praxis durchgesetzt hatte, kamen in den 1990er Jahren Performance Management-Systeme auf, die sich einer systematischen Implementierung und Umsetzung von Strategien auf der operativen Ebene widmeten.[377] Diese Systeme wirken an der Schnittstelle zwischen operativer und strategischer Planung, wo auftretende Probleme traditionell bewirkt haben, dass die strategische und operative Ebene kaum miteinander verzahnt sind.[378] Es entstehen Übersetzungs- und Präzisierungsprobleme bei der Vermittlung abstrakter Produkt-/Markt-Strategien für operative Umsetzungsentscheidungen (innerhalb einer arbeitsteiligen, funktionalen Unternehmensstruktur). Auch ist das Verständnis für die operativen Konsequenzen einer Umsetzung von Strategien oft nur, teils auch mangels strategischer Anreizsysteme, beschränkt vorhanden, dazu treten

---

[374] Vgl. Reichmann (2001, S. 71–111).

[375] Vgl. AKEU (2002b, S. 2337–2340); Ballwieser (2002, S. 79–81). Auf das Value Reporting wird unten in Kap. 2, 2.3.4.2 und in 4, 4.3.2 detailliert eingegangen.

[376] Vgl. Freidank und Reibis (2003, S. 621–669).

[377] Vgl. Weber und Schäffer (1998, S. 344 f.); Baum et al. (2004, S. 339); Paetzmann (2005b, S. 299).

[378] Vgl. Paetzmann (1995, S. 139 f.).

Abb. 2.18 Vergleich der „traditionellen" Steuerung mit einer Steuerung über Performance Measurement-Systeme. (Baum et al. 2004, S. 341)

„Traditionelle" Steuerung		Steuerung über Performance Measurement-Systeme
• Strategisches und operatives Management nicht verknüpft	→	• Strategisches und operatives Management gezielt verknüpft
• Strategische Ziele i. d. R. qualitativ formuliert	→	• Strategische Ziele in wenigen Kennzahlen quantifiziert
• Zielerreichung schwer messbar	→	• Zielerreichung wird messbar
• Strategien über alle Hierarchiestufenhinweg schwer verständlich	→	• Strategien können über alle Hierarchiestufen hinweg gebrochen und dadurch griffig gemacht werden
• Keine Anbindung an Anreizsystem im Middle Management	→	• Anbindung an Anreizsystem über Kennzahlen möglich
• Strategische Zielerreichung außerhalb des traditionellen Berichtswesens	→	• Berichtswesen/Budgetierung ergibt sich aus verfolgten strategischen Zielen
• Fokus auf finanzwirtschaftliche Ziele	→	• Mehrfache Sichten; andere Stakeholders berücksichtigt

Probleme aufgrund typischer organisatorischer Trägheitsmomente. Schließlich formulieren Konzepte der strategischen Planung die relevanten Fakten üblicherweise überwiegend mit nicht-monetären qualitativen Größen, die für eine Umsetzung auf der operativen Ebene eine tendenziell geringe Operationalität (insbesondere im Sinne einer Umsetzungskontrolle) mit sich bringen.

Diese Probleme – in der Literatur wird auch von *Hürden* oder Barrieren gesprochen,[379] während Manzoni die „Opazität" des traditionellen internen Rechnungswesens anprangert[380] – können nicht nur die Implementierung von strategischen Plänen verhindern, sondern insgesamt eine Integration von Strategischem und Operativem Management.[381] Gesichert werden soll jedoch eine *Transformation von Strategien in operatives Handeln*: „Translating Strategy into Action" lautet jeweils der Untertitel der Beiträge hierzu von Kaplan und Norton sowie von Epstein und Manzoni.[382] Sicherzustellen ist durch die Instrumente des Performance Management daher auch, dass auf operativer Ebene keine kurzfristig erfolgswirksamen, aber strategiekonträren Entscheidungen getroffen werden.[383] Abbildung 2.18 stellt „traditionelle" Steuerungsansätze dem des Performance Measurement gegenüber.

Das Vorgehen beim Aufbau von Performance Measurement-Systemen folgt stets der gleichen Logik. Aus der *Vision* wird eine *Strategie* abgeleitet, die in konkrete *Initiativen* mit *Messobjekten* zerlegt wird. Für diese Messobjekte werden schließlich Kennzahlen bzw. *Indikatoren* gesucht, die den Umsetzungserfolg der Messobjekte repräsentieren können. Für diese Indikatoren sind in einem letzten Schritt *Messmethodik und Zielwerte* (etwa im Sinne von Meilensteinen) festzulegen.[384]

---

[379] Vgl. Kaplan und Norton (1996a, S. 193 f.).

[380] Vgl. Manzoni (2002, S. 17).

[381] Vgl. Schäffer (2003, S. 504).

[382] Vgl. Kaplan und Norton (1996); Epstein und Manzoni (1997).

[383] Vgl. Scheffler (1984, S. 2150); Paetzmann (1995, S. 142); Freidank und Bakhaya (2003, S. 299).

[384] Vgl. Baum et al. (2004, S. 343 f.).

Aus der Vielzahl zwischenzeitlich entstandener Konzepte des Performance Management[385] sollen hier drei strategieorientierte Ansätze beleuchtet werden.[386] Es sind dies die aus der vorwiegend französisch-kanadischen Managementpraxis stammenden Ansätze eines Tableau de Bord, die inzwischen weitverbreitete, in den USA entwickelte Balanced Scorecard sowie der in der deutschen Managementberatung entwickelte Management-Assistent.

Das *Tableau de Bord (TdB)* liefert in einer übersichtlichen, meist graphischen Darstellung als „Führungs-Cockpit" die wichtigsten Kennzahlen zur Steuerung einer Geschäftseinheit. Das Tableau de Bord ist ein echtes Instrument der Praxis, Anfang der 1960er Jahre „spontaneously from the need of manufacturing engineers and managers"[387] erdacht, das erst ex post theoretisch aufgearbeitet und in den 1980er Jahren nochmals weiterentwickelt wurde.[388] Es werden vor allem nicht-monetäre Kennzahlen genutzt, die zum einen eine hohe Aktualität im Sinne unterjähriger Ist-Werte und zum anderen einen Zukunftsbezug aufwiesen. Die auf Entscheidungstransparenz bei der Maßnahmenumsetzung ausgerichteten Kennzahlen des Tableau de Bord werden nur teilweise durch Daten des Rechnungswesens ergänzt.[389] Der Aufbau des Tableau de Bord folgt dem Herunterbrechen einer Vision in Strategien, kritische Erfolgsfaktoren und Kennzahlen, mit deren Hilfe der Umsetzungserfolg gemessen werden kann. Hieraus ergibt sich ein Ordnungssystem von Kennzahlen, das aus einem strukturierten Prozess, genannt *OVAR* (nach Objectifs, Variables d'Action, Responsable) abgeleitet werden kann.[390] Abbildung 2.19 zeigt ein Beispiel aus der Beratungspraxis mit einem stark auf wenige Kennzahlen verdichteten Tableau de Bord für einen Elektro-Anlagenbauer.

Die *Balanced Scorecard (BSC)* ist das in den vergangenen Jahren wohl am meisten diskutierte Konzept des Performance Measurement für die mehrdimensionale, vorwiegend strategische Planung und Steuerung von Unternehmen und Geschäftsbereichen. Die Mehrdimensionalität äußert sich in der Integration *nicht-monetärer Perspektiven* des Unternehmenserfolgs. Entstanden aus der Zusammenarbeit von Forschern der *Harvard University* und mehreren US-amerikanischen Unternehmen, reüssierte das Konzept nach der ersten Veröffentlichung[391] schnell zu einem beliebten Managementinstrument der Praxis. Zu diesem Instrument liegen inzwischen zahlreiche Darstellungen mit Anwendungsbeispielen und Kritik vor.[392] Aus der Vision und

---

[385] Vgl. Hoffmann (1999); Gleich (2001, S. 47); Baum et al. (2004, S. 343 f.).

[386] Zur systematischen Einordnung vgl. Krause (2005, S. 83–87). Krause klassifiziert die vorliegenden Ansätze in vier Denkschulen, die ihren Fokus auf Finanzierung, Strategie, Prozesse oder Mitarbeiter legen.

[387] Lebas (1994, S. 471).

[388] Vgl. etwa Lebas (1994, S. 471–487); Gray und Pesqueux (1993, S. 61–70); Voyer (1999); Hoffmann (1999).

[389] Vgl. Lebas (1994, S. 482).

[390] Vgl. Epstein und Manzoni (1997, S. 28–36); Hoffmann (1999, S. 43).

[391] Vgl. Kaplan und Norton (1992, S. 71–79).

[392] Vgl. etwa Horváth und Kaufmann (1998, S. 39–48); Kieser (2000, S. 123 f.); Schäffer (2003, S. 485–517); Baum et al. (2004, S. 345–357).

Quartals- oder Monatsberichte nehmen u.a. Bezug auf die Zahlen der Finanz buchhaltung per Ultimo. Hierdurch entsteht systembedingt stets ein Zeitverzug. Dieser Zeitverzug soll durch das Führungs-Cockpit ausgeglichen werden, das den Bericht ergänzt. Es zeigt als Cockpit des Managements Ziele (☺) und aktuelle Eckwerte zu Auslastung und Liquidität und bietet mit Aussagen zur Auftragslage und zur Maßnahmenumsetzung einen Ausblick.

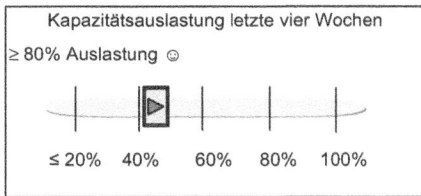
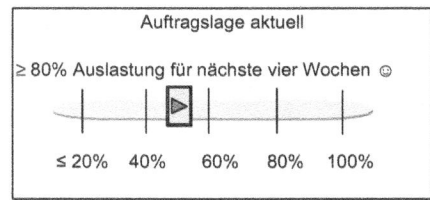
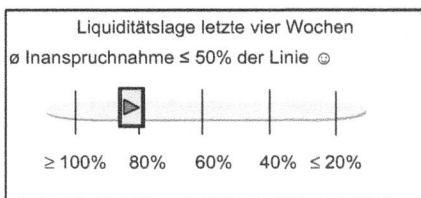

Abb. 2.19 Beispiel für ein Tableau de Bord eines Anlagenbauers

Strategie des Unternehmens werden im Ursprungsansatz von Kaplan und Norton vier Messobjekte als Perspektiven abgeleitet. Diese Perspektiven, in der Regel *Finanzen, Kunden, Interne Geschäftsprozesse* sowie *Lernen und Entwicklung*, sind miteinander zu verzahnen und aufeinander abzustimmen, um ein „ausbalanciertes" („balanced") Instrument zu erhalten. Abbildung 2.20 zeigt, dass die vier Perspektiven auch über die Vision und Strategie aufeinander abgestimmt sind. Für die vier Perspektiven sind bis zu sechs Indikatoren festzulegen, für die jeweils Ziele, Kennzahlen, Vorgaben und Maßnahmen zu präzisieren sind.

Durch diese Detaillierung jedes Indikators kann die Balanced Scorecard die Umsetzung strategischer Pläne konkretisieren, indem eine Verknüpfung mit messbaren Umsetzungsmaßnahmen vorgenommen wird. Hierdurch kann die Balanced Scorecard ein wirkungsvolles *Instrument zur Strategieumsetzung* im Unternehmen sein.[393] Ebenfalls ermöglicht die Balanced Scorecard eine Integration des Risikomanagements in die Unternehmenssteuerung.[394] Schließlich ist darauf hinzuweisen, dass der Ursprungsansatz der Balanced Scorecard mit den vier genannten Perspektiven an verschiedene Anforderungen angepasst werden kann, was in Kap. 4, 4.1.3.2 mit Blick auf die wünschenswerte Marktrisikoorientierung noch eingehend diskutiert werden wird.

---

[393] Vgl. Baum et al. (2004, S. 347).

[394] Vgl. Freidank und Bakhaya (2003, S. 300).

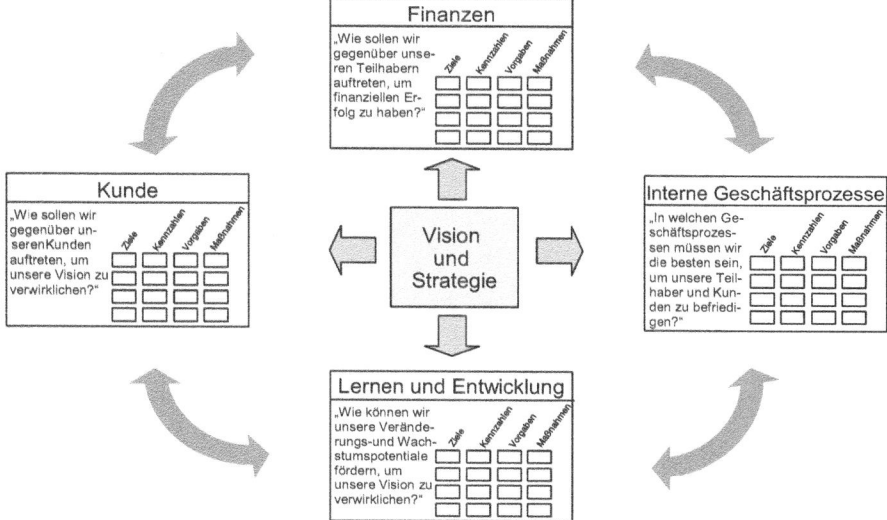

Abb. 2.20 Grundstruktur der Balanced Scorecard. (Vgl. Kaplan und Norton 1997, S. 9)

Der *Management-Assistent* ist ein in der deutschen Beratungspraxis entwickeltes Performance Measurement-Instrument, das insbesondere in Situationen strategischen Wandels und in Restrukturierungsphasen eingesetzt wird. Grundlage des Vorgehens ist auch bei diesem Performance Measurement System die Vision und Strategie des Unternehmens. Beide sind in einem Strategiekonzept oder in einem Sanierungskonzept dokumentiert und münden in konkreten strategischen Initiativen oder Restrukturierungsmaßnahmen mit Messobjekten, für die Indikatoren des Umsetzungserfolgs präzisiert werden. Wie die beiden anderen dargestellten Instrumente auch enthält der Management Assistent neben monetären typischerweise auch nicht-monetäre Steuerungsgrößen, die in einem System eines *Maßnahmencontrolling* enthalten sind. Der Umsetzungserfolg der Maßnahmen wird anhand einer Ampellogik gemessen. *Monetäre und nicht-monetäre* Steuerungsgrößen sind auch hier aus dem zugrundeliegenden Strategie-/Sanierungskonzept abzuleiten, so dass diese aufeinander abgestimmt sind. Abbildung 2.21 veranschaulicht das Vorgehen in der mittelständischen Beratungspraxis.

Zu den beiden Performance Measurement-Instrumenten Tableau de Bord und Balanced Scorecard liegen inzwischen zahlreiche vergleichende, auch empirische Untersuchungen vor.[395] Diese zeigen, dass insbesondere die Balanced Scorecard Unternehmen im Wandel systematisch begleiten kann.[396] Inwieweit sich die Balanced Scorecard im Rahmen eines Managements von Marktrisiken effektiv einsetzen lässt, wird weiter unten in Kap. 4, 4.1.3.2 diskutiert werden.

---

[395] Vgl. etwa Epstein und Manzoni (1997, S. 28–36); Gehrke und Horváth (2002, S. 159–180).
[396] Vgl. Kaplan und Norton (2001, S. 10); Seidenschwarz (2002, S. 220 f.).

- Analyse der
  Ist-Situation

- Festlegung strate-
  gieumsetzender
  Maßnahmen

- Planung mit
  Messobjekten
  - GuV
  - Liquidität
  - Bilanz
  - Maßnahmen

- Feststellen
  Abweichung

- Workshop aktualisiert
  Maßnahmen

- Weiterentwicklung
  - Marktanalyse/
    Wettbewerb
  - Organisation
  - Führung

- Workshop aktualisiert
  Maßnahmen

- Forecast auf das
  Jahresende

Abb. 2.21 Vorgehen beim Management Assistenten (grob schematisch). (In Anlehnung an Angermann und Partner 2005a)

2.3.3 Die Prüfung als Komponente des Überwachungssystems

2.3.3.1 Überwachungsinstrumente, -träger und -adressaten der Prüfung im Überblick

Die Überwachungskomponente der Prüfung blickt bereits auf eine lange Tradition zurück. Als akademische Disziplin in Deutschland insbesondere durch *Schmalenbach* am Treuhandseminar der *Universität zu Köln* ab 1913 etabliert, beschäftigte sich die Prüfungslehre zunächst mit praktischen Einzelfragen verschiedener Prüfungsfunktionen, dann mit der Institution Prüfungsunternehmen[397] und sucht weiter nach einer geschlossenen Prüfungstheorie.[398] Diese Suche dauert fort[399] und beinhaltet neben dem inzwischen traditionellen systemtheoretisch-kybernetischen Ansatz[400] als neuere Ansätze den messtheoretischen Ansatz mit der Messung von Abweichungen zwischen Soll- und Ist-Objekten und ihrer Darstellung auf verschiedenen Skalen,[401] den verhaltensorientierten Ansatz, der das Verhalten von Prüfungssubjekten und Prüfungsobjekten durch Einbezug verhaltenswissenschaftlicher Erkenntnisse zu

---

[397] Vgl. Freidank (1992, Sp. 3570–3583); Sieben und Russ (2002, Sp. 1790–1798).

[398] Zur historischen Entwicklung des Prüfungswesens vgl. Lück (1991, S. 1–17); Strobel (2001); Ewert (2002, Sp. 1908–1923); Wahl (2003, S. 88–122).

[399] Vgl. Ludewig (1993, Sp. 3790); Lück (1991, S. 285–290).

[400] Vgl. Baetge (1992, Sp. 2038).

[401] Vgl. Wysocki (1988, S. 128).

berücksichtigen versucht,[402] sowie den spieltheoretischen Ansatz, der auf der Spieltheorie fußend Ergebnisstrukturen in Mehr-Personen-Situationen analysiert, in denen die Ergebnisse der Handlung einer Person vom Handeln der jeweils anderen Person abhängen.[403]

In der Praxis wurde zuletzt die Durchsetzung von Rechnungslegungsvorschriften im Rahmen der Reformbemühungen zur Verbesserung der Corporate Governance weiter verstärkt, wobei in Deutschland das BilKoG im Mittelpunkt der Diskussion stand.[404] Das BilKoG beinhaltet ein Enforcement, das vor allem präventiv und korrigierend wirken und so eine Qualitätssteigerung der Finanzberichterstattung herbeiführen soll.[405] Dieses Rechnungslegungs-Enforcement ist hier der Überwachungskomponente der Aufsicht zugeordnet, da es in der zweiten Stufe durch die *Bundesanstalt für Finanzdienstleistungsaufsicht* betrieben wird.

Betriebswirtschaftliche Prüfungen lassen sich nach verschiedenen Kriterien systematisieren. Von Bedeutung erscheint hier zunächst die Systematisierung nach der Betriebszugehörigkeit des Prüfungssubjekts in interne Prüfungen (insbesondere durch eine Interne Revision) und externe Prüfungen (etwa durch Wirtschaftsprüfer, Prüfungsverbände oder Banken). Daneben können Prüfungshandlungen mit Blick auf die Rechtsgrundlage gesetzlich vorgeschrieben (etwa die Jahresabschlussprüfung), gesetzlich vorgesehen (etwa Sonderprüfungen wegen unzulässiger Unterbewertung), vertraglich vereinbart (etwa Bonitätsprüfungen durch kreditfinanzierende Banken) oder freiwillig sein (etwa Organisationsprüfungen der Internen Revision).[406]

Im Folgenden wird zunächst die Interne Revision als Träger der internen (freiwilligen) Prüfung, für die jedoch einige Prüfungsinhalte inzwischen gesetzlich festgeschrieben sind, diskutiert. Sodann wird die Jahresabschlussprüfung als bedeutende externe, für viele Unternehmen gesetzlich vorgeschriebene – mindestens mittelgroße Kapitalgesellschaften und mittelgroße GmbH & Co. KG i. S. v. § 267 Abs. 2 HGB i. V. m. § 264a HGB sind nach § 316 Abs. 1 Satz 1 HGB i. V. m. § 264a Abs. 1 HGB prüfungspflichtig – Überwachungshandlung näher beleuchtet. Schließlich soll – aufgrund der erfahrungsgemäß hohen Bedeutung gerade für *kapitalmarktferne Produktionsunternehmen*[407] – auf Bonitätsprüfungen durch Banken als externe, (kredit-)vertraglich vereinbarte Überwachungshandlungen eingegangen werden. Tabelle 2.3 gibt zunächst einen ersten Überblick über die im Folgenden näher untersuchten Überwachungsinstrumente, -träger und -adressaten der Prüfung.

---

[402] Vgl. Sieben und Bretzke (1975, Sp. 3271); Lenz (2002, Sp. 1924–1938).

[403] Vgl. Ewert (2002, Sp. 1908–1923).

[404] Vgl. Kap. 1, 1.2.4. Zur Haftung des gesetzlichen Abschlussprüfers vgl. grundlegend Ebke (2001, Sp. 1085–1100).

[405] Vgl. AKEU (2002a, S. 2173–2179); Böcking (2003, S. 683–706); Hütten (2003, S. 123–158).

[406] Zur Systematisierung vgl. grundlegend Lück (1991, S. 28 f.).

[407] Vgl. Freidank und Paetzmann (2002, S. 1786), sowie Kap. 1, 1.2.5.

Tab. 2.3 Überwachungsinstrumente, -träger und -adressaten der Prüfung

Instrumente	Einzelinstrumente (Beispiele)	Überwachungs-träger	Überwachungs-adressat
Interne Revision	Financial Auditing, Operational Auditing, Management Auditing, Internal Auditing in jeweils ergebnis- und verfahrensorientierter Form	Interne Revision	Unternehmensleitung, Linienverantwortliche
Externe Revision im Rahmen der Abschluss-prüfung	Jahresabschlussprüfung, etwa mit Beurteilung der Angemessenheit der Going concern-Annahme, Redepflicht des Abschlussprüfers nach § 321 HGB, Prüfung des Lageberichts nach § 317 Abs. 2 HGB, Prüfung der Risikoberichterstattung im Lagebericht, Prüfung eines freiwillig in den Lagebericht aufgenommenen Value reportings (Empfehlung der Schmalenbach-Gesellschaft)	Abschlussprüfer (Wirtschaftsprüfer)	Aufsichtsrat, Aktionäre, Gläubiger
Externe Revision im Rahmen von Sonderprüfungen	etwa Überschuldungsprüfung oder Sanierungsprüfung (Erstellung eines Sanierungskonzepts)	Sonderprüfer (Wirtschaftsprüfer), Unternehmens-berater	Aufsichtsrat, finanzierende Banken
Bonitätsprüfung durch kreditfinanzierende Banken	Offenlegung der wirtschaftlichen Verhältnisse eines Kreditnehmers nach § 18 Satz 1 KWG, bankinterne und externe Ratingverfahren nach „Basel II"	Kreditinstitute, Ratingagenturen	Kreditentscheidende Gremien bankintern, Kapitalmarkt, mittelbar: Bundesanstalt für Finanzdienstleistungsaufsicht zum Zwecke der Eigenkapital-Hinterlegung

2.3.3.2 Interne Prüfungen durch die Revision

Die Interne Revision mit ihren prozessunabhängigen Überwachungshandlungen wurde oben bereits als eine Kernfunktion innerhalb des Internen Überwachungssystems identifiziert. Ihre Aufgaben bestehen vornehmlich in der Prüfung der Arbeitsgänge, der Effizienzprüfung der Aufbau- und Ablauforganisation, der Einhaltung der Vorschriften für Arbeitsabläufe und in Ordnungsmäßigkeitsprüfungen der organisatorischen Sicherungsmaßnahmen. Ihre Ausrichtung zeichnet sich traditionell durch einen vorwiegenden Vergangenheitsbezug aus.[408]

Zu den Aufgabengebieten der Internen Revision[409] zählt zunächst das *Financial Auditing*. Dieses beinhaltet Revisionen im Bereich des Finanz- und Rechnungswesens als vergangenheitsorientierte, unabhängige Beurteilung der finanziellen Daten mit dem Zweck, die Angemessenheit, Korrektheit und Verlässlichkeit der Daten zu beurteilen, das Vermögen des Unternehmens zu sichern und die Funktionsfähigkeit des Internen Überwachungssystems zu beurteilen. Das *Operational Auditing* wird durch Revisionen im organisatorischen Bereich, die über das Finanz- und Rechnungswesen hinausgehen und die Revision und Verbesserung der Aufbau- und Ablauforganisation einbeziehen (einschließlich allgemeiner Verwaltung, Personal- und Sozialwesen, Materialwirtschaft, EDV, Produktion und Vertrieb), ausgefüllt. Das *Management Auditing* besteht aus Revisionen der Managementleistung durch Leistungsbeurteilung und -bewertung. Schließlich liegt das *Internal Consulting* im Aufgabenspektrum der Internen Revision. Es enthält Aktivitäten der Beratung und Begutachtung sowie der Entwicklung von Verbesserungsvorschlägen mit dem Ziel einer Unterstützung oder Erleichterung von Entscheidungsprozessen und zur Lösung bestimmter Probleme.

Insbesondere auch Probleme der Abgrenzung der vier genannten Aufgabenbereiche untereinander[410] führten in den vergangenen Jahren zu einer Diskussion im internationalen Umfeld, aus der heraus eine neue Definition des US-amerikanischen Institute of Internal Auditors (IAA) entwickelt wurde, die u. a. vom Deutschen Institut für Interne Revision (IIR) übernommen wurde: „Internal auditing is an independent, objective assurance and consulting activity designed to add value and improve an organization's operations. It helps an organization accomplish its objectives by bringing a systematic, disciplined approach to evaluate and improve the effectiveness of risk management, control, and governance process".[411] Die Hauptaufgaben der Internen Revision sollen demnach in den drei Bereichen Risk Management, Control und Governance liegen.[412] In Deutschland existieren für die Interne Revision in produzierenden Unternehmen keine gesetzlichen Anforderungen außer den Anforderungen

---

[408] Vgl. im folgenden Paetzmann (2007a).
[409] Vgl. Lück (2001b, S. 145); Horváth (2002a, S. 786); Lück (2003, S. 321).
[410] Zur Abgrenzung von Prüfungs- und Beratungsleistungen durch die Interne Revision vgl. AKEIÜ (2006a, S. 227).
[411] IIA (2001).
[412] Vgl. Ruud und Bodenmann (2001, S. 527).

Kontrollumfeld	• Kontrollbewusstsein der Führung • Klare Zuständigkeit • Richtlinien für das Verhalten • Schulung der Mitarbeiter • Einbindung in die Personalpolitik
Risikosteuerung	• Standardisierungs-und Formalisierungsgrad der Prozesse • Existenz von Risikorichtlinien • Existenz eines Risikoprofils
Kontroll- aktivitäten	• Qualität des Internen Überwachungssystems • konkrete Defizite
Information und Kommunikation	• angemessener Informationsfluss zwischen den betroffenen Bereichen • Sicherheit der Systeme (Funktion, Wartung, Integration)
Monitoring	• regelmäßige Überwachung durch den Vorgesetzten • regelmäßige Überwachung durch externe und interne Prüfer • regelmäßige Berichterstattung an die Geschäftsführung • regelmäßige Berichterstattung an den Aufsichtsrat

Abb. 2.22 Komponenten der Überwachung durch die Interne Revision. (In Anlehnung an Peemöller 2002, S. 123)

des KonTraG mit Blick auf das Risikomanagementsystem.[413] Gerade die Rechtsnormen des KonTraG bewirkten jedoch in der Praxis der vergangenen Jahre, dass sich die Arbeit der Internen Revision, im Einklang mit der zitierten *IIA*-Definition, immer stärker *risiko- und zukunftsorientiert* ausrichtet.[414] Schließlich entspricht diese Richtung den Zielkategorien des *COSO* Internal Control – Integrated Framework:[415] Effiziente Gestaltung betrieblicher Abläufe mit der Sicherung der betrieblichen Vermögenswerte und der Profitabilität, Verlässlichkeit der Rechnungslegung (Financial Reporting), Einhaltung von Gesetz und internen Leitlinien.

Wichtige Aufgabe der Internen Revision sind periodische oder fallweise Prüfungen des Risikomanagementsystems mit Blick auf dessen Wirksamkeit und Zweckmäßigkeit.[416] Gerade hierdurch kann die Interne Revision einen wirksamen Beitrag zur Verbesserung der Corporate Governance leisten.[417] Die Aufgabe der *Überwachung des Risikomanagementprozesses* kann aus den fünf Komponenten des *COSO*-Frameworks in eine Checkliste überführt werden (s. Abb. 2.22).

Hinzuweisen ist auf die Änderungen, die das BilMoG mit Blick auf die Zusammenarbeit der Internen Revision mit dem Prüfungsausschuss eines Aufsichtsrats gebracht hat. Demnach überträgt der Aufsichtsrat einer Aktiengesellschaft einem eingerichteten Prüfungsausschuss die Überwachung der Wirksamkeit der Internen

---

[413] Vgl. Peemöller (2002, S. 107).

[414] Vgl. Lück (2003, S. 322 f.).

[415] Vgl. Kap. 2, 2.3.1.2.

[416] Vgl. Freidank (2001c, S. 623); COSO (2004a, S. 88); Pickett (2005, S. 71).

[417] Vgl. Ruud und Bodenmann (2001, S. 522); Bumbacher und Schweizer (2002, S. 1039–1044).

Revision (wie auch des Rechnungslegungsprozesses, der internen Risikomanagementsysteme und der Abschlussprüfung) (§ 107 Abs. 3 AktG).

2.3.3.3 Jahresabschlussprüfung durch Wirtschaftsprüfer

Im Rahmen der handelsrechtlichen Abschlussprüfung gemäß §§ 316, 317 HGB stellt die Rechnungslegung, d. h. der Jahresabschluss sowie der Lagebericht, das wesentliche Prüfungsobjekt dar.[418] Bei Konzernen gilt dies analog für Konzernabschluss sowie Konzernlagebericht.[419] Darüber hinaus sind die Buchführung, Betriebsabrechnung, soweit sie Informationen für die Bewertung von Vermögen liefert, und das interne Überwachungssystem[420] Prüfungsobjekte der Abschlussprüfung. Infolge des KonTraG ist bei börsennotierten Aktiengesellschaften ebenfalls das Risikomanagementsystem zu prüfen (§ 317 Abs. 4 HGB).[421] Hierbei ist mit Blick auf die Unabhängigkeit des Prüfers streng vom Aufbau eines Risikomanagementsystems zu trennen.[422]

Im Zuge der Bestrebungen zur Verbesserung der Corporate Governance sind Rechnungslegungsvorschriften genauso wie die Regelungen zur Abschlussprüfung Änderungen ausgesetzt.[423] Mit der Einführung des § 292a HGB (mittlerweile aufgehoben) im Rahmen des KapAEG[424] wurde börsennotierten Mutterunternehmen deutscher Konzerne zunächst die Möglichkeit eröffnet, anstatt eines HGB-Konzernabschlusses einen befreienden Konzernabschluss nach internationalen Rechnungslegungsnormen aufzustellen. Durch Verordnung der Europäischen Union aus dem Jahre 2002[425] sind europäische kapitalmarktorientierte Mutterunternehmen nun grundsätzlich verpflichtet, ab Januar 2005 einen Konzernabschluss nach International Financial Reporting Standards (IFRS) aufzustellen.[426] Damit ist absehbar, dass sich die IFRS mittelfristig als weltweit akzeptierte Rechnungslegungsstandards durchsetzen werden.[427]

In den vergangenen Jahren wurden in Deutschland weitere Rechtsnormen für eine *IFRS-Rechnungslegung* auf den Weg gebracht. Für kapitalmarktferne Unternehmen sah die EU-Verordnung ein Mitgliedstaatenwahlrecht vor. Durch das BilReG,

---

[418] Vgl. Ebke (2001, Sp. 1085); *BeBiKo*, § 316 HGB, Rn. 1.

[419] Vgl. Baetge et al. in Küting und Weber (2006, § 317 HGB, Rn. 1); *BeBiKo*, § 316 HGB, Rn. 15.

[420] Dieses wird in der einschlägigen deutschen Prüfungspraxis und -theorie meist als Internes Kontrollsystem bezeichnet.

[421] Vgl. Ebke (2001, Sp. 1085); *BeBiKo*, § 317 HGB, Rn. 75.

[422] Vgl. Peltzer (2004, S. 49 f.).

[423] Vgl. Hachmeister (2003, S. 438).

[424] Dieser Paragraph ist durch das Bilanzrechtsreformgesetz wieder aufgehoben worden. Vgl. *BeBiKo*, § 292a HGB, Rn. 1.

[425] Vgl. *VO 1606/2002/EG*.

[426] Vgl. § 315a Abs. 1 und 3 HGB.

[427] Vgl. Kirsch und Steinhauer (2003, S. 416).

das u. a. diese EU-Verordnung in nationales deutsches Recht transformierte, wurde kapitalmarktfernen Mutterunternehmen in § 315a Abs. 3 HGB die Möglichkeit eingeräumt, ihren Konzernabschluss ebenfalls nach IFRS zu erstellen. Darüber enthält § 325 Abs. 2a HGB ein Wahlrecht für den Einzelabschluss sowohl kapitalmarktorientierter als auch aller übrigen Unternehmen, diesen für Informationszwecke (Offenlegung) ebenfalls nach IFRS zu fertigen.[428]

Die Rechnungslegung nach IFRS wurde zwischenzeitlich auf breiter Front bezüglich der Informationsversorgung der Adressaten für geeigneter gehalten als eine Rechnungslegung nach (bisherigen) HGB-Normen,[429] was auch das Umfeld kennzeichnet, in dem zuletzt das BilMoG entstand. Zuletzt dominierten jedoch die IFRS die breite Fachdiskussion, in der etwa vom *Institut der Wirtschaftsprüfer* vorgeschlagen wurde, sämtlichen Konzernen einen IFRS-Konzernabschluss vorzuschreiben.[430] Schließlich stellt die entscheidungsrelevante Informationsvermittlung das übergeordnete Ziel der IFRS-Rechnungslegung dar, während die bisherige HGB-Bilanzierung für den Einzelabschluss neben der Informationsfunktion die Aufgabe der Ausschüttungs- und Steuerbemessung zu erfüllen hat (§ 5 Abs. 1 Satz 1 EStG).[431] Hieraus erwachsen wesentliche Diskrepanzen in der Gewichtung der Bilanzierungsgrundsätze (insbesondere periodengerechter Erfolgsausweis versus Dominanz des Vorsichtsprinzips). Der Konflikt zwischen den beiden Zielsetzungen erfährt allerdings durch die der IFRS-Rechnungslegung zugrunde liegenden objektivierten Bilanzierungsprinzipien eine gewisse Relativierung.[432] Die entscheidungsrelevanten Informationen des IFRS-Abschlusses sollen den Adressaten die Erstellung von Prognosen (vor allem über zukünftige Zahlungsüberschüsse des Unternehmens) und das Treffen wirtschaftlicher Entscheidungen erleichtern. Hieraus folgt, dass ein IFRS-Abschluss eher den Zielen und Aufgaben des Controlling entspricht als ein HGB-Abschluss.[433] Die IFRS-Rechnungslegung stellt nämlich folgende wesentliche Anforderungen an das Controlling:

Im Rahmen der *Segmentberichterstattung* nach IAS 14 werden Abschlussdaten einzelner Geschäftssegmente oder geographischer Segmente des Unternehmens veröffentlicht. Dabei ist entsprechend der wesentlichen Chancen und Risiken für die Geschäftsentwicklung eine primäre und eine sekundäre Dimension zu unterscheiden (IAS 14.26). Da das Reporting über das primäre Segment detaillierte Angaben etwa zu Segmenterlösen/ -ergebnis, Vermögen/Schulden, Abschreibungen/Investitionen erfordert (IAS 14.50–14.67), ist auf Informationen des Controlling in Gestalt des internen Rechnungswesens als Quelle zurückzugreifen. Die Kostenstellen sind mit

---

[428] Vgl. Freidank und Pottgießer (2003, S. 886–893); *BeBiKo*, § 325 HGB, Rn. 57.

[429] Vgl. jedoch auch die Mindermeinung bei Küting (2006, S. 2753–2762).

[430] Vgl. IDW (2003b).

[431] Durch das neue BilMoG soll die Informationsfunktion des handelsrechtlichen Einzel- und Konzernabschlusses gestärkt werden. Vgl. Fülbier und Gassen (2007, S. 2612).

[432] Vgl. Hommel (1997, S. 363); Coenenberg (2000, S. 45).

[433] Vgl. Kirsch und Steinhauer (2003, S. 419).

den Geschäftssegmenten und regionalen Segmenten abzustimmen, womit die Rechnungslegungsnormen die Kostenstellenstruktur determinieren.[434] Ähnliches gilt nach IAS 35 für aufzugebende Geschäftsbereiche, für die ausführlich und separat im Anhang Bericht zu erstatten ist.

Zur *Berichterstattung über Risiken* wurden in Deutschland durch das KonTraG neue Maßstäbe geschaffen. Die Regelungen des IAS 37.86 zu Eventualschulden verpflichten bereits bei möglichem, aber nicht wahrscheinlichem Abfluss von wirtschaftlichem Nutzen zur Berichterstattung. In eine ähnliche Richtung weist der im BilReG enthaltene § 289 HGB zum Informationsgehalt des Lageberichts, auf den weiter unten eingegangen wird.

Die *Bilanzierung immaterieller Vermögensgegenstände* nach IAS 38.19 verdeutlicht dafür, wie der künftige wirtschaftliche Nutzen dieser Aktiva Kriterium für ihren Ansatz und ihre Bewertung in der Bilanz ist. Der hinsichtlich einzelner Vermögensgegenstände zu ermittelnde Nutzungswert nach IAS 36.26–36.56 ist über die Discounted Cash Flow-Methode zu bestimmen, die auf Angaben der Unternehmensplanung zurückgreift.[435]

Schließlich ist im Rahmen der *Bilanzierung langfristiger Fertigungsaufträge* nach IAS 11.22 nach der Percentage-of-Completion-Methode vorzugehen. Die erforderliche Existenz einer ausgebauten Kostenrechnung sowie die Voraussetzung einer zuverlässigen Ermittlung des Fertigstellungsgrades in den zu bildenden Projektkostenstellen fallen in den Zuständigkeitsbereich des Controlling.[436]

Mit der Reform des deutschen Bilanzrechts durch das BilMoG hat sich auch die HGB-Bilanzierung deutlich verändert. Beispielsweise hat der beizulegende Wert (Fair Value), der zentrale Wertmaßstab der IFRS-Rechnungslegung, in § 255 HGB Einzug in das HGB gefunden.

Wie oben aufgezeigt, werden für den IFRS-Abschluss zahlreiche Informationen aus dem innerbetrieblichen Rechnungswesen benötigt. Neben vergangenheitsbezogenen (Ist-)Zahlen kommt insbesondere aufgrund der Betrachtung des künftigen wirtschaftlichen Nutzens und des Aufzeigens von Chancen und Risiken der zukünftigen Entwicklung auch zukunftsbezogenen Planzahlen und Instrumenten des Controlling ein wachsender Stellenwert zu. Dies gilt insbesondere auch für eine Vielzahl von Lageberichtsinformationen nach § 289 HGB bzw. § 315 HGB, die sich auf Resultate der Unternehmensplanung beziehen.

Das BilReG etablierte nicht nur, wie beschrieben, die IFRS als weiteren Standard der externen Rechnungslegung in Deutschland, sondern erweiterte auch die *Inhalte des Lageberichts*[437]: Zuvor hatten Unternehmen, die nach § 264 Abs. 1 HGB oder § 290 Abs. 1 HGB verpflichtet waren, einen Lagebericht bzw. einen Konzernlagebericht zu erstellen, zumindest den Geschäftsverlauf und die Lage so darzustellen, dass ein den tatsächlichen Verhältnissen entsprechendes Bild vermittelt wurde.

---

[434] Vgl. Kirsch (2003, S. 12 f.); Müller et al. (2005, S. 2123).

[435] Vgl. Kirsch und Steinhauer (2003, S. 429 f.).

[436] Vgl. Freidank (1989, S. 1197–1204); Brandt (2001, S. 155–174); Müller et al. (2005, S. 2123).

[437] Vgl. im Folgenden Paetzmann (2005c, S. 269–271).

BiRiLiG (1985):

„Im Lagebericht sind zumindest der Geschäftsverlauf und die Lageder Kapitalgesellschaft so darzustellen, dass ein den tatsächlichen Verhältnissen entsprechendes Bild
vermittelt wird."

KonTraG (1998):

„In § 289 Abs. 1 wird ... folgender Teilsatz angefügt:

‚dabei ist auch auf die Risiken der künftigen Entwicklung einzugehen'"

BilReG (2004):

„§ 289 wird wie folgt geändert:

‚... Ferner ist im Lagebericht die voraussichtliche Entwicklung mit ihren wesentlichen
Chancen und Risiken zu beurteilen und zu erläutern; zugrunde liegende Annahmen
sind anzugeben.'"

Abb. 2.23 Wandel des § 289 Abs. 1 HGB mit Implikationen für die Prüfungspflicht nach §§ 316,
317 HGB

Nach § 289 Abs. 2 HGB sollte unter anderem auf die voraussichtliche Entwicklung des Unternehmens ebenfalls eingegangen werden. Für den Konzern galten
gemäß § 315 HGB die gleichen Anforderungen. Durch das KonTraG wurde der
Inhalt des (Konzern-)Lageberichts dahingehend konkretisiert, dass bei der Darstellung des Geschäftsverlaufs und der Lage des Unternehmens/Konzerns nach §§ 289
Abs. 1, 315 Abs. 1 HGB „auch auf Risiken der künftigen Entwicklung einzugehen" war („Risikoberichterstattung").[438] Durch das BilReG ist gemäß den §§ 289,
315 HGB im (Konzern-)Lagebericht nun „die voraussichtliche Entwicklung mit ihren wesentlichen Chancen und Risiken zu beurteilen und zu erläutern; zugrunde
liegende Annahmen sind anzugeben".[439] Abbildung 2.23 fasst zusammen, wie sich
der § 289 Abs. 1 HGB seit dem Einfügen des Dritten Buches in das HGB durch das
Bilanzrichtliniengesetz 1985 gewandelt hat.[440]

Dies bringt zugleich nicht unerhebliche Auswirkungen auf die handelsrechtliche *Abschlussprüfung* mit sich, die sich weiter nach § 316 HGB auf (Konzern-)
Jahresabschluss und (Konzern-)Lagebericht bezieht: Gemäß § 317 Abs. 2 Satz

---

[438] Vgl. Küting und Hütten (2000, S. 403); Lange in *MünchKommHGB*, § 289 HGB, Rn. 55; Kajüter
(2002, S. 243).

[439] Vgl. Kajüter (2004, S. 202); Krall (2004, S. 104 f.); Freidank und Steinmeyer (2005,
S. 2513 f.); Kaiser (2005, S. 345–353); *BeBiKo*, § 289 HGB, Rn. 43; Lück in Küting und Weber
(2006, § 289 HGB, Rn. 54).

[440] Zu beachten ist weiterhin, dass durch das 2006 in Kraft getretene Übernahmerichtlinie-
Umsetzungsgesetz (ÜbernRUmsG) ein neuer Abs. 4 in § 289 HGB eingefügt wurde, wonach im
Lagebericht zahlreiche Angaben zur Kapitalstruktur und zu möglichen Übernahmehindernissen
aufzunehmen sind. Vgl. ÜbernRUmsG (2006).

2 HGB ist neben der zutreffenden Darstellung der Risiken nun auch die zutreffende Darstellung der Chancen der künftigen Entwicklung im (Konzern-)Lagebericht zu prüfen.[441] Im Bestätigungsvermerk des Abschlussprüfers ist nach § 322 Abs. 6 Satz 2 HGB auch darauf einzugehen, „ob die Chancen und Risiken der entsprechenden Entwicklung zutreffend dargestellt sind". Es wird in der Literatur bezweifelt, ob der Abschlussprüfer als „Über-Vorstand"[442] hierfür eine eigene Chancenanalyse erbringen kann, so dass sich seine Tätigkeit auf eine Untersuchung der zugrunde liegenden Annahmen auf Plausibilität, Vollständigkeit und Widerspruchsfreiheit beschränkt.[443]

Mit Blick auf das durch das KonTraG normierte Risikomanagementsystem und die prominente Rolle des *Controlling* im dessen Rahmen konstatierte etwa Hachmeister bereits: „Die Prüfung des Risikomanagementsystems ist konsequent als Prüfung des Controllings zu interpretieren".[444] Durch die Vorschriften des BilReG rückt nun noch stärker die Frage in die Vordergrund, inwieweit das Controlling Objekt der handelsrechtlichen Abschlussprüfung ist.[445]

Das BilReG bewirkt insgesamt eine Aufwertung des Lageberichts als zweite Säule der Rechnungslegung, insbesondere führt es aber mit den genannten Elementen zu einer stärkeren Zukunftsorientierung. Die explizite Pflicht zum Einbezug auch der *Chancen* in die Berichterstattung ist dabei hervorzuheben, auch wenn es zuvor bereits möglich war, im Lagebericht auch Chancen der künftigen Entwicklung zur Einschätzung der Risiken darzustellen[446] oder Chancen im Prognosebericht aufzuzeigen.[447] Es ist festzuhalten, dass sich die Rechnungslegungs-Gesetzgebung hin zu Regelungen des Chancen- und Risikomanagements gelangt, die durch die Controllingforschung[448] und das betriebswirtschaftliche Risikomanagement[449] bereits vor Jahren vorbereitet wurden.[450] Das BilMoG ist mit dem neuen § 289 Abs. 5 HGB einen weiteren Schritt gegangen, indem kapitalmarktorientierte Kapitalgesellschaften im Lagebericht künftig nun die wesentlichen Merkmale des internen Risikomanagementsystems im Hinblick auf den Rechnungslegungsprozesse zu beschreiben haben.

Noch weiter wurde zuletzt in der zweiten Projektphase zur Überarbeitung der Deutschen Rechnungslegungs Standards (DRS) zur Konzernlageberichterstattung (E-DRS-27) diskutiert. Hier werden als eine Anforderung an den Inhalt des

---

[441] Vgl. *BeBiKo*, § 317 HGB, Rn. 65.

[442] Schindler und Rabenhorst (1998, S. 1891).

[443] Vgl. IDW (1998b, S. 665); Küting und Hütten (2000, S. 426); Brebeck (2002, Sp. 2080); Freidank und Steinmeyer (2005, S. 2516); Baetge et al. in Küting und Weber (2006, § 317 HGB, Rn. 78).

[444] Hachmeister (2003, S. 454).

[445] Vgl. Freidank und Paetzmann (2003, S. 314).

[446] Vgl. Baetge und Schulze (1998, S. 940); Remme und Theile (1998, S. 910); Dörner und Bischof (1999, S. 446); Küting und Hütten (2000, S. 406); Freidank (2001a, S. 253).

[447] Vgl. AKEIÜ (2003, S. 106 f.).

[448] Vgl. etwa Weber et al. (1999, S. 1710–1716); Reichmann und Form (2000, S. 189–198).

[449] Vgl. etwa Haller (1986, S. 21–24); Wall (2003a, S. 462).

[450] Vgl. Paetzmann (2005c, S. 271).

Konzernlageberichts kapitalmarktorientierter Unternehmen Aussagen zum Stand der Erreichung der strategischen Ziele verlangt.[451]

2.3.3.4 Bonitätsprüfung durch Banken und Agenturen

Neben der Abschlussprüfung, die als externe Revision für viele Unternehmen gesetzlich vorgeschrieben ist, kommt den Bonitätsprüfungen durch Banken und Agenturen als externe, (kredit-)vertraglich vereinbarte Überwachungshandlungen in jüngster Zeit eine herausragende Bedeutung zu, was sowohl auf die aktuelle Situation der deutschen Bankenlandschaft[452] als auch auf bankenaufsichtsrechtliche Änderungen, insbesondere die Mindestanforderungen an das Risikomanagement (MaRisk),[453] zurückzuführen ist. Die hohe Bedeutung der Bonitätsprüfungen seitens kreditfinanzierender Banken insbesondere für kapitalmarktferne produzierende, ergo vergleichsweise kapitalintensive, Unternehmen ist in Deutschland wesentlich auf das herrschende System der Managed Governance – innerhalb der deutschen Bank-based Economy – zurückzuführen. Dies wurde in Kap. 1, 1.2 systematisch hergeleitet. An dieser Stelle erfolgt nun der explizite Einbezug der Überwachung seitens Banken in das Unternehmerische Überwachungsmodell.

Nach einem umfangreichen Konsultationsverfahren[454] legte der *Basler Ausschuss für Bankenaufsicht* im Juni 2004 eine überarbeitete Rahmenvereinbarung „Internationale Konvergenz der Kapitalmessung und Eigenkapitalanforderungen" vor, die durch die Notenbankgouverneure der Zehnergruppe (G 10) und die Leiter der Aufsichtsbehörden dieser Länder beschlossen wurde. Die Anforderungen der Neuen Eigenkapitalvereinbarung, genannt „Basel II",[455] richteten sich zwar an Kreditinstitute, haben jedoch erwartungsgemäß mittelbaren Einfluss auf die (Fremd-)Finanzierungskultur zwischen Banken und Nicht-Banken auch in Deutschland genommen. Die Anforderungen von „Basel III" werden das verpflichtend vorgeschriebene Niveau des durch Kreditinstitute vorzuhaltenden Eigenkapitals erheblich steigern (weiterhin treten insbesondere international geltende Liquiditätsregeln sowie eine neue Verschuldungsobergrenze je Kreditinstitut hinzu).[456]

Anders als in den USA gibt es in Deutschland noch keine etablierte Kultur externer Ratings.[457] Die großen US-amerikanischen Ratingagenturen konzentrieren sich im deutschen Markt bislang weitgehend auf ihr Basisgeschäft des Ratings von

---

[451] Vgl. DSR (2011, S. 2).

[452] Vgl. Paetzmann (2003b, S. 968).

[453] Vgl. BAKred (2005).

[454] Vgl. ausführlich Paetzmann (2001b, S. 493 f.); Paetzmann (2003a, S. 591–594).

[455] Zur Umsetzung der Baseler Eigenkapitalvereinbarung und der europarechtlichen Vorgaben in Deutschland vgl. NeuBankRuKapARUmsG (2006).

[456] Vgl. Basel Committee (2011).

[457] *Standard & Poor×s*, die weltweit führende Ratingagentur, blickt bereits auf eine Geschichte zurück, die ihren Anfang im Jahre 1860 nahm. Heute sind durch diese Agentur in Deutschland erst einige Dutzend Unternehmen „gerated", verglichen mit etwa 2.500 Unternehmen in den USA.

kapitalmarktorientierten Großunternehmen. Da bislang noch nicht einmal alle DAX-Unternehmen ein Credit Rating aufwiesen, stellt dieser deutsche „Premium"-Markt der externen Ratings heute weiter einen Wachstumsmarkt für die Agenturen dar. Mit dem Fokus auf bislang *kapitalmarktferne Unternehmen* waren in den vergangenen Jahren verschiedene neue Ratingagenturen in Deutschland gegründet worden. Nachdem durch das Zweite Konsultationspapier im Januar 2001 jedoch festgeschrieben wurde, dass bankinterne Ratings gleichberechtigt zum auf externen Ratings fußenden Standardansatz eingesetzt werden können, und sich die deutsche Bankenlandschaft durchgängig auf den bankinternen Ansatz vorbereitet, kann das Marktpotenzial dieser mittelstandsfokussierten Agenturen nunmehr als auf mittlere Sicht unbedeutend angesehen werden. Gleichwohl ist zu beachten, dass die Ergebnisse externer Ratings eine Grundlage für das bankinterne Rating sein können.[458]

Der Mittelstand in Deutschland wird sich auch weiterhin stärker als in anderen Ländern über klassisches *Fremdkapital* finanzieren. Empirische Untersuchungen belegen die Relevanz der kurz- und langfristigen Fremdfinanzierung sowie der Lieferantenkredite für dieses Klientel (s. Abb. 2.24). Auf die Bedeutung der Finanzierung des Working Capital Requirement für Produktionsunternehmen wurde in Kap. 1, 1.2.5 bereits hingewiesen.

Wenngleich im Zweiten Konsultationspapier der Standardansatz und der bankinterne IRB-Ansatz als gleichberechtigte Methoden bezeichnet wurden, greifen Banken auf die letztere Methode zu, auch weil sie eine wesentlich präzisere Risikomessung erlaubt.[459] Der IRB-Ansatz gestattet es Banken, die Bonität sämtlicher Schuldner selbst zu schätzen. Auf Basis ihrer internen Bonitätsbeurteilung

---

Der Nutzen eines externen Ratings für ein Unternehmen liegt in der Regel in der Absicht begründet, eine Kapitalmarkt-Transaktion durchzuführen. Die Finanzierung über den Kapitalmarkt ist in Deutschland jedoch – anders als in angelsächsischen Ländern – gerade bei mittelständischen Unternehmen (noch) wenig verbreitet. Mit Blick auf kritische Mindestgrößen von Kapitalmarktanleihen ist auch zu beachten, dass etwa in den USA die Mindestgröße einer platzierbaren Anleihe derzeit bei 50 Millionen $ gesehen wird. Dies verdeutlicht, dass dieses Finanzierungsinstrument den überwiegenden Teil des Mittelstands ausschließt. Es bleibt abzuwarten, ob sich innovative Finanzierungsinstrumente wie etwa die Verbriefung von Forderungen (Securitization) im deutschen Mittelstand durchsetzen können. Vgl. Matthews und Goebel (2002, S. 163); Paetzmann (2003a, S. 592).

[458] Vgl. Basel Committee (2004, S. 97).

[459] Bei kreditfinanzierenden Banken erfüllen die bankinternen Ratingsysteme drei wesentliche Zielsetzungen: Zunächst werden durch das bankinterne Ratingsystem die Anforderungen seitens „Basel II" erfüllt, nachdem der IRB-Ansatz als gleichwertig zum Standardansatz angesehen wird. Das bedeutet, dass die Bank die Eigenmittelhinterlegung entsprechend der jeweiligen Bonitätsklasse des Krediteres vornimmt. Da das durch einen Kredit gebundene Kapital wiederum die durch den Kredit verursachten Kapitalkosten bestimmt, liegt die zweite Zielsetzung bankinterner Ratingsysteme in der Preisfindung für Kredite. Kreditlinien mit einem hohen Risiko müssen teurer sein als Kreditlinien mit geringem Risiko. Die auf diese Art und Weise kalkulierten Konditionen sollten dann einem Kunden gegenüber auch fundiert begründbar sein. Schließlich besteht die dritte wesentliche Zielsetzung bankinterner Ratingsysteme in der Identifikation schlechter Risiken. Gelingt es einem Institut – anders als einer konkurrierenden Bank – nicht, ein schlechtes Risiko zu identifizieren, wird das Institut attraktiv für dieses schlechte Risiko, da es zu billig kalkuliert oder ein Engagement anders als ratsam überhaupt zulässt. Im Bestandsgeschäft gilt es, Risikoänderungen frühzeitig zu erkennen, um mit Hilfe geeigneter Maßnahmen eine Gefährdung des Engagements abzuwenden. Vgl. Paetzmann (2001b, S. 493–495); Matthews und Goebel (2002, S. 163 f.).

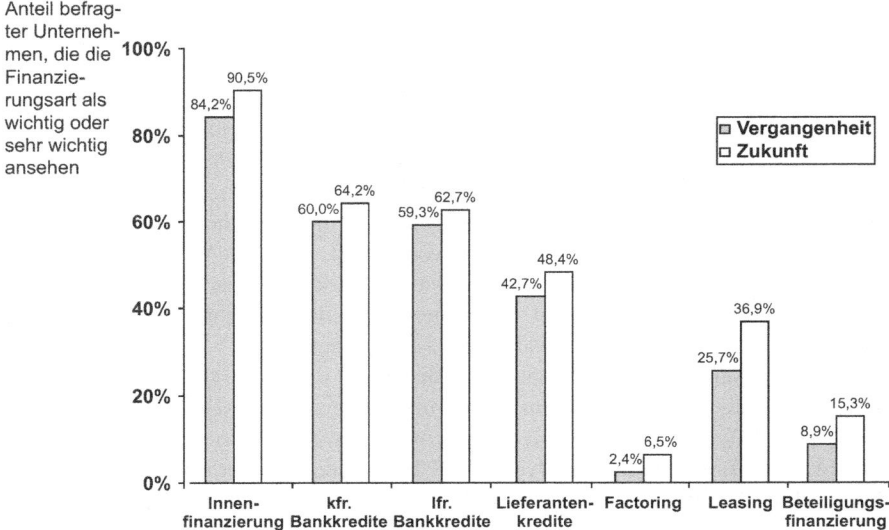

Abb. 2.24 Untersuchung der KfW zur Einschätzung der Bedeutung verschiedener Finanzierungsarten. (Vgl. KfW 2002, S. 20)

ordnet eine Bank hierbei einen Schuldner einer Risikoklasse ihres bankinternen Ratingsystems zu. Als Mindestanforderung werden acht Risikoklassen genannt, mindestens sieben kreditnehmerbezogene Ratingklassen für nicht ausgefallene Schuldner und eine Ratingklasse für ausgefallene Kreditnehmer.[460] Für jede Risikoklasse muss die Bank die durchschnittliche Ein-Jahres-Ausfallwahrscheinlichkeit schätzen. Dem Vorgehen soll eine konservative Einschätzung der langjährigen Durchschnitts-Ausfallwahrscheinlichkeit der Ratingklasse zugrunde liegen, zugleich soll es empirisch fundiert und zukunftsgerichtet sein.[461]

In seinem Zweiten Konsultationspapier hatte der Baseler Ausschuss noch neun konkrete *Mindest-Ratingkriterien* für Unternehmenskredite genannt.[462] Dazu gehörten beispielsweise die beiden Kriterien: „depth and skill of management to effectively respond to changing conditions and deploy resources, and its degree of aggressiveness vs. conservatism; its position within the industry and future prospects".[463] In der im Juni 2004 beschlossenen überarbeiteten Rahmenvereinbarung heißt es hierzu (in der deutschen Übersetzung) nur noch: „Eine Bank muss über genau bezeichnete

---

[460] Vgl. Basel Committee (2004, S. 95).

[461] Dem Vorgehen soll eine konservative Einschätzung der langjährigen Durchschnitts-Ausfallwahrscheinlichkeit der Ratingklasse zugrunde liegen. Zugleich soll es empirisch fundiert und zukunftsgerichtet sein. Vgl. Basel Committee (2004, S. 97). Vgl. ebenfalls Treacy und Carey (1998, S. 899).

[462] Vgl. Basel Committee (2001, S. 50 f.); Paetzmann (2001b, S. 495); Paul (2003a, S. 255 f.).

[463] Basel Committee (2001, S. 51).

Ratingdefinitionen, Prozesse und Kriterien für die Zuordnung von Krediten zu den Risikoklassen eines Ratingsystems verfügen. Die Ratingdefinitionen und die Kriterien müssen sowohl plausibel als auch unmittelbar einleuchtend sein und zu einer aussagekräftigen Differenzierung der Risiken führen".[464] Damit wurde von der Nennung expliziter Minimum-Ratingkriterien im Unternehmenskreditgeschäft nicht nur abgegangen, sondern es wird Instituten explizit freigestellt, für einzelne Kreditnehmergruppen spezifische Ratingmethoden/-systeme zu entwickeln, „beispielsweise Ratingsysteme für bestimmte Branchen oder Marktsegmente (z. B. Mittelstand und große Unternehmen)".[465]

Im Verlauf des Konsultationsprozesses wurden für mittelständische Unternehmenskreditkunden Verfahrensvereinfachungen und -erleichterungen eingeführt.[466] Dies betrifft zum einen alle Unternehmenskredite, die dem aufsichtlichen Retailportfolio zugeordnet werden. Für diese Zuordnung nennt der Bericht vier Voraussetzungen, die zu erfüllen sind, unter anderem einen Wert für die zusammengefassten Kredite an einen Kreditnehmer von bis zu 1 Mio. €.[467] Daneben sind mit Blick auf die Risikogewichte bei der Errechnung der Eigenkapitalhinterlegung im IRB-Ansatz Erleichterungen für Unternehmenskredite an kleine und mittelgroße Unternehmen (KMU), definiert als Unternehmen, die einer Gruppe mit einem konsolidierten Jahresumsatz von weniger als 50 Mio. € angehören, eingeflossen.[468]

Auch ohne Vorliegen eines externen Ratings kann zukünftig eine Bank mit einem von der Bundesanstalt für Finanzdienstleistungsaufsicht (BAFin) akkreditierten bankinternen Ratingsystem einen Firmenkunden mit sehr gutem Ratingergebnis in eine günstige Bonitätsklasse einstufen, was sich aus Sicht des Firmenkunden positiv auf die Kreditkosten auswirken dürfte. Allerdings wird ein Mittelständler mit geringer Bonität zukünftig Probleme haben, zusätzliches Fremdkapital aufzunehmen. Hieraus ergibt sich die besonders hohe *Bedeutung der Bonitätsprüfungen für kapitalmarktferne Unternehmen.*[469]

Nicht erst seit „Basel II" beschäftigen sich Banken mit dem Wohl und Wehe ihrer Kunden im Kreditgeschäft. Anforderungen für das Kreditgeschäft sind zunächst einmal im Gesetz über das Kreditwesen (KWG) kodifiziert. Weiterhin galten bereits seit 2004 die Mindestanforderungen an das Kreditgeschäft der Kreditinstitute (MaK),[470] die 2005 durch die MaRisk abgelöst wurden bzw. in diesen aufgingen, als allgemeine bankübliche Standards sowie entsprechende präzisierende bankinterne Regelungen in den verschiedenen Instituten. Gewährt ein Kreditinstitut einem Kreditnehmer Kredite von insgesamt mehr als 750.000 € (bis 2005: 250.000 €), so hat es sich nach § 18 Satz 1 KWG die wirtschaftlichen Verhältnisse, insbesondere durch

---

[464] Basel Committee (2004, S. 96).

[465] Basel Committee (2004, S. 93).

[466] Vgl. Paul (2003a, S. 251 f.).

[467] Vgl. Basel Committee (2004, S. 22).

[468] Vgl. Basel Committee (2004, S. 68).

[469] Vgl. Freidank und Paetzmann (2002, S. 1786); Ordemann et al. (2005, S. 20).

[470] Vgl. BAKred (2002); Hannemann (2003, S. 3–42); Totzek (2003, S. 63–103).

Vorlage des Jahresabschlusses, offen legen zu lassen. Auch unterhalb der genannten Offenlegungsgrenze hat sich das Kreditinstitut nach den Grundsätzen ordnungsgemäßer Geschäftsführung über die aus der Kreditvergabe herrührenden Risiken ein klares Bild zu verschaffen.[471]

Für die Offenlegung der wirtschaftlichen Verhältnisse eines Kreditnehmers im Sinne des § 18 Satz 1 KWG hatte das ehemalige Bundesaufsichtsamt für das Kreditwesen (BAKred) mit seinen Rundschreiben 9/1998, 16/1999 und 5/2000 Qualitätsanforderungen an den Jahresabschluss präzisiert, wobei bei nicht bilanzierenden Unternehmen dies die Vermögensaufstellung bzw. die Überschussrechnung betrifft. Demnach war der Kreditnehmer unter gewissen Voraussetzungen verpflichtet, dem finanzierenden Institut weitere Unterlagen vorzulegen, die erforderliche Auskünfte über die wirtschaftlichen Verhältnisse des Kreditnehmers zu geben vermögen. Zur Offenlegung der wirtschaftlichen Verhältnisse eines Kreditnehmers waren weitere Unterlagen unter anderem dann zu präsentieren, wenn der Jahresabschluss keiner Prüfung unterzogen wurde, die testierten bzw. auf freiwilliger Basis gemäß Handelsrecht geprüften Jahresabschlüsse kein klares, zeitnahes Bild über die wirtschaftliche Situation vermitteln, insbesondere bei Vorlage der Jahresabschlüsse später als neun bzw. zwölf Monate nach Bilanzstichtag, die testierten/geprüften Jahresabschlüsse allen trotz zeitnaher Vorlage kein klares, hinreichend verlässliches Bild über die wirtschaftlichen Verhältnisse des Kreditnehmers vermitteln, etwa mit Blick auf die Wertansätze, sowie ein Anlass erkennbar ist, die Verlässlichkeit – insbesondere mit Blick auf die Person eines Mitwirkenden und die im Jahresabschluss enthaltenen Angaben – in Zweifel zu ziehen.[472]

Mit seinen genannten Rundschreiben hatte das *BAKred* deutlich gemacht, dass die Anforderungen des § 18 Satz 1 KWG unter bestimmten Voraussetzungen nur durch *weitere Unterlagen* neben dem Jahresabschluss zu erfüllen sind. In der Praxis wird seitens der Kreditentscheider deutscher Banken vor allem solchen Unterlagen hohe Bedeutung beigemessen, die die bankseitig durchgeführten Jahresabschlussanalysen ergänzen.[473] Letztlich sind § 18 Satz 1 KWG sowie die genannten bankaufsichtsrechtlichen Rundschreiben Ausfluss des anerkannten bankkaufmännischen Grundsatzes, neue Kredite nur nach umfassender und sorgfältiger Bonitätsprüfung zu gewähren und bei bestehenden Kreditverhältnissen die Bonität des Kreditnehmers laufend zu überwachen.[474] Diese Bankpraxis betraf damit schon vor Umsetzung von „Basel II" alle bestehenden Engagements im Firmenkundengeschäft.

Anfang 2005 veröffentlichte die BAFin einen Entwurf eines Rundschreibens,[475] das die über zahlreiche Rundschreiben – u. a. die oben genannten – verteilten Anforderungen an die Offenlegung von Kreditunterlagen in einem konsolidierten

---

[471] Nach § 25a Abs. 1 KWG habe Kreditinstitute auch bei Obliegen unterhalb des Schwellenwerts geeignete Regelungen zur Steuerung, Überwachung und Kontrolle der Risiken verfügen. Ebenfalls sind angemessene Regelungen zur jederzeitigen Bestimmung der finanziellen Lage vorzuhalten.

[472] Vgl. BAKred (1999, 2000).

[473] Vgl. Freidank und Paetzmann (2002, S. 1787 f.).

[474] Vgl. BAKred (1998).

[475] Vgl. BAFin (2005a).

Schreiben zusammenfassen sollte. Aus Sicht der Kreditinstitute war dieser Entwurf immer noch zu formalistisch und ließ den Instituten zu wenig Spielraum bei der Kreditvergabe, so dass das *BAFin* nach Auswertung der eingegangenen Stellungnahmen zum Entwurf mit Schreiben vom 09.05.2005[476] mitteilte, dass sämtliche zuvor zu § 18 KWG veröffentlichten Rundschreiben aufgehoben werden sollen und zukünftig auf detaillierte Auslegungsregeln verzichtet werden soll. Damit können die Institute über die inhaltliche Auslegung des § 18 KWG entscheiden. Experten erwarten jedoch kein umfangreiches materielles Abrücken der Kreditinstitute von der bisherigen Praxis, sondern weiterhin eine weitgehende Orientierung an den bisherigen, oben genannten Rundschreiben.[477]

Empirische Untersuchungen über die Kreditwürdigkeitsanalyse der Banken zeigen, dass die Intensität der Informationsbeschaffung mit der Betriebsgröße des analysierten Unternehmens wächst.[478] Deutsche Großbanken prüfen seit mindestens Anfang der 1990er Jahre die Bonität ihrer Unternehmens-Kreditnehmer über institutseigene Ratingsysteme. Insofern liegt in diesen Großbanken bei der Umsetzung von „Basel II" eine nicht unerhebliche Erfahrung mit der Durchführung von Bonitätsprüfungen über bankinterne Ratings vor.

Dabei treten neben die quantitative Analyse der Finanzsituation (Vermögens-, Finanz- und Ertragslage), die weiterhin das Kernelement einer Bonitätsprüfung darstellt,[479] qualitative Bonitätsbeurteilungskriterien, etwa zu den *Produktionspotenzialen* oder zu *Markt und Konkurrenz* (s. Abb. 2.25). Zu den relevanten Potentialen werden unter anderem auch die Führungspotentiale einschließlich der im Segment der kapitalmarktfernen Unternehmen gerade in Deutschland so wichtigen und aktuellen Frage der Unternehmernachfolge gezählt.[480] Zusätzlich gehen die Branchenaussichten mit in das Bonitätsrating eines Firmenkunden ein. Unter Berücksichtigung der Besicherung, der Kreditstruktur und weiterer Aussagen zur Kundenbeziehung kann ein Kreditrating errechnet werden.

Die Ratingverfahren beinhalten für die Firmenkunden oberhalb des Retailgeschäfts je nach Institut unternehmensgrößenabhängig mehr oder weniger umfangreiche qualitative Fragenkataloge. Zu unterscheiden sind „harte" Faktoren von „weichen" Faktoren. *„Harte qualitative Faktoren"* können weitgehend ohne Ermessensspielraum durch den Kundenbetreuer ermittelt werden (etwa Informationen über das Überziehungsverhalten, Nachfolgeregelungen, Alter der Kundenbeziehung). Bei der *Auswahl der Faktoren* wurde die Trennschärfenqualität (Gütemaß dafür, wie genau das Verfahren zwischen „Guten" und „Schlechten" differenzieren kann) berücksichtigt, wobei im Rahmen einer Mehrfaktorenanalyse eine maximale Gesamttrennschärfe ermittelt wurde. Aufgrund der Korrelationen einzelner Faktoren untereinander nimmt der Grenznutzen zusätzlicher Faktoren immer mehr ab, so dass die Zahl der Faktoren recht gering bleiben kann. Für die ausgewählten

---

[476] Vgl. BAFin (2005b).

[477] Vgl. Clausen (2005, S. 1535).

[478] Vgl. Wossidlo (1997, S. 483).

[479] Vgl. Böcker und Eckelmann (2002, S. 168 f.).

[480] Vgl. Berens et al. (2006, S. 314); Paetzmann (2006a, S. 335–353).

Abb. 2.25 Grobstruktur der Bonitätsprüfung der Commerzbank AG im Unternehmens-Kreditgeschäft. (Vgl. Commerzbank 2001, S. 12 f.)

Faktoren besteht dann ein klarer Ursache-/Wirkungszusammenhang zwischen den einzelnen zu beantwortenden Fragen und dem Gesamturteil. Schließlich muss die Bonitätseinschätzung in eine Ausfallwahrscheinlichkeit „übersetzt" werden.[481]

„*Weiche qualitative Faktoren*" erfordern hingegen bei der Erhebung einen Ermessensspielraum des Kundenbetreuers. Das bedeutet auch, dass unterschiedliche Kundenbetreuer bei identischer Informationslage zu unterschiedlichen Urteilen gelangen. Daher werden zum Zwecke der Vereinheitlichung des Urteils detaillierte Hilfstexte als „Leitplanken" eingesetzt. Schließlich erfolgt eine gewichtete Zusammenführung von Finanzinformationen und qualitativen Informationen.[482] Abbildung 2.26 zeigt beispielhaft die Grobstruktur derartiger Fragen zu „weichen qualitativen Faktoren" im Sparkassensektor (für „große Firmenkunden" mit Jahresumsätzen über 20 Mio. €), die insgesamt 49 zu erhebende Aussagen zu 16 Merkmalen in den Bereichen Unternehmensführung, Planung und Steuerung, Markt und Produkt sowie Wertschöpfungskette beinhaltet.

Bestimmte Kredite – so genannte Problemfälle – sind öfter als jährlich einer Analyse und einem *Re-Rating* zu unterziehen. Dies betrifft insbesondere Kredite an Schuldner mit höherem Risiko oder problembehaftete Forderungen sowie Kredite, bei denen wesentliche neue Informationen über den Kreditnehmer oder das finanzierte Geschäft bekannt werden.[483] Folglich werden sowohl der Umfang als auch

---

[481] Vgl. grundlegend Rolfes (1999, S. 337–359); Rösler und Pohl (2002, S. 647–655).

[482] Vgl. Böcker und Eckelmann (2002, S. 169 f.).

[483] Vgl. Basel Committee (2004, S. 100).

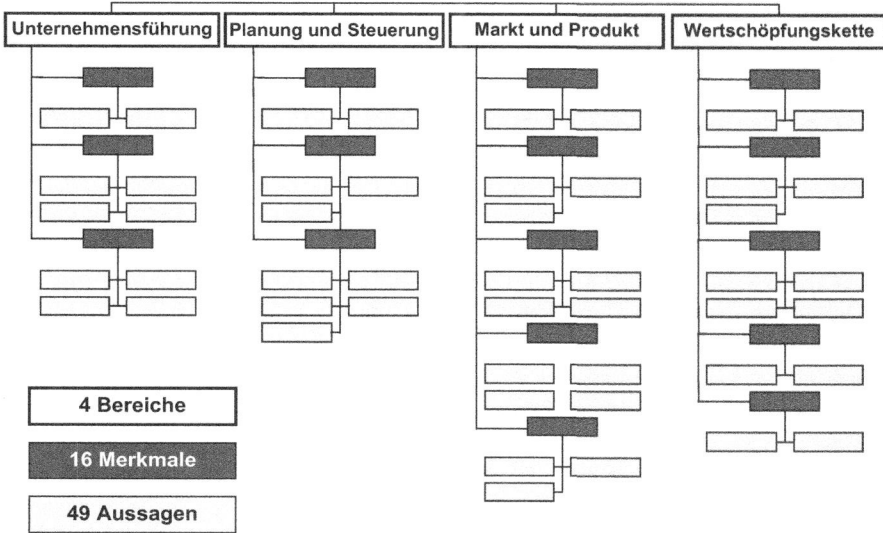

Abb. 2.26 Grobstruktur der durch Sparkassen im Rahmen des Ratings großer Firmenkunden erhobenen Informationen zu „weichen qualitativen Faktoren". (Vgl. Böcker und Eckelmann 2002, S. 170)

die Frequenz der durch Banken benötigten Informationen steigen.[484] Absehbar ist, dass der auf Seiten der finanzierenden Institute entstehende *Transparenzbedarf*[485] in Deutschland nicht durch Beurteilungen externer Agenturen, sondern durch bankinterne Ratingsysteme erfüllt werden wird, die auf entsprechende Informationen des Kreditnehmers zugreifen.[486]

Dieser Informationsbedarf wird zukünftig in zunehmendem Maße durch qualifizierte Quartals- oder Monatsberichte zu erfüllen sein. Die empirische, deskriptive Erhebung von Freidank und Paetzmann verfolgte vor diesem Hintergrund das Ziel zu erkunden, welches Datenmaterial und welche Analysemethoden von Banken zur Vorbereitung von Kreditvergabeentscheidungen an mittelgroße kapitalmarktferne Kapitalgesellschaften und GmbH & Co. KG (im Sinne des § 267 Abs. 2 HGB in Verbindung mit § 264a HGB) im Vordergrund des Interesses stehen.[487] Wie die Erhebung zeigt, messen die Kreditentscheider kapitalmarktferner Unternehmen den vorgelegten Unternehmensplanungen und Zwischenberichten ihrer Kunden eine hohe Bedeutung im Rahmen der Bonitätsprüfung zu (s. Abb. 2.27).

---

[484] Vgl. Paetzmann (2003a, S. 595–602).

[485] Zum Transparenzbedarf der kreditfinanzierenden deutschen Banken vgl. Kap. 1, 1.2.5.

[486] Vgl. Basel Committee (2004, S. 100). Vgl. Kuhner (2000, S. 331 f.).

[487] Vgl. Freidank und Paetzmann (2002, S. 1785–1789). Von den 432 angeschriebenen Kreditentscheidern deutscher Institute beantworteten 121 (28 %) den schriftlichen Fragebogen. Zur forschungsmethodischen Einordnung der Erhebung vgl. die Einleitung, 0.3 zu diesem Buch.

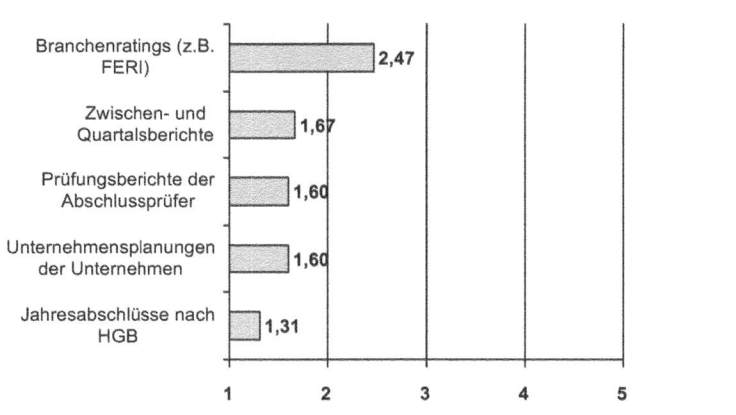

Abb. 2.27 Ergebnis einer Erhebung unter deutschen Kreditentscheidern. (Vgl. Freidank und Paetzmann 2002, S. 1787)

Mit Blick auf die *Prüfungsberichte* der Abschlussprüfer nach § 321 HGB mit ihren erläuternden und einschätzenden Angaben konnte die hohe beigemessene Bedeutung als Zeichen interpretiert werden, dass die Arbeit der Wirtschaftsprüfer trotz der kritischen Diskussion der 1990er Jahre weiterhin als qualitativ wertvoll angesehen wird. Hieraus kann gar eine Empfehlung an nicht prüfungspflichtige Unternehmen abgeleitet werden, sich mit Blick auf die Bonitätsprüfungen der Banken freiwillig einer Jahresabschlussprüfung zu unterziehen.[488] Darüber hinaus ermittelten Freidank und Paetzmann, dass von den Kreditentscheidern der befragten Großbanken insbesondere die Einschätzung des Wirtschaftsprüfers zur *Qualität des Risikomanagementsystems* als sehr bedeutsam eingestuft wurde. Seitens der befragten Kreditentscheider des Sparkassensektors wurde dies hingegen nur abgeschwächt so gesehen (s. Abb. 2.28).

Die differenzierte Auswertung der Ergebnisse dieser Befragung ergab ferner, dass die betreffenden Großbanken, anders als die Institute des Sparkassensektors, den Unternehmensplanungen bereits die gleiche (sehr hohe) Bedeutung zuordnen wie den HGB-Jahresabschlüssen (s. Abb. 2.29).

Die Bonitätsprüfungen der Institute lösen sich immer mehr von der traditionellen, vorwiegend retrospektiven Bilanzanalyse, womit stärker *zukunftsorientiert ausgeprägte Sichtweisen* in den Untersuchungsfokus rücken. Insgesamt wirken die erwarteten Änderungen der bankenaufsichtsrechtlichen Normen bereits heute auf das *Controlling* ein. Dies gilt insbesondere für kapitalmarktferne Kreditnehmer, da

---

[488] Vgl. Freidank und Paetzmann (2002, S. 1786).

**Die Bedeutung der handelsrechtlichen Prüfungsberichte wird als hoch (Grad: 1,60)
angesehen (s.o.); welche Bedeutung haben dabei folgende Einschätzungen für die
Bonitätsanalyse (Auswahl)?**

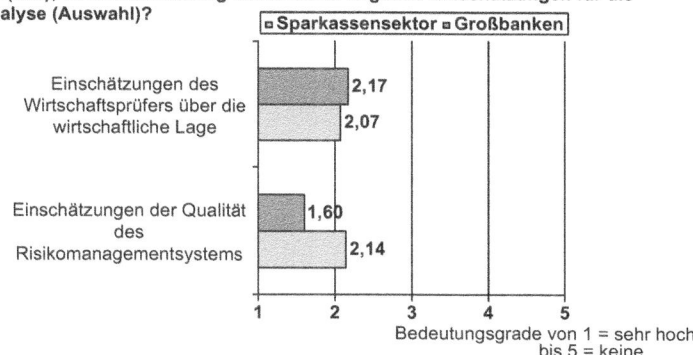

Abb. 2.28 Differenzierte Auswertung der Bankenerhebung in Bezug auf die Einschätzungen des
Wirtschaftsprüfers (nach befragten Institutsgruppen)

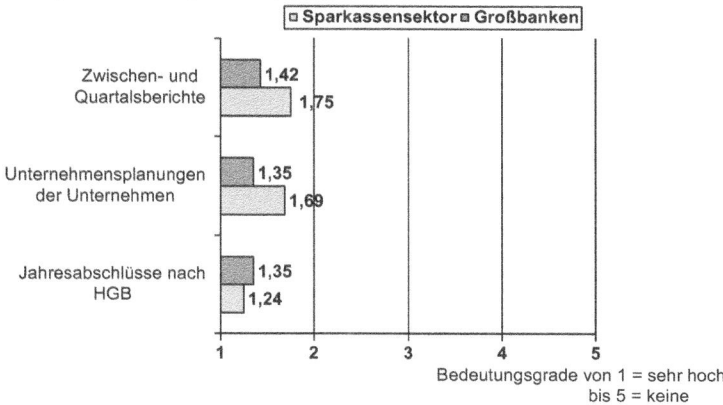

Abb. 2.29 Differenzierte Auswertung der Bankenerhebung nach befragten Institutsgruppen. (Vgl.
Paetzmann 2003a, S. 599)

der zunehmende Informationsbedarf der Banken vor allem aus dem Controlling heraus zu erfüllen ist und die Controllingqualität damit selbst zum Prüfungskriterium erhoben wird.[489]

Mittelständische Unternehmen – ob mit geringer oder hoher Bonität – waren bislang schon mit Blick auf „Basel II" gefordert, die *Transparenz* über ihre Unternehmenssituation vor allem mittels adäquater Controllinginstrumente deutlich

---

[489] Vgl. Berens et al. (2006, S. 320).

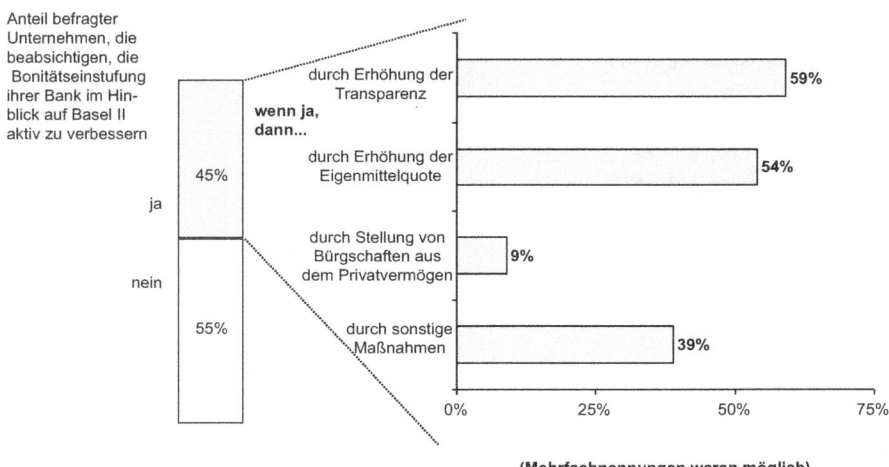

Abb. 2.30 Ergebnisse der KfW-Befragung zu den Absichten mittelständischer Unternehmen, ihr Rating zu verbessern. (Vgl. KfW 2002, S. 39, sowie präzisierende Telefonauskünfte der KfW)

zu erhöhen. Ebenfalls war das Kommunikationsverhalten gegenüber den finanzierenden Instituten auf deren Anforderungen auszurichten. Im Vergleich zur Vergangenheit bedeutete dies eine Intensivierung des Dialoges hinsichtlich Frequenz und Tiefe.[490]

Die teilweise weiterhin bestehende Diskrepanz zwischen den beschriebenen Transparenzanforderungen der Banken auf der einen Seite und der mittelständischen Controlling-Praxis auf der anderen Seite ist oft genug aufgezeigt worden.[491] Ziel muss es sein, über das Controlling frühzeitig Verbesserungspotenziale zu identifizieren und umzusetzen, um schon das Auftreten strategischer Unternehmenskrisen abzuwehren bzw. um frühzeitig gegenzusteuern. Wie gezeigt, trägt eine Transparenzschaffung über Controllinginstrumente auch den Anforderungen der Banken Rechnung. Daher kann über eine Transparenzerhöhung an sich eine aktive Ratingverbesserung erreicht werden. Eine 2001 durchführte Untersuchung der Kreditanstalt für Wiederaufbau (KfW) zeigte, dass Unternehmen schon damals sehr wohl vor Augen hatten, dass es bei „Basel II" vorrangig um Transparenzschaffung geht (Abb. 2.30).

Damit ist die Bedeutung des Controlling in diesem Zusammenhang aufgezeigt.[492] Inwieweit sich die verschärften Eigenkapitalanforderungen von „Basel III" auf das Unternehmenskreditgeschäft und auf weitere Anforderungen an das Controlling auswirken werden, steht heute noch nicht fest.

---

[490] Vgl. Rudolph (2002, S. 613); Schneider (2002, S. 613).

[491] Schon Schmalenbach weist auf mangelnde Transparenz als ein Grund des Versagens von Unternehmern hin. Vgl. Schmalenbach (1948, S. 2). Vgl. auch Lück und Jahns (2001, S. 59).

[492] Zu den vier Grundsätzen eines transparenzschaffenden Controlling mit Blick auf bankinterne Ratings vgl. Paetzmann (2003a, S. 589–620).

2.3.4 Die Aufsicht als Komponente des Überwachungssystems

2.3.4.1 Überwachungsinstrumente, -träger und -adressaten der Aufsicht im Überblick

Für die Überwachungskomponente der Aufsicht ist zunächst der *obligatorische Aufsichtsrat* als das klassische Überwachungsorgan der Aktiengesellschaft zu nennen. Ein Aufsichtsrat ist seit dem Betriebsverfassungsgesetz von 1952, das 2004 durch das Drittelbeteiligungsgesetz (DrittelbG) abgelöst wurde, auch für größere Unternehmen anderer Rechtsform vorgeschrieben. Wenngleich weder die Rechtsform der Aktiengesellschaft noch das Überschreiten der Größengrenze des DrittelbG (500 Arbeitnehmer) durchweg Kennzeichen der in diesem Buch in Rede stehenden kapitalmarktfernen produzierenden Unternehmen sind, erfolgt zunächst eine Darstellung dieses typischen Aufsichtsorgans. Schließlich liefert es die Blaupause für einen *fakultativen Aufsichtsrat*. Anschließend soll die *Aufsicht durch Aufsichtsbehörden* diskutiert werden, die durch das Bilanzkontrollgesetz mit der zweiten Stufe des Rechnungslegungs-Enforcements eine deutliche Aufwertung erfahren hat. Tabelle 2.4 fasst Überwachungsinstrumente, -träger und -adressaten der Aufsicht zusammen. Im einzelnen wird zu diskutieren sein, inwieweit die Instrumente eine Bedeutung für *kapitalmarktfremde Produktionsunternehmen* haben.

2.3.4.2 Aufsicht durch den obligatorischen Aufsichtsrat

Der Aufsichtsrat, den *Theisen* den „zentralen und formal gewichtigsten Überwachungsträger"[493] in der deutschen Aktiengesellschaft[494] nennt, überwacht die *originären Führungsaufgaben* des Vorstands (§ 111 Abs. 1 AktG).[495] Die Tätigkeit des Aufsichtsrats soll eine Beratung des Vorstands in allgemeinen Fragen der Unternehmensleitung einschließen und den Charakter einer *vorbeugenden, zukunftsorientierten Überwachung* tragen. Hieraus folgt, dass eine rein vergangenheitsbezogene Aufsicht nicht ausreicht.[496] Peltzer nennt die Aufsicht durch den Aufsichtsrat deshalb „die begleitende kritische Beratung"[497].

Dabei obliegt dem Aufsichtsrat die Pflicht, auch das *Risikomanagementsystem*, und damit ebenfalls das Controlling, auf seine Ordnungs-, Recht- und Zweckmäßigmäßigkeit sowie seine Wirtschaftlichkeit hin zu überwachen.[498] Zu diesem Zwecke darf er sich grundsätzlich nicht der Internen Revision bedienen, die im deutschen

---

[493] Theisen (1995, S. 103).

[494] Auf die europäische Gesellschaft Societas Europaea (SE) – vgl. SEEG (2004, S. 3675–3701) – wird hier nicht näher eingegangen, auch weil sie bislang wenig verbreitet ist. Vgl. etwa Kallmeyer (2003, S. I).

[495] Vgl. Mertens in *KölnerKomm*, § 111 AktG, Rn. 11; Hüffer (2006, § 111 AktG, Rn. 2).

[496] Vgl. Scheffler (2003a, S. 405 f.); Hüffer (2006, § 111 AktG, Rn. 5).

[497] Peltzer (2004, S. 83). Vgl. Mertens in *KölnerKomm*, § 111 AktG, Rn. 11.

[498] Vgl. Semler (1996, S. 107–112).

Tab. 2.4 Überwachungsinstrumente, -träger und -adressaten der Aufsicht

Instrumente	Einzelinstrumente (Beispiele)	Überwachungsträger	Überwachungsadressat
Aufsicht durch obligatorischen Aufsichtsrat	Überwachung der Geschäftsführung nach § 111 Abs. 1 AktG durch Bildung eines unabhängigen Urteils von der Ordnungsmäßigkeit, Rechtmäßigkeit, Wirtschaftlichkeit und Zweckmäßigkeit der Geschäftsführung; die Aufsichtsratstätigkeit konkretisiert sich unter anderem in Aufsichtsratssitzungen und Aufsichtsrats-Ausschüssen	Aufsichtsrat, ggf. mit Ausschüssen	Aktionäre
Aufsicht durch fakultativen Aufsichtsrat	freiwillige Bildung eines Aufsichtsrats, Beirats etc., der je nach Ausgestaltung überwachende Funktionen übernehmen kann	Beirat, Aufsichtsrat, ggf. mit Ausschüssen	Aktionäre
Aufsicht durch Aufsichtsbehörden	gesetzlich normierte Aufsicht, zweistufiges Rechnungslegungsenforcement nach BilKoG	Aufsichtsbehörde, z. B. BaFin	Gesellschaft, Aktionäre, Gläubiger

System der Unternehmensverfassung in aller Regel als Stabstelle den Weisungen des Vorstandes unterliegt und ausschließlich an diesen berichtet. Allerdings kann der Aufsichtsrat im Rahmen seiner Pflicht zur Überwachung des Risikomanagementsystems bei Bedarf Sachverständige und Auskunftspersonen zur Beratung in der Aufsichtsratssitzung heranziehen (§ 109 Abs. 1 Satz 2 AktG), wobei auf Angestellte der Gesellschaft bzw. des Konzerns nach herrschender Meinung nur auf Vermittlung des Vorstandes zurückgegriffen werden darf.[499]

Mit Blick auf die *Überwachung des Risikomanagementsystems* können hier der (Konzern-)Leiter Controlling, daneben auch die (Konzern-)Leiter Revision oder Rechnungswesen, gefragt sein. Eine Pflicht, diese im Rahmen der Überwachung des Risikomanagementsystems hinzuzuziehen, kann nur bei festgestellten Mängeln in den Regelberichten (§ 90 AktG) oder beim Bestehen von Zweifeln an der ordnungsgemäßen Berichterstattung des Vorstands relevant werden.[500] Hiermit sollte der Aufsichtsrat – auch wenn die Bedeutung des Risikomanagements noch so hoch ist – sehr behutsam umgehen. Es ist gegenüber dem internen Sachverständigen –

---

[499] Vgl. Mertens in *KölnerKomm*, § 109 AktG, Rn. 14; Hüffer (2006, § 109 AktG, Rn. 5).

[500] Zu den Rechtsfolgen bei Verstößen gegen die Berichtspflichten und zur Problematik sogenannter Organstreitigkeiten zwischen Vorstand und Aufsichtsrat vgl. Hüffer (2006, § 90 AktG, Rn. 15–23).

hier dem Leiter (Konzern-)Controlling – ein unberechtigter Eindruck zu vermeiden, es läge ein Misstrauen gegenüber dem Vorstand vor, weshalb es sich empfiehlt, die Auskunftsperson über den Vorstand zu laden.[501]

Die im September 2001 von der *EU-Kommission* eingesetzte Hochrangige Expertengruppe (*High Level Group*) schlug vor, dass ein eingerichteter Prüfungsausschuss (*Audit Committee*) unter anderem das interne Risikomanagement überwacht.[502] Hierzu werden quartalsweise Treffen dieses vorbereitenden Ausschusses mit dem Wirtschaftsprüfer und dem für das Risikomanagement Zuständigen genannt.[503] Ist kein Audit Committee installiert, sollen diese vierteljährlichen Sitzungen für den gesamten Aufsichtsrat gelten.[504] Sofern der (Konzern-)Leiter Controlling für das Risikomanagement als zuständig gelten kann, ist mithin ein unmittelbarer Kontakt zwischen Controlling und Aufsichtsrat bzw. Audit Committee gegeben, der zudem nicht sporadisch, sondern quartalsweise erfolgt. Hierdurch leistet auch das Controlling einen institutionalisierten Beitrag zur Verbesserung der Corporate Governance auf einer Ebene oberhalb des Vorstands; es wird gar zu einem Bindeglied zwischen Vorstand und Aufsichtsrat.

Die Einrichtung von Aufsichtsratsausschüssen, in der Aktiengesellschaft nach § 107 Abs. 3 AktG grundsätzlich möglich,[505] wird auch vom DCGK empfohlen[506] und ebenfalls von der 2005 verabschiedeten Empfehlung der *EU-Kommission* über die Stellung nichtgeschäftsführender Verwaltungsrats- bzw. Aufsichtsratsmitglieder und ihre Ausschüsse.[507] Diese Empfehlung behandelt die Zusammensetzung, die Rolle und die Arbeitsweise des Aufsichtsrats sowie die Kriterien zur Beurteilung der Unabhängigkeit der Organmitglieder. Ein Kern ist dabei die Bildung von Ausschüssen, insbesondere von Nominierungs-, Vergütungs- und Prüfungsausschüssen. Während diese Empfehlungen der EU-Kommission zunächst nur rechtsunverbindlichen best-practice-Charakter besitzen – den Mitgliedstaaten wird lediglich aufgegeben, für eine Umsetzung via Kodex oder Gesetz zu sorgen –, sieht dies mit Blick auf den Prüfungsausschuss anders aus: Die 2006 vom Europäischen Rat verabschiedete

---

[501] Vgl. Lentfer (2003, S. 195).

[502] Vgl. Winter Report (2002, S. 76 f.). In den USA sind gesonderte Aufsichtsratsausschüsse (Committees) inzwischen stark verbreitet. Sie sind nicht gesetzlich vorgeschrieben, explizit auch nicht durch den Sarbanes-Oxley Act, werden jedoch von wichtigen Institutionellen Investoren verlangt und sind inzwischen Bestandteil von Börsenordnungen. Vgl. Leube (2003, S. 102); Lentfer (2005, S. 345). Die intensive Diskussion der vergangenen Jahre über Committees in US-amerikanischen Unternehmen hat als Hintergrund die mögliche mangelnde Funktionstrennung im dort verbreiteten monistischen Board-System. Dies ist anders in Deutschland, wo Aufsichtsratsausschüsse ebenfalls diskutiert werden, jedoch eine ausreichende Funktionstrennung im herrschenden dualistischen System nicht Ausgangspunkt ist. Vielmehr zielen die Forderungen nach Aufsichtsratsausschüssen vorwiegend auf eine Effizienzsteigerung der Aufsichtsratsarbeit ab. Vgl. Scheffler (1993, S. 74).

[503] Vgl. Langenbucher und Blaum (1994, S. 2204).

[504] Vgl. Seibert (2003, S. 54).

[505] Vgl. Mertens in *KölnerKomm*, § 107 AktG, Rn. 89; Semler in *MünchKommAktG*, § 107 AktG, Rn. 226; Hüffer (2006, § 107 AktG, Rn. 16).

[506] Vgl. DCGK (2010, Tz. 5.3.1).

[507] Vgl. Empfehlung (2005/162/EG, Präambel, Nr. 9 f.).

modernisierte EU-Abschlussprüferrichtlinie enthält die Verpflichtung aller Unternehmen von öffentlichem Interesse ("Public Interest Entities") zur Einrichtung eines Prüfungsausschusses mit gesetzlich fixiertem Aufgabenkatalog.[508] Dies betrifft börsennotierte, darüber hinaus jedoch explizit auch kapitalmarktferne Unternehmen von öffentlichem Interesse,[509] auch wenn die Mitgliedstaaten für diese Vereinfachungen erlassen können.[510] Wesentliche Aufgabe des Prüfungsausschusses ist danach die Überwachung des gesamten Finanzberichterstattungsprozesses einschließlich der Wirksamkeit des internen Kontroll- und Risikomanagementsystems und der Innenrevision. Während sich diese Aufgabenschwerpunkte in Deutschland bereits zuvor aus den allgemeinen Sorgfaltspflichten und dem DCGK ergaben, werden sie durch die EU-Abschlussprüferrichtlinie gesetzlich festgeschrieben. Hier deutet sich eine gewisse Annäherung an die US-amerikanische Praxis an, die Anforderungen an Interne Überwachungssysteme zu kodifizieren.[511] Infolge des BilMoG kann nach § 107 Abs. 3 AktG der Aufsichtsrat einen Prüfungsausschuss einrichten, dem er insbesondere die Aufgaben der Überwachung des Rechnungslegungsprozesses, der Wirksamkeit der internen Revisionssysteme und der internen Revision und der Abschlussprüfung, insbesondere der Unabhängigkeit des Abschlussprüfers und der vom Abschlussprüfer zusätzlich erbrachten Leistungen, überträgt."

Bis heute sind Aufsichtsratsausschüsse in Deutschland nicht sehr verbreitet, obwohl in ihnen grundsätzlich zielbewusster, sachverständiger und vertraulicher diskutiert werden kann.[512] Wie eine jüngere empirische Untersuchung zeigt, verzichten vor allem wegen der Gefahr einer "Überorganisation", rund ein Drittel aller börsennotierten Gesellschaften auf Ausschüsse, auch auf den vom DCGK explizit empfohlenen Prüfungsausschuss.[513] Dies trifft insbesondere in mittleren und kleineren, mitbestimmungsfreien Unternehmen zu.[514] Die Möglichkeit, die Überwachung kapitalmarktferner deutscher Unternehmen durch eine qualifizierte Ausschussbildung –

---

[508] Vgl. *RL 2006/43/EG*, Art. 14.

[509] „Die Mitgliedstaaten können auch andere Unternehmen zu Unternehmen von öffentlichem Interesse bestimmen, beispielsweise Unternehmen, die aufgrund der Art ihrer Tätigkeit, ihrer Größe oder der Zahl ihrer Beschäftigten von erheblicher öffentlicher Bedeutung sind." *RL 2006/43/EG*, Art. 2 Nr. 13.

[510] Vgl. *RL 2006/43/EG*, Art. 39. Für weitere Ausnahmen von der Pflicht zur Einrichtung eines Prüfungsausschusses vgl. KPMG (2007, S. 11).

[511] Vgl. Lanfermann und Maul (2006). Vgl. auch Hommelhoff (2005, S. 5), sowie Kap. 2, 2.2.4.2. Es wird hierzu erwartet, dass der deutsche Gesetzgeber die Abgrenzung des Verhältnisses des Prüfungsausschusses zum Management des Unternehmens insoweit präzisiert, dass unter anderem die Verantwortung für die Interne Revision bei der Geschäftsführung verbleibt. Vgl. Lanfermann und Maul (2006). Gleichwohl ist in der deutschen Praxis eine wachsende Zusammenarbeit zwischen Prüfungsausschuss und Interner Revision zu beobachten – diese kann von der Teilnahme des Revisionsleiters an Sitzungen des Prüfungsausschusses oder der Diskussion des Prüfungsprogramms bis hin zur Erteilung von Prüfungsaufträgen reichen. Vgl. Köhler (2005, S. 242); Warncke (2005, S. 182). Für einen Vergleich der Anforderungen von SOX und EU vgl. Lenz (2007, S. 10 f.).

[512] Vgl. KPMG (2005, S. 8). Zu den Grenzen der Übertragbarkeit von Aufgaben auf Aufsichtsratsausschüsse vgl. Mertens in *KölnerKomm*, § 107 AktG, Rn. 129–160.

[513] Vgl. Werder und Talaulicar (2005, S. 841–846).

[514] Vgl. KPMG (2005, S. 8).

insbesondere mit Blick auf Marktrisiken – zu stärken, wird unten in Kap. 4, 4.3.3 diskutiert.

Der Aufsichtsrat kann seine Überwachungsaufgabe nur dann hinreichend erfüllen, wenn er mit entsprechenden *Informationen durch den Vorstand* versorgt wird.[515] § 90 AktG regelt im Einzelnen die ordentlichen und außerordentlichen Berichtspflichten des Vorstandes, die er gegenüber dem Aufsichtsrat zu erfüllen hat. Insbesondere sieht § 90 Abs. 1 Nr. 1 AktG in Folge der Novellierungen durch das KonTraG und das TransPuG vor, dass grundsätzliche Fragen der Unternehmensplanung (insbesondere der Finanz-, Investitions- und Personalplanung) sowie Abweichungen der tatsächlichen Entwicklung von früher berichteten Zielen unter Angabe von Gründen der Berichtspflicht des Vorstandes unterliegen. Ferner muss der Aufsichtsrat laut § 90 Abs. 1 Nr. 2 und Nr. 3 AktG über die Rentabilität, den Umsatz und die Lage der Gesellschaft unterrichtet werden.[516] Diese normierte Informationsversorgung des Aufsichtsrats wurde durch den DCGK etwa in Textziffer 3.4 nochmals explizit herausgestellt.[517]

Eine derartige Informationsbereitstellung als Bringschuld des Vorstands setzt die Existenz eines umfassenden Controllingsystems voraus, aus dem die geforderten Planungs-, Kontroll- und Steuerungsgrößen zu entnehmen sind. So sind etwa die strategischen und operativen Ziele des Unternehmens, die Umsetzungsmaßnahmen und letztlich die Unternehmensplanung einschließlich implementierter Kontrollsysteme wichtige Bausteine einer *zukunftsorientierten Überwachung des Aufsichtsrats.* Hiermit werden klassische Funktionsbereiche des Controlling angesprochen, so dass der Controller wesentliche Inhalte der Berichterstattung an den Aufsichtsrat liefert.[518] Folglich wirkt die Berichtspflicht des § 90 AktG auf das Controlling ein, das sein Reporting auf die spezifischen Bedürfnisse der Unternehmensadressaten auszurichten hat.[519] Zugleich stellt das Controlling, wie bereits erwähnt wurde, selbst ein wichtiges Überwachungsobjekt des Aufsichtsrats dar. Seine Überwachung ist – wie auch die der (strategischen) Unternehmensplanung – nicht delegierbar.[520]

In jüngerer Zeit gewinnen die schon weiter oben angesprochenen *wertorientierten Steuerungskonzepte* und die Kommunikation (ausgewählter) Kennzahlen insbesondere in börsennotierten Unternehmen zunehmend an Bedeutung.[521] Ziel der wertorientierten Berichterstattung ist die Minderung von Informationsasymmetrien zwischen den Investoren und dem Management sowie die damit einhergehende Vermeidung von Wertlücken am Kapitalmarkt. Dieses *Value Reporting* soll durch eine auf den Kapitalmarkt ausgerichtete Kommunikation der im Rahmen des wertorientierten Controlling formulierten Ziele, der genutzten Instrumente zur

---

[515] Vgl. Theisen (2003, S. 261–279); Peltzer (2004, S. 43 f., 83).

[516] Vgl. Hefermehl und Spindler in *MünchKommAktG*, § 90 AktG, Rn. 24–25; Hüffer (2006, § 90 AktG, Rn. 5 f.).

[517] Vgl. DCGK (2010, Tz. 3.4).

[518] Vgl. Scheffler (2003a, S. 399–413); Hüffer (2006, § 90 AktG, Rn. 4b).

[519] Vgl. Berens und Schmitting (2003, S. 372); Hüffer (§ 90 AktG, Rn. 4a).

[520] Vgl. Hachmeister (2003, S. 452); Scheffler (1995, S. 678 f.).

[521] Vgl. Ruhwedel und Schultze (2002, S. 602–632).

Umsetzung sowie der bedeutenden externen Einflüsse erfolgen.[522] Die bereitzu-
stellenden Informationen sollten sowohl vergangenheits- als auch zukunftsbezogen
und insbesondere nur partiell durch Rechnungslegungsnormen beeinflusst sein.[523]
Durch die Entwicklungen im Bereich des Value Reporting wird der Aufsichtsrat
für seine Überwachungsaufgabe über die gesetzlich verankerte Berichterstattungs-
pflicht der Leitung in die Lage versetzt, die Performance des Vorstandes mit Blick auf
die Steigerung des Unternehmenswertes beurteilen zu können. Das entsprechende
wertorientierte Steuerungssystems stellt das Controlling zur Verfügung.[524]

In dem *Zehn-Punkte-Programm*[525] der Bundesregierung und auch im Gesetz
zur Unternehmensintegrität und Modernisierung des Anfechtungsrechts (UMAG)
finden sich Novellierungen zur persönlichen Haftung von Vorstands- und Aufsichtsratsmitgliedern gegenüber der Gesellschaft und zu einer Verbesserung des
Klagerechts der Aktionäre, wobei sich die Vorschläge dem Haftungstatbestand der
US-amerikanischen *Business Judgment Rule* nähern.[526] Danach ist eine Inanspruchnahme der Organmitglieder dann auszuschließen, wenn diese nach bestem Wissen
und Gewissen eine Maßnahme getroffen haben, die sich sodann als Fehlentscheidung
herausstellte.[527] Aufgrund der Vergleichbarkeit des Sorgfaltsmaßstabes eines „ordentlichen und gewissenhaften Geschäftsleiters" nach § 93 Abs. 1 S. 1 AktG mit dem
Sorgfaltsmaßstab eines „ordentlichen Geschäftsmanns" nach § 43 Abs. 2 GmbHG
wird in der Literatur eine Ausstrahlungswirkung auf andere Rechtsformen, insbesondere GmbH, KGaA und (GmbH & Co.) KG, nicht ausgeschlossen.[528] In der
führungsunterstützenden Aufbereitung von Entscheidungsvorlagen durch das Controlling kann hier ein Beitrag zur Verbesserung der Corporate Governance aber auch
eine Exkulpationsmöglichkeit für die Verantwortlichen liegen.[529] Dies gilt auch im
Hinblick auf die Berichterstattung des Vorstandes an den Aufsichtsrat.[530]

Mit Blick auf *kapitalmarktferne Produktionsunternehmen*, die Gegenstand dieser Abhandlung sind, stellt die Aktiengesellschaft eher die untypische Rechtsform
dar. Insbesondere die Rechtsform Gesellschaft mit beschränkter Haftung (GmbH)
repräsentiert stark dieses Klientel, dem der Weg über den organisierten Kapitalmarkt
verschlossen bleibt. Auch bei der GmbH ist ein Aufsichtsrat als zwingendes Organ

---

[522] Vgl. AKEU (2002b, S. 2337–2340); Fischer und Wenzel (2002, S. 327–335); Freidank und
Bakhaya (2003, S. 301–306).

[523] Vgl. Fischer (2001, S. 1209).

[524] Vgl. Hahn und Hungenberg (2001, S. 119–218).

[525] Vgl. BMJ (2003a).

[526] In diesem Zusammenhang ist auch auf die ARAG/Garmenbeck-Entscheidung des BGH von
21.04.1997 (II ZR 175/95, BGHZ 135, 244) hinzuweisen mit der für den Aufsichtsrat begründeten
Verpflichtung zur Geltendmachung von Schadenersatzansprüchen gegenüber dem Vorstand.

[527] Vgl. Seibert (2003, S. 35); AKEIÜ (2006b, S. 2189 f.).

[528] Vgl. Hommelhoff und Kleindiek in Lutter und Hommelhoff (2004, § 43 GmbHG, Rn. 14);
Altmeppen in Roth und Altmeppen (2005, § 43 GmbHG, Rn. 8); Köhler et al. (2005, S. 501); Zöller
und Noack in Baumbach und Hueck (2006, § 43 GmbHG, Rn. 23).

[529] Vgl. Freidank und Paetzmann (2004, S. 912).

[530] Vgl. Baums (2001, Rz. 19, S. 65).

nach den Grundsätzen des Drittelbeteiligungsgesetzes (DrittelbG) vorgeschrieben, sofern die Gesellschaft in der Regel mehr als 500 Arbeitnehmer verfügt (§ 1 Abs. 1 Nr. 3 DrittelbG).[531] Rechte und Pflichten des Aufsichtsrats bestimmen sich dann nach dem Aktienrecht in Verbindung mit § 1 Abs. 1 Nr. 3 DrittelbG. Hier stellen die Arbeitnehmer ein Drittel der Aufsichtsratsmitglieder. Anders ist dies im Fall von Großbetrieben mit in der Regel mehr als 2.000 Arbeitnehmer, bei denen das Mitbestimmungsgesetz (MitbestG) gilt und die Zusammensetzung daher auf Basis der „paritätischen Mitbestimmung" erfolgt.[532] In der GmbH & Co. KG bezieht sich die Mitbestimmung nach § 4 MitbestG auf die GmbH.[533]

2.3.4.3 Aufsicht durch den fakultativen Aufsichtsrat oder Beirat

Sofern die Bestimmungen des DrittelbG und des Mitbestimmungsrechts nicht gelten, kann in der GmbH ein *Aufsichtsrat als fakultatives Organ* eingerichtet werden. Die Ausgestaltung des Aufsichtsrats kann im Gesellschaftsvertrag geregelt werden, unterbleibt die Regelung dort, greifen nach § 52 Abs. 1 GmbHG im wesentlichen die Vorschriften des Aktienrechts entsprechend.[534]

Die Satzungsautonomie in der GmbH gestattet es, fakultative Organe einzurichten und mit Kompetenzen auszustatten, sofern diese nicht zwingend anderen Organen zuzuweisen sind. Daher kann ein *Beirat* (auch: Verwaltungsrat, Gesellschafterausschuss, Familienrat o. ä.) eingesetzt werden. Zu beachten ist, dass die Aufgaben eines obligatorischen Aufsichtsrats nicht an diesen übertragen werden können. Der Zweck einer Einrichtung eines Beirats (oder fakultativen Aufsichtsrats) liegt in der Praxis oft darin, bekannte Persönlichkeiten mit dem Unternehmen (öffentlichkeitswirksam) zu verbinden, Interessen einer bestimmten Gesellschaftergruppe zu sichern usw. Möglich ist jedoch auch die Schaffung eines *fakultativen Überwachungsorgans*. Die materiellen Regeln des Beirats sind in der Satzung festzulegen, Details können von einer (von den Gesellschaftern oder dem Beirat selbst) zu beschließenden Geschäftsordnung geregelt werden. Für den Beirat gilt grundsätzlich Gleiches wie für den fakultativen Aufsichtsrat.[535]

In der *GmbH & Co. KG*, ebenfalls typische Rechtsform kapitalmarktferner deutscher Unternehmen, kann auf der Ebene der KG ebenfalls ein Aufsichtsrat, Beirat etc. eingerichtet werden. Die aktienrechtlichen Aufsichtsratsregelungen gelten hier nicht aus § 52 Abs. 1 GmbHG, sie können sich jedoch aus der Vertragsauslegung ergeben.[536]

---

[531] Vgl. Zöller und Noack in Baumbach und Hueck (2006, § 52 GmbHG, Rn. 132).

[532] Vgl. Zöller und Noack in Baumbach und Hueck (2006, § 52 GmbHG, Rn. 248).

[533] Vgl. Altmeppen in Roth und Altmeppen (2005, § 52 GmbHG, Rn. 64); Zöller und Noack in Baumbach und Hueck (2006, § 52 GmbHG, Rn. 249).

[534] Vgl. Hommelhoff und Kleindiek in Lutter und Hommelhoff (2004, § 52 GmbHG, Rn. 3); Zöller und Noack in Baumbach und Hueck (2006, § 52 GmbHG, Rn. 30).

[535] Vgl. Altmeppen in Roth und Altmeppen (2005, § 52 GmbHG, Rn. 48 f.).

[536] Vgl. Altmeppen in Roth und Altmeppen (2005, § 52 GmbHG, Rn. 63).

2.3.4.4 Aufsicht durch Aufsichtsbehörden und ein Rechnungslegungs-Enforcement

Neben dem Aufsichtsrat sind auch Aufsichtsbehörden als externe Überwachungsorgane tätig.[537] In Deutschland sind dies etwa die Rechnungshöfe, also der Bundesrechnungshof[538] und die Landesrechnungshöfe[539] als von der Verwaltung unabhängige, eigenständige und nur dem Gesetz unterworfene externe Überwachungsorgane hinsichtlich der Beteiligung des Staates an privatrechtlichen Unternehmen.[540] Daneben übt die Bundesanstalt für Finanzdienstleistungsaufsicht (BaFin) die staatliche Aufsicht unter anderem über den Banken- und Versicherungssektor aus. Ebenfalls als externe staatliche Überwachungsorgane fungieren die Betriebsprüfungsstellen im Rahmen steuerlicher (allgemeiner und besonderer) Außenprüfungen der Finanzämter, primär geregelt durch Abgaben- und Betriebsprüfungsordnung. Weiterhin können unter weiterer Auslegung auch die Kartellbehörden und der Bundesminister für Wirtschaft als Genehmigungsinstanz zu den Aufsichtsbehörden gezählt werden. Sieht man von den steuerlichen Betriebsprüfungen und spezifischen Genehmigungen ab, besitzen die behördlichen Überwachungsstellen für die hier gegenständlichen deutschen kapitalmarktfernen produzierenden Unternehmen nur geringe Bedeutung. Hingewiesen wurde jedoch auf die starke mittelbare Wirkung durch die angestrebten Veränderungen der Bankenaufsicht („Basel II") mit Blick auf nachhaltige Bankenfinanzierung.

Im Rahmen der Reformbemühungen um eine Verbesserung der Corporate Governance wurde in Deutschland (als Umsetzung von Punkt 6 des Zehn-Punkte-Programms der Bundesregierung) mit dem Bilanzkontrollgesetz ein zweistufiges Rechnungslegungs-Enforcement eingeführt, um die Rechtmäßigkeit von Unternehmensabschlüssen zu kontrollieren.[541] Seit Juli 2005 ist nach § 342b Abs. 1 HGB die privatrechtlich organisierte Deutsche Prüfstelle für Rechnungslegung (DPR) mit den Zwecken der Trägerschaft einer weisungsunabhängigen Prüfstelle zur Prüfung von Verstößen gegen Rechnungslegungsvorschriften, wie sie im Bilanzkontrollgesetz durch die §§ 342b–342e HGB vorgesehen ist, und der fachlichen Zusammenarbeit der Prüfstelle mit nationalen Enforcement-Einrichtungen im Ausland und entsprechenden internationalen Organisationen tätig.[542] Die DPR stellt die erste Stufe in einem zweistufigen System dar. Die zweite Stufe greift immer dann ein, wenn ein überwachtes Unternehmen nicht mit der DPR kooperiert oder eine einvernehmliche Lösung nicht herbeigeführt werden kann. Diese zweite Stufe wird von der Bundesanstalt für Finanzdienstleistungsaufsicht (BaFin) wahrgenommen, die eine Überwachung, auch zwangsweise, mit hoheitlichen Mitteln durchsetzen kann.

---

[537] Zur Systematisierung der Überwachungshandlungen vgl. Lück (1991, S. 26 f.).

[538] Vgl. Art. 114 Abs. 2 Grundgesetz.

[539] Vgl. etwa Art. 68 Abs. 1 Verfassung des Landes Mecklenburg-Vorpommern.

[540] Vgl. Thümmel (1989b, S. 636); Lück (1991, S. 104 f.).

[541] Vgl. Lenz (2004, S. 219).

[542] Vgl. *BeBiKo*, § 342b HGB, Rn. 1.

Die Reformansätze um die Einführung einer ergänzenden Aufsicht über Rechnungslegung und Prüfung in Deutschland hatten ihren Vorläufer in einer kontroversen „Aktienamt"-Diskussion, bei der die US-amerikanische staatliche *SEC*[543] als Vorbild galt.[544] Bei der Schaffung des Bilanzkontrollgesetzes hatten sich der deutsche Gesetzgeber und die deutsche Wissenschaft unter anderem mit dem US-amerikanischen[545] sowie britischen[546] Enforcement-Modell auseinandergesetzt. Man war jedoch zu einem anderen, eigenständigen Modell gelangt.[547]

Das Bilanzkontrollgesetz bezieht sich ausdrücklich nur auf *kapitalmarktorientierte Unternehmen*, also solche, deren Wertpapiere nach der Legaldefinition aus § 2 Abs. 1 S. 1 Wertpapierhandelsgesetz an einer inländischen Börse im amtlichen oder geregelten Markt gehandelt werden. Langfristig sollen kapitalmarktferne Unternehmen allerdings nicht von einem Rechnungslegungs-Enforcement ausgespart bleiben. Zunächst soll das durch das Bilanzkontrollgesetz eingeführte Enforcement-Modell jedoch „seine Bewährungsprobe bestehen und eine breiterer politische Akzeptanz finden".[548] Eine Ausweitung des Enforcement-Modells auf *kapitalmarktferne Unternehmen* ist für die Zukunft nicht auszuschließen.

2.3.5 Grundsätze ordnungsmäßiger Überwachung als wichtiges Fundament einer Unternehmensüberwachung

Nachdem – entsprechend dem Überwachungsansatz des Controlling – in den Kap. 2, 2.3.2 (Controlle), 2.3.3 (Prüfung) und 2.3.4 (Aufsicht) eine systematische Einordnung der einzelnen Überwachungsinstrumente in die Komponenten des dreigliedrigen Überwachungsmodells erfolgte, ist hier ein nicht-gesetzliches Normenwerk aufzuarbeiten, das in der Diskussion bereits mehrfach Erwähnung fand.

Die Darstellung zeigte, dass insbesondere auch durch die Bemühungen einer Modernisierung der Corporate Governance in den vergangenen Jahren eine Vielzahl von (Rechts-)Normen im Feld der Unternehmensüberwachung wirkt. Traditionell beinhaltet im deutschen Rechtsraum das Aktiengesetz die wesentlichen Kodifizierungen mit Überwachungsrelevanz, gerade mit den Bestimmungen zum Aufsichtsrat im 2. Abschnitt seines Vierten Teils. Daneben ist spätestens seit dem Bilanzrichtlinengesetz (BiRiLiG) von 1985[549] das Handelsgesetzbuch getreten, das in seinem Dritten Buch Rechtsnormen u. a. zur Abschlussprüfung für alle Kapitalgesellschaften beinhaltet. Im Zuge der Internationalisierung von Rechnungslegung und

---

[543] Vgl. Kap. 1, 1.2.

[544] Vgl. Thümmel (1989a, S. 37); Lück (1991, S. 108).

[545] Vgl. Wüstemann (2002, S. 718–725).

[546] Vgl. Schildbach und Strasser (2003, S. 1720–1724).

[547] Vgl. Hommelhoff und Mattheus (2004, S. 94).

[548] Hommelhoff und Mattheus (2004, S. 95).

[549] Vgl. BiRiLiG (1985).

Prüfung sind bereits insbesondere die IFRS und ISA neben den nationalen Rechtsnormen zu nennen. Daneben sind in den letzten Jahren zahlreiche Empfehlungen
neben die Rechtsnormen getreten,[550] wobei für Deutschland der Deutsche Corporate Governance Kodex (DCGK) hervorzuheben ist, während die verschiedenen
Empfehlungen der Europäischen Kommission ebenfalls sukzessive Standards einer
Corporate Governance etablieren.[551]

Während für den DCGK ein Bezug in das Aktiengesetz aufgenommen wurde,
nämlich die jährliche Entsprechenserklärung börsennotierter Gesellschaften nach
§ 161 AktG, ob den Empfehlungen des DCGK entsprochen wurde,[552] befindet sich
im DCGK wiederum ein Bezug bzw. ein Verweis auf eine weitere Normierung, indem Ziffer. 3.8 DCGK ausführt: „Vorstand und Aufsichtsrat beachten die Regeln
ordnungsgemäßer Unternehmensführung".[553] Zunächst deutet diese Aussage des
DCGK lediglich auf geltendes Recht hin, denn nach § 93 Abs. 1 S. 1 AktG haben die
Vorstandsmitglieder die Sorgfalt eines ordentlichen und gewissenhaften Geschäftsleiters anzuwenden.[554] Zugleich kann dies jedoch als Bezug auf die selbständig
neben den Gesetz bestehenden Grundsätze ordnungsmäßiger Unternehmensführung
(GoF) interpretiert werden.[555] Diese GoF sollen wiederum neben den Grundsätzen
ordnungsmäßiger Abschlussprüfung (GoA) auch die Grundsätze ordnungsmäßiger
Überwachung (GoÜ) umfassen.[556] Es ist zu betonen, dass Inhalt, Form und Systematik dieser hergeleiteten Grundsätze[557] als uneinheitlich gelten können.[558] Die GoÜ
repräsentieren einen unbestimmten Rechtsbegriff[559] und fußen auf dem Gedanken,
dass ein „in der Praxis tragfähiges und bewährtes Grundsatzsystem einen theoretisch
fundierten Unterbau benötigt".[560] Es haben sich jedoch folgende Grundprinzipien
der GoÜ als idealtypische Leitlinien etabliert, die jeweils in Bezug auf den Einzelfall
zu konkretisieren sind.[561]

---

[550] Vgl. Freidank und Paetzmann (2004, S. 895).

[551] Zur Einordnung in den Reformprozess vgl. Kap. 1, 1.2.3.

[552] Vgl. grundlegend Peltzer (2004, S. 39–43).

[553] DCGK (2010, Tz. 3.8).

[554] Vgl. Hüffer (2006, § 93 AktG, Rn. 4).

[555] Vgl. Hucke und Ammann (2003, S. 52 f.).

[556] Vgl. grundlegend Werder (1996, S. 1–26).

[557] Während eine Herleitung von Grundsätzen nach der induktiven Methode, auch in der modi-
fizierten Form Schmalenbachs, nach heute herrschender Meinung grundsätzlich abzulehnen ist,
tritt neben die deduktive Methode des „Nachdenkens über neue Leitsätze" in letzter Zeit vermehrt
die hermeneutische Methode, bei der bereits kodifizierte Grundsätze nach anerkannten juristischen
Regeln interpretiert werden. Vgl. Schmalenbach (1933, S. 231–233); Leffson (1987, S. 29–31);
Baetge et al. (2001, S. 95–97); Baetge (2002a, Sp. 636 f.); Paetzmann (2003a, S. 603, Fn., 35);
Heumann (2005, S. 56–58).

[558] Vgl. AKEIÜ (1995, S. 1); Lück und Makowski (1996, S. 157–160).

[559] Hier besteht eine Analogie zu den Grundsätzen ordnungsmäßiger Buchführung (GoB).

[560] Theisen (1995, S. 116).

[561] Hier wird im wesentlichen der Systematisierung von Theisen gefolgt, die aus dem Zweck des
Überwachungsauftrags abgeleitet wurden. Vgl. grundlegend Theisen (1987, S. 240, 1995, S. 200 f.)
Vgl. ebenfalls AKEIÜ (1995, S. 1–4); Lück und Makowski (1996, S. 157–160). In der Literatur

Zunächst beruht die Überwachung nach dem Grundprinzip der *Ordnungsmäßigkeit* auf einer Ordnung, die eine wesentliche Voraussetzung strukturierter und systematischer Controll-, Prüfungs- und Aufsichtsaktivitäten ist. Nach dem Grundprinzip der *Gesetzmäßigkeit* orientieren sich alle Überwachungshandlungen an den geltenden Rechtsnormen, ebenfalls an der Satzung und einschlägigen Empfehlungen bzw. Verlautbarungen. Gemäß dem Grundprinzip der *Richtigkeit* erfordert nicht nur die formale, sondern auch die materielle Richtigkeit der Überwachung, das Oberwachungsobjekt, also die Unternehmensführung, richtig abzubilden. Nach dem Grundprinzip der *Zielgerichtetheit/Zweckmäßigkeit* sind alle Überwachungshandlungen auf Ziel und Zweck der Überwachung auszurichten, die sich, im Sinne rationalen Handelns, an den sachlichen und formalen (übergeordneten) Unternehmenszielen und -zwecken orientieren. Alle Überwachungsobjekte der Controle, Prüfung und Aufsicht müssen gemäß dem Grundprinzip der *Transparenz* für die Überwachungsträger transparent, nachvollziehbar und erklärbar sein. Beispielsweise folgen schon aus diesem Grundprinzip der Überwachung auch die Transparenzanforderungen, die Banken und Agenturen zum Zwecke der Bonitätsprüfung an ihre Unternehmenskreditkunden stellen.[562] Schließlich besagt das Grundprinzip der *Nachprüfbarkeit*, dass die Überwachungshandlungen durch Dritte (innerhalb einer angemessenen Zeit) überprüfbar sein müssen. Überwachung selbst wird damit für Dritte nachvollziehbar, was Voraussetzung einer „Überwachung der Überwachung" ist, wie sie etwa durch das KonTraG bei börsennotierten Aktiengesellschaften vorgeschrieben ist (Prüfung nach § 317 Abs. 4 HGB).

Will ein derartig geschlossenes GöU-System mit seinen Grundprinzipien neben den verschiedenen Rechtsnormen und Empfehlungen, die sich unentwegt in Weiterentwicklung befinden, gelten, muss es in der Lage sein, sich *flexibel* an Veränderungen anzupassen. Mit Blick auf den dieser Untersuchung zugrundegelegten Internal Control-Ansatz, aus dem der Überwachungsansatz des Controlling mit den Überwachungskomponenten der Controle, der Prüfung und der Aufsicht abgeleitet wurde, bilden die GöU ein wichtiges Normenwerk, dem bei der marktrisikoorientierten Überwachung Rechnung zu tragen ist.

2.4 Zwischenfazit

Die Diskussion des Risikobegriffs, des Risikomanagements und der Unternehmensüberwachung hat gezeigt, dass zukunftsgerichtete Entscheidungen im Unternehmen *Risiken* in sich bergen, da die Entscheidungsträger unter Unsicherheit entscheiden. Risiken können sich dabei als Gewinnchance oder als Verlustgefahr äußern (Risiko im weiteren Sinne).

---

werden neben den hier genannten auch insbesondere zusätzliche Prinzipien der Wesentlichkeit und Wirtschaftlichkeit diskutiert, die Kosten der Überwachung erfassen können. Vgl. Scheffler (1995, S. 209); Theisen (1995, S. 193).

[562] Vgl. Kuhner (2000, S. 331 f.), sowie Kap. 2, 2.3.3.4.

Es ist Aufgabe der Unternehmensleitung festzustellen, welche potentiell auf das Unternehmen einwirkenden Risiken wesentlich sind, und ein *Risikomanagementsystem* einzurichten, das diese früh erkennt und bewältigt. Durch das KonTraG ist die Einrichtung eines Risikomanagements in Deutschland für die Aktiengesellschaft gesetzlich vorgeschrieben. Es besteht eine Ausstrahlungswirkung in andere Rechtsformen hinein, so dass die aus dem KonTraG abzuleitenden Anforderungen generelle Bedeutung – auch für kapitalmarktferne Unternehmen – besitzen. Theorie und Praxis haben inzwischen Standards für die Ausgestaltung eines Risikomanagementsystems nach KonTraG erarbeitet. Die ökonomischen und rechtlichen *Anforderungen an ein Risikomanagement* betreffen zunächst den Prozess des Risikomanagements, für den bereits integrierte Systeme einschließlich Risikosteuerung und vorgeschriebener Überwachung des Risikomanagements vorliegen.

Gerade mit Blick auf langfristig drohende Risiken im Marktumfeld und strategische Herausforderungen des Unternehmens kommt der Anforderung der Rechtzeitigkeit eine hohe Bedeutung zu. Risiken sind früh genug zu erkennen, um bewältigende Maßnahmen rechtzeitig einleiten zu können. Hierfür werden entsprechende *Frühaufklärungsinstrumente* benötigt, die auch vom deutschen Gesetzgeber gefordert werden. Aktuelle Forschungsvorhaben versuchen, neue quantitative Ansätze einer Risikoaggregation zu entwickeln. Dazu gehören unter anderem Modelle auf Grundlage der *Fuzzy-Logik*. Diese erweisen sich jedoch in einem von Diskontinuitäten geprägten Umfeld und bei langfristigem Horizont als gegenüber qualitativen Modellen, etwa der Szenariotechnik, die im Folgenden näher zu untersuchen ist, unterlegen. Ansätze eines *Value at Risk* für strategische Marktrisiken liegen bis heute nur in Ansätzen vor, da insbesondere die notwendigen Inputdaten in Form von Wahrscheinlichkeitsverteilungen und stochastischen Abhängigkeiten sowie historische Daten regelmäßig fehlen.

Die Klärung hinsichtlich der Aufbauorganisation des Risikomanagements in deutschen Unternehmen – seien sie produzierender Natur oder nicht – kann als abgeschlossen gelten. Die Verantwortung liegt bei der Unternehmensleitung, der wesentliche konzeptionelle Input sowie die Koordination des Gesamtsystems kommt vom *Controlling*. Bedeutend sind daneben auch Prüfungen der Internen Revision, die wie das Risiko-Controlling dem Internen Überwachungssystem zuzuordnen ist.

Dem jüngst publizierten *Enterprise Risk Management* – Integrated Framework der einflussreichen US-amerikanischen *COSO* liegt die weitere Risikodefinition zugrunde. Unklar ist noch, welchen Einfluss das Framework auf die (gesetzlich normierten) Überwachungssysteme in und außerhalb der USA ausüben wird. Enterprise Risk Management ist hier eng mit risikobewusster Unternehmensführung verbunden.

Neben dem überwachungstheoretischen Ansatz, der wesentlich auf dem kybernetischen Regelkreis beruht und auf die retrospektive Soll- oder Normeinhaltung ausgerichtet ist, erklärt der Internal Control-Ansatz den *Überwachungsbegriff*. Letzterer fußt auf dem Internal Control – Integrated Framework der US-amerikanischen *COSO* und beinhaltet auch die Sicherstellung der Wirksamkeit und effiziente Gestaltung betrieblicher Abläufe. Im Internal Control-Ansatz, dem hier gefolgt wird, ist damit eine zukunftsgerichtete Unternehmenssteuerung über das Controlling Teil der

Überwachung. Unternehmensüberwachung (intern und extern) besteht nach heute herrschender Meinung aus den Komponenten der *Kontrolle, Prüfung und Aufsicht.* Bei Zugrundelegung des Internal Control-Ansatzes formen organisatorische Sicherungsmaßnahmen und das Controlling auf der einen Seite und die interne Prüfung (durch die Interne Revision) auf der anderen Seite das Interne Überwachungssystem, soweit ihre Überwachungsmaßnahmen auf die Zielkategorien der Internal Control ausgerichtet sind. Zwecks Klarstellung wird für die das zukunftsgerichtete Controlling aufnehmende Kontrolle hier der Begriff der Controlle geprägt.

Die Überwachung in der *Controlle* enthält neben den organisatorischen Sicherungsmaßnahmen eine Vielzahl von Controllinginstrumenten, die sich in solche der Analyse und Prognose, der Bewertung und der Kontrolle gliedern lassen. Beim Controlling steht die zukunftsorientierte Planungsaufgabe im Vordergrund, für die es vorausschauende Analyseinstrumente zur frühen Erkennung etwa von Nachfrageänderungen im Markt besitzt. Hier wird bereits deutlich, dass diese Analyseinstrumente mit Blick auf die frühe Erkennung von Risiken – wie sie auch vom KonTraG gefordert wird – der Anforderung der Rechtzeitigkeit Rechnung tragen können und müssen.

Die *Prüfung* als weitere Überwachungskomponente enthält auf der einen Seite die Interne Revision, deren Aufgabenkranz sich durch die Prüfungsnotwendigkeiten des Risikomanagementsystems in den vergangenen Jahren erweitert hat. Auf der anderen Seite füllen der Wirtschaftsprüfer mit der Abschlussprüfung sowie verschiedenen Sonderprüfungen diese Komponente aus. Gerade für kapitalmarktferne Unternehmen spielen daneben Bonitätsprüfungen kreditfinanzierender Banken eine zunehmende Rolle.

Die Überwachung durch *Aufsicht* beinhaltet im deutschen dualistischen System zunächst den Aufsichtsrat. Dieser ist gegenwärtig Gegenstand von Reformbestrebungen des Gesetzgebers im Rahmen der Corporate Governance. Zusätzlich runden je nach Branche etc. Aufsichtsbehörden diese Überwachungskomponente ab. Dazu gehört auch das in Deutschland jüngst eingeführte Rechnungslegungs-Enforcement, für das in der Zukunft eine Bedeutung auch für die hier in Rede stehenden kapitalmarktfernen Unternehmen nicht auszuschließen ist.

Einen zusätzlichen Orientierungsrahmen für die Überwachung bilden, neben Gesetz und Empfehlungen, die *Grundsätze ordnungsmäßiger Unternehmensüberwachung.* Das beschriebene System der Unternehmensüberwachung, das im Internal Control-Ansatz das zukunftsorientierte Controlling enthält, vermag in hohem Maße die *Rationalität* der Unternehmensführung zu sichern. Dem *Controlling* kommt dabei eine besondere Stellung zu, da es nicht nur unmittelbar erfolgszielgerichtet die Führung unterstützt, sondern auch das Risikomanagementsystem koordiniert und Risiken früh zu erkennen hilft. Gerade mit Blick auf (langfristig) drohende Risiken im Markt ist daher die hier vollzogene Integration des zukunftsgerichteten Controlling in das Überwachungssystem zu begrüßen. Das folgende Kap. 3 wird sich dem Markt, den Marktrisiken und der Marktrisikoanalyse zuwenden.

Kapitel 3
Markt, Marktrisiko und Marktrisikoanalyse

3.1 Markt und Marktrisiko

3.1.1 Begriff des Marktes und Festlegung auf den Absatzmarkt und das globale Umfeld als Untersuchungsgegenstand

Um ein Verständnis für den Marktbegriff und eine definitorische Festlegung im Rahmen der vorliegenden Untersuchung entwickeln zu können, soll der Begriff zunächst *im Lichte einiger wirtschaftswissenschaftlicher Ansätze* aufgezeigt und gewürdigt werden, bevor eine terminologische Festlegung getroffen wird.

Während die Betriebswirtschaftslehre sich mit einzelwirtschaftlichen Phänomenen befasst, untersucht ihre Schwesterdisziplin Volkswirtschaftslehre gesamtwirtschaftliche Aspekte und Verflechtungen von Einzelwirtschaften untereinander. Für die Volkswirtschaftslehre spielt der Markt eine zentrale Rolle, da hier Angebot und Nachfrage zusammentreffen.[1] Die Koordination der Wirtschaftspläne einzelner Marktteilnehmer gelingt dabei über den Marktmechanismus, geprägt durch den Preis.[2] *Smith* erkennt in den Marktkräften, die diese Koordination vollbringen, das Wirken der inzwischen berühmten „invisible hand".[3] Nachfrage und Angebot bestimmen in unserer dezentralisierten Wirtschaftsordnung den Preis eines Gutes.[4] In der *neoklassischen Theorie der Mikroökonomik* steht zunächst der vollkommene Markt mit vollständiger Konkurrenz im Mittelpunkt: Sehr viele Anbieter und Nachfrager (atomistische Angebots- und Nachfragestruktur), das Fehlen räumlicher, persönlicher oder sachlicher Präferenzen (bei homogenem Güterangebot) sowie vollständige Markttransparenz (vollständige Preisinformation) kennzeichnen hier

---

[1] Vgl. etwa Schumann (1987, S. 1).

[2] Vgl. Pindyck und Rubinfeld (2003, S. 30).

[3] „. . . and he is in this, as in many other cases, led by an invisible hand to promote an end which was no part of his intention." Smith (1776, Book IV, S. 477). Vgl. Baumol und Blinder (2004, S. 34 f.).

[4] Anders ist es bekannterweise in einer zentral verwalteten Wirtschaft, wie ehemals zeitweise in Ostdeutschland: „Im Auftrag des Ministerrates hat das Amt für Preise zu gewährleisten, dass bei der Durchsetzung der staatlichen Preispolitik die Preise fest in der Hand des Staates bleiben." Reuscher et al. (1989, S. 206). Vgl. auch Rulf (1974, Sp. 1627 f.).

K. Paetzmann, *Corporate Governance,*
DOI 10.1007/978-3-642-28065-8_3, © Springer-Verlag Berlin Heidelberg 2012

den Markt. Treffen die drei genannten Merkmale nicht alle zu, ergeben sich hingegen unterschiedliche Varianten eines Marktes mit unvollständiger Konkurrenz.[5]

Der durch *Gutenberg* geprägte *faktortheoretische Ansatz der Betriebswirtschaftslehre* definiert den Betrieb als System produktiver Faktoren mit dem Betriebsprozess als Kombinationsprozess dieser Faktoren.[6] Dabei wird zwischen Elementarfaktoren (Werkstoffe, Betriebsmittel, Arbeitsleistungen etc.) und dispositiven Faktoren (welche die Elementarfaktoren lenken) unterschieden. Letztere werden wiederum in originäre dispositive Faktoren (typische Unternehmerarbeit) und derivative dispositive Faktoren (im wesentlichen Planung, Organisation) unterteilt. Der Mensch wird mechanistisch unter bewusster Vernachlässigung von Verhaltensfragen betrachtet. Im Vordergrund der Betrachtung stehen die einzelnen Produktionsfaktoren.[7] Wenngleich von den Vertretern des Ansatzes der Marktbegriff nicht gesondert hervorgehoben wird, sind mit Blick auf den Kombinationsprozess der Produktionsfaktoren diese mittels dispositiver Entscheidungen den jeweiligen, diversen Faktormärkten (Personalbeschaffungs-, Güterbeschaffungs-, Kapitalmarkt etc.) zu entnehmen. Der Absatz der Produkte wird dann als „Leistungsverwertung" interpretiert.

Der *systemorientierte Ansatz der Betriebswirtschaftslehre*,[8] maßgeblich durch *Ulrich* geprägt, hat die Umwelt des Unternehmens intensiv untersucht[9]: Die Unternehmung als offenes System ist in ihre Umwelt eingegliedert und hat auf Einflüsse von außen zu reagieren, sich also anzupassen. Die Umwelt wird dabei nach Sphären kategorisiert, etwa nach einer ökologischen, einer technologischen, einer ökonomischen sowie einer sozialen Sphäre.[10] Die Beschaffungs- und Absatzmärkte des Unternehmens sind in diese Sphären eingebettet.

Im *entscheidungsorientierten Ansatz der Betriebswirtschaftslehre* wird der Marktbegriff nicht gesondert hervorgehoben. Einerseits können sich die Aktionen des Entscheidungsträgers innerhalb des Aktionsraums auf den Markt beziehen, etwa bei absatzpolitischen Entscheidungen. Andererseits umfasst die Umwelt (Menge möglicher Umweltzustände) alles, was einerseits vom Entscheidungsträger nicht beeinflusst oder beherrscht werden kann und anderseits jedoch die Konsequenzen seiner Aktionen beeinflusst. *Sieben* und *Schildbach* nennen als beispielhafte Sachverhalte außerhalb des Unternehmens „Konjunktur, mögliche Steuererhöhungen, bei mehreren Anbietern das Verhalten der Konkurrenten, bei witterungsabhängigen Produkten (Regenschirme, Badehosen) die Wetterlage"[11].

---

[5] Vgl. grundlegend Schumann (1987, S. 177–241 und 243–330).

[6] Zur Einordnung vgl. Stein (1993, Sp. 476 f.).

[7] „Ohne den Einsatz menschlicher Arbeit als disponierende oder ausführende Tätigkeit sind Produktion und die übrigen betrieblichen Funktionen nicht möglich. Die menschliche Arbeit stellt somit einen Produktionsfaktor dar." Lücke (1986, S. 183).

[8] Vgl. grundlegend Ulrich (1970, S. 13 f.); Krieg (1971, S. 12); Ulrich (1971, S. 49); Zünd (1973, S. 47); Hahn (1985, S. 6); Hahn (1988, S. 114).

[9] Zur Einordnung in die neuere Betriebswirtschaftslehre vgl. Stein (1993, Sp. 476 f.).

[10] Vgl. Ulrich (1987, S. 81); Schreyögg (1993, Sp. 4231–4247).

[11] Sieben und Schildbach (1994, S. 18).

Eine besondere Bedeutung erfährt der Markt und die externe Perspektive in diesen hinein im Rahmen des wesentlich durch *Porter* geprägten Ansatzes des *Strategischen Managements*. Während sich die US-amerikanische Betriebswirtschaftslehre bis in die frühen 1970er Jahre hinein innerhalb der langfristigen Unternehmensplanung mit Diversifikations- und Wachstumsfragen beschäftigte, gewann Ende der 1970er Jahre die externe Perspektive in den Markt und die Strategie Bedeutung.[12] Die um 1980 herum entstandenen Untersuchungen *Porters* hinterfragen die Profitabilität einzelner Branchen und Unternehmen und zeigen Ansätze einer Analyse von Branchen und von der Gewinnung von Wettbewerbsvorteilen im Markt auf.[13] Die Profitabilitätsunterschiede zwischen einzelnen Branchen wurden ebenfalls von der *Boston Consulting Group* untersucht, die im Ergebnis die Bedeutung von Marktwachstum und relativem Marktanteil (einen relativen Kostenvorteil gegenüber dem Wettbewerb indizierend) hervorhebt. In die gleiche Richtung zeigen die Forschungsergebnisse des Projektes PIMS (Profit Impact of Market Strategy).[14] Spätere strategische Forschungstätigkeiten betonten insbesondere ab Ende der 1980er Jahre ergänzend auch interne Ressourcen und Fähigkeiten von Unternehmen.[15] Auch aktuelle Ansätze des Strategischen Managements negieren jedoch nicht die Bedeutung der Positionierung des Unternehmens im Markt. Insgesamt bietet das Strategische Management damit einen wichtigen Bezugsrahmen für den weiteren Aufbau dieses Buches.

Das Zusammentreffen von Angebot und Nachfrage gilt innerhalb der Volkswirtschaftslehre, wie oben beschrieben, als konstituierendes Merkmal eines Marktes. Diese Definition hat sich zunächst in der frühen Betriebswirtschaftslehre[16] und bis heute auch in der betriebswirtschaftlichen Absatzwirtschaft bzw. im *Marketing-Management* etabliert.[17] Dieses ist eng verbunden mit dem Strategischen Management.

Innerhalb des *betrieblichen Rechnungswesens* werden im Rahmen der Externen Rechnungslegung Informationen über die Vermögens-, Finanz- und Ertragslage eines Unternehmens primär für externe Adressaten zur Verfügung gestellt. Zu diesen Externen gehören zunächst die Eigenkapitalgeber, für die die Externe Rechnungslegung eine zentrale Informationsquelle darstellt. Dies gilt insbesondere bei Kapitalgesellschaften, bei denen Eigentumsanspruch und Leitungsmacht getrennt sind. Daneben haben auch die Fremdkapitalgeber Interesse an diesen Informationen. Weiterhin sind unter anderem auch Mitarbeiter sowie der Fiskus, für den die Rechnungslegung als Basis für die Ermittlung von Besteuerungsgrundlagen dient, zu nennen.

---

[12] Vgl. Ansoff (1985, S. 18).

[13] Vgl. grundlegend Porter (1980, 1985).

[14] Vgl. grundlegend Woo und Cooper (1982, S. 106–113); Buzell und Gale (1987); Homburg und Krohmer (2003, S. 351 f.).

[15] Vgl. Grant (1991, S. 114–135); Collis und Montgomery (1995, S. 119–128).

[16] „Märkte sind Einrichtungen, durch die Verkäufer und Käufer in regelmäßiger Wiederkehr zueinander geführt werden. Sie sind Freistätten friedlichen Verkehrs und stehen unter dem Schutze der Gottheit und Kirche." Bott (1926, S. 835).

[17] Vgl. Rentsch (1974, Sp. 1301); Hilke (1993, Sp. 2769 f.); Engelhardt (1995, Sp. 1696–1708); Homburg und Krohmer (2003, S. 2); Kotler und Keller (2006, S. 10–13).

Die Externe Rechnungslegung bildet Austauschvorgänge zwischen dem Unternehmen und Dritten und die daraus resultierenden Zustände (Bestände) monetär ab.[18] Die an diesem Leistungsaustausch beteiligten Lieferanten und Kunden haben ebenfalls Interesse an den Informationen der Externen Rechnungslegung, etwa mit Blick auf Kauf- oder Mietverträge.[19] Damit ist die Externe Rechnungslegung ein wichtiges Instrument der Kommunikation eines Unternehmens mit seiner (interessierten) marktlichen Umwelt: Kapitalmarkt (Fremd- und Eigenkapitalgeber) sowie Produktmarkt (Beschaffungs- und Absatzmarkt).

Die aufgezeigten Entwicklungslinien und Ansätze beleuchten teilweise unterschiedliche Sachverhalte im Zusammenhang von Märkten und der Umwelt des Unternehmens. Die Mikroökonomik erklärt die Koordinationsmechanismen des Marktes vor dem Hintergrund seiner mehr oder weniger gegebenen Vollkommenheit und beleuchtet – ähnlich wie der faktortheoretische betriebswirtschaftliche Ansatz – die einzelnen Produktionsfaktoren. Dagegen stellt der systemtheoretische Ansatz die Interaktion des Systems Unternehmen mit seiner Umwelt in den Vordergrund. Die dabei unter anderem interessierenden Austauschvorgänge des Unternehmens mit seiner Umwelt werden vom Rechnungswesen monetär abgebildet. Der entscheidungsorientierte Ansatz praktisch normativer Prägung sieht Markt und Umwelt des Unternehmens als Bestandteil des Entscheidungsmodells, denen bei der Suche nach der rationalen Entscheidung Rechnung zu tragen ist. Der Ansatz des Strategischen Managements schließlich fokussiert als ebenfalls praktisch normativer Ansatz auf dem relevanten (Beschaffungs- und Absatz-) Markt und sucht – ähnlich wie auch das Marketing-Management – nach Wegen der Gewinnung von Wettbewerbsvorteilen zur Verbesserung der relativen Wettbewerbsposition im Markt.

Unter dem Begriff *Markt* sollen im Rahmen dieses Buches einengend der (bestehende oder potentielle) *Absatzmarkt* verstanden werden, mit dem ein Unternehmen zwecks Leistungsaustauschs interagiert oder interagieren sollte. Da die Einflüsse der sonstigen Umweltsphären auf diesen Markt (potentiell) einwirken, soll das *globale Umfeld* (allgemeine Umwelt) ebenfalls mit untersucht werden. Andere Märkte, wie der mit der Wertschöpfung im Zusammenhang stehende Güterbeschaffungsmarkt,[20] der Fremd- und Eigenkapitalmarkt sowie der Mitarbeitermarkt werden hier nicht einbezogen. Zu beachten sind freilich die stets bestehenden Interdependenzen zwischen den einzelnen Märkten etwa der Güterbeschaffung oder des Absatzes mit der Produktion.[21] Hierauf wird bei der Diskussion der Marktrisiken einzugehen sein.

Für den aus der Abgrenzung der Termini Risiko[22] und Markt abzuleitenden Begriff des *Marktrisikos* finden sich in Forschung und Praxis auch die Begriffe „strategisches Risiko"[23] oder „Front-end-Risiko".[24] Allgemein kann ein Marktrisiko bei Zugrun-

---

[18] Vgl. Eisele (1990, S. 9); Busse von Colbe (1991, S. 468).

[19] Vgl. Weber (2002, S. 119).

[20] Vgl. Gleißner und Meier (2000, S. 9).

[21] Vgl. Abbildung 11 sowie Hornung et al. (1999, S. 318).

[22] Vgl. Kapitel 2, 2.1.

[23] Vgl. etwa Slywotzky und Drzik (2005, S. 37 f.).

[24] Vgl. etwa Bötzel et al. (2002, S. 15).

delegung des engeren Risikobegriffs als mögliche zukünftige Entwicklung, die mit einer Bedrohung seitens des Marktes verbunden ist, definiert werden.[25] Die Bedrohung äußert sich in einem Preis- und/oder Mengenrisiko. Wird diese Abgrenzung auf den weiteren Risikobegriff übertragen, sind positive und negative Preis- und/oder Mengenabweichungen Gegenstand der Betrachtung. Diese Abgrenzung wird im Folgenden zugrunde liegen. Zwecks Strukturierung der Informationsgewinnung sollen zwei Analyseebenen unterschieden werden: die Analyse des aufgabenspezifischen Umfelds und die Analyse des globalen Umfelds.[26] Dabei werden zwei Arten unterschieden: Extern induzierte Marktrisiken entstehen durch Veränderungen am Markt oder im Umfeld des Unternehmens. Hingegen resultieren intern induzierte Marktrisiken aus der Wertschöpfungsprozess des Unternehmens, wirken sich aber auf den Markt aus.[27]

Mit Blick auf eine risikoorientierte Marktanalyse innerhalb der Unternehmensüberwachung ist damit der Gegenstand einer Risikoidentifikation, -analyse und -bewertung präzisiert.[28] Im folgenden Abschn. 3.1.2 wird die Bedeutung einzelner Marktrisiken in ausgewählten betriebswirtschaftlichen Forschungsgebieten diskutiert. Die zusammengetragenen Erkenntnisse beruhen auf deduktiv wie auch induktiv gewonnenen Forschungsmethodiken. Sodann wird Abschn. 3.1.3 die wichtigsten Marktrisiken zusammenfassen, auf die bei der Darstellung und Diskussion der Instrumente einer Marktrisikoanalyse in den Abschn. 3.2 und 3.3 Bezug zu nehmen ist.

3.1.2 Diskussion der Bedeutung von Marktrisiken in ausgewählten betriebswirtschaftlichen Forschungsgebieten

3.1.2.1 Diskussion der Ergebnisse der Krisenursachenforschung zur Bedeutung von Marktrisiken

Das Unternehmen muss sich im *Markt* beweisen. Scheitert das Unternehmen im Wettbewerb, ist es in seiner Existenz gefährdet und wird notleidend. Eine Existenzgefährdung liegt insbesondere vor, wenn die insolvenzrechtlichen Tatbestände greifen (drohende Zahlungsunfähigkeit, Zahlungsunfähigkeit, Überschuldung). Nach Expertenschätzungen können etwa 70 bis 80 % der Unternehmensinsolvenzen in Deutschland als „Hygieneverfahren des Marktaustritts"[29] bezeichnet werden.

---

[25] Vgl. Töpfer und Heymann (2000, S. 227).

[26] Vgl. Baum et al. (2004, S. 53).

[27] Der Abgrenzung extern/intern entspricht in etwa das Begriff exogen/endogen, wie er in der Krisenursachenforschung anzutreffen ist. Vgl. Kap. 3, 3.1.2.1.

[28] In ähnlicher Weise beim *AKEIÜ*: „Das Risikomanagementsystem hat insbesondere die Marktrisiken (Mengenrisiken und Preisrisiken auf den Absatz- und Beschaffungsmärkten) sowie die Betriebs-, Finanz-, Rechts- und Umfeldrisiken zu erfassen und zu analysieren." Kromschröder und Lück (1998, S. 1576).

[29] Uhlenbruck (2002, S. 1366).

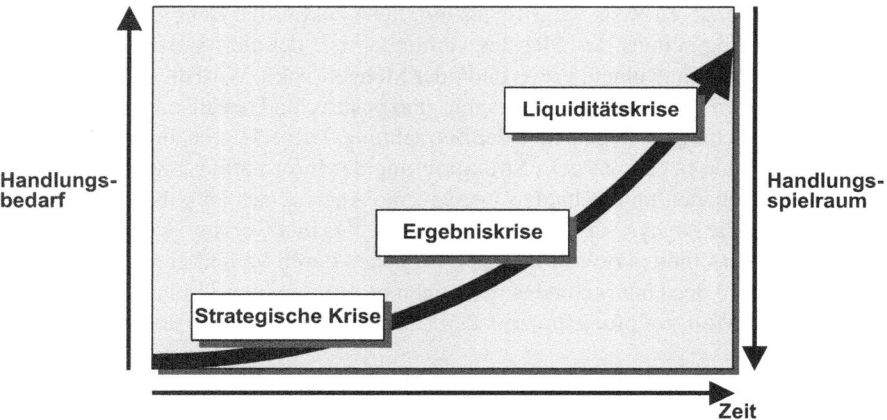

Abb. 3.1 Strategische Krise, Ergebniskrise und Liquiditätskrise im Zeitverlauf. (Vgl. Paetzmann 2003a, S. 601)

Typischerweise wird bei Unternehmenskrisen zwischen drei Phasen unterschieden: Phase der strategischen Krise, Phase der Ergebniskrise und Phase der Liquiditätskrise[30]: Die *strategische Krise* äußert sich in der Regel in einer Verschlechterung der Wettbewerbsposition im Markt. Zur Erkennung einer strategischen Krise sind schwache Signale im Sinne *Ansoffs* zu beobachten. Es ist dabei ein hohes Maß an Sensibilität gefordert,[31] denn das Ausmaß eines Absatzmarktrisikos und eine erhöhte Risikoeintrittswahrscheinlichkeit sind anfänglich nur schwer auszumachen. Diese Risiken lassen sich nicht an „harten" Faktoren wie Umsatz, sondern an „weichen" Faktoren (Verbraucherverhalten, Kundenzufriedenheit etc.) erkennen.[32] In der *Ergebniskrise* ist dann eine Wirkung in der Erfolgsrechnung zu erkennen. Hier schwindet oft schon das Vertrauen der wichtigen Stakeholders wie Banken oder Lieferanten, sobald und sofern ihnen die Zahlen bekannt werden. Ein Unternehmen in der *Liquiditätskrise* hat meist zuvor die strategische Krise und die Ergebniskrise durchlaufen. Nur in Ausnahmefällen – beispielsweise bei großen Forderungsausfällen oder rapiden Änderungen im Umfeld etwa durch Gesetzesreformen – gerät ein Unternehmen direkt in die Liquiditätskrise. In der Liquiditätskrise ist der Handlungsbedarf schon mit Blick auf das etwaige Vorliegen einer Insolvenzantragspflicht am größten, während der Handlungsspielraum nur noch sehr gering ausfällt (s. Abb. 3.1).

Vom Management werden Krisen meist geleugnet, auch weil in der Öffentlichkeit Managementfehler als hauptsächlich krisenverursachend angesehen werden. Bei Änderungen des Marktumfeldes notwendige *Anpassungsmaßnahmen* werden in der Praxis oft zu spät erkannt, nicht konsequent und schnell genug umgesetzt. Nach

---

[30] Vgl. Müller (1986, S. 53 f.); Schwarzecker und Spandl (1996, S. 13); Fischbach (2003, S. 546–548); KPMG (2004, S. 5); Hauschildt et al. (2006, S. 8).

[31] Vgl. Kraus und Haghani (2004, S. 16).

[32] Vgl. Keitsch (2004, S. 116).

einer Untersuchung zu Ursachen und Erfolgsfaktoren von Restrukturierungen reagieren weniger als 1/3 der betroffenen Unternehmen bereits in der strategischen Krise. Über 80 % reagieren, wenn sich die Krise in Ergebnissen zeigt, 16 % erst in der Liquiditätskrise.[33]

In der *Krisen- bzw. Insolvenzursachenanalyse* lassen sich nach *Krystek* zwei Forschungsrichtungen unterscheiden: eine *quantitative*, auf der Erhebung und Auswertung statistischer Daten basierende, und eine *qualitative Forschungsrichtung*, die über eine Befragung von Experten Informationen zu Ursachen generiert.[34] Zahlreiche Studien liegen dazu vor, deren Ergebnisse an anderer Stelle zusammengetragen und gegenübergestellt sind.[35]

Beispielhaft für die *deutsche Krisenursachenforschung* sei zunächst die qualitative Arbeit von *Hahn* genannt, der die Gerichtsakten von 205 Insolvenzverfahren im Bezirk Remscheid-Solingen-Wuppertal um das Jahr 1900 auswertet. *Hahn* unterscheidet – wie andere Autoren auch – zwischen *endogenen* (innerhalb der Einflusssphäre des Unternehmens) und *exogenen* Krisenursachen (im wesentlichen strukturelle Veränderungen im Absatzmarkt und im Umfeld des Unternehmens),[36] stellt 21 Hauptursachen heraus und kommt zu dem Schluss, dass endogene Ursachen dominieren und etwa 80 % der Insolvenzen auf unternehmerisches Versagen zurückzuführen sind. Die Unterscheidung in endogene und exogene Ursachen entspricht der üblichen Differenzierung in endogene und exogene Risiken (s. oben).[37] Zu etwa dem gleichen Ergebnis gelangen beispielsweise *Fleege-Althoff*[38] sowie zuletzt in Österreich der *Kreditschutzverband von 1870*.[39] Die *Deutsche Bundesbank* ermittelt als die drei häufigsten Insolvenzursachen in den Jahren 1985 und 1990 in Deutschland Kapitalstruktur (24 %), Absatz/Auftragsentwicklung (22 %) und Geschäftsführung/Organisation (19 %).[40] Auch *Fischbach* sieht die Relevanz exogener Ursachen als Auslöser für Unternehmenskrisen als deutlich niedriger an als die endogener Ursachen,[41] was im Einklang mit der systemtheoretisch geprägten Sichtweise (Führungsprozess der Unternehmung als Anpassungsprozess) steht.[42]

Neuere Arbeiten der Krisenursachenforschung gehen von einer monokausalen Erklärung ab und betonen, dass *endogen und exogene Faktoren nicht voneinander*

---

[33] Vgl. Roland Berger Strategy Consultants (2004). Vgl. auch Schwarzecker und Spandl (1996, S. 18); E&Y/HVB/FINANCE (2002, S. 25); Paetzmann (2003b, S. 968 f.).

[34] Vgl. Krystek (1987, S. 33).

[35] Vgl. Krystek (1987, S. 32–72); Mayr (2002, S. 166–191); Wildemann (2003a, S. 510–515), und die dort genannte Literatur.

[36] Zur Differenzierung in endogene und exogene Krisenursachen vgl. auch Lützenrath et al. (2003, S. 6–8).

[37] Vgl. Hahn (1958, S. 110).

[38] Vgl. Fleege-Althoff (1930, S. 85).

[39] Vgl. Kreditschutzverband von 1870 (2004, S. 2).

[40] Vgl. Deutsche Bundesbank (1992, S. 33).

[41] Vgl. Fischbach (2003, S. 543 f.).

[42] Vgl. Krieg (1971, S. 68 f.).

Abb. 3.2 Insolvenzursachen in Ländern der EU. (Vgl. European Network for SME Research 1997, S. 184)

Ranking nach Wichtigkeit (1 = wichtigste)

EU-Land	äußere Faktoren	finanzielle Probleme	Management	sonstige Faktoren
Deutschland	1	3	1	
Großbritannien	3	1	2	4
Frankreich	1	2	3	4
Italien	3	1	1	
Spanien		1		2
Niederlande	2	2	1	4
Belgien	3	1	1	4
Schweden	1			
Österreich	3	2	1	4
Finnland	1	2		
Griechenland	3	2	1	
Irland	3	2	1	
Luxemburg		2	1	3

zu trennen sind.[43] Dies taten auch bereits *Keiser* sowie *Hauschildt*,[44] der auch notleidende Unternehmen vor der Insolvenz mit in die Untersuchung einbezieht. Gleichwohl nennen alle Studien dieser Forschungsrichtung einzelne Krisenursachen und bewerten sie mit Häufigkeiten. Insgesamt können nach *Krystek Führungsfehler* „als die zentralen krisenverursachenden Faktoren nach den Erkenntnissen der bisher vorliegenden Untersuchungen"[45] interpretiert werden. Zu diesem Ergebnis gelangt auch eine europaweite Insolvenzursachenanalyse im Auftrag der *EU-Kommission*. Bei dieser auf den Mittelstand ausgerichteten Studie wurden außenstehende Betrachter wie Konkursgerichte, Gläubigerschutzverbände etc. befragt. Die Studie zeigt deutliche Unterschiede zwischen den einzelnen teilnehmenden EU-Ländern auf (s. Abb. 3.2), führt jedoch das Management als häufigste Haupt-Insolvenzursache in den teilnehmenden EU-Ländern auf.

Weitere häufig genannte endogene Krisenursache ist eine zu geringe Eigenkapitalausstattung bzw. zu hohe *Verschuldung*.[46] Zentrale exogene Krisenursache stellen in den vorliegenden Untersuchungen *konjunkturelle (Fehl-)Entwicklungen* dar.[47] Zu recht wird in der Literatur diskutiert, ob rezessive Entwicklungen eine Krisenursache oder ein Symptom von Unternehmenskrisen darstellen. Schließlich sollten gesunde Unternehmen einen kompletten Konjunkturzyklus überstehen. So trägt etwa die in der Rating-Praxis entwickelte Philosophie „Through-the-cycle" (das Risiko zum schwächsten Zeitpunkt innerhalb eines gesamten Konjunkturzyklus messend) der Tatsache Rechnung, dass Unternehmen durch einen kompletten Zyklus kommen

---

[43] Vgl. Krystek (1987, S. 71); Wildemann (2003a, S. 519).

[44] Vgl. Keiser (1966, S. 1–127); Hauschildt (1983, S. 142–149).

[45] Krystek (1987, S. 69).

[46] Vgl. Krystek (1987, S. 69 f.)

[47] Vgl. Fischbach (2003, S. 543).

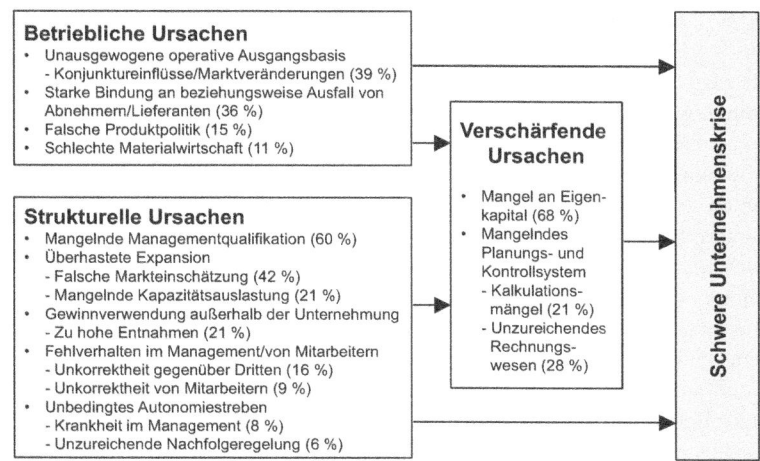

Abb. 3.3 Ergebnisse der Krisenursachenforschung bei 142 Insolvenzen nach Hauschildt. (In Anlehnung an Hauschildt 2000, S. 13. Vgl. auch Hauschildt et al. 2006, S. 7–25)

müssen.[48] *Strukturelle Veränderungen* im (Absatz-) Markt sowie im allgemeinen Umfeld werden in den Untersuchungen weniger genannt, besitzen jedoch eine Bedeutung. Hierzu zählen etwa technologische Sprünge, gesetzgeberische Initiativen, Wandel im Konsumentenverhalten, Rohstoffknappheit etc.[49] Nach *Krystek* haben die dem exogenen Bereich zuzuordnenden Krisenursachen in den letzten Jahren erheblich zugenommen.[50]

Abbildung 3.3 zeigt die Ergebnisse einer Analyse von Kreditprotokollen durch *Hauschildt* zu den Krisenursachen von 142 insolventen Unternehmen.

Offen bleibt die Frage, inwieweit exogene Krisenursachen sich in den untersuchten Fällen durch ein *Antizipations- und Adaptionsvermögen der Unternehmensführung* hätten reduzieren lassen. *Krystek* bezeichnet dies als „zentrale Fragestellung".[51] Dies spricht insbesondere die Fähigkeit der Unternehmensführung an, etwa mittels *Frühwarnsystemen* als Teil des Risikomanagementsystems drohende exogene Einflüsse frühzeitig zu identifizieren, um potentiell drohende Risiken abzuwenden. So fordern die Autoren der Krisenursachenanalyse durchgängig den Einsatz von Frühwarnsystemen zur Krisenprophylaxe.[52] Die empirische Erhebung von *KPMG* kommt zu dem Schluss, dass im Rahmen einer strategischen Früherkennung die Faktoren Branchenwettbewerb, Marketing und Vertrieb, Produktinnovation, Unternehmenspolitik und Abnehmer den höchsten Stellenwert (in dieser Reihenfolge)

---

[48] Hingegen handelt es sich bei der Rating-Philosophie „Point-in-time" um eine eher kurzfristige Betrachtung. Vgl. Treacy und Carey (1998, S. 899).

[49] Vgl. Fischbach (2003, S. 543).

[50] Vgl. Krystek (1987, S. 71)

[51] Krystek (1987, S. 71 f.) Vgl. ebenfalls Kropfberger und Mödritscher (2002, S. 140).

[52] Vgl. bspw. Krystek (1987, S. 140–201); Mayr (2002, S. 170).

besitzen.[53] Letztlich muss jedoch der gesamte Wertschöpfungsprozess des Unternehmens – von Forschung und Entwicklung über Beschaffung, Produktion, Vertrieb etwa bis zur Logistik – auf die Anforderungen des Marktes ausgerichtet sein. Prima vista rein *leistungswirtschaftliche Risiken*, in empirischen Untersuchungen werden als insolvenzverursachend etwa nicht auf den Markt ausgerichtete Forschungs- und Entwicklungsaktivitäten, ineffiziente Produktionsprozesse, Abhängigkeiten von Lieferanten, eine fehlerhafte Auftragsabwicklung, hohe Lagerbestände und falsche Materialbereitstellung sowie Rückrufaktionen genannt, sind auch *im Lichte der jeweiligen Marktanforderungen* zu betrachten.[54] Hier lässt sich insgesamt das folgende Phänomen in der qualitativen Krisenursachenforschung konstatieren: Werden – wie in den oben zitierten Untersuchungen – externe Analytiker und Experten befragt, identifizieren diese die Ursachen wie dargestellt überwiegend im unternehmensinternen, endogenen Bereich. Teilweise andere Ergebnisse erbringen Befragungen von „potentiell Betroffenen", also Unternehmern und Managern, die stärker auf exogene Faktoren abstellen. Hier spielen auch „subjektive Wahrnehmungsfilter" eine Rolle.[55]

Letztlich dürften Unternehmenskrisen weder allein durch geänderte Umwelt-/ Markt-Bedingungen (exogen) noch allein durch unzureichende unternehmerische Strukturen und Systeme (endogen) entstehen, sondern in der Regel *zugleich endogene und exogene Ursachen* haben. Unternehmenskrisen treten dann auf, wenn sich das Unternehmen nicht frühzeitig an geänderte Marktbedingungen anpasst und/oder das Unternehmen seine Erfolgsvoraussetzungen im Sinne seiner strategischen Position im Wettbewerbsumfeld verlässt.[56]

Eng zusammenhängend mit der Krisenursachenforschung sind rechnungslegungsbezogene empirische *Insolvenzprognoseverfahren*, die in den vergangenen Jahren an Bedeutung gewonnen haben.[57] Diese Verfahren versuchen, auf der Grundlage von Rechnungslegungsdaten mögliche Unternehmenskrisen frühzeitig zu erkennen. Aktuell diskutiert wird das ausgereifte Verfahren von *Baetge* auf der Basis eines „Backpropagation-Netzes" mit 14 Kennzahlen,[58] das heute „Baetge-Bilanz-Rating" (BBR) genannt wird[59] und auf der Künstlichen Neuronalen Netzanalyse basiert.[60] Das BBR wurde gemeinsam mit der Ratingagentur Moody's/KMV zum Ratingsystem „RiskCalc Germany" weiterentwickelt, das nun nur noch neun Kennzahlen

---

[53] Vgl. KPMG (2004, S. 13).

[54] Vgl. Freidank (2001c, S. 600–607); Wildemann (2003a, S. 508 und 517 f.); Wildemann (2003b, S. 13).

[55] Zur Psychologie der Krise vgl. Kropfberger und Mödritscher (2002, S. 133–158).

[56] Vgl. Kropfberger (1986, S. 142); Krystek (1987, S. 71 f.); Kropfberger und Mödritscher (2002, S. 145).

[57] Vgl. Hauschildt (1987, S. 7 f.).

[58] Das Verfahren wählte auf Grundlage einer Stichprobe von 10.515 Jahresabschlüssen solventer und 912 Jahresabschlüssen insolventer Unternehmen zunächst 209 und sodann 14 Kennzahlen aus, die trennscharf solvente von insolventen Unternehmen unterschieden.

[59] Vgl. Baetge (1998, S. 579–631); Baetge (2002b, S. 2281–2287).

[60] Zum Begriff vgl. grundlegend Baetge et al. (1996, S. 155–160).

beinhaltet.[61] Diese Verfahren werden heute überwiegend durch Banken zur Boni-
tätsüberwachung eingesetzt.[62]

3.1.2.2 Diskussion der Ergebnisse der Strategieforschung zur Bedeutung von Marktrisiken

Die auf *Porter* zurückgehenden Ansätze einer Analyse von Branchen und Gewinnung von *Wettbewerbsvorteilen* im Markt basieren wesentlich auf der Analyse der
Branchenstruktur. *Porter* erkennt, dass auf die Branchenstruktur verändernde Kräfte einwirken, die für ein strategieplanendes Unternehmen Unsicherheit bedeuten:
„Die Branchenstruktur ist nicht statisch, und in vielen Branchen besteht für die Unternehmen erhebliche Unsicherheit über zukünftige Strukturveränderungen."[63] Die
Entwicklung von Wettbewerbsstrategien auf Basis von Branchenszenarien soll mögliche Unsicherheiten erfassen und zu bewältigen helfen. Hierzu werden zunächst
Unsicherheitsfaktoren ermittelt, die auf die Branchenstruktur einwirken. Im Vordergrund stehen dabei die unabhängigen Unsicherheitsfaktoren, deren Unsicherheit
unabhängig von anderen Strukturelementen wirkt.[64] Diese unabhängigen Unsicherheitsfaktoren stellen die Szenariovariablen dar, für die die Kausalfaktoren zu
ergründen und die als Gegenstand von Hypothesen (über deren mögliche zukünftige
Ausprägung) zu nutzen sind.

Zur Bewältigung von Unsicherheit bei der Strategiewahl eröffnen sich nach
Porter fünf unterschiedliche methodische, miteinander kombinierbare Wege, die auf
erstellten Branchenszenarien fußen[65]: Die Wahl der Strategie aufgrund des für am
wahrscheinlichsten gehaltenen Szenarios, daneben die Entwicklung einer Strategie
aufgrund eines Szenarios, das dem Unternehmen das potentiell „beste" Ergebnis
im Sinne dauerhafter Wettbewerbsvorteile ermöglicht, die Wahl einer „robusten"
Strategie, die bei allen möglichen Szenarien ein befriedigendes Ergebnis erbringt
und dadurch Risiken minimiert, zugleich jedoch in der Regel Einbußen in Bezug auf
strategische Positionen bedeutet. Weitere Wege bestehen in einem Flexibelhalten des
Unternehmens, bis das Eintreffen eines bestimmten Szenarios zu erkennen ist, um
dann eine geeignete Strategie zu wählen, womit in der Regel ebenfalls Einbußen –

---

[61] Vgl. Baetge (2002b, S. 2283–2285).

[62] Zur Bonitätsprüfung der Banken vgl. grundlegend Kap. 2, 2.3.3.4 sowie, mit Bezug auf Marktrisiken, Kap. 3, 3.1.2.3. Während vor dem Hintergrund der hohen Verbreitung derartiger Systeme
in Banken auf der einen Seite eine Ausrichtung der unternehmerischen Rechnungslegungspolitik
auf deren wenige Kennzahlen empfohlen wird, betonen die Promotoren der Verfahren deren Re-
sistenz gegen eine Rechnungslegungspolitik. Vgl. Freidank (1990, S. 11 f.); Baetge et al. (2000,
S. 193–199); Reibis (2005, S. 48).

[63] Porter (1999, S. 561).

[64] Zur Ermittlung und Unterscheidung unabhängiger und abhängiger Unsicherheitsfaktoren vgl.
Porter (1999, S. 571 f.).

[65] Vgl. Porter (1999, S. 593–596). Auf die Szenariotechnik wird weiter unten dezidiert eingegangen.
Zur Entscheidung unter Unsicherheit vgl. Sieben und Schildbach (1994, S. 51).

es entfallen etwa mögliche Pionier- bzw. Vorreitervorteile[66] – verbunden sind, und schließlich in einem Herbeiführen eines wünschenswerten Szenarios durch Einflussnahme auf die den Szenariovariablen zugrundeliegenden Kausalfaktoren, wodurch Unsicherheit über das Eintreten eines Szenarios reduziert werden kann.

Die Szenariovariablen determinieren schließlich den Eintritt eines Szenarios. Daher stellen diese die Schlüsselindikatoren für Strukturveränderungen dar. Bei der Erhebung von Marktinformationen stehen deshalb Szenariovariablen und deren Kausalfaktoren im Mittelpunkt. Vor diesem Hintergrund besitzen frühe Informationen über die zukünftige Ausprägung der Szenariovariablen hohen strategischen Wert.[67] Je früher diese Informationen fundiert vorliegen, umso mehr werden Szenariovariablen zu vorherbestimmten Strukturelementen, was Unsicherheit reduziert und über frühe strategische Entscheidungen Positionsgewinne im Markt sichert. Eng hiermit zusammenhängend ist die im Schrifttum breit geführte Diskussion, ob die Übernahme einer „*Pionierrolle*" bei der Markteinführung neuer Produkte generell zu Wettbewerbsvorteilen führt, oder ob etwa die Positionen des „frühen Folgers" oder „späten Folgers" erfolgsversprechender sind.[68] Hierzu vorliegende empirische Untersuchungen bestätigen grundsätzlich einen signifikanten Einfluss des Markteintrittszeitpunkts auf den Marktanteil und damit den Erfolg. Sowohl die durchgeführten univariaten Analysen,[69] deren methodisch bedingte Monokausalität berechtigten Anlass zur Kritik gibt, als auch Ergebnisse auf Basis der multiplen Regressionsanalyse[70] weisen in diese Richtung.

Gerade im Falle neuer Technologien sind fundierte Informationen jedoch schwer erhältlich. So konnten bspw. weder *Xerox* 1959 bei der Markteinführung des Kopierers noch *Apple* 1977 bei der Einführung des ersten Personal Computers oder *Sony* 1979 bei der Markteinführung des Walkman die potentielle Größe des Marktes für ihre neuen Produkte vorhersehen.[71] Hieraus entspringt das mit den Absatz- und Gewinnchancen der Pionierstrategie verbundene *Marktrisiko*,[72] dass die Nachfrage auf eine Produktinnovation nur schwer abzuschätzen ist (Absatzrisiko). Unter anderem dieses Marktrisiko lässt eine strategische Folger-Position so attraktiv erscheinen.[73]

Ein Herausforderer wird im Rahmen einer offensiven Wettbewerbsstrategie insbesondere auf Signale achten, die eine mögliche Verletzbarkeit des bisherigen Branchenführers indizieren. Neben Signalen, die auf den Merkmalen des Branchenführers selbst beruhen, stellen Strukturveränderungen im Markt stets eine Chance für Herausforderer dar. Wichtige Branchensignale für die Verletzbarkeit (Abb. 3.4)

---

[66] Vgl. Voigt (1998, S. 479 f.).

[67] Vgl. Porter (1999, S. 599 f.).

[68] Vgl. etwa Simon (1989, S. 70–93); Stalk (1989, S. 37–46); Gerpott und Wittkemper (1991, S. 117–145); Wildemann (1993, S. 1252–1270); Voigt (1998, S. 93–103).

[69] Vgl. den Überblick bei Simon (1989, S. 86).

[70] Vgl. Buzell und Gale (1989, S. 161 f.) Zu im Ergebnis leicht abweichenden Aussagen mit Bezug auf Unternehmen der Maschinenbaubranchen vgl. Specht und Perillieux (1988, S. 216 f.).

[71] Vgl. Grant (2002, S. 348).

[72] Vgl. Voigt (1998, S. 480).

[73] Vgl. Voigt (1998, S. 481–483).

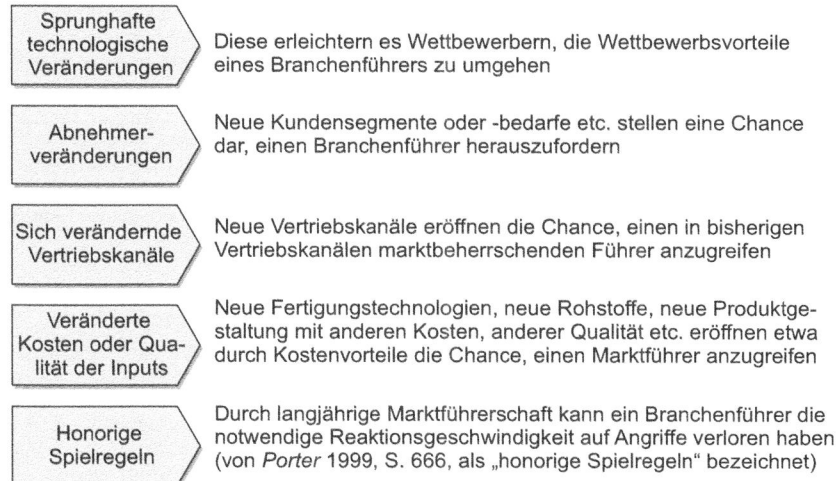

Abb. 3.4 Wichtige Strukturveränderungen als Signal für die Verletzbarkeit eines Branchenführers. (Vgl. Porter 1999, S. 667–671)

indizieren zugleich wichtige *Marktrisiken* (im Sinne von Bedrohungen), denen der Branchenführer bei der Bewahrung oder beim Ausbau der Wettbewerbsvorteile gegenübersteht.

3.1.2.3 Diskussion des Entwicklungsstands von Bonitätsprüfungsverfahren in Bezug auf Marktrisiken

Wie in Kap. 2, 2.3 dargestellt, befassen sich sowohl Banken als auch Ratingagenturen im Rahmen ihrer Überwachungshandlungen mit Bonitätsprüfungen. Tabelle 3.1 stellt die *Ratingkriterien*, wie sie schon vor „Basel II" bei deutschen Banken anzutreffen waren, den Kriterien der marktführenden Agenturen *Standard & Poor's* und *Moody's* gegenüber, und zeigt, dass sich die Kriterien letztlich nur in Nuancen unterscheiden.[74]

Anders als die beim Kreditrating angewandten Kriterien unterschieden sich in der Vergangenheit die dahinter liegenden *Rating-Methodologien* der Agenturen und deutschen Banken erheblich.[75] Der heutige Entwicklungsstand von Bonitätsprüfungsverfahren ist wesentlich auf die im angelsächsischen Raum dominierenden und langjährig erfahrenen[76] *Ratingagenturen* zurückzuführen. Durch die Tätigkeit dieser Agenturen im Bereich der Unternehmenskunden – traditionell auf Kapitalmarkt-Transaktionen und damit auf kapitalmarktorientierte Großunternehmen fokussiert[77] – verfügen sie über fundierte Erfahrung im *Credit Rating von Unternehmen*.

---

[74] Vgl. Paetzmann (2001b, S. 495).

[75] Vgl. Paetzmann (2001b, S. 495).

[76] Die Agentur *Standard & Poor's* ist seit dem Jahre 1860 tätig.

[77] Vgl. Kap. 2, 2.3.3.4.

Tab. 3.1 Ratingkriterien zweier Agenturen im Vergleich mit den Kriterien einer „repräsentativen" deutschen Bank vor Basel II. (In Anlehnung an Brunner et al. 2000, S. 7 f.)

Ratingagentur Standard & Poors	Ratingagentur Moody's	„Repräsentative" Bank
Finanzielles Risiko	*Finanzielles Risiko*	*Ertrags- und Finanzlage*
Finanzmerkmale	Cash flow	Ertragslage (Cash flow, Rentabili-
Finanzpolitik	Liquidität	tät etc.)
Rentabilität	Verschuldung	Finanzlage (EK-Quote, Liquidität
Kapitalstruktur	Eigenkapital	etc.)
Cash-flow-Absicherung		
Finanzielle Flexibilität		
Geschäftsrisiko	*Wettbewerbs- und*	*Unternehmenssituation*
Industriemerkmale	*Unternehmensrisiken*	Branchen-Einschätzung
Wettbewerbsposition	Relativer Marktanteil/	Marktbedingungen/
	Wettbewerbssituation	Wettbewerbsposition
	Diversifikation	Produktionsprogramm
	Umsatz, Aufwand,	Spezielle Risiken
	Betriebsergebnis	Prognosen/Umsatz- und
	Kunden und Lieferanten	Finanzplanung
		Unternehmensstruktur
	Unternehmensstruktur und	
	rechtliche Risiken	
	Einbezug verbundener	
	Unternehmen	
Management	*Management-Qualität*	*Management*
	Planung, Controlling	Erfahrung
	Managementerfahrung	Nachfolgeregelung
	Organisationsstruktur	Prognosesicherheit der Planung,
	Nachfolgeregelung	Controlling
		Kundenverbindung/Kontoführung

Methodisch wird dabei nicht unwesentlich auf die oben diskutierte *Branchenstrukturanalyse* zurückgegriffen.[78] Die durch die Arbeiten *Porters* geprägte Erkenntnis, dass die Struktur der für ein Unternehmen relevanten Branche die Profitabilität auf lange Sicht grundsätzlich determinieren kann,[79] ist in die Methodologie der Rating-Praxis eingeflossen. *Standard & Poor's* trennt dabei bei den Kriterien zwischen dem allgemeinen Branchenrisiko, den Branchenmerkmalen („industry risk") auf der einen Seite und dem individuellen Unternehmensrisiko, ausgedrückt durch die Wettbewerbsposition („business risk"), auf der anderen Seite.[80]

---

[78] Vgl. Grant (2000, S. 70 f.).

[79] Vgl. Porter (1979, S. 86).

[80] Vgl. Ganguin und Bilardello (2005, S. 20 und 62). Vgl. auch Standard & Poor's (2003, S. 17 f.).

Von Bedeutung ist die in Theorie und Praxis breit diskutierte These, dass die Branchenmerkmale eine Obergrenze („*ceiling*") für das Credit Rating eines Unternehmens darstellen.[81] Diese Aussage wird von Vertretern der Agentur *Standard & Poor's* dahingehend relativiert, dass sie nur generell gelten soll, sofern die exogene Branchenstruktur das Unternehmen bei einer Entwicklung einschränkt. Im spezifischen Fall könnten auch endogene Fähigkeiten des Unternehmens bzw. des Managements, etwa eine besondere spezifische Wettbewerbsposition, ein besseres Kreditrisiko zulassen.[82] Vor diesem Hintergrund beschäftigen sich Ratingagenturen bei der Erstellung eines Credit Ratings intensiv mit dem relevanten aufgabenspezifischen Markt sowie dem globalen Umfeld des Unternehmens.

Das zweite Konsultationspapier zu „Basel II" nannte bereits neun *Mindestkriterien*, die auf das geschilderte Vorgehen Bezug zu nehmen scheinen. So lauteten zwei der Mindestkriterien[83]: „Position innerhalb der Industrie und zukünftige Aussichten" und „Stärke und Fähigkeit des Managements, auf veränderte Bedingungen effektiv zu reagieren und Ressourcen einzusetzen sowie der Grad der Risikobereitschaft versus Konservativität". Weder im dritten Konsultationspapier[84] noch in der Endfassung der Neuen Eigenkapitalvereinbarung[85] sind jedoch detaillierte Mindestkriterien enthalten, so dass sich mit Blick auf die Bedeutung von Marktrisiken letztendlich unmittelbar aus „Basel II" (ebensowenig aus dem zukünftigen „Basel III") heraus keine detaillierten Erkenntnisse ableiten lassen. Diese sind vielmehr aus der Bankenpraxis abzuleiten.

In der heutigen *Ratingpraxis der Banken*, die sich gegenüber dem Stand von noch vor wenigen Jahren deutlich verändert hat,[86] wird innerhalb der qualitativen Ratingfaktoren versucht, mögliche *Marktrisiken* zu identifizieren. Gängige Ratingsysteme berücksichtigen bei den qualitativen Kriterien insbesondere markt-, wettbewerbs- und managementbezogenen Risiken. Reine *leistungswirtschaftliche Risiken*, also Risiken bezogen auf die Wertschöpfungsprozesse in Forschung & Entwicklung, Beschaffung, Fertigung, Vertrieb und Logistik, wurden noch in den späten 1990er Jahren nicht explizit mit einbezogen (s. auch Tab. 3.1), was etwa *Wildemann* kritisierte.[87] Moderne Ratingverfahren wie die in Kap. 2, 3.3.4 skizzierten Systeme der *Commerzbank* und des Sparkassensektors berücksichtigen diese nunmehr explizit. Gleichwohl gilt, dass die Wertschöpfungsprozesse letztlich den *Anforderungen des Marktes* gerecht werden müssen.

Am Beispiel des Ratings für den Sparkassensektor (für große Firmenkreditkunden mit Jahresumsätzen über 20 Mio. €) ist zu sehen, wie durch offen gestellte Fragen eine Einschätzung zur Situation des analysierten Unternehmens in seinem relevanten

---

[81] Vgl. Standard & Poor's (2003, S. 18).

[82] Vgl. Ganguin und Bilardello (2005, S. 42).

[83] Basel Committee (2001, S. 50 f.); deutsche Übersetzung.

[84] Vgl. Basel Committee (2003b).

[85] Vgl. Basel Committee (2004).

[86] Vgl. etwa Rösler und Pohl (2002, S. 625).

[87] Vgl. Wildemann (2003a, S. 508 f.).

Abb. 3.5 Fragen zum Bereich „Markt & Produkt" innerhalb der Weichen Qualitativen Faktoren des Ratings der Sparkassen-Finanzgruppe. (Vgl. Böcker und Eckelmann 2002, S. 170)

Umfeld gewonnen werden soll. Für den Bereich „*Markt und Produkt*", der einen von vier Bereichen innerhalb der „weichen qualitativen Faktoren"[88] repräsentiert, werden in Abb. 3.5 die hierzu erhobenen fünf Merkmale und 16 Aussagen gezeigt.

Die 16 erhobenen Aussagen decken in etwa das Spektrum möglicher Risiken ab, wie sie im Zweiten Konsultationspapier mit dem Mindestkriterium „*Position innerhalb der Industrie und zukünftige Aussichten*" zusammengefasst sind.[89] Beim Design „Basel II"-kompatibler Ratingsysteme wurde bereits auf einen großen Datenhaushalt zugegriffen, so wertete man etwa beim Aufbau des Sparkassenratings einen Datenpool mit 300.000 Bilanzen aus.[90]

Um bankinterne Ratingsysteme weiterentwickeln zu können, ist auch zukünftig der Zugriff auf aussagefähige Datenbestände notwendig. Geringe Ausfallwahrscheinlichkeiten, lange Laufzeiten sowie die hohe Anzahl genutzter Risikoklassen erschweren statistische Analysen auf Basis eines einzelnen Instituts oder machen sie wenig aussagefähig. Die Institute haben hierzu ihre Datenbestände weiter ausgebaut, unter anderem mit dem Ziel, sogenannte *Back-Testings* zu ermöglichen. Eine wichtige Anforderung an Ratingsysteme ist, dass die über ein Back-Testing ermittelten „realisierten" ex post-Ausfallhäufigkeiten nicht signifikant von den ex ante-Ausfallwahrscheinlichkeiten der Bonitätseinstufung abweichen.[91] Anders als bei Portfolios im Retailgeschäft, wo das Ausfallrisiko wesentlich stärker vom individuellen Finanzgebaren (unsystematisches Risiko) abhängt, wird das Ausfallrisiko im Firmenkundengeschäft auch weitgehend von *Markt- und Branchenveränderungen*

---

[88] Vgl. Kap. 2, 2.3.3.4.

[89] Vgl. auch Wildemann (2003a, S. 514).

[90] Vgl. Feisthauer et al. (2002, S. 166).

[91] Vgl. Krahnen und Weber (2000, S. 12).

(systematisches Risiko) getrieben. Mit Blick auf die gegebenen hohen Komplexitäts- und Veränderungsgrade einzelner Branchen(-segmente) zeigt sich hier die Relevanz verlässlicher und aktueller Informationen für die Einschätzung der Entwicklung ganzer Kreditportfolios.[92]

Die in Abb. 3.5 gezeigten Fragestellungen nehmen zwar Aussagen zu Markt und Produkt auf, dürften jedoch insgesamt zu statisch sein. Auch wenn es Ziel der Ratingsysteme ist, die Risiken der Unternehmen zu erfassen, zu analysieren, zu aggregieren und zu bewerten, spielen die Risiken an sich, etwa zufallbedingte Umsatzschwankungen, bei den erhobenen Kriterien ein geringe oder keine Rolle.[93] Letztlich steht die deutsche Kreditwirtschaft hier noch am Beginn eines längeren Optimierungsprozesses, bei dem Marktrisiken eine große Rolle spielen.

3.1.2.4 Diskussion der Ergebnisse der Risikomanagement-Forschung zur Bedeutung von Marktrisiken

Innerhalb der Risikomanagement-Forschung sind mit Blick auf die Historie[94] zunächst die *Erkenntnisse der Versicherungsbetriebslehre* auf Aussagen hinsichtlich der Bedeutung von Marktrisiken zu untersuchen. Auch weil Marktrisiken im Sinne des hier diskutierten Zusammenhangs grundsätzlich gegen die Kriterien der Versicherbarkeit[95] verstoßen, sind diese weder Gegenstand der traditionellen Versicherungsbetriebslehre noch im Leistungsumfang von Versicherungsunternehmen enthalten. Die neuere Entwicklung der Praxis hin zu einem integrierten Risikomanagement – oft unter dem Schlagwort Alternative Risk Transfer[96] – hat jedoch ein Aufnehmen dieser Gedanken durch die Versicherungsbetriebslehre bewirkt, so dass spätestens seit dem Reüssieren des Begriffs Risikomanagement im Rahmen des KonTraG erste Forschungsergebnisse zur Bedeutung von Marktrisiken vorliegen.[97]

Die stärkeren Impulse kommen jedoch aus der *Versicherungspraxis*, wo in der Vergangenheit häufig neue Lösungen zur Abdeckung neuer Risiken entwickelt wurden. In der jüngeren Vergangenheit wurden so im deutschen Markt etwa die Produkte Organhaftpflichtdeckung (Directors & Officers Liability), die Transport-Betriebsunterbrechungsdeckung oder die Fertigstellungsgarantie (Completion Bond) für Medienprodukte eingeführt.[98] Aktuelle Neuprodukte befassen sich etwa mit der Abdeckung von Restwertrisiken für Leasinggüter.[99]

---

[92] Vgl. Paetzmann (2001b, S. 496).

[93] Vgl. Everling und Bargende (2005, S. 267 f.).

[94] Vgl. Kap. 2, 2.2.

[95] Vgl. Farny (2011, S. 37–41).

[96] Vgl. Kap. 2, 2.2.3.5.

[97] Vgl. etwa Albrecht (1998, S. 3); Müller (1999, S. 686 f.).

[98] Vgl. Paetzmann (1998, S. 867–869).

[99] Vgl. Herold und Paetzmann (1999, S. 18–48); Swiss Reinsurance Company (2003, S. 10–12).

• **Strategiefallen**	falsche Einschätzung langfristiger Entwicklungen
• **Marktfallen**	ungenügendes Verständnis für Entwicklung der Marktkräfte
• **Wettbewerbsfallen**	ungenügende Innovationskraft
• **Nischenfallen**	Aufgabe von Wachstumsmärkten und Verbleib in Nischen, die schrumpfen und keine Economies of Scale erlauben
• **Kapazitätsfallen**	Überkapazitäten in der Rezession
• **Technologiefallen**	neue Anbieter mit neuen Technologien ersetzen eigene Produkte
• **Währungs-/Zinsfallen**	kräftige Verschiebung von Währungsparitäten
• **Führungsfallen**	Versäumnisse des Managements
• **Organisationsfallen**	Mängel in Organisation und Kontrolle eines Unternehmens
• **Finanzierungsfallen**	falsche Finanzierungsstrukturen und Planungsverfahren
• **Kostensenkungsfallen**	Vernachlässigung von Investitionen durch Konzentration auf Kosten
• **Unternehmenskulturfallen**	Mängel in Kultur und interner Kommunikation

Abb. 3.6 Die gefährlichsten Risikofallen nach UBS. (Vgl. UBS 1998, S. 9 f.)

Wesentliche vorliegende Untersuchungen zur Bedeutung von *Marktrisiken* entstammen ebenfalls der Praxis.[100] So wurden in einer Studie der *UBS* die gefährlichsten Risikofallen von einer Expertenrunde aus Versicherungswirtschaft, Industrie, Beratung und Forschung ermittelt. Diese in Abb. 3.6 genannten Risikofallen beinhalten auch Risiken der Strategie-, Markt- und Wettbewerbsdimension.

Eine Untersuchung von *Marsh* aus dem Jahre 2002 beruht auf einer Befragung von 600 europäischen Unternehmen verschiedenster Branchen des gehobenen Mittelstands (Jahresumsätze zwischen 50 und 500 Mio. €). Gefragt wurde unter anderem nach der Bedeutung verschiedener Risiken, die vier Risikosphären, nämlich „Strategic", „Operational", „Hazard" und „Financial", zugeordnet waren (s. Abb. 3.7).

Die Untersuchung zeigt, dass die sechs wichtigsten Risiken den Sphären „Strategic" und „Operational" zuzurechnen sind (Abb. 3.8). Die Ergebnisse der empirischen Erhebung weichen bei Betrachtung einzelner Branchen nicht erheblich von der Gesamtaussage ab, so dass diese als auch für Produktionsunternehmen geltend angesehen werden können.[101]

Eine jüngere empirische Erhebung, ebenfalls von *Marsh*, aus dem Jahre 2004 bei 950 Unternehmen mit Jahresumsätzen zwischen 30 und 300 Mio. € aus elf europäischen Ländern bestätigte die Ergebnisse der oben zitierten Studie. Die neuere Studie ermittelt die drei Risiken „increased competition", „adversed changes in customer demand", „reduced productivity because of staff absenteeism and turnover" (in dieser Reihenfolge) als wichtigste Risiken der befragten Unternehmen, die zugleich als am schwierigsten zu beherrschen seien.[102]

Die vorliegenden Ergebnisse der Risikomanagement-Forschung zeigen einheitlich, dass Risiken, die aus der Sphäre des Marktes auf Unternehmen einwirken,

---

[100] Vgl. Zech (2001, S. 73 f.).
[101] Vgl. Marsh (2002, S. 11).
[102] Vgl. Bolger (2004).

Abb. 3.7 Die vier
Risikosphären großer
mittelständischer
Unternehmen nach Marsh.
(Vgl. Marsh 2002, S. 6)

eine hohe Bedeutung innerhalb des Spektrums möglicher Gefahren zukommt. Zugleich wird auf die methodische Schwierigkeit hingewiesen, diese Marktrisiken in das Risikomanagement zu integrieren.[103]

Die *Risikomanagement-Forschung außerhalb der Versicherungstheorie und -praxis*, letztlich erst in Verlauf der Reformbemühungen um eine Verbesserung der Corporate Governance entstanden, hat sich ebenfalls mit dem Phänomen der Marktrisiken als einer Kategorie möglicher Risiken, beschäftigt. Dabei konnte zur Erklärung weitgehend auf eingeführte Theorien des Strategischen Managements, insbesondere *Porters*, zurückgegriffen werden. Unterschieden werden extern induzierte Marktrisiken, die aus der Umwelt des Unternehmens resultieren und auf das Unternehmen einwirken, von intern induzierten Marktrisiken, die aus dem betrieblichen Wertschöpfungsprozess auf den Markt des Unternehmens wirken.[104] Diese Klassifikation verdeutlicht letztlich das notwendige Bemühen eines Unternehmens im Markt, seine Wertschöpfungskette auf die sich wandelnden Bedürfnisse des Marktes einzustellen. Im Vordergrund steht auch hier das frühzeitige Erkennen von Veränderungen sowie das Gegensteuern, um eine negative Entwicklung zu vermeiden. Die *extern induzierten Marktrisiken* können in Anlehnung an die bekannten fünf Wettbewerbskräfte[105] wie folgt klassifiziert werden: Risiken, die aus dem Konkurrieren mehrerer Wettbewerber der gleichen Branche am Markt resultieren, Risiken, die in der Wertschöpfungskette bezogen auf Lieferanten und deren Verhandlungsstärke oder bezogen auf Kunden und der Verhandlungsmacht entstehen, Risiken, die

---

[103] Vgl. Marsh (2002, S. 10). Vgl. auch Zech (2001, S. 73).

[104] Vgl. Töpfer und Heymann (2000, S. 228).

[105] Vgl. grundlegend Porter (1979, S. 86–93); Porter (1980).

„State whether financial impact is low, medium or high"

All risks	low risk	medium risk	high risk	% significant risk	Risk type
Increased competition	20	42	23	65	strategic
Losing staff to competitors	36	38	18	56	operational
Changes in customer demand	31	36	19	55	strategic
Wrong strategy - lack of market data	33	36	16	52	strategic
Staff absenteeism	38	38	12	50	operational
IT security failure	39	33	17	50	operational
Commodity price fluctuation	37	35	14	49	financial
Supply chain failures	28	31	18	49	operational
Wrong investment strategy	44	32	16	48	financial
Not responding to technical advances	39	29	18	47	strategic
Legal and contractual non-compliance	43	35	12	47	operational
Fire and natural disaster	45	28	19	47	hazard
Changes in demographics and customers	39	35	10	45	strategic
Misinterpreting market information	42	30	12	42	strategic
System failures	35	30	11	41	operational
Customer payment default	52	27	13	40	financial
Business interruption	44	22	18	40	hazard
Exchange/interest rate fluctuation	50	28	9	37	financial
Workplace injuries	53	30	6	36	operational
Physical security breach	58	25	9	34	hazard
Employee misdeeds	54	27	6	33	operational
Pollution	55	23	10	33	hazard
Product liability	49	21	9	30	hazard
Employee injury	61	24	6	30	hazard
Non-compliance with tax laws	65	18	7	25	financial
Losing suppliers due to debt	67	17	5	22	financial

Base weigthed EU total

Abb. 3.8 Die wichtigsten Risiken europäischer Unternehmen nach Marsh. (Vgl. Marsh 2002, S. 10)

aus dem Entstehen von Ersatzprodukten für bisherige Marktleistungen entstammen, sowie Risiken, die aus dem Auftreten neuer Wettbewerber im Markt entstehen.[106]

Anders als diese extern induzierten Marktrisiken liegen die Ursachen *intern induzierter Marktrisiken* im Unternehmen selbst. Dabei führen intern liegende und intern begründete Probleme, etwa Qualitätsdefizite oder nicht genutzte Kernkompetenzen, zu einer Schwächung des Markterfolgs beim Kunden bzw. der relativen Position im Vergleich zum Wettbewerb. Auch bei der Klassifikation dieser intern induzierten Marktrisiken kann auf die Erkenntnisse des Strategischen Managements zurückgegriffen werden, das die wertschöpfenden Tätigkeiten des Unternehmens in der *Wertketten-Analyse*[107] in primäre und unterstützende Aktivitäten gliedert und ein schematisches Modell zu deren Analyse zur Verfügung stellt. Mit Blick auf Marktrisiken kommt innerhalb der funktionalen Differenzierung eine besondere Bedeutung naturgemäß der *Marktbearbeitung* (Marketing und Vertrieb) zu, die das Bindeglied

---

[106] Vgl. auch die Beispiele aus der Praxis hierzu bei Töpfer und Heymann (2000, S. 233–251).

[107] Vgl. grundlegend Porter (1999, S. 63–96).

der wertschöpfenden Organisation zu den Kunden im Markt darstellt. Die Abgrenzung der intern induzierten Marktrisiken zu leistungswirtschaftlichen Risiken – dies
zeigte auch die obige Diskussion innerhalb der Krisenursachenforschung – erscheint
insgesamt auch hier teilweise etwas unscharf.

3.1.2.5 Diskussion der Ergebnisse der Forschung zur Unternehmensbewertung hinsichtlich der Bedeutung von Marktrisiken

Der richtige Unternehmenswert ist stets ein zweckgerechter Wert. Ausgehend
von dem grundlegenden Prinzip der *Zweckadäquanz*[108] der Unternehmensbewertung und der durch *Sieben* und seine Schüler geprägten Kölner Funktionenlehre
mit Hauptfunktionen (Entscheidungs- bzw. Beratungsfunktion, Vermittlungsfunk-
tion und Argumentationsfunktion) und Nebenfunktionen (etwa der Bilanzierung
oder Steuerbemessung)[109] hat sich die Theorie der Unternehmensbewertung in den
vergangenen Jahrzehnten insbesondere im Lichte der Internationalisierung der Wirtschaft mit ihren nicht unerheblichen Auswirkungen auf Unternehmenssteuerung und
Bilanzierung weiterentwickelt. Diese Auswirkungen betreffen auch kapitalmarktferne Unternehmen.[110] In der aktuellen Literatur unterscheiden *Coenenberg* und
Schultze die Bewertungszwecke der gutachterlichen Bewertung (einschließlich der
gutachterlichen Tätigkeit eines Wirtschaftsprüfers), der beratungsorientierten Bewertung bei Unternehmenskäufen, der relativen Bewertung zum Kapitalmarkt,[111] der
Bewertung für das wertorientierte Controlling (verbunden mit der Wertsteigerungs-
analyse) und der Fair-Value-Ermittlung im Rahmen der Bilanzierung (insbesondere
mit Blick auf die in internationalen Standards übliche Ermittlung der Fair Values und
die Vornahme von Werthaltigkeitstests beim Goodwill aus Kapitalkonsolidierung).[112]
  Bei der Bewertung im Rahmen von *Unternehmensakquisitionen* sind nach herrschender Meinung die Verfahren der Gesamtbewertung anzuwenden, bei denen der
Wertermittlung – anders als beim Einzelbewertungsverfahren – die aus der Nutzung
aller Aktiva und Passiva resultierenden finanziellen oder alternativen[113] Vorteile für

---

[108] Vgl. Sieben (1977, S. 28–30).

[109] Vgl. Sieben (1983, S. 539 f.); Matschke (1993, S. 1 f.); Schildbach (1993, S. 25); Sieben
(1993, Sp. 4316); Matschke und Brösel (2005, S. 22). Vgl. ebenfalls die Systematisierungen bei
Moxter (1983, S. 9–22 und 64–73) (Ermittlung von Grenzpreisen, Ermittlung von Schiedspreisen
sowie Bewertungsverfahren mit Vereinfachungs- und Objektivierungsdominanz); IDW (2007, S. 8)
(Wirtschaftsprüfer als neutraler Gutachter, als Berater oder als Schiedsgutachter); Ballwieser (2004,
S. 1) (Bewertungszwecke der Entscheidungsvorbereitung, der Argumentationsunterstützung, der
Vermittlung, der Ermittlung von Besteuerungsgrundlagen sowie der Ermittlung von Bilanzwerten).

[110] Vgl. Paetzmann (2005b, S. 300).

[111] Zur Kritik hieran vgl. Ballwieser (2004, S. 5).

[112] Vgl. Coenenberg und Schultze (2002, S. 599 f.) Zu den möglichen Anlässen der Unternehmensbewertung vgl. ebenfalls grundlegend Sieben (1993, Sp. 4320–4322); Peemöller (2005a, S. 1–14).

[113] Vgl. Sieben und Zapf (1981, S. 21–28); Havermann (1986, S. 157–170); Matschke (1993,
S. 1–24); Sieben (1993, Sp. 4327); Ballwieser (2004, S. 15 f.); IDW (2007, S. 17).

den Eigentümer zugrunde liegen.[114] Diese basieren auf dem Kapitalwertkalkül der Investitionstheorie und betrachten das Unternehmen als Investitionsobjekt, das dem Eigentümer Mittel zufließen (oder im Falle bereits vorhandener Unternehmen über Verbundeffekte Ausgaben ersparen) lässt.

In ihrer finanzmathematischen Konkretisierung als *Bruttokapitalwert*[115] werden erwartete Zahlungsmittelzuflüsse (und ersparte Zahlungsmittelabflüsse) beim Eigentümer des Unternehmens diskontiert. Diese Zahlungsmittelzuflüsse beim Eigentümer entstammen grundsätzlich aus den *Zahlungen zwischen dem Unternehmen und seinen Märkten* (allgemeiner: seiner Umwelt). Den Einzahlungen aus Umsatzerlösen etwa liegen Kontrakte mit Vertragspartnern im Absatzmarkt zugrunde. Diese Zahlungen zwischen dem Unternehmen und seinen Märkten stellen jedoch nur die Basis für die dem Eigentümer zufließenden Zahlungen dar, denn dazwischen liegen noch die Kassenhaltungs- und die Ausschüttungspolitik des Unternehmens, über die explizite Annahmen bzw. Prognosen anzustellen sind. Für den Bruttokapitalwert sind weitere Annahmen zu treffen, die sich auf seine Komponenten beziehen. Dies betrifft insbesondere die Zeitpunkte und Höhen der prognostizierten Nettozahlungen (Mittelzuflüsse und ersparte Mittelabflüsse abzüglich Kapitaleinlagen und persönlicher Steuern) an den Eigentümer sowie die Abzinsungssätze, die Opportunitätskostencharakter besitzen.

Die dem Konzept des Bruttokapitalwerts – sei es in seiner Ausprägung als Ertragswert oder als Discounted Cash Flow (DCF)[116] – zugrundeliegenden Annahmen und Bedingungen können insgesamt als unrealistisch bezeichnet werden. „Dementsprechend sind alle Berechnungen des Bruttokapitalwerts mit Mängeln behaftet. Wie groß diese sind und ob sie mit guten Gründen vernachlässigt werden können, ist im vorhinein unbekannt."[117] Mit Blick auf die hier verfolgte Untersuchung erscheint es am drängendsten, auf die Basisannahme hinzuweisen, infolge derer der Bruttokapitalwert ein Vermögenskonzept darstellt, das in einer Welt mit sicheren Erwartungen und einem vollkommenen Kapitalmarkt eindeutig zu definieren und zu interpretieren ist. Vollkommenheit des Kapitalmarkts bei Sicherheit[118] ist in der Realität jedoch nicht anzutreffen, so dass bei der Berechnung des Bruttokapitalwerts (als Ertragswert oder als DCF) schon durch die *Unsicherheit*[119] einige Probleme auftreten.

So hängen die aus dem Unternehmen an den Eigentümer fließenden Nettozahlungen von der Strategie des Unternehmens wie auch vom Verhalten der Nachfrager, der Lieferanten, des Wettbewerbs und etwa des Staates ab. Diese Entwicklungen zu prognostizieren bleibt ein Kernproblem der Unternehmensbewertung. Daneben wirft die dem Kapitalwertkalkül zugrundeliegende Annahme eines unendlich langen Zeitraums die Frage auf, für wie lange künftige Nettozahlungen hinreichend genau

---

[114] Vgl. bspw. Sieben (1993, Sp. 4316); Ballwieser (2004, S. 8 f.).

[115] Zur Abgrenzung zum Nettokapitalwert („net present value") vgl. Ballwieser (2004, S. 13).

[116] Vgl. grundlegend Sieben (1995, S. 713–737); Ballwieser (2005, S. 363–375).

[117] Ballwieser (2004a, S. 14).

[118] Vgl. Franke und Hax (2004, S. 153).

[119] Vgl. Kap. 2, 2.1.

prognostiziert werden können (Ausnahme: zeitlich begrenzte Unternehmen).[120] Daneben ist die Annahme deterministischer künftiger Nettozahlungen unrealistisch. Die Nettozahlungen sind unsicher und in Form subjektiver Wahrscheinlichkeitsverteilungen bekannt. Diese Unsicherheit ist im Kalkül des Bruttokapitalwerts angemessen abzubilden, und die subjektiven Wahrscheinlichkeitsverteilungen (oder ein Platzhalter an deren Stelle) sind zu diskontieren.[121]

Ein weiteres Problem ist, dass für die „Weiterverarbeitung" der unsicheren Nettozahlungen Aussagen über die Risikoeinstellung der Eigentümer als Entscheidungsträger benötigt werden. Die in der Unternehmensbewertung wie auch in der Investitions- und Finanzierungstheorie unterstellte Risikoaversion ist (bis heute nur) in der *Bernoulli*-Theorie ausreichend klar definiert, die in der Regel relevante konkave Nutzenfunktion in der Literatur vielfach beschrieben.[122] Im Rahmen der Unternehmensbewertung ergibt sich das Problem, die *Bernoulli*-Theorie mit dem Bewertungskalkül zu verbinden, insbesondere mit Blick auf die von risikoscheuen Eigentümern stets geforderte Prämie für getragenes Risiko. Ebenso kann sich mit Blick auf die subjektiven Wahrscheinlichkeitsverteilungen im Rahmen des Bewertungskalküls die Nachvollziehbarkeit als Problem erweisen, denn den Wahrscheinlichkeitsverteilungen liegen subjektive Einschätzungen zugrunde. Schließlich erweisen sich die Ermittlung und nachvollziehbare Begründung des Diskontierungszinssatzes mit seinem Opportunitätskostencharakter – insbesondere auch unter Beachtung des Risikoäquivalenzprinzips der Unternehmensbewertung – als Problem.[123]

Um trotz aller möglichen Probleme dennoch zu begründeten Ertragsprognosen zu gelangen, hat sich in der Bewertungspraxis – beim Ertragswert- wie auch beim DCF-Verfahren – ein strukturiertes Vorgehen etabliert, das mit einer *Vergangenheits- und Lageanalyse* beginnt.[124] Hier liegt die Erkenntnis zugrunde, dass trotz der Abhängigkeit des Unternehmenswertes von der Zukunft die Vergangenheit eine Bedeutung für die Bewertung besitzt.[125] Bei der Vergangenheits- und Lageanalyse bilden die Märkte und Produkte des Unternehmens einen Schwerpunkt. „Da die bisherige leistungs- und finanzwirtschaftliche Entwicklung des Unternehmens Resultat der Geschäftstätigkeit in bestimmten Märkten ist, müssen unternehmensbezogene Informationen über die erwiesene Ertragskraft sowie die Vermögens- und Finanzverhältnisse vor dem Hintergrund der vergangenen Markt- und Umweltentwicklungen analysiert werden. So kann sowohl verhindert werden, dass vergangene Entwicklungen unkritisch

---

[120] Vgl. Jaensch (1966, S. 32 f.); Münstermann (1966, S. 61); Copeland et al. (1990, S. 138 f.).

[121] Zu klären ist darüber hinaus, inwieweit eventuelle stochastische Abhängigkeiten zwischen zeitlich aufeinander folgenden Wahrscheinlichkeitsverteilungen zu berücksichtigen sind. Vgl. Ballwieser (2004, S. 15).

[122] Vgl. Drukarczyk (1975, S. 98–118); Sieben und Schildbach (1994, S. 62–76); Eisenführ und Weber (1999, S. 359–375); Franke und Hax (2004, S. 298–305).

[123] Vgl. Sieben (1993, Sp. 4323–4325).

[124] Vgl. Moxter (1983, S. 97–101); Popp (2002, S. 103–130); Born (2003, S. 47–73); Peemöller und Kunowski (2005, S. 223–229); Popp (2005, S. 101–134).

[125] Vgl. Mellerowicz (1952, S. 54); Münstermann (1966, S. 48 f.); Schmalenbach (1966, S. 36 f.); IDW (2007, S. 51).

in die Zukunft fortgeschrieben („prognostiziert") werden, als auch, dass die Prognose losgelöst von der tatsächlichen Performance des Unternehmens in der Vergangenheit und den Gegebenheiten am Bewertungsstichtag erfolgt."[126] Hierbei steht vor allem der *Absatzmarkt* im Vordergrund, denn die Nettozahlungen an den Eigentümer resultieren aus dem Absatz der produzierten Güter. Nach *Ballwieser* sind dabei folgende Themen zu klären: Die wichtigsten Produkte und Märkte, deren Entwicklungsphase, die Marktstellung des zu bewertenden Unternehmen und die wichtigsten Wettbewerber, der Regulierungsgrad der Produkte und Märkte und die Ergebnisbeiträge der Produkte und Märkte.[127]

Für die Analyse werden zunächst Produkt-Markt-Kombinationen (im Sinne strategischer Geschäftseinheiten) gebildet, wobei mit dem Ziel einer Komplexitätsreduktion eine Konzentration auf Schwerpunkte erfolgen sollte.[128] Mögliche Instrumente zur Analyse der Vergangenheit sind die Branchenstrukturanalyse,[129] die Kundenportfolio-Analyse[130] oder die Produktlebenszyklus-Analyse.[131] Diese Instrumente werden etwa von *Peemöller* und *Kunowoski* explizit zum Zwecke der marktrisikoorientierten Vergangenheits- und Lageanalyse empfohlen.[132] Erstere kann hinsichtlich ihrer Bedeutung hier bereits hervorgehoben werden.[133] Damit ist die *Analyse der Marktrisiken* expliziter Bestandteil einer strukturierten Unternehmensbewertung.

Für die Vergangenheits- und Lageanalyse sind schließlich die Deckungsbeiträge der einzelnen Produkt-Markt-Kombinationen zu ermitteln. Mittels der Managementerfolgsrechnung, die als wohl wichtigstes produkt-/marktbezogenes Bewertungsinstrument des Controlling[134] Transparenz über die Ergebnisentstehung im Unternehmen schafft, kann ein Fundament für anschließende Prognoserechnungen[135] gelegt werden. Mit Blick auf die weitere Analyse der vergangenen finanziellen Ergebnisse (einschließlich möglicher Bereinigungen) liegen in der Literatur umfangreiche Beschreibungen vor.[136] Die angelsächsischen Darstellungen unterscheiden sich vor allem darin, dass sie – ausgehend vom DCF-Verfahren – bei der Analyse der Werttreiber der Vergangenheit auf das Gesamtkapital (Bruttoansatz) statt auf das Eigenkapital (Nettoansatz) abstellen.[137]

---

[126] IDW (2007, S. 51) (im Original teilweise hervorgehoben).

[127] Vgl. Ballwieser (2004, S. 18).

[128] Vgl. Ballwieser (1990, S. 90–92).

[129] Vgl. Kap. 3, 3.2.2.

[130] Vgl. Kap. 3, 3.2.4.

[131] Vgl. Kap. 3, 3.2.6.

[132] Vgl. Peemöller und Kunowski (2005, S. 227–229).

[133] Vgl. Copeland et al. (1990, S. 129).

[134] Vgl. Kap. 2, 2.3.2.6.

[135] Vgl. Kap. 3, 3.2.8.

[136] Vgl. statt vieler Ballwieser (2004, S. 22–42).

[137] Vgl. Copeland et al. (1990, S. 113–130).

Wie einzelne Marktrisiken – etwa im Sinne von Preis- und Mengenrisiken einzelner Produkt-Markt-Kombinationen – im Rahmen der Unternehmensbewertung Berücksichtigung finden können, ist dem jeweiligen Bewerter überlassen. Hierfür liefert die Bewertungslehre bis heute keinen festen Rahmen – und sie kann und sollte es auch nicht.

Es ist *Ballwieser* zuzurechnen, mit seiner Habilitationsschrift erstmals die Verbindung zwischen vorliegenden Instrumenten der strategischen Marktanalyse und dem Konstrukt der Unternehmensbewertung durchgängig untersucht zu haben, um wertvolle Hinweise für ein Denkmodell über den entscheidenden „Sprung von qualitativen zu quantitativen Überlegungen"[138] (hin zur Ertragsprognose) zu erhalten.[139] Die sich an die Vergangenheits- und Lageanalyse anschließende *Ertragsprognose* bildet den eigentlichen Kern der Unternehmensbewertung. Jede Prognose künftigen Ertrages weist nun Unsicherheiten auf, wie sich die nicht beeinflussbare Umwelt verändern wird und welche Zahlungsströme aus der Kombination einer Geschäftspolitik und einer angenommenen Umweltentwicklung resultieren können.[140] Aufgrund dieser Unsicherheiten bezeichnet etwa *Helbling* die Schätzung künftiger Erfolgszahlen als das „Schwierigste in der Unternehmensbewertung"[141]. Als Absicherungsstrategie gegen Risiken werden daher von potentiellen Investoren Due Diligence-Prüfungen einschließlich der Felder Market bzw. Commercial Due Diligence zur Plausibilisierung durchgeführt,[142] wofür in der Regel spezialisierte Unternehmensberater beauftragt werden.[143]

Bewertungstheoretisch sind für alle künftigen Erträge Wahrscheinlichkeitsverteilungen als subjektive Glaubwürdigkeiten zu prognostizieren. In der Praxis wehrt man sich gegen dieses Vorgehen; man hält es für unmöglich, explizite Wahrscheinlichkeiten zu bestimmen, auch wenn viele Prognosen diese letztlich implizieren. Verbreiteter sind daher *Szenarien*,[144] mit Hilfe derer die Praktiker verschiedenen Entwicklungsmöglichkeiten schätzt.[145] Diese Szenarien können mit Instrumenten wie der Branchenstrukturanalyse[146] systematisch und für Dritte nachvollziehbar hergeleitet und mittels Sensitivitätsanalysen[147] getestet werden.[148]

---

[138] Ballwieser (1990, S. 111).

[139] Zur Systematisierung der quantitativen Prognoseverfahren (Trendextrapolation einschließlich GAP-Analyse, Regression, Lebenszyklusanalyse und Input/Output-Analyse) vgl. Bircher (1975, S. 186); Welge und Al-Laham (1992, S. 132–137).

[140] Vgl. Kap. 2, 2.1.

[141] Helbling (2005b, S. 173).

[142] Vgl. Paetzmann (2001a, S. 497); Helbling (2005a, S. 162).

[143] Daneben sind etwa auch Earn out-Verfahren und Gewährleistungen als Absicherungsstrategien üblich. Vgl. Helbling (2005b, S. 172–177).

[144] Vgl. Kap. 3, 3.2.9.

[145] Vgl. Casey (2000, S. 25); Ballwieser (2004, S. 50), sowie die Kap. 3, 3.2.8 und 3.2.9.

[146] Vgl. Kap. 3, 3.2.2.

[147] Vgl. Kap. 3, 3.2.8.

[148] Vgl. Copeland et al. (1990, S. 132).

Ausgangspunkt der Ertragsprognose ist die Prognose der künftigen *Umsatzerlöse* auf der Basis der Markt- und Wettbewerbsposition, der Marktanteile, Nachfragebedürfnisse, Produktlebenszyklen, Forschungs- und Entwicklungstätigkeit etc. in den jeweiligen Produkt-Markt-Kombinationen. Hierbei liegen Annahmen über künftige Absatzmengen und -preise zugrunde. Der nächste Schritt besteht in einer Prognose der *Umsatzkosten* („cost of goods sold"), also der umsatzabhängigen, auszahlungswirksamen Kosten. Schließlich sind die *umsatzunabhängigen Kosten* (Kosten der Unternehmensstruktur etc.) zu prognostizieren. Als Planungsinstrument bietet sich für die ersten, detailliert prognostizierten Perioden zunächst die oben erwähnte Managementerfolgsrechnung an, in der die Prognosen der einzelnen Produkt-Markt-Kombinationen aggregiert und mit den Kosten der Unternehmensstruktur zusammengeführt werden können. Schon um die Finanzierbarkeit, die Entwicklung der Kapitalstruktur und der Steuerlasten im Prognosezeitraum prüfen und mitverfolgen zu können, sind zugleich Plan-Gewinn- und Verlustrechnungen, Plan-Bilanzen und Plan-Kapitalflussrechnungen aufzubauen.[149] Derartige integrierte Planungsmodelle sind heute im Markt als Standardlösungen verbreitet[150] und entsprechen letztlich dem quantitativen Planungsmodul, wie er in Modellen eines integrierten Risikomanagements enthalten ist.[151]

Die Analyse und Erfassung des Risikos, das mit der Prognose der einzelnen Komponenten (Umsatzerlöse, Umsatzkosten, umsatzunabhängige Kosten) aus Sicht des Bewerters verbunden ist, ergibt sich zunächst aus der Differenzierung in Risiko und Chance (als Abweichungen vom Erwartungswert). Zudem wirken jeweils die Risikoart, die Umweltsituation, die mögliche Risikohandhabungsform und die Persönlichkeit des Bewertenden interdependent und werden vom Bewerter in Bezug zu seiner subjektiven Risikoneigung (Risikoeinstellung als Verhaltensdimension) gesetzt (Abb. 3.9). Die Bewertung bei Unsicherheit erweist sich als komplexe Entscheidungssituation.[152]

Bei der Ermittlung des Ertragswerts bei Unsicherheit können zwei Wege beschritten werden[153]: Die *Sicherheitsäquivalentmethode* (auch Erfolgsabschlagsmethode genannt) enthält Abschläge vom Erwartungswert der künftigen Erträge (hin zum Sicherheitsäquivalent[154] einer Ertragsverteilung), um diese mit dem risikolosen Zinssatz zu diskontieren. Eine theoretisch begründete Herleitung der Sicherheitsäquivalente lässt sich (nur) unter Rückgriff auf eine konkave Risikonutzenfunktion der *Bernoulli*-Theorie herleiten, wobei meist nicht bekannt ist, wie genau die Nutzenfunktion aussieht. Während die Bewertungspraxis Sicherheitsäquivalente (mangels Kenntnis der Risikonutzenfunktionen) nicht anwenden mag, ist schon

---

[149] Vgl. Alvano (1988, S. 155–271); Copeland et al. (1990, S. 130 f.); Baum et al. (2004, S. 267); Ernst und Hanikaz (2005, S. 135–157).

[150] Vgl. etwa Sinn (2001, S. 421 f.).

[151] Vgl. Lachnit und Müller (2001, S. 378), sowie Kap. 2, 2.3.2.4.

[152] Vgl. Sieben und Schildbach (1994, S. 166).

[153] Vgl. IDW (2000, Tz. 95); Kruschwitz (2001, S. 2409–2413); Franke und Hax (2004, S. 356).

[154] Vgl. Moxter (1983, S. 147); Sieben und Schildbach (1994, S. 65).

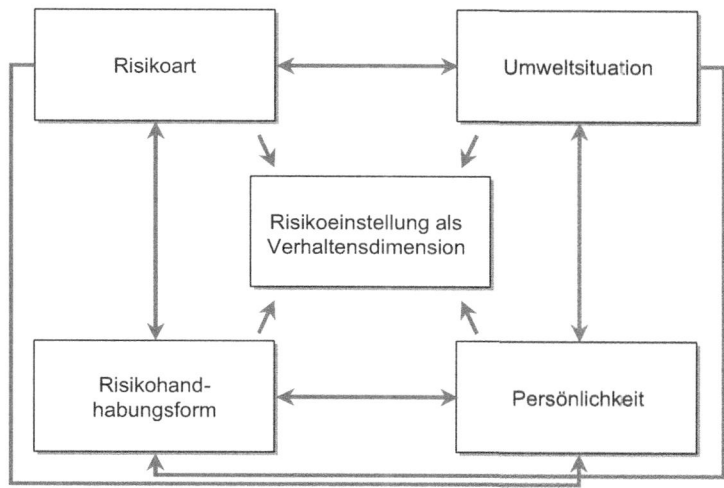

Abb. 3.9 Bezugsrahmen für die Analyse des Risikos. (Vgl. Peemöller und Kunowski 2005, S. 235)

in der Bewertungstheorie umstritten, ob dieser Weg überhaupt gangbar ist,[155] da etwa aktuell *Kürsten* die Übertragung der Sicherheitsäquivalente in den Kalkül bei sicheren Erwartungen (mit sicherem Zinsfuß) für unzulässig hält. Er zeigt – verkürzt dargestellt – für eine zeitliche Folge von Wahrscheinlichkeitsverteilungen, dass eine Bewertung durch Diskontierung von Sicherheitsäquivalenten nur dann gelingt, wenn der Bewertende für jeden Zeitpunkt lineare Risikonutzenfunktionen aufweist, also nicht risikoscheu ist, wovon jedoch auszugehen war.[156]

Bei der *Risikozuschlagsmethode* diskontiert man die Erwartungswerte einer Ertragsverteilung mit risikoangepassten Zinsfüßen, bei denen der risikolose Zins um eine Risikoprämie (Risikozuschlag) erhöht ist. Der Risikozuschlag kann auf verschiedenen Wegen ermittelt werden. Neben der Methode des Zuschlages in Abhängigkeit der Ertragsverteilungen[157] hat seit den 1990er Jahren der Rückgriff auf das Capital Asset Pricing Model (CAPM) an Popularität gewonnen – und zwar in Theorie wie auch in Praxis.[158] Im Wege der Einführung der wertorientierten *Unternehmenssteuerung* und der zunehmenden Internationalisierung, die sich auch in grenzüberschreitenden Unternehmenstransaktionen äußerte, hat das Ertragswertverfahren in

---

[155] Vgl. Bretzke (1975, S. 225 f.) Zur Ermittlung von Risikonutzenfunktionen mehrerer Interessenten und der Schwierigkeit einen Interessenausgleich herbeizuführen vgl. Ballwieser (1990, S. 171).

[156] Vgl. Kürsten (2002, S. 137–142). Zur weiteren Diskussion und Entwicklung vgl. Diedrich (2003, S. 281–286); Kürsten (2003, S. 306–314); Ballwieser (2004, S. 110); Bamberg et al. (2004, S. 107 f.).

[157] Vgl. Ballwieser (2004, S. 89–92).

[158] Frühe Auseinandersetzungen zum CAPM vor dem Hintergrund des Ertragswertverfahrens (unabhängig vom DCF-Verfahren) finden sich im deutschen Schrifttum etwa bei Coenenberg (1981, S. 240); Ossadnik (1984, S. 219). Vgl. Kap. 2, 2.2.1.2.

Deutschland seine vorherrschende Stellung an das DCF-Verfahren abgegeben.[159] Anders als das Ertragswertverfahren enthielt das DCF-Verfahren schon immer kapitalmarktorientierte Zuschläge zum Kapitalisierungszinssatz, wodurch kapitalmarkttheoretische Modelle in die Unternehmensbewertungslehre einbezogen werden.[160]

Gemäß Bewertungstheorie spiegelt der Diskontierungszins jene Verzinsung wider, die der Kapitalgeber mindestens fordern muss, um sich nicht schlechter als bei Ergreifen der bestmöglichen Alternative zu stellen.[161] Daher sind bei der Bemessung des Zinsfußes alle möglichen Investitions- und Finanzierungsalternativen des Kapitalgebers sowie seine individuellen Präferenzen zu berücksichtigen.[162] Man spricht hier auch von der *vergleichenden Beurteilung unsicherer zukünftiger Zahlungsströme*.[163] In der Bewertungspraxis des Ertragswertverfahrens wird der maßgebliche Zinsfuß ausgehend von der langfristigen Verzinsung festverzinslicher Wertpapiere durch Ansatz eines Risikozuschlags gewonnen. Bei der Bestimmung des Risikozuschlags abstrahiert man in der Praxis von individuellen Risikonutzenfunktionen – die Zuschläge werden aus (mehr oder weniger stark fundierten) empirischen Analysen des Marktgeschehens abgeleitet.[164] Beispielsweise werden bei der Bemessung des Zinsfußes historische „Branchenrenditen" oder die durchschnittliche Rendite von Anlagemöglichkeiten im Kapitalmarkt angesetzt. Was bereits früh auch von Praktikern kritisch betrachtet wurde,[165] setzt sich aktuell ähnlich fort – allerdings mit dem angelsächsischem Terminus „Multiple" belegt.[166] Idealtypisch ist der Zuschlag jedoch auf Grundlage der subjektiven Sicherheitspräferenz des Eigentümers zu ermitteln. Problematisch wird es, wenn die Präferenzordnungen und damit Renditeforderungen verschiedener Eigentümer (Aktionäre) zu aggregieren sind. Hier kann der Risikozuschlag nur über drastische Vereinfachungen bestimmt werden. Praktikabel erscheint dann die Heranziehung echter bester Alternativen der einzelnen Eigner.

Diese schwierige Suche nach jeweils besten Alternativen kann im DCF-Verfahren unterbleiben, da nach dem hierfür empfohlenen[167] CAPM „der Kapitalmarkt alle Anlagemöglichkeiten umfasst und weil alle am Kapitalmarkt vorhandenen und hinsichtlich des (systematischen) Risikos äquivalenten Anlagemöglichkeiten die gleiche Verzinsung erzielen"[168]. Es wird auf *Marktwerte für unsichere Zahlungsströme* zurückgegriffen, wofür die Existenz eines derartigen Marktes sowie die Kenntnis,

---

[159] Vgl. Jonas (1995, S. 83–93); Freidank und Bakhaya (2003, S. 291); Peemöller und Kunowski (2005, S. 207).

[160] Vgl. Sieben (1995, S. 713); Baum et al. (2004, S. 267).

[161] Vgl. Münstermann (1966, S. 151).

[162] Vgl. Sieben (1993, Sp. 4232 f.).

[163] Vgl. Franke und Hax (2004, S. 329).

[164] Vgl. Peemöller und Kunowski (2005, S. 236).

[165] Vgl. Alvano (1988, S. 118 f.).

[166] Zu den marktorientierten Überschlagsrechnungen vgl. statt vieler Ballwieser (2004, S. 197 f.).

[167] Vgl. Copeland et al. (1990, S. 190), die alternativ das Arbitrage Pricing Model vorschlagen.

[168] Sieben (1995, S. 727).

wie Preise auf einem solchen Markt zustande kommen, Voraussetzung sind.[169] Der hier präferierte Equity-Ansatz des DCF-Verfahrens beruht wie auch das Ertragswertverfahren auf der Nettokapitalisierung, bei der (nur) mit der risikoäquivalenten Renditeforderung der Eigentümer diskontiert wird.[170] Damit gehen nur die über das CAPM ermittelten Eigenkapitalkosten in den Nenner des Bewertungskalküls ein.

Das *CAPM* wurde in den 1960er Jahren durch *Sharpe, Lintner* und *Mossin* entwickelt. Dem Modell liegt die Idee der Optimierung von Wertpapier-Portefeuilles – auf der Grundlage des $\mu - \sigma$-Prinzips nach *Markowitz* – zugrunde.[171] Die Bestimmung des Risikozuschlags z mit Hilfe des CAPM ist in der neueren Literatur umfangreich diskutiert.[172] Die Bestimmungsgleichung

$$z = \beta(r_M - i) \tag{3.1}$$

enthält neben der Marktrisikoprämie $r_M - i$ im Sinne des Erwartungswerts der Rendite aus dem Marktportfolio abzüglich des sicheren Zinses auch den unternehmenswertbezogenen Risikofaktor β (systematisches Risiko), der sich aus Division von Kovarianz der Rendite der Wertpapiere des Unternehmens mit der Rendite des Gesamtportfolios und Varianz der Rendite des Marktportfolios errechnet.[173] Damit ergeben sich die *Eigenkapitalkosten* aus der Addition des sicheren Zinsfußes i mit dem Risikozuschlagssatz z. Wird von zeitunabhängigen oder periodendurchschnittlichen Risikozuschlägen ausgegangen, errechnet sich bei stochastisch unabhängigen Ertragsverteilungen[174] der Ertragswert mit

$$EW = \sum_{t=1}^{T} \frac{\mu(E_t)}{(1 + i + z)^z}. \tag{3.2}$$

---

[169] Vgl. Franke und Hax (2004, S. 330); Baetge et al. (2005, S. 290).

[170] Anders als die Bruttoverfahren greifen die Verfahren der Nettokapitalisierung (Ertragswertverfahren und Equity-Ansatz des DCF-Verfahrens) nicht auf die gewogenen durchschnittlichen Gesamtkapitalkosten – Weighted Average Cost of Capital (WACC) – zurück, so dass das Problem der (unrealistischen) Aufrechterhaltung der Kapitalstruktur in Marktwerten im Planungshorizont hier nicht entsteht. Vgl. Ballwieser (1998, S. 81); Ballwieser (2004, S. 175); Baetge et al. (2005, S. 270). „Valuing a company's equity by directly discounting the cash flow to the equity holders (dividends and share repurchases) is intuitively the most straightforward valuation technique. ... Discounting equity cash flows provides less information about the sources of value creation and is not as useful identifying value-creation opportunities. Furthermore, it requires careful adjustments to ensure that changes in projected financing do not incorrectly affect the company's value." Copeland et al. (1990, S. 104).

[171] Vgl. Kap. 2, 2.2.1.2 sowie Markowitz (1952, S. 77–92); Kruschwitz (2003, S. 169 f.); Brealey et al. (2011, S. 195–199).

[172] Vgl. statt vieler Sieben (1995, S. 713–737); Ballwieser (2004, S. 92–97 und S. 111–180), sowie den Literaturüberblick auf S. 177; Baetge et al. (2005, S. 290–297).

[173] Vgl. etwa Copeland et al. (1990, S. 190–197); Ballwieser (2004, S. 92 f.).

[174] Zu den weiteren dem Modell zugrunde liegenden Annahmen vgl. Kürsten (2002, S. 136); Drukarczyk (2003, S. 345–347).

Dabei repräsentiert t den Periodenindex, T den Planungshorizont und $\mu(E_t)$ den Erwartungswert des Ertrags in Periode t.[175] Hauptvorteil der marktorientierten Vorgehensweise bei der Bestimmung der Eigenkapitalkosten ist die Möglichkeit, für das systematische Risiko β auf historische Daten des Marktes zurückgreifen und diese eventuell extrapolieren zu können.[176] Hier festzuhalten bleibt, dass das CAPM unter Portfoliogesichtspunkten zwei Arten von Risiko unterscheidet: Ein Risiko wird im Rahmen des CAPM als *unsystematisches Risiko* bezeichnet, wenn es durch Diversifikation im Rahmen eines Portefeuilles ausgeschaltet wird.[177] Anders kann man das *systematische Risiko* β nicht durch Diversifikation vernichten, sondern es als Beitrag des einzelnen Wertpapiers zum Risiko des Gesamtportefeuilles betrachten.[178]

Die wichtige Grundidee des CAPM ist, dass ein Investor nur für die Übernahme des systematischen Risikos eine Risikoprämie erwarten darf.[179] Hieraus folgt aus neoklassischer Sicht (Annahme des vollkommenen Kapitalmarkts) – wie dies schon oben hergeleitet wurde[180] –, dass aus Portfoliosicht ein finanzwirtschaftliches Management von Risiken letztlich unterbleiben kann, da es von den Investoren des perfekten Kapitalmarkts nicht erwartet wird.[181] Auch wenn, wie oben dargestellt, neoinstitutionale Erklärungsansätze die Vorteilhaftigkeit eines Risikomanagements aufzeigen können, wird deren Wirkung auf Nutzen und Unternehmenswert (als übergeordnetes Unternehmensziel) in der Regel nicht quantitativ messbar sein.[182]

Dies bedeutet dann für die Unternehmensbewertung im DCF-Verfahren, dass eine Differenzierung der Risiken etwa in das allgemeine und spezielle Unternehmensrisiko sowie deren differenzierte Behandlung gar nicht mehr nötig ist.[183] Dem stimmt zwischenzeitlich auch das *IDW* zu.[184] Hier zeigt sich der generelle Unterschied zwischen dem *individualistischen Ansatz* (auf Basis individueller Nutzenfunktionen) und dem *kapitalmarktorientierten Ansatz* der Bewertung, denn beim letzteren wird versucht, die Risikoprämien durch Rückgriff auf Marktdaten zu gewinnen.[185] Dies wird von traditionsbewussten Verfechtern der Kölner Funktionenlehre mit Blick auf die klassische Entscheidungsfunktion kritisiert.[186]

---

[175] Ein möglicher Veräußerungspreis in Periode T ist Element von E_t.

[176] Vgl. Copeland et al. (1990, S. 196 f.); Baetge et al. (2005, S. 293–297).

[177] Vgl. Perridon und Steiner (2004, S. 281).

[178] Vgl. Kruschwitz (2003, S. 223); Franke und Hax (2004, S. 353).

[179] Vgl. Kruschwitz (2003, S. 223). Vgl. Hoitsch und Winter (2004, S. 121 f.).

[180] Vgl. Kap. 2, 2.2.1.

[181] Brealey und Myers (2003, S. 305) pointieren diese (neo)klassische Denkweise: „Most of the time we take risk as God-given. An asset or business has its beta, and that's that. Its cash flow is exposed to unpredictable changes in raw material costs, tax rates, technology, and a long list of other variables. There's nothing a manager can do about it.".

[182] Vgl. Hoitsch und Winter (2004, S. 136).

[183] Vgl. Peemöller und Kunowski (2005, S. 236).

[184] Vgl. IDW (2000, Tz. 96).

[185] Vgl. Drukarczyk (2003, S. 136); Baetge et al. (2005, S. 289 f.).

[186] Vgl. Matschke und Brösel (2005, S. 48).

Zuletzt stellte *Wilhelm* dar, dass der Unternehmenswert in Abhängigkeit von den Allokationsmöglichkeiten im Finanzmarkt ermittelt werden kann. Sofern Märkte die zugrundegelegten Cash Flow-Prozesse durch geeignete Portfolio-Strategien generieren können (sogenanntes „spanning"), könnten Werte auf Basis von Marktpreisen abgeleitet werden. Gelinge eine derartige komplette Duplikation der Cash Flow-Prozesse durch den Markt nicht, könne ein Kompromiss zwischen Markt- und Individualbewertung gefunden werden. Dabei sei für die duplizierbaren Teile eine Finanzmarkt-orientierte Bewertung vorzunehmen, während die anderen Teile (das „Restrisiko" oder gewissermaßen das unsystematische Risiko) Präferenz-abhängig zu bewerten seien.[187]

Hinsichtlich der *Bedeutung von Marktrisiken* lässt sich aus den Ergebnissen der Forschung zur Unternehmensbewertung damit folgendes festhalten: Da sich eine Bewertung unter Unsicherheit mittels der Sicherheitsäquivalentmethode als wenig praxistauglich und theoretisch nicht unumstritten erweist, ist in der Regel die Risikozuschlagsmethode zu wählen. Bei der Ermittlung der Erwartungswerte der künftigen Ertragsverteilung (im *Zähler* des Kalküls) sind unter anderem die individuellen Marktrisiken zu analysieren, um sie im Rahmen der Ertragsprognose angemessen berücksichtigen zu können. Auch wenn mit Blick auf konkrete Handlungsempfehlungen der Bewertungslehre für die Vergangenheits- und Lageanalyse auch weiterhin „ein zum Teil erschreckendes Theoriedefizit"[188] konstatiert werden kann, ist spätestens seit den grundlegenden Untersuchungen von *Ballwieser* anerkannt, dass bei der Unternehmensbewertung die von der betriebswirtschaftlichen Strategieforschung entwickelten Instrumente[189] zu rezipieren sind. Hinsichtlich des *Nenners* des Bewertungskalküls dürfte sich der kapitalmarktorientierte Ansatz bald auch in Deutschland fest etabliert haben, wobei mit Blick auf hier zu diskutierende kapitalmarktferne Unternehmen die Risikozuschläge im CAPM (Schätzung von Betafaktoren) auf Basis von Vergleichsunternehmen zu ermitteln sind, was gleichwohl kritisiert wird.[190]

Anzufügen ist, dass durch das Vordringen internationaler Rechnungslegungsstandards – infolge des deutschen Bilanzrechtsreformgesetzes auch für nichtbörsennotierte Unternehmen relevant[191] – auch die Bedeutung der *Bilanzierung* als möglicher Anlass der Unternehmensbewertung zunimmt. Eine frühere Nebenfunktion der Bewertung, die Bilanzierung, hat sich zwischenzeitlich zu einer Hauptfunktion der Bewertung entwickelt,[192] die auch den materiellen rechnungslegungspolitischen Aktionsraum[193] tangiert:

---

[187] Vgl. Wilhelm (2005, S. 631–665).

[188] Popp (2002, S. 102).

[189] Vgl. Kap. 3, 3.1.2.2.

[190] Vgl. Drukarczyk (2003, S. 369 f.).

[191] Vgl. die Wahlrechte nach §§ 315a, 325 Abs. 2a HGB.

[192] Vgl. Coenenberg und Schultze (2002, S. 600). Siehe ebenfalls Kap. 2, 2.3.3.3.

[193] Vgl. Freidank (1990, S. 37–39).

Hierbei geht es etwa um die Ermittlung von Fair Values[194] für die Zuordnung eines künftigen wirtschaftlichen Nutzens bei der *Aktivierung immaterieller Vermögenswerte* (IAS 38.19). Zur Beurteilung des Wertansatzes von Vermögenswerten wird der künftige Nutzen als Nutzungswert (Value in Use) nach IAS 36.26-36.56 berechnet. Der Nutzungswert ergibt sich aus der Diskontierung der aus der fortgesetzten Nutzung des Vermögenswertes prognostizierten künftigen Cash Flows sowie dessen Abgang am Ende der Nutzungsdauer. Als Methodik ist das DCF-Verfahren anzuwenden, wobei sich dieses lediglich auf den einzelnen Vermögenswert bezieht.[195] Nach dem Grundkonzept dieser Zeitwertbilanzierung wirken sich Unsicherheiten bei der Abschätzung künftiger Zahlungsströme direkt auf den Ausweis des Eigenkapitals und des Periodenerfolgs aus.[196] Die Bilanzierung auf Basis DCF wird inzwischen von Experten kritisiert, denn man öffne „durch die hohe Subjektivität und die hohe Parametersensitivität der Bewertungsverfahren Tür und Tor für erhebliche Bilanzpolitik"[197].

Bei der *Aktivierung eines Goodwills*, der sich rechnerisch bei einem Unternehmenszusammenschluss als Differenz zwischen Kaufpreis und Saldo der neu bewerteten Vermögensgegenstände und Schulden ergibt,[198] wird nach einer Erstkonsolidierung nach IFRS 3.51 zu folgenden Bilanzierungsstichtagen im Rahmen eines Werthaltigkeitstests (Impairment Test) möglicher Abschreibungsbedarf ermittelt.[199] Dieser Goodwill Impairment Test wird nicht auf Unternehmensebene, sondern auf Ebene der Cash Generating Units (CGU) durchgeführt, denen – als unterste Ebene, für die das Unternehmen eine interne Finanzberichterstattung erbringt – relevante Goodwills im Rahmen der Erstkonsolidierung begründbar zugerechnet worden waren.[200] Der Impairment Test auf Ebene einer CGU beinhaltet im Grundsatz eine Gegenüberstellung des Buchwertes und des Unternehmenswertes der CGU. Sofern der ermittelte CGU-Unternehmenswert den Buchwert unterschreitet, ist eine Goodwill-Abschreibung vorzunehmen. Für die Bestimmung des Unternehmenswerts werden in der Praxis DCF-Verfahren eingesetzt.[201] Dies gilt vergleichbar auch im US-Standard GAAP, wo die Barwertermittlung auf der Ebene von zu bildenden Reporting Units (RU) durchzuführen ist – hier sind nach dem Grundkonzept des

---

[194] Zum Begriff und zur Einordnung vgl. Coenenberg (2000, S. 85).

[195] Vgl. Kirsch und Steinhauer (2003, S. 429); Freidank und Paetzmann (2004, S. 905 f.); Küting (2005, S. 495–516).

[196] Vgl. Scheffler (2003b, S. 76).

[197] Baetge (2005, S. 1).

[198] Vgl. Küting (2000, S. 98).

[199] Vgl. Lachnit (2003, S. 171 f.); Scheffler (2003b, S. 79 f.); Ulbricht (2004, S. 323–341); Siener und Gröner (2005, S. 333–352).

[200] Vgl. IAS 36.6 sowie Lüdenbach und Frowein (2003, S. 218); Hense und Kleinbielen (2005, S. 622).

[201] Zum Vorgehen im Einzelnen vgl. statt vieler Hense und Kleinbielen (2005, S. 622–634). Vgl. ebenfalls Müller et al. (2005, S. 2123).

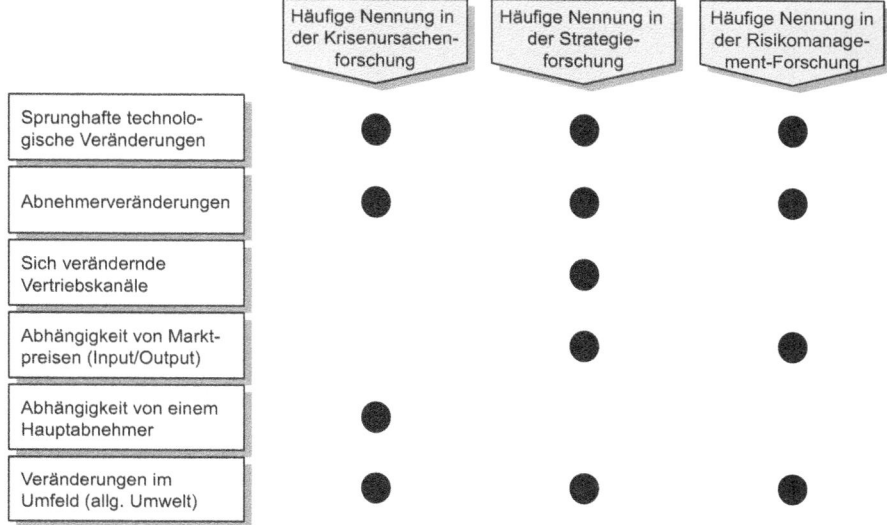

Abb. 3.10 Häufige Nennung von Marktrisiken in den diskutierten Forschungsfeldern

SFAC No. 7 mögliche Risiken in den Zahlungsgrößen, also im Zähler des Kalküls, abzubilden.[202]

3.1.3 Die sechs bedeutendsten Marktrisiken von produzierenden Unternehmen

Nachdem die Bedeutung von Marktrisiken in den Feldern der Krisenursachen- und Strategieforschung, der Bonitätsprüfung sowie in der Risikomanagement- und Unternehmensbewertungs-Forschung diskutiert wurde, soll nun versucht werden, die *Ergebnisse zu aggregieren*. Wie bereits dargestellt, werden finanzielle Marktpreisrisiken hierbei weitgehend ausgeklammert und vorrangig betriebliche Marktrisiken von produzierenden Unternehmen betrachtet. Bei diesen betrieblichen Marktrisiken sollen im Folgenden ausschließlich die des *Absatzmarktes* betrachtet werden. Risiken der Beschaffungsmärkte, wie sie insbesondere im faktortheoretischen Ansatz im Vordergrund stehen, werden weitgehend vernachlässigt. Beleuchtet werden dabei (in der Klassifizierung der Risikomanagement-Forschung) sowohl extern induzierte als auch intern induzierte Marktrisiken.

Abbildung 3.10 fasst zusammen, welche Risiken des Marktes (und des Umfelds) in den Untersuchungen der Krisenursachen-, Strategie- und Risikomanagement-

---

[202] Vgl. Hense und Kleinbielen (2005, S. 629 f.) Zur Fair Value-Ermittlung nach SFAC 7 „Using Cash Flow Information and Present Value in Accounting Measurement" vgl. grundlegend FSAB (2000); Ulbricht (2004, S. 323–341); Freidank und Winkler (2005, S. 37–56). Vgl. ebenfalls Kuhner (2004, S. 597).

	Definition
Sprunghafte technologische Veränderungen	Durch technologische Veränderungen, insb. durch technologische Sprünge, werden die „Karten im Wettbewerb immer wieder neu gemischt": Chancen und Risiken für die Marktteilnehmer
Abnehmerveränderungen	Veränderungen der Bedarfe, Anforderungen, Geschmäcker von Abnehmern, ebenfalls Veränderungen in der Wertkette der Abnehmer (z.B. vertikale Rückwärtsintegration): Chancen und Risiken
Sich verändernde Vertriebskanäle	Entwicklung neuer Vertriebskanäle (z.B. e-commerce) oder Konzentration bestehender Vertriebskanäle (z.B. deutscher Schmuckfacheinzelhandel): Chancen und Risiken
Abhängigkeit von Marktpreisen (Input/Output)	Bedeutend bei Abhängigkeit der Produktion von einzelnen Input-Faktoren: dem Risiko, dass Preiserhöhungen nicht weitergegeben werden können, steht z.B. die Chance der Spekulation gegenüber
Abhängigkeit von einem Hauptabnehmer	Die Abhängigkeit von einem Hauptabnehmer kann sich lohnen und Nukleus des Geschäftsmodells sein (z.B. bei „outgesourcten Werkbänken"), birgt jedoch Gefahren in sich
Veränderungen im Umfeld (allg. Umwelt)	Wachsende Diskontinuitäten (z.B. Naturkatastrophen, Terror, Kriege, technische Ausfälle, Modetrends, Demographie) bringen in einer globalisierten Wirtschaft Chancen, jedoch auch Risiken mit sich

Abb. 3.11 Die sechs Norm-Marktrisiken und ihre Definitionen

forschung häufige Nennung fanden.[203] Das Feld der Bonitätsprüfung wurde hier ausgeklammert, da für deutsche Produktionsunternehmen (noch) keine belastbaren Ergebnisse gefunden werden konnten, während die Unternehmensbewertungsforschung wie dargestellt im wesentlichen auf die Erkenntnisse der Strategieforschung zurückgreift.[204] Es soll hier auch unterlassen werden, die genannten sechs Normrisiken in eine Rangfolge der Bedeutung zu stellen. Gleichwohl kann die herausragende Bedeutung der Abnehmerveränderungen betont werden.[205] Abbildung 3.11 fasst die hergeleiteten sechs bedeutendsten Marktrisiken von produzierenden Unternehmen, im Folgenden auch als *Norm-Marktrisiken* bezeichnet, mit ihren Definitionen zusammen. Diese sechs Norm-Marktrisiken und Möglichkeiten ihrer Steuerung werden in den folgenden Abschn. 3.2 und 3.3 näher betrachtet.

---

[203] In forschungsmethodologischer Hinsicht sind mögliche Einschränkungen der wichtigen Gütekriterien empirischer Forschung, ergo der Reliabilität (insbesondere die Vermeidung subjektiver Verzerrungen) und der Reliabilität, hier nicht auszuschließen. Dies wird jedoch an dieser Stelle in Kauf genommen. Zu den Gütekriterien empirischer Forschung vgl. die Einleitung zu diesem Buch, 1.3, und Kap. 3, 3.4.3.1).

[204] Vgl. ebenfalls die sieben Kategorien strategischer Risiken für Nicht-Banken bei Slywotzky und Drzik (2005, S. 39–53). Diese nennen folgende Kategorien (ohne deren Herleitung transparent zu machen): 1) Sinkende Branchenmargen, 2) technologische Veränderungen, 3) Markenerosion, 4) Konkurrent mit bahnbrechendem Konzept, 5) Veränderung der Kundenprioritäten, 6) Scheitern neuer Produkte und 7) Marktstagnation.

[205] Vgl. Slywotzky und Drzik (2005, S. 49).

3.2 Instrumente der Marktrisikoanalyse im Rahmen des Risikomanagements

3.2.1 Grundlegendes

Bei der Diskussion der Überwachungskomponente der Controlle wurde im Rahmen des *Controlling* bereits auf die mögliche Strukturierung des Führungsprozesses in die Phasen der Analyse bzw. Perzeption, der Prognose und der Bewertung hingewiesen.[206] Das dieser Strukturierung zugrunde liegende *Führungsmodell* des handelnden Akteurs[207] unterscheidet in Fähigkeiten zur Willensbildung, unterteilt in die Perzeptions-, Prognose- und Bewertungsfähigkeit, auf der einen Seite und in Fähigkeiten zur Realisation auf der anderen Seite. Gerade die Willensbildung, speziell die Wahrnehmung und Prognose als Fähigkeiten eines Akteurs, Änderungen in seinem Handlungsraum durch Bildung eines entsprechenden Willens zu antizipieren, interessiert im vorliegenden Zusammenhang. Das Können, Veränderungen im relevanten Umfeld des Unternehmens wahrzunehmen, entsprechende Ereignisse zu analysieren und zu bewerten sowie steuernde Maßnahmen zu vollziehen, wird im Rahmen des *Risikomanagements* in ähnliche Phasen unterteilt.

Sowohl dem durch das deutsche KonTraG eingeführten Risikomanagementsystem als auch dem Enterprise Risk Management des COSO Framework liegen ähnliche Phasen zugrunde: Der Perzeptionsfähigkeit in der Theorie des handelnden Akteurs entspricht die Phase Ereignis-/Risikoidentifikation im Risikomanagement (Event Identification in der Terminologie des COSO Framework). Die Fähigkeit zur Prognose zukünftiger Entwicklungen, bestehend aus unternehmerischem Gespür wie auch der Anwendung von Prognoseinstrumenten, wird im Risikomanagement durch die Risikoanalyse (Untersuchung von Ereignissen mit Blick auf mögliche Wirkungen auf das Unternehmen) repräsentiert. Der Bewertungsfähigkeit als dritte Fähigkeit zur Willensbildung steht im Risikomanagement die Phase der Risikobewertung gegenüber (zusammen mit der Risikoanalyse in der Terminologie des COSO Framework als Risk Assessment bezeichnet). Schließlich findet die Fähigkeit zur Realisation innerhalb des Modells handelnder Akteure (als Vermögen, Änderungen im Handlungsraum tatsächlich zu erreichen) im Risikomanagement in der Risikosteuerung ihre Entsprechung (Risk Response in der Terminologie des *COSO* Framework).

So entsprechen die Elemente des Regelkreises eines Risikomanagements[208] letztlich den Teilphasen von Führungshandlungen, zu deren Strukturierung sich in der Literatur zahlreiche Ansätze finden, gleichwohl fast alle fußend auf den grundlegenden „éléments d'administration" eines *Fayol.*[209] Dies erscheint schon deshalb sinnvoll, weil Planung und Risikomanagement (wie auch Entscheidungen allgemein)

---

[206] Vgl. Kap. 2, 2.3.2.1.

[207] Vgl. grundlegend Weber und Schäffer (1998, S. 345–347); Bach et al. (2001, S. 95–104); Schäffer (2001, S. 24).

[208] Vgl. Lück (1998b, S. 1926).

[209] Vgl. Fayol (1916, S. 1).

Abb. 3.12 Die fünf die Branchenrentabilität bestimmenden Wettbewerbskräfte nach Porter. (In Anlehnung an Porter 1999, S. 29)

Prozesscharakter besitzen[210] und letztlich gilt: „Planung ist Risikomanagement und Risikomanagement ist zugleich Planung."[211]

Die im Folgenden darzustellenden Ansätze einer Marktrisikoanalyse sind dem Werkzeugkasten des (operativen und strategischen) Controlling entnommen[212] und repräsentieren dort (einige) Instrumente zur Analyse und Prognose (im Sinne des Führungsmodells). Insofern dienen die Instrumente einer – präzise formuliert – Marktrisikoanalyse und -prognose.[213] Die einzelnen Instrumente sind in der Literatur vielfach beschrieben, so dass die Darstellung hier knapp erfolgen kann.

3.2.2 Branchenstrukturanalyse

Im Rahmen der strategischen Analyse wird traditionell die Unternehmens- von der Umfeldanalyse unterschieden. Während die Unternehmensanalyse auf die Aufdeckung der Stärken und Schwächen des Unternehmens, der internen Fähigkeiten, gerichtet ist, zielt die Umfeldanalyse auf die Chancen und Risiken ab, denen das Unternehmen im Markt gegenüber steht. Die extern ausgerichtete Umfeldanalyse lässt sich wiederum in die Analyse des globalen Umfelds und die Analyse des aufgabenspezifischen Umfelds mit direktem Bezug zur Unternehmensaufgabe einteilen.[214] Letztere zielt auf die Strukturanalyse der spezifischen Branche ab. Die Erkenntnis, dass die Attraktivität einer Branche wesentliche Bestimmungsgröße für die Rentabilität eines Unternehmens ist, ist wesentlich *Porter* zuzuschreiben. Das von ihm entwickelte Modell der Branchenstrukturanalyse entlang der von ihm identifizierten fünf Wettbewerbskräfte gilt auch ein Vierteljahrhundert später noch unbestritten als Standard in Forschung und Praxis. Das Grundmodell zeigt Abb. 3.12.

---

[210] Vgl. Sieben und Schildbach (1994, S. 10 f.).

[211] Wall (2003g, S. 458 f.).

[212] Vgl. Friedemann (2005, S. 139–165), und Kap. 2, 2.3.2.5.

[213] Auf eine Darstellung und Diskussion der klassischen Prognoseinstrumente Gap-Analyse und Delphi-Methode wird im Folgenden verzichtet. Vgl. hierzu etwa Nieschlag et al. (2002, S. 153–160).

[214] Vgl. etwa Grant (2002, S. 67); Baum et al. (2004, S. 52).

Mindest-betriebs-größe	Größen-vorteile außerhalb der Produktion	Kapital-bedarf	hohe Käufer-identität	Umstel-lungs-kosten bei Produkt-wechsel	zu erwar-tende Ver-geltungs-maßnahmen	staatliche Politik
große An-bieter wei-sen struktu-relle Kosten-vorteile (Economies of scale) auf	etwa in den Bereichen Forschung & Entwicklung, Marketing, Einkauf	kapitalinten-sive Pro-duktions-verfahren schrecken neue An-bieter ab	zB durch Marken-identität	wechselt ein Abnehmer von einem Anbieter zum ande-ren, entste-hen einma-lige Umstel-lungskosten in Form von z.B. Werk-zeugen, Schulungs-kosten	Grad der Vergeltung, die ein po-tentieller neuer An-bieter von den etablier-ten Anbie-tern erwar-ten muss (inkl. evtl. Rückzugs-kosten bei Misserfolg)	durch staat-liche Regu-lation kön-nen Eintritts-barrieren in Form von z.B. Ge-bietsmono-polen, Zulassungs-beschrän-kungen etc. geschaffen werden

Abb. 3.13 Schutz einer Branchenattraktivität durch Markteintrittsbarrieren (Beispiele)

Die Stärke der bekannten fünf Wettbewerbskräfte wird jeweils von Faktoren beeinflusst: Bedrohung durch Ersatzprodukte und -dienste (Relative Preisleistung der Ersatzprodukte/-dienste, Umstellungskosten, Substitutionsneigung der Kunden), Bedrohung durch neue Konkurrenten (Eintrittsbarrieren können eine hohe Bran-chenprofitabilität schützen, wofür in Abb. 3.13 einige Beispiele genannt sind[215]), Rivalität unter den bestehenden Unternehmen: Branchenwachstum, Konzentration, Fixkosten, Phasen der Überkapazität, Homogenität der Produkte, Umstellungsko-sten, Austrittsbarrieren, strategische Unternehmensinteressen, Verhandlungsmacht der Kunden (Konzentrationsgrad der Abnehmergruppe, Anteil an den Gesamtko-sten der Abnehmer, Standardisierungsgrad, Drohung mit Rückwärtsintegration, Bedeutung des Produktes für die Qualität des Abnehmerproduktes, Informations-stand des Abnehmers über die Situation der Anbieter), Verhandlungsmacht der Lieferanten (Konzentrationsgrad der Abnehmergruppe, Anteil an den Gesamtkosten der Abnehmer, Standardisierungsgrad, Drohung mit Rückwärtsintegration, Bedeu-tung des Produktes für die Qualität des Abnehmerproduktes, Informationsstand des Abnehmers über die Situation der Anbieter).

Auf Grundlage einer Analyse der einzelnen Faktoren können mit Hilfe des Branchenstrukturmodells Kennzeichen für den Grad der Attraktivität einer Branche ermittelt werden. Abbildung 3.14 stellt wichtige Kennzeichen einer attraktiven Bran-che der Faktorenausprägung der als seinerzeit unattraktiv geltenden Stahlbranche

---

[215] Zu strategischen Investitionen als Mittel zum Aufbau von Markteintrittsbarrieren vgl. Weigand et al. (2005, S. 546–551).

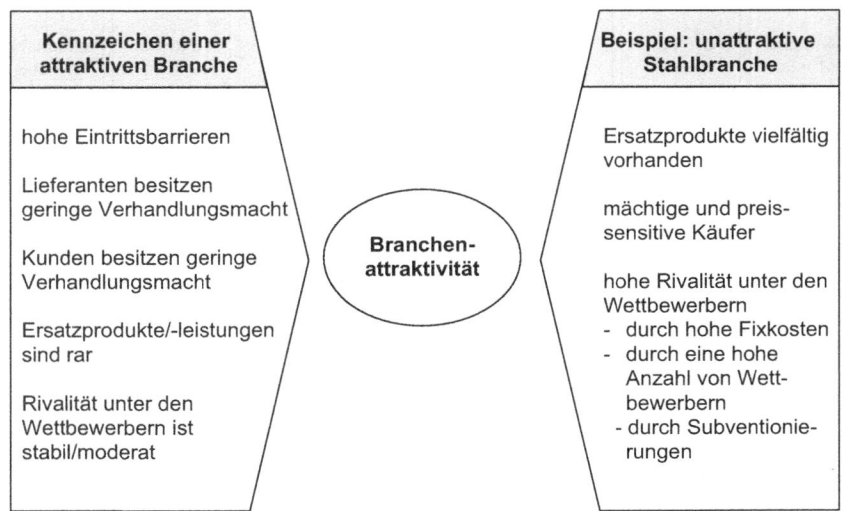

Abb. 3.14 Bestimmung von Branchenattraktivitäten mit Hilfe des Branchenstrukturmodells

gegenüber.[216] Nach einer Untersuchung von *Hawawini, Subramanian* und *Verdin* erwirtschaftete die US-Stahlbranche im Zeitraum 1986–1997 unter 55 untersuchten Branchen der USA in der Tat die viertniedrigste Profitabilität.[217] Zu Beginn des 21. Jahrhunderts wird die Stahlbranche hingegen, im Zeichen steigender Stahlpreise, wieder als attraktiv angesehen.[218]

Kritische Äußerungen zum Branchenstrukturmodell beziehen sich insbesondere auf die Kernannahme des Zusammenhangs von Branchenattraktivität und Rentabilität, wo verschiedene empirische Untersuchungen zu abweichenden Ergebnissen kommen: Untersuchungen etwa von *Schmalensee*,[219] von *Wernerfelt* und *Montgomery*[220] oder von *Rumelt*[221] erbringen hierzu unterschiedliche Aussagen. Ebenfalls kritisiert wird die statische Natur des Modells, die die Branchenstruktur prima vista als stabil und extern determiniert aussehen und die dynamische Interaktion von Wettbewerb und Branchenstruktur, wie schon *Schumpeter* sie analysiert hat,[222] außen

---

[216] Vgl. etwa Welge und Hüttemann (1993, S. 39–44); Porter (1996, S. 147).

[217] Bezogen auf die Kennzahl „Economic profit per capital employed." Vgl. Hawawini et al. (2003, S. 8). Schlechter schnitten nur die Unternehmen der Branchen Cable Television, Electronics und Petroleum Services ab.

[218] Vgl. insb. den Erwerb maroder US-amerikanischer Stahlunternehmen, ihre Restrukturierung zur International Steel Group und den 2004 vollzogenen Verkauf durch den Investor Ross bei Pearlstein (2004, S. E01).

[219] Vgl. Schmalensee (1985, S. 341–351).

[220] Vgl. Wernerfelt und Montgomery (1988, S. 246–250).

[221] Vgl. Rumelt (1988, S. 167–185).

[222] Vgl. grundlegend Schumpeter (1934).

vor lässt. Hierzu hatte *D'Aveni* das Konzept der Hypercompetition eingeführt.[223] Schließlich wird in der Literatur auf die notwendige Ergänzung durch eine weitere Wettbewerbskraft hingewiesen. Diese geforderte sechste Wettbewerbskraft besteht in den Anbietern von Komplementärprodukten (Ergänzungsprodukte), die, wie insbesondere *Brandenburger* und *Nalebuff* aufzeigen,[224] ebenfalls eine wichtige Rolle spielen können. Weiterhin wird auch eine Ergänzung der *Porterschen* Branchenstrukturanalyse um eine Stakeholder-Perspektive vorgeschlagen. Beispielsweise beinhaltet das von *Günther* entwickelte Modell des „erweiterten aufgabenspezifischen Umfelds" auch die Ansprüche dieser Stakeholder, die das Unternehmen beeinflussen, aber auch vom Unternehmen beeinflusst werden können.[225]

Die *Eignung* der Branchenstrukturanalyse *für das Risikomanagement* liegt in dem Verfügbarmachen eines einfachen, nachvollziehbaren Instruments zur Analyse von Wettbewerbspositionen, -chancen und -risiken. Als Instrument des strategischen Managements kann die Branchenstrukturanalyse als durchgängig geeignet für alle vier Phasen des Managements von Marktrisiken angesehen werden. Darüber hinaus liegt ein Vorteil der Branchenstrukturanalyse darin, auch für die nachfolgend diskutierten Instrumente einen übergeordneten Rahmen zu bilden, denn etwa die Abhängigkeit von Abnehmern, die die im Folgenden darzustellende ABC-Analyse untersucht, wird im Rahmen der Branchenstrukturanalyse als eine Wettbewerbskraft thematisiert. So sind die einzelnen Instrumente hinsichtlich des Analysegegenstands teilweise nicht überschneidungsfrei, sondern können sich präzisierend bzw. verifizierend ergänzen.

3.2.3 Kundenbezogene ABC-Analysen

Die ABC-Analyse, nach dem Erfinder der 80:20-Regel („Law of Maldistribution") auch Pareto-Analyse genannt, ist ein insbesondere in Beschaffung und Marketing verbreitetes Instrument der Entscheidungsunterstützung, das für betrachtete Variablen eine Rangreihenfolge etwa nach Mengen, Umsatz, Deckungsbeitrag bildet.[226] Die Komplexität von Problembereichen wird durch Strukturierung in Klassen und oft durch Visualisierung vereinfacht und reduziert. Ziel des Vorgehens ist es, das Handeln auf die wesentlichen Klassen zu konzentrieren und so die Effizienz zu erhöhen.[227] In der Praxis hat sich eine Bildung von drei Klassen A, B und C bewährt, wobei als A-Klasse jene bezeichnet wird, bei der mit recht geringem Mitteleinsatz eine hoher Anteil eines gegebenen Zieles erreicht wird. Typischerweise begegnet man in der Praxis tatsächlich häufig einer 80:20-Struktur, bei der zum Beispiel 80 % des Umsatzes mit 20 % der Kunden realisiert werden. Das Handeln konzentriert sich dann auf die im Vergleich zu den Klassen B und C effizienteste Klasse A.

[223] Vgl. D'Aveni (1994, S. 217 f.).
[224] Vgl. Brandenburger und Nalebuff (1996, S. 74).
[225] Vgl. Günther (1994, S. 71–80).
[226] Vgl. Lucey (1992, S. 114); Küpper (2003, S. 68); Palloks-Kahlen (2003a, S. 688).
[227] Vgl. Möller (2003, S. 1).

Abb. 3.15 ABC-Kunden-
analyse nach Umsatz
(Beispiel aus Fallstudie)

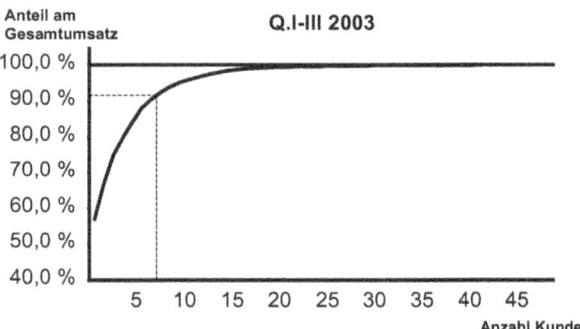

Mit den sieben größten Kunden wird über 90 Prozent des
Gesamtumsatzes realisiert - die Abhängigkeit von wenigen
Großkunden ist hoch

Die verbreitetste kundenbezogene ABC-Analyse ist die Analyse der Verteilung des
Umsatzes auf einzelne Kunden.[228] Hierfür kann in einem ersten Schritt der Umsatz je
Kunde in einem gewählten Zeitraum aufgelistet werden. Im zweiten Schritt werden
die Kunden dann in eine Rangreihe nach absteigenden Umsatzsummen gebracht.
Im dritten Schritt werden die prozentualen Anteile der Kunden am Gesamtumsatz
errechnet und kumuliert aufsummiert. Schließlich erfolgt die Klassenbildung. Abbildung 3.15[229] zeigt das Beispiel einer Analyse des Umsatzes nach Kunden in der
typischen graphischen Darstellung mit Hilfe einer Lorenz-Kurve[230] vor Klassenbildung. Hier erwirtschaften sieben (von knapp 50 Kunden gesamt) einen Umsatzanteil
von über 90 %. Diese sieben Kunden könnten als A-Kunden bezeichnet werden.

Eine kopflastige Kundenverteilung (deutlich oberhalb des Erfahrungswertes einer
80:20-Verteilung) des Umsatzes auf Kunden wie im Beispiel der Abb. 3.15 gezeigt,
kann möglicherweise auf Abhängigkeiten von wenigen Abnehmern hindeuten. Die
Abhängigkeit von einem Hauptabnehmer wurde oben als eines der sechs Norm-
Marktrisiken identifiziert.

Ein verbessertes Verfahren basiert nicht auf Umsatzerlösen, sondern auf
Deckungsbeiträgen, die mit Kunden erzielt werden.[231] Dieses setzt freilich eine
Kundendeckungsbeitragsrechnung voraus.[232]

---

[228] Vgl. Helm und Günter (2001, S. 14–16).

[229] Dieses Praxisbeispiel entstammt der Fallstudie „Chemiezulieferer *Zet GmbH*", die unten in
Kap. 3, 3.3.2.1 dargestellt wird. Es ist hier bereits eingefügt, um die Analysekraft der ABC-Analyse
zu illustrieren.

[230] Vgl. Meffert (2000, S. 348).

[231] Vgl. Mulhern (1999, S. 25–40).

[232] Vgl. Krafft und Rutsatz (2001, S. 246 f.).

Die *Eignung* der kundenbezogenen ABC-Analyse mit Blick auf das *markt-orientierte Risikomanagement* liegt vor allem in der Analyse der Kundenstruktur und etwaiger Abhängigkeiten von einzelnen Hauptabnehmern. Die Einfachheit des Instruments gemeinsam mit der nachvollziehbaren Visualisierung der Ergebnisse können als Vorteil gesehen werden. Nachteile sind die Eindimensionalität (nur ein Variable wird untersucht) und die fehlende Dynamik des Instruments, da insbesondere bei umsatzschwachen, jedoch potentialträchtigen Kunden gegebenenfalls die falschen Entscheidungen abgeleitet werden.[233] Hier kann die Kundenportfolio-Analyse eine sinnvolle Ergänzung darstellen.

3.2.4 Kundenportfolio-Analysen

Portfolio-Analysen, von denen es verschiedene Spielarten gibt, stellen eines der in der Praxis am häufigsten genutzten Konzepte der strategischen Planung dar. Mit der Portfolio Selection Theorie von *Markowitz*,[234] die sich auf die Ausgewogenheit von Rendite und Risiko (Varianz) eines Wertpapier-Portefeuilles bezieht,[235] haben sie heute nur noch den Grundgedanken gemeinsam. Die Portfoliotheorie wurde auf die Steuerung von Geschäftsbereichen eines (diversifizierten) Unternehmens übertragen. Wesentlich durch die Bedürfnisse des Unternehmens *General Electric* (*GE*) Ende der 1960er Jahre getragen, entwickelten US-amerikanische Beratungsgesellschaften sowie die *Harvard Business School* drei innovative Ansätze zur Steuerung eines diversifizierten Konzerns: neben dem Konzept strategischer Geschäftseinheiten (Strategic Business Units) und der Profit Impact of Market Strategy (PIMS) Datenbank[236] waren dies die Portfoliomodelle. Merkmale der Portfoliomodelle sind[237]: die Definition eines Maßstabs zum Vergleich unterschiedlicher Geschäftstypen bzw. -einheiten innerhalb eines Unternehmens, die generalisierte Beschreibung der Markt-/Wettbewerbssituation des Unternehmens, eine Aussage zum Verhältnis von individueller strategischer Situation einer Geschäftseinheit und Gesamtunternehmenserfolg und eine eindeutige Strategieempfehlung für jede Geschäftseinheit.

Aus der Vielzahl der heute vorliegenden Portfoliomodelle[238] ist zunächst die GE/McKinsey Branchenattraktivität-Wettbewerbsstärken-Matrix zu nennen, bei der auf der Ordinate die Attraktivität der Branche aufgetragen wird, in der die Geschäftseinheit tätig ist (bestimmt durch Faktoren wie Marktgröße, Marktwachstum, Branchenprofitabilität, Zyklizität). Die Abszisse zeigt die Wettbewerbsstärke der Geschäftseinheit (indiziert durch Faktoren wie Marktanteil, Wettbewerbsvorteile etc.)

---

[233] Vgl. Köhler (2003b, S. 425).

[234] Vgl. Kap. 2, 2.1.

[235] Vgl. Brealey et al. (2011, S. 185–192).

[236] Vgl. Kap. 3, 3.1.1.

[237] Vgl. Fry und Killing (1986, S. 145).

[238] Vgl. die Übersicht bei Mauthe und Roventa (1982, S. 191–204).

Abb. 3.16 Kundenportfolio-Matrix mit kundenbezogenen Normstrategien. (Vgl. Homburg und Daum 1997, S. 65)

an. Die bekannte BCG-Portfolio-Matrix ähnelt stark der durch *GE* und *McKinsey* entwickelten, stellt jedoch allein auf die Faktoren relativer Marktanteil (Abszisse) und Marktwachstum ab.[239] In der graphischen Darstellung der Geschäftseinheiten können aus deren Positionierung in einem der vier Quadranten Normstrategien abgeleitet werden, dies sind die an anderer Stelle ausführlich beschriebenen „Stars", „Cash-Kühe", „Fragezeichen" und „Armen Hunde".[240]

Die Kundenportfolio-Analyse baut auf den skizzierten Gedanken auf und untersucht die Kunden in den Dimensionen Kundenattraktivität, gemessen durch den Umfang des jährlichen relevanten Bedarfs an Produkten, dem geschätzten Wachstum des relevanten Bedarfs, der Erlösqualität des Kunden (Kundenergebnis), dem Ausstrahlungspotential auf Dritte (Image, Referenzkunde etc.) und die Kooperationsbereitschaft des Kunden, und Lieferantenposition (Position des Anbieters), bestimmt durch die Kundendurchdringungsrate, ergo den Anteil am jährlichen relevanten Gesamtbedarf des Kunden, den man abdeckt, nach Möglichkeit im Verhältnis zum stärksten Lieferanten-Wettbewerber beim Kunden.[241] Auf Basis eines mit allen Kunden ausgefüllten Kundenportfolios[242] ergeben sich, wie auch in der BCG-Portfolio-Matrix, vier Quadranten, für die kundenbezogene Normstrategien abgeleitet werden können. Abbildung 3.16 zeigt die Grundstruktur der Kundenportfolio-Matrix mit den Normstrategien je Quadrant.

Mitnahmekunden (niedrige Kundenattraktivität; schwache Lieferantenposition) sollten nur weiterhin beliefert werden, wenn der Kundendeckungsbeitrag unter Einbezug aller Prozesskosten noch positiv ist. Sind die Bearbeitungskosten bei diesen

---

[239] Vgl. Hedley (1983, S. 138).

[240] Vgl. Baum et al. (2004, S. 183–185).

[241] Vgl. Böing und Barzen (1992, S. 85–89); zu weiteren Dimensionen Link (1995, S. 110).

[242] Vgl. etwa Wäscher (2001, S. 357 f.).

Kunden insgesamt noch tragfähig, was durch eine Kundenergebnis- bzw. Managementerfolgsrechnung auf Basis der Prozesskostenrechnung[243] zu ermitteln ist, können die Umsätze noch „mitgenommen" werden. Ansonsten ist ein „Rückzug" zu empfehlen. Die Handlungsempfehlung ähnelt hier somit der bei C-Kunden in der ABC-Analyse. Anders als bei Mitnahmekunden besitzt man bei Ertragskunden eine starke Lieferantenposition. Insofern sollte das erreichte Niveau dort gehalten werden, auch wenn ein weiterer Ausbau aufgrund der niedrigen Attraktivität nicht sinnvoll, also wirtschaftlich, erscheint. In Starkunden (hohe Kundenattraktivität; starke Lieferantenposition) ist zu investieren, um die Position mindestens zu halten, besser jedoch auszubauen. Gerade hier ist aufgrund der Attraktivität das Eindringen neuer Wettbewerber als Marktrisiko zu erwarten, so dass durch intensive Pflege des Kunden eventuelle Gefahren rechtzeitig erkannt werden sollten, um gegensteuern zu können. Fragezeichenkunden besitzen die gleiche hohe Attraktivität wie Starkunden, die Position des Lieferanten ist jedoch schwach. „Big step or out" meint hier, dass eine Entscheidung zu treffen ist, ob durch gezieltes Investieren die eigene Position beim Kunden verbessert werden kann, so dass ein Fragezeichenkunde zu einem Starkunden veredelt werden kann.

Ziel muss eine ausgewogene Mischung aus unterschiedlichen Kundenarten sein.[244] Die Kundenportfolio-Analyse hat sich als praktikables Instrument erwiesen, um Kundenstrukturen nicht nur zu analysieren, sondern auch Kunden- und Marketing-Strategien zu entwickeln und umzusetzen. Gerade der explizite Einbezug zukünftiger Potentiale wird als Vorteil angesehen.[245] Eine mögliche Erweiterung besteht in der Diskontierung aller aus der künftigen Geschäftsbeziehung zu erwartenden Zahlungsmittelzu- und -abflüsse auf Basis eines mehrperiodigen, investitionstheoretischen Kalküls zum Kundenwert (Customer Lifetime Value). Dieser ist in der Literatur vielfältig beschrieben.[246] Die Kundenportfolio-Analyse kann aufgrund des Einbezugs prospektiver Potentiale und der Möglichkeit, (Gegen-)Strategien zu entwickeln und bei der Umsetzung zu unterstützen, als *gut geeignet für das Management kundenbezogener Marktrisiken* in allen vier Phasen angesehen werden.

3.2.5 *Kundenzufriedenheits-Analysen*

Instrumente der Messung der Kundenzufriedenheit mit Blick auf die gesamte Geschäftsbeziehung[247] greifen auf verschiedene Verfahren zurück, die sich zunächst in objektive Verfahren auf Basis von Kennzahlen sowie in subjektive Verfahren

---

[243] Vgl. Weber und Willauer (2000, S. 25–29); Freidank (2001b, S. 225–244); Paetzmann (2003a, S. 611 f.).

[244] Vgl. Homburg und Daum (1997, S. 75).

[245] Vgl. Köhler (2003b, S. 426).

[246] Vgl. Reichheld (1993, S. 64–71); Blattberg und Deighton (1996, S. 136–144); Homburg und Schnurr (1998, S. 169–189); Zezelje (2000, S. 9–29).

[247] Vgl. Homburg und Krohmer (2003, S. 102).

unterteilen lassen. Letztere erfassen von Kunden subjektiv wahrgenommene Zu-
friedenheitsgrade. Da nichts so authentisch ist wie die Aussage des Abnehmers,[248]
soll hier der Fokus auf subjektive Verfahren gelegt werden. Lässt man die aus besonderen Anlässen heraus vorgenommenen Analysen hier außen vor, so können bei
den merkmalsgestützten Verfahren, die die gesamte Geschäftsbeziehung zum Kunden betrachten, implizite und explizite merkmalsgestützte Verfahren unterschieden
werden.[249] Die impliziten Verfahren basieren auf Auswertungen etwa des Beschwer-
deverhaltens oder der Befragung des Handels, so dass auch hier kein unmittelbarer
Kontakt zum (End-)Kunden hergestellt wird. Hingegen messen die expliziten Verfahren unmittelbar durch Kundenbefragung den Erfüllungsgrad der Erwartungen oder
die generelle Zufriedenheit.

Die Befragung kann mittels schriftlichem Fragebogen, fernmündlich oder im
persönlichen Gespräch vorgenommen werden. Dabei werden standardisierte Frage-
schemata eingesetzt. Diese Schemata enthalten zunächst wichtige Leitungsparameter
oder Erfolgsfaktoren, die aus Kundensicht für die Lieferantenwahl und -bindung
wichtig sein können. Für diese Parameter soll schließlich eine Bewertung des
Lieferanten (und eventuell konkurrierender Lieferanten) abgegeben werden, was
üblicherweise mittels einer Likert-Skala,[250] etwa von 1 bis 5, geschieht. Sowohl für
die „Zufriedenheit" als auch für die „Bindung" sind von der Praxis Erfahrungswerte
im Sinne gebräuchlicher Fragen zusammengetragen worden.[251]

Als Rahmen für die Kundenzufriedenheits-Analyse kann das Confirmation/
Disconfirmation-Paradigm dienen.[252] Dabei wird eine Erfahrung aus der Inanspruch-
nahme einer Ist-Leistung mit einem Vergleichsstandard (Soll-Leistung) abgeglichen.
Liegt die Ist-Leistung über der Soll-Leistung (positive Diskonfirmation), entsteht auf
Abnehmerseite ein Zufriedenheitsniveau, das über dem Konfirmationsniveau liegt.
Konfirmation bedeutet das Entsprechen von Ist- und Soll-Leistung.

Die *Eignung* der Kundenzufriedenheits-Analysen für das *Risikomanagement* ist
gerade in Bezug auf Risiken des Absatzmarktes hoch: kann doch letztlich nur
die direkte Befragung des Kunden ein unmittelbares Gefühl von der Situation der
Lieferanten-Kunden-Beziehung vermitteln. Insofern kann gerade der Nutzen für die
Risk Assessment-Phase des Risikomanagements als sehr hoch eingeschätzt werden. Im Einklang mit anderen Instrumenten kann die Kundenzufriedenheits-Analyse
wichtige Trends wie Abnehmerveränderungen, Änderungen der Vertriebswege et
cetera frühzeitig und unverfälscht verifizieren. Gleichwohl ist die (auch periodische) Durchführung von Kundenzufriedenheitsanalysen – meist mit Hilfe von
Beratern – niemals Ersatz für eine laufende enge Pflege der Kundenbeziehung.

---

[248] Vgl. Becker et al. (2004, S. 1582); Sattler (2005a, S. 363).

[249] Zur Systematisierung vgl. Meffert und Bruhn (1981, S. 597–613).

[250] Vgl. Homburg und Krohmer (2003, S. 221 f.).

[251] Vgl. Homburg und Werner (1998, S. 70); Wäscher (2001, S. 349 f.).

[252] Vgl. Homburg und Stock (2001, S. 18–50).

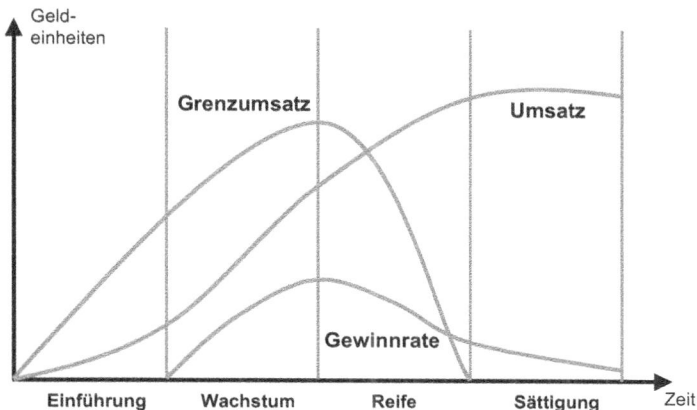

Abb. 3.17 Konzept des Produktlebenszyklus. (In Anlehnung an Jacob 1986b, S. 460)

3.2.6 Produktlebenszyklus-Analysen

Das Konzept des Produktlebenszyklus beruht auf der Annahme, dass Produkte ähnlich wie natürliche Organismen eine begrenzte Lebensdauer aufweisen.[253] Weit verbreitet ist die Darstellung des (reinen) Marktzyklus mit vier Phasen (Einführung, Wachstum, Reife, Sättigung/Rückgang). Dem Marktzyklus gehen der Beobachtungszyklus (etwa Beobachtung des wissenschaftlich-technischen Vorfeldes und Beschaffung und Analyse von Informationen) und der Entstehungszyklus (etwa Forschung, Entwicklung, Absatzvorbereitung) voran.[254] Das Konzept impliziert, dass es bei Produkten eine Generationenabfolge gibt, also eine Generation auf die andere folgt. Weiterhin durchläuft jedes Produkt alle Lebensphasen,[255] wie dies Abb. 3.17 zeigt.

Übertragen wurde das Konzept auf ganze Branchen.[256] Die Zeitdauer der Teilphasen ist dabei durchaus unterschiedlich. So gilt die US-amerikanische Eisenbahn als Beispiel für einen langen Zyklus (etwa 1840 bis 1950, als der Rückgang einsetzte), während die Compact Disc-Tonträger, eingeführt 1984, bereits Ende der 1990er Jahre durch das Online-Geschäft erstmals in Gefahr gerieten. Ursache für die unterschiedlichen Lebenszyklusdauern sind meist technologische Sprünge, wie etwa im Falle der Computerchips, bei denen über ein Vierteljahrhundert hinweg entsprechend den Vorhersagen von *Moore* (Mitgründer von *Intel*) alle 18 Monate eine

---

[253] Vgl. Homburg (1998, S. 86); Brockhoff (1999, S. 120); Nieschlag et al. (2002, S. 120); Homburg und Krohmer (2003, S. 363).

[254] Vgl. Palloks-Kahlen (2003b, S. 583 f.).

[255] Vgl. Dhalla und Yuspeh (1976, S. 102–112).

[256] Vgl. Grant (2002, S. 305).

Verdopplung der Chipkapazität erfolgte.[257] Sprunghafte technologische Veränderungen waren in Abschn. 1.3 dieses Kapitels bereits als wichtiges Norm-Marktrisiko identifiziert worden.

Die dem Ur-Konzept des Produktlebenszyklus[258] zugrundeliegenden, zum Teil starren Prämissen lassen es unter anderem vor dem Hintergrund konjunktureller und struktureller Einbrüche („Diskontinuitäten") als nur bedingt praxisgerecht erscheinen.[259] Zudem fehlt eine klare Abgrenzung der Phasen. *Baum, Coenenberg* und *Günther* bezeichnen das Produktlebenszyklus-Konzept als „simplifizierendes Denkmodell"[260]. Der Nutzen der Produktlebenszyklus-Analyse liegt vor allem in der Bewusstseinsbildung, verbunden mit der Warnung, dass mit Produkten versehene Wettbewerbsvorteile aufgrund der Endlichkeit des Produktlebenszyklus ohne weiteres Zutun wohl schwinden werden.[261] Hierin ist auch die vorwiegende *Eignung für ein Risikomanagement* zu sehen, wobei insbesondere mit Blick auf das Norm-Marktrisiko „Sprunghafte technologische Veränderungen" ein hoher Nutzen erwartet werden kann. Gleichwohl ist zu beachten, dass ein schneller Markteintritt mit neuen Technologien allein kein hinreichendes Erfolgskriterium im Sinne eines „first mover advantage" darstellen muss.[262]

Als eine Erweiterung des Konzepts des Produktlebenszyklus kann die Ermittlung der *Produktlebenszykluskosten* interpretiert werden.[263] Hier wird – analog zum Konzept des Kundenwerts[264] – das Verfahren der Investitionsrechnung angewandt. Ziel der Produktlebenszyklusbetrachtung ist es, alle Anschaffungs- und Folgekosten eines Produkts innerhalb seines Lebenszyklus zu ermitteln und zu minimieren.[265] Gerade durch den expliziten Einbezug der Kosten um die Phase der aktiven Vermarktung herum, also in der Produktentstehungs- bzw. -entwicklungsphase und in der Nachsorgephase (etwa Garantieleistungen), vermag die Produktlebenszykluskostenrechnung Informationen bereitzustellen, die von der traditionellen Kostenrechnung nicht geliefert werden.[266] Die auf der Investitionsrechnung beruhende Produktlebenszykluskostenrechnung stellt die methodische Grundlage für die Berechnung des *Kundenwerts* dar, sofern die gesamte Kundenbeziehung als Bezugsobjekt gewählt wird. Abbildung 3.18 zeigt den methodischen Weg vom Produktdeckungsbeitrag hin zum Kundenwert.

---

[257] Vgl. Steinmann und Schreyögg (1993, S. 158 f.); Gates (1995, S. 57); Porter (1999, S. 233–238).

[258] Vgl. grundlegend Rogers (1962, S. 162); Levitt (1965, S. 81–94).

[259] Vgl. Palloks-Kahlen (2003b, S. 583 f.).

[260] Baum et al. (2004, S. 87).

[261] Vgl. Weber (2002, S. 274).

[262] Vgl. Rangan und Adner (2001, S. 45).

[263] Vgl. grundlegend Ewert und Wagenhofer (2005, S. 297–304).

[264] Vgl. Kap. 3, 3.2.4.

[265] Vgl. Weber und Willauer (2000, S. 31).

[266] Vgl. Wübbenhorst (1984, S. 70 f.); Hahn (1996, S. 283).

Abb. 3.18 Der methodische Weg vom Produktdeckungs-beitrag zum Kundenwert. (In Anlehnung an Schirrmeister und Kreuz 2001, S. 300)

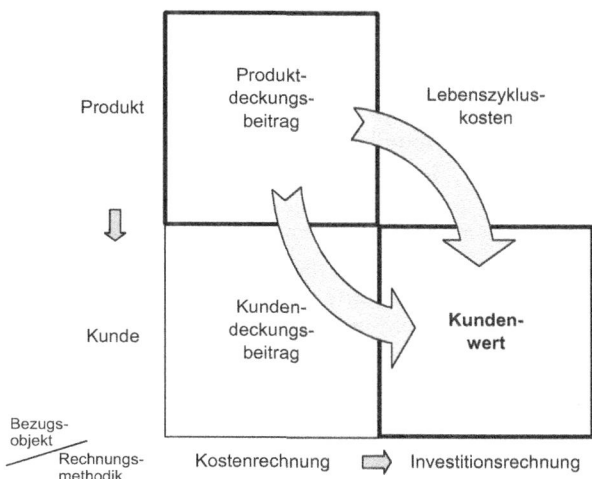

3.2.7 SWOT-Analysen

Die bisher diskutierten Instrumente beschäftigten sich vorwiegend oder ausschließlich mit der Außensicht des Unternehmens in den Markt oder in die Kundenbeziehung hinein. Damit leisten die Instrumente einen spezifischen Beitrag zur extern ausgerichteten Umfeldanalyse (Analyse des globalen Umfelds und Analyse des aufgabenspezifischen Umfelds). Dieser Umfeldanalyse steht im Rahmen des Strategischen Managements die Unternehmensanalyse gegenüber, deren Ziel die Gewinnung einer möglichst objektiven Einschätzung der Unternehmenssituation ist. Hierbei geht es nicht nur um die Erfassung quantitativer und qualitativer Informationen über Vergangenheit und Gegenwart, sondern vor allem um die Beurteilung der internen Fähigkeiten (gerade auch im Vergleich zu Konkurrenten) und der strategischen Potentiale des Unternehmens. Für diese komplexe Aufgabe existieren heute fundierte Strukturierungsempfehlungen, die auch auf der Seite der Unternehmensanalyse einen systematischen Strategieprozess erlauben.[267]

Für die im Rahmen der Unternehmensanalyse identifizierten Stärken und Schwächen des Unternehmens ist der Deckungsgrad zu den Chancen und Risiken im Markt-/Wettbewerbsumfeld (aus der Umfeldanalyse) zu ermitteln. Dies geschieht zum Abschluss der Umfeld- und Unternehmensanalyse mittels eines SWOT-Tableaus, in dem die Stärken (Strenghts) und Schwächen (Weaknesses) den Chancen (Opportunities) und Risiken (Threats) gegenübergestellt werden.[268] Dabei treten in praktischen Strategieprozessen oft Schwierigkeiten auf, einzelne Sachverhalte klar etwa als

---

[267] Vgl. die umfangreichen Darstellungen bei Welge und Al-Laham (1992, S. 109–113); Grant (2002, S. 130–186); Baum et al. (2004, S. 62–72).

[268] Vgl. Kotler und Keller (2006, S. 52–56).

Risiko (extern) oder als Schwäche (intern) zu klassifizieren.[269] Es zeigt sich üblicherweise, dass diese Klassifizierungsprobleme letztlich keine Rolle spielen, jedoch
die Diskussion der internen und externen Faktoren und ihrer möglichen Auswirkungen wichtig für einen erfolgreichen Strategieprozess sind (in diesem Sinne können
Klassifizierungsprobleme sogar eine anregende Wirkung auf den Diskussionsprozess besitzen). Insgesamt kann der SWOT-Analyse ein hoher Nutzen im Rahmen des
Strategischen Managements zugeschrieben werden. Kennzeichnendes Merkmal ist,
was *Weber* mit „Balance zwischen der notwendigen Unbestimmtheit und Offenheit
des Vorgehens einerseits und seiner instrumentellen Geschlossenheit"[270] andererseits
umschreibt. Die *Eignung* des Instruments im Rahmen des *Risikomanagements* ist
als hoch anzusehen, insbesondere für die Strategiesuche (Objective Setting), aber
auch die Analyse (Risk Assessment), ist das SWOT-Tableau, eingebunden in einen
moderierten Diskussionsprozess, von hohem Wert.

3.2.8 Prognoserechnungen

Die bislang dargestellten Instrumente einer Marktrisikoanalyse und -prognose müssen bei der Prognose mit der Unsicherheit leben, die allen zukunftsbezogenen
Planungs- und Entscheidungsprozessen anhaftet.[271] Der einfachste „Schulweg" der
Entscheidungslehre (μ-Prinzip) führt über bekannte Eintrittswahrscheinlichkeiten
(Risikosituation) zu Erwartungswerten.[272] Diese sind jedoch in der Praxis meist nicht
abschätzbar, worauf in Kap. 2, 2.2.2 eingegangen wurde. Daher ist die Erzeugung
einwertiger Prognosen, zumal wenn für die Leser der Prognose keine Anmerkungen
über mit der Prognose verbundene Risiken einhergehen, kein angemessener Weg,
sie können gar „positively misleading for the managers concerned"[273] sein. Dies
gilt vor allem für quantitative Prognoserechnungen, die im Rahmen des Risk Assessment die Wirkungen möglicher Risiken quantitativ bewerten. Als Lösung bieten
sich mehrere Optionen an, von denen hier einige genannt seien: Über das Aufzeigen
von Korridoren (Bandbreiten) anstelle von einwertigen Prognoseergebnisse gewinnt
der Adressat ein Gefühl für die mit der Prognose verbundene Unsicherheit. Ebenfalls
möglich ist das Aufzeigen mehrerer Punktschätzungen (etwa im Sinne von Best Case, Normal Case, Worst Case).[274] Schließlich bieten sich Nutzschwellenrechnungen
und Sensitivitäts-/Szenariorechnungen an.

Bei *Nutzschwellenanalysen* werden für eine relevante Zielgröße kritische Werte
bestimmt. Hier ist die Gewinnschwellenrechnung (Break Even Point-Rechnung) die

---

[269] So auch Grant (2002, S. 15).

[270] Weber (2002, S. 268).

[271] Vgl. Kap. 2, 2.1.

[272] Vgl. grundlegend Sieben und Schildbach (1994, S. 56–62).

[273] Lucey (1992, S. 65).

[274] Vgl. Copeland et al. (1990, S. 131); Ballwieser (2004, S. 50).

sicher bekannteste.[275] Für Neuprodukte kann etwa geklärt werden, welche Absatzmenge (Break Even-Menge) innerhalb eines Referenzzeitraum zur Erreichung der Gewinnschwelle notwendig ist.[276]

Sensitivitätsrechnungen sind ein weiteres Verfahren zur Berücksichtigung unsicherer Zukunftserwartungen. Bei ihnen wird die Empfindlichkeit (Sensitivität) des gewählten Entscheidungskriteriums bei alternativen Änderungen der Einflussvariablen untersucht.[277] Meist wird nur eine Variable unter ceteris paribus-Bedingungen geändert, um die Auswirkungen auf das Entscheidungskriterium aufzuzeigen. Besondere Aufmerksamkeit erhalten dann nachfolgend jene Einflussvariablen, die das Entscheidungskriterium am meisten beeinflussen.[278] Wird die Variable nicht nur geringfügig geändert, sondern in großen Schritten variiert – dem entspricht beispielsweise der „Stresstest" im Risikomanagement der Banken – wird von einer *Szenariorechnung* gesprochen.[279]

Die *Eignung* der Prognoserechnungen für das *Risikomanagement* ist nicht zu unterschätzen: Mittels der Prognoserechnungen gelingt – bei verbleibender, aber dem Adressaten transparenter Unsicherheit – der quantitative Sprung, der eine Risikobewertung und darüber den Vergleich mehrerer Alternativen ermöglicht.[280]

3.2.9 Szenariotechnik

Die Szenariotechnik gehört zu den Instrumenten der Frühaufklärung, deren größter Nutzen in dem frühzeitigen Erkennen von Risiken liegt.[281] Hierfür sind die Instrumente entwickelt worden, und hier vermögen sie den größtmöglichen Beitrag zu leisten. Der Nutzen strahlt freilich in die Risikoanalyse und -bewertung hinein, weshalb die Szenariotechnik hier als Instrument der Marktrisikoanalyse eingeordnet wird.

Die Frühaufklärung soll sich auf die relevante Umwelt (und die internen Bereiche) des Unternehmens beziehen. Dabei ergeben sich die externen Beobachtungsbereiche[282] nicht ohne weiteres aus der „Natur der Sache" oder aus der Empirie heraus, so dass die Wahl externer Beobachtungsbereiche als erster wesentlicher Schritt hin zu einer Risikofrühaufklärung oft, trotz methodischen Bemühens, einen willkürlichen

---

[275] Vgl. Reichmann (2003, S. 94); Ewert und Wagenhofer (2005, S. 199–202).

[276] Vgl. Köhler (2003a, S. 93).

[277] Vgl. Götze und Mikus (2001, S. 448 f.); Ewert und Wagenhofer (2005, S. 199).

[278] Vgl. Copeland et al. (1990, S. 132); Lucey (1992, S. 65).

[279] Vgl. Gebhardt und Mansch (2001, S. 64).

[280] Vgl. hierzu die Ausführungen in Kap. 3, 3.1.2.5 zur Berücksichtigung des Risikos im Rahmen der Unternehmensbewertung.

[281] Vgl. Kap. 2, 2.3.2.4. Krystek (1987, S. 168 f.) und Baum et al. (2004, S. 332–336) subsumieren die Szenariotechnik unter der „Strategischen Frühaufklärung".

[282] Vgl. etwa Hahn (1979, S. 35 f.).

Akt darstellt. Hierauf weisen auch *Bretzke*[283] und *Ballwieser*[284] im Zusammenhang mit der Prognose unbeeinflussbarer, aber wertbestimmender Determinanten im
Rahmen der Unternehmensbewertung hin. Die Wahl der Indikatoren für einzelne Beobachtungsbereiche (etwa über Kausalketten) als zweiter Schritt des Aufbaus eines
(indikatorbasierten) Frühaufklärungssystems[285] läuft letztlich ins Leere, wenn die
Beobachtungsbereiche nicht adäquat festgelegt wurden oder sich diese dynamisch
im Zeitablauf ändern sollten.[286] Diese Schwierigkeit geht (in den Instrumenten der
dritten Generation) mit der Unstrukturiertheit der schwachen Signale und der Unsicherheit über ihre Inhalte einher. Cross-Impact- und Vulnerability-Analysen als
mögliche Instrumente einer Frühaufklärung berücksichtigen alternative Strategien
und führen diese in einer Beurteilungsmatrix mit Beobachtungsbereichen zusammen,
können jedoch das geschilderte Problem auch nicht lösen.[287]

Die Szenariotechnik gibt vor dem Hintergrund von Diskontinuitäten, die eine
extrapolative Prognose in der Praxis häufig verhindern, und der Unsicherheit von
Zukunftserwartungen den Anspruch auf, Prognosen quantitativ abzubilden.[288] Sie
unterscheidet sich damit von den oben diskutierten Prognoserechnungen, die stets
die Quantifizierung suchen. Die Szenariotechnik skizziert vielmehr mehrere, in
der Praxis meist drei, jeweils in sich schlüssige Entwicklungspfade des Unterneh-
mensumfelds; neben einem mit der höchsten Wahrscheinlichkeit anzunehmenden
Szenario (Most Likely Case) zwei Extremszenarien, nämlich den besten (Best case)
und den schlechtesten (Worst Case) anzunehmenden Fall.[289] Bei der Einordnung
des Instruments der Frühaufklärung in das Überwachungssystem in Kap. 2, 2.3.2.4
wurde darauf hingewiesen, dass es Ziel sein muss, Erkenntnisse der Früherkennung
möglichst schnell in die strategische Planung zu integrieren. Die Szenariotechnik
gilt hierfür als ein passendes Instrument.

Als Denkmodell der Szenariotechnik hat sich ein Szenariotrichter etabliert, ein
Trichter, der ausgehend von der Gegenwart mit zunehmender Zukunftsferne ko-
nisch auseinander läuft. Dabei liegen die Extremszenarien am Rande des Trichters,
während sich das Trendszenario in der Mitte befindet (s. Abb. 3.19).

In der ferneren Zukunft nimmt der Einfluss gegenwärtiger Umstände rapide ab:
die Vielfalt möglicher Zukunftsbilder steigt, was in der graphischen Darstellung
durch den erweiterten Trichter indiziert wird. Zum Vorgehen bei der Erstellung von
Szenarien gibt es mehrere Vorschläge: etwa eines mit acht Schritten[290] oder eines
mit fünf Phasen.[291] Großer Vorteil der Szenariotechnik ist, dass sie einen Betrag

---

[283] Vgl. Bretzke (1980, S. 35).

[284] Vgl. Ballwieser (1990, S. 75).

[285] Vgl. Baum et al. (2004, S. 310–315).

[286] Vgl. Kap. 2, 2.2.2.6.

[287] Vgl. Kreilkamp (1987, S. 294); Götze und Mikus (2001, S. 451).

[288] Vgl. grundlegend Geschka und v. Reibnitz (1983, S. 125–170); Wack (1985, S. 139–150);
Nieschlag et al. (2002, S. 154); Brealey et al. (2011, S. 245).

[289] Vgl. Mayer-Friedrich (2007, S. 1325).

[290] Vgl. das Modelle des *Battelle Institut*s bei Reibnitz (1991, S. 30).

[291] Vgl. Teichmann (2003, S. 746).

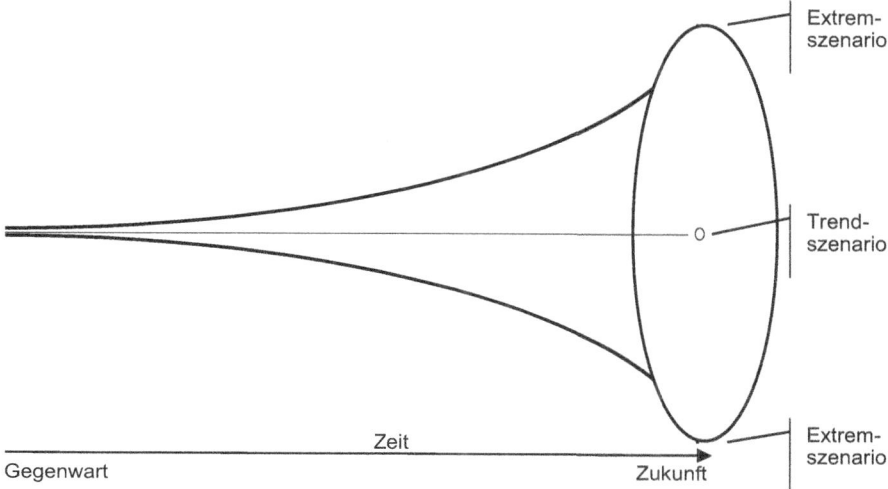

Extrem-
szenario

Trend-
szenario

Zeit

Gegenwart

Zukunft

Extrem-
szenario

Abb. 3.19 Szenariotrichter in typischer Darstellung. (In Anlehnung an Geschka und Hammer 1997, S. 468)

leistet, zukünftige Problemfelder und Risiken zu identifizieren und einen Anstoß geben kann, die Zukunft aktiv zu gestalten und nicht nur zu reagieren. Durch die Szenariotechnik wird der Blick auf Diskontinuitäten und Risiken geschärft.[292]

Mit Blick auf die *Eignung für das Risikomanagement* kann die Szenariotechnik einen guten Beitrag im Rahmen der Event Identification und des Risk Assessment leisten,[293] ihren originären Beitrag leistet sie im Rahmen des Objective Setting. Hierauf wird unten noch detailliert eingegangen.[294]

3.3 Diskussion anhand von Fallstudien

3.3.1 Untersuchungsbasis und -methode

Es sollen nunmehr die in Abschn. 3.2 dieses Kapitels dargestellten Instrumente im Lichte der sechs Norm-Marktrisiken (s. Abb. 3.11) diskutiert werden. Um die Situationen, denen Unternehmen gegenüber stehen, zu skizzieren, wird im Folgenden zunächst jeweils ein *Praxisbeispiel* als Fallstudie skizziert, bevor anschließend jeweils auf die *Implikationen für eine risikoorientierte Unternehmensüberwachung* eingegangen wird.

---

[292] Vgl. Grant (2002, S. 323).

[293] Vgl. Töpfer und Heymann (2000, S. 247).

[294] Vgl. Kap. 3, 3.1.4.2.

Prime Sectors	Beispielunternehmen*
Automobile	
Banks	
Basic Resources	
Chemicals	**Chemiezulieferer**, kleine GmbH
Construction	
Consumer	**Holzbüromöbelhersteller**, kleine GmbH
Financial Services	**Pianofortefabrik**, mittelgroße GmbH & Co. KG
Food & Beverages	**Gemüsebetrieb**, große GmbH
Industrial	**Verpackungshersteller**, große Konzern-GmbH
Insurance	
Media	
Pharma & Healthcare	
Retail	
Software	
Technology	**Leiterplattenhersteller**, mittelgroße Aktiengesellschaft
Telecommunication	
Transportation & Logistics	
Utilities	

*: mit Rechtsform und Größenklasse nach § 267 HGB

Abb. 3.20 Systematische Einordnung der gewählten Praxisbeispiele

Sechs *produzierende deutsche kapitalmarktferne Unternehmen* bzw. Unternehmensgruppen wurden ausgewählt. Vier der sechs Unternehmen sind in der Rechtsform der GmbH organisiert, eines als GmbH & Co. KG und eines als Aktiengesellschaft. Die Unternehmen sind in verschiedenen produzierenden Branchen tätig, wie Abb. 3.20 verdeutlicht. Jeweils zwei der sechs Beispielunternehmen können entsprechend der Systematisierung des § 267 HGB als klein, mittelgroß und groß bezeichnet werden. Die Beispiele sind anonymisiert, haben jedoch einen realen Hintergrund.

Das hier angewandte forschungsmethodische Vorgehen beruht im Sinne der Systematisierung von *Shields* auf einem empirischen qualitativen Forschungsdesign auf der Grundlage von Primärdaten (in Abgrenzung zu Sekundärdaten etwa aus Archiven).[295] Mit Blick auf die Eignung der verschiedenen Instrumente der Marktrisikoanalyse bei Vorliegen der sechs Norm-Marktrisiken vermag die jeweilige Fallstudie einen Beitrag zur analytischen Generalisierung zu leisten.[296] Auch im Sinne eines Plausibilitätschecks sollen die sechs Fallstudien damit das forschungsstrategische Vorgehen unterstützen.[297]

Mit dem Ziel einer Steigerung der Vertrauenswürdigkeit[298] bzw. Qualitätssicherung liegen je Fallstudie umfangreiche Protokolle und Dokumentationen vor,[299]

---

[295] Vgl. Shields (1997, S. 8 f.); Homburg und Klarmann (2003, S. 74).

[296] Vgl. die Einleitung dieses Buches, 1.3.

[297] Vgl. Schäffer und Brettel (2005, S. 44).

[298] Zur Vertrauenswürdigkeit (trustworthiness) in der qualitativen empirischen Forschung vgl. Lincoln und Guba (1985, S. 290); Brühl und Buch (2006, S. 21).

[299] Hierüber wurde Vertraulichkeit vereinbart. Die Darstellung der Fallstudien erfolgt anonymisiert.

zugleich wurde durch Einsatz mehrerer Personen im Rahmen der jeweiligen Mark-trisikoanalyse angestrebt, subjektive Verzerrungen zu reduzieren. Diese Maßnahmen dienten der Sicherung der *Reliabilität* als ein wichtiges Gütekriterium der For-schungsmethodik.[300] Die *Validität* als das andere wichtige Gütekriterium konnte zunächst insbesondere durch Verwendung mehrerer Datenquellen und eine breite Diskussion der Ergebnisse mit den Informanten und Teilnehmern der Untersuchung gesichert werden (Konstruktvalidität). Der Abgleich der Ergebnisse mit bestehenden deduktiven Mustern (Pattern Matching) sollte die interne Validität sichern. Schließ-lich eröffnet die Dokumentation der Fallstudien die Möglichkeit einer Replikation der Fallstudienergebnisse (externe Validität).[301] Eines bringen die sechs Fallstudien nicht mit sich: Eine Repräsentativität der ausgewählten Praxisbeispiele liegt nicht vor, eine statistische Verallgemeinerung der Fallstudien war forschungsmethodisch auch nicht beabsichtigt.

3.3.2 Sprunghafte technologische Veränderungen

3.3.2.1 Theoriegeleitete These

Die theoretische Diskussion der Instrumente der Marktrisikoanalyse in Abschn. 3.2 dieses Kapitels verdeutlichte, dass vor allem vom Instrument der Produktlebens-szyklus-Analyse ein wichtiger Beitrag zum Risikomanagement zu erwarten ist, wenn sprunghafte technologische Veränderungen auftreten (können).[302] Die daraus entspringende theoriegeleitete These, dass das Norm-Marktrisiko „sprunghafte tech-nologische Veränderungen" mit Hilfe der Produktlebenszyklus-Analyse zum Zwecke einer risikoorientierten Unternehmensüberwachung analysiert und prognostiziert[303] werden kann, soll anhand der ersten Fallstudie nun getestet werden.

3.3.2.2 Praxisbeispiel: Der Chemiezulieferer Zet GmbH

Der Chemiezulieferer *Zet GmbH* ist ein Mitte der 1990er Jahre gegründetes Unternehmen, das an einem Standort Anlageninvestitionen zur *Herstellung von Zu-satzstoffen für Chemiekonzerne* durchführte. Die Anlage war von vornherein auf zwei Produkttypen ausgerichtet worden. Wenngleich es als sicher galt und gilt, dass die Abnehmer, zu denen wenige Chemie-Großkonzerne in Europa und den USA zählen,

---

[300] Vgl. Kirk und Miller (1986, S. 51–59); Schäffer und Brettel (2005, S. 45). Teilweise wird in der Literatur in diesem Zusammenhang das zusätzliche Gütekriterium der Objektivität bzw. der intersubjektiven Nachvollziehbarkeit genutzt. Vgl. Bortz und Döring (2002, S. 36); Brühl und Buch (2006, S. 24).

[301] Vgl. Yin (1989, S. 53); Mayring (2002, S. 140–150); Brühl und Buch (2006, S. 31–33); Hauschildt et al. (2006, S. 18 f.).

[302] Vgl. Kap. 3, 3.2.6.

[303] Vgl. Kap. 3, 3.2.1.

nachhaltigen Bedarf an den Produkten haben würden, waren die Produkte technologischen Sprüngen unterworfen, die durch die mächtigen Abnehmer vorgegeben wurden. Der Chemiezulieferer hatte zuletzt Umsatzerlöse in Höhe von 7,6 Mio. € (2002) und 5,4 Mio. € (2003) erzielt, dies überwiegend mit einem Produkt Kappa. Kappa war bereits das zweite Hauptprodukt des Unternehmens seit Gründung. Wenige Jahre zuvor hatte man erfolgreich den Sprung auf dieses damals innovative Produkt gemeistert. Im Herbst 2003 war jedoch absehbar, dass das Produkt Kappa sich am Ende des Produktlebenszyklus befand, da mehrere Abnehmer einen *technologischen Sprung* auf eine 3. Produktgeneration forderten. Hierzu hatte der Chemiezulieferer bereits ein Neuprodukt mit dem Namen Gamma entwickelt, mit dem gleichwohl bis zum Herbst 2003 noch keine Umsatzerlöse erzielt worden waren.

Die Situation des Zulieferers im Herbst 2003 war typisch für ein (im wesentlichen) Einproduktunternehmen, das sich mit seinem *Hauptprodukt am Ende des Lebenszyklus* befindet und bei dem die Abnehmer technologische Bedarfsveränderungen angekündigt haben. Eine ABC-Kundenanalyse zeigte eine hohe Abhängigkeit von wenigen Großkunden, da mit den sieben größten Kunden über 90 % des Jahresumsatzes erzielt wurde (s. Abb. 3.15). Eine Analyse der Ergebnissituation nach Produktgruppen ergab, dass die Deckungsbeiträge der 2. Produktgeneration (Kappa) tatsächlich signifikant höher waren als die der 1. Generation (Alpha), von der noch wenige Einheiten gefertigt wurden. Der im Herbst 2003 erstellte *Business Plan* mit einer Hochrechnung für 2003 sowie Planzahlen für die Jahre 2004 und 2005 zeigte bereits für 2004 eine deutliche Umsatzsteigerung auf 9,8 Mio. € und in 2005 weiteres Wachstum auf 13,3 Mio. €. Während der Planumsatz der 2. Generation bei rund 4 Mio. € verharren sollte, wurde das kräftige Wachstum vor allem durch das Neuprodukt Gamma geplant (s. Abb. 3.21).

Die finanzierenden Banken wünschten in dieser Situation *Transparenz über die Zukunftsaussichten* des Unternehmens, insbesondere mit Blick auf das Risiko, dass der von den Abnehmern geforderte technologische Sprung auf eine dritte Produktgeneration nicht bewältigt werden würde. Eine *Detailanalyse des Business Plans* ergab zunächst, dass hinsichtlich der geplanten Absatzmengen auch in den Planjahren das Produkt Kappa (2. Generation) das Unternehmen dominieren würde. Das Neuprodukt Gamma (3. Generation) war lediglich mit recht geringen Anteilen (in 2005: 12 % der Gesamtmenge) geplant. Hingegen waren erneut eingeführte Alpha-Produkte der 1. Generation in der Planung enthalten, wofür bereits feste Kontrakte vorlagen (s. Abb. 3.22).

In der Tat waren die Produkte der 3. Generation (Gamma, daneben auch ein weiteres Neuprodukt A) mit deutlich höheren Preisen geplant als ältere Produkte, für die lediglich moderate Preissteigerungen angenommen wurden (s. Abb. 3.23). Dies entspricht der gängigen Erfahrung – von den Produktkosten sei hier vereinfachend abstrahiert –, dass Produkte zu Beginn ihres Lebenszyklus hohe Preise aufweisen, die im Verlauf der Lebenszeit, typischerweise ab der Reifephase infolge von *Preiszugeständnissen*, deutlich sinken.[304]

---

[304] Vgl. Palloks-Kahlen (2003b, S. 585).

Das Umsatzwachstum wird in den Jahren 2004 und 2005 wesentlich durch das hochpreisige Produkt Gamma realisiert

UMSATZENTWICKLUNG 2002 BIS 2005 NACH PRODUKTEN

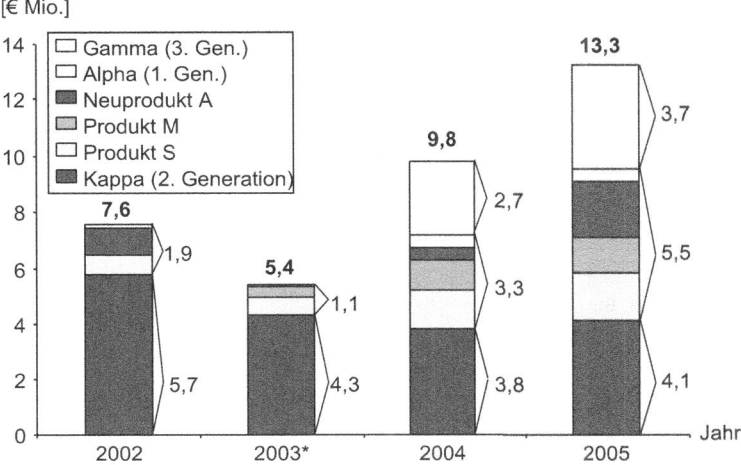

Abb. 3.21 Business Plan des Chemiezulieferers – Umsatzerlöse nach Produkten. (Quelle: Zet Rechnungswesen, Unternehmensplanung)

Die Absatzmenge erhöht sich durch neue Produkteinführungen

ABSATZMENGENENTWICKLUNG 2002 BIS 2005

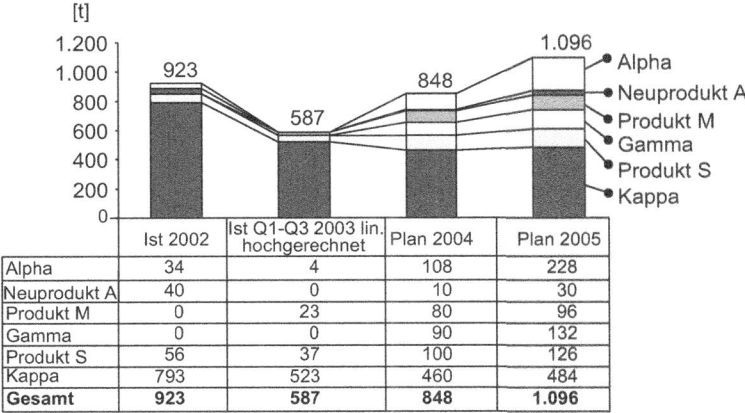

	Ist 2002	Ist Q1-Q3 2003 lin. hochgerechnet	Plan 2004	Plan 2005
Alpha	34	4	108	228
Neuprodukt A	40	0	10	30
Produkt M	0	23	80	96
Gamma	0	0	90	132
Produkt S	56	37	100	126
Kappa	793	523	460	484
Gesamt	**923**	**587**	**848**	**1.096**

Abb. 3.22 Business Plan des Chemiezulieferers – Absatzmengen nach Produkten. (Quelle: Zet Rechnungswesen, Unternehmensplanung)

Von großer Bedeutung war es herauszufinden, ob das Neuprodukt Gamma von den (wenigen) Großkunden tatsächlich akzeptiert werden würde. Hierfür wurde in einem ersten Schritt zunächst der zeitliche Ablauf eines *Produktentwicklungsprozess* grob analysiert (s. Abb. 3.24).

Es wird mit leichten Preissteigerungen bei etablierten Produkten gerechnet

PREISENTWICKLUNG 2000 BIS 2005

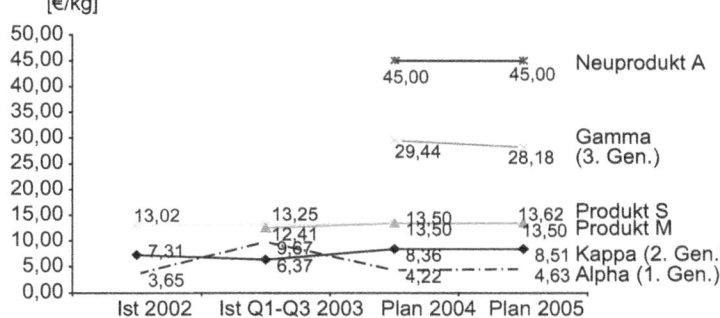

- Bei etablierten Produkten wird eine leichte Preissteigerung angenommen.
- Ab 2004 ist die Einführung hochpreisiger Produkte geplant.
- Wechselkursabhängigkeiten vom US$ sind nicht berücksichtigt.

Abb. 3.23 Business Plan des Chemiezulieferers – Preise nach Produkten. (Quelle: Zet Rechnungswesen, Unternehmensplanung)

Die Entwicklung marktfähiger Produkte erfordert eine Vorlaufzeit von bis zu zwei Jahren

TYPISCHER PRODUKTENTWICKLUNGSPROZESS ZET (VEREINFACHT)

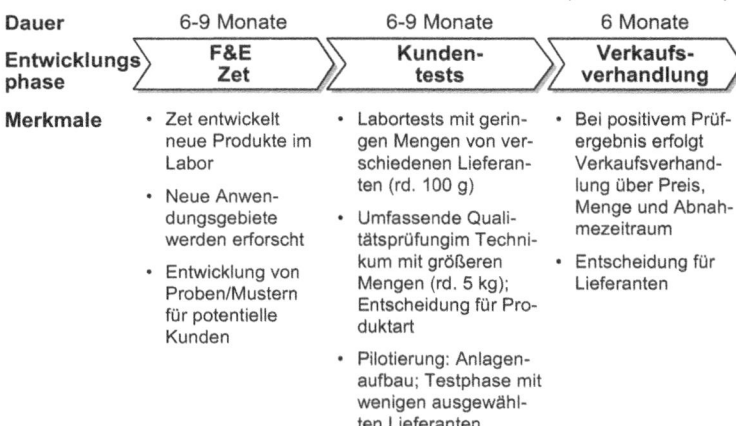

Abb. 3.24 Grobstruktur des Produktentwicklungsprozesses des Chemiezulieferers. (Quelle: Unternehmensangaben)

Der Entwicklungsprozess enthält im Anschluss an die hauseigene Forschungs- und Entwicklungstätigkeit des Zulieferers eine etwa sechs- bis neunmonatige Testphase im Labor und im Technikum des potentiellen Abnehmers sowie die Pilotierung. Gelingt eine Akkreditierung eines Produktes, erfolgt sodann eine Phase der Verkaufsverhandlung über tatsächliche Abnahmemengen, Preise etc. Im Falle des Neuprodukts Gamma war der Chemiezulieferer *Zet* nachweisbar mit mehreren

Das Produkt Gamma steht kurz vor der Markteinführung

KUNDENTESTS ALS TEIL DES PRODUKTENTWICKLUNGSPROZESS

Entwicklungs-phasen	F&E Zet	Kunden-Tests	Verkaufs-verhandlung

Produkt Gamma

	Labortest	Technikum	Pilotierung
Anzahl potentieller Kunden	>10	4	1
Volumen	rd. 40-45t	30t	60t
Status	• Zahlreiche Lieferanten führen Labortest mit Gamma durch • Als Umsatz für Planung 2005 relevant	• Drei US-Kunden und ein europäischer Kunde prüfen Gamma im Technikum • Bei zwei Kunden ist Pilotierungs-Phase Anfang 2004 zu erwarten	• Ein Konzern hat bereits eine Anlage mit Bedarf von rd. 100t p.a. gebaut • Auftrag wird an zwei Zulieferer vergeben • Zet erwartet Verkaufsverhandlung 2004

Abb. 3.25 Kundentest als Teil des Produktentwicklungsprozesses. (Quelle: Unternehmensangaben)

potentiellen Abnehmern jeweils in der Phase der Kundentests (s. Abb. 3.25), bei einem Abnehmer wurde bereits eine Anlage pilotiert.

Durch die geschaffene Transparenz hinsichtlich des Standes der Produkteinführung wurde den finanzierenden Banken im Rahmen ihrer Überwachungstätigkeit deutlich, dass die Risiken eines Scheiterns bereits relativ gering waren. Der Chemiezulieferer konnte durch die enge Zusammenarbeit mit seinen Abnehmern in der Testphase, teilweise auch bereits in der Entwicklungsphase, das *Marktrisiko der technologischen Veränderung reduzieren bzw. beherrschen.*

3.3.2.3 Diskussion und Implikationen für die risikoorientierte Unternehmensüberwachung

Für die finanzierenden Banken als *Überwachungsträger* indizierte ein zurückgehender Umsatz sowie ein von der Unternehmensführung angekündigter Finanzierungsbedarf im Herbst 2003 eine besondere Situation. Für die Fremdkapitalgeber stellte dies ein Krisensignal dar,[305] weshalb sie sich entschlossen, eine besondere Analyse über die Situation des Unternehmens abzufordern. Im Unternehmen war zu diesem Zeitpunkt kein *Frühaufklärungssystem* installiert. Ebenfalls waren die *acht Marktrisikoanalyse-Instrumente* weder im Unternehmen systematisch installiert noch lagen aktuelle Erkenntnisse auf ihrer Grundlage vor. Die Unternehmensführung entschloss sich vor diesem Hintergrund, einen Unternehmensberater mit einer Analyse zu beauftragen.

---

[305] Vgl. Paetzmann (2003b, S. 968 f.).

Das Vorliegen des Normrisikos „Sprunghafte technologische Veränderungen" war dabei über das Denkmodell des *Produktlebenszykluskonzepts* plausibel herleitbar. War doch bekannt, dass das relevante Marktsegment technologischen Wechseln im Sinne von Generationen unterworfen war. Die Wechsel werden dabei mehr oder weniger von den wichtigen Abnehmern vorgegeben. Insofern musste sich *Zet* bei allen Produktentwicklungen stark am zukünftigen Bedarf dieser Abnehmer orientierten.[306] Diese besitzen im Sinne des *Branchenstrukturmodells* eine starke Verhandlungsmacht, wie auch eine durchgeführte *ABC-Kundenanalyse* (sieben Kunden generierten über 90 % des Gesamtumsatzes) zeigte.

Die Rivalität unter den bestehenden Konkurrenten, eine weitere Wettbewerbskraft der Branchenstrukturanalyse, war vor dem Hintergrund bestehender Überkapazitäten relativ hoch und zeigte sich in einem Preiswettbewerb, in dem sich nur jeweils für ein Produkt akkreditierte Anbieter gegenübertraten. Die Gefahr des Eintritts neuer Wettbewerber in das relevante Marktsegment konnte als recht gering eingeschätzt werden, da mit dem Eintritt nicht unerhebliche Anlageinvestitionen als Eintrittsbarrieren verbunden wären (und enge, langjährige Beziehungen zu den Abnehmern bestanden). Zugleich war das Marktsegment für die kapitalkräftigen Großkonzerne letztlich doch zu klein, weshalb sie sich für eine Zusammenarbeit mit (wenigen) Zulieferern entschieden hatten. Eine hohe Verhandlungsstärke der Lieferanten des Zulieferers *Zet* war nicht erkennbar, hingegen war die Gefahr durch Ersatzprodukte bei jedem technologischem Generationenwechsel latent gegeben.

Die *Kundenportfolio-Analyse* zeigte, dass *Zet* bei den wesentlichen sieben Kunden zu Beginn einer Lebenszyklus-Generation letztlich durchgehend einer Fragezeichenkunden-Situation gegenüber stand. Durch die – im gegebenen Fall zwischenzufinanzierenden – Anlaufaufwendungen, dem „Big Step", war auch in der neuen Generation der Kunde erneut zum Starkunden zu „veredeln", bevor zum Ende der Produktgeneration aufgrund der schwindenden Margen eine Abwärtsbewegung des Kunden hin zum Ertragskunden zu erwarten (und empirisch zu beobachten) war.

Schwache Signale (im Sinne der *Früherkennung*) aus dem allgemeinen Umfeld, die auf bedrohende Veränderungen im Marktsegment hindeuten konnten, waren zum Zeitpunkt der Analyse nicht erkennbar. Eine durchgeführte *SWOT-Analyse* verdeutlichte nochmals die Bedeutung des Risikos, das aus dem technologisch bedingten Generationenwechsel herrührte. Die Notwendigkeit des Gelingens eines Generationenwechsels zeigten quantitative *Prognoserechnungen* (nach Produkten), für die die Annahmen (zugrundeliegende Preise, Absatzmengen) transparent gemacht wurden. Die Rechnungen wurden als einwertige Prognosen erstellt und um Sensitivitäten ergänzt.

Insgesamt ergab sich aus der Sensitivitätsanalyse, dass ein Scheitern eines technologischen Sprunges auf eine neue Generation bei mehr als vier Großabnehmern den Fortbestand des Unternehmens gefährden würde. Die *Analyse des Produktentwicklungsprozesses*[307] erbrachte, wie oben knapp angerissen, Anhaltspunkte dafür,

---

[306] Vgl. zum Technologieportfolio Pfeiffer et al. (1991, S. 77). Zum S-Kurven-Konzept vgl. Sommerlatte und Dechamps (1986, S. 49–76), und zum Patentportfolio Ernst (1998, S. 279–308).
[307] Zur Analyse der Wertschöpfungskette vgl. grundlegend Porter (2000, S. 225 f.).

dass *Zet* den Produktentwicklungsprozess klar strukturiert durchlief (einschließlich Teil-Projektplänen für die Prozesse bei den einzelnen Großabnehmern mit Verantwortlichkeiten etc.) und insgesamt eine stabile Ablauf- und Aufbauorganisation (inkl. Key Account-Vertrieb) aufwies.

Gleichwohl machte die Gesamtanalyse deutlich, das dem Unternehmen *Zet* insgesamt ein *marktorientiertes Unternehmensführungs- und Überwachungssystem* mit Überwachungsinstitutionen und systematischen Überwachungsinstrumenten einschließlich Risikomanagementsystem fehlte, das marktliche Normrisiken frühzeitig erkennen und abwenden bzw. nutzen könnte. Der Aufbau einer systematischen methodischen Unterstützung durch die Überwachungsinstitutionen wie Beirat, Banken, Prüfern wird weiter unten beschrieben.

Mit Blick auf die Eignung der Instrumente der Marktrisikoanalyse zeigte sich der hohe Nutzen des Denkmodells des Produktlebenszykluskonzepts. Dies steht *im Einklang mit der eingangs formulierten theoriegeleiteten These*,[308] die damit nicht verworfen wurde. Insbesondere im Verein mit der Branchenstrukturanalyse konnten in der durchgeführten ad hoc-Analyse die wesentlichen Themen herausgezogen, analysiert und fundiert werden. Die Fallstudie verdeutlicht darüber hinaus den Beitrag der ABC-Kundenanalyse, der Kundenportfolio-Analyse, der SWOT-Analyse sowie den Nutzen von Prognoserechnungen mit Blick auf das Norm-Marktrisiko „sprunghafte technologische Veränderungen".

Wenngleich die Attraktivität der Gesamtbranche Chemie zur Zeit als statistisch relativ hoch gilt – in der neueren empirischen Untersuchung von *Hawawini*, *Subramanian* und *Verdin* liegen die Unternehmen der Chemiebranche mit ihren Profitabilitätskennzahlen im oberen Drittel der analysierten Branchen[309] –, steht dieser Zulieferer recht hohen Risiken gegenüber, die bei Generationswechseln *fortbestandsgefährdendes Potential* besitzen können. Gerade deshalb kommt einer marktrisikoorientierten Überwachung eine hohe Bedeutung zu.

3.3.3 Abnehmerveränderungen

3.3.3.1 Theoriegeleitete These

Bei der Diskussion der Instrumente der Marktrisikoanalyse in Abschn. 3.2 dieses Kapitels wurde hervorgehoben, dass das Instrument der Kundenzufriedenheits-Analyse

---

[308] Vgl. Kap. 3, 3.3.2.1.

[309] Vgl. Hawawini et al. (2003, S. 8). Zugrunde lagen die Daten von 562 US-amerikanische Unternehmen aus den Jahren 1987 bis 1996, so dass in dem Betrachtungszeitraum ein voller Konjunkturzyklus enthalten sein sollte. Die Unternehmen waren entsprechend einem dreistelligen Branchencode einzelnen der insgesamt 55 Branchen zugeordnet. Die Analyse bezog sich auf verschiedene Profitabilitätskennzahlen. Bei der Kennzahl „economic profit per capital employed" lag beispielsweise der Mittelwert des Samples bei -0,0110, während die Unternehmen der Chemiebranche einen Wert von 0,0029 zeigten. Bei der Kennzahl „return on assets" betrug der Mittelwert 5,5989, der Wert der Chemieunternehmen 7,9589.

einen wichtigen Beitrag zum Risikomanagement mit Blick auf potentielle Abnehmerveränderungen leisten kann.[310] Anhand der zweiten Fallstudie soll nun die These
getestet werden, dass das Norm-Marktrisiko „Abnehmerveränderungen" mit Hilfe
der Kundenzufriedenheits-Analyse untersucht und prognostiziert werden kann.

3.3.3.2 Praxisbeispiel: Der Leiterplattenhersteller Dixi AG

Bei dem Unternehmen *Dixi AG* handelt es sich um einen mittelständischen Leiter-
plattenhersteller, der an seinem Firmensitz Leiterplatten für spezielle Anwendungen
fertigt. *Dixi* bedient eine Nische des Leiterplattenmarktes und fertigt vor allem
Standardprodukte (Commodities) für den zyklischen Unterhaltungselektronik- und
Telekommunikationsmarkt sowie den Bereich Automotive. Mit seinem auf „Performance Oriented" oder „Miniaturisation Oriented" spezialisierten Produktprogramm
arbeitet *Dixi* vor allem im sogenannten „High End"-Bereich für internationale
Unternehmen der Rüstungsindustrie oder etwa der Medizintechnik.

Die Wachstumsraten in den relevanten Abnehmersegmenten hatten *Dixi* seit Mitte
der 1990er Jahre ein kräftiges Umsatzwachstum beschert. Vor dem Hintergrund des
vom Vorstand als nachhaltig angesehenen Unternehmenswachstums waren im Jahre
2001 Schritte einer Kapazitätserweiterung geplant, die, wie auch die Betriebsmittel
des Unternehmens, durch Mittel Dritter finanziert werden sollten (Wachstumsfi-
nanzierung durch Eigenkapitalgeber). In dieser Situation galt es zum einen, sicher
zu gehen, dass die Nachfrage in den relevanten Marktsegmenten nachhaltig stabil
wachsen würde. Zum anderen war, auch aus Sicht der angefragten Investoren, zu untersuchen, ob in absehbarer Zeit die bisherigen oder andere Abnehmer im relevanten
Markt ihre Bedarfe ändern würden und wie *Dixi* aus Abnehmersicht mit Blick auf die
wichtigen Erfolgsfaktoren im relevanten Markt abschnitt. Da im Unternehmen keine
aktuellen Ergebnisse einer *Kundenzufriedenheitsanalyse* vorlagen, entschloss sich
das Management, einen solche durch einen externen Experten erstellen zu lassen.

Es wurde beschlossen, eine subjektive sowie explizite, merkmalsgestützte *Kundenbefragung* durchzuführen.[311] Diese Befragung erfolgte mittels schriftlicher
Fragebögen und Interviews, für die eine Stichprobe bei Kunden aus den Produktbe-
reichen „Performance Oriented" und „Miniaturisation Oriented" ausgewählt wurde.
In einem ersten Schritt wurde eine marktrepräsentative Kriteriensammlung vorgegeben, die von den Kunden auf einer Skala von 1 bis 5 entsprechend der Bedeutung
gewichtet wurde.[312] Abbildung 3.26 zeigt auf der linken Seite, dass „Produktqualität"
und „Liefertreue" als die wichtigsten Erfolgsfaktoren im Markt angesehen wurden.
An dritter Stelle folgte bereits der „Preis" als wichtiger Erfolgsfaktor. Hier zeigt
sich am praktischen Beispiel, dass ein Unternehmen wie *Dixi*, das die Normstrategie
der Differenzierung verfolgt, letztlich doch nur einen geringen „*Preiszuschlag*" im

---

[310] Vgl. Kap. 3, 3.2.5.
[311] Zur Systematisierung vgl. Kap. 3, 3.2.5.
[312] Vgl. Téboul (2000, S. 127–137).

**Produktqualität ist der Top-Erfolgsfaktor aus Kundensicht;
dieser wird von Dixi sehr gut erfüllt**

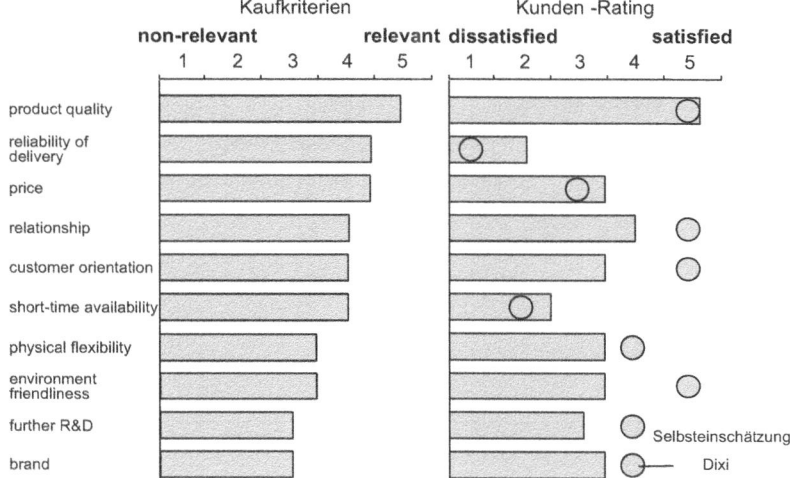

Abb. 3.26 Erfolgsfaktoren und Bewertung des Leiterplattenherstellers. (Quelle: Kundenbefragung)

Markt aufgrund höherer Qualität etc. durchsetzen kann.[313] Aus Abnehmersicht sind die mit der Differenzierung ihres Lieferanten verbundenen zusätzlichen Kosten in Technologie etc. sowie die Schwierigkeit des Lieferanten, Skaleneffekte (Economies of Scale) zu erreichen, als Begründung für Preiszuschläge letztlich häufig nicht ausreichend.[314] Auch für „Differenzierer" bleibt der Preis aus Abnehmersicht meist ein wichtiger Erfolgsfaktor.

Das sich ergebende *Profil der Erfolgsfaktoren* wurde in einem zweiten Schritt sowohl der *Selbsteinschätzung* des Unternehmens *Dixi* als auch der subjektiven *Fremdeinschätzung* (Kundensichtweise) unterzogen. Die Ergebnisse wurden zusammengestellt und als Mittelwert der zurückgesandten Fragebögen bzw. der Interviews graphisch aufbereitet (s. rechte Seite der Abb. 3.26). Zunächst war aus der *Selbsteinschätzung* die Erkenntnis zu ziehen, dass sich das Management in Bezug auf sechs der zehn Faktoren überschätzt hatte. Insbesondere hinsichtlich der Kriterien „Kundenorientierung" und der „Umweltverträglichkeit" traten große Differenzen zur Fremdeinschätzung zutage, wenngleich letzteres Kriterium nur eine geringere Bedeutung aus Sicht der Abnehmer hatte. Die Gegenüberstellung der Bewertung der Faktoren hinsichtlich Bedeutung und Bewertung der *Fremdeinschätzung* des Lieferanten *Dixi* zeigt Abb. 3.27.

---

[313] Vgl. Porter (1999, S. 169).
[314] Vgl. Grant (2002, S. 295).

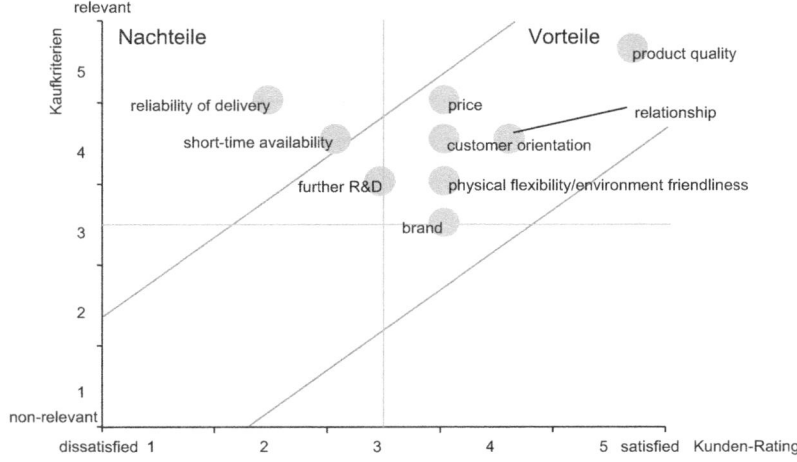

Abb. 3.27 Erfolgsfaktoren-Profil des Leiterplattenherstellers. (Quelle: Kundenbefragung)

Die als Anspruchsniveau der Kunden zu interpretierende hohe Bedeutungsbeimessung der Kriterien „Liefertreue" und „kurzfristige Lieferfähigkeit" konnte von
Dixi offensichtlich nicht hinreichend erfüllt werden. Ursache hierfür waren das starke
Unternehmenswachstum der vergangenen Monate, das nach Aussage des Managements die Organisation teilweise an die Grenzen führte, und sich mehr und mehr
ändernde Einkaufsprozesse der Abnehmer, bei denen die konkreten Beschaffungs-
prozesse immer kurzfristiger abgerufen wurden. Bei den anderen Erfolgsfaktoren
waren keine großen Auffälligkeiten zu beobachten.

Wichtige, aufschlussreiche Erkenntnisse konnten im Verlauf der fragebogen-
gestützten Interviews durch zusätzliche verbale Fragen zu möglichen zukünftigen
Bedarfsveränderungen gewonnen werden. So war es etwa möglich, im persönlichen Gespräch die Einschätzung der Abnehmer zur Innovationskraft des Lieferanten
(„further R&D") zu hinterfragen.[315]

3.3.3.3 Diskussion und Implikationen für die risikoorientierte Unternehmensüberwachung

Die Gesamtwürdigung auf Basis der *Kundenzufriedenheitsanalyse* machte deutlich,
dass das Unternehmen *Dixi* mit Blick auf heutige und zukünftige Abnehmerbedarfe
bis auf weiteres stabil positioniert war. Eine *Kundenportfoliobetrachtung* für die wesentlichen Kunden belegte diese Einschätzung. Dort, wo *Verbesserungspotentiale*

---

[315] Vgl. Jacob (1986b, S. 449 f.).

identifiziert wurden, nämlich bei den Kriterien „Liefertreue" und „kurzfristige Lieferfähigkeit", wurden umgehend entsprechende Maßnahmen eingeleitet.

Mit Blick auf die *Eignung der Instrumente der Marktrisikoanalyse* zeigte sich der hohe Nutzen der Methodik der Kundenzufriedenheitsanalyse. Dies steht *im Einklang mit der eingangs formulierten theoriegeleiteten These*. Weiterhin zeigt die Fallstudie den Nutzen der Kundenportfolioanalyse bei der Untersuchung und Prognose des Norm-Marktrisikos „Abnehmerveränderungen". Im Praxisbeispiel beschloss der Vorstand, Kundenbefragungen als Instrument eines marktorientierten Risikomanagements nunmehr systematisch in die Unternehmensführung und -überwachung zu integrieren und jährlich durchzuführen, um die Ergebnisse auch zur Präsentation im Aufsichtsrat zu nutzen.

3.3.4   Sich verändernde Vertriebskanäle

3.3.4.1   Theoriegeleitete These

Die Diskussion der Instrumente der Marktrisikoanalyse in Abschn. 3.2 dieses Kapitels zeigte, dass die Branchenstrukturanalyse einen wichtigen Beitrag bei der Identifikation und Analyse des Norm-Marktrisikos „Sich verändernde Vertriebskanäle" leisten kann. Die folgende Fallstudie verdeutlicht exemplarisch, wie sich durch eine Konzentration der Abnehmergruppe die Branchenstruktur verändern kann.[316] Anhand dieser dritten Fallstudie soll die These getestet werden, dass das Norm-Marktrisiko „Sich verändernde Vertriebskanäle" mit Hilfe der Branchenstrukturanalyse untersucht und prognostiziert werden kann.

3.3.4.2   Praxisbeispiel: Die Pianofortefabrik Dolce GmbH & Co. KG

Die Pianofortefabrik *Dolce GmbH & Co. KG* ist ein seit vielen Jahrzehnten bestehendes Unternehmen, das sich heute in Familienbesitz befindet. Das Produktprogramm beinhaltet Pianos und Flügel, die überwiegend auf dem deutschen Inlandsmarkt über Fachhändler abgesetzt werden. Damit ist *Dolce* im wesentlichen in einem Markt tätig, dessen Nachfrage sich, gemessen in Stückzahlen, seit Ende der 1980er Jahren in etwa halbiert hat. Im deutschen Markt, der bisher weit überwiegend durch traditionelle deutsche Fabrikate einschließlich *Steinway & Sons* (US-amerikanische Muttergesellschaft) geprägt war (wesentliche Ausnahme: *Yamaha*), haben sich zugleich auch die Produktionszahlen halbiert (s. Abb. 3.28).

Damit kann der für *Dolce* überwiegend relevante deutsche Klaviermarkt als *schrumpfende Branche* bezeichnet werden.[317] In der Tat zeigten sich hier Ende

---

[316] Vgl. Kap. 3, 3.2.2.

[317] Vgl. Meffert (1984, S. 38); Welge und Hüttemann (1993, S. 4).

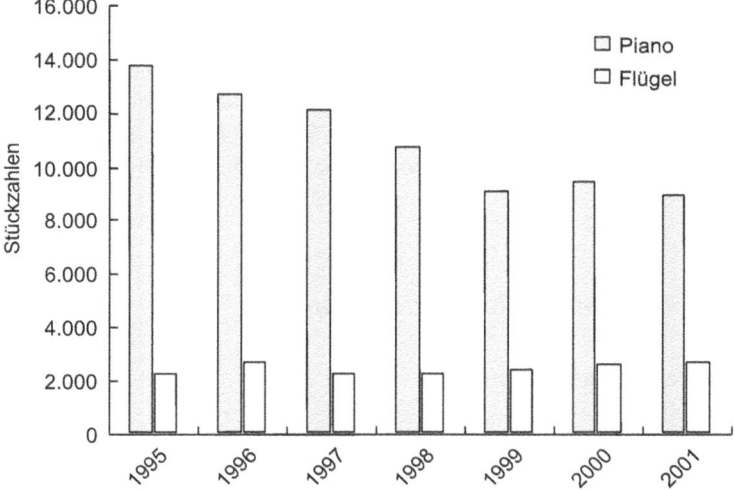

Die Piano-Produktion deutscher Klavierhersteller ging seit Mitte der 1990er Jahre (nochmals) um rund 35 Prozent zurück; die Flügel-Produktion blieb stabil

PRODUZIERTE KLAVIERE DEUTSCHLAND 1995 BIS 2001

• Internationale Konkurrenz, Abwanderungen und Kooperationen mit Herstellern aus den mittel-und osteuropäischen Staaten führen zu neuen Herausforderungen für die deutschen Hersteller.

Abb. 3.28 Entwicklung der Produktionsmengen im deutschen Klaviermarkt. (Quelle: IG Metal, Branchenreport 07, 2001)

der 1990er Jahre einige wesentliche Kennzeichen einer schrumpfenden Branche[318]: Überkapazitäten, die bei vielen Wettbewerbern Krisen verursachten, geringe technische Weiterentwicklung von Produkten und Produktionstechnologien, abnehmende Anzahl an Wettbewerbern (daneben auch einige neue Wettbewerber durch günstigen Aufkauf notleidender Anbieter), hohes Durchschnittsalter der Produktionsanlagen und der „Humanressourcen", aggressiver Preiswettbewerb.

Die deutschen Anbieter im deutschen Markt, von der Anzahl her rund ein Dutzend, sind weiter überwiegend mittelständisch geprägt, wobei die meisten kapitalmarktfern und familiendominiert sind. Von den in Abb. 3.29 genannten Anbietern – einer von ihnen ist *Dolce* – sind allein *Steinway & Sons* (Hauptsitz New York City, mit Produktionsstätte in Hamburg), *Bechstein* und *Yamaha* (japanisch, aufgrund der langjährigen Präsenz im deutschen Markt hier als quasi deutscher etablierter Anbieter aufgenommen) börsenkapitalisiert.

Von dem Schrumpfungsprozess waren vor allem jene Anbieter im Markt betroffen, die nicht auf andere, stabile oder wachsende Märkte (etwa *Yamaha* in Ostasien) ausweichen konnten oder sich innerhalb des Marktes auf ein Spezialsegment spezialisiert

---

[318] Vgl. Grant (2002, S. 380).

Die deutsche Wettbewerbslandschaft ist weiter mittelständisch geprägt

ÜBERSICHT DEUTSCHE KLAVIERHERSTELLER

Abb. 3.29 Überblick über den deutschen Wettbewerb im deutschen Klaviermarkt

hatten (etwa *Steinway & Sons* mit hohem Flügel-Anteil; das kleine, margenkräftige Flügelsegment ist auch in Deutschland stabil geblieben). Der *Marktaustritt als Handlungsoption* kam für die mittelständisch-familiär geprägten deutschen Anbieter vor allem aus traditionellen Erwägungen in dieser Situation nicht infrage. „In addition to financial considerations, firms may be reluctant to close plants for a variety of emotional and moral reasons. Resistance to plant closure and divestment arises from pride in company traditions and reputations, managers' unwillingness to accept failure, loyalties to employees and the local community."[319] Beispiel für einen Marktaustritt ist jedoch der 1794 gegründete Klavierhersteller *Ibach*, Schwelm. Das Familienunternehmen (in siebter Generation) gab im Dezember 2007 bekannt, die Fertigung zum Jahresende einzustellen. Als Grund wurde unter anderem angeführt, dass der Familie eine langfristige Perspektive fehle, da unterhalb des Spitzensegments nachhaltiger Preiskampf herrsche.[320]

Beispiel für ein offensives Verhalten im Markt ist der heute börsennotierte Hersteller *Bechstein*. Im Rahmen einer *offensiven Integrationsstrategie* erwarb *Bechstein* (s. Abb. 3.30) zunächst weitere Marken und formte damit eine *Bechstein-Gruppe* (horizontale Integration), die unter Nutzung von Kostenvorteilen (teilweise Fertigung in Osteuropa und Zusammenlegung von betrieblichen Teilfunktionen) eine abgerundete Produktpalette vom Einsteigerklavier bis zum Konzertflügel anbieten konnte.

---

[319] Grant (2002, S. 381).
[320] Vgl. Schmitz (2007).

Die C. Bechstein-Gruppe ist ein Beispiel für eine erfolgreiche Herstellerkonzentration im deutschen Markt

MODELL DER KLAVIER-GRUPPE (VEREINFACHT)

Die **Bechstein-Gruppe** umfasst heute vier Marken, die unterschiedliche Kundengruppen ansprechen sollen und vor allem aus Kosten- und Qualitätsgründen in verschiedenen Ländern gefertigt werden

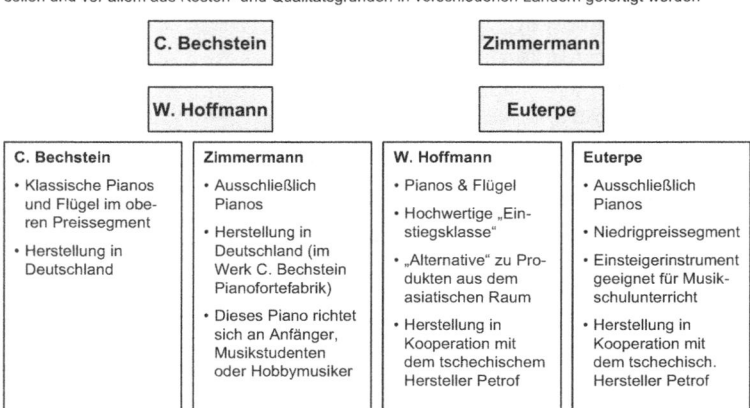

Abb. 3.30 Konzentration der Klavierhersteller am Beispiel C. Bechstein Pianofortefabrik AG

Dem Fachhandel konnten damit attraktive mengenabhängige Bonussysteme offeriert werden. Ein weiterer Schritt bestand für *Bechstein* im Aufbau eigener Niederlassungen, so genannter Centren, in einigen Ballungsräumen (etwa Berlin, Frankfurt am Main, Hamburg, Köln) in Konkurrenz zum klassischen spezialisierten Facheinzelhandel (vertikale Vorwärtsintegration). Schließlich erwarb die koreanische *Samick* Anteile an *Bechstein*, mit dem Ziel, in den deutschen Markt einzutreten und den Vertrieb von *Bechstein*-Produkten im ostasiatischen wachsenden Markt zu forcieren.

Die bei *Bechstein* zu beobachtende Strategie der Vorwärtsintegration in den Einzelhandel hinein war bereits zuvor von *Steinway & Sons* betrieben worden. Auch *Steinway & Sons* besaß bereits in deutschen Großstädten (Hamburg, Berlin, München) eigene Verkaufsstellen, die teilweise durch Erwerb traditioneller Facheinzelhandelsgeschäfte aufgebaut wurden. In diesen Häusern wurden ebenfalls überwiegend die eigenen Fabrikate (neben dem Traditionsfabrikat seit einigen Jahren auch ein günstiger positioniertes) verkauft. Da sich in deutschen Ballungsräumen (s. Abb. 3.31) traditionell nur rund zwei bis vier Facheinzelhandelsgeschäfte „rechneten", einige von diesen zwischenzeitlich jedoch von *Bechstein* und *Steinway & Sons* übernommen wurden oder diese sich auf den Absatz der Produkte dieser Hersteller aufgrund des attraktiven Bonussystems konzentrierten, entstand für die kleineren, unabhängigen Klavierhersteller wie *Dolce*, die ihren Fokus weiter überwiegend auf den Absatz im deutschen Markt gelegt hatten, sukzessive eine *Vertriebsproblem*. Durch die vertikale Vorwärtsintegration zweier kapitalkräftiger Wettbewerber war der Vertriebskanal „Facheinzelhandel" in einigen Ballungsräumen durch diese Hersteller dominiert, wobei dieser Konzentrationsprozess immer weiter voranschritt. Vor

**Die Klavier-Fachhändlerstruktur hat sich in deutschen
Ballungszentren deutlich konsolidiert**

DEUTSCHE KLAVIERHÄNDLER (BEISPIELE)

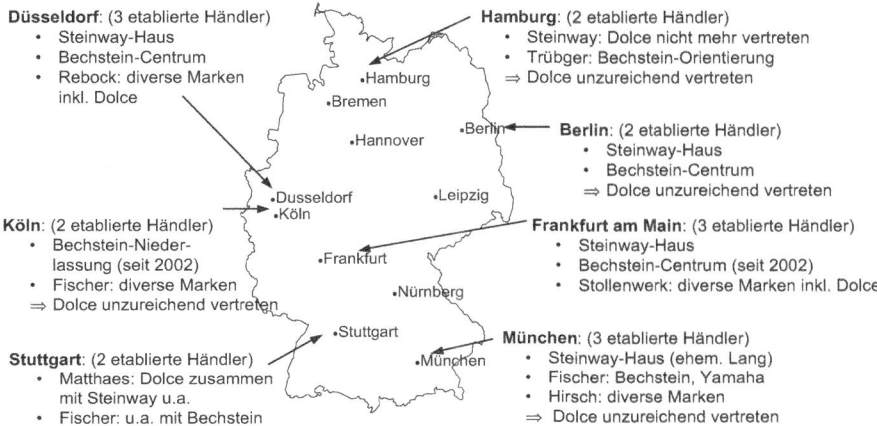

Düsseldorf: (3 etablierte Händler)
- Steinway-Haus
- Bechstein-Centrum
- Rebock: diverse Marken
  inkl. Dolce

Hamburg: (2 etablierte Händler)
- Steinway: Dolce nicht mehr vertreten
- Trübger: Bechstein-Orientierung
⇒ Dolce unzureichend vertreten

Berlin: (2 etablierte Händler)
- Steinway-Haus
- Bechstein-Centrum
⇒ Dolce unzureichend vertreten

Köln: (2 etablierte Händler)
- Bechstein-Nieder-
  lassung (seit 2002)
- Fischer: diverse Marken
⇒ Dolce unzureichend vertreten

Frankfurt am Main: (3 etablierte Händler)
- Steinway-Haus
- Bechstein-Centrum (seit 2002)
- Stollenwerk: diverse Marken inkl. Dolce

Stuttgart: (2 etablierte Händler)
- Matthaes: Dolce zusammen
  mit Steinway u.a.
- Fischer: u.a. mit Bechstein

München: (3 etablierte Händler)
- Steinway-Haus (ehem. Lang)
- Fischer: Bechstein, Yamaha
- Hirsch: diverse Marken
⇒ Dolce unzureichend vertreten

Abb. 3.31 Konsolidierung der Klavierhändler in deutschen Ballungsräumen (Beispiele)

diesem Hintergrund war *Dolce* auf der Suche nach einer strategischen Lösung und wandte sich zwecks methodischer und inhaltlicher Unterstützung an einen externen Experten.

Eine durchgeführte *Branchenstrukturanalyse* für den deutschen Markt zeigte die traditionelle Bedeutung des Klaviereinzelhandels als *Abnehmer* mit Kontakt zum Endkunden auf. Es wurde deutlich, dass – abgesehen von der Integration einiger Fachhändler durch Wettbewerber oder dem Aufbau eigener Niederlassungen durch diese – sich die *Rivalität unter den Wettbewerbern* in Händlerbindungsstrategien über mengenabhängige Bonussysteme zeigte. Hier hatten Wettbewerber mit einem breiten Sortiment Vorteile gegenüber Spezialisten. Für *Dolce* als kleineren, im höheren Segment der Klaviere wohlpositionierten Ein-Marken-Spezialisten war die Gefahr entstanden, dass die noch Hersteller-unabhängigen Fachhändler den Verkauf der Klaviere von Mehr-Marken-Wettbewerbern forcierten, um dort über höhere Stückzahlen attraktivere Boni zu erhalten. Dieses mögliche Verhalten wurde durch eine durchgeführte *Zufriedenheitsanalyse* bei den Händlern bestätigt. Zudem drängten im unteren Qualitätssegment zunehmend ausländische Hersteller mit sehr günstigen Klavieren auf den Markt, was die Preise auch im höheren Segment – *Dolce* war diesem eindeutig zurechenbar – zunehmend „verdarb". Es musste das Ziel sein, bei den verbliebenen freien Fachhändlern eine starke Lieferantenposition im Sinne des *Kundenportfoliokonzepts* zu erreichen. Dies würde, so war man sich einig, nur über höhere Stückzahlen und attraktive Bonus-Staffelungen erreichbar sein.

Dolce entschied sich zu einer *Strategie*, bei der zum einen unter Umsetzung einer Markentransferstrategie[321] das *Produktprogramm* durch ein günstiges Einstiegspiano nach unten abgerundet werden sollte. Auch dieses Piano sollte nicht mit ausländischen Produkten aus Niedriglohnländern konkurrieren, sondern eine leicht „abgespeckte" Version der anderen Pianos sein, die eine höhere Stückzahl erzielen könnte. Zum anderen bestand Einvernehmen auch mit der Gesellschafterin von *Dolce*, dass eine *strategische Allianz oder Fusion* mit anderen Herstellern (horizontale Integration) anzustreben war, um dem deutschen Fachhandel attraktive, gestaffelte Konditionen für ein breiteres Sortiment zu bieten und einige betriebliche Funktionen zusammenzulegen sowie insbesondere auch den Vertrieb im Ausland zu forcieren.

3.3.4.3 Diskussion und Implikationen für die risikoorientierte Unternehmensüberwachung

Die Gesamtanalyse machte deutlich, das *Dolce* noch kein *marktorientiertes Unternehmensführungs- und Überwachungssystem* mit Überwachungsinstitutionen und systematischen Überwachungsinstrumenten einschließlich Risikomanagementsystem besaß, das die marktlichen Normrisiken frühzeitig erkennen und abwenden bzw. nutzen könnte.

Das Praxisbeispiel zeigte die hohe Eignung der *Branchenstrukturanalyse* bei der Identifikation und Analyse des marktlichen Normrisikos „Sich verändernde Vertriebskanäle". Das Branchenstrukturkonzept erweist sich auch bei Vorliegen von Handelsstrukturen als hilfreiches Instrument, wobei die Zwischenstufe „Handel" noch zusätzlich bei der Wettbewerbskraft „Abnehmer" Beachtung zu finden hat. Auch die Analyse der Kunden- bzw. Händlerbedürfnisse ist ein kraftvolles Instrument, denn durch die *Händlerbefragung* konnte die Vermutung, dass Fachhändler attraktive, mengenabhängige Bonusstaffeln wählen, verifiziert werden. Das Denkmodell des *Kundenportfolios* trug dazu bei zu erkennen, dass ohne ein abgerundetes Produktsortiment eine starke Lieferantenposition nur schwer erreichbar sein würde.

Diese Ergebnisse stehen *im Einklang mit der eingangs formulierten theoriegeleiteten These*, denn der hohe Nutzen der Branchenstrukturanalyse wurde deutlich. Weiterhin zeigt die Fallstudie den Nutzen der Kundenzufriedenheitsanalyse und der Kundenportfolioanalyse bei der Analyse und Prognose des Norm-Marktrisikos „Sich verändernde Vertriebskanäle". Alle drei hier genannten Analyseinstrumente leisteten ihren Beitrag bei der Identifikation und Analyse des Risikos genau wie bei der späteren Generierung einer Strategie (Risikosteuerung). Der Beitrag der Instrumente bestand auch darin, offen zu legen, dass die geänderte Situation mit Blick auf die Vertriebskanäle im deutschen Markt sich nicht „aus sich selbst heraus" ergab, sondern auf geänderte Wettbewerbskräfte, also das strategische Handeln der Wettbewerber, zurückzuführen war. Das offenkundige Marktrisiko für *Dolce* war aus der *dynamischen Interaktion der Wettbewerber* entstanden.

---

[321] Zu Markenstrategien für neue Produkte vgl. grundlegend Sattler (2005b, S. 505–521).

3.3.5 *Abhängigkeiten von Marktpreisen (Input/Output)*

3.3.5.1 Theoriegeleitete These

Im Zuge der Diskussion der Instrumente der Marktrisikoanalyse in Abschn. 3.2 dieses Kapitels wurde die hohe Analysekraft von Prognoserechnungen (in ihren verschiedenen Ausprägungen) bei der Analyse und Prognose von Veränderungen einzelner Einflussvariablen hervorgehoben.[322] Zu den wichtigen Einflussvariablen des Produktionsunternehmens gehören die Input- und Outpreise. Je nach Geschäftsmodell und genutzten Einsatzstoffen des Produktionsunternehmens ist die Bedeutung dabei unterschiedlich groß, so dass nicht immer von „Abhängigkeiten" gesprochen kann. Mit der vierten Fallstudie soll nun anhand eines Wellpappenherstellers die These getestet werden, dass das Norm-Marktrisiko „Abhängigkeiten von Marktpreisen (Input/Output)" mit Hilfe von Prognoserechnungen analysiert und prognostiziert werden kann.

3.3.5.2 Praxisbeispiel: Die Wellpappenfabrik Kist GmbH

Bei der *Kist* GmbH handelt es sich um eine mittelständische Wellpappenfabrik, die als familiengeführtes Unternehmen unabhängig von Papierkonzernen im Markt agiert. Damit ist *Kist* anders als die großen Wettbewerber der Branche aufgestellt, die in den vergangenen Jahrzehnten zum großen Teil in den Besitz von in der Wertschöpfungskette vorgelagerten Papierkonzernen übergingen (vertikale Vorwärtsintegration).[323] *Kist* beliefert im wesentlichen Markenartikelhersteller (Food und Non-Food) mit hochwertigen Transportverpackungen.

Die wesentlichen Einsatzstoffe der Wellpappe sind Papier und Stärke. Die *Bedeutung des Faktors Altpapier* wird bei Betrachtung der Wertschöpfung eindrucksvoll deutlich: Die Altpapiereinsatzquote (Altpapierverbrauch in Prozent der Papier- und Pappeerzeugung) betrug 2003 in Deutschland nach Verbandsangaben[324] bei allen Papier- und Pappesorten 65 % (bei Wellpappenrohpapier: 108 %). Altpapier- und Papiermarkt sind traditionell Preis- und Mengenschwankungen unterworfen, die teilweise mit den allgemeinen konjunkturellen Entwicklungen einhergehen, etwa durch Nachfrageänderungen seitens der zyklischen Printmedien (s. Abb. 3.32). Für Wellpappenhersteller ist im Falle von sprunghaften Preisanstiegen des Einsatzfaktors Altpapier eine schnelle Weitergabe der Kostensteigerung über Preiserhöhungen bei ihren Abnehmern (etwa den Markenartikelkonzernen) praktisch unmöglich. Hier sind sogenannte *„integrierte" Wellpappenunternehmen*, die Teil eines Papierkonzerns sind, im Vorteil, denn innerhalb des Konzerns können Papiermengen kosteneffizient und bevorzugt an konzerneigene papierverbrauchende Abnehmer geliefert werden. Unabhängige Wellpappenfabriken sind dann tendenziell benachteiligt.

---

[322] Vgl. Kap. 3, 3.2.8.
[323] Vgl. Brucker (1998, S. 548).
[324] Vgl. vdw (2004).

**Der Preis des dominanten Input-Faktors Papier schwankt zyklisch;
die Papierkosten machen etwa die Hälfte der Gesamtkosten eines Wellpappenherstellers aus**

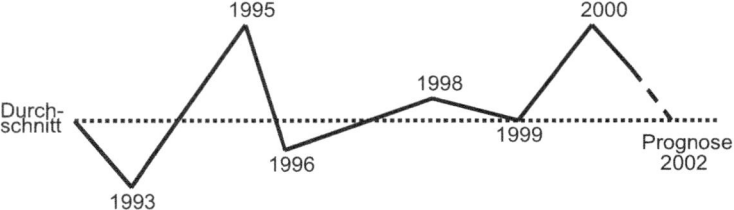

ENTWICKLUNG PAPIERPREISE IN DEN 1990ER JAHREN (VEREINFACHT)

- Verlaufsdauer des typischen Zyklus ca. 5-6 Jahre
- Im Zeitraum März bis Mai 2000 erhebliche Papierpreissteigerungen zwischen 25 % (Kraftliner) und 53 % (Altpapier-Wellenpapier)
- Hauptursache des starken Papierpreisanstiegs ist vor allem ein höherer Preis für Altpapier
  - Preissteigerung konnte nicht vollständig an den Kunden weitergegeben werden
  - negative Auswirkungen auf die Rendite im Jahr 2000, Vergleich zum Vorjahr um ein bis zwei Prozentpunkte verschlechtert
  - Vorteil für „integrierte" Unternehmen, die Papier kosteneffizienter einsetzen können

Anmerkungen: Papierpreise schematisch vereinfacht dargestellt

Abb. 3.32 Grob vereinfachte Darstellung der Papierpreiszyklen. (Quelle: hpv)

Im Frühjahr 2000 stieg der Papierpreis innerhalb weniger Wochen je nach Papier-sorte kräftig an (für Altpapier-Wellenpapier um über 50 %).[325] Auch für *Kist* kam dieser schnelle Preisanstieg überraschend. Der durchschnittliche Materialeinstand Papier (branchenüblich gemessen je m²) lag im Gesamtjahr 2000 um 30 % über dem des Jahres 1999. Es konnten jedoch nur Preiserhöhungen von 22 % weitergegeben werden. Dies führte im Jahr 2000 bei *Kist* zu einem *Einbruch der Papierspanne* bzw. des Rohertrags (s. Abb. 3.33).

Eine strategische Analyse der Wellpappenfabrik *Kist* zeigte, dass die *Abhängigkeit vom Input-Faktor Papier* nicht nur ein großes Marktrisiko für das Unternehmen dar-stellte, sondern insgesamt als potentiell bestandsgefährdendes Risiko einzuschätzen war. Das erstellte SWOT-Tableau verdeutlichte, dass die potentielle interne *Schwäche* des Unternehmens, nicht integriert zu sein, das hohe externe *Marktrisiko der Papier-versorgung* mit sich brachte (s. Abb. 3.34). Die rasante Marktpreisentwicklung im Frühjahr 2000 hatte dem Management von *Kist* verdeutlicht, welche Hebelwirkung Marktpreisschwankungen beim Papier auf die Erfolgsrechnung des Unternehmens haben können.

Daher war durch *Kist* die strategische Entscheidung zu treffen, ob das Unter-nehmen die nicht integrierte Stellung (ohne kapitalkräftigen Papierkonzern als Gesellschafter) aufgeben wolle oder durch ein optimiertes Risikomanagementsy-stem das Marktrisiko im Griff behalten könne. *Kist* entschied sich für den letzteren Weg. Wenngleich keine standardisierten Finanzinstrumente zur Steuerung der Marktpreisrisiken genutzt werden konnten,[326] trug das *Eingehen langfristiger*

---

[325] Vgl. Lucius (2005).
[326] Vgl. Kap. 2, 2.2.2.3.

Kist konnte die Papierpreiserhöhungen in 2000 nur teilweise an Abnehmer weitergeben

ANALYSE DER PAPIERSPANNE 1998 BIS 2000

	1998	1999	2000
Mengen Mio. qm	89,0	96,3	99,1
Umsatz Wellpappe Mio. €	36,5	39,0	44,1
Umsatz Handelswaren Mio. €			1,3
Papier Mio. €	-15,7	-16,8	-23,6
Hilfsstoffe Mio. €	-1,5	-1,8	-1,9
Klischee/Werkzeuge Mio. €	-1,3	-1,6	-1,4
Materialeinsatz Wellpappe Mio. €	-18,5	-20,3	-26,9
Einsatz Handelswaren in Mio. €	-0,5	-0,6	-1,5
Rohertrag gesamt Mio. €	17,6	18,1	16,9
Wachstum qm %		8,2 %	2,8 %
Wachstum Umsatz Wellpappe %		6,7 %	13,0 %
qm-VK Wellpappe in €	0,4104	0,4048	0,4447
qm-Kosten Papier in €	-0,1800	-0,1818	-0,2364
Papierspanne in €	0,2304	0,2230	0,2083

- Trotz des rasanten Papierpreisanstiegs in 2000 um knapp 5,5 ct/m² (23,64 ct gegenüber 18,18 ct in 1999) konnte *Kist* die Preise nur um knapp 4 ct erhöhen.

Abb. 3.33 Analyse der Papierspanne bei der Kist GmbH

Das SWOT-Tableau fasst die Ergebnisse der strategischen Analyse zusammen

SWOT-TABLEAU

Stärken

- Qualitativ hochwertige Produkte
- Stanz-Know-how
- (Vor-) Druck-Know-how und -Kapazitäten
- Erfolgreiches Vertriebsnetz
- Service-Know-how

Schwächen

- nicht integriert
- nicht kapitalkräftig
- teilweise Personallücken: zweite Ebene noch nicht voll besetzt
- teilweise komplexe Strukturen
- Abläufe im Bereich Z noch nicht stabil

Chancen

- Trend zu hochwertiger Verkaufsverpackung wird weiteres Wachstum in margenträchtigen Feldern ermöglichen
- Gute Kundenkontakte in interessanten Branchen versprechen Potential

Risiken

- Papierversorgung ist Achillesferse der nicht integrierten Gruppe
- preisaggressives Verhalten von kapitalkräftigen Wettbewerbern mit finanziell „längerem Atem"
- Bereich Z noch nicht ausgelastet

Abb. 3.34 SWOT-Tableau der Kist GmbH

Lieferkontrakte und Kooperationen mit nicht integrierten Papierfabriken (für diese stellte *Kist* einen attraktiven Abnehmer dar) dazu bei, potentielle zukünftige Marktpreisänderungen deutlich abzufedern. Zugleich wurde versucht, etwaige Abhängigkeiten von einzelnen Lieferanten möglichst zu vermeiden. Das Unternehmen verfeinerte den Einkauf durch ein *spezialisiertes Frühaufklärungssystem*, das mögliche Preis- und Mengenentwicklungen frühzeitig identifiziert, analysiert bewertet und steuernde Maßnahmen einleitet.

3.3.5.3 Diskussion und Implikationen für die risikoorientierte Unternehmensüberwachung

Die dargestellten Preisschwankungen finden für *Kist* auf dem *Lieferantenmarkt* statt, nicht auf dem Absatzmarkt, der im Rahmen dieses Buches im Fokus steht.[327] Für *Kist* besteht die Problematik, Preisschwankungen auf der Input-Seite nicht schnell genug und/oder ausreichend an Abnehmer weiterreichen zu können. Dies kann wiederum als *absatzmarktbezogenes Risiko* interpretiert werden.

Großen Nutzen bei der Identifikation und Analyse dieser Risiken können *Sensitivitätsrechnungen* sowie – Hand in Hand – ein *Frühaufklärungssystem* erbringen. Durch eine Analyse der Erfolgsrechnung bei wichtigen Inputfaktoren können jene Inputfaktoren identifiziert werden, die bei Preisschwankungen zu einer Gefahr oder einer Chance für das Unternehmen werden. Gerade die *Szenariotechnik* bewährte sich hier. Mit Hilfe der Sensitivitätsrechnung gelingt es, die möglichen Risiken quantitativ zu bewerten. Das Beispiel (s. Abb. 3.33) zeigt eindrucksvoll, welche Hebelwirkung Materialpreisschwankungen auf den Jahreserfolg eines Unternehmens haben können. Das Frühaufklärungssystem hat mögliche Preisschwankungen frühzeitig zu erkennen, um risikosteuernde Maßnahmen zu ermöglichen. Eine Ursache für das Unvermögen von *Kist*, Input-Preissteigerungen unmittelbar und vollständig an Abnehmer weiter zu geben, ist schnell durch das *Branchenstrukturmodell* gefunden: Die Verhandlungsmacht der großen Markenartikelkonzerne erlaubt dies im Einklang mit dem bestehenden Wettbewerb unter den Wellpappenfabriken schlichtweg nicht. *Kist* besitzt bei den wesentlichen Kunden letztlich keine sehr starke Lieferantenposition (*Kundenportfoliobetrachtung*).

Diese Marktkräfte spiegeln sich auch im *SWOT-Tableau* wieder, wobei das Zusammenwirken von interner Schwäche und externem Risiko deutlich wird. Insgesamt zeigt das Beispiel, wie scheinbar reine Inputrisiken eines Unternehmens sich auf Outputseite als Risiko darstellen und wie externe Risiken eine Wechselbeziehung zu fehlenden internen Fähigkeiten (Schwächen) haben können. Insgesamt stehen diese Erkenntnisse *im Einklang mit der oben genannten theoriegeleiteten These*, denn der hohe Nutzen der Prognoserechnungen wurde deutlich. Aber auch die anderen erwähnten Instrumente der Markrisikoanalyse kamen beim Wellpappenhersteller zum Einsatz und zeigten ihre hohe Analyse- und Prognosekraft mit Blick auf das Norm-Marktrisiko „Abhängigkeiten von Marktpreisen (Input/Output)".

---

[327] Vgl. Kap. 3, 3.1.1.

3.3.5.4 Exkurs: Beitrag der Kosten- und Leistungsrechnung zur Lösung absatzpolitischer Entscheidungsprobleme bei steigenden Inputpreisen

Für das Unternehmen *Kist* können gestiegene Input-Preise als Rechtfertigung einer Forderung höherer Preise gegenüber dem Kunden dienen.[328] Sind Preiserhöhungen jedoch nicht oder nur teilweise durchsetzbar, muss entschieden werden, ob dennoch weiter gefertigt wird. Für diesen Fall hält die betriebswirtschaftliche Kosten- und Leistungsrechnung einen Kalkül zur Ermittlung *kurzfristiger Preisuntergrenzen* bereit, mit dessen Hilfe entschieden werden kann, ob ein Auftrag bei einem vom Kunden vorgegebenen Absatzpreis (noch) angenommen werden kann. Dieser Kalkül soll hier auf seine Fähigkeit hin untersucht werden, das marktrisikoorientierte Management zu unterstützen.

Die Preisuntergrenze als kurzfristig kritischer oder niedrigster Preis, zu dem das Produkt gerade noch oder mit einer bestimmten Menge angeboten werden kann, wird grundsätzlich mit Hilfe des Deckungsbeitrages bestimmt.[329] Der Entscheidungsfunktion der kurzfristigen Kosten- und Leistungsrechnung liegt in der Regel die Maximierung des Periodengewinns als Ziel zugrunde, strategische Ziele wie Marktanteilsmaximierung bleiben meist ausgeklammert.

Bei der Bestimmung kurzfristiger Preisuntergrenzen sind zur Ermittlung des Deckungsbeitrages sämtliche kostenmäßigen Auswirkungen der Entscheidung, also die *relevanten Kosten*, zu berücksichtigen. Im einfachen Fall der *linearer Kostenfunktion* ist dies relativ einfach, da die Grenzkosten immer – unabhängig von der Stückzahl – mit den variablen Kosten übereinstimmen. Dann entspricht die kurzfristige Preisuntergrenze $\hat{p}$ den variablen Kosten k des Zusatzauftrags. Die variablen Kosten enthalten neben den Inputfaktoren auch die variablen Produktions-, Verwaltungs- und Vertriebskosten. Zu beachten sind dabei mögliche Interdependenzen zum sonstigen Leistungsprogramm wie auch eventuelle noch gelagerte, zu günstigeren Konditionen beschaffte Inputfaktoren und alternative Nutzungen für diese.[330] Es zeigt sich, dass der Anschaffungswert der gelagerten Inputfaktoren für kurzfristige Preisuntergrenzen keine Bedeutung hat, jedoch für langfristige.[331] Vor allem bleibt jedoch das Risiko ausgeklammert, einen langfristig wertvollen Kunden zu verärgern und damit zu verlieren.

Im Falle *nichtlinearer Kostenfunktionen*, wie sie in der Praxis empirisch nachgewiesen sind und aufbauend auf den Studien von *Henderson* als „Erfahrungsgesetz" Eingang in die Kostentheorie gefunden haben,[332] verringern sich die Stückkosten mit Erhöhung der Produktionsmenge. Als dynamische (Teil-)Kostenfunktion[333] soll sie

---

[328] Vgl. Ewert und Wagenhofer (2005, S. 135).

[329] Vgl. Jacob (1986b, S. 503).

[330] Vgl. Kilger (1988, S. 757 f.); Schwellnuß (2003, S. 556).

[331] Vgl. grundlegend Swoboda (1973, S. 353–367).

[332] Vgl. Henderson (1974, S. 42).

[333] Vgl. Schneider (1965, S. 503).

zur längerfristigen Abschätzung von Kosten, Preisen und der Stabilität des Wettbe-
werbes im relevanten Markt einen Beitrag leisten. Propagiert wurde sie insbesondere
von der *Boston Consulting Group* für junge Produkte zur Klärung wettbewerbs-
politischer und preispolitischer Vorgänge in schnell wachsenden Bereichen der
elektronischen und chemischen Industrie.[334] Insgesamt gilt die *Erfahrungskurve*
mit Blick auf ihre theoretische Fundierung und Operationalisierbarkeit als nicht unumstritten.[335] Als Modell zur Fundierung etwa von Marktanteilsstrategien in der
unternehmerischen Praxis ist ihre Operationalität zu gering. Aufgrund ihrer anerkannt starken simplifizierenden Abstraktionskraft wird man mit ihr nur grobe
Überlegungen anstellen, „schon allein um die Komplexitätsreduktion, die mit ihr
gelingt, nicht wieder rückgängig zu machen"[336].

Bei der *Erfahrungskurve* sinken die Stückkosten mit einer Verdopplung der Produktionsmenge um einen Faktor, der in Anlehnung an das engere Konzept der
Lernkurve[337] als Lernrate α bezeichnet wird.[338] Eine typische Lernrate beträgt 0,2,
das heißt die Stückkosten sinken mit jeder Verdopplung der Menge um 20 %.[339]

In doppelt-logarithmischer Darstellung zeigen sich klassische Erfahrungskurven
als Gerade mit negativem Steigungsmaß. Eine Erhöhung der Stückkosten für die
„Nullserie" (erstes Stück) um 20 % – im Beispiel der Abb. 3.35 von 100 auf 120 –
bewirkt dann bei gleicher Lernrate α eine Parallelverschiebung der „Erfahrungsge-
rade" nach oben.

$K'(1)$ stehe für die Grenzkosten des ersten Stückes, $K'(X)$ für die Grenzkosten des
X-ten Stückes. Dann sind

$$K'(X) = K'(1)(1 - \alpha)^z. \tag{3.3}$$

z repräsentiert die Anzahl der Verdoppelungen der Produktionsmenge, so dass $X = 1 \times 2^z$. Zur Errechnung der Grenzkosten für eine kumulierte Menge X ist zunächst
$X = 2^z$ zu logarithmieren

$$z = \frac{\log X}{\log 2}. \tag{3.4}$$

Durch Logarithmieren von $(1 - \alpha)^z$ erhält man

$$z \log (1 - \alpha) = \frac{\log X}{\log 2} \log (1 - \alpha) = \log X \frac{\log (1 - \alpha)}{\log 2} = \log X. \tag{3.5}$$

---

[334] Vgl. Henderson (1974, S. 10).

[335] Vgl. Weber (2003b, S. 196).

[336] Ballwieser (1990, S. 145).

[337] Vgl. Alchian (1963, S. 679–693); Schneider (1965, S. 501–515); Baetge (1974, S. 521–543).

[338] Vgl. Bauer (1986, S. 1–10); Homburg (1998, S. 75–86); Porter (1999, S. 110); Weber (2002,
S. 275 f.); Coenenberg (2003, S. 185–203); Liessmann (2003, S. 125–129).

[339] Vgl. etwa Henderson (1974, S. 19); Wacker (1980, S. 175–187); Ballwieser (1990, S. 133–138);
Simon (1992, S. 284–286); Grant (2002, S. 258); Baum et al. (2004, S. 89).

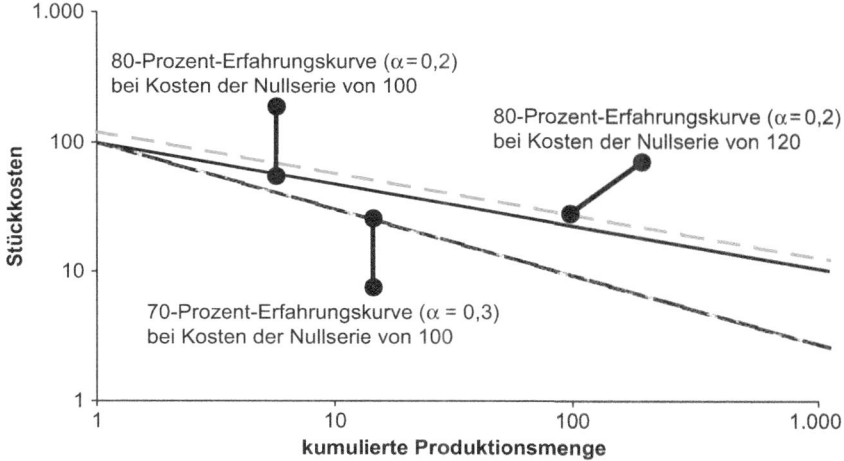

Abb. 3.35 Drei typische Erfahrungskurven mit Stückkosten der ersten Ausbringungseinheit (Nullserie) von 100 bzw. 120

Somit ist $(1 - \alpha)^z = X^\kappa$, wobei κ die Kostenelastizität als relative Kostensenkung bei Ausweitung der Produktionsmenge ist. Hieraus errechnet sich die Lernrate α mit

$$\alpha = 1 - 2^\kappa \quad \text{oder} \quad \kappa = \frac{\log(1 - \alpha)}{\log 2}, \tag{3.6}$$

wobei für den Logarithmus eine beliebige (im Zähler und Nenner identische) Basis angenommen werden kann. Damit beträgt bei einer Lernrate $\alpha = 0,2$ die Kostenelastizität $\kappa = -0,3219$, was sich bei der Wahl *Briggscher* Logarithmen errechnet mit

$$\kappa = \frac{\lg(1 - 0,2)}{\lg 2} = \frac{-0,0969}{0,3010} = -0,3219. \tag{3.7}$$

Aus der Gleichung $(1 - \alpha)^z = X^\kappa$ folgt nunmehr die Grenzkostenfunktion mit

$$K'(X) = K'(1)X^\kappa. \tag{3.8}$$

Die kurzfristige *Preisuntergrenze* $\hat{p}$ entspricht hier den durchschnittlichen Stückkosten k, die sich als Quotient aus den aufaddierten Gesamtkosten K und der zu produzierenden Gesamtstückzahl X_n errechnen.[340]

$$\hat{p} = k = \frac{K}{X_n}. \tag{3.9}$$

---

[340] Vgl. Coenenberg (2003, S. 191 f.); Baum et al. (2004, S. 94); Ewert und Wagenhofer (2005, S. 142 f.).

Wie der dargestellte Kalkül zur Ermittlung kurzfristiger Preisuntergrenzen – für den in der Literatur zahlreiche Erweiterungen etwa mit Blick auf potentielle Engpässe vorliegen[341] – stellen die meisten Anwendungen der kurzfristigen Kosten- und Leistungsrechnung auf sichere Erwartungen ab.[342] Die in Abschn. 3.2.8 dieses Kapitels diskutierten Prognoserechnungen, insbesondere Sensitivitätsrechnungen und Nutzschwellenanalysen, die als Instrumente der Kosten- und Leistungsrechnung gelten können, tragen bereits einer bestehenden *Unsicherheit* Rechnung, ohne vom Vorliegen der Kenntnis von Eintrittswahrscheinlichkeiten (Risikosituation der Entscheidungstheorie) auszugehen. Es wird ein „Gefühl für die Bedeutung der Unsicherheit"[343] vermittelt, jedoch werden Präferenzsysteme[344] nicht explizit einbezogen.

Anders sieht dies bei in der Literatur anzufindenden Lösungsansätzen für kurzfristig wirksame Entscheidungen aus, die für die entscheidungstheoretische *Risikosituation* davon ausgehen, dass Entscheidungsträger subjektive Wahrscheinlichkeitsverteilungen für die Parameter des Entscheidungsproblems tatsächlich angeben können.[345] Es kann gezeigt werden, dass die Struktur optimaler Programmentscheidungen dabei davon abhängen kann, ob ein Unternehmen börsennotiert ist oder nicht.

Eng zusammenhängend ist dies mit der Frage der *Relevanz von Fixkosten* in kurzfristig wirksamen Entscheidungsrechnungen[346]: Relevant können Fixkosten allein im Falle *kapitalmarktferner Unternehmen* sein, sofern etwa die Programmplanung nach *Bernoulli* an der Maximierung des Erwartungsnutzens des Unternehmers ausgerichtet wird,[347] so dass das Produktionsprogramm sowohl für die Höhe als auch die Risikostruktur seines Einkommens bzw. Endvermögens herhalten muss (unternehmensspezifische Diversifikationsaspekte). Dann können Fixkosten bei bestehender nicht konstanter absoluter Risikoaversion entscheidungsrelevant sein, was bei risikobehafteten Fixkosten noch verstärkt wird.[348] Werden im Falle kapitalmarktferner Unternehmen hingegen Möglichkeiten individueller Portefeuilleanpassungen am Kapitalmarkt berücksichtigt (kapitalmarktbezogene Diversifikationsaspekte), kann das Produktionsprogramm von der Funktion der Risikosteuerung entlastet und analog *zum börsennotierten Unternehmen* der virtuelle Marktwert maximiert werden. Fixkosten sind dann wieder irrelevant.[349]

Im Hinblick auf das Unternehmen *Kist* ist das Fazit indes bescheiden, denn zum einen besitzt *Kist* bei seinen Kunden keine starke Lieferantenposition, so dass

---

[341] Vgl. etwa Ewert und Wagenhofer (2005, S. 143–149).

[342] Vgl. Sieben und Schildbach (1994, S. 118 f.).

[343] Ewert und Wagenhofer (2005, S. 197).

[344] Vgl. Sieben und Schildbach (1994, S. 51–55).

[345] Vgl. etwa Demski (1994, S. 359–363); Ewert und Wagenhofer (2005, S. 217–242).

[346] Vgl. Schneider (1984, S. 2521–2528); Siegel (1985, S. 2157–2159); Maltry (1990, S. 294–311); Dyckhoff (1991, S. 254–261).

[347] Vgl. Sieben und Schildbach (1994, S. 69–76).

[348] Vgl. Ewert und Wagenhofer (2005, S. 232–235).

[349] Vgl. Ewert (1996, S. 528–556).

Forderungen nach einer kurzfristigen Preisanhebung nicht infrage kommen. Daher wird man im Zweifel kurzfristig auch unter der (durch die Preiserhöhungen auf Input-Seite) gestiegenen Preisuntergrenze liefern müssen. Zum anderen können von Seiten des Managements a priori keine subjektiven Wahrscheinlichkeitsverteilungen für die Preisentwicklung des wichtigen Inputfaktors (Alt-)Papier genannt werden. So wurde für ein aktives Risikomanagement vor allem eine Kombination aus Frühaufklärungs-system und Sensitivitätsanalysen (einschließlich Stresstests) gewählt. Daneben trug, wie in Abschn. 3.3.5.1 dieses Kapitels dargestellt, eine teilweise vertikale Rück-wärtsintegration in die Papierbranche hinein dazu bei, das durch den Inputfaktor induzierte Absatzmarktrisiko zu begrenzen.

3.3.6   Abhängigkeiten von einem Hauptabnehmer

3.3.6.1   Theoriegeleitete These

Bei der Diskussion der Instrumente der Marktrisikoanalyse in Abschn. 3.2 dieses Kapitels wurde hervorgehoben, dass das Instrument der ABC-Kundenanalyse einen wichtigen Beitrag zum Risikomanagement mit Blick auf Abhängigkeiten von einem Hauptabnehmer leisten kann.[350] Anhand der fünften Fallstudie soll nun die These getestet werden, dass das Norm-Marktrisiko „Abhängigkeiten von einem Hauptab-nehmer" mit Hilfe der kundenbezogenen ABC-Analyse untersucht und prognostiziert werden kann.

3.3.6.2   Praxisbeispiel: Der Holzbüromöbel-Hersteller Kast GmbH

Die *Kast* GmbH ist ein mittelständischer Hersteller von Holzbüromöbeln. Das Un-ternehmen ist einem Teilsegment des deutschen Büromöbelmarkts zuzurechnen, das beginnend mit dem Jahr 2001 eine Talfahrt nach dem Ende der New Economy-Blase erlebte. Bis 2004 hatte sich das Marktvolumen dieses Segments, sowohl nach Wert als auch nach Absatzmenge, halbiert (s. Abb. 3.36).

Kast beliefert ausschließlich Abnehmer in Deutschland, der rechnerische Markt-anteil beträgt 0,3 %. Der *Einbruch der Branche* war auch an *Kast* nicht vorbeigegan-gen: Ein früherer Hauptabnehmer, ein anderer Büromöbelhersteller, für den man im *Unterverhältnis* Teile fertigte, war insolvent geworden, wodurch nicht nur gut die Hälfte des Umsatz verloren ging, sondern auch ein empfindlicher Forderungsverlust zu verkraften war. Durch den Wegfall dieses Hauptkunden musste das Geschäfts-modell des Unternehmens binnen kurzer Zeit auf neue Beine gestellt werden. War man zuvor über lange Jahre überwiegend „verlängerte Werkbank" eines größeren Büromöbelherstellers, so musste nun erstmals in der Firmengeschichte der *Ver-trieb bei Fachhändlern mit eigenen Produktlinien* aufgebaut werden (s. Abb. 3.37). Büromöbel werden in Deutschland heute weitgehend über Fachhändler verkauft.

---

[350] Vgl. Kap. 3, 3.2.3.

Der für Kast relevante deutsche Holzbüromöbel-Markt hat sich innerhalb von vier Jahren halbiert

ENTWICKLUNG DEUTSCHER HOLZBÜROMÖBEL-MARKT 2000 BIS 2004

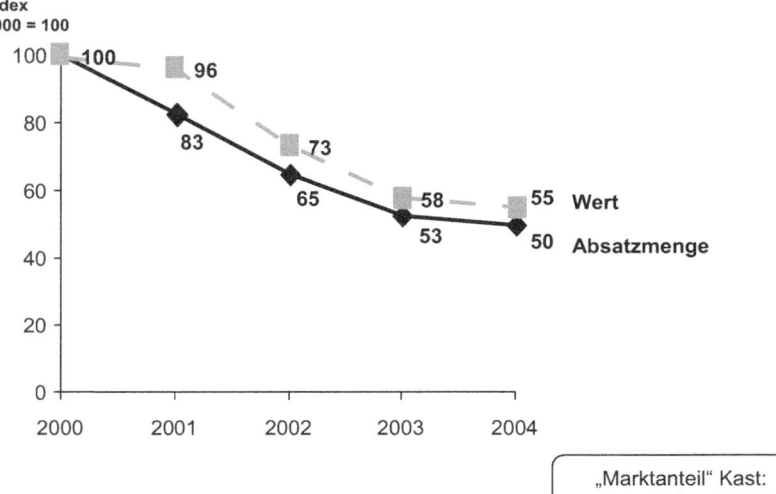

Index
2000 = 100

„Marktanteil" Kast:
rechnerisch rd. 0,3 %

Abb. 3.36 Entwicklung des deutschen Holzbüromöbel-Marktes 2000 bis 2004. (Quelle: BSO, StatBA)

Für Kast hat sich das Geschäftsmodell durch Wegfall des Haupt-kundenradikal geändert

VERGLEICH UMSATZ (ANTEIL UND ABSOLUT) UND ENTWICKLUNG

Systemmöbel für Händler*	Objektgeschäft für Händler*	Fremdteilefertigung für Hersteller	Zukaufteile
Umsatzanteil - früher: 11 % - heute: 27 %	**Umsatzanteil** - früher: 3 % - heute: 27 %	**Umsatzanteil** - früher: 85 % - heute: 45 %	**Umsatzanteil** - früher: 1 % - heute: 1 %
Umsatz absolut** - früher: € 0,6 Mio. - heute: € 0,7 Mio.	**Umsatz absolut**** - früher: € 0,2 Mio. - heute: € 0,7 Mio.	**Umsatz absolut**** - früher: € 4,3 Mio. - heute: € 1,1 Mio.	**Umsatz absolut**** - früher: € 0,1 Mio. - heute: € 0,03 Mio.
Entwick-lung ↗	**Entwick-lung** ↑	**Entwick-lung** ↓	**Entwick-lung** ↘

*: in geringem Umfang regional auch direkt für Endabnehmer (Anteil geschätzt 5% vom Gesamtumsatz)
**: Basis Umsatz früher € 5 Mio.; Umsatz heute € 2,5 Mio.

Abb. 3.37 Änderung des Geschäftsmodells durch Wegfall eines Hersteller-Kunden. (Quelle: grobe Schätzungen

Kast verfügte aufgrund seiner hohen Fertigungsqualität über einen sehr guten Ruf in der Branche, weshalb die *Überwachungsträger* des Unternehmens, neben den Gesellschaftern vor allem die finanzierenden Banken, sich entschlossen, eine Restrukturierung zu finanzieren: Die Strukturkosten des Unternehmens mussten parallel zum Aufbau des Vertriebs schnell an eine verminderte Betriebsgröße angepasst werden.

3.3.6.3 Diskussion und Implikationen für die risikoorientierte Unternehmensüberwachung

Für *Kast* hätte die Abhängigkeit von einem Hauptabnehmer nach dessen Ausfall fast das Ende bedeutet (Forderungsausfall und Kundenverlust). Das Geschäftsmodell des Unternehmens war auf zwei Abnehmer ausgerichtet gewesen: nach den Plänen und Vorgaben zweier Hersteller-Kunden wurden sehr hochwertige Holzbüromöbel gefertigt. Der Anteil des Umsatzes mit Fachhändlern betrug nur 14 %, der Vertrieb bei Händlern ergab sich hier eher zufällig, etwa durch Mund-zu-Mund-Propaganda.

Die Lieferantenposition von *Kast* bei den wenigen Herstellerkunden war gleichwohl gut (*Kundenportfoliobetrachtung*). Durch die hohe Qualität und Liefertreue war man ein langjähriger Partner für diese Hersteller. Ob sich die Partnerschaft für *Kast* im Sinne einer Kundenattraktivität auch auszahlte, war aufgrund einer fehlenden Kundenergebnisrechnung (Managementerfolgsrechnung) nur grob abschätzbar. Das Risiko der Abnehmerabhängigkeit jedoch war vorhersehbar gewesen: das einfache Instrument der *ABC-Kundenanalyse* nach Umsatz hätte die Kopflastigkeit des Geschäftsmodells zeigen können. Mit Blick auf das marktliche Normrisiko „Abhängigkeit von einem Hauptabnehmer" ist vorrangig das Instrument des ABC-Kundenanalyse von Nutzen. Aufschlussreiche Ergebnisse erbringt insbesondere eine Analyse nach Deckungsbeiträgen der Kunden(gruppen). Dies *stützt die eingangs formulierte theoriegeleitete These*, denn der hohe Nutzen der kundenbezogenen ABC-Analyse wurde in der Fallstudie deutlich.

3.3.7 Veränderungen im Umfeld (allgemeine Umwelt)

3.3.7.1 Theoriegeleitete These

Wie die obige Diskussion der Instrumente der Marktrisikoanalyse zeigte, kann die Szenariotechnik als Instrument der Frühaufklärung gerade dann einen wichtigen Beitrag zum Risikomanagement leisten, wenn Diskontinuitäten und die Unsicherheit von Zukunftserwartungen einen Grad erreichen, dass quantitative Prognosen über Prognoserechnungen nicht mehr möglich sind. Dann bietet es sich an, die Szenariotechnik dazu zu nutzen, ein „hypothetisches Zukunftsbild"[351] für allgemeine

---

[351] Mayer-Fiedrich (2007, S. 1325).

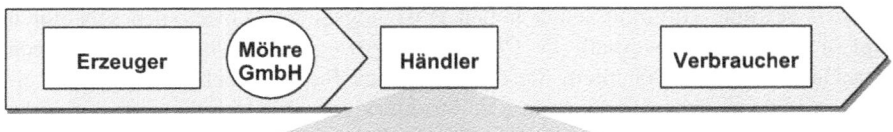

	Trend		
• Bisherige Flächenausdehnung im Gemüseanbau wird Ende finden	11 %	traditioneller LEH (bis 800m²)	• Deutsche Bevölkerung wird Ø älter und kleiner
	27 %	Verbrauchermärkte (ab 800 m²)	• Trend zu Convenience-Produkten bei Singles etc.
• Importe stabil, Exporte steigend	46 %	Discounter, davon	22 % Aldi	
• Konzentration hin zu Großerzeugern wird anhalten bei Trend zur Spezialisierung			24 % sonst. Discounter	• Wachstum der privaten Nachfrage nach Frischgemüseeher unwahrscheinlich**
	16 %	sonstige	• Deutsches Gemüse (und Obst) weiter favorisiert

Anteile Gemüse Deutschland:
Menge; 1. Halbjahr 2002*

• Weitere Konzentration auf LEH-Seite
• Längerfristige Mengen- und Preisabsprachen verdrängen traditionelle Versteigerungen

• Kostengünstige Saisonkräfte dürften auf Sicht vorhanden bleiben
• Klima/Boden/Wasser bleiben kritische Produktionsfaktoren

• seit ca. 2002 ungebrochene Preissensitivität
• Kantinen und Anstalten setzen auf Tiefkühl

Abb. 3.38 Wichtige Trends entlang der Wertschöpfungskette einer Gemüseerzeuger-GmbH. (*Quelle: ZMP 2002; **Quelle: ZMP 2003)

Veränderungen im Umfeld (allgemeine Umwelt) zu zeichnen.[352] Anhand der sechsten Fallstudie soll nun die These getestet werden, dass das Norm-Marktrisiko „Veränderungen im Umfeld (allgemeine Umwelt)" mit Hilfe der Szenariotechnik untersucht und prognostiziert werden kann.

3.3.7.2 Praxisbeispiel: Der Gemüseerzeuger Möhre GmbH

Die *Möhre GmbH* ist ein Gemüsebetrieb, gegründet von einer Vielzahl von Gemüseerzeugern mit dem vorrangigen Ziel der Sammlung, Kommissionierung und Vermarktung der Produkte. Damit ist die *Möhre GmbH* isoliert betrachtet ein Handelsunternehmen; gleichwohl können und sollen hier die kollektiv organisierten Erzeuger mit ihrer *Möhre GmbH* als eine *produzierende und vermarktende Einheit* betrachtet werden.[353]

Möhre verfügte über langjährig gewachsene Kundenbeziehungen in den traditionellen deutschen Lebensmitteleinzelhandel (LEH) hinein. Zu den Kunden gehörten auch mehrere Verbrauchermärkte und ein Teil der großen Discounter. Im Jahre 2003 beobachtete *Möhre* mehrere *Trends* auf Erzeuger-Seite wie auch auf Seite des Handels und der Endverbraucher (Abb. 3.38).

---

[352] Vgl. Kap. 3, 3.2.9.

[353] Zur Abgrenzung des landwirtschaftlichen Betriebs vom Industriebetrieb vgl. Hansmann (2001, S. 6).

Zu den wichtigen Trends, zu denen das Management von *Möhre* sich Gedanken über ihre Auswirkungen auf die Gesellschaft machten, gehörten: Die ökologische Entwicklung der kritischen Produktionsfaktoren Klima/Boden/Wasser, die zunehmende Konzentration auf Seiten des Lebensmitteleinzelhandels (LEH), die sich insbesondere in einem Wachstum der Discounter zeigte, die demographische Entwicklung der deutschen Bevölkerung (Alterung), der Trend hin zu Single-Haushalten, der mit einem möglichen Trend weg von Frischgemüse hin zu Convenience- und Tiefkühl-Produkten verbunden wurde. Wenngleich dem Management die Wichtigkeit der genannten Trends für die langfristige Entwicklung von *Möhre* bewusst war, war kein durchgängiges Überwachungsinstrumentarium vorhanden, das die damit verbundenen möglichen Chancen und Risiken systematisch erfassen, analysieren, bewerten und risikosteuernde Maßnahmen einleiten konnte.

3.3.7.3   Diskussion und Implikationen für die risikoorientierte Unternehmensüberwachung

Mit der Ausrichtung auf landwirtschaftliche Erzeugnisse ist *Möhre* im Besonderen den *allgemeinen Umweltentwicklungen* von Klima/Boden/Wasser ausgesetzt. Gemüse kann als preissensibel bezeichnet werden, da geringe Mengenschwankungen der Erzeuger bereits zu deutlichen Preisschwankungen führen können, obwohl die Kontrakte zwischen Erzeugern und dem Handel immer weniger über die (traditionelle) Versteigerung, sondern auf Basis längerfristige Mengen- und Preisvereinbarungen geschlossen werden.[354] Zusätzlich sind die *Veränderungen auf Abnehmerseite* – von sich verändernden Vertriebswegen hin zu veränderter Endkundenstruktur und wandelndem Verbraucherverhalten – durch *Möhre* mit Blick auf mögliche Risiken zu beobachten. Diesen kurz- und langfristigen Trends hatte zum einen die *strategische Ausrichtung* der Gesellschaft Rechnung zu tragen, zum anderen war bei *Möhre* ein *Frühaufklärungssystem* zu installieren. Beides miteinander zu verknüpfen, könnte mittels des Denkmodells der *Szenariotechnik* gelingen.

Wenngleich *Möhre* durch einen fakultativen Beirat überwacht wird, hatte dieser in der Vergangenheit dem Thema nur sporadisch und eher unsystematisch Beachtung geschenkt. Die Geschäftsführung der *Möhre GmbH* hatte sich nun entschlossen, ein *Überwachungssystem einschließlich Risikomanagementsystem* einzurichten. Die oben aufgestellte theoriebasierte These, dass das Norm-Marktrisiko „Veränderungen im Umfeld (allgemeine Umwelt)" mit Hilfe der Szenariotechnik untersucht und prognostiziert werden kann,[355] kann daher mittels dieser Fallstudie nicht getestet werden. Zum Zeitpunkt der Fallstudienerhebung hatte die *Möhre GmbH* noch kein System einer marktrisikoorientierten Unternehmensüberwachung installiert, obwohl sie erheblichen Marktrisiken im Umfeld gegenübersteht. Die Fallstudie verdeutlicht jedoch die Notwendigkeit eines marktrisikoorientierten Überwachungssystems für dieses kapitalmarktferne deutsche Produktionsunternehmen.

---

[354] Vgl. Lustgarten (2005, S. 68).
[355] Vgl. Kap. 3, 3.3.7.1.

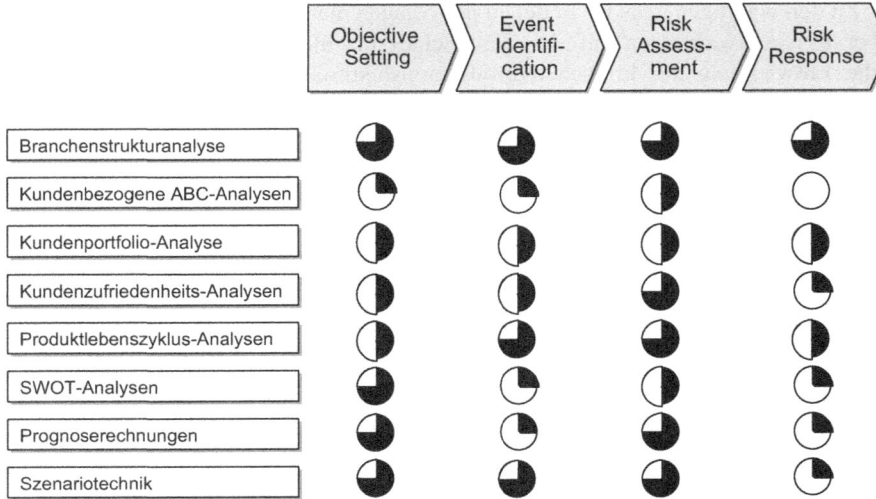

Abb. 3.39 Eignung wichtiger Instrumente der Marktrisikoanalyse in den Phasen des ERM

3.3.8 Eignung der Instrumente der Marktanalyse für das Risikomanagement

Auf Basis der Diskussion der sechs Praxisbeispiele kann nun eine zusammenfassende Würdigung der einzelnen in Abschn. 3.2 dieses Kapitels präsentierten Instrumente mit Blick auf ihre *Eignung für das Risikomanagement der sechs Norm-Marktrisiken* erfolgen. Das Tableau der Abb. 3.39 fasst die Eignungen der acht Instrumente, das Enterprise Risk Management in den vier Teilphasen (einschließlich Risikostrategie bzw. Objective Setting)[356] in Bezug auf die Norm-Marktrisiken zu unterstützen, auf einer fünfstufigen Skala grob vereinfachend mit Symbolen von ○ (keine Unterstützung) bis ● (ausgezeichnete Unterstützung) zusammen.

Von den einzelnen Instrumenten hat sich in der Diskussion der Praxisbeispiele über alle ERM-Phasen hinweg das *Branchenstrukturmodell* als dominant erwiesen. Dieses empfahlen auch bereits *Copeland*, *Koller* und *Murrin* zur Unterstützung

---

[356] Der das *COSO*-strukturierte Enterprise Risk Management konstituierende explizite Zielbezug („Strategic" und „Operations") zeigt sich in der Abbildung in der ersten Teilphase „Objective Setting". Er liegt ebenso dem Risikomanagement nach KonTraG zugrunde und ist nach herrschender Meinung ein Fundament des betriebswirtschaftlicher Risikomanagements. Vgl. Kap. 2, 2.2.3.2 und 2.2.3.1. Vgl. ebenso Wall (2003g, S. 459); Paetzmann (2005c, S. 280). Die Prozessschritte im bereits zitierten Praxismodell von Slywotzky und Drzik (2005, S. 40) – hier dürfte die Beratungspraxis der Häuser *Mercer Management Consulting* und *Mercer Oliver Wyman* zugrunde liegen – nehmen hingegen keinen expliziten Bezug auf Ziele.

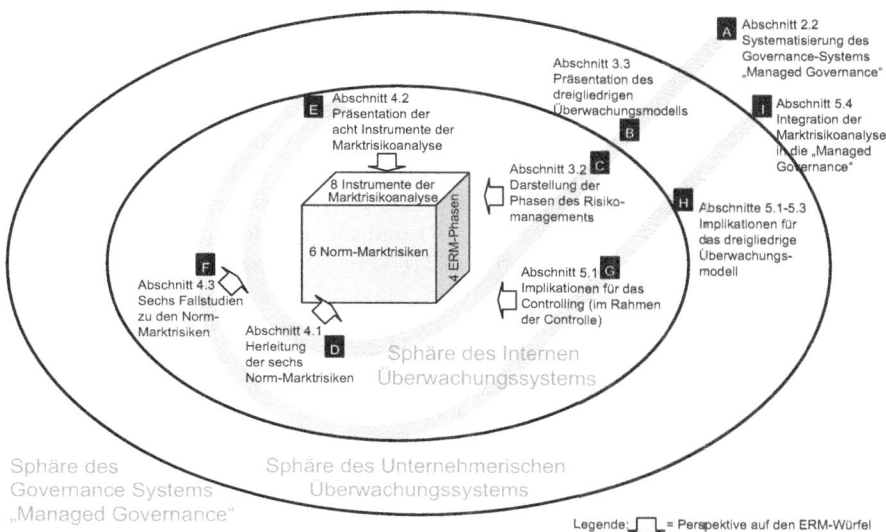

Abb. 3.40 Der ERM-Instrumentenwürfel innerhalb des forschungsmethodischen Weges von A nach I durch die „Überwachungs-Sphären"

einer wertorientierten Unternehmenssteuerung,[357] *Töpfer* und *Heymann* nutzen es als Rahmen einer Klassifikation der Marktrisiken.[358] Andere Autcren betonen, dass die Identifizierung und Analyse von Marktrisiken zum einen auf einer statistischen Analyse von historischen Absatzschwankungen und Abhängigkeiten beruhen sollte, zum anderen auf einer „Analyse der Marktattraktivität (Marktqualität) auf der Grundlage des *Porterschen* Modells der Wettbewerbskräfte, weil Änderungen der Wettbewerbskräfte besonders gravierende Marktrisiken darstellen"[359]. Die Bedeutung der Wettbewerbsanalyse wird auch für die Bewertung der Attraktivität von Kundenbeziehungen anerkannt, *Fischer* und *Schmöller* etwa suchen Indikatoren zur Beendigung von Kundenbeziehungen unter anderem entlang der Wettbewerbskräfte.[360] Ebenso wurden die Stärken der Instrumente *Szenariotechnik* (insbesondere in der Event Identification) und *Produktlebenszyklus-Analyse* deutlich.

Abbildung 3.40 zeigt im Kern einen vereinfachten *ERM-Instrumentenwürfel* mit den acht Instrumenten der Marktrisikoanalyse, den sechs Norm-Marktrisiken und den vier (Kern-)Phasen des Enterprise Risk Managements. Die sich rechnerisch ergebenden *192 Kombinationsmöglichkeiten* verdeutlichen, welche komplexe Aufgabe das Management von Marktrisiken ist. In forschungsmethodologischer Hinsicht zeigt

---

[357] „Analytical frameworks such as the Structure-Conduct-Performance model or Porter's competitive analysis framework are helpful for developing scenarios because they systematically lay out the factors that should be considered." Copeland et al. (1990, S. 132).

[358] Vgl. Töpfer und Heymann (2000, S. 233–240).

[359] Gleißner und Meier (2002, S. 9).

[360] Vgl. Fischer und Schmöller (2001, S. 441 f.).

Abb. 70 ebenfalls, aus welchen Perspektiven die drei Dimensionen des ERM-Würfels in den einzelnen Abschnitten dieses Buches beleuchtet werden.

Der *forschungsmethodische Weg,* eingangs in Abb. 1.2 visualisiert, kann nun differenzierter gefasst werden: Der Weg der vorliegenden Untersuchung, in Abb. 3.40 mit den Meilensteinen *A* bis *I* indiziert, führte von der Einordnung des deutschen Governance-Systems als Managed Governance in Kap. 1, 1.2 (*A*) über die Präsentation des dreigliedrigen Unternehmerischen Überwachungsmodells (Controlle, Prüfung und Aufsicht) in Kap. 2, 2.3 (*B*) und der Darstellung der Phasen des Enterprise Risk Managements in Kap. 2, 2.2 (*C*) in die Sphäre des Internen Überwachungssystems hinein.[361] Die Abschn. 3.1, 3.2 und 3.3 dieses Kapitels beleuchteten den ERM-Würfel (in dieser Reihenfolge) aus den Perspektiven der zunächst herzuleitenden sechs Norm-Marktrisiken (*D*), aus der Perspektive der acht Instrumente der Marktrisikoanalyse (*E*) und bei der Diskussion der Fallstudien erneut aus der Perspektive der sechs Norm-Marktrisiken (*F*).

Im folgenden werden, ebenfalls in Abb. 3.40 gezeigt, nach einem Zwischenfazit zu Kap. 3 zunächst in Kap. 4, 4.1 die Implikationen für das Interne Überwachungssystem (vor allem für das Controlling als Kern der Überwachungskomponente Controlle) aufgezeigt (*G*), bevor die Abschn. 4.2 und 4.3 die Implikationen für die Überwachungskomponenten der Prüfung und Aufsicht beinhalten (*H*). Abschließend enthält Kap. 4, 4.4. („zurück" in der Sphäre des Governance Systems) ein Modell einer Managed Governance für kapitalmarktferne deutsche Produktionsunternehmen, das die Marktrisikoanalyse zu integrieren vermag (*I*).

3.4 Zwischenfazit

Die verschiedenen Strömungen wirtschaftswissenschaftlicher Ansätze prägen zum Teil unterschiedliche Abgrenzungen des *Marktbegriffs.* Im Rahmen dieser Untersuchung soll unter dem Markt eingrenzend der (bestehende oder potentielle) Absatzmarkt als aufgabenspezifisches Umfeld sowie das globale Umfeld verstanden werden. Auf diese Abgrenzung des Marktbegriffs soll sich auch der Begriff des Marktrisikos beziehen, dem die weitere Auslegung (einschließlich Chancen) zugrunde liegt (Risiko im weiteren Sinne).

Fünf ausgewählte betriebswirtschaftliche Forschungsgebiete wurden auf die Bedeutung von Marktrisiken hin untersucht. Ohne die Ergebnisse im einzelnen zu repetieren, kann konstatiert werden, dass Marktrisiken durchgängig *von allen fünf Forschungsströmungen eine hohe Bedeutung* beigemessen wird. Wichtige Ansatzpunkte für die weitere Untersuchung liefern vor allem das Strategische Management und die Risikomanagement-Forschung.

Als die *sechs bedeutendsten Marktrisiken* (Norm-Marktrisiken) produzierender Unternehmen ergaben sich sprunghafte technologische Veränderungen, Abnehmerveränderungen, sich verändernde Vertriebskanäle, Abhängigkeit von Marktpreisen

---

[361] Zur Abgrenzung des Internen Überwachungssystems vgl. Kap. 2, 2.3.1.2.

(Input/Output), Abhängigkeit von einem Hauptabnehmer sowie Veränderungen im Umfeld (allgemeine Umwelt).

Acht Instrumente der Marktanalyse wurden dem „Werkzeugkasten" des operativen und strategischen Controlling entnommen, um sie im Licht von Marktrisiken, insbesondere der sechs Norm-Marktrisiken, zu bewerten. Um verlässliche Aussagen über die Eignung der acht Instrumente für die Marktrisikoanalyse zu erlangen, wurde ein empirisches qualitatives Forschungsdesign gewählt, bei dem Primärdaten aus der Beratungspraxis (kapitalmarktferner deutscher produzierender Unternehmen) erhoben und als Fallstudien integriert wurden. Die *sechs Fallstudien*, die diese Untersuchung enthält, vermögen einen Beitrag zur analytischen Generalisierung leisten.

Schließlich lassen sich – auch über die Diskussion der einzelnen Fallstudien – Aussagen über die *Eignung der acht Instrumente der Marktrisikoanalyse bezogen auf die vier zentralen ERM-Phasen* treffen. Aufbauend auf diesen Aussagen können nun die Implikationen für die marktrisikoorientierte Führung und Überwachung kapitalmarktferner deutscher produzierender Unternehmen diskutiert werden, so wie es bereits in Abb. 3.40 visualisiert wurde.

Kapitel 4
Implikationen für die marktrisikoorientierte Führung und Überwachung kapitalmarktferner deutscher Produktionsunternehmen

4.1 Marktrisikoanalyse im Rahmen der Controlle

4.1.1 Das Controlling als Hauptaufgabenträger einer marktrisikoorientierten Überwachung und die ERM-Komponente Internal Environment als Fundierung

Als strukturierender Rahmen für die Diskussion der Implikationen für eine marktrisikorientierte Führung und Überwachung wird im Folgenden erneut der Überwachungsansatz des Controlling von *Freidank* und *Paetzmann* herangezogen, der oben hergeleitet und dargestellt wurde.[1] In diesem gliedert sich die Überwachung in die Komponenten der Controlle, Prüfung und Aufsicht, wobei in der erstgenannten Komponente – gerade mit Blick auf das Management von (Markt-) Risiken – ganz eindeutig das Controlling im Mittelpunkt steht. Anhand dieses strukturgebenden Modells werden die Implikationen in den Komponenten des ERM Frameworks der *COSO* diskutiert, bevor in Abschn. 4.4 dieses Kapitels ein integriertes Führungs- und Überwachungsmodell präsentiert wird, das den Anforderungen an ein marktorientiertes Risikomanagement gerecht wird.

Management Control Systemen liegt wie auch Risikomanagementsystemen der prozessuale Gedanke zugrunde.[2] Dies beinhaltet neben der Aufgabe der Informationsversorgung vor allem die Aufgaben der Planung und Kontrolle, die zu den wichtigen Controlleraufgaben gehören.[3] Allein hieraus lässt sich, wie oben dargestellt, bereits ableiten, dass das *Controlling*, dessen Kernkompetenz in diesen Feldern liegt, als Institution mit dem Aufbau und Betrieb des Risikomanagements im wesentlichen betraut werden sollte.[4] Das Risikocontrolling mit seinen führungsunterstützenden Aufgaben der Bereitstellung von Instrumenten und Methoden für

---

[1] Vgl. Kap. 2, 2.3.1.2.

[2] Vgl. Anthony (1965, S. 16); Frese (2000, S. 99); Anthony und Govindarajan (2001, S. 10 f.); Grant (2002, S. 213–221); Schwarz (2002, S. 5); Horváth (2003c, S. 468). Vgl. auch Kap. 2, 2.3.1.2.

[3] Vgl. Weber (2002, S. 225).

[4] Vgl. Kap. 2, 2.3.2.3.

K. Paetzmann, *Corporate Governance,*
DOI 10.1007/978-3-642-28065-8_4, © Springer-Verlag Berlin Heidelberg 2012

die Entwicklung einer Risikostrategie sowie für die Risikoidentifikation, -analyse und -bewertung einschließlich einer Erfolgs- und Finanztransformation und Bereitstellung von Informationen über Risiken und risikosteuernde Maßnahmen durch ein risikospezifisches Berichtssystem (Risikoreporting als Bestandteil eines konzern- bzw. unternehmensweiten kurzfristigen Informationssystems) steht hier im Fokus.

Zunächst ist jedoch eine positive Grundeinstellung der handelnden Personen im Unternehmen zum Risikomanagement herzustellen. Eine derartige Kultur ist in der Praxis oft nicht vorhanden: „A tendency to avoid reality, to minimize bad news, is embedded deep in corporate culture."[5] Die Existenz eines Risikocontrolling im Unternehmen deutet bereits darauf hin, dass das Management – im Falle der deutschen Aktiengesellschaft steht natürlich auch die Erfüllung der Auflagen durch das KonTraG im Vordergrund – eine proaktive Grundeinstellung („Philosophie") zu Risiken und zur Überwachung entwickelt hat. Das Risikomanagement sollte von der Unternehmensleitung als Teil der Corporate Governance gesehen werden.[6] Im Sinne des weiteren Risikobegriffs zeigt sich die notwendige Grundeinstellung, das ERM Framework spricht von der Komponente *Internal Environment*, in einer bewussten Risikobereitschaft des Unternehmens (risikoorientierte Unternehmensführung). Diese Grundeinstellung des Unternehmens bildet die wichtige Fundierung für eine marktrisikoorientierte Führung und Überwachung in kapitalmarktfernen deutschen produzierenden Unternehmen.[7]

4.1.2   *Das Primat der Marktorientierung im Rahmen der ERM-Komponente Objective Setting*

Die ERM-Komponente der Ziele und Risikostrategien (Objective Setting) konzentriert sich auf die Entwicklung risikospezifischer Ziele, Strategien und Toleranzgrenzen.[8] Dies darf freilich nicht isoliert von den Zielen und Strategien des Unternehmens geschehen, sondern gerade die Abstimmung beider Systeme ist wichtig. Mit Blick auf die hier zu diskutierenden Implikationen für die marktrisikoorientierte Unternehmensführung und -überwachung sollte sichergestellt werden, dass auch die Unternehmensstrategie und -planung einen hohen Grad an *Marktorientierung*[9]

---

[5] Colvin (2005, S. 57).

[6] Vgl. IIR (2001, Tz. 11); Pickett (2005, S. 52).

[7] Vgl. Becker et al. (2004, S. 1584); Paetzmann (2005c, S. 281).

[8] Vgl. im Einzelnen Kap. 2, 2.2.3.2.

[9] Im Rahmen eines kürzlich publizierten forschungsmethodischen Diskurses über die empirische Erfolgsfaktorenforschung stand zeitweise auch die Marktorientierung im Zentrum der Diskussion. Nicholai und Kieser (2002, S. 579–596) stellten zunächst den Erfolg der Erfolgsfaktorenforschung infrage und bezeichneten ihre Ergebnisse als Artefakte, denn sie seien „soziale Konstruktionen" (Nicolai und Kieser 2002, S. 587). In einer der mehreren Erwiderungen auf diesen Beitrag betont Fritz (2004, S. 623–625), dass, trotz einzuräumender methodischer Schwächen, die Erfolgsfaktorenforschung zu einer Reihe übereinstimmender Ergebnissen gelangt sei. Trotz großer Unterschiede

besitzt.[10] Diese Marktorientierung bezieht sich zunächst auf die Berücksichtigung marktbezogener Aspekte in den Prozessphasen der Strategieentwicklung und - planung.[11] Darüber hinaus ist die Marktperspektive als Ausgangspunkt der Planung anzusehen, und zwar in instrumenteller (etwa Ableitung der Produktionspläne aus dem Vertriebs- und Marketingplan) wie auch in institutioneller Hinsicht (Einbindung des Vertriebsbereichs im Planungsprozess).[12]

Hierbei steht zunächst die Gewinnung, Aufbereitung und Verarbeitung markt-bezogener Informationen im Mittelpunkt,[13] worauf in etwa, wie in Kap. 1, 1.1.2 erläutert, der frühe Informationsversorgungsansatz des Controlling abstellt. Ent-scheidende Bedeutung kommt einem leistungsstarken Methodenspektrum zu, das die *Aussagefähigkeit marktbezogener Informationen* zu gewährleisten hat.[14] Zu diesen Methoden gehören mit Blick auf die sechs Norm-Marktrisiken in jedem Fall die oben[15] diskutierten Instrumente der Marktrisikoanalyse, also Branchen-strukturanalyse, kundenbezogene ABC-Analysen, Kundenzufriedenheits-Analysen, Kundenportfolio-Analysen, Produktlebenszyklus-Analysen, SWOT-Analysen, Pro-gnoserechnungen, Szenariotechnik. Diese Methoden sind im Rahmen der Phase des Objective Setting zu berücksichtigen. Das durch das ERM Framework beschriebe-ne Vorgehen innerhalb dieser ERM-Phase beinhaltet zunächst eine Ableitung von *Strategischen Zielen* aus der *Vision* des Unternehmens. Darauf folgend werden die *Strategischen Pläne* präzisiert und *operative (Unter-)Ziele* („Related Objectives") formuliert, die die Strategieumsetzung sicherstellen sollen.[16]

Die umsetzungsorientierten *operativen Ziele* gliedert das ERM Framework wie-derum in die Kategorien *Operations* (Effektivität und Effizienz des operativen

---

hinsichtlich empirischer Basis und eingesetzter Erhebungs- und Analysemethoden gelangten zahl-reiche Studien zu deckungsgleichen Resultaten. So habe Fritz (1996, S. 59–74) selber u. a. den Einfluss der Marktorientierung auf den Unternehmenserfolg in der deutschen Industrie empirisch belegt. Die vorliegenden Ergebnisse der Erfolgsfaktorenforschung seien schließlich durch aner-kannte methodische Regeln abgesichert, „transparent intersubjektiv prüfbar und kritisierbar" (Fritz 2004, S. 625). In einer Gegenerwiderung nahmen Nicolai und Kieser (2004, S. 631–635) Bezug hierauf: „Schon auf den ersten Blick mutet das ein wenig tautologisch an: Markterfolg aufgrund von Marktorientierung. Das ist etwa vergleichbar mit dem Ergebnis, dass in Universitäten Forschungs-orientierung zu Forschungserfolg verhilft" (Nicolai und Kieser 2004, S. 631). Die Ergebnisse der Erfolgsfaktorenforschung, auch zur Marktorientierung, seien umstritten und würden durch ihre Forscher zumindest oft derart interpretiert und in Aussagen gegossen, dass sie nicht falsifizierbar seien. So seien auch Nobel et al. (2002, S. 25) zu verstehen: „studies examining the empirical link between market orientation and performance have shown mixed results."

[10] Vgl. Shapiro (1988, S. 119–125); Narver und Slater (1990, S. 20–35); Day (1994, S. 37); Becker und Homburg (1999, S. 17–41).

[11] Vgl. Homburg und Krohmer (2003, S. 1104 f.).

[12] Vgl. Jacob (1986a, S. 386).

[13] Vgl. Kohli und Jaworski (1990, S. 1 f.).

[14] Vgl. Homburg und Krohmer (2003, S. 1102).

[15] Vgl. Kap. 3, 3.2.

[16] Vgl. das Management-Modell mit den Dimensionen Normatives, Strategisches und Operatives Management etwa bei Bleicher (1992, S. 55–89); Paetzmann (1995, S. 118–135).

Geschäfts), *Reporting* (Zuverlässigkeit des internen Berichtswesens) und *Compliance* (Berücksichtigung von Recht und Gesetz). Mit letzterer Kategorie zielt die *COSO* unter anderem auf das externe Berichtswesen börsennotierter US-Gesellschaften gegenüber der *SEC* ab;[17] ein Aspekt, der sich bei den hier betrachteten deutschen kapitalmarktfernen (produzierenden) Unternehmen überwiegend auf die handelsgesetzliche Pflicht zur Rechnungslegung bezieht. Während bei der Kategorie Compliance externe (Rechts-)Normen den Inhalt und das Vorgehen weitgehend determinieren, herrscht mit Blick auf die Kategorien Operations und Reporting weitgehende Gestaltungsfreiheit. Hier gilt vor allem der Grundsatz zu beachten, dass die einzelnen Ziele der operativen Einheiten auf den jeweiligen Risikoappetit abzustimmen sind.[18]

Damit soll auch im Risikomanagement-Prozess der *COSO* – trotz angestrebter Integration von normativer, strategischer und operativer Dimension – explizit die *Flexibilität der operativen Einheiten* nicht eingeschränkt werden. Insbesondere die operativen Ziele und Pläne sind entsprechend der vielfältigen Änderungen im (externen) aufgabenspezifischen und globalen Umfeld permanent anzupassen.[19] Der Gedanke der Rekursivität, wie er etwa dem Viable System Model von *Beer* als Gestaltungsprinzip zugrunde liegt,[20] besagt, dass sich die Dimensionen des Modells auf mehreren Hierarchie- und Planungsebenen wiederfinden.[21]

Moderne *Performance Measurement* Systeme[22] versuchen heute, etwaige Flexibilitätseinschränkungen operativer Einheiten durch Vorgabe auch nicht-finanzieller Ziele zu verhindern, zugleich jedoch die Umsetzung der Strategie sicherzustellen.[23] Die hier in Rede stehende Berücksichtigung von Marktrisiken soll im verbreitetsten Konzept der *Balanced Scorecard* durch eine externe *Kundenperspektive* gewährleistet werden. In der Literatur liegen zwischenzeitlich verschiedene Vorschläge vor, die Perspektiven des Ursprungsmodells von *Kaplan* und *Norton*[24] zu erweitern. So wird gefordert, neben den Stakeholders „Anteilseigner" und „Kunden", an denen sich die Balanced Scorecard im wesentlichen orientiert, auch weitere Stakeholders wie „Mitarbeiter", „Staat", „Kreditgeber" oder „Lieferanten" explizit aufzunehmen.[25]

Wie die Diskussion der sechs Norm-Marktrisiken gezeigt hat, ist die Kundenperspektive mit der Kernfrage „Wie sollen wir gegenüber unseren Kunden auftreten, um unsere Vision zu verwirklichen?" von hoher Bedeutung. Diese Perspektive konkretisiert sich üblicherweise in Messzahlen wie (relativer) Marktanteil oder ermittelten

---

[17] Vgl. Kap. 1, 1.2.3.

[18] Vgl. COSO (2004a, S. 3 f.).

[19] Zum Prinzip der operativen Flexibilität vgl. Wüthrich (1991, S. 110); Steinmann und Schreyögg (1993, S. 237); Paetzmann (1995, S. 142–145).

[20] „If a viable system contains a viable system, then the organizational structure must be recursive." Beer (1972, S. 287). Vgl. ebenfalls Beer (1985, S. 2); Malik (1992, S. 98).

[21] Vgl. Schuhmann (1991, S. 36 f.); Paetzmann (1995, S. 145).

[22] Vgl. Kap. 2, 2.3.2.7.

[23] Vgl. COSO (2003, S. 31).

[24] Vgl. Kaplan und Norton (1992, S. 71–79).

[25] Vgl. etwa Friedag und Schmidt (1999, S. 197 f.); Klingebiel (1999, S. 59).

Indizes der Kundenzufriedenheit. Die tatsächliche Komplexität der Einflussfaktoren und Wirkungszusammenhänge im und aus dem aufgabenspezifischen und globalen Umfeld kann hierdurch jedoch nur unzureichend aufgefangen werden. So deutet der Vorschlag, eine zusätzliche Perspektive „Wettbewerb" in die Scorecard aufzuneh-men[26] in die richtige Richtung, dürfte aber nicht hinreichend sein. Schon *Kaplan* und *Norton* weisen darauf hin, dass zwischen den Indikatoren der einzelnen Per-spektiven Ursache-Wirkungs-Zusammenhänge bestehen,[27] die es auch mit Blick auf die Konsistenz und Vollständigkeit der Scorecard zu analysieren gilt.[28]

Es ist aus marktrisikoorientierter Sicht bereits mit Blick auf die ERM-Komponente Objective Setting dafür zu plädieren, die acht *Marktrisikoanalyseinstrumente* des ERM-Instrumentenwürfels in das Methodenspektrum des Managementprozesses (mit Zielbildung, Planung, Steuerung bzw. Koordination und Kontrolle[29]) zu integrieren.[30] Der Controller als wesentlicher Aufgabenträger hierfür nutzt die In-strumente wie auch die Erkenntnisse zum Zwecke des Risikomanagements (als eine wichtige Aufgabe des Risikocontrolling).[31] Dieser Gedanke wird im Folgenden konkretisiert.

4.1.3 Die Integration von Früherkennung und Balanced Scorecard im Rahmen der ERM-Komponente Event Identification

4.1.3.1 Hinweise der Marketing-Forschung zur marktrisikoorientierten Früherkennung

Mit Blick auf eine effiziente Risikoidentifikation als zweite ERM-Phase sind fol-gende betriebswirtschaftliche Anforderungen zu stellen, die im Einklang mit den rechtlichen, vom *IDW* formulierten[32] Anforderungen stehen: Notwendigkeit ei-ner kontinuierlichen und möglichst vollständigen Risikoerfassung, Aktualität des Datenmaterials und frühzeitige Erfassung neu auftretender Risiken.[33]

Aus Sicht des *Marketing* steht hierbei das rechtzeitige Erkennen von Marktchan-cen und -risiken mit dem Ziel einer schöpferischen Marktsuche und -erschließung im Mittelpunkt.[34] Methodiken der Risikoidentifikation (Brainstorming, Fragebögen

---

[26] Vgl. Neely et al. (1995, S. 97); Schäffer (2003, S. 507).

[27] Vgl. Kaplan und Norton (1996b, S. 75).

[28] Vgl. auch das Beispiel bei Baum et al. (2004, S. 350 f.).

[29] Vgl. etwa Weber (2002, S. 31–33).

[30] Vgl. Hornung et al. (1999, S. 317).

[31] Vgl. Hornung et al. (2000, S. 159).

[32] Vgl. IDW (1999, S. 658–662), sowie Kap. 2, 2.2.3.1.

[33] Vgl. Reichmann und Diederichs (2003b, S. 674).

[34] Vgl. Meffert (1995, Sp. 1475); Köhler (2003e, S. 475); Reinecke (2005, S. 133–135).

etc.) sind in der Literatur umfangreich dargestellt.[35] Mit Blick auf Marktrisiken, insbesondere die sechs Norm-Marktrisiken, sind jene oben diskutierten Instrumente des ERM-Instrumentenwürfels hervorzuheben, die ihre Stärke auf dem Gebiet der Ereignisidentifikation haben, also insbesondere die Szenariotechnik, daneben die Branchenstruktur- und die Produktlebenszyklusanalyse (s. Abb. 3.39).

Diese Instrumente werden – neben anderen – heute von der (deutschsprachigen) Marketing-Forschung als Instrumente eines *Marketing-Controlling* angesehen.[36] Eine funktionale Abgrenzung vom betriebswirtschaftlichen (Zentral-) Controlling wird von einigen Vertretern der Marketingforschung postuliert, denn dieses sei „meist nicht in der Lage, Erlöswirkungen von Marketing-Maßnahmen richtig einzuschätzen, weil es ihm an der dafür wichtigen marktorientierten Denkweise und Erfahrung fehlt"[37]. Als Aufgabengebiete eines Marketing-Controllers (institutionelle Abgrenzung) werden zum einen die Übernahme der spezifischen Marketing-Funktionen und zum anderen die Koordination und der Informationsaustausch mit den Unternehmensbereichen in Abstimmung mit dem zentralen Controlling gesehen.[38] Andere Vertreter sehen eine (eigenständige) Institutionalisierung des Marketing-Controlling nur situationsspezifisch (analog zum Aufgabenumfang) als sinnvoll an.[39]

Die Szenariotechnik als Instrument der *Frühaufklärung* erwies sich auf Basis der Fallstudien mit Blick auf die Eignung für die ERM-Phase Event Identification als dominant.[40] Auch wenn Frühaufklärungssysteme heute zu den in der Standardliteratur des Controlling breit diskutierten Werkzeugen gehören, finden sich mit konkretem Bezug zu Marktrisiken als Teil eines Marketing-Controlling erst in den letzten Jahren einige Beiträge im deutschsprachigen Schrifttum.[41] Denn es gilt schließlich weiterhin: „Das Erkennen von Marktrisiken ist ... nicht immer einfach."[42] Wenn *Kotler* und *Keller* in ihrem Marketing-Standardwerk 2006 unter dem Rubrum „The Future of Marketing" notieren: „Marketers must go electronic and win through building superior information and communication systems"[43], dann zielen sie sicherlich auch

---

[35] Vgl. statt vieler Reichmann und Diederichs (2003b, S. 673 f.).

[36] Vgl. grundlegend Reichmann (2001, S. 441–538); Berndt et al. (2005, S. 234–239).

[37] Zerres (2000, S. 5).

[38] Vgl. Franke und Kötzle (1995, S. 22); Zerres (2000, S. 5).

[39] Vgl. bspw. Link et al. (2000, S. 17 f.); Meffert (2000, S. 1150); Köhler (2003c, S. 475); Tiebel (2003, S. 207); Reinecke (2005, S. 154–156).

[40] Vgl. Kap. 3, 3.3.8.

[41] Beispiele sind Katz (1989, S. 679–696); Neisen (1989, S. 253–273); Schröder (1989, S. 647–678); ter Haseborg (1995, Sp. 1542–1553); Köhler (1998, S. 10–21); Kühn und Fassnacht (1998, S. 22–32); Link et al. (2000, S. 67–73); Reich (2000, S. 121–139); Köhler (2003d, S. 478); Müller (2003, S. 17–43); Berndt et al. (2005, S. 239 f.). Neuere Forschungsarbeiten im Marketing-Controlling konzentrieren sich stärker auf operationale Kennzahlen einer Marktpositionierung und Konzepte eines integrierten Marketingkennzahlensystems (Marketing Performance Measurement). Beispiele sind Kennzahlen in den Feldern Marktanteile, Preisstellung, Marktdurchdringung, Bekanntheit, Imageposition, Kundenzufriedenheit. Vgl. Reinecke (2005, S. 152). Diese Kennzahlen können jedoch im Sinne der *Ansoffschen* Kategorisierung nur der ersten und/oder zweiten Generation betrieblicher Frühaufklärungssysteme zugerechnet werden, eine Frühaufklärung im Sinne der dritten Generation (auf Basis schwacher Signale) vermögen sie allein nicht darzustellen.

[42] Töpfer und Heymann (2000, S. 246).

[43] Kotler und Keller (2006, S. 721).

auf das strategische Informationsmanagement zur Früherkennung von Chancen und Risiken im Markt ab.

Als potentielle Informationsquellen und -instrumente eines marketingorientierten Frühaufklärungssystems werden die Markt- und die Marketingforschung ins Feld geführt.[44] Eine Marktforschung auf Basis des Konzepts der schwachen Signale (Frühaufklärungssystem der 3. Generation),[45] die sich auf die laufende Überwachung tatsächlicher und erwarteter Ergebnisse von Marketing-Maßnahmen konzentriert, ist jedoch „erst in den Anfängen zu erkennen",[46] so dass etwa *Köhler* die auf langfristige Markt-Entwicklungsprognosen gerichtete strategische Marktforschung als „noch weiter ausbaufähig und entwicklungsbedürftig"[47] deklariert. So sind die vorhandenen Hinweise seitens der *Marketing-Forschung*, wie ein marktrisikoorientiertes Frühaufklärungssystem instrumentell zu untermauern ist, eher bescheiden.[48]

In jedem Fall kann jedoch die systematische und umfassende Beschäftigung mit Trends im Markt- und Wettbewerbsumfeld und mit etwaigen Strukturbrüchen als zweckdienlich angesehen werden, was die Analyse von potentiellen Entwicklungen der Kundenbedürfnisse – etwa mittels des Instruments Kundenzufriedenheitsanalyse[49] – einschließt.[50] Unabhängig davon, wie ein marktrisikoorientiertes Controlling im Unternehmen institutionalisiert ist,[51] ist zu fordern, dass das Zusammenspiel zwischen Controlling und Vertrieb bzw. Marketing zu optimieren ist: Controller müssen Marktorientierung lernen, Marketing-Fachleute sich mit finanziellen Daten anfreunden.[52]

4.1.3.2 Die Integration der Früherkennung in das Balanced Scorecard-Konzept

Im Lichte der gesetzlichen Anforderungen, die das KonTraG in Deutschland an ein Frühaufklärungssystem in Aktiengesellschaften stellt,[53] wird in letzter Zeit

---

[44] Vgl. Müller (2003, S. 38). Zur Marktforschung (im internationalen Umfeld) vgl. grundlegend Berndt et al. (2005, S. 41–90).

[45] Vgl. Kap. 2, 2.3.2.4.

[46] Böhler (1995, Sp. 1770). Vgl. ebenfalls Töpfer und Heymann (2000, S. 247).

[47] Köhler (1993, Sp. 2797).

[48] „Was übrig bleibt, ist die Durchforstung einzelner Informationsinstrumente und -quellen, die im Marketing seit Jahren eingesetzt werden, daraufhin, ob daraus Informationen mit Früherkennungscharakter gewonnen werden können." Müller (2003, S. 38). Vgl. ebenfalls Rudolph (1993, S. 289); Busch et al. (2001, S. 57); Kuß und Tomczak (2004, S. 250 f.).

[49] Vgl. Kap. 3, 3.2.5.

[50] Vgl. Ehrmann (1999, S. 335 f.). Zum Ansatz einer kennzahlengestützten externen Strukturanalyse und einer kennzahlengestützten Lageanalyse als Teil des strategischen Marketing-Controlling vgl. Palloks-Kahlen (2004, S. 201 f.). Die Schwierigkeit, Wissen aus der Beobachtung des Kunden- und Konkurrentenverhaltens einschließlich Chancen und Risiken in Kennzahlen zu explizieren, ist offenkundig.

[51] Vgl. Horváth und Gleich (2000, S. 121).

[52] Vgl. Weber und Willauer (2000, S. 33 f.); Kotler und Keller (2006, S. 721).

[53] Vgl. Kap. 2, 2.2.3.1.

diskutiert, inwieweit eine *Balanced Scorecard (BSC)* als Instrument des Performance Measurements[54] einen Beitrag zur Ausgestaltung eines Frühaufklärungssystems leisten kann. Der zugrundeliegende Gedanke ist dabei, das BSC-Konzept auch als Grundlage eines Risikomanagementsystems im Sinne von §91 Abs. 2 AktG einzusetzen. Als wichtige Gründe für eine Integration beider Konzepte werden in der Literatur genannt: Die BSC weise zahlreiche Parallelitäten zur Früherkennung, etwa hinsichtlich der Frühindikatoren, auf und insbesondere die Einbeziehung sowohl finanzieller als auch nicht-finanzieller Kennzahlen im Rahmen der BSC sei mit Blick auf das Risikomanagement sinnvoll und eine bestehende BSC könne zur Erfüllung der gesetzlichen Anforderungen des KonTraG herangezogen werden.[55]

Zwischenzeitlich finden sich in der Literatur mehrere Konzepte, beide Ansätze miteinander zu verbinden. Schon bei der Diskussion der ERM-Komponente Objective Setting wurde aufgezeigt, dass verschiedene Ansätze eine Erweiterung der vier Perspektiven des *klassischen BSC-Konzepts* etwa um „Wettbewerb" fordern, um dieser Perspektive im Rahmen der Risikostrategie und Zielsetzung angemessen Rechnung zu tragen. Diese Forderung ist mit Blick auf die hier betrachtete ERM-Komponente Event Identification zu bekräftigen, und zwar mit Blick auf die Anforderungen der „Vollständigkeit" und „Interdependenzen", die (neben anderen Anforderungen) an Risikomanagementsysteme zu stellen sind.[56]

Bei der klassischen BSC ist mangels einer expliziten markt- und wettbewerbsorientierten Perspektive nicht auszuschließen, dass relevante (d. h. auch potentiell bestandsgefährdende) (Markt-)Risiken nur unvollständig identifiziert und erfasst werden. Insbesondere bei exogenen Risiken, die sich aus dem nicht beeinflussbaren Verhalten von Konkurrenten, Lieferanten oder aus Änderungen der Umweltbedingungen ergeben, tritt dieses Problem auf.[57] Dies führt zu der bescheidenen Aussage, dass die Anforderung der „*Vollständigkeit*" von der klassischen BSC nicht erfüllt wird (s. im Folgenden jeweils Abb. 4.1[58]).

Auch die Anforderung der Identifikation von „*Interdependenzen*" zwischen den Risiken kann durch die klassische BSC nicht erfüllt werden. Eine der Stärken der klassischen BSC als ein strategisches Managementinstrument[59] liegt in der verständlichen Abbildung, warum zentrale Unternehmensziele erreicht werden sollen. Hierfür arbeitet die BSC mit Vereinfachungen, indem zwar Ursache-Wirkungsketten genutzt, potentielle Abhängigkeiten zwischen einzelnen Zielen jedoch nicht eindeutig bestimmt und nicht exakt quantifiziert werden. Mit Blick auf

---

[54] Vgl. Kap. 2, 2.3.2.7. Mögliche Beiträge anderer Instrumente des Performance Measurements zur Ausgestaltung eines Früherkennungssystems werden hier nicht diskutiert.

[55] Vgl. Hahn und Krystek (2000, S. 95); Horváth und Gleich (2000, S. 115 f.); Reichmann und Form (2000, S. 190); Wurl und Mayer (2001, S. 190 und S. 199); Broetzmann und Oehler (2002, S. 589); Freidank und Bakhaya (2003, S. 300 f.); Wildemann (2003a, S. 511 f.); Homburg et al. (2005, S. 1071).

[56] Vgl. Kap. 2, 2.2.3.1.

[57] Vgl. Homburg et al. (2005, S. 1072).

[58] In Anlehnung an Homburg et al. (2005, S. 1075).

[59] Vgl. Horváth (1999, S. 29); Wurl und Mayer (2001, S. 185).

	Klassische BSC	BSC^PLUS	BSC mit separater Risikoperspektive	Balanced Chance and Risk Card	Risikoorientierte Erfolgsfaktoren BSC
Rechtliche Anforderungen (IDW 1999)					
Vollständigkeit	-	-	+	+	+
Interdependenzen	-	-	-	-	+
Quantifizierung	+	+	+	+	+
Rechtzeitigkeit	+	+	+	+	+
Kommunikation	+	+	+	+	+
Verantwortung	+	+	o	?	+
Überwachung	+	+	+	+	+
Dokumentation	+	+	+	+	+
Ökonomische A.					
Holistik	+	+	o	?	+
Integration	+	+	+	o	o
Wirtschaftlichkeit	+	+	+	o	o

Legende: +: Erfüllung der Anforderung möglich; o: eingeschränkt möglich; -: nicht möglich

Abb. 4.1 Rechtliche und ökonomische Anforderungen an Risikomanagementsysteme und die Erfüllung durch die BSC-Varianten

das Risikomanagement ist aber eine formalisierte Verknüpfung von Zielen, Kennzahlen und Risikoindikatoren zu fordern. Risiken sind mit ihren Interdependenzen kardinal (quantitativ) zu messen.

Insgesamt bleibt damit festzuhalten, dass das klassische BSC-Konzept zwar zahlreiche Ansatzpunkte bietet, die an ein Früherkennungs-[60] bzw. Risikomanagementsystem zu stellenden Anforderungen zu erfüllen, dass es ein separates Früherkennungssystem mit Blick auf die rechtlichen Anforderungen der „Vollständigkeit" und „Interdependenzen" jedoch nicht zu ersetzen in der Lage ist.[61] Auf dieser Kritik am klassischen BSC-Konzept aufbauend wurden in den vergangenen Jahren im wesentlichen *vier erweiterte BSC-Varianten* entwickelt, die ebenfalls mit den rechtlichen Anforderungen des *IDW* sowie mit den ökonomischen Anforderungen abgeglichen werden können:[62]

In der Variante *Balanced Scorecard^PLUS* (*BSC^PLUS*) wird die klassische BSC von *Kaplan* und *Norton* genutzt, wobei im Vorgehen[63] eine neue Phase „Chancen und

---

[60] Im Rahmen der hier diskutierten ERM-Phase Event Identification werden die Begriffe Frühaufklärung und Früherkennung grundsätzlich austauschbar genutzt. Zur systematischen Einordnung der Früherkennung (Aufdeckung zukünftiger Chancen und Risiken ohne Einleitung und Sicherstellung von Abwehrstrategien) vgl. Kap. 2, 2.3.2.4.

[61] Vgl. Homburg et al. (2005, S. 1074).

[62] Vgl. im Folgenden Wurl und Mayer (2001, S. 199–207); Homburg et al. (2005, S. 1074 f.).

[63] Zum Vorgehen in der klassischen BSC vgl. Kap. 2, 2.3.2.7.

Risiken mit ihren Einflussgrößen bestimmen" eingefügt wird. Hierdurch sollen die Perspektiven der klassischen BSC um Chancen- und Risikoaspekte ergänzt werden (weiterer Risikobegriff). Jeder Perspektive mit ihren Zielen und Erfolgskennzahlen werden entsprechende Risikoindikatoren, Schwellenwerte etc. zugeordnet. Die BSC^{PLUS}-Variante geht auf den „Risk Tracking and Reporting"-Prozess von *Weber*, *Weißenberger* und *Liekweg* zurück und zielt darauf ab, Chancen-Aspekte in das durch das KonTraG gesetzlich geforderte Risikomanagementsystem zu integrieren.[64] Hierdurch können jedoch die beiden genannten Kritikpunkte am klassischen BSC-Konzept nicht geheilt werden.

Bei der *BSC mit separater Risikoperspektive* wird die klassische BSC um eine eigene Risikoperspektive ergänzt, so dass sich fünf Perspektiven ergeben. Das leicht zugängliche Konzept der vier miteinander verwobenen Perspektiven Finanzen, Interne Geschäftsprozesse, Lernen und Entwicklung und Kunde wird dabei letztlich aufgebrochen.[65] Möglicher Vorteil dieser Variante ist, dass über die Risikoperspektive auch exogene Marktrisiken erfasst werden können, die von den vier Perspektiven des klassischen Konzepts nicht erschöpfend behandelt werden.

Reichmann und *Form* stellen die Variante *Balanced Chance and Risk Card (BCR-Card)* vor, in der die vier chancenorientierten Perspektiven des klassischen Konzepts für Risiken dupliziert werden. Diese Variante stellt das Wechselspiel von Chancen und Risiken in den Vordergrund, wie es dem weiteren Risikobegriff oder dem Gedanken einer risikoorientierten Unternehmensführung zugrunde liegt.[66] Die Variante erscheint deshalb intuitiv leicht nachvollziehbar. Exogene Marktrisiken sollen dadurch erfasst werden, dass eine zusätzliche Perspektive („Risk Card") „Unternehmensumfeld" in die BCR-Card aufgenommen wird.[67]

In der Variante *Erfolgsfaktoren-basierte Balanced Scorecard (EF-BSC)*, vorgestellt durch *Wurl* und *Mayer*, werden die vier Perspektiven zunächst durch strategische Erfolgsfaktoren ersetzt.[68] In einem weiteren Schritt – von den Autoren als „Evolutionsstufe II" bezeichnet – werden für identifizierte Erfolgsfaktoren deren spezifische Risiken erfasst, bewertet und dokumentiert. Auf der Ebene der Messkriterien werden die zugehörigen Risikokennzahlen dann dem jeweiligen strategischen Erfolgsfaktor zugeordnet.[69] Eine Besonderheit der EF-BSC liegt darin, dass die Ursache-Wirkungsketten der klassischen BSC durch mathematische Verknüpfungen – durchgängig zwischen allen Elementen der EF-BSC – mittels der aus Scoring-Modellen bekannten Raster-Technik ersetzt werden.[70] Damit ist die EF-BSC als einzige der hier diskutierten Varianten der klassischen BSC in der Lage, die

---

[64] Vgl. Weber et al. (1999, S. 10); Wurl und Mayer (2001, S. 199); Homburg et al. (2005, S. 1074).

[65] Vgl. Wurl und Mayer (2001, S. 200 f.).

[66] Vgl. Reichmann und Form (2000, S. 189–198).

[67] Vgl. Reichmann und Form (2000, S. 196).

[68] Vgl. Wurl und Mayer (2001, S. 186–194).

[69] Vgl. Wurl und Mayer (2001, S. 202).

[70] Vgl. Wurl und Mayer (2001, S. 191 f.).

für Früherkennungssysteme seitens des *IDW* definierte Anforderung der Abbildung von „Interdependenzen" zu erfüllen.

Abbildung 4.1 verdeutlicht, dass die EF-BSC als einzige Konzeptvariante die acht Anforderungen des *IDW* an ein Früherkennungssystem zu erfüllen vermag. Zugleich ist die Variante methodisch bereits recht weit vom klassischen, intuitiv leicht verständlichen BSC-Konzept entfernt – mit deutlich höherer Komplexität und größeren Zeitaufwand, was aus der vollständigen Erfassung aller Risiken (also potentiell auch exogener Marktrisiken) und der Herleitung formalisierter Verknüpfungen resultiert. Daher stößt die Variante hinsichtlich der ökonomischen Anforderungen der „Wirtschaftlichkeit" und der „Integration" in die unternehmerischen Informations-, Planungs- und Kontrollsysteme an die Grenzen.[71] Selbst *Wurl* und *Mayer* gestehen zu, dass ihre Variante generell einen höheren Zeitaufwand erfordert.[72]

Damit lässt sich aus diesem Rekurs auf das BSC-Konzept keine eindeutige Empfehlung ableiten, inwieweit auf eine installierte BSC zum Zwecke der Risikofrüherkennung zurückzugreifen ist. Aus *ökonomischer Sicht* sollten nur solche Veränderungen an dem überzeugenden Grundkonzept der BSC vorgenommen werden, „die mit relativ geringem Aufwand dazu beitragen, die geforderte Transparenz über die Zusammenhänge der Unternehmensziele und Risiken deutlich zu erhöhen"[73]. Dies dürfte bei der im Rahmen der BSC[PLUS] durchgeführten Zuordnung von Risikoindikatoren, Schwellenwerten etc. zu den Zielen innerhalb der BSC-Perspektiven der Fall sein. Andere Wege, wie sie durch die übrigen Varianten beschritten werden, also Ergänzung um eine Risikoperspektive oder Abbildung durch strategische Erfolgsfaktoren (BCR-Card und EF-BSC), erhöhen die Komplexität und senken die Operationalität in den Augen des Verfassers derart, dass sie mit Blick auf hier zu diskutierende kapitalmarktferne, oft mittelständisch geprägten Unternehmen und die im Fokus stehenden exogenen *Marktrisiken* nicht verfolgt werden sollten.

Aufgrund der hohen Bedeutung der Marktrisiken wird hier vorgeschlagen, diese separat, nicht in den Kontext der BSC eingebunden, mittels geeigneter Instrumente zu betrachten. Und bei diesen Instrumenten handelt es sich um die oben diskutierten, (nicht nur, aber besonders) auf die sechs Norm-Marktrisiken ausgerichteten, Analyseinstrumente, die sich grundsätzlich nicht nur für die ERM-Komponente Risk Assessment, sondern – mit durchaus unterschiedlichen Schwerpunkten[74] – für die Risikofrüherkennung (ERM-Komponente Event Identification) und den gesamtem Risikomanagementprozess eignen. Besondere Bedeutung jedoch besitzen die Marktanalyseinstrumente, nomen est omen, für die Risikoanalyse (ERM-Komponente Risk Assessment).

---

[71] Detaillierte Diskussionen vor dem Hintergrund der *IDW*-Anforderungen finden sich bei Wurl und Mayer (2001, S. 204–207); Homburg et al. (2005, S. 1075).

[72] Vgl. Wurl und Mayer (2001, S. 206).

[73] Homburg et al. (2005, S. 1075).

[74] Vgl. Kap. 3, 3.3.8.

4.1.4 Die Anerkennung impliziten Wissens und die Nutzung ausgewählter Instrumente der Marktrisikoanalyse im Rahmen der ERM-Komponente Risk Assessment

4.1.4.1 Wissensdefizite und heuristische Problemlösungsverfahren im Rahmen der Marktrisikoanalyse

In der Phase der Risikoanalyse und -bewertung, der die ERM-Komponente Risk Assessment entspricht, ist zu klären, welche identifizierten Risiken Handlungsbedarf auslösen.[75] Im Kern geht es bei dieser ERM-Komponente um die Abschätzung der Eintrittswahrscheinlichkeit und des Ausmaßes von Wirkungen, um so einen Erwartungswert zu berechnen, oder hilfsweise ein Risikoportfolio aufzustellen.[76] In der Realität ist jedoch eine die traditionelle Betriebswirtschaftslehre (und insbesondere das Controlling[77]) kennzeichnende Quantifizierung (hier hin zum Erwartungswert[78]) oft nur schwer möglich. Wie in Kap. 2, 2.2.2.1 dargestellt, wird in der Praxis des Risikomanagements an dieser Stelle auf *Portfolio-Darstellungen* ausgewichen, die Komplexität reduzieren und eine Scheingenauigkeit vermeiden.[79] Ein anderer Weg besteht aus einem iterativen Gruppenprozess, beginnend mit einer individuellen Einschätzung.[80]

Neuere Ansätze einer Risikoquantifizierung und Aggregation, in diesem Buch wurden zunächst die *Dempster-Shafer-Theorie* (Evidenztheorie) und die *Fuzzy-Logik* beleuchtet,[81] haben sich bislang für strategische Fragestellungen nicht durchsetzen können. Die statische Natur der Fuzzy-Logik, insbesondere die dem Benutzer vorgegebenen Indikatoren, erweist sich, trotz aller mit der Logik verbundenen Vorteile, als für die hier in Rede stehende Aufgabenstellung des Managements strategischer Marktrisiken inadäquat. Ansätze eines *Value at Risk* für strategische Marktrisiken liegen bis heute nur in Ansätzen vor, da insbesondere die notwendigen Inputdaten in Form von Wahrscheinlichkeitsverteilungen und stochastischen Abhängigkeiten und historische Daten regelmäßig fehlen.[82]

---

[75] Vgl. etwa Wall (2003g, S. 460), sowie Kap. 2, 2.2.2.1.

[76] Vgl. Töpfer und Heymann (2000, S. 247).

[77] Vgl. Weber (2002, S. 93).

[78] Vgl. COSO (2004a, S. 5).

[79] Vgl. Kap. 2, 2.2.2.1.

[80] Vgl. Lehner (2005, S. 5–9).

[81] Vgl. Kap. 2, 2.2.2.6 und 2.2.2.7.

[82] Das Enterprise Risk Management Committee der US-amerikanischen *Casualty Actuarial Society* fasst zusammen: „The emergence of Value-at-Risk as a regulatory and management standard in the financial services industry has been aided by the speed and ease in measuring certain financial risks. Data is collected constantly allowing risk profiles to be adjusted as portfolios and market conditions change. This gives financial institutions and the regulatory bodies that oversee them a level of confidence in their ability to take actions to operate within established parameters. Despite these advances, there will always remain risks that are not easily quantifiable. These include risks that are not well defined, unpredictable as to frequency, amount or location, risks subject to manipulation and

Der Risikomanager steht (gerade) bei der Analyse von Marktrisiken vor Beschränkungen: Nicht erst seit gestern ist bekannt, dass „Zukunftsbezogenheit und mangelnde Quantifizierbarkeit"[83] zu *Wissensdefiziten*[84] führen. Ein mathematischer Zusammenhang (über Produktionsfunktionen) zwischen Sach- und Formalzielen ist mit Blick auf strategische Risiken, hier Marktrisiken, explizit nicht herstellbar, so dass (hoch aggregierte) Sachziele eine Willensbildung dominieren.[85] Jede alleinige Explikation in Form von Kennzahlen droht bei qualitativen Risiken eine Scheinrationalität vorzutäuschen.[86] Nicht explizites, sondern *implizites Wissen* im Sinne unternehmerischen Gespürs dominiert die Analysetätigkeit[87] (s. Abb. 4.2). Dies bedeutet für den quantitativ ausgerichteten Risikocontroller eine Herausforderung: „Fingerspitzengefühl ist angesagt; Intuition und Reflexion sind zu einem dynamischen Ausgleich zu bringen."[88]

Hinweise darüber, wie typische Verhaltensmuster in unbestimmten und komplexen Situationen aussehen, vermag die *Psychologie* zu erbringen, insbesondere seit den wegweisenden Erkenntnissen *Dörners*.[89] Dieser stellt fest, dass in unüberschaubaren Situationen für die analytische Tätigkeit „statt der notwendigen

---

human intervention, and newer risks. Manmade risks, operational and strategic risks are examples of these. Operational risk is a general category for a wide variety of risks, many of which are influenced by people and many of which do not have a long historical record. The tendency to quantify exposure to all these risks will certainly continue." CAS (2003, S. 5).

[83] Kern (1969, S. 139).

[84] Vgl. Kap. 1, 1.1.1.

[85] Vgl. Kern (1969, S. 144).

[86] Vgl. Weber und Schäffer (1998, S. 349); Homburg et al. (2005, S. 1075).

[87] Vgl. Weber und Schäffer (1998, S. 348 f.); Bodrow und Bergmann (2003, S. 40 f.); Grant (2002, S. 177): „A key distinction is between knowing how and knowing about. Know-how is primarily tacit in nature – it involves skills that are expressed through their performance (riding a bicycle, playing the piano); knowing about is primarily explicit – it comprises facts, theories, and sets of instructions. The primary difference between tacit and explicit knowledge lies in their transferability. Explicit knowledge is revealed by its communication: it can be transferred across individuals, across space, and across time."

[88] Weber und Willauer (2000, S. 33 f.). Zur Reflexion und zum Ansatz des reflexionsorientierten Controlling vgl. Peffekoven (2004, S. 562–565); Pietsch und Scherm (2004, S. 534); Lehner (2005, S. 4). Cube (1990, S. 100): „Die Unsicherheit des reflektierenden Menschen ist zwangsläufig total. Er kann nicht wissen, woher er stammt, wann er stirbt, was nach dem Tode kommt, warum er überhaupt lebt. Seine Unsicherheit ist unaufhebbar, sie verursacht dauerhafte Angst, Beklemmung, Verzweiflung. Es ist verständlich, dass er diesem Zustand zu entrinnen sucht."

[89] Innerhalb der Denkpsychologie gibt es seit den 1970er Jahren eine neue Richtung, die sich mit dem Lösen komplexer im Unterschied zu einfachen Problemen beschäftigt. Neben fachexternen Ereignissen wie der Ölkrise oder den ersten Modellrechnungen des *Club of Rome* mit menschheitsbedrohenden Problemfeldern führte auch die fachinterne Unzufriedenheit mit der Vorhersagbarkeit relevanter Merkmale (etwa beruflicher, wirtschaftlicher oder politischer Erfolg) durch klassische Intelligenztests dazu, dass nach alternativen Instrumenten zur Erfassung menschlichen Umgangs mit komplexen Situationen (der „operativen Intelligenz") gesucht wurde. *Dörner* schlug den Einsatz computersimulierter Szenarien vor. Seine „Mikrowelten" erlauben es, komplexe Probleme unter kontrollierten Bedingungen im Labor zu untersuchen. Bekannt wurde insbesondere das Szenario „Lohhausen" (vgl. Dörner et al. 1983), das die Geschehnisse einer fiktiven Kleinstadt simuliert. Die Versuchsperson soll dabei für den Zeitraum von zehn Jahren in der Funktion eines Bürgermeisters

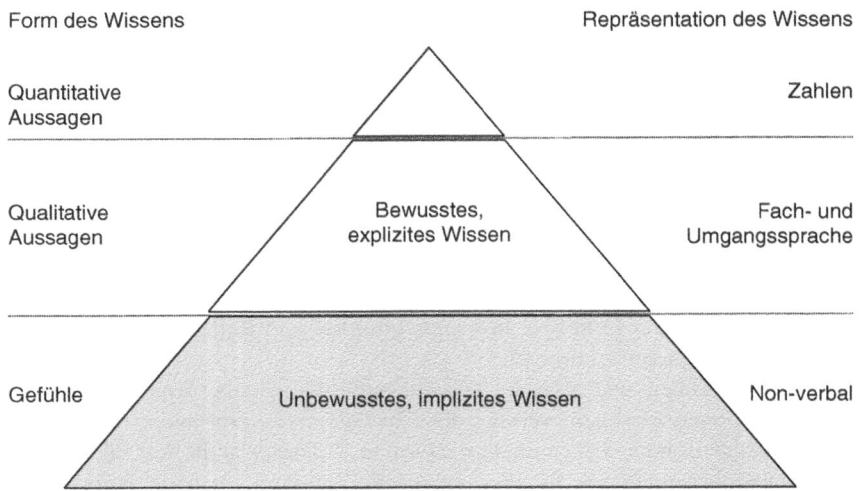

Abb. 4.2 Formen des Wissens und seine Repräsentation. (In Anlehnung an Weber 2002, S. 92)

Informationssammlung eigene, frühere Erfahrungen oder auch bloße Meinungen über bestimmte Sachverhalte ungeprüft für die aktuelle Situation übernommen werden"[90]. An die Stelle von Daten und Fakten tritt Erfahrungswissen und Analogiebildung, beides in hohem Maße durch implizites Wissen bestimmt.[91] Auch die *empirisch realistische Entscheidungstheorie*[92] verdeutlicht, wie Entscheidungsträger in der Realität bei schlecht strukturierten Entscheidungsproblemen tatsächlich agieren. Der Entscheidungsträger bedient sich demnach nicht nur seines Wissens, sondern setzt bewusst *heuristische Strategien* unter Nutzung von Gruppenprozessen ein.[93] Diese Suchstrategien basieren in hohem Maße auf implizitem Erfahrungswissen, das oft nicht explizierbar ist.[94] Heute neigen Psychologen bereits dazu, „Intelligenz" als Unterkategorie der „Weisheit" zu sehen, da – unter richtigen Bedingungen – eine Gruppenleistung durch Einsatz sozialer Fähigkeiten bei gleichen

---

für das Wohlergehen dieser Kommune sorgen und kann mit zahlreichen Maßnahmen in das simulierte Geschehen eingreifen. Aus den Vergleichen erfolgreicher mit weniger erfolgreichen Personen konnten Hypothesen über Erfolgs- bzw. Misserfolgsfaktoren formuliert werden. Vgl. Funke (2004, S. 1–9).

[90] Reither (1997, S. 46).

[91] Dieses Phänomen ist aus der strategischen Planung bekannt. Vgl. Weber et al. (1997, S. 278 f.).

[92] Zur Einordnung und Abgrenzung zur praktisch normativen Theorie vgl. Kap. 1, 1.1.1.

[93] Vgl. Simon und Newell (1958, S. 1–10); Sieben und Schildbach (1994, S. 180 f.); Lehner (2005, S. 6). Zu heuristischen Planungsinstrumenten vgl. ebenfalls Jacob (1986, S. 393); Seidenschwarz (2003, S. 277 f.).

[94] Vgl. Pidd (2003, S. 262 f.); Daellenbach und McNickle (2005, S. 153 f.).

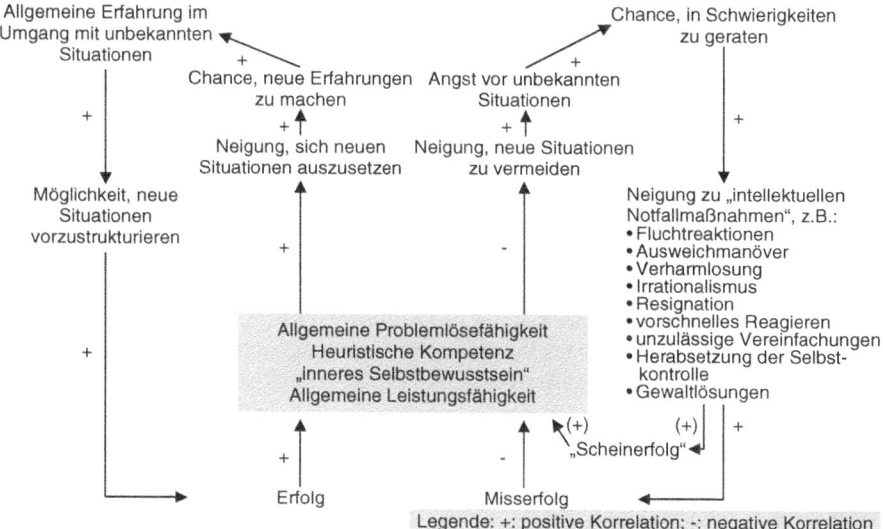

Abb. 4.3 Problemlöse- und Leistungsfähigkeit in komplexen Situationen durch heuristische Kompetenz: Typische Regulationsprozesse. (In Anlehnung an Reither 1997, S. 113)

Aufgabenstellungen höher ausfalle als die Individualleistung. Hier wird von der „Gruppenintelligenz" gesprochen.[95]

Aus psychologischer Sicht genügen Ungewissheit und mangelnde Vorhersagbarkeit bereits, um ein Gleichgewicht zu stören und Stress entstehen zu lassen. Hier erzeugt Unsicherheit („Ein Marktrisiko könnte be- oder entstehen, wie wird es wann auf das eigene Unternehmen wirken?") Angst. Man ist nun bestrebt, dieses Gefühl wieder unter Kontrolle zu bringen. Hierfür zeigt *Reither* ein Schema zur Handlungsregulation (s. Abb. 4.3), in dem über das individuelle Kompetenzerleben in komplexen Situationen[96] die Kontrolle wiedererlangt wird (oder auch nicht).

Danach beschränkt sich – in Anlehnung an die Vorstellungen *Dörners* – die Leistungs- und Problemlösefähigkeit des Individuums gerade nicht auf Spezialgebiete und -aufgaben, die mittels eintrainierter Mechanismen durchlaufen werden. Für unsichere und neue Probleme werden vielmehr übergreifende Konzepte, *Heurismen*, benötigt, die sich für ganze Klassen von Problemen eignen.[97]

---

[95] Zur Entwicklung der Intelligenzforschung und zum Konzept der Gruppenintelligenz nach *Sternberg* vgl. Spychinger (1997, S. 77).

[96] Zur Komplexität, insbesondere auch zum strukturorientierten und verhaltensbezogenen Ansatz im systemtheoretischen Zusammenhang vgl. Paetzmann (1995, S. 35–52).

[97] Besondere Bedeutung kommt hierbei den „intellektuellen Notfallmaßnahmen" zu, die als Fluchtreaktionen und Ausweichmanöver (einschließlich psychosomatischer Reaktionen oder Griff zur Flasche) für Individuen attraktiv werden, weil sich über sie kurzzeitige Scheinerfolge erzielen lassen. Vgl. Reither (1997, S. 115 f.). Vgl. ebenfalls Singer (1993, S. 99–101).

Wie lässt sich dies konkret auf die Analyse von Marktrisiken übertragen? Schon mit Blick auf die Identifikation von Marktrisiken gilt, dass sich hierfür die relevanten Daten meist nicht in Gänze bewusst erfassen lassen (Anforderung der „Vollständigkeit"). Wissensdefizite bestehen in Bezug auf den Gesamtzusammenhang und auf das dezentrale Wissen des/der Risikocontroller(s). Möglich ist auch, dass das Wissen vorhanden ist, jedoch nur unbewusst. Dies gilt nicht nur für die Identifikation, sondern auch für die Analyse und Bewertung der Marktrisiken. Damit ist das zur Analyse von Marktrisiken benötigte Wissen zum großen Teil nur implizit vorhanden.[98]

Da sich diese Wissensdefizite nicht nur auf den Analysegegenstand, sondern auch auf die in der Analyse einzusetzenden Ressourcen und den Analyseprozess beziehen, stellt sich die Analyse von Marktrisiken als *Lernprozess* dar.[99] Die Organisation sucht nach Wegen, bei Auftreten eines Problems die Handlung zu finden, die das Problem löst. In der Praxis werden Führungskräfte in einem strategischen Prozess Hypothesen über Ursache-Wirkungs-Zusammenhänge aufstellen. In diesem Prozess sind sie bestmöglich dazu anzuregen, „ihr implizites Wissen und ihre internen Modelle zu explizieren und dem kritischen Diskurs im Team auszusetzen"[100]. Szenariotechnik und computergestützte Simulationen können den Prozess unterstützen und Sensitivitäten sowie Zielkonflikten Raum geben. In diesem Lernprozess explizieren die beteiligten Führungskräfte ihr internes Modell, ihre individuelle „theory of business"[101].

Die Unterscheidung in implizites und explizites Wissen besitzt gerade mit Blick auf strategische Markt- und Wettbewerbsvorteile und zukünftige Marktchancen/-risiken hohe Bedeutung. Da explizites Wissen leicht transferiert werden kann,[102] dient es selten als Grundlage für nachhaltige Wettbewerbsvorteile im Markt. Der Schutz expliziten Wissens gelingt nur begrenzt durch Schutzrechte, Patente etc. oder durch Geheimnisse (etwa die geheime Formel für Coca-Cola, die in einem Tresor in Atlanta liegt). Viel wichtiger für erfolgreiches strategisches Agieren in einem Markt mit Marktrisiken dürfte das implizite Wissen sein, verborgen in unternehmerischem Gespür, Verkaufstalent oder ähnlichem.[103] Die eigentliche Herausforderung ist es, dieses implizite Wissen zum Nutzen des Gesamtorganisation zu explizieren, um zukünftigen Marktrisiken begegnen zu können.[104] Die Balanced Scorecard ist hierfür

---

[98] Vgl. Weber und Schäffer (1998, S. 349). Dies ist grundsätzlich anders im operativen Planungsprozess. Die Unsicherheit ist gering, explizites Wissen liegt vor, Zusammenhänge zwischen Sach- und Formalzielen sind bekannt und eine weitgehende Programmierbarkeit der Planung ist gegeben. Bei der Aufstellung von Entscheidungsmodellen hilft man sich pragmatisch damit, den Planungshorizont soweit zu verkürzen, bis hinreichend sichere Erwartungen vorherrschen (Kriterium der pragmatischen Begrenzung des Planungshorizonts). Vgl. Freidank (1990, S. 83).

[99] Vgl. Sieben und Schildbach (1994, S. 194); Daellenbach und McNickle (2005, S. 153).

[100] Weber und Schäffer (1998, S. 349).

[101] Kaplan und Norton (1997, S. 260). Zur lernenden Organisation vgl. grundlegend Müller-Stewens und Pautzke (1991, S. 183–205); Steinmann und Schreyögg (1993, S. 442–455).

[102] Vgl. Davenport und Prusak (1998, S. 90).

[103] Vgl. Grant (2002, S. 178).

[104] Zur sogenannten „internal stickness" – vorhandenes Wissen „klebt" als „sticky information" an seinem Träger im Unternehmen und wird nicht weitergegeben – vgl. Hippel (1994, S. 430); Oelsnitz (2005, S. 202).

ein geeignetes Instrument, auch wenn der eigentliche Prozess der Willensbildung einschließlich Ableitung von Ursache-Wirkungs-Beziehungen von *Kaplan* und *Norton* nur – wie in der Literatur kritisiert wird[105] – rudimentär beschrieben ist.

4.1.4.2 Einsatz der Szenariotechnik und weiterer Instrumente der Marktrisikoanalyse

Bereits oben wurde die *Szenariotechnik* als geeignetes Instrument im Rahmen des Managements von Marktrisiken identifiziert und ihr hoher Nutzen insbesondere in den ERM-Phasen Objective Setting und Event Identification hervorgehoben.[106] Der Szenariotechnik kommt die Aufgabe zu, nicht nur zukünftige Entwicklungen und Ereignisse aufzuzeigen, sondern auch das Zustandekommen zu erklären. Nicht ein „Schnappschuss" ist abzubilden, sondern die zeitliche und inhaltliche Entwicklung als „Film" (Ereignis- und Wirkungsketten) zu erklären. Nur über derartige kausale Wirkungsketten ist die Plausibilität zukünftiger Bilder nachweisbar und nachprüfbar.[107] Schließlich ist für eine angemessene Risikosteuerung als Reaktion auf erkannte Chancen und Risiken nötig, die Ursachen und nicht nur Symptome zu kennen.

In früheren Jahren sah man die Szenariotechnik noch überwiegend als für das globale Umfeld geeignet an. Untersuchungsgegenstand waren dabei gesellschaftliche Trends, politische Veränderungen, neue Technologien, gesamtwirtschaftliche Trends, Bevölkerungsentwicklungen.[108] Das aufgabenspezifische Umfeld mit Märkten, insbesondere auch Absatzmärkten, wurde noch im Einflussbereich des Unternehmens gesehen, Informationen über Trends sollten spätestens über ergänzende Marktforschung ausreichend ermittelt werden. Die Beschaffung von Informationen wurde letztlich als problemfrei angesehen.[109] Mit dem Vordringen der strategischen Unternehmensplanung hat sich der Untersuchungsgegenstand der Szenariotechnik zwischenzeitlich auch auf die Absatzmärkte ausgeweitet. Mit Blick auf die Diskontinuitäten im aufgabenspezifischen Umfeld reichen quantitative Prognosetechniken allein nicht mehr aus,[110] so dass globales und aufgabenspezifisches Umfeld gemeinsam Gegenstand der Szenariotechnik sein sollten, und zwar von „außen nach innen": Beginnend mit Szenarien für das globale Umfeld, weiter mit Szenarien, die daraus ableitend das aufgabenspezifische Umfeld mit seinen marktbezogenen Chancen und

---

[105] Vgl. Horváth und Kaufmann (1998, S. 48); Weber und Schäffer (1998, S. 350 f.).

[106] Vgl. Kap. 3, 3.2.9 und 3.3.8.

[107] Vgl. Kötzle (1993, S. 244); Götze und Mikus (2001, S. 451).

[108] Vgl. Geschka und Hammer (1986, S. 466).

[109] Vgl. Geschka und Hammer (1986, S. 466).

[110] „Die Aufgabe, das Verhalten von Anbietern, Nachfragern und Konkurrenten über einen 10-Jahreszeitraum in einer durch hohe Umweltdynamik und -komplexität gekennzeichneten Branche zu prognostizieren, umfasst eine ähnlich komplexe Problemstellung, verlangt in gleichem Maße die Berücksichtigung qualitativer Faktoren und ist mit einem ebensolchen Grad an Unsicherheit konfrontiert wie etwa die Prognose der Bevölkerungsentwicklung." Kötzle (1993, S. 246).

Risiken beleuchten, und schließlich mit Szenarien, die hierauf aufbauende Hinweise über mögliche Reaktionsstrategien des Unternehmens (Umgang mit Risiken, Ausschöpfung von Chancen) als Grundlage einer strategischen Planung zu geben vermögen.

Das heuristische Wesen der Szenariotechnik liegt nun in der *Systematik der Problemlösung* begründet. Diese Systematik will zum einen als Modell die Komplexität des Realproblems voll erfassen, zum anderen jedoch die Modellkomplexität im pragmatischen Interesse möglichst gering halten. Es liegt der „Modellbauern" vertraute Zielkonflikt vor.[111] Der Beitrag der Szenariotechnik als systematische Problemlösungsmethodik liegt nun in der Vorgabe *heuristischer Regeln* für die Dekomposition des Gesamtproblems in Teilprobleme und für die sequentielle Abarbeitung der einzelnen Problemlösungsbereiche.[112]

Deutlich wird, dass die Szenariotechnik nicht allein im Rahmen des Risk Assessment ihren Beitrag leistet, sondern übergreifende Problemlösungskraft besitzt, insbesondere auch in den ERM-Komponenten Objective Setting und Event Identification. Die Szenariotechnik ist eine *Meta-Problemlösungstechnik*, die sich grundsätzlich aller quantitativen und qualitativen Modelle bedienen kann. Hier bietet sich beispielsweise das Vorgehen des *Battelle*-Instituts mit acht Schritten an.[113] Kennzeichnend ist stets nicht der Einsatz einer Technik, sondern die Vorgehensweise bei der Problemlösung. Als heuristisches Problemlösungsverfahren ist die Szenario-Analyse offen für zahlreiche Techniken, insbesondere Methoden zur Problemstrukturierung: morphologische Matrix, Relevanzbaumanalyse, Datengenerierung: Befragungen, Delphi-Methode, Ideenfindung: Brainstorming, Checklisten, Prognose: Trendextrapolation, Cross-Impact-Analysen.[114]

Die Szenariotechnik ist in das Planungs- und Kontrollsystem des Unternehmens einzubinden. Anknüpfungspunkte finden sich hier vor allem im Rahmen der strategischen Planung und der strategischen Kontrolle, letztere mit ihren Elementen Prämissen- und Durchführungskontrolle sowie ergänzender strategischer Überwachung.[115] Die Erkennbarkeit einer Entwicklung in dem bekannten „Trichter" der Technik (s. Abb. 3.19) lässt allerdings noch nicht zwangsläufig eine entsprechende Wahrnehmung folgen. Nach *Wack*, der an der Entwicklung der Szenariotechnik im Hause *Royal Dutch/Shell* – hierauf wird im Folgenden näher eingegangen – maßgeblich beteiligt war, ist neben der Qualität (mit Blick auf Vollständigkeit, Präzision,

---

[111] Zum Begriff der Komplexion vgl. auch Ballwieser (1993, Sp. 49 f.), und die dort angegebene Literatur. Zentes (1976, S. 3): „Die Komplexion eines Entscheidungsmodells manifestiert sich in Art und Umfang der berücksichtigten Ziele, Daten und Instrumente, der formalen Struktur und der mit ihr korrespondierenden formalen und rechentechnischen Methoden." Zu den Ansätzen einer Optimalkomplexion von Entscheidungsmodellen vgl. auch Paetzmann (1995, S. 42–49).

[112] Vgl. Kötzle (1993, S. 247).

[113] Vgl. Kap. 3, 3.2.9.

[114] Vgl. im Einzelnen Kötzle (1993, S. 253 f.).

[115] Vgl. Steinmann und Schreyögg (1993, S. 749 f.), sowie Kap. 2, 2.3.1.2.

Problembezug) und der verständlichen Kommunikation die Fähigkeit der Szenario-technik wichtig, gefestigte Weltbilder im Sinne langjährigen Erfahrungswissens auf Seiten der Entscheidungsträger zu erreichen.[116]

Auch um Entscheidungsträger vom Vorhandensein etwaiger Trends zu überzeu-gen, kann die heuristische Problemlösungsstrategie durch *Rückgriff auf Szenarien Dritter* ergänzt werden, die heute im World Wide Web zur Verfügung stehen: Beson-dere Bekanntheit haben die Szenarien der *Royal Dutch/Shell* erlangt, die seit mehr als drei Jahrzehnten alle drei Jahre erstellt werden.[117] Mit ihrer Hilfe war der Ölkonzern auf die Ölkrise im Jahre 1973 zumindest teilweise vorbereitet.[118] Die Vorreiterrolle der *Royal Dutch/Shell* zeigt sich auch darin, dass der US-amerikanische *National Intelligence Council (NIC)* des *Central Intelligence Agency (CIA)* für sein Ende 2004 abgeschlossenes Szenario „Mapping the Global Future – Report of the National In-telligence Council's 2020 Project" unter anderem den früheren langjährigen Leiter der Shell Szenarien, Ged Davis, zur Mitarbeit gewinnen wollte.[119] Das durch das *NIC* entwickelte Szenario 2020 kann für zukünftige Chancen und Risiken im auf-gabenspezifischen Umfeld (Absatzmärkte, Wettbewerb etc.) und globalen Umfeld produzierender deutscher Unternehmen große Bedeutung besitzen (s. das Beispiel in Abb. 4.4[120]).

Eine weitere Anwendung heuristischer Problemlösungsmethodik im Risikoma-nagement – abseits der Szenariotechnik – stellte kürzlich *Lehner* vor. Sein Ansatz versucht, die investitionstheoretischen Grundgedanken der *Realoptionen* mit dem Risikomanagement-Prozess zu verbinden. Realoptionen als Investitionen, die durch-geführt werden, um eine andere oder weitere Investitionen zu ermöglichen, stellen Handlungsspielräume dar, die ausgeübt werden können aber nicht müssen.[121] Was sich bei Investitionsentscheidungen unter Unsicherheit als praktikabler Kalkül er-weist,[122] lässt sich in der Tat auf die Risikoanalyse und -bewertung übertragen. Im Beispiel *Lehners* ergründen Teammitglieder innerhalb eines *organisationalen, re-flexiven Prozesses* die mit einem in Rede stehenden Wohnbauprojekt verbundenen Absatzmarktrisiken (und andere Risiken). Nach einer ersten individuellen, intuitiven

---

[116] Vgl. Wack (1985, S. 140).

[117] Vgl. Shell (2005).

[118] Vgl. Colvin (2005, S. 56).

[119] Vgl. NIC (2004, S. 19).

[120] Vgl. NIC (2004, S. 32 und 48). Vgl. ebenfalls Fink (2005, S. 332 f.). Zum „Überholen" der italienischen Volkswirtschaft durch China (siehe rechte Seite der Abbildung) ist anzumerken, das dies bereits für 2005 erwartet wurde: „China looks set to overtake Italy this year as the world's sixth-largest economy after several years of jockeying for the spot." Gumbel (2005, S. 23). Dies dürfte begründen, weshalb Italien in der Darstellung des langfristigen Szenarios der *NIC* nicht mehr enthalten ist. Vgl. auch Abb. 6.

[121] Vgl. Meise (1998, S. 50); Perridon und Steiner (2004, S. 134); Lehner (2005, S. 6).

[122] Vgl. Amram und Kulatilaka (1999, S. 24).

Weltbevölkerung:
Verteilung nach Regionen im Jahre 2020

Bruttoinlandsprodukt:
Zeitpunkt des Überholens ausgewählter
reicher Industrieländer

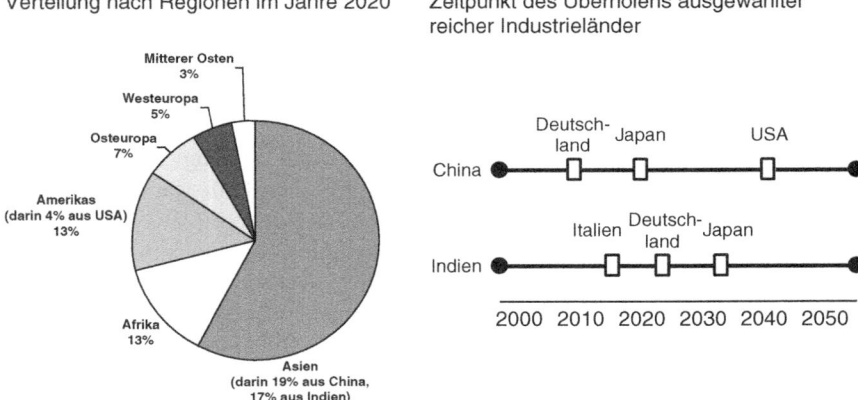

Abb. 4.4 Szenario des US-amerikanischen National Intelligence Council zur relativen demographischen und ökonomischen Entwicklung Chinas und Indiens

Einschätzung des Risikos[123] erfolgt mittels moderiertem Teamprozess eine Neubewertung der Risiken. Als Realoption wird sodann der Abschluss von Vorverträgen noch vor Baubeginn eingeführt. Deutlich wird, dass die Teammitglieder auf Basis der abzuwartenden Ergebnisse der Vorvertragsaktion eine wesentlich validere Risikoeinschätzung zu treffen glauben. Die Realoption „Vorverträge" leistet eine Beitrag zur Risikobeurteilung.[124] Die alleinige zusätzliche Durchführung von Marktforschung mit dem Ziel einer (weiteren) Fundierung der Informationen ist hingegen nicht als Realoption anzusehen.

Es wird hier dafür plädiert, zum Zwecke der Analyse und Bewertung von Marktrisiken ergänzend zur Balanced Scorecard die *Marktanalyseinstrumente* einzusetzen. Dabei kann – so wurde in diesem Abschnitt gezeigt – neben dem Branchenstrukturmodell insbesondere auch die Szenariotechnik einen wertvollen Beitrag leisten. Der Instrumenteneinsatz ist in den Prozess der Explizierung impliziten Wissens einzubinden. Die Risikoanalyse mündet in einer *quantitativen Bewertung* der Risiken, unterstützt durch die oben[125] aufgezeigten Risikoprofile (Risk Maps) sowie Modelle eines integrierten Risikomanagementsystems. Wie die im Rahmen der Risikoanalyse und -bewertung (ERM-Komponente Risk Assessment) gewonnenen Erkenntnisse in eine Risikokommunikation (Risk Reporting) einzubinden sind, wird im Folgenden aufgezeigt.

---

[123] Üblicherweise treten bei derartigen intuitiven Prognosen Fehler auf. Ein typischer Fehler besteht darin, dass bei Betrachtung zweier Ereignisse, von denen das erste ein möglicher Auslöser des zweiten ist, die gemeinsame Wahrscheinlichkeit der beiden Ereignisse höher geschätzt wird als die isolierte Eintrittswahrscheinlichkeit des zweiten Ereignisses. Ein weiterer typischer Prognosefehler liegt im „inertia-Effekt", bei dem Informationen, die einer bestehenden Meinung widersprechen, kaum beachtet werden. Vgl. Tversky und Kahneman (1983, S. 307 f.); Götze (1991, S. 229).

[124] Vgl. Lehner (2005, S. 6–9).

[125] Vgl. Kap. 2, 2.2.2.1.

4.1.5 Die Integration der ERM-Komponenten Risk Response, Control Activities und Information and Communication

Die ERM-Komponente Risk Response enthält die eigentlichen risikobewältigenden Maßnahmen. Das Vermeiden, Vermindern, Überwälzen oder Kompensieren von Marktrisiken[126] geht vor dem Hintergrund der weiteren Risikoabgrenzung des ERM Frameworks mit einem bewussten Chancenmanagement einher. Für die sechs Norm-Marktrisiken sprunghafte technologische Veränderungen, Abnehmerveränderungen, sich verändernde Vertriebskanäle, Abhängigkeit von Marktpreisen (Input/Output), Abhängigkeit von einem Hauptabnehmer und Veränderungen im Umfeld (allgemeine Umwelt) mit ihrer strategischen Qualität (Möglichkeit der strategischen Krise) bedeutet dies insbesondere neben einer frühzeitigen Identifizierung (Anforderung der „Rechtzeitigkeit"[127]) auch die Vernetzung der ERM-Komponenten Risk Response, Objective Setting und Control Activities. Dies wird auch von der *COSO* explizit hervorgehoben[128] und entspricht der Anforderung der „*Integration*" von Risikomanagement und Informations-, Planungs- und Kontrollsystemen, die aus ökonomischer Sicht abzuleiten ist.[129]

Damit ist auch die von der ERM-Komponente Information & Communication adressierte Informationsversorgung in den Risikomanagementprozess eng zu integrieren. Die entscheidungsbezogene Informationsversorgung stellt die grundlegende Voraussetzung für die Funktionsfähigkeit eines Risikomanagements dar.[130] Hierzu gehören zunächst die *Controlling- und Steuerungsinstrumente*, die heute in kapitalmarktfernen deutschen produzierenden Unternehmen durchaus unterschiedlichen Entwicklungsstand aufweisen.[131] Abbildung 4.5 zeigt beispielhaft die Soll-Controllinginstrumente für ein kapitalmarktfernes deutsches produzierendes Unternehmen, wobei insbesondere der Finanzierungsstruktur (Bankendominanz) durch periodische Monatsreportings Rechnung getragen ist.

Neben diesen formellen Instrumenten, für die Inhalt, Umfang, Adressat und Frequenz der Erstellung durch die Unternehmensleitung festzulegen sind, gehören auch informelle Informationen zu dieser ERM-Komponente: Gerade die Gespräche mit Kunden, Lieferanten, „Brancheninsidern" etwa auf Messen oder Kongressen können wertvolle Informationen und schwache Signale erzeugen, die für das Risikomanagement wertvoll sind.[132]

---

[126] Vgl. Kap. 2, 2.2.3.5

[127] Vgl. Kap. 2, 2.2.3.1.

[128] Vgl. COSO (2003b, S. 61).

[129] Vgl. Kap. 2, 2.2.1.

[130] Vgl. Freidank (2000b, S. 365).

[131] Vgl. Paetzmann (2001b, S. 497); Paetzmann (2003a, S. 604).

[132] Vgl. COSO (2003b, S. 69). Dieser informelle Informationskanal ähnelt dem Managementkonzept eines „Management by Wandering Around", bei dem etwa Betriebsrundgänge oder -ausflüge zur Generierung wichtiger Informationen für die (interne) Führung genutzt werden. Vgl. Peters und Watermann (1982, S. 121 f.); Schwaninger (1989, S. 230); Malik (1992, S. 505); Semler (1993, S. 300); Hammer und Champy (1994, S. 25 und S. 218). Mit Blick auf Marktrisiken sind sporadische Teilnahmen an Verkaufsgesprächen oder anderem Agieren am Markt denkbar. Vgl. Gouillart und Sturdivant (1994, S. 116); Paetzmann (1995, S. 264 f.).

Ersteller	Instrument	Adressat	Frequenz
Rechnungswesen	Erfolgsrechnung/Bilanz	Geschäftsführung	monatlich
Vertrieb/Controlling	Umsatzplanung	Geschäftsführung/Vertrieb	jährlich
Geschäftsführung/ Controlling	Ergebnisplanung auf Jahres- basis	Geschäftsführung	jährlich
Rechnungswesen	Liquiditätsplanung/-forecast	Geschäftsführung	nach Bedarf
Auftragsvorbereitung	Auftragsbestand	Geschäftsführung/Vertrieb	monatlich
Auftragsvorbereitung	Vorkalkulation	Geschäftsführung/Fertigung	nach Bedarf
Auftragsvorbereitung	Nachkalkulation	Geschäftsführung/Fertigung	nach Bedarf
Rechnungswesen	Kreditorenliste	Geschäftsführung/Einkauf	nach Bedarf
Rechnungswesen	Debitorenliste	Geschäftsführung/Vertrieb	nach Bedarf
Vertrieb/Controlling	Angebotsstatus	Geschäftsführung/Vertrieb	nach Bedarf
Rechnungswesen	Umsatzauswertungen nach Produktgruppen	Geschäftsführung	monatlich
Controlling	Kostenstellen-/-trägerrechnung	Geschäftsführung	monatlich
Controlling	Bestandsauswertung	Geschäftsführung	monatlich
Controlling	Mitlaufende Kalkulation	Geschäftsführung	monatlich
Controlling	Plan-/Ist-Vergleiche	Geschäftsführung/Banken/Beirat	quartalsweise
Controlling	Managementerfolgsrechnung	Geschäftsführung/Banken/Beirat	monatlich
Controlling	Monatsreporting	Geschäftsführung/Banken/Beirat	monatlich

Abb. 4.5 Soll-Controllinginstrumente in kapitalmarktfernen deutschen Produktionsunternehmen (Beispiel)

Insgesamt fehlte bislang ein Konzept, bei dem das (Risiko-)Controlling im Rahmen der überwachenden *Controlle* kapitalmarktferner produzierender deutscher
Unternehmen neben der Umsetzung der genannten Soll-Controllinginstrumente
zur *Führungsunterstützung* (Steuerung) des Unternehmens auch ein Enterprise
Risk Management einschließlich des Instruments Balanced Scorecard und der
acht Instrumente der Marktrisikoanalyse sicherstellt bei expliziter Berücksichtigung der ergänzenden Überwachungskomponenten der *Prüfung* (einschließlich der
Bonitätsprüfung durch finanzierende Banken) und der *Aufsicht*.

Nachdem in den folgenden Abschn. 4.2 und 4.3 zunächst die Implikationen mit
Blick auf die Prüfung und die Aufsicht diskutiert werden, wird Abschn. 4.4 dieses Kapitels hierfür ein balanciertes Modell einer marktrisikoorientierten Führung
und -überwachung in kapitalmarktfernen deutschen produzierenden Unternehmen
aufzeigen.

4.2   Marktrisikoanalyse im Rahmen der Prüfung

4.2.1   *Überwachung durch die Interne Revision im Rahmen der ERM-Komponente Monitoring*

In börsennotierten deutschen Unternehmen, insbesondere denen, die den Anforderungen des Sarbanes-Oxley Act (SOX)[133] Rechnung tragen oder dies beabsichtigen,

---
[133] Vgl. Kap. 1, 1.2.3.

steht die Interne Revision derzeit vor der Herausforderung, sich kompatibel zum US-amerikanischen Gesetz auszurichten, jedoch zugleich die anerkannten Standards des *Institute of Internal Auditors (IIA)* nicht zu verlassen.[134] Die Interne Revision befindet sich durch den Auditing Standard No. 5 (bis 2007; No. 2) des *Public Company Accounting Oversight Board (PCAOB)* im Brennpunkt. Dieser US-amerikanische *Prüfungsstandard* präzisiert seit 2007 die Anforderungen der Sect. 404 des SOX, wonach der externe Abschlussprüfer die Effektivität des Internen Überwachungssystems in Bezug auf die Finanzberichterstattung (Financial Reporting) zu prüfen hat.[135] Damit hat der SOX bei betroffenen deutschen Unternehmen unmittelbare Implikationen für das interne Überwachungssystem und die Interne Revision.[136] Darüber hinaus ist zu beachten, dass der *PCAOB*-Prüfungsstandard in Bezug auf deutsche börsennotierte Unternehmen, die SOX unterliegen, neben den deutschen Prüfungsstandard IDW PS 261 und ggf. neben den International Standard on Auditing (ISA) 315 der *International Federation of Accountants (IFAC)* tritt.[137]

Zu nennen ist in diesem Zusammenhang auch die EU-Abschlussprüferrichtlinie.[138] Nach dieser sind die ISA allen Pflichtprüfungen zugrunde zu legen. Dies schließt auch den ISA 400 bzw. ISA 315 ein, der das Internal Control – Integrated Framework der *COSO* verbindlich vorschreibt.[139]

Nicht auszuschließen ist, dass in Zukunft eine Ausstrahlungswirkung auf die Prüfung auch kapitalmarktferner deutscher Unternehmen einsetzen wird, so dass auch dort die Arbeit der Internen Revision betroffen wäre. Zugleich gilt es zu beobachten, ob und inwieweit sich auch die Inhalte des *COSO* ERM Framework in den Prüfungsstandards etablieren werden. Dies könnte u. a. ebenfalls Auswirkungen auf die Arbeit der Internen Revision haben.

In Deutschland führt die Interne Revision seit Inkrafttreten des KonTraG im Jahre 1998 vermehrt Prüfungen der Zukunftssicherung durch.[140] Das Monitoring, ergo die *Überwachung des Risikomanagementprozesses*, orientiert sich dabei heute weitgehend an der Struktur des COSO-Reports.[141] Hierfür liegen in der Prüfungspraxis entsprechende Checklisten vor.[142] Mit Blick auf die hier in Rede stehenden Marktrisiken ist zu fragen, ob diese Checklisten eine ausreichende Marktorientierung besitzen, um das Risikomanagement insbesondere der sechs Norm-Marktrisiken bestmöglich zu unterstützen.

---

[134] Vgl. IIA (2001); Hauser et al. (2004, S. 1057–1065); Westhausen (2005, S. 101).

[135] Vgl. PCAOB (2007, Paragraph 16 f.)

[136] Vgl. Buderath (2003, S. 222).

[137] Vgl. IDW (2006, S. 1433–1445); IFAC (2003), ISA 315. Zu den internationalen Reformeinflüssen auf das deutsche Prüfungswesen vgl. grundlegend Freidank (2001a, S. 258–260). Vgl. ebenfalls Heese (2003, S. 223–230).

[138] Vgl. Westhausen (2005, S. 101).

[139] Vgl. Kap. 2, 2.3.1.2.

[140] Vgl. Lück (2003b, S. 322).

[141] Vgl. Kap. 2, 2.3.1.2.

[142] Vgl. Peemöller (2002, S. 123), sowie Kap. 2, 2.3.3.2.

Töpfer schlägt spezifische *Marketing-Audits* vor, die einen Beitrag zur Frühaufklärung und -erkennung leisten sollen:[143] Markt- und Umwelt-Audits als Überwachung der extern induzierten Markt- und Umweltrisiken, Marketing-Mix-Audits als Überwachung der intern induzierten Risiken mit starker Außenorientierung und -wirkung, Informations- und Instrumente-Audits als innenorientierte Überwachung der Angemessenheit der Informations- und Datenbasis, Ziel- und Strategie-Audits als innenorientierte Überwachung der strategischen Ausrichtung sowie der Wertschöpfungsprozesse und -ergebnisse, und schließlich Organisations- und Führungs-Audits als innenorientierte Überwachung der Grundlagen von Organisation und Führungstechniken.

Während das Informations- und Instrumente-Audit sowie das Organisations- und Führungs-Audit als prozessunabhängige Überwachungen in das Aufgabengebiet der Internen Revision fallen (insbesondere als Operational Auditing[144]), dürften das Markt- und Umwelt-Audit, das Marketing-Mix-Audit und das Ziel- und Strategie-Audit zu den prozessabhängigen, permanenten Überwachungshandlungen gehören, die durch die Controlle, insbesondere das Controlling (strategisches Controlling, Marketing-Controlling, Risiko-Controlling), wahrzunehmen sind.[145] Dies wird in der Literatur der letzten Jahre durchaus auch anders gesehen, indem u. a. auch Analysen der strategischen Ausrichtung ganzer Unternehmenseinheiten (Business Audits) dem Aufgabenfeld der Internen Revision zugeordnet werden.[146]

Nach Auffassung des *Deutschen Instituts für Interne Revision* hat die Interne Revision die Risikoidentifikation, die Risikobewertung und die Zweckmäßigkeit der Maßnahmen inhaltlich zu beurteilen,[147] wobei auf fallweise, stichprobenartige Prüfungen abgestellt wird.[148] Inzwischen ist insgesamt – auch vor dem Hintergrund der Modernisierungen der Corporate Governance – eine Trendumkehr in der Internen Revision „back to basics"[149] wahrzunehmen, bei der die traditionelle Aufgabenstellung des Financial Auditing wieder an Bedeutung gewinnt. Eine weite Auslegung des Aufgabengebiets der Internen Revision, die den Betrieb der laufenden Marktrisikoanalyse einschließt, kann auch nicht aus den Zielen einer Internen Revision abgeleitet werden, so dass die Analyse der strategischen Ausrichtung – im Einklang mit der gängigen Unternehmenspraxis in Deutschland – dem (strategischen) Controlling zufällt.[150] Das Controlling stellt der Unternehmensleitung kontinuierlich aktuelle und

---

[143] Vgl. Töpfer (1986, S. 253–274); Töpfer und Heymann (2000, S. 247).

[144] Vgl. Kap. 2, 2.3.3.2.

[145] Vgl. Kap. 2, 2.3.1.1 und 2.3.1.2. Daher bietet sich insgesamt der Begriff der Marketing-Kontrolle oder Marketing-Überwachung an. Vgl. Böcker (1993, Sp. 2755 f.).

[146] Vgl. AKEIÜ (2003, S. 108).

[147] Vgl. IIR (2001, Tz. 13).

[148] In diesem Sinne ist IIR (2001, Tz. 14), zu verstehen: „Intensität und Häufigkeit der Prüfungen sind u. a. in Abhängigkeit von der Komplexität der Wertschöpfung, Unternehmensgröße und Dynamik der Unternehmensentwicklung festzulegen."

[149] Buderath (2004, S. 5).

[150] Zu den Differenzierungsmerkmalen der Internen Revision zum Controlling vgl. Lück (2003c, S. 318–230).

ergebniszielorientierte Informationen zur Verfügung, während die Interne Revision situationsspezifisch, den Schwerpunkt wechselnd, tätig wird.

Trotz dieser Aufgabenunterschiede von Interner Revision und (Risiko-) Controlling ist eine Zusammenarbeit anzustreben, um (Methoden-)Wissen bestmöglich zu nutzen und Doppelarbeiten zu vermeiden.[151] Die reine Marktrisikoanalyse fällt jedoch grundsätzlich nicht in den Aufgabenbereich der Internen Revision, denn schon wegen des Interessenkonflikts kann die laufende Verantwortung für die Durchführung des Risikomanagements einschließlich Marktrisikoanalyse nicht bei der Internen Revision liegen.[152] Sie kann und sollte jedoch zum einen die Funktionsfähigkeit des Risikomanagementprozesses insgesamt überwachen und zum anderen sporadisch für einzelne Marktrisikoanalysen unterstützend seitens des Risikocontrolling hinzugezogen werden.

Schließlich ist zu beachten, dass in vielen mittleren und kleineren kapitalmarktfernen deutschen produzierenden Unternehmen *keine institutionalisierte Interne Revision* besteht. Hierauf ist – analog – bereits mit Blick auf eigenständige Controllerstellen hingewiesen worden: Von den rund 2,9 Mio. Umsatzsteuerpflichtigen in Deutschland wiesen laut *Statistischem Bundesamt*[153] in 2002 rund 2,6 Mio. Unternehmer (bzw. rund … Million produzierende Unternehmer[154]) Jahresumsätze unter 1 Mio. € aus. Wird unterstellt, dass das Agieren dieser (und anderer, nicht maßgeblich umsatzstärkerer) Unternehmer in den Gegenstandsbereich der Betriebswirtschaftslehre fällt,[155] so ist davon auszugehen, dass diese Unternehmer relevante Aufgaben in den Feldern *Controlling und interne Revision selbst erbringen* (oder eventuell durch einen Berater bzw. Wirtschaftsprüfer erbringen lassen). Erst mit zunehmender Umsatz- bzw. Organisationsgröße wird eine Delegation innerhalb der Organisation unternommen.[156] Eigenständige Controllerstellen (mit überwiegendem Zeitanteil an Controllingaufgaben), an die delegiert wird, sind etwa ab Jahresumsätzen über 25 Mio. € (rund 15.600 Umsatzsteuerpflichtige bzw. rund 5.500 produzierende Umsatzsteuerpflichtige) anzutreffen.[157] Hinsichtlich eigenständiger Revisionsstellen im Unternehmen liegt die kritische Größenschwelle üblicherweise nochmals deutlich höher. Besteht keine eigenständige Interne Revision, hat die Geschäftsleitung in geeigneter Weise die Prüfung des Risikomanagements sicherzustellen.[158]

---

[151] Vgl. Horváth und Gleich (2000, S. 121 f.).

[152] Vgl. IIR (2001, Tz. 6).

[153] Vgl. Statistisches Bundesamt (2003).

[154] In der Terminologie des *Statistischen Bundesamtes* entspricht dies den Wirtschaftsabschnitten A (Land- und Forstwirtschaft), B (Fischerei und Fischzucht), C (Bergbau und Gewinnung von Steinen und Erden) und D (Verarbeitendes Gewerbe). Zur Systematisierung produzierender Unternehmen vgl. Hansmann (2001, S. 3–6), sowie die Einleitung dieses Buches, 1.1.

[155] Vgl. Stein (1993, Sp. 471 f.).

[156] Vgl. Horváth (2003a, S. 838); AKEIÜ (2006a, S. 225).

[157] Vgl. Paetzmann (2005b, S. 303). Strobel (1980, S. 51), zur Institutionalisierung eines Controlling: „Insbesondere eine Differenzierung des Planungssystems kann es notwendig machen, analytische Führungsteilaufgaben zu delegieren auf einen mehr oder weniger eigenständigen (und seinerseits wiederum untergliederbaren) Bereich, der üblicherweise als ‚Controlling' bezeichnet wird."

[158] Vgl. IIR (2001, Tz. 5); AKEIÜ (2006a, S. 225).

4.2.2 Monitoring durch den Abschlussprüfer

Als Ausfluss der Bemühungen einer Modernisierung der Corporate Governance in Deutschland wurde 2004 das Bilanzrechtsreformgesetz (BilReG) verabschiedet.[159] Dieses etablierte in Konkretisierung der europäischen IAS-Verordnung von 2002[160] nicht nur die IFRS als Rechnungslegungsstandard in Deutschland, wie dies in Kap. 2, 2.3.3.3. im Einzelnen beschrieben wurde, sondern erweiterte auch die Inhalte des Lageberichts. Über die gesetzliche Pflicht zur Aufstellung des Lageberichts, die u. a. mittelgroße und große Kapitalgesellschaften (§264 Abs. 1 HGB) und nach Publizitätsgesetz rechnungslegungspflichtige Unternehmen (§5 Abs. 2 PublG) sowie die Konzernrechnungslegung (§290 Abs. 1 HGB) betrifft, können hiervon auch die hier in Rede stehenden kapitalmarktfernen deutschen produzierenden Unternehmen tangiert werden. Nach §§289, 315 HGB ist im (Konzern-)Lagebericht nun „die voraussichtliche Entwicklung mit ihren wesentlichen Chancen und Risiken zu beurteilen und zu erläutern; zugrunde liegende Annahmen sind anzugeben". Bereits seit dem KonTraG von 1998 war eine Risikoberichterstattung Teil des Lageberichts (Risikobericht).[161]

Die Frage, inwieweit der Abschlussprüfer im Rahmen der handelsrechtlichen Abschlussprüfung eine *eigene Chancen- und Risikoanalyse* durchzuführen hat, ist in der Literatur der letzten Jahren breit diskutiert worden.[162] Beschränkt sich, so die derzeit herrschende Meinung im Einklang mit dem Prüfungsstandard 350 des *IDW*, seine Tätigkeit auf die Untersuchung der zugrundeliegenden Annahmen auf Plausibilität, Widerspruchsfreiheit und Vollständigkeit,[163] so ist zu fragen, wie sich dies konkretisiert. Schließlich soll der Prüfer im Bestätigungsvermerk nach §322 Abs. 6 Satz 2 HGB explizit darauf eingehen, „ob die Chancen und Risiken der entsprechenden Entwicklung zutreffend dargestellt sind".[164] Eine plausibilisierende Beurteilung allein auf Basis von Erfahrungswissen und Intuition des Prüfers dürfte nicht ausreichen, zumal dem Prüfer zum einen die notwendige Nähe zum Geschäft fehlen, zum anderen seine Qualifikation dieses Vorgehen teils nicht zulassen dürfte (hierzu unten mehr). Schließlich wäre ein derartiges Vorgehen durch Dritte nicht intersubjektiv nachvollziehbar.

Im Rahmen einer zukunftsorientierten Prüfung des Lageberichts – der Fall wirtschaftlicher Schwierigkeiten, bei dem den prognostischen Angaben im Lagebericht eine besondere Bedeutung zukommt,[165] sei hier ausgeklammert – hat der Prüfer sich

---

[159] Vgl. Kap. 1, 1.2.3.

[160] Vgl. *VO 1606/2002/EG.*

[161] Vgl. Küting und Hütten (1997, S. 251); Baetge und Schulze (1998, S. 939); Remme und Theile (1998, S. 910); Küting und Hütten (2000, S. 403 f.); Kajüter (2004, S. 197–203).

[162] Vgl. etwa IDW (1998b, S. 665); Schindler und Rabenhorst (1998, S. 1891); Küting und Hütten (2000, S. 426); Brebeck (2002, Sp. 2080); Paetzmann (2005c, S. 269 f.); *BeBiKo,* §317 HGB, Rn. 66.

[163] Vgl. IDW (1998b, S. 665).

[164] Vgl. *BeBiKo,* §317 HGB, Rn. 67.

[165] Vgl. IDW (1998b, S. 664); AKEIÜ (2003, S. 109); Paetzmann (2003b, S. 969).

zunächst von der *Zuverlässigkeit und Funktionsfähigkeit des unternehmensinternen Planungssystems* zu überzeugen, soweit es für die Herleitung der Angaben im Lagebericht von Bedeutung ist.[166] Im Rahmen der Prüfung der Prognoseannahmen ist zu untersuchen, ob das durch das Unternehmen eingesetzte Prognosemodell sachgerecht ausgewählt und eingesetzt wurde. Der Prüfungsstandard 350 betont, dass etwa nur bei einer relativen Konstanz der unterstellten Ursache-Wirkungs-Beziehung eine Trendextrapolation der Prognose zugrunde zulegen ist.[167]

De lege lata finden sich Regelungen über die vom Abschlussprüfer zu tätigenden *Prognoseprüfungen*[168] zunächst im §289 HGB, wonach u. a. die voraussichtliche Entwicklung der Kapitalgesellschaft zu beurteilen und zu erläutern ist.[169] Einhergehend mit der Aktiengesellschaften durch das *KonTraG* auferlegten Pflicht, ein Risikomanagementsystem einzuführen (§91 Abs. 2 AktG), wurde 1998 auch die Prüfungspflicht erweitert, indem nach §317 Abs. 2 HGB auch zu prüfen ist, ob die Risiken der künftigen Entwicklung zutreffend dargestellt sind.[170] Da die Darstellung der Risiken der künftigen Entwicklung im Lagebericht prognostischen Charakter besitzt, gilt für sie grundsätzlich auch das zur Prognoseprüfung Gesagte. Bei börsennotierten Aktiengesellschaften ist darüber hinaus nach §317 Abs. 4 HGB auch zu prüfen, ob das nach §91 Abs. 2 AktG eingerichtete Risikomanagementsystem seine Aufgaben erfüllen kann.[171]

Die *logische Wahrheit ex ante* – die empirische Wahrheit ex post zu überwachen käme zu spät – der Prognosen überprüft der Abschlussprüfer, indem er vor ihrer Veröffentlichung ihre Herleitung hinterfragt. Die einzelnen Herleitungen sind auf Plausibilität, Widerspruchsfreiheit und Vollständigkeit zu überprüfen.[172] Dabei spielen auch personenbezogene Aspekte des Prognostizierenden eine Rolle. Bei

---

[166] Vgl. IDW (1998b, S. 665).

[167] Ebenfalls sind Darstellungsform und Wortwahl der prognostischen Aussagen im Lagebericht zu prüfen. Vgl. IDW (1998b, S. 665).

[168] Zum Begriff vgl. grundlegend AKEIÜ (2003, S. 108).

[169] Vgl. *BeBiKo*, §289 HGB, Rn. 36.

[170] Vgl. Kap. 2, 2.3.3.3.

[171] Zur Prüfung des Risikofrüherkennungssystems, die nach §317 Abs. 4 HGB explizit nur für börsennotierte Aktiengesellschaften vorgeschrieben ist, hat der *IDW* einen eigenen Prüfungsstandard 340 veröffentlicht. Vgl. Brebeck (2002, Sp. 2079). Daneben sind freiwillige Erweiterungen der Abschlussprüfung und Sonderprüfungen möglich. Darüber hinaus kann eine Untersuchung des Risikofrüherkennungssystems im Rahmen der risikoorientierten Prüfung des Jahresabschlusses und des Lageberichts geboten sein. Vgl. Brebeck und Förschle (1999, S. 171–193). Zur Prüfung des Risikofrüherkennungssystems vgl. Giese (1998, S. 451–458); Kromschröder und Lück (1998, S. 1576); IDW (1999, S. 658–662); Pollanz (2001, S. 1317–1325); Lentfer (2003, S. 153–175); *BeBiKo*, §317 HGB, Rn. 85.

[172] Vgl. AKEIÜ (2003, S. 108 f.). Eine Veröffentlichung der Herleitungen steigert die Möglichkeit der Beurteilung und intersubjektiven Nachvollziehbarkeit, läuft zugleich jedoch Gefahr, sensible unternehmerische Daten zu publizieren. Zur Gefahr einer Self Fulfilling Prophecy – die Beschreibung eines Risikos zieht beim Berichtsadressaten eine Reaktion nach sich, die zum Eintritt eben dieses Risikos führt – vgl. Küting und Hütten (2000, S. 414–416); Kajüter (2004, S. 202); *Steuber* in MünchKommAktG, §289 HGB, Rn. 112.

der Prüfung ist auf die Urteilsfähigkeit, Urteilsfreiheit und sachgerechte Urteils-
bildung einzugehen. Insbesondere der sachgerechten *Auswahl und Anwendung der
Analyse- und Prognosemethoden* kommt dabei eine hohe Bedeutung zu.[173] Im Ergebnis wird die Prognoseprüfung nicht zu Urteilen gelangen, die trennscharf zwischen
richtig und falsch differenzieren. Vielmehr sind in der Formulierung aus der Natur
der Sache heraus eher Begriffspaare wir „realistisch/unrealistisch" oder „glaubwür-
dig/unglaubwürdig" zu wählen. In der Praxis könnte der Prüfer freilich dazu neigen,
im negativen Falle Formulierungen wie „in wieweit dies zutrifft, konnte nicht durch
uns geprüft werden" zu wählen.[174] Hier verbleibt – anders als bei der ebenfalls zu
testierenden Prüfung des vergangenheitsbezogenen Jahresabschlusses – eine gewisse Unschärfe, der der Gesetzgeber mit Blick auf den Bestätigungsvermerk in der
Formulierung innerhalb des §322 HGB bereits vorausschauend Rechnung trug.[175]

Da die Felder Risikobericht im Lagebericht, Risikomanagementsystem und
die Prüfung des letzteren korrespondieren, kann für die Prognoseprüfung in Abhängigkeit von Rechtsform und Kapitalmarktorientierung des zu überwachenden
Unternehmens grundsätzlich folgendes gelten: Bei der *börsennotierten Aktiengesellschaft*, die hier nicht beleuchtet wird, ist das Risikomanagementsystem gemäß
§317 Abs. 4 HGB selbständiger Bestandteil der Abschlussprüfung.[176] Die Angaben im Lagebericht sind mit der aktienrechtlich geforderten Risikoberichterstattung
abzugleichen. Der Abschlussprüfer hat hier u. a. zu untersuchen, ob für die Lageberichterstattung die Risiken mit wesentlichem Einfluss auf die Vermögens-, Finanz-
und Ertragslage sowie bestandsgefährdende Risiken herausgefiltert wurden.[177]

Auch wenn das nach §91 Abs. 2 AktG eingerichtete Risikomanagementsystem bei
der *kapitalmarktfernen Aktiengesellschaft* nicht der gesetzlichen Prüfungspflicht unterliegt, kann der Abschlussprüfer auch hier auf ein funktionierendes System zwecks
Abgleich mit den Lageberichtsangaben zugreifen. Da der Abschlussprüfer einer
kapitalmarktfernen Nicht-Aktiengesellschaft in der Regel nicht auf eine unternehmensinterne Risikoberichterstattung nach dem KonTraG zurückgreifen kann, hat er
sich dort im Rahmen der Prüfungsplanung und -durchführung auf Grundlage seiner
Kenntnisse über die Geschäftätigkeit des zu prüfenden Unternehmens Informationen über Chancen und Risiken zu beschaffen. Dies ist der für kapitalmarktferne
Produktionsunternehmen typische Fall, bei dem – trotz möglicher Ausstrahlungswirkung des KonTraG in andere Rechtsformen hinein[178] – ein Risikomanagementsystem
nach KonTraG meist nicht besteht.

---

[173] Vgl. AKEIÜ (2003, S. 109).

[174] Vgl. *BeBiKo*, §322 HGB, Rn. 32.

[175] Vgl. Stolberg und Ziegler (2000, S. 462 f.).

[176] Zur Frage des Vorgehens des Prüfers bei mangelhafter Erfüllung der Vorstandspflichten aus §91
Abs. 2 AktG vgl. IDW (1999, S. 661).

[177] Zu den Kriterien der Wesentlichkeit und Bestandsgefährdung vgl. IDW (1998a, S. 657); Dörner
und Bischof (1999, S. 446–450), sowie Kap. 2, 2.2.3.1. Vgl. ebenfalls Freidank (2001a, S. 253);
Witten (2001, S. 356).

[178] Vgl. Kap. 2, 2.2.3.1.

Grundvoraussetzung für eine sachgerechte Informationsbeschaffung und -verarbeitung ist eine entsprechende *Qualifikation des Prüfers*, von *Strobel* bereits als „plananalytische Prüferqualifikation"[179] gefordert: „Er muss das Lageberichtswerk nun daraufhin untersuchen, ob es mit der nötigen Gründlichkeit erstellt ist, d. h. ob die Zukunftsangaben analytisch hinreichend abgesichert sind. Die Gründlichkeit der Planungsanalysen und Prognoseanalysen ist für den Prüfer letztlich das Kriterium für seine Bestätigung."[180] Auch mit dem Ziel, eine qualitativ hochwertige Abschlussprüfung zu gewährleisten, wurde zwischenzeitlich diskutiert, die Bestellung und Vergütung des Abschlussprüfers durch eine staatliche Aufsichtsbehörde festlegen zu lassen, was in einer Verstaatlichung der Wirtschaftsprüfung münden kann. Ebenfalls erwogen wird, Fremdkapitalgeber (stärker) in den Auswahlprozess des Abschlussprüfers einzubeziehen.[181]

Hinsichtlich *Marktrisiken* mit wesentlichem Einfluss auf die Vermögens-, Finanz- und Ertragslage sowie bestandsgefährdende Marktrisiken, über die im zu prüfenden Lagebericht zu berichten ist, rücken die von der Leitung des zu überwachenden Unternehmens genutzten Instrumente der Marktrisikoanalyse in den Blickpunkt. Der Einsatz der acht Instrumente der Marktrisikoanalyse, ausgerichtet insbesondere auf die sechs Norm-Marktrisiken, fördert nicht nur das Management dieser Risiken, sondern, da das Vorgehen mittels dieser Instrumente dokumentierbar und intersubjektiv nachvollziehbar ist, können die im Rahmen der Controlle (in der Regel durch das Controlling) getätigten Analysen auch dem *Abschlussprüfer* zum Zwecke der Prüfung vorgelegt werden. Hierüber kann sich der Abschlussprüfer leicht ein Bild über die etwaige Wesentlichkeit und Bestandsgefährdung machen und die Erkenntnisse mit den Ergebnissen seiner Prüfung des Jahresanschlusses *abgleichen*. Mit Blick auf die Anforderungen der „Vollständigkeit" und der Berücksichtigungen von „Interdependenzen",[182] die oben an Früherkennungssysteme gestellt wurden, ist dem Abschlussprüfer insbesondere das der Früherkennung dienende Instrument der Szenariotechnik im Rahmen der jährlichen Prüfung darzulegen. Wie diese Überwachung in ein balanciertes Modell einer marktrisikoorientierten Führung und Überwachung zu integrieren ist, wird unten in Abschn. 4.4 dieses Kapitels skizziert werden.

4.2.3 Bonitätsprüfungen durch Banken und Agenturen

Insbesondere die hohe Bedeutung der Banken bei der Unternehmensfinanzierung in Deutschland, wie sie in Kap. 1, 1.2.5. aufgezeigt wurde, führt innerhalb der „Debate on comparative corporate governance" zu einer Klassifikation des deutschen

---

[179] „Ein Abschlussprüfer, dem plananalytische Qualitäten völlig abgehen, erhält auch bei intensivster und umfassendster Prüfung nur ein Vexierbild von der Zukunft." Strobel (1977, S. 2155).

[180] Strobel (1977, S. 2155), mit Blick auf die frühere aktienrechtliche Krisenwarnung des Abschlussprüfers gemäß dem ehemaligen §166 Abs. 2 AktG (entsprechend §321 Abs. 2 HGB).

[181] Vgl. Pellens und Rüthers (2011).

[182] Vgl. Kap. 2, 2.2.3.1 und Kap. 4, 4.1.3.2.

Governance Systems als *Managed Governance*.[183] Für kapitalmarktferne deutsche
Unternehmen im Umfeld der Bank-based Economy Deutschland gilt dies umso
mehr, bleiben ihnen doch alternative Eigenfinanzierungsquellen, sieht man von
Beteiligungs- und Mezzanin-Kapital ab, weitgehend verschlossen.[184]

Hinsichtlich der jährlich im Rahmen der Durchführung der *Bonitätsprüfung* durch
das Kreditinstitut abzufragenden Informationen zu möglichen *Marktrisiken* wurde
bereits in Kap. 3, 3.1.2.3 aufgezeigt, welche Fragen typischerweise zum Zwecke
des bankinternen Ratings zu erheben und beantworten sind. Das oben gezeigte
Beispiel der Fragen im Sparkassensektor zu den weichen qualitativen Faktoren im
Bereich „Markt & Produkt" (für größere Firmenkunden)[185] verdeutlichte, dass die
insgesamt 16 Fragen eine recht hohe Detailliertheit aufweisen. Schließlich war
im 2. Konsultationspapier von „Basel II" zu diesem Bereich nur ein Mindestkriterium „Position innerhalb der Industrie und zukünftige Aussichten" enthalten.
Fraglich dürfte jedoch bleiben, ob bei der Auswertung der Antworten tatsächliche
Ursache-Wirkungs-Beziehungen der komplexen Marktrisiken erkannt werden können. Es bleibt abzuwarten, ob sich aus der Auswertung der Daten eine hinreichende
Trennschärfe ermitteln lässt.

Als sinnvoll dürfte sich der ergänzende *Einsatz der Instrumente der Marktrisikoanalyse* erweisen. Sofern derartige Analysen durch das kreditnehmende Unternehmen erstellt wurden, können sie der Bank im Rahmen des durch Bankgeheimnis und
Datenschutzrecht flankierten Vertrauensverhältnisses ergänzend zu Jahresabschluss,
Lagebericht, unterjährigen finanziellen Reportings etc. zum Zwecke der Bonitätsprüfung zumindest einmal jährlich übergeben werden. Unabhängig von der hierfür mehr
oder weniger vorhandenen Qualifikation auf Seiten des Unternehmens wird das Kreditinstitut auch zukünftig teilweise dazu neigen, zwecks Validierung der Aussagen
eine unabhängige, qualifizierte Drittsicht einzuholen.

In begründeten Zweifelsfällen greifen finanzierende Banken heute bereits auf ge-
zielten *Einsatz von Unternehmensberatern* bei ihren Unternehmens-Kreditkunden
zurück. Waren es vor Jahren vorwiegend Sanierungsprüfungen, in denen spezialisierte Berater auf Bankeninitiative eingesetzt wurden,[186] hat sich zwischenzeitlich
ein Umdenken bei den Banken breitgemacht. Gerade mit Blick auf die Bewertung
des Marktumfelds hinsichtlich Chancen und Risiken stoßen bankinterne Ratingsysteme an Grenzen, so dass sich der Einsatz externer Berater als sinnvoll erweisen
kann.[187] Wie die empirische Untersuchung hierzu von *Freidank* und *Paetzmann*
feststellt, stufen deutsche Kreditentscheider zwecks Ergänzung der bankseitig durchgeführten Analyse u. a. plausibilisierende Planungsrechnungen, zukunftsorientierte

---

[183] Vgl. Kap. 1, 1.2.6.

[184] Vgl. Dettmering (1990, S. 121–141); Deutsche Bank AG (2003, S. 27–40); Savelberg (2004,
S. 1–5); Mendel (2005, S. 172–175); Hoffmann (2005, S. 23); o. V. (2005, S. 5). Erste Beispie-
le für Transaktionen mit verbrieften Genussrechten und Nachrangdarlehen in Deutschland sind
„PREPS®" (Hypo-Vereinsbank) und „H.E.A.T. Mezzanine" (HSBC Trinkaus & Burkhardt).

[185] S. Abb. 2.26.

[186] Vgl. Friedrich und Flintrop (2003, S. 223); IdW (2009).

[187] Vgl. Paetzmann (2001b, S. 495–497).

Analysen bezogen auf das individuelle Marktumfeld, die Analyse der strategischen Ausrichtung und die Analyse des Risikomanagementsystems mit einer hohen Bedeutung ein.[188] Induziert durch diesen Bankenbedarf hat sich innerhalb des deutschen Marktes für Managementberatung (aus der Sanierungsberatung heraus) ein eigenes Beratungssegment entwickelt, das Banken und ihren Firmenkunden spezialisierte Leistungen anbietet – vom „Quick Check", „Independent Business Review", „Externen Controlling" und „Management Assistent" über „Rating Advisory" hin zu plausibilisierenden Gutachten einschließlich *Marktrisikoanalysen*.[189] So erwartet *Berens* mit Blick auf Beratungsleistungen infolge der Bonitätsprüfungen der Banken („Basel II"), dass neben dem Ausbau des operativen Controlling eine verstärkte Strategie- und Risikoorientierung im Fokus steht.[190] Dieses *Rating-induzierte* Segment unterscheidet sich vom klassischen Nutzen-induzierten Segment des Beratermarkts insbesondere durch die spezifische Rolle der Bank als Empfehlungsgeber und mittelbarer Berichtsadressat.

Mit Blick auf langlebige Investitionsgüter, wie sie für die hier im Fokus stehenden *produzierenden* Unternehmen kennzeichnend sind, werden, da eine Innenfinanzierung allein regelmäßig nicht ausreicht, meist fristenkongruente *langfristige Darlehen*[191] ausgereicht.[192] Das Herausarbeiten der Bonitäts- oder Vertretbarkeitskriterien im Rahmen der Bonitätsprüfung[193] unterscheidet sich bei langfristiger Kreditvergabe nicht grundsätzlich vom Vorgehen beim Kurzfristkredit. Zusätzlichen Stellenwert erhalten jedoch die Fragen der nachhaltigen Tilgung und der langfristigen Werthaltigkeit einer eventuellen Sicherheit. Als international üblicher Standard hat sich inzwischen die Vereinbarung von *Loan Covenant-Klauseln* (etwa Zinsdeckungs-, Eigenmittel- oder Verschuldungskennzahlen)[194] etabliert, die es der Bank ermöglichen, bei sich verschlechternder Bonität des Kreditnehmers das Kreditverhältnis rechtzeitig zu beenden.[195] Abbildung 4.7 zeigt im internationalen Kreditgeschäft übliche Financial und Non-financial Covenants. Durch Non-financial

---

[188] Vgl. Freidank und Paetzmann (2002, S. 1787 f.).

[189] Vgl. etwa Paetzmann (2001b, S. 496 f.). Vgl. auch das Praxisbeispiel *Zet GmbH* in Kap. 2, 2.3.2.1.

[190] Vgl. Berens, zitiert bei Wittrock (2005, S. 2).

[191] Zum Begriff des langfristigen Kredits und zu seiner Bilanzierung vgl. Rösler und Pohl (2002, S. 190–192).

[192] Der steigende Finanzierungsbedarf der deutschen Wirtschaft führte im letzten Drittel des 20. Jahrhunderts zu einem kräftigen Anwachsen der Bedeutung des langfristigen Kreditgeschäfts. Betrug beispielsweise bei allen deutschen Kreditbanken der Anteil der mittel- und langfristigen Buchforderungen an Nichtbanken an der Bilanzsumme der Kreditbanken im Jahre 1968 noch 31,5 % (der Bilanzsumme), stieg dieser Anteil bis zum Jahr 2000 auf 41,1 %. Vgl. Rösler und Pohl (2002, S. 141).

[193] Vgl. Kap. 2, 2.3.3.4.

[194] Zum Covenant-gestützten Monitoring durch Kreditgeber vgl. Köndgen (1996, S. 127–157); Thießen (1996, S. 19–37); Wittig (1996, S. 1381–1391); Hawawini und Viallet (1999, S. 370); Drukarczyk (2002, S. 431–443); Rösler und Pohl (2002, S. 198); Paetzmann (2003b, S. 968).

[195] Vgl. Drukarczyk und Schmidt (1998, S. 759–786).

Financial Loan Covenants	Non-Financial Loan Covenants
▪ Cash flow to total debt service ▪ Dividend cover ▪ Minimum share capital and reserves ▪ PBIT-based interest cover ▪ Gearing ▪ Cash flow-based interest cover ▪ Other interest cover ▪ Net current assets/borrowings ▪ Proportion of debtors below certain days outstanding ▪ Current ratio ▪ Quick asset ratio ▪ EBITDA ▪ Gross profit margin ▪ Rent roll ratios	▪ First charge over specified assets ▪ Audited annual accounts within specified period ▪ Cross default clauses ▪ Monthly management accounts within specified period ▪ Restrictions on changes to ownership ▪ Restrictions on additional borrowings (from other sources) ▪ Maintenance of adequate fire, theft and other insurances ▪ Restrictions in mergers/acquisitions ▪ Restrictions on asset disposals ▪ No capital expenditure beyond certain limits without approval ▪ Compliance with environmental laws and regulations ▪ Compliance with other laws and regulations ▪ No redemption of preference shares while loans outstanding ▪ Charges over keyman insurance ▪ Keyman critical illness policy ▪ Limits on director's remuneration

Abb. 4.6 Im internationalen Unternehmens-Kreditgeschäft übliche Financial und Non-financial Loan Covenants (Beispiele). (ACCA 2000, S. 22)

Covenants werden dem Kreditnehmer – anders als bei den zugrundeliegenden Information Covenants, die meist lediglich Offenlegungs- bzw. Reportingpflichten enthalten – konkrete Verhaltenspflichten auferlegt, etwa das Verbot einer Gewährung weiterer Sicherheiten an andere Kreditgeber.[196]

Loan Covenants können als Versuch einer finanziellen Disziplinierung bzw. Rationalitätssicherung der Unternehmensführung (des Schuldners) interpretiert werden.[197] Im Information Covenant wird festgelegt, wie oft, wann und in welcher Form die entsprechenden Monitoring-Informationen an die Bank fließen. Diese Informationen ergänzen dann die jährliche Bonitätsprüfung, die schon zum Zwecke der Eigenkapitalunterlegung („Basel II") durchgeführt wird. Inwieweit im deutschen Kreditgeschäft zukünftig neben den in Abb. 4.6 genannten, im internationalen Kreditgeschäft bislang üblichen Kennzahlen eventuell auch Kennzahlen aus dem Bereich der Markt-/Wettbewerbssituation – etwa Indikatoren aus den nicht-monetären Perspektiven einer im Unternehmen eingesetzten Balanced Scorecard[198] – als Covenants sinnvoll eingesetzt werden könnten, wäre Gegenstand einer separaten Untersuchung.

---

[196] Vgl. Schackmann und Behling (2004, S. 789–799).

[197] Zur Agency Theory of Covenants vgl. grundlegend Jensen und Meckling (1976, S. 305–360); Myers (1977, S. 147–145); Smith und Warner (1979, S. 117–161). Aktuelle empirische Untersuchungen hierzu finden sich etwa bei Bradley und Roberts (2004, S. 1–46); Gârleanu und Zwiebel (2005, S. 1–40).

[198] Vgl. Kap. 2, 2.3.2.7.

4.3   Marktrisikoanalyse im Rahmen der Aufsicht

4.3.1   Einrichtung eines fakultativen Aufsichtsorgans zur Qualitäts- und Effizienzsteigerung der Überwachung

In kapitalmarktfernen deutschen produzierenden Unternehmen sind Rechtsformen, bei denen ein Aufsichtsrat obligatorisch vorgeschrieben ist, eher gering verbreitet. Nicht die Aktiengesellschaft, sondern die GmbH dominiert als Rechtform diesen Unternehmenstypus. Gelten die Bestimmungen des Drittelbeteiligungsgesetzes und des Mitbestimmungsrechts nicht, dann kann jedoch in der GmbH ein fakultativer Aufsichtsrat eingerichtet werden. Dieser kann – je nach gesellschaftsvertraglicher Gestaltung – die Qualität eines Überwachungsorgans aufweisen.[199]

Die Einrichtung eines fakultativen Überwachungsorgans bei mittelständischen Unternehmen kann sich oft als sinnvoll erweisen, denn deren mögliche „,Governance-Schwächen' zeigen sich vor allem in dem Fehlen eines Kontroll- und Auseinandersetzungsinteresses. Oft besitzt der Unternehmer ein eindimensionales Know-how, etwa bezogen auf seine spezifische Branche, seine spezifische Fertigungstechnologie oder seinen rein kaufmännischen Hintergrund."[200] Gerade auch mit Blick auf anstehende *Unternehmernachfolgen* mit einem Führungswechsel ist die fakultative Einrichtung eines Überwachungsorgans zu empfehlen.[201]

Geht man davon aus, dass die Einrichtung eines derartigen Überwachungsorgans dem Ziel der Wertsteigerung dienen kann, so ist zu untersuchen, wie die Überwachungshandlungen der Aufsicht mit Blick auf *Marktrisiken* und auf die Erreichung dieses Oberziels auszugestalten sind. Da zahlreiche kapitalmarktferne Aktiengesellschaften mit obligatorischem Aufsichtsrat den hier untersuchten Typus repräsentieren, soll im Folgenden auf Regelungen und Neuerungen hinsichtlich der (typischerweise kapitalmarktorientierten) Aktiengesellschaft eingegangen werden. Dabei steht zunächst der Ansatz des *Value Reporting* im Mittelpunkt der Diskussion.

4.3.2   Durchführung eines risikoorientierten Strategic Advantage Reporting im Rahmen einer wertorientierten Berichterstattung

Die Erweiterung des traditionellen Financial Reporting im Rahmen der Pflichtberichterstattung (Financial Reporting mit Jahresabschluss und Lagebericht, bei börsennotierten Unternehmen ebenso Zwischenberichterstattung und ad-hoc-Publizität) um ein *Business Reporting*[202] bei kapitalmarktorientierten Unternehmen zielt auf die

---

[199] Vgl. Kap. 2, 2.3.4.3.

[200] Angermann & Partner (2005b, S. 3).

[201] Vgl. Paetzmann (2006a, S. 350).

[202] Vgl. Böcking (1998, S. 30); Heumann (2005, S. 10 f.).

Schließung etwaiger Informationsasymmetrien zwischen Investoren und Unternehmensleitung, um ersteren die Prognose künftiger Zielgrößen besser zu ermöglichen, ergo Unsicherheit zu verringern.[203] Das Value Reporting als *wertorientierte Berichterstattung* schließt das Financial Reporting und das Business Reporting ein und kommuniziert durch die Unternehmensleitung geplante, eingeleitete oder realisierte Wertsteigerungsmaßnahmen in den Kapitalmarkt. Unerwünschte Unterbewertungen der eigenen Aktien sollen vermieden werden.[204] Hierauf aufbauend kann die Basis-Hypothese für den Nutzen eines Value Reporting bei kapitalmarktorientierten Unternehmen geprüft werden, inwieweit Intensität und Qualität der freiwilligen Publizität wertorientierter Informationen mit der Entwicklung des Aktienkurses korrelieren.[205]

Mit Blick auf die *Qualität durchgeführter Value Reportings* durch deutsche börsennotierte Unternehmen zeigt eine aktuelle empirische Untersuchung, dass die Qualität der publizierten Value Reportings sowohl von der Unternehmensgröße als auch von der Indexzugehörigkeit eines Unternehmens abzuhängen scheint (in der Stichprobe jeweils statistisch signifikant bei einem Signifikanzniveau von 5 %).[206] Hingegen unterscheiden sich in der gezogenen Stichprobe die Qualitäten des Value Reportings von Unternehmen verschiedener Branchen nicht.[207] Bei detaillierter branchenbezogener Betrachtung nach Inhalten kommt die Untersuchung allerdings zum Ergebnis, dass sich die Qualitäten der „materiellen Branchen" von denen der „immateriellen Branchen" unterscheiden:[208] Demnach berichten Unternehmen aus von materiellen Werttreibern geprägten Branchen besser über das Reinvermögen und die erzielten und geplanten Erfolge, während Unternehmen aus von immateriellen Werttreibern geprägten Branchen die nichtfinanziellen Angaben sowie das interne Steuerungs- und Anreizsystem in den Vordergrund stellen.[209] Setzt man stark vereinfachend – *Heumann* gruppiert produzierende Pharma- und Healthcare-Unternehmen als „immateriell", hingegen nicht-produzierende Dienstleister der Branche Transportation + Logistics als „materiell" ein[210] – die „von materiellen Werttreibern geprägten Unternehmen" mit „produzierenden Unternehmen" gleich, so lässt sich die Aussage ableiten, dass (börsennotierte) deutsche Produktionsunternehmen mit Blick

---

[203] Vgl. Labhardt (1999, S. 30 f.); Heumann (2005, S. 5–8).

[204] Vgl. Pellens et al. (2000, S. 178 f.); AKEU (2002b, S. 2337); Fischer (2002, S. 211); Freidank und Bakhaya (2003, S. 301); Freidank und Paetzmann (2003, S. 316); Hayn und Matena (2004, S. 321); Köthner (2004, S. 300).

[205] Vgl. Frei (1998, S. 163–183); Rehkugler (1999, S. 38 f.); Fischer (2002, S. 215).

[206] Vgl. Heumann (2005, S. 247 und 249).

[207] Vgl. Heumann (2005, S. 253).

[208] *Heumann* gruppiert die Stichprobe vereinfachend in zwei Gruppen (Unternehmen aus überwiegend von materiellen bzw. immateriellen Werttreibern geprägten Branchen). Vgl. Heumann (2005, S. 223 f.).

[209] Vgl. Heumann (2005, S. 251 f.).

[210] Vgl. Heumann (2005, S. 290 f.).

auf *nicht-finanzielle Informationen* einen Nachholbedarf aufweisen. Gerade diese Informationen könnten jedoch Hinweise hinsichtlich möglicher Marktrisiken enthalten.

Auch wenn für das Value Reporting der Grundsatz des Management Approach zugrunde zu legen ist,[211] nach dem sich dieses am jeweiligen individuellen internen Steuerungssystem des Unternehmens orientiert, gelten einige Grundsätze für die Informationsinhalte und -struktur.[212] Diese Grundsätze beziehen sich originär auf den publizierten Geschäftsbericht kapitalmarktorientierter Mutterunternehmen (und gelten analog für kapitalmarktorientierte Einzelunternehmen), jedoch sollen sich *kapitalmarktferne (Mutter-)Unternehmen*, die wertrelevante Informationen publizieren, auch hieran orientieren.[213] Neben der Ausrichtung auf zu publizierende Informationen ist auch die Rolle des Value Reportings bei der *Überwachung durch den Aufsichtsrat* hervorzuheben. Das Value Reporting ermöglicht es dem Aufsichtsrat, „die Performance des Vorstandes mit Blick auf die Steigerung des Unternehmenswertes"[214] zu beurteilen.

Die zusätzlichen Informationen innerhalb des Business Reporting (als Teil des Value Reporting) können vergangenheits- und zukunftsbezogen sowie finanziellen und nicht-finanziellen Charakters sein und eine Mehrwertigkeit aufweisen, die sich in Szenarien ausdrückt.[215] Aus dem Strauss möglicher Instrumente eines Value Reporting, die an anderer Stelle eingehend diskutiert sind,[216] interessieren im vorliegenden Zusammenhang jene Berichtselemente, die *zukunftsorientierte, nicht-finanzielle Informationen* an Überwachungsträger der Aufsicht in kapitalmarktfernen Unternehmen vermitteln. Hierbei handelt es sich um das *Strategic Advantage Reporting*[217] mit Chancen und Risiken bezogen auf den Absatzmarkt[218] und das *Risk Reporting*, welches freilich in dem durch das BilReG aufgewerteten Lagebericht[219] bereits verpflichtend enthalten ist (s. Abb. 4.7). Insofern kann das Risk Reporting bei lageberichtspflichtigen Unternehmen bereits als Bestandteil des handelsgesetzlich normierten Financial Reporting interpretiert werden. Dieses ist dann auch Gegenstand der Abschlussprüfung nach §317 Abs. 2 HGB, was seine Glaubwürdigkeit steigern dürfte.[220] Insgesamt kann mit Blick auf die Glaubwürdigkeit der

---

[211] Daneben gelten die allgemeinen Grundsätze der Klarheit, der Vergleichbarkeit, der Ausgewogenheit, der Segmentierung, der Regelmäßigkeit und der Prüfung. Vgl. AKEU (2002b, S. 2339 f.).

[212] Vgl. Heumann (2005, S. 56–87).

[213] Vgl. AKEU (2002b, S. 2337).

[214] Freidank und Paetzmann (2003, S. 317).

[215] Vgl. Böcking (1998, S. 44).

[216] Vgl. Müller (1998, S. 153–156); Pellens et al. (2000, S. 181–186); Fischer et al. (2001, S. 1209–1211); AKEU (2002b, S. 2337–2340); Fischer (2002, S. 212); Franz (2002, S. 9–17); Beyer (2003, S. 787 f.); Heumann (2005, S. 5 f.).

[217] Als Oberbegriffe finden sich in der Literatur auch „Future Objectives Reporting" und „Strategy Outlook". Vgl. Pellens et al. (2000, S. 186); Franz (2002, S. 16).

[218] Zum Strategic Acvantage Reporting bezogen auf den Beschaffungsmarkt vgl. Freidank und Bakhaya (2003, S. 302).

[219] Vgl. Kap. 2, 2.3.3.3.

[220] Vgl. AKEU (2002b, S. 2340).

Abb. 4.7 Strategic Advantage Reporting und Risk Reporting als Kategorien eines Value Reporting. (In Anlehnung an Pellens et al. 2000, S. 186; Franz 2002, S. 9; Ruhwedel und Schulze 2002, S. 607)

wertorientierten Berichterstattung empfohlen werden, diese in einen prüfungspflichtigen Lagebericht zu integrieren.[221]

Der DCGK betont mit Blick auf die Überwachung des (der Steigerung des nachhaltigen Unternehmenswerts verpflichteten[222]) Vorstands durch den Aufsichtsrat in Textziffer 3.2.: „Der Vorstand stimmt die strategische Ausrichtung des Unternehmens mit dem Aufsichtsrat ab und erörtert mit ihm in regelmäßigen Abständen den Stand der Strategieumsetzung."[223] Daraus wird in der Literatur berechtigterweise geschlossen, dass der Aufsichtsrat in Erfüllung seiner Überwachungsaufgabe sich an der strategischen Ausrichtung des Unternehmens aktiv zu beteiligen habe.[224] Dies zeigt die Bedeutung der *Informationsversorgung des Aufsichtsrats* durch den Vorstand, die bereits in §90 AktG gesetzlich normiert war und für die der DCGK zur Frage der „Hol- oder Bringschuld" präzisiert, dass die ausreichende Informationsversorgung des Aufsichtsrats gemeinsame Aufgabe von Vorstand und Aufsichtsrat sei und

---

[221] Jene Teile des Value Reporting, die nicht in einen prüfungspflichtigen Lageberichtteil des veröffentlichten (Konzern-) Geschäftsberichts übernommen werden, sind gleichwohl im Rahmen der Abschlussprüfung kritisch zu lesen. Zur prüferischen Durchsicht von Abschlüssen vgl. IDW (2001b, S. 1078); AKEU (2002b, S. 2340).

[222] Vgl. DCGK (2010, Tz. 4.1.1).

[223] DCGK (2010, Tz. 3.2).

[224] Vgl. Theisen (2002, S. 164); Peltzer (2004, S. 48).

der Aufsichtsrat die Informations- und Berichtspflichten des Vorstandes näher festlege.[225] Insgesamt ist gemeinsam ein Informationssystem zu erarbeiten, nach dem der Aufsichtsrat die benötigten Informationen „konzise, zeitnah und präzise"[226] erhält, und zwar in der Regel in Textform,[227] so dass „Zahlenfriedhöfe" und „Datenhügel" zu vermeiden sind.

Die Zusammenarbeit der Organe Vorstand und Aufsichtsrat manifestiert sich dann nach §90 Abs. 1 Ziffer 1 AktG in turnusmäßigen Berichten zur *beabsichtigen Geschäftspolitik*, was auch Textziffer 3.2. DCGK entspricht. Dieses „Kernstück der Zusammenarbeit beider Organe"[228] enthält Planrechnungen einschließlich eventueller Chancen und Risiken. Der Kodex verweist hierzu in Textziffer 3.4 auf Abweichungen des wirklichen Geschäftsverlaufs von den aufgestellten Plänen und Zielen. Bei sich ändernder Risikolage ist der Aufsichtsrat darüber hinaus durch einen Sonderbericht nach §90 Abs. 1 Satz 3 AktG zu unterrichten.[229] Daneben spielt auch die Berichterstattung und gemeinsame Diskussion von *Risikolage und Risikomanagement*[230] eine Rolle, was stets Praxis kaufmännischer Sorgfalt war und auch in Textziffer 3.4 DCGK aufgenommen wurde.[231]

Mit Blick auf die *Frequenz* der Informationsversorgung legt §90 Abs. 2 AktG fest, dass über den Gang der Geschäfte, insbesondere den Umsatz, und die Lage der Gesellschaft regelmäßig, mindestens quartalsweise zu berichten ist. Über die beabsichtigte Geschäftspolitik und andere grundsätzliche Fragen der Unternehmensplanung einschließlich Abweichungen ist hingegen (nur) mindestens einmal jährlich zu berichten, wenn nicht Änderungen der Lage oder neue Fragen eine unverzügliche Berichterstattung gebieten. Letztlich dürften diese Regelungen mit Blick auf die im Rahmen dieser Untersuchung aufgezeigte, empirisch belegte Bedeutung von Marktrisiken dazu führen, dass dem Aufsichtsrat[232] über Marktrisiken in jedem Fall mindestens *quartalsweise* zu berichten ist,[233] was sich auch mit der gesetzlichen Regelung für börsennotierte Gesellschaften nach §110 Abs. 3 Satz 1 AktG deckt[234]

---

[225] Vgl. DCGK (2010, Tz. 3.4).

[226] Vgl. Peltzer (2004, S. 44).

[227] Vgl. DCGK (2010, Tz. 3.4).

[228] Peltzer (2004, S. 45).

[229] Vgl. Salzberger (2000, S. 761); Gernoth (2001, S. 302); Lutter und Krieger (2002, Rn. 195–197); Lentfer (2003, S. 150 f.).

[230] Die allgemeine Überwachungsaufgabe nach §111 Abs. 1 AktG verpflichtet den Aufsichtsrat börsennotierter Aktiengesellschaften seit dem KonTraG, die Einrichtung eines Risikomanagementsystems zu überwachen. Dies folgt ebenfalls aus der Sorgfaltspflicht nach §116 AktG i. V. m. §93 Abs. 1 AktG. Vgl. Pahlke (2002, S. 1684 f.); Lentfer (2003, S. 147).

[231] Vgl. Füser et al. (1999, S. 753–758); Freidank und Paetzmann (2004, S. 895).

[232] Zur Frage, ob allein der Aufsichtsratsvorsitzende Berichtsempfänger ist („Beschleunigungsinteresse"), vgl. grundlegend Hüffer (2006, §90 Rz. 8).

[233] Zum „ValueReporting"-Berichtsmodell der PricewaterhouseCoopers vgl. Wolbert (2003).

[234] Abweichend kann nach §110 Abs. 3 Satz 2 AktG in nicht-börsennotierten Gesellschaften der Aufsichtsrat beschließen, dass eine Sitzung im Kalenderhalbjahr abzuhalten ist.

und was der Frequenz der Aufsichtsratssitzungen in vielen Unternehmen entsprechen dürfte.[235] Auch dies reicht nur bei kontinuierlichem und unkritischem Verlauf
der Geschäfte aus; bei kritischer Entwicklung und außerordentlichen Ereignissen
ist die Überwachung hinsichtlich Intensität und Frequenz zu steigern.[236] Inhalt und
Frequenz dieser Berichterstattung an den Aufsichtsrat kann in der Geschäftsordnung
des Vorstands präzisiert werden.[237]

Das *Strategic Advantage Reporting* als Teil des Value Reporting kann hier
einen Beitrag leisten, die vierteljährliche Informationsversorgung des Aufsichtsrats
wirkungsvoll zu unterstützen. Für die Darstellung der zukunftsorientierten, nicht-
finanziellen Informationen zu den Stärken und Schwächen des Unternehmens, zur
Strategie des Unternehmens, zur Einschätzung des Managements zur zukünftigen
Entwicklung des Unternehmens und zu Marktumfeld und Wettbewerbsanalyse[238] in
Textform (Textziffer 3.3. DCGK) eignen sich insbesondere Dokumentationen zu den
Erkenntnissen auf Grundlage der *Instrumente der Marktrisikoanalyse*. Tatsächlich
zeigen auf den deutschen Kapitalmarkt bezogene empirische Untersuchungen, dass
Unternehmen im Rahmen des Value Reporting die hier diskutierten Instrumente der
Marktrisikoanalyse bereits in der Praxis zur Darstellung nutzen.[239] Mit Blick auf das
Qualitätsniveau des Strategic Advantage Reporting sind dabei freilich zum Teil „he-
terogene Ergebnisse"[240] zu beobachten. *Fischer* und *Wenzel* stellen zudem fest, dass
u. a. die Bedeutung des Strategic Advantage Reporting von den Adressaten der Be-
richterstattung (im Kapitalmarkt) höher eingeschätzt wird als von den berichtenden
Unternehmen.[241]

Bei den hier untersuchten kapitalmarktfernen Unternehmen entfällt ein Value
Reporting an den Adressatenkreis der Kapitalmarktinvestoren. Auch wenn es in
der deutschen Kapitalmarktpraxis noch nicht durchgängig verbreitet ist, kann die
Logik eines Strategic Advantage Reporting für die Berichterstattung an einen obligatorischen oder fakultativen Aufsichtsrat zugrunde gelegt werden. Die Weitergabe
originär interner Controllingberichte, die Managern alle entscheidungsrelevanten Informationen für ihr Aufgabengebiete liefern, erweist sich oft als wenig praktikabel,
da diese Berichte detailliert und selektiv sind. Vielmehr kann es sich als sinnvoll erweisen, aus dem Controlling heraus einen regelmäßigen Bericht für den Aufsichtsrat
zu erstellen, der über den Vorstand an den Aufsichtsrat weitergereicht wird.[242] Hierfür
kann innerhalb des im folgenden Abschn. 4.4 darzustellenden Konzepts ein fundier-
tes Berichtsformat abgeleitet werden, das die Anforderungen an eine Information
des Aufsichtsrats über Marktrisiken erfüllt.

---

[235] Vgl. Peltzer (2004, S. 83).

[236] Vgl. Scheffler (2003a, S. 409).

[237] Vgl. das Beispiel bei Peltzer (2004, S. 172).

[238] Vgl. AKEU (2002b, S. 2339)

[239] Vgl. Pellens et al. (2000, S. 187–201); Fischer et al. (2001, S. 1213); Fischer und Wenzel (2003,
S. 25–27).

[240] Fischer et al. (2001, S. 1216).

[241] Vgl. Fischer und Wenzel (2003, S. 35).

[242] Vgl. Scheffler (2003a, S. 412).

Es bleibt hier abschließend der Hinweis, dass eine qualifizierte „offene Diskussion zwischen Vorstand und Aufsichtsrat sowie im Vorstand und im Aufsichtsrat"[243] auf Seiten der Aufsichtsratmitglieder nicht nur eine Financial Literacy,[244] wie er für Mitglieder des Prüfungsausschusses gefordert wird,[245] sondern ebenfalls eine *Strategic Literacy*, eine hohe Qualifikation in Bezug auf Strategie, Markt und Umfeld, voraussetzt.[246]

4.3.3 Installation eines Strategieausschusses durch den Aufsichtsrat

Es kann weiterhin mit dem Ziel einer Qualitäts- und Effizienzsteigerung des (ggf. fakultativ gebildeten[247]) Aufsichtsrats ein spezifischer, fachlich besonders für Marktrisiken qualifizierter Ausschuss, in der Praxis üblicherweise als *Strategieausschuss* (Strategy Committee) bezeichnet, eingerichtet werden.[248] Ein derartiger gesonderter Strategieausschuss wird vom DCGK in Ziffer 5.3.3 nur indirekt gefordert. Auch wenn vor einer übermäßigen Segmentierung und Zergliederung der Aufsichtsratsarbeit zu warnen ist,[249] kann sich die Bildung eines gesonderten Strategieausschusses neben einem Prüfungsausschuss, der nach Ziffer 5.3.2 DCGK eingerichtet werden soll, und einem Vergütungsausschuss als sinnvoll erweisen.[250] Gleichwohl wird ein derartiger

---

[243] DCGK (2010, Tz. 3.5).

[244] Vgl. Peltzer (2004, S. 84).

[245] „Dem Prüfungsausschuss sollten Mitglieder angehören, die in ihrer Gesamtheit aufgrund ihres fachlichen Hintergrunds und ihrer individuellen Erfahrungen über zeitnahe, einschlägige Kenntnisse im Bereich Finanzen und Rechnungslegung börsennotierter Gesellschaften verfügen, die für die Tätigkeiten der Gesellschaft von Belang sind." *Empfehlung 2005/162/EG*, Tz. 11.2. Der DCGK fordert mit Blick auf die Eignung des Vorsitzenden des Prüfungsausschusses seit 2005 explizit besondere Kenntnisse und Erfahrungen in der Anwendung von Rechnungslegungsgrundsätzen und entsprechenden internen Kontrollverfahren. Vgl. Cromme (2005, S. 10 f.); DCGK (2010, Tz. 5.3.2).

[246] Vgl. Augter und Haacke (2004, S. 79); Angermann und Partner (2005b, S. 3); Theisen (2005, S. 531). Deshalb erstaunt es wenig, dass einige Unternehmen mit Blick auf Umfeld-Risiken zwischenzeitlich vermehrt Volkswirte in ihrem Aufsichtsrat als Mitglieder aufgenommen haben. Vgl. o. V. (2004). Zur gewünschten Strategiekompetenz des Aufsichtsratsmitglieds vgl. Werder und Wieczorek (2007, S. 298 f.). Zur Qualifikation von Arbeitnehmervertretern im Aufsichtrat vgl. AKEIÜ (2007, S. 179).

[247] Vgl. Abschn. 4.3.1 dieses Kapitels.

[248] Nach §107 Abs. 3 Satz 1 AktG steht es dem Aufsichtrat frei, einen oder mehrere Ausschüsse zu bilden und an diese(n) abgegrenzte Aufgaben zu delegieren. Vgl. *Mertens* in *KölnerKomm*, §107 AktG, Rn. 89; *Semler* in *MünchKommAktG*, §107 AktG, Rn. 226; Hüffer (2006. §107 AktG, Rn. 16). Bereits in Kap. 2, 2.3.4.2. wurde darauf hingewiesen, dass die heute diskutierte Forderung nach einer Einrichtung von gesonderten Aufsichtsratsausschüssen in Deutschland, anders als in den USA, nicht vorwiegend auf eine erhöhte Funktionstrennung von Geschäftsführung und Überwachung abzielt, sondern auf eine Erhöhung der Effizienz der Aufsichtsratsarbeit. Vgl. Scheffler (1993, S. 74); Lentfer (2005, S. 346).

[249] Vgl. etwa Peltzer (2004, S. 95).

[250] Vgl. Affentranger (2004, S. 18).

Ausschuss weder vom DCGK noch von den Empfehlungen der *EU-Kommission* aus dem Jahre 2005 genannt.[251]
In der Literatur wird teilweise dem Prüfungsausschuss die Aufgabe der Überwachung der strategischen Geschäftsführung zugeschrieben, so dass, nach dieser Auffassung, ein gesonderter Strategieausschuss nicht erforderlich ist.[252] Die 2006 verabschiedete EU-Abschlussprüferrichtlinie enthält nun einen gesetzlich fixierten Aufgabenkatalog für Prüfungsausschüsse von Unternehmen mit öffentlichem Interesse. In diesem Aufgabenkatalog – im Einzelnen die Überwachung des Rechnungslegungsprozesses sowie der Wirksamkeit des internen Kontrollsystems, gegebenenfalls des internen Revisionssystems, und des Risikomanagementsystems des Unternehmens sowie die Überwachung der Abschlussprüfung des Jahres- und Konzernabschlusses[253] – sind Fragen der Strategie, des Markt und des Umfeldes jedoch explizit nicht enthalten. Daher kann, auch wenn die Aufzählung in der EU-Abschlussprüferrichtlinie ausdrücklich nicht abschließend ist, davon ausgegangen werden kann, dass die Aufgaben eines Strategieausschusses nicht vom Prüfungsausschuss miterfüllt werden sollen. Auch das BilMoG hat hierzu nichts enthalten.
Hingegen empfiehlt etwa der chinesische „Code of Corporate Governance for Listed Companies in China" in Textziffer 53 die Einrichtung eines Corporate Strategy Committee: „The main duties of the corporate strategy committee shall be to conduct research and make recommendations on the long-term strategic development plans and major investment decisions of the company."[254] In Europa fordert der Österreichische Corporate Governance Kodex (ÖCGK) in Regel 42 einen Strategieausschuss mit einer Sollvorschrift,[255] während in der Praxis viele große börsennotierte Produktionsunternehmen in Europa bereits einen solchen Strategieausschuss aufweisen, etwa ABB, Alcatel, PSA Peugeot Citroen, Renault oder Valeo.[256]
Das deutsche Aktienrecht billigt dem Aufsichtsrat bei der Einrichtung von Ausschüssen eine Delegationsfreiheit zu, nach der er autonom über die Bildung und Besetzung eines Ausschusses entscheiden kann. Innerhalb der gesetzlichen Grenzen

---

[251] Vgl. DCGK (2010); *Empfehlung 2005/162/EG.* Vgl. im Einzelnen Kap. 2, 2.3.4.2.

[252] Vgl. *Mertens* in *KölnerKomm,* §107 AktG, Rn. 98; Rössler (2001, S. 285–295).

[253] Vgl. *RL 2006/43/EG,* Art. 41 Abs. 2 Buchstaben a) bis c).

[254] CSRC 2001, Tz. 53.

[255] Vgl. ÖCGK (2002, Regel 42). Zu beobachten ist gleichwohl, dass diese Regel von den betroffenen österreichischen Unternehmen nur teilweise befolgt wird.

[256] Die Verbreitung eines gesonderten Strategieausschusses in den beispielhaft genannten französischen produzierenden Unternehmen ist zumindest nicht auf den gemeinsamen französischen Corporate Governance Kodex „Le gouvernement d'entreprise des sociétés cotées" der *Association Française des Entreprises Privées (AFEP)* und des *Mouvement des Entreprises de France (MEDEF)* zurückzuführen, der in Ziffer 13 recht weiche Empfehlungen zur Einrichtung mehrerer Ausschüsse gibt. Aufgeführt werden dort namentlich ein „comité des comptes" (Ziffer 14), ein „comité des rémunérations" (Ziffer 15) und ein „comité de sélection ou des nominations" (Ziffer 16), jedoch kein explizites „comité stratégique". Vgl. AFEP/MEDEF (2003, Tz. 13–16).

können demnach die Aufgaben und Rechte eines oder mehrerer Ausschüsse präzise bestimmt werden.[257]

Es wird hier grundsätzlich für die Einrichtung eines gesonderten Strategieausschusses – neben einem Prüfungsausschuss – plädiert. In der Regel wird der Aufsichtsratsvorsitzende (auch wegen seiner oft persönlichen Nähe zum Vorstandsvorsitzenden) nicht die Leitung des Prüfungsausschusses übernehmen. Er ist jedoch oft aufgrund seiner vorhandenen Erfahrung insbesondere für die Leitung eines Strategieausschusses qualifiziert.[258] Durch die parallele Einrichtung eines Prüfungs- und eines Strategieausschusses kann so die Effizienz der Aufsichtsratsarbeit gesteigert werden, wobei zugleich eine mögliche Machtkonzentration in einem singulären Prüfungsausschuss vermieden wird.[259]

Zu beachten ist, dass der (Konzern-) Abschlussprüfer – sei es im Rahmen der Prüfung des Risikomanagementsystems nach §317 Abs. 4 HGB (bei der börsennotierten Aktiengesellschaft), sei es im Rahmen der Prüfung des Prognoseberichts (bei allen prüfungspflichtigen Unternehmen)[260] – stets im engen Kontakt mit dem Prüfungsausschuss steht. Werden die strategischen Marktrisiken nicht vom Prüfungs-, sondern vom separaten Strategieausschuss überwacht, entsteht mit dem Strategieausschuss für den (Konzern-) Abschlussprüfer eine weiterer Ansprechpartner neben dem Prüfungsausschuss. Zudem sind natürlich insbesondere in Aktiengesellschaften, die nach dem KonTraG ein Risikomanagementsystem aufzuweisen haben, Informationen, die sowohl das Risikomanagementsystem als auch die strategische Ausrichtung betreffen, zwischen den beiden Ausschüssen auszutauschen. Daher kann es sich anbieten, (mindestens) ein Mitglied des Prüfungsausschusses auch in den Strategieausschuss zu wählen.[261]

Zu klären ist mit Blick auf die Arbeitsweise des Strategieausschusses, ob es sich um einen vorbereitenden oder einen beschließenden Ausschuss handelt.[262] Dies ist für die Genehmigung zustimmungspflichtiger Geschäfte des Vorstands von Belang. Es kann davon ausgegangen werden, dass eine Zustimmung zu einer strategischen Planung eine Aufgabe von erheblicher Bedeutung darstellt, derer sich das gesamte Aufsichtsratsgremium nicht entledigen sollte.[263] Hier wird der Strategieausschuss

---

[257] Vgl. *Mertens* in *KölnerKomm*, §107 AktG, Rn. 89; *Semler* in *MünchKommAktG*, §107 AktG, Rn. 231; Hüffer (2006, §107 AktG, Rn. 21). Die Geschäftsordnung des Aufsichtsrats kann Besetzungsregeln enthalten, was keinen Eingriff in die Delegationsautonomie darstellt, da der Aufsichtsrat sich diese selbst gibt. Vgl. *Mertens* in *KölnerKomm*, §107 AktG, Rn. 92; *Semler* in *MünchKommAktG*, §107 AktG, Rn. 236; Hüffer (2006, §107 AktG, Rn. 21).

[258] Zur Regelung der Machtbalance zwischen Aufsichtsratsvorsitzendem und Aufsichtsratsmitgliedern durch die Satzung vgl. Reiner (2006, S. 96).

[259] Vgl. *Mertens* in *KölnerKomm*, §107 AktG, Rn. 98; Lentfer (2005, S. 373).

[260] Vgl. Abschn. 4.2.2 dieses Kapitels.

[261] Vgl. Lentfer (2005, S. 374 f.).

[262] Vgl. grundlegend *Semler* in *MünchKommAktG*, §107 AktG, Rn. 278–285. Zur Beschlussfähigkeit des Aufsichtsratsausschusses vgl. *Mertens* in *KölnerKomm*, §107 AktG, Rn. 118 f.

[263] Es gibt aber keinen gesetzlichen Beschlussvorbehalt, nach dem alle besonders wichtigen Entscheidungen durch den Aufsichtsrat selbst zu treffen wären und eine Delegation an einen Ausschuss nicht erfolgen darf. Die Aufzählung in §107 Abs. 3 AktG zu Aufgaben, die einem Ausschuss nicht

jedoch dem Aufsichtsratsgremium einen qualifizierten, entscheidungsvorbereiten-
den Vorschlag unterbreiten. Hingegen kann die Zustimmung zu einzelnen Geschäften
wie Investitionen etc. durchaus aus dem Strategieausschuss heraus beschließend
erfolgen; der Vorsitzende des Strategieausschusses setzt dann das Aufsichtsratsgremium hierüber in Kenntnis.[264]

Bei der Auswahl der Mitglieder des Strategieausschusses, die im pflichtgemäßen
Ermessen des Aufsichtsrats steht, sind nach dem Eignungsprinzip jene Aufsichtsratsmitglieder aufzunehmen, die über einschlägige Erfahrungen verfügen.[265] Die in
Abschn. 4.3.2 dieses Kapitels bereits genannte Strategic Literacy als hohe Qualifikation in Bezug auf Strategie, Markt und Umfeld beschreibt die notwendige Eignung, die
in erster Linie für eine Besetzung ausschlaggebend sein sollte. Wird ein Aufsichtsrats-
mitglied in den Strategieausschuss gewählt, das für die spezifischen Aufgaben dieses
Ausschusses nicht geeignet ist, verletzen die Aufsichtsratsmitglieder im übrigen ihre
Organisationspflicht.[266]

Während entsprechend Textziffer 5.3 DCGK Prüfungsausschüsse sowie
Nominierungs- und Vergütungsausschüsse bei kapitalmarktorientierten deutschen
Gesellschaften bereits verbreitet sind,[267] gilt dies nicht für einen gesonderten Strategieausschuss, zumal nicht bei kapitalmarktfernen Unternehmen.[268] Aber auch unter
den *deutschen produzierenden Unternehmen* des Deutschen Aktienindex (DAX) war
im Jahre 2004 lediglich bei der Schering AG ein eigenständiger Strategieausschuss
des Aufsichtsrats, ein „Ausschuss für Forschung und Entwicklung", bekannt.[269] Weitere Beispiele für börsennotierte deutsche Produktionsunternehmen außerhalb des

---

zur Beschlussfassung anstelle des Aufsichtsrats übertragen werden dürfen, ist nicht vollständig,
sondern es gilt der Grundsatz, dass der Aufsichtsrat in seiner Gesamtheit über seine Organisation
und Arbeitsweise entscheiden kann. Vgl. *Mertens* in *KölnerKomm*, §107 AktG, Rn. 151 f.; *Semler*
in *MünchKommAktG*, §107 AktG, Rn. 232.

[264] Vgl. Deckert (1996, S. 988).

[265] Vgl. *Mertens* in *KölnerKomm*, §107 AktG, Rn. 107.

[266] Allerdings ist der Aufsichtsrat nicht verpflichtet, die Ausschussmitglieder ausschließlich nach
Maßgabe des Grades ihrer fachlichen Eignung zu bestellen,u. a. auch weil im Falle mitbestimmter
Aufsichtsräte Arbeitnehmervertreter angemessen zu beteiligen sind (Prinzip einer sach- und relati-
onsgerechten Besetzung). Nicht unumstritten ist, ob Arbeitnehmer jedoch an jedem Ausschuss zu
beteiligen sind. Vgl. *Mertens* in *KölnerKomm*, §107 AktG, Rn. 107–109. Zur Ansicht, Arbeitnehmervertreter seien mit guten Kenntnissen über Strategien ausgestattet, vgl. AKEIÜ (2007, S. 179).
Nimmt ein ungeeigneter Kandidat die Mitgliedschaft im Strategieausschuss an, kann er möglicherweise sogar aus Übernahmeverschulden haften. Vgl. *Semler* in *MünchKommAktG*, §107 AktG, Rn.
302, u. §116 AktG, Rn. 135.

[267] Dieser Dreiklang entspricht auch den Empfehlungen der *EU-Kommission*. Vgl. *Empfehlung
2005/162/EG*. Daneben ist nach §27 Abs. 3 MitbestG in allen Gesellschaften, die der unternehmerischen Mitbestimmung unterliegen, zwingend ein sogenannter Vermittlungsausschuss des
Aufsichtsrats zu bilden.

[268] Vgl. Strenger und Rott (2004, S. 233 f.).

[269] Vgl. *Schering AG* 2004, §7 (b). Beispiel für ein nicht produzierendes DAX-Unternehmen mit
gesondertem Strategieausschuss ist die Deutsche Börse AG mit einem nach §9 der Geschäftsordnung des Aufsichtsrats gebildetem „Aufsichtsratsausschuss für Strategieangelegenheiten". Vgl.
Deutsche Börse AG (2005, S. 79). Der insgesamt recht niedrige Bekanntheitsgrad bestehender

DAX mit eigenständigem Strategieausschuss sind die Aktiengesellschaften Celanese,[270] Girindus,[271] Salzgitter,[272] und SGL Carbon.[273] Die mit einer Ausschussbildung verbundene Gefahr, die regelmäßig in einer „Überorganisation" der Überwachungsarbeit zu sehen ist,[274] besteht in der Tat – gerade bei kapitalmarktfernen, oft kleineren Unternehmen. Bei der Bildung eines gesonderten Strategieausschusses in kapitalmarktfernen deutschen produzierenden Unternehmen ist daher das Gebot der Wirtschaftlichkeit mit Blick auf eine Effizienz und Effektivität der gesamten Unternehmensüberwachung zu beachten.

4.4 Integration der Marktrisikoanalyse in das Governance-Modell

Ausgangspunkt der Diskussion in diesem Buch waren die *Informationsasymmetrien* zwischen Geschäftsführung und Anteilseigener, die die Probleme einer Corporate Governance begründen. Diese asymmetrische Informationsverteilung kann grundsätzlich durch Rechnungslegung nicht eliminiert werden.[275] Gleichwohl kann eine wünschenswerte Minderung der Asymmetrien herbeigeführt werden. Bei den hier diskutierten kapitalmarktfernen deutschen Unternehmen spielt die Information des Kapitalmarkts keine Rolle, so dass sich auch eine *Berichterstattung* über Markt- und andere Risiken nur an die Überwachungsträger des Managed Governance-Modells richtet (und an die Unternehmensführung selbst). Diese erschöpft sich dabei nicht in der (zuletzt gesetzlich erweiterten) Lageberichterstattung über Risiken,[276] sondern hat auch als Adressaten die Banken und die Aufsichtsträger angemessen zu versorgen.

Strategieausschüsse bei deutschen börsennotierten Unternehmen indiziert ein geringes Maß an Satzungspublizität, was als Zeichen unzureichender Kapitalmarkttransparenz begriffen werden kann. Vgl. grundlegend Reiner (2006, S. 93–105).

[270] Vgl. Celanese AG (2004, S. 121 und 125). Auch nach Übernahme der Mehrheit durch einen von The Blackstone Group beratenden Investment Fonds im Jahre 2004 blieben die Aktien der Celanese AG weiter an der Frankfurter Börse notiert. Vgl. Celanese AG (2004, S. 3).

[271] Vgl. Girindus AG (2005, S. 10).

[272] Vgl. Salzgitter AG (2005, S. 34).

[273] Vgl. SGL Carbon AG (2005, S. 98 f.).

[274] Vgl. KPMG (2005, S. 8).

[275] „Es wäre noch nicht einmal sinnvoll, es zu versuchen." Busse von Colbe (1994, S. 21). Hier zeigen sich die Gegensätze der Systeme Market und Managed Governance anhand der Ziele der Rechnungslegung: In den US-amerikanischen GAAP (wie auch in den IFRS) kommt insbesondere der Informationsfunktion eine hohe Bedeutung zu, um Investoren eine Einschätzung zukünftiger Cash Flow zu ermöglichen. Das Vertrauen in den Finanzmarkt ist insgesamt größer als in Deutschland: „Financial transparency does not alone explain the high confidence of the investing public, but it is the cornerstone of all that follows." Lowenstein (1998, S. 31). Hingegen stehen in der deutschen HGB-Rechnungslegung traditionell die Ziele Rechenschaft und Gewinnermittlung (und Besteuerung) im Vordergrund, der Informationsfunktion wird ein geringeres Gewicht beigemessen.

[276] Vgl. Diederichs (2004, S. 239–245).

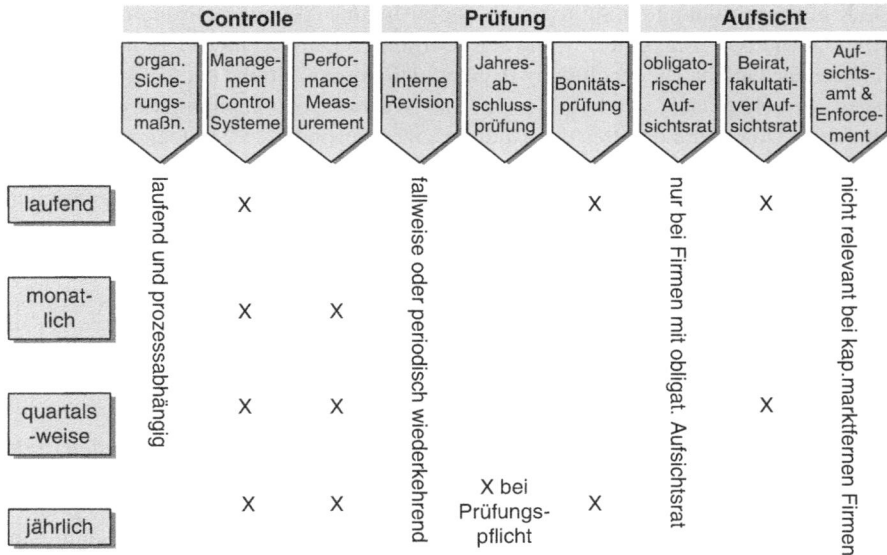

Abb. 4.8 Überwachungskomponenten und idealtypische Überwachungsrhythmen in einem kapitalmarktfernen deutschen Produktionsunternehmen

Die Berichterstattung ist nicht als Parallelberichterstattung zu installieren, sondern in das bestehende Berichtswesen zu integrieren.[277]

Mit Blick auf die Berichts- bzw. *Überwachungsfrequenz* sind Routineberichte, die in der Regel monatlich oder quartalsweise erfolgen, von situationsspezifischen Ad-hoc-Berichten und kontinuierlichen Überwachungsvorgängen zu unterscheiden. Abbildung 4.8 zeigt typische Überwachungsrhythmen bei kapitalmarktfernen Unternehmen. Dabei zeigt das Symbol X an, ob eine Überwachung durch den entsprechenden Überwachungsträger grundsätzlich indiziert sein kann. Mit Blick auf die Frequenz der Bonitätsprüfungen ist zu beachten, dass mit gewährtem Mezzanin- bzw. Beteilungskapital aufgrund der Nachrangigkeit in der Regel eine höhere Überwachungsfrequenz als mit Fremdkapital einhergeht. Üblich sind dabei zumindest quartalsweise Reportings.[278]

Vom DCGK wird mit Blick auf die Frequenz unterjähriger Berichte lediglich hervorgehoben, dass Anteilseigener und Dritte „während des Geschäftsjahres durch Zwischenberichte unterrichtet werden"[279]. Es soll demnach nach dem DCGK Zwischenberichte geben, und diese sollen, wie auch der Konzernabschluss, unter Beachtung international anerkannter Rechnungslegungsstandards erstellt werden. Da

---

[277] Vgl. Vogler und Gundert (1998, S. 2382); Wittmann (2001, S. 278).

[278] Vgl. Hoffmann (2005, S. 23).

[279] DCGK (2010, Tz. 7.1.1).

nach der Präambel des DCGK auch nicht-börsennotierten Gesellschaften die Berück-sichtigung des Kodex empfohlen wird, kann schon hieraus die Notwendigkeit einer Erstellung von Zwischenberichten, etwa Quartalsberichten, abgeleitet werden.[280]

Die Überwachungshandlungen sind durch entsprechende schriftliche Berichte zu unterlegen, denn die Dokumentation der Analyse dient auch der Rechen-schaft, falls das Unternehmen in die Krise eintritt.[281] Hieraus resultiert, dass Überwachungs- und Reportingrhythmen überwiegend übereinstimmen. Die Ergeb-nisse der Früherkennung, der quartalsweise durchgeführten bzw. aktualisierten Marktrisikoanalyse, gewonnen durch Einsatz der acht Instrumente mit Blick auf die sechs Norm-Marktrisiken und daher hier auch als „8 mal 6"-Reportings be-zeichnet, sowie die integrierte Betrachtung von Chancen und Risiken mittels der BSC gehen in die Quartalsberichte an die Überwachungsträger Banken und Auf-sichtsrat (bzw. dessen etwaigen Strategieausschuss) ein.[282] Als BSC-Variante kann beispielsweise die BSC^{PLUS} genutzt werden, da deren mögliche Schwächen (in Bezug auf die Anforderungen Vollständigkeit und Interdependenzen[283]) durch ein separat geführtes Früherkennungssystem und die Instrumente der Marktrisikoana-lyse geheilt werden. Diese Informationen dienen auf jährlicher Basis auch dem Abschlussprüfer als wichtige Grundlage bei der Prüfung eines Prognose- und Risiko-berichts (s. Abb. 4.9). Ebenfalls können diese Informationen Grundlage ergänzender Überwachungshandlungen einer Internen Revision sein (hier nicht dargestellt).

Das beschriebene Führungs- und Überwachungsmodell mit dem eingebetteten Risikomanagement einschließlich Risikoreporting an die Führungs- und Überwa-chungsträger ist auf den obersten Zweck des Unternehmens, die effektive und effiziente Verfolgung des Oberziels einer Steigerung des Unternehmenswerts, aus-gerichtet. Wenngleich im Rahmen dieses Buches die (nachgewiesen wichtigen) Marktchancen und -risiken im Vordergrund stehen, vermag das Modell allen wesent-lichen Risiken *und* Chancen des Unternehmens angemessen Rechnung zu tragen, so dass es die oben abgeleitete ökonomische Anforderung der *Holistik* erfüllen kann.[284]

Ebenfalls ist das Management von Chancen und Risiken in die Informations-, Planungs- und Kontrollsysteme des Unternehmens integriert und erfüllt damit die Anforderung der *Integration*. Schließlich haben Kosten und Nutzen in einem an-gemessenen Verhältnis zu stehen (Anforderung der *Wirtschaftlichkeit*), was durch spezifische Ausgestaltungsspielräume mit Blick auf Überwachungs- und Reportin-gintensität und -rhythmen zu konkretisieren, und zwar durch die Überwachungsträger

---

[280] Vgl. DCGK (2010, Präambel).

[281] Vgl. Kromschröder und Lück (1998, S. 1576).

[282] Vgl. hierzu das IFRS-basierte Konzept von Müller et al. (2005, S. 2124 f.), bei dem nicht das Chancen- und Risikomanagement, sondern die Integration finanzieller und nicht-finanzieller Steuerungsinstrumente im Vordergrund steht, wobei die finanziellen Steuerungsinstrumente explizit wertorientierte Führungsrechnungen enthalten.

[283] Vgl. Abschn. 4.1.3.2 dieses Kapitels.

[284] Zu den ökonomischen Anforderungen an ein Risikomanagement (Holistik, Integration und Wirtschaftlichkeit) vgl. Kap. 2, 2.2.1.2.

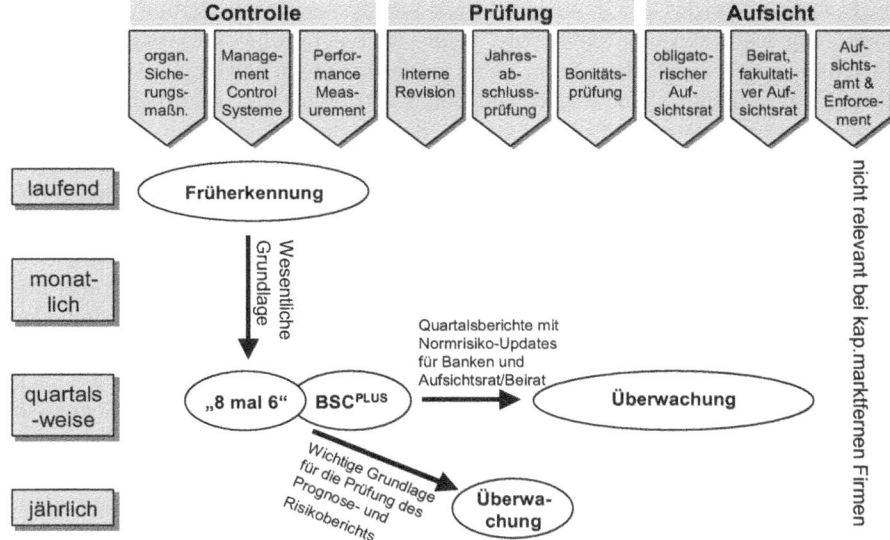

Abb. 4.9 Integration des „8 mal 6"-Norm-Marktrisiko-Reportings in die Berichterstattung im Überwachungsmodell eines kapitalmarktfernen deutschen Produktionsunternehmens

festzulegen, ist. Nach der Anforderung der Wirtschaftlichkeit wird die Intensität und Frequenz der Risikomanagementmaßnahmen und -berichte beispielsweise um so stärker ausfallen müssen, je mehr drohende Risiken oder herausfordernde Chancen das Risikomanagement erkennt, je größer das Unternehmen ist, je diskontinuierlicher das aufgabenspezifische und/oder globale Umfeld ist, je größer die Wachstums- oder Schrumpfungsraten des Unternehmens sind, je angespannter die betriebswirtschaftliche Situation des Unternehmens ist. Daneben werden die *rechtlichen Anforderungen* an ein Risikomanagement[285] durch die integrierte Nutzung des Methodenverbunds aus Balanced Scorecard (etwa in Form der BSC[PLUS]), Früherkennung (wesentlich getragen durch die Szenariotechnik) und der weiteren Instrumente der Marktrisikoanalyse erfüllt.[286]

Schließlich ist das erfolgszielbezogene Management marktbezogener Chancen und Risiken im aufgabenspezifischen Umfeld nicht losgelöst vom Governance-Modell des Unternehmens zu betrachten. Abbildung 4.10 verdeutlicht neben dem Management von Marktrisiken (hier repräsentiert durch das dominante *Portersche* Modell) die Bedeutung der Stakeholders des Unternehmens als Anspruchssteller genauso wie Rahmenbedingungen etwa rechtlicher Art, beispielsweise einschließlich der handelsgesetzlichen Prüfungspflicht, denen Rechnung zu tragen ist.

---

[285] Zu den rechtlichen Anforderungen an ein Risikomanagement (Rechtzeitigkeit, Vollständigkeit, Interdependenzen, Quantifizierung, Kommunikation, Verantwortung, Überwachung und Dokumentation) vgl. Kap. 2, 2.2.3.1.

[286] Vgl. Abschn. 4.1.3.2 dieses Kapitels.

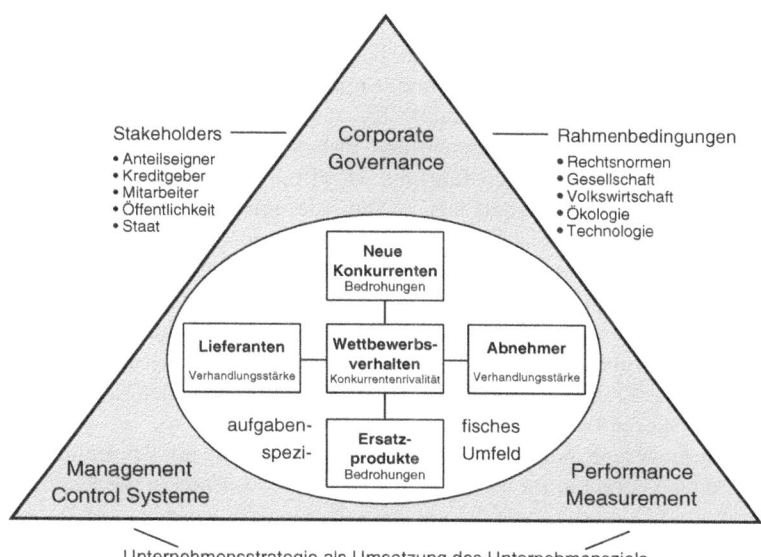

Abb. 4.10 Das Governance-Modell mit dem eingebetteten Management von Marktrisiken. (Paetzmann 2005b, S. 307)

Dieses *Governance-Modellder Führung und Überwachung* beinhaltet einen Grundrahmen sowohl für ein (ziel- bzw.) strategiekonformes Agieren des Unternehmens in seinem aufgabenspezifischen, dynamischen Marktumfeld als auch für die Grundlinien der Überwachungsstruktur, die ein Handeln im Sinne der Stakeholders und der (allgemeinen) Umwelt ermöglicht und sicherstellt. Governance umfasst hier im Sinne von *Control* in seiner englischen Doppelbedeutung (das Beherrschen einschließend) auch etwa juristische, gesellschaftliche und sittliche Normen[287] sowie Erwartungen Dritter an die Qualität der Berichterstattung.[288] Gerade diesen Erwartungen auch verantwortlich Rechnung zu tragen (im Sinne einer „accountability") erscheint für die Praxis wie auch die weitere betriebswirtschaftliche Forschung ein lohnendes Ziel.

4.5   Fazit

Ausgangspunkt dieses Buches waren die kapitalmarktorientierten Modernisierungen der Corporate Governance, die sich in zahlreichen Gesetzen und Kodizes niedergeschlagen haben, u. a. im Deutschen Corporate Governance Kodex. Zu fragen ist, ob auch den „nicht börsennotierten Gesellschaften ... die Beachtung

---

[287] Vgl. Freidank und Paetzmann (2004, S. 895).

[288] Vgl. Schwarz (2004, S. 49); Paetzmann (2005b, S. 308).

des Kodex empfohlen"[289] werden kann oder ob diese Unternehmen zumindest einen Nutzen aus dem Reformprozess ziehen können. Das Buch konzentrierte sich auf das Management von Risiken (und zugleich und untrennbar von Chancen), das nach heute herrschender Meinung Teil der (zunehmend regulierten) Unternehmensüberwachung, jedoch ebenso und insbesondere Kern unternehmerischen Handelns, also der Unternehmensführung, ist. Mit den Marktrisiken/Marktchancen wurde eine Risikoart/Chancenart ausgewählt, die unbestritten zu den wichtigsten (gefährlichsten/chancenreichsten) gehört, zu der sich jedoch in der gesichteten Überwachungsliteratur nur wenige praktisch nutzbare Umsetzungsvorschläge finden. Vor diesem Hintergrund die Bedeutung einer risikoorientierten Marktanalyse für kapitalmarktferne deutsche Produktionsunternehmen aufzuzeigen und ein praktisch nutzbares Modell einer risikoorientierten Marktanalyse zu entwickeln, wurde in der Einleitung als das Ziel dieses Buches formuliert. Die wesentlichen Ergebnisse sollen im Folgenden thesenförmig zusammengefasst werden.

Die Modernisierungsbemühungen der vergangenen Jahre mit Blick auf die Corporate Governance beruhten im wesentlichen auf den Erwartungen des *Kapitalmarkts* an börsennotierte Unternehmen. In einer denkbaren Sichtweise bewirkt der Kapitalmarkt hier eine Rationalitätssicherung bei den Unternehmen. Ebenso sichern – wie auch Controller, Wirtschaftsprüfer oder Aufsichtsräte – *Produktmärkte* Rationalität, denn im Produktmarkt mit seinen Marktrisiken/Marktchancen wird über Misserfolg oder Erfolg eines Unternehmens entschieden (Notwendigkeit der Antizipation der Markterwartungen).

Das in der deutschen Bank-based Economy herrschende Governance-System wurde, in Abgrenzung zur angelsächsischen Market Governance, als *Managed Governance* klassifiziert. Gerade für deutsche kapitalmarktferne Unternehmen ist eine Rationalitätssicherung oder Überwachung durch kreditfinanzierende *Banken* von hoher Bedeutung. Dies gilt insbesondere für *Produktionsunternehmen*, bei denen die langfristige Anlagenfinanzierung neben die kurzfristige Betriebsmittelfinanzierung tritt.

Der im Kapitalmarkt mit Corporate Governance Standards verbundene Grundkalkül, dass deren Einhalten zu geringeren *Kapitalkosten*, und zwar zu geringeren Eigenkapitalkosten, führt, kann in abgewandelter Form auch im System der Managed Governance und dort sogar auch für kapitalmarktferne Unternehmen gelten: „Gute" Corporate Governance kann auch dem fremdfinanzierten, nicht-börsennotierten Unternehmen geringere Kapitalkosten bescheren, und zwar geringere Fremdkapitalkosten.

Eine regulatorische, detaillierte *Standardisierung* der Corporate Governance kapitalmarktferner Unternehmen (im Sinne eines „Mittelstandskodex") sollte gleichwohl unterbleiben. Obwohl dies eine Verobjektivierung der Beurteilung der Corporate Governance von Unternehmen bewirken würde, die Manchem als wünschenswert erscheinen mag, dürfte es für das betroffene, überwiegend mittelständische Klientel einen unangemessenen Eingriff in die Privatautonomie darstellen. Die Reaktionen

---

[289] DCGK (2010, Präambel).

einiger mittelständischer Unternehmer auf die praktischen Transparenzanforderungen der Banken nach „Basel II" zeigen, dass Unternehmer diese Wertung teilen.

Wichtiger erscheint, die dem neuen *Enterprise Risk Management* Framework der *COSO* zugrundeliegenden Gedanken in kapitalmarktferne deutsche Produktionsunternehmen hineinzutragen. Sie ähneln stark der Sichtweise der deutschen *Controllingforschung*. Führungsunterstützung durch ein systematisches, rational ausgerichtetes Management aller Risiken und Chancen wird zum Kern einer Unternehmensführung und -überwachung.

Der *Überwachungsansatz des Controlling* bindet das auf die Zielerreichung gerichtete, führungsunterstützende Controlling in das Modell der Unternehmensüberwachung ein. Das Controlling (einschließlich Performance Measurement), begriffen als Nukleus einer zukunftsgerichteten Kontrolle, die hierfür das Label „Controlle" erhält, repräsentiert mit organisatorischen Sicherungsmaßnahmen und der Internen Revision die Interne Überwachung. Daneben treten externe Prüfungen des Wirtschaftsprüfers, Bonitätsprüfungen kreditfinanzierender Banken sowie die Überwachungskomponente der Aufsicht. Auf diesem Gedankenmodell der Überwachung, eingebunden in das System der deutschen Managed Governance, basiert die weitere Diskussion.

Der *explizite Einbezug der Überwachung seitens Banken* in ein geschlossenes Unternehmerisches Überwachungsmodell findet, wie es in dem Buch hergeleitet wird (Deutschland als Bank-based Economy), mit Blick auf die hier untersuchten kapitalmarktfernen deutschen produzierenden Unternehmen nicht nur seine Berechtigung, sondern er ist geradezu zu fordern. Aus diesem Argumentationsstrang folgt im wesentlichen die Struktur des Buches, und er bestimmt nicht zuletzt Teile seines Charakters.[290]

Die Untersuchung konzentrierte sich auf die Risiken des *Absatzmarktes* und des globalen Umfeldes. Die Diskussion zeigte zunächst, dass neuere Ansätze der Quantifizierung und Aggregation von Risiken, insbesondere Modelle auf Grundlage der *Fuzzy-Logik*, bei der Frühaufklärung der hier in Rede stehenden Risiken an Grenzen stoßen. Insgesamt erweisen sich quantitative Methoden bei langfristigen Aufgabenstellungen und diskontinuierlichem Umfeld als unterlegen gegenüber qualitativen Frühaufklärungsmethoden. Modelle eines *Value at Risk* für strategische Marktrisiken liegen bis heute nur in Ansätzen vor, da insbesondere die notwendigen Inputdaten in Form von Wahrscheinlichkeitsverteilungen und stochastischen Abhängigkeiten sowie historische Daten regelmäßig fehlen.

Da dieses Buch auf die Überwachung strategischer Marktrisiken abzielt, wandte sich die weitere Diskussion zielentsprechend den *qualitativen Frühaufklärungsmethoden* zu. Zunächst wurde bei der Diskussion der Bedeutung der Marktrisiken in ausgewählten betriebswirtschaftlichen Forschungsgebieten deutlich, dass wertvolle Hinweise mit Blick auf das Ziel dieses Buches insbesondere aus den Gebieten der Krisenursachen-, Strategie- und Unternehmensbewertungsforschung kommen,

---

[290] Vgl. Löwer (1994, S. 481).

wobei das zuletzt genannte Gebiet sich stark auf die Ergebnisse der Strategieforschung stützt. Sechs bedeutende Marktrisiken konnten ermittelt werden, die als
„Norm-Marktrisken" der weiteren Untersuchung zugrunde liegen.

Dem „Werkzeugkasten" des (operativen und strategischen) Controlling wurden im nächsten Schritt acht *Instrumente einer Marktrisikoanalyse* entnommen.
Um verlässliche Aussagen über die Eignung der acht Instrumente für die Marktrisikoanalyse zu erlangen, wurde ein empirisches, qualitatives Forschungsdesign
gewählt, bei dem Primärdaten (kapitalmarktferner deutscher produzierender Unternehmen) erhoben und als Fallstudien integriert wurden. Die gewonnenen Aussagen
zur Eignung der acht Instrumente der Marktrisikoanalyse in Bezug auf die sechs
Norm-Marktrisiken verdeutlichen den hohen Wert vor allem des *Porterschen* Branchenstrukturmodells, der Szenariotechnik als Instrument der Früherkennung und der
Produktlebenszyklus-Analyse im Rahmen der risikoorientierten Marktanalyse.

Bildlich formiert sich daraus ein Instrumentenwürfel („*ERM-Würfel*") mit den
sechs Norm-Marktrisiken, den acht Analyseinstrumenten und den vier Kern-Phasen
eines Enterprise Risk Managements. Die sich – trotz bewusster Reduzierung
auf die sechs Norm-Marktrisiken – rechnerisch ergebenden 192 Kombinationsmöglichkeiten verdeutlichen die hohe *Komplexität* der Materie „Management von
Marktrisiken".

Die Instrumente einer Marktrisikoanalyse waren nun, der Zielsetzung des Buches
entsprechend praktisch nutzbar, in das Führungs- und Überwachungsmodell kapitalmarktferner deutscher produzierender Unternehmen zu integrieren. Zuvor waren
die gewonnenen *Implikationen* als „Wegweiser" hierfür aufzuzeigen.

Mit Blick auf die zukunftsorientierte Controlle kann die Bedeutung der *Früherkennung* (strategischer) Marktrisiken nicht genügend hervorgehoben werden. Daher
wird hier den in der Literatur aufgezeigten Vorschlägen nicht gefolgt, eine risikoorientierte Unternehmensführung im wesentlichen durch das wirkungsvolle,
umsetzungsorientierte Instrument *Balanced Scorecard*, erweitert um Elemente der
Früherkennung (hin zu einer der sogenannten BSC-Varianten), zu gewährleisten. Neben der Balanced Scorecard, jedoch abgestimmt auf sie, sollten die *Instrumente der
Marktrisikoanalyse* fester Bestandteil einer marktrisikoorientierten Unternehmensführung und -überwachung sein. Vor allem die *Szenariotechnik* kann als heuristische
Problemlösungsmethodik gut mit der Unsicherheit, die (latenten) strategischen
Marktrisiken anhaftet, umgehen. Diese Unsicherheit äußert sich beispielsweise in der
Frage: „Wie und wann wird ein Marktrisiko, das möglicherweise be- oder entstehen
könnte, auf das eigene Unternehmen wirken?" Entscheidend für den Erfolg in der
Praxis wird sein, ob es gelingt, die dokumentierten Ergebnisse der periodisch durchgeführten Marktrisikoanalysen in die Informations-, Planungs- und Kontrollsysteme
des Unternehmens zu integrieren (Anforderung der Integration).

Für die Aufgabenträger der Überwachungskomponente Prüfung, also Interne
Revisoren, Abschlussprüfer und Bonitätsprüfer bzw. Kreditanalysten innerhalb
von Banken, ist in Anlehnung an *Strobel* insgesamt eine hohe „plananalytische
Prüferqualifikation"[291] zu fordern. Der *Abschlussprüfer* einer kapitalmarktfernen

---

[291] Strobel (1977, S. 2155).

Nicht-Aktiengesellschaft kann nicht auf eine unternehmensinterne Risikoberichter-stattung nach dem KonTraG zurückgreifen, muss aber gleichwohl, sofern es sich nicht um eine von der Prüfung befreite kleine Kapitalgesellschaft i. S. v. §267 HGB handelt, nach §317 Abs. 2 Satz 2 HGB prüfen, ob die Risiken und Chancen der künftigen Entwicklung im Lagebericht zutreffend dargestellt sind. Daher sollte der Prüfer auf die dokumentierten und intersubjektiv nachvollziehbaren Erkenntnisse der Marktrisikoanalyse zugreifen und diese mit seinen jährlichen Prüfungsergebnissen abgleichen können.

Für die bei kapitalmarktfernen Produktionsunternehmen wichtige *Bonitätsprü-fung* seitens der kreditfinanzierenden Banken muss Ähnliches gelten. Die Untersu-chung zeigt, dass die Bonitätsprüfungssysteme der Banken heute zwar Aussagen zu Markt und Produkt (je nach analysierter Unternehmensgröße explizit) aufnehmen, diese jedoch eher statisch betrachten. Es hat sich hier ein Teilsegment der Manage-mentberatung gebildet, mit dessen Hilfe in Zweifelsfällen Plausibilisierungen, im Sinne einer unabhängigen, qualifizierten Drittsicht, erfolgen. Von einer systemati-schen Handhabung, also Analyse und Beurteilung (Messung) der Marktrisiken ihrer Unternehmenskreditkunden – einschließlich aktiver Nutzung marktrisikoorientierter Loan Covenants –, sind die deutschen Kreditinstitute jedoch noch entfernt, so dass hier weiterer Forschungs- bzw. praktischer Optimierungsbedarf besteht.

Mit Blick auf die Überwachungskomponente der Aufsicht wird die Einrichtung eines fakultativen *Aufsichtsrats* (Beirat) empfohlen. Dieses Überwachungsorgan vermag, bei qualifizierter personeller Besetzung, einen aktiven Beitrag zur mark-trisikoorientierten Führung und Überwachung zu leisten. Dies gilt insbesondere in Umbruchphasen des Unternehmens (etwa Unternehmernachfolge, Wachstum, Schrumpfung, Krise). Je nach Unternehmensgröße kann sich dabei die Einrichtung eines gesonderten Strategieausschusses des Aufsichtsrats als sinnvoll erweisen. Zu fordern ist in jedem Fall nicht nur eine hohe Financial Literacy, sondern ebenfalls eine hohe *Strategic Literacy* der Aufsichtsratsmitglieder.

Im Rahmen des in diesem Buch hergeleiteten *integrierten Führungs- und Über-wachungsmodells*, das auf den Komponenten des neuen Enterprise Risk Management Frameworks basiert, kann etwa auf Quartalsbasis ein Marktrisiko-Reporting an die Führungs- und Überwachungsträger (einschließlich Banken und Aufsichtsräte) er-folgen. Dabei gehen die Erkenntnisse der laufenden Früherkennung, methodisch wesentlich durch die Szenariotechnik getragen, in eine dreimonatlich zu aktuali-sierende Dokumentation der Analyseerkenntnisse zu den sechs Norm-Marktrisiken ein. Um die Komplexität der Berichterstattung auf einem angemessenen (ergo be-herrschbaren, jedoch hinreichenden) Niveau zu halten, sollten dabei Analyse- und Dokumentationsschwerpunkte gebildet werden. Die Ausrichtung des Unternehmens auf das jeweilige Oberziel und eine hohe Umsetzungsorientierung bei Verände-rungsmaßnahmen kann durch eine Balanced Scorecard sichergestellt werden. Die Ergebnisse dieses periodischen *Marktrisiko-Reportings* sind schließlich ebenso für den Abschlussprüfer eine wichtige Grundlage bei der jährlichen Prüfung des Progno-seberichts (und Risikoberichts). In diesem Sinne kann die Marktrisikoanalyse sowohl der Unternehmensführung als auch der Unternehmensüberwachung und damit der Corporate Governance wirkungsvoll dienen.

Literatur

Monographien, Sammelwerke, Kommentare, Beiträge sowie Artikel

Adam, D. (1986): Produktionsdurchführungsplanung, in: Jacob, H. (Hrsg.): Industriebetriebslehre, 3. Aufl., Wiesbaden 1986, S. 655–841

Adams, M. (1999): Cross Holdings in Germany, in: Journal of Institutional and Theoretical Economics, Vol. 155, 1999, S. 80–109

Adler, H./Düring, W./Schmalz, K. (Hrsg.) (2001): Rechnungslegung und Prüfung der Unternehmen – Ergänzungsband zur 6. Aufl., Stuttgart 2001

Affentranger, A. (2004): Die große Herausforderung sind die Inhalte, Interview, in: Ernst & Young AG (Hrsg.): Praxis Audit Committee, Zürich 2004, S. 18–20

Aghion, P./Bolton, P. (1992): An Incomplete Contracts Approach to Financial Contracting, in: Review of Economic Studies, Vol. 59, 1992, S. 473–494

Ahn, H./Dyckhoff, H. (1997): Organisatorische Effektivität und Effizienz, in: WiSt, 26. Jg., 1997, S. 2–6

Albach, H. (1984): Unsicherheit und Ungewissheit, in: Handwörterbuch der Betriebswirtschaftslehre, 4. Aufl., 1984, Sp. 4036–4041

Albrecht, P. (1998): Auf dem Weg zu einem holistischen Risikomanagement? Mannheimer Manuskripte zu Risikotheorie, Portfolio Management und Versicherungswirtschaft Nr. 110, Mannheim 1998

Alchian, A.A. (1963): Reliability of Progress Curves in Airframe Production, in: Econ, Vol. 31, 1963, S. 679–693

Alchian, A.A./Demsetz, H. (1973): The Property Rights Paradigm, in: Journal of Economic History, Vol. 33, 1973, S. 16–27

Allensbacher Archiv (Hrsg.) (2003): IfD-Umfrage 4270, Allensbach 2003

Alvano, W. (1988): Unternehmensbewertung auf der Grundlage der Unternehmensplanung, Köln 1988

Amit, R./Wernerfelt, B. (1990): Why do firms reduce business risks? in: Academy of Management Review, Vol. 33, 1990, S. 520–533

Amram, M./Kulatilaka, N. (1999): Real Options – Managing Strategic Investment in an Uncertain World, Boston 1999

Angermann, A. (1963): Entscheidungsmodelle, Frankfurt am Main 1963

Angermann & Partner (Hrsg.) (2005a): Leistungsvorteile, Hamburg 2005

Angermann & Partner (Hrsg.) (2005b): Governance im Mittelstand – Rolle der Bank? Hamburg 2005

Ansoff, H.I. (1976): Managing Surprise and Discontinuity – Strategic Response to Weak Signals, in: ZfbF, 28. Jg., 1976, S. 129–152

K. Paetzmann, *Corporate Governance,*
DOI 10.1007/978-3-642-28065-8, © Springer-Verlag Berlin Heidelberg 2012

Ansoff, I. (1985): Corporate Strategy, London 1985

Anthony, R.N. (1965): Planning and Control Systems: A Framework for Analysis, Boston 1965

Anthony, R.N./Govidarajan, V. (2001): Management Control Systems, 10. Aufl., New York et al. 2001

Arbeitskreis Externe und interne Überwachung der Unternehmung der Schmalenbach-Gesellschaft (AKEIÜ) (1995): Grundsätze ordnungsmäßiger Aufsichtsratstätigkeiten – ein Diskussionspapier in: DB, 48. Jg., 1995, S. 1–4

Arbeitskreis Externe und interne Überwachung der Unternehmung der Schmalenbach-Gesellschaft (AKEIÜ) (2000): Prüfungsausschüsse in deutschen Aktiengesellschaften, in: DB, 53. Jg., 2000, S. 2281–2285

Arbeitskreis Externe und Interne Überwachung der Unternehmung der Schmalenbach-Gesellschaft (AKEIÜ) (2003): Probleme der Prognoseprüfung, in: DB, 56. Jg., 2003, S. 105–111

Arbeitskreis Externe und Interne Überwachung der Unternehmung der Schmalenbach-Gesellschaft (AKEIÜ) (2006a): Best Practice für die Interne Revision, in: DB, 59. Jg., 2006, S. 225–229

Arbeitskreis Externe und Interne Überwachung der Unternehmung der Schmalenbach-Gesellschaft (AKEIÜ) (2006b): Praktische Empfehlungen für unternehmerisches Entscheiden, in: DB, 59. Jg., 2006, S. 2189–2196

Arbeitskreis Externe und Interne Überwachung der Unternehmung der Schmalenbach-Gesellschaft (AKEIÜ) (2007): Best Practice der Mitbestimmung im Aufsichtsrat der Aktiengesellschaft, in: DB, 60. Jg., 2006, S. 177–180

Arbeitskreis Externe Unternehmensrechnung der Schmalenbach-Gesellschaft (AKEU) (2002a): Enforcement der Rechnungslegung, in: DB, 55. Jg., 2002, S. 2173–2179

Arbeitskreis Externe Unternehmensrechnung der Schmalenbach-Gesellschaft (AKEU) (2002b): Grundsätze für das Value Reporting, in: DB, 55. Jg., 2002, S. 2337–2340

Arbeitskreis Externe Unternehmensrechnung der Schmalenbach-Gesellschaft (AKEU) (2006): Externe Corporate Governance-Berichterstattung, in: DB, 59. Jg., 2006, S. 1069–1071

Arnold, W. (2001): Die neuen Baseler Regelungen werden nicht per se zu einer Verteuerung der Kreditvergabe führen, in: Zeitschrift für das gesamte Kreditwesen, 54. Jg., 2001, S. 168–169

Aronoff, C./Ward, J.L. (1995): Family-owned businesses: A thing of the past or a model to the future? in: Family Business Review, Vol. 8, 1995, S. 121–130

Augter, S./Haacke, B. v. (2004): Hilfe aus der Bundesliga, in: Wirtschaftswoche, o. Jg., Nr. 45 v. 28.10.2004, S. 76–79

Bach, S./Brettel, M./Grothe, M./Schäffer, U./Weber, J. (2001): Grundmodell einer dynamischen Theorie ökonomischer Akteure, in: Weber, J./Schäffer, U. (Hrsg.): Rationalitätssicherung der Führung, Beiträge zu einer Theorie des Controlling, Wiesbaden 2001, S. 95–104

Baetge, J. (1974): Sind „Lernkurven" adäquate Hypothesen für eine möglichst realistische Kostentheorie?, in: ZfbF, 26. Jg., 1974, S. 521–543

Baetge, J. (1992): Überwachungstheorie, kybernetische, in: Coenenberg, A.G./Wysocki, K. v. (Hrsg.): Handwörterbuch der Revision, 2. Aufl., Wiesbaden 1992, Sp. 2038–2054

Baetge, J. (1993): Überwachung, in: Bitz, M./Dellmann, K./Domsch, M. et al. (Hrsg.): Vahlens Kompendium der Betriebswirtschaftslehre, Bd. 2, 3. Aufl., München 1993, S. 175–218

Baetge, J. (1997): Der risikoorientierte Prüfungsansatz im internationalen Vergleich, in: Bertl, R./Mandl., G. (Hrsg.): Rechnungswesen und Controlling, Festschrift für Anton Egger, Wien 1997, S. 437–456

Baetge, J. (1998): Bilanzanalyse, Düsseldorf 1998

Baetge, J. (2002a): Grundsätze ordnungsmäßiger Buchführung, in: Küpper, H.-W./Wagenhofer, A. (Hrsg.): Handwörterbuch Unternehmensrechnung und Controlling, Stuttgart 2002, Sp. 636–647

Baetge, J. (2002b): Die Früherkennung von Unternehmenskrisen anhand von Abschlusskennzahlen, in: DB, 55. Jg., 2002, S. 2281–2287

Baetge, J. (2005): Januskopf: DCF-Verfahren in der Unternehmensbewertung und in der Bilanzierung, in: BB, 60. Jg., 2005, S. 1

Baetge, J./Dossmann, C./Kruse, A. (2000): Krisendiagnose mit Künstlichen Neuronalen Netzen, in: Hauschildt, J./Leker, J. (Hrsg.): Krisendiagnose durch Bilanzanalyse, 2. Aufl., Köln 2000

Baetge, J./Hüls, D./Uthoff, C. (1996): Früherkennung der Unternehmenskrise, in: Corsten, H./May, C. (Hrsg.): Neuronale Netze in der Betriebswissenschaft, Wiesbaden 1996, S: 151–168

Baetge, J./Kirsch, H.-J./Thiele, S. (2001): Bilanzen, 5. Auflage, Düsseldorf 2001

Baetge, J./Niemeyer, K./Kümmel, J. (2005): Darstellung der Discounted-Cashflow-Verfahren (DCF-Verfahren) mit Beispiel, in: Peemöller, V.H. (Hrsg.): Praxishandbuch der Unternehmensbewertung, 3. Aufl., Herne/Berlin 2005, S. 256–362

Baetge, J./Sanders, M./Schuppert, A. (1985): Zur theoretischen und empirischen Analyse von Überwachungsvorgängen betrieblicher Routinetätigkeiten, in: Ballwieser, W./Berger, K.-H. (Hrsg.): Information und Wirtschaftlichkeit, Wiesbaden 1985, S. 451–480

Baetge, J./Schulze, D. (1998): Möglichkeiten der Objektivierung der Lageberichterstattung über „Risiken der künftigen Entwicklung", in: DB, 51. Jg., 1998, S. 937–948

Ballwieser, W. (1990): Unternehmensbewertung und Komplexitätsreduktion, 3. Aufl., Wiesbaden 1990

Ballwieser, W. (1993): Aggregation, Komplexion und Komplexitätsreduktion, in: Wittmann, W. et al. (Hrsg.): Handwörterbuch der Betriebswirtschaftslehre, 5. Aufl., Bd. 1, Stuttgart 1993, Sp. 49–57

Ballwieser, W. (1998): Unternehmensbewertung mit Discounted Cash Flow-Verfahren, in: WPg, 51. Jg., 1998, S. 81–92

Ballwieser, W. (2002): Wertorientierung und Betriebswirtschaftslehre: Von Schmalenbach bis heute, in: Macharzina, K./Heubürger, H.-J. (Hrsg.): Wertorientierte Unternehmensführung: Strategien – Strukturen – Controlling, Stuttgart 2002, S. 69–98

Ballwieser, W. (2004): Unternehmensbewertung – Prozess, Methoden und Probleme, Stuttgart 2004

Ballwieser, W. (2005): Verbindungen von Ertragswert- und Discounted-Cashflow-Verfahren, in: Peemöller, V.H. (Hrsg.): Praxishandbuch der Unternehmensbewertung, 3. Aufl., Herne/Berlin 2005, S. 363–375

Bamberg, G./Coenenberg, G.A. (1992): Betriebswirtschaftliche Entscheidungslehre, 7. Aufl., München 1992

Bamberg, G./Dorfleitner, G./Krapp, M. (2004): Zur Bewertung risikobehafteter Zahlungsströme mit intertemporaler Abhängigkeitsstruktur, in: BFuP, 56. Jg., 2004, S. 101–118

Baron, D.P. (1976): Flexible Exchange Rates, Forward Markets and the Level of Trade, in: American Economic Review, Vol. 66, 1976, S. 253–266

Bartel, R. (1990): Charakteristik, Methodik und wissenschafts-methodische Probleme der Wirtschaftswissenschaften, in: WISU, o. Jg., 1990, H. 2, S. 54–59

Bauer, H. (1986): Das Erfahrungskurvenkonzept – Möglichkeiten und Problematik einer Ableitung strategischer Handlungsalternativen, in: WiSt, 15. Jg., 1986, S. 1–10

Baum H.-G./Coenenberg, A.G./Günther, Th. (2004): Strategisches Controlling, 3. Aufl., Stuttgart 2004

Baumbach, A./Hueck, A. (2006): GmbH-Gesetz, 18. Aufl., München 2006

Baumol, W.J./Blinder, A.S. (2004): Economics – Principles and Policy, 9. Aufl., Mason OH 2004

Baums, T. (1997): Shareholder representation and proxy voting in the European Union: a comparative study, Arbeitspapier, Universität Osnabrück, Institut für Handels- und Wirtschaftsrecht 1997

Baums, T. (Hrsg.) (2001): Bericht der Regierungskommission Corporate Governance, Unternehmensführung – Unternehmenskontrolle – Modernisierung des Aktienrechts, Köln 2001

BeBiKo: Ellrott, H./Förschle, G./Hoyos, M./Winkeljohann, N. (Hrsg.): Beck'scher Bilanz-Kommentar, 7. Aufl., München 2010

Becht, M./Bolton, P./Röell, A. (2002): Corporate Governance and Control, in: European Corporate Governance Institute, Finance Working Paper, No. 02, Brussels 2002

Beck, H./Schlochtermeyer, D. (2003): Die deutsche Reformagenda 2002 bis 2006 und die Rolle der Deutschen Börse, in: Deutsche Börse AG (Hrsg.): Kapitalmarkt Deutschland – Erfolge und Herausforderungen, White Paper, Frankfurt am Main 2003, S. 73–80

Becker, A. (2003): Controlling als reflexive Steuerung von Organisationen, Stuttgart 2003

Becker, B./Janker, B./Müller, St. (2004): Die Optimierung des Risikomanagements als Chance für den Mittelstand, in: DStR, 42. Jg., 2004, S. 1578–1584

Becker, J. (2001): Strategisches Vertriebscontrolling, 2. Aufl., München 2001

Becker, J./Homburg, Ch. (1999): Market-oriented Management: A Systems-based Perspective, Journal of Market Focused Management, Vol. 4, 1999, H.1, S. 17–41

Beer, St. (1972): Brain of the Firm: The Managerial Cybernetics of Organization, London 1972

Beer, St. (1985): Diagnosing the System: for Organizations, Chichester et al. 1985

Berens, W./Flacke, K./Siemes, A. (2006): Die Bedeutung des Unternehmenscontrollings im Rahmen des Nachfolgeratings, in: Achleitner, A.-K./Everling, O./Klemm, St. (Hrsg.): Nachfolgerating – Rating als Instrument der mittelständischen Unternehmensnachfolge, Wiesbaden 2006, S. 313–334

Berliner Initiativkreis (Hrsg.) (2001): Der German Code of Corporate Governance (GCCG), in: Werder, A. v. (Hrsg.): German Code of Corporate Governance (GCCG), Stuttgart 2001, S. 63–119

Berndt, R./Fantapié Altobelli, C./Sander, M. (2005): Internationales Marketing-Management, 3. Aufl., Berlin/Heidelberg/New York 2005

Beuermann, H./Rahders, R. (1986): Möglichkeiten und Grenzen einer dezentralen Organisation für öffentliche Betriebe, in: BFuP, 38. Jg., 1986, S. 201–218

Beyer, D. (2003): Stichwort „Value Reporting", in: Horváth, P./Reichmann, Th. (Hrsg.): Vahlens Großes Controllinglexikon, 2. Aufl., München 2003, S. 787–788

Biel, A. (2005): Der Sarbanes-Oxley Act (SOA) – Eine Controllerperspektive, in: Zeitschrift für Controlling & Management, 49. Jg., 2005, S. 15–18

Biermann, B. (1998): Modernes Risikomanagement in Banken, in: Eller, R. (Hrsg.): Handbuch des Risikomanagements, Stuttgart 1998, S. 4–23

Bieta, V./Milde, H. (2005): Der naive Umgang mit Risiken in den Banken, in: FAZ, 57. Jg., v. 14.10.2005, S. 36

Bircher, B. (1975): Langfristige Unternehmensplanung, Bern/Stuttgart 1975

Bitz, H. (2000): Risikomanagement nach KonTraG: Einrichtung von Frühwarnsystemen zur Effizienzsteigerung und Vermeidung persönlicher Haftung, Stuttgart 2000

Blattberg, R.C./Deighton, J. (1996): Manage Marketing by the Customer Equity Test, in: Harvard Business Review, Vol. 74., July/August 1996, S. 136–144

Bleicher, K. (1992): Das Konzept Integriertes Management, 2. Aufl., Frankfurt/New York 1992

Bloech, J./Bogaschewsky, R./Götze, U./Roland, F. (2004): Einführung in die Produktion, 5. Aufl., Berlin/Heidelberg/New York 2004

Bodnar, G.M./Gebhardt, G. (1998): Derivatives Usage in Risk Management by U.S. and German Non-Financial Firms: A Comparative Survey, Working Paper, Wharton School, April 1998

Bodrow, V./Bergmann, Ph. (2003): Wissensbewertung in Unternehmen – Bilanzieren von intellektuellem Kapital, Berlin 2003

Böcker, F. (1975): Die Analyse des Kaufverbunds. Ein Ansatz zur bedarfsorientierten Warentypologie, in: ZfbF, 27. Jg., 1975, S. 290–306

Böcker, F. (1993): Marketing-Planung und -Kontrolle, in: Wittmann, E. et al. (Hrsg.): Handwörterbuch der Betriebswirtschaftslehre, 5. Aufl., Stuttgart 1993, Sp. 2751–2769

Böcker, M./Eckelmann, H. (2002): Das einheitliche Rating der Sparkassen-Finanzgruppe, in: Betriebswirtschaftliche Blätter, 51. Jg., H. 4, 2002, S. 168–172

Böcking, H.-J. (1998): Zum Verhältnis von Rechnungslegung und Kapitalmarkt – Vom „financial accounting" zum „business reporting", in: ZfbF-Sonderheft, 40. Jg., 1998, S. 17–53

Böcking, H.-J. (2003): Audit und Enforcement – Entwicklungen und Probleme, in: ZfbF, 55. Jg., 2003, S. 683–706

Böger, A./Cruschwitz, Ch./Podobnik, G./Rast, M. (2003): Herausforderungen und Lösungsansätze für das Kapitalmanagement deutscher Banken, in: ZfgK, 56. Jg., 2003, S. 415–422

Böhler, H. (1993): Früherkennungssysteme, in: Wittmann, E. et al. (Hrsg.) (1993): Handwörterbuch der Betriebswirtschaftslehre, 5. Aufl., Stuttgart 1993, Sp. 1256–1270

Böhler, H. (1995): Marktforschung, in: Tietz, B./Köhler, R./Zentes, J. (Hrsg.): Handwörterbuch des Marketing, 2. Aufl., Stuttgart 1995, S. 1768–1781

Böing, E./Barzen, D. (1992): Kunden-Portfolio im Praktiker-Test, Teil I, in: Absatzwirtschaft, 35. Jg., 1992, S. 85–89

Bötzel, S./Crux, A./Lührs, J./Rechtsteiner, R./Wittig, M. (2002): Wie aus Risiken Chancen werden – Strategisches Risikomanagement in turbulenten Märkten, München 2002

Bolger, A. (2004): Failure to look ahead increases risk to business, in: Financial Times, o. Jg., v. 02.06.2004

Born, K. (2003): Unternehmensanalyse und Unternehmensbewertung, 2. Aufl., Stuttgart 2003

Bortz, J./Döring, N. (2002): Forschungsmethoden und Evaluation für Human- und Sozialwissenschaftler, 3. Aufl., Berlin 2002

Bott, C. (2002): Aktionärsstruktur, Kontrolle und Erfolg von Unternehmen, Wiesbaden 2002

Bott, K. (1926): Handwörterbuch des Kaufmanns – Lexikon für Handel und Industrie, Dritter Band, Hamburg/Berlin 1926

Bowers, B. (1998): Taking the Long View, in: BEST REVIEW, o. Jg., July 1998, S. 47–50

Bradley, M./Roberts, M.R. (2004): The Structure and Pricing of Corporate Debt Covenants, Duke University Working Paper, 2004, S. 1–46, abrufbar unter: http:// 207.36.165.114/NewOrleans/Papers/1101014.pdf, Zugriff am 02.12.2005

Brandenburger, A./Nalebuff, B. (1996): Co-opetition, New York 1996

Brandt, C. (2001): Die Ermittlung des Fertigstellungsgrades im Rahmen der Percentage-of-Completion-Methode, in: Freidank, C.-Chr. (Hrsg.): Die deutsche Rechnungslegung und Wirtschaftsprüfung im Umbruch, FS W.Th. Strobel, München 2001, S. 155–174

Brealey, R.A./Myers, S.C. (2003): Financing and Risk Management, New York et al. 2003

Brealey, R.A./Myers, S.C., Allen, F. (2011): Corporate Finance, 10. Aufl., New York et al. 2011

Brebeck, F. (2002): Risikomanagementsystem, Prüfung, in: Ballwieser, W./Coenenberg, A.G./Wisocki, K. v. (Hrsg.): Handwörterbuch der Rechnungslegung und Prüfung, 3. Aufl., Stuttgart 2002, Sp. 2071–2088

Brebeck, F./Förschle, G. (1999): Gegenstand und Umfang der Abschlussprüfung nach Inkrafttreten des KonTraG, in: Saitz, B./Braun, F. (Hrsg.): Das Kontroll- und Transparenzgesetz – Herausforderung und Chancen für das Risikomanagement, Wiesbaden 1999, S. 171–793

Breid, V. (1995): Aussagefähigkeit agencytheoretischer Ansätze im Hinblick auf die Verhaltenssteuerung von Entscheidungsträgern, in: ZfbF, 47. Jg., 1995, S. 821–854

Bretzke, W.-R. (1975): Das Prognoseproblem bei der Unternehmensbewertung, Düsseldorf 1975

Bretzke, W.-R. (1978): Die Formulierung von Entscheidungsproblemen als Entscheidungsproblem, in: DBW, 38. Jg., 1978, S. 135–143

Bretzke, W.-R. (1980): Der Problembezug von Entscheidungsmodellen, Tübingen 1980

Brockhoff, K. (1999): Produktpolitik, 4. Aufl., Stuttgart 1999

Broetzmann, F./Oehler, K. (2002). Risk Enhanced Balanced Scorecards (REBS), in: Controller Magazin, o. J., 2002, S. 588–594

Brooke, M.Z. (1984): Centralization and Autonomy – A Study in Organization Behaviour, London et al. 1984

Brucker, G.W. (1998): „Mergermania", in: Allgemeine Papier-Rundschau, o. Jg., v. 19.06.1998, S. 545 u. 548

Brühl, R./Buch, S. (2006): Einheitliche Gütekriterien in der empirischen Forschung? – Objektivität, Reliabilität und Validität in der Diskussion, ESCP-EAP Working Paper No. 20, Dezember 2006, Berlin 2006

Brunner, A./Krahnen, J.P./Weber, M. (2000): Information Production in Credit Relationships. On the Role of Internal Ratings in Commercial Banking, Working Paper, Center for Financial Studies, Frankfurt am Main 2000

Buderath, H.M. (2003): Das Interne Kontrollsystem in einem internationalen Unternehmen, in: WPg, Sonderheft „Wirtschaftsprüfer im Blickpunkt der Öffentlichkeit", 56. Jg., 2003, S. 219–223

Biderath, H.M. (2004): Die Interne Revision als Komponente der Unternehmensführung und -überwachung, in: KPMG Deutschland (Hrsg.): Bedeutung der Internen Revision in der Corporate Governance, Frankfurt am Main 2004, S. 4–5

Bühler, W. (1997): Risikocontrolling in Industrieunternehmen, in: Börsig, C./Coenenberg, A.G. (Hrsg.): Controlling und Rechnungswesen im internationalen Wettbewerb, Kongress-Dokumentation, 51. Deutscher Betriebswirtschaftler-Tag 1997, Stuttgart 1998, S. 205–233

Bühler, W./Korn, O./Schmidt, A. (1998): Ermittlung von Eigenkapitalanforderungen mit „interne Modellen": eine empirische Studie zur Messung von Zins-, Währungs- und Optionsrisiken mit Value-at-Risk-Ansätzen, in: Die Betriebswirtschaft, 58. Jg., 1998, S. 64–85

Bumbacher, R.-J./Schweizer, M. (2002): Gestiegene Anforderungen an die Interne Revision: Wirksame Corporate Governance setzt gut ausgebaute Interne Revision voraus, in: ST, 53. Jg., 2002, S. 1039–1044

Bundesverband der deutschen Industrie e. V. (BDI)/KPMG Deutsche Treuhand-Gesellschaft AG (Hrsg.) (2006): Risikomanagement – Anforderungen und Umsetzung bei mittelständischen Unternehmen, Berlin 2006

Bundesverband der deutschen Industrie e. V. (BDI)/PwC Deutsche Revision AG (Hrsg.) (2002): Corporate Governance in Germany, Frankfurt am Main 2002

Busch, R./Dögl, R./Unger, F. (2001): Integriertes Marketing – Strategie, Organisation, Instrumente, 3. Aufl., Wiesbaden 2001

Busse von Colbe, W. (1991): Stichwort „Rechnungswesen", in: Busse von Colbe, W. (Hrsg.): Lexikon des Rechnungswesens, 2. Aufl., München/Wien 1991, S. 467–470

Busse von Colbe, W. (1994): Managementkontrolle durch Rechnungslegungspflichten, Augsburg 1994

Buzell, R.D./Gale, B.T. (1987): The PIMS Principles, New York/London 1987

Buzell, R.D./Gale, B.T. (1989): Das PIMS Programm – Strategien und Unternehmenserfolg, Wiesbaden 1989

Cable, J. (1985): Capital Market Information and Industrial Performance: The Role of the West German Banks. Economic Journal, Vol. 95, 1985, S. 118–132

Carlton, D.W./Perloff, J.M. (2005): Modern Industrial Organization, 4. Aufl., Boston et al. 2005

Casey, C. (2000): Unternehmensbewertung und Marktpreisfindung, Wiesbaden 2000

Casualty Actuarial Society (CAS) (2003): Overview of Enterprise Risk Management, Arlington 2003, abrufbar unter: http://www.casualtyactuaries.com/ research/erm/overview. pdf, Zugriff am 15. Februar 2006

Celanese AG (Hrsg.) (2004): Finanzbericht 2004 für das Rumpfgeschäftsjahr vom 1. Januar bis 30. September, Kronberg im Taunus 2004

Chapman, C. (2003): Bringing ERM Into Focus, in: Internal Auditor, Vol. LX, June 2003, S. 30–35

Ciccolo, J./Baum, C.F. (1985): Changes in the Balance Sheet of the U.S. Manufacturing Sector, 1926–1977, in: Friedman, B.M. (Hrsg.): Corporate Capital Structure, Chicago 1985, S. 81–109

Clausen, P. (2005): Offenlegung der wirtschaftlichen Verhältnisse gegenüber Banken bei Kreditaufnahme – Aktuelle Entwicklungen, in: DB, 58. Jg., 2005, S. 1534–1535

Coase, R. H. (1937): The Nature of the Firm, in: Economica, New Series, Vol. 4, 1937, S. 386–405

Coenenberg, A.G. (1981): Unternehmensbewertung aus der Sicht der Hochschule, in: 50 Jahre Wirtschaftsprüferberuf, Düsseldorf 1981, S. 221–245

Coenenberg, A.G. (2003): Kostenrechnung und Kostenanalyse, 5. Aufl., Landsberg am Lech 2003

Coenenberg, A.G./Baum, H.-G. (1987): Strategisches Controlling – Grundfragen der strategischen Planung und Kontrolle, Stuttgart 1987

Coenenberg, A.G./Schultze, W. (2002): Unternehmensbewertung: Konzeptionen und Perspektiven, in: DBW, 62. Jg., 2002, S. 597–621

Coenenberg, M. (2000): Internationalisierung der Rechnungslegung und ihre Auswirkung auf die Analyse der Vermögens- und Finanzlage von Kapitalgesellschaften, Frankfurt am Main et al. 2000

Colbert, J. (1987): Use the concept of inherent risk – it helps! in: The Internal Auditor, Vol. 44, 1987, S. 45–48

Collis, D.J./Montgomery, C. (1995): Competing on Resources: Strategy in the 1990s, Harvard Business Review, Vol. 73, Nr. 7–8, 1995, S. 119–128

Colvin, G. (2005): An Executive Risk Handbook, in: Fortune, Vol. 152, No. 17, Europe Edition, October 3, 2005, S. 56–57

Commerzbank AG (Hrsg.): „Basel II" – Herausforderungen als Chance nutzen, Frankfurt am Main 2001

Committee of Sponsoring Organizations of the Treadway Commission (COSO) (Hrsg.) (2002): COSO Launches New Study to Provide Guidance on Assessing and Managing Enterprise Risks, Pressemitteilung v. 21. Januar 2002

Conrad, M. (1987): Industriepolitik als wirtschaftspolitische Option in der sozialen Marktwirtschaft – Ein ordnungskonformes industriepolitisches Konzept für die Bundesrepublik Deutschland, Hamburg 1987

Copeland, T.E./Koller, T./Murrin, J. (1990): Valuation: measuring and managing the value of companies, New York et al. 1990

Corbett, J./Jenkinson, T. (1996): The Financing of Industry, 1970–89: an international comparison, in: Journal of the Japanese and International Economies, Vol. 10, 1996, S. 71–96

Courtney, H./Kirkland, J./Viguerie, P. (1997): Strategy under Uncertainty, in: Harvard Business Review, Vol. 75, Nr. 11–12, 1997, S. 3–15

Cremers, H. (1999): Value at Risk-Konzepte für Marktrisiken, Arbeitsbericht der Hochschule für Bankwirtschaft Nr. 17, Frankfurt am Main 1999

Cromme, G. (2005): Corporate Governance in Deutschland – nach drei Jahren Kodex-Erfahrung, Vortragsmanuskript, Vortrag anlässlich der 4. Konferenz Deutscher Corporate Governance Kodex am 24.06.2005 in Berlin

Cube, F. v. (1990): Gefährliche Sicherheit. Die Verhaltensbiologie des Risikos, München 1990

Cyert, R.M./March, J.G. (1963): A Behavioural Theory of the Firm, Englewood Cliffs 1963

D'Aveni, R. (1994): Hypercompetition: Managing the Dynamics of Strategic Maneuvering, New York 1994

Dabenport, T./Prusak, L. (1998): Working knowledge – How organizations manage what they know, Boston 1998

Daellenbach, H.G./McNickle, D.C. (2005): Management Science – Decision Making Through Systems Thinking, Basingstoke/New York 2005

Daily, C./Dollinger, M.J. (1992): An Empirical Examination of Ownership Structure in Family and Professionally Managed Firms, in: Family Business Review, Vol. 5, 1992, S. 117–136

Day, G.S. (1994): The Capabilities of Market-Driven Organizations, in: Journal of Marketing, Vol. 58, 1994, S. 38–52

Decker, R. (2003): Data Mining und Datenexploration in der Betriebswirtschaft, in: Schwaiger, M./Harhoff, D. (Hrsg.): Empirie und Betriebswirtschaft, Stuttgart 2003, S. 47–82

Deckert, M.R. (1996): Effektive Überwachung der AG-Geschäftsführung durch Ausschüsse des Aufsichtsrats, in: ZIP, 17. Jg., 1996, S. 985–994

Deindl, J. (1981): Die Prüfung der Vorräte mit Hilfe von mathematischen Stichprobenverfahren, Thun/Frankfurt am Main 1981

Delaney, P.R. (1997): Wiley CPA Examination Review, Volume 1: Outlines and Study Guides, 24. Aufl., New York et al. 1997

Dellmann, L. (1992): Eine Systematisierung der Grundlagen des Controlling, in: Spremann, K./Zur, E. (Hrsg.): Controlling, Wiesbaden 1992, S. 113–140

Deloitte & Touche/Ernst & Young/KPMG/PricewaterhouseCoopers (Hrsg.) (2004): Internal Control over Financial Reporting – An Investor Resource, December 2004

Dempster, A.P. (1967): Upper and lower probabilities induced by a multivalued mapping, in: Annals of Mathmatical Statistics, Vol. 38, 1967, S. 325–339

Demski, J.S. (1984): Managerial Uses of Accounting Information, Boston et al. 1984

Denzau, A.T./North, D.C. (1994): Shared Mental Models: Ideologies and Institutions, in: Kyklos, Vol. 47, 1994, S. 3–31

Dettmering, W.H. (1990): Risikokapitalbeschaffung für mittelständische Unternehmen durch Kapitalbeteiligungsgesellschaften, in: Kußmaul, H. (Hrsg.): Aktuelle Aspekte mittelständischer Unternehmen, Bad Homburg v.d.H. 1990, S. 121–141

Deutsche Bank AG (Hrsg.) (2001): Kapitalmarktstatistik, August-November 2001, Frankfurt am Main 2001

Deutsche Bank AG (Hrsg.) (2003):Closing the Funding Gap – Fresh Ideas, Frankfurt am Main 2003

Deutsche Bank AG (Hrsg.) (2004): Finanzbericht 2003, Frankfurt am Main 2004

Deutsche Börse AG (Hrsg.) (2005): Geschäftsbericht 2004, Frankfurt am Main 2005

Deutsche Bundesbank (Hrsg.) (1992): Monatsbericht, Januar 1992, Frankfurt am Main 1992

Deutsches Institut für Interne Revision (IIR) (Hrsg.) (2001): IIR-Revisionsstandard Nr. 2: Prüfung des Risikomanagements durch die Interne Revision, in: Zeitschrift Interne Revision, 36. Jg., 2001, S. 152–155

Deyle, A. (1994): Controller-Praxis, Führung durch Ziele – Planung – Controlling, Band I: Unternehmensplanung, Rechnungswesen und Controller-Funktion, 14. Aufl., Offenburg/Wörthsee 2001

Dhalla, N.K./Youspeh, S. (1976): Forget the PLC, in: Harvard Business Review, 54. Jg., 1976, S. 102–112

Diamond, D.W. (1984): Financial Intermediation and Delegated Monitoring, Review of Economic Studies, Vol. 51, 1984, S. 393–414

Diederich, H. (1969): Grundtatbestände der Betriebswirtschaftslehre, in: Jacob, H, (Hrsg.): Allgemeine Betriebswirtschaftslehre in programmierter Form, S. 17–112

Diedrich, R. (2003): Die Sicherheitsäquivalentmethode der Unternehmensbewertung. Ein (auch) entscheidungstheoretisch wohlbegründetes Verfahren, in: ZfbF, 55. Jg., S. 281–286

Dobler, M. (2001): Auditing Risk Management – A Critical Analysis of a German Praticularity, 1. EARNet Symposium, Wuppertal 2001

Dörner, D./Bischof, St. (1999): Zweifelsfragen zur Berichterstattung über die Risiken der künftigen Entwicklung im Lagebericht, in: WPg, 52. Jg., 1999, S. 445–455

Dörner, D. (2000): Zusammenarbeit von Aufsichtsrat und Wirtschaftsprüfer im Lichte des KonTraG – Schlüssel zur Verbesserung der Corporate Governance, in: DB, 53. Jg., 2000, S. 101–105

Dörner, D./Kreuzig, H.W./Reither, F./Stäudel, T. (1983): Lohhausen: Vom Umgang mit Unbestimmtheit und Komplexität, Bern 1983

Doherty, N. (2000): Integrated Risk Management – Techniques and Strategies for Reducing Corporate Risk, New York 2000

Drukarczyk, J. (2002): Kontrolle des Schuldners, Auslösetatbestände für insolvenzrechtliche Lösungen und Covenants, in: Feldbauer-Durstmüller, B./Schlager, J. (Hrsg.): Krisenmanagement – Sanierung – Insolvenz: Handbuch für Banken, Management, Rechtsanwälte, Steuerberater, Wirtschaftsprüfer und Unternehmensberater, Wien 2002, S. 421–443

Drukarczyk, J. (2003): Unternehmensbewertung, 4. Aufl., München 2003

Drukarczyk, J./Schmidt, H. (1998): Lenders as a Force in Corporate Governance, Enabling Covenants and the Impact of Bankruptcy Law, in: Hopt, K.J./Kanda, H./Roe, M.J./Wymeersch, E./Prigge, St. (Hrsg.): Comparative Corporate Governance – The State of the Art and Emerging Research, Oxford 1998, S. 759–786

Dunemann, O./Geist, I./Jesse, R./Saake, G./Sattler, K.-U. (2002): Informationsfusion auf heterogenen Datenbeständen, in: Informatik – Forschung und Entwicklung, 17. Jg., 2002, S. 112–122

Dyckhoff, H. (1991): Fixkosten im Rahmen operativer Planungsrechnungen, in: BFuP, 43. Jg., 1991, S. 254–261

Eberwein, W./Tholen, J. (1993): Euro-manager or splendid isolation? International management – an Anglo-German comparison, Berlin/New York 1993

Ebke, W.F. (2001): Haftung bei Rechnungslegung und Prüfung international, in: Ballwieser, W./Coenenberg, A.G./v. Wysocki, K. (Hrsg.): Handwörterbuch der Rechnungslegung und Prüfung, Stuttgart 2001, Sp. 1085–1100

Ebke, W.F. (2004): Corporate governance and auditor independence: The battle of the private versus the public interest, in: Ferrarini, G./Hopt, K.J./Winter, J./Wymeersch, E. (Hrsg.): Reforming company and takeover law in Europe, Oxford 2004, S. 507–538

Edwards, J/Fisher, K. (1994): Banks, Finance and Investment in West Germany since 1970, Cambridge 1994

Ehrhardt, O./Nowak, E. (2002): Die Durchsetzung von Corporate Governance-Regeln, in: AG, 47. Jg., 2002, S: 336–345

Ehrmann, H. (1991): Marketing-Controlling, 3. Aufl., Ludwigshafen 1999

Eisele, W. (1990): Technik des betrieblichen Rechnungswesens, 4. Aufl., München 1990

Eisenführ, F./Weber, M. (1999): Rationales Entscheiden, 3. Aufl., Berlin/Heidelberg/New York 1999

Eisenhardt, K.M. (1989): Agency Theory: An Assessment and review, in: AMR, Vol. 14, No. 1, 1989, S. 57–74

Embrechts, P./McNeil, A./Straumann, D. (2002): Correlation and Dependence in Risk Management: Properties and Pitfalls, in: Dempster, M. (Hrsg.): Risk Management: Value at Risk and Beyond, Cambridge 2002, S. 176–223

Embrechts, P./Höing, A./Juri, A. (2003): Using Copulae to bound the Value-at-Risk for functions of dependent risks, in: Finance and Stochastics, Vol. 7, 2003, S. 145–167

Embrechts, P./Kaufmann, R./Samorodnitsky, G. (2004): Ruin Theory Revisited: Stochastic Models for Operational Risk, in: Bernadell, C./Cardon, P./Coche, J./Diebold, F.X./Manganelli, S. (Hrsg.): Risk Management for Central Bank Foreign Reserves, European Central Bank, Frankfurt am Main 2004, S. 243–261

Emmerich, G. (1999): Risikomanagement in Industrieunternehmen – gesetzliche Anforderungen und Umsetzung nach dem KonTraG, in: ZfbF, 51. Jg., 1999, S. 1075–1089

Emmerich, G./Schaum, W. (2003): Auswirkungen des Sarbanes-Oxley-Act auf deutsche Abschlussprüfer – Berufsaufsicht, Registrierung, Unabhängigkeit, in: WPg, 56. Jg., 2003, S. 677–691

Engel, E./Hayes, R.M./Wang, X. (2004): The Sarbanes-Oxley Act and Firms' Going-Private Decisions, Working Paper, Graduate School of Business, University of Chicago, May 2004

Engelhardt, W. (1995): Markt, in: Tietz, B./Köhler, R./Zentes, J. (Hrsg.): Handwörterbuch des Marketing, 2. Aufl., Stuttgart 1995, Sp. 1696–1708

Epstein, M.J. (2002): Measuring the Payoffs of Corporate Actions: The Use of Financial and Non-financial Indicators, in: Epstein, M.J./Manzoni, J.F.: Performance Measurement and Management Control: A Compendium of Research, Kidlington 2002, S. 3–13

Epstein, M.J./Manzoni, J.-F. (1997): The Balanced Scorecard and Tableau de Bord, Translating Strategy into Action, in: Management Accounting, Vol. 79, No. 8, 1997, S. 28–36

Ernst, C./Siebert, U./Stuckert, G. (Hrsg.) (1998): KonTraG, KapAEG, StückAG, EuroAG (Gesellschafts- und Bilanzrecht): Textausgabe mit Begründungen der Regierungsentwürfe, Stellungnahmen des Bundesrates mit Gegenäußerungen der Bundesregierung, berichten des Rechtsausschusses des Deutschen Bundestages, Düsseldorf 1998

Ernst, H. (1998): Patent Portfolios for Strategic R&D Planning, in: Journal of Engineering and Technology Management, Vol. 15, 1998, H. 4, S. 279–308

Ernst, H.-J./Hanikaz, M. (2005): Modulgesteuerte Businessplanung als Instrument der Unternehmensbewertung, in: Peemöller, V.H. (Hrsg.): Praxishandbuch der Unternehmensbewertung, 3. Aufl., Herne/Berlin 2005, S. 135–157

Ernst & Young AG/Bayerische Hypo- und Vereinsbank AG/FINANCE (E&Y/HVB/ FINANCE) (Hrsg.) (2002): Restrukturierung im Mittelstand – Wege aus der Krise, Köln/München/Frankfurt am Main 2002

Eschenbach, R./Niedermayr, R. (1996): Die Konzeption des Controlling, in: Eschenbach, R. (Hrsg.): Controlling, 2. Aufl., Stuttgart 1996, S. 65–94

European Network for SME Research (Hrsg.) (1997): Das Europäische Beobachtungsnetz für KMU, 5. Jahresbericht, Zoetemeer 1997

Everling, O./Bargende, D. (2005): Externe Ratingsysteme als Frühwarnsysteme, in: Controlling, 17. Jg., 2005, S. 261–269

Ewert, R. (1990): Wirtschaftsprüfung und asymmetrische Information, Berlin et al. 1990

Ewert, R. (1996): Fixkosten, Kapitalmarkt und (kurzfristig wirksame) Entscheidungsrechnungen bei Risiko, in: BFuP, 48. Jg., 1996, S. 0528–556

Ewert, R. (2002): Prüfungstheorie, spieltheoretischer Ansatz, in: Ballwieser, W./Coenenberg, A.G./Wysocki, K.v. (Hrsg.): Handwörterbuch der Rechnungslegung und Prüfung, 3. Aufl., Stuttgart 2002, Sp. 1908–1923

Ewert, R./Wagenhofer, A. (2005): Interne Unternehmensrechnung, 6. Aufl., Berlin/Heidelberg/New York 2005

Fantapié Altobelli, C. (2006): Internationalisierung kleiner und mittelständischer Unternehmen, in: Berndt, R. (Hrsg.): Management-Konzepte für kleine und mittlere Unternehmen, Berlin/Heidelberg/New York 2006, S. 111–128

Farny, D. (1979): Grundfragen des Risk Management, in: Goetzke, W./Sieben, G. (Hrsg.): Risk Management-Strategien zur Risikobeherrschung, Bericht von der 5. Kölner BFuP-Tagung, Köln 1979, S. 11–38

Farny, D. (2011): Versicherungsbetriebslehre, 5. Aufl., Karlsruhe 2011

Farr, W.-M. (1998): Checkliste für die Aufstellung und Prüfung des Lageberichts bzw. des Konzernlageberichts, Düsseldorf 1998

Farrell, J. (2004): Internal Controls and Managing Enterprise-Wide Risks, in: The CPA Journal, Vol. 74, Iss. 8, 2004, S. 11–12

Fayol, H. (1916): Administration industrielle et générale, Paris 1916

Feisthauer, D./Ohlenroth, W./Schillmann, St. (2002): Erfolgreiches Entwicklungsprojekt „Einheitliches Rating", in: Betriebswirtschaftliche Blätter, 51. Jg., H. 4, 2002, S. 164–167

Filatotchev, I./Mickiewicz, T. (2001): Ownership Concentration, ‚Private Benefits of Control' and Debt Financing, working paper, University of London and University College, London 2001

Financial Executives International (FEI) (Hrsg.) (2004): FEI Survey on Sarbanes-Oxley Section 404 Implementation, Executive Summary, Florham Park 2004

Fink, A. (2005): Szenarien als Instrumente zur Strategieentwicklung und strategischen Früherkennung, in: Gerberich, C.W. (Hrsg.): Praxishandbuch Controlling – Trends, Konzepte, Instrumente, Wiesbaden 2005, S. 329–345

Fischbach, S. (2003): Kriseninformation als Controlling-Aufgabe, in: Freidank, C.-Chr./Mayer, E. (Hrsg.): Controlling-Konzepte – Neue Strategien und Werkzeuge für die Unternehmenspraxis, 6. Aufl., Wiesbaden 2003, S. 539–561

Fischer, M./Hüser, A./Mühlenkamp, C./Schade, C./Schott, E. (1993): Marketing und neuere ökonomische Theorie: Ansätze zu einer Systematisierung, in: BFuP, 45. Jg., 1993, S. 444–470

Fischer, T.M. (2001): Value Reporting. Wertorientierte Berichterstattung in den Nemax 50-Unternehmen, in: DB, 54. Jg., 2001, S. 1209–1216

Fischer, T.M. (2002): ZP-Stichwort: Value Reporting, in: ZP, 13. Jg., 2002, S: 211–216

Fischer, T.M./Schmöller, P. (2001): Kundenwert als Entscheidungskalkül für die Beendigung von Kundenbeziehungen, in: Günter, B./Helm, S. (Hrsg.): Kundenwert: Grundlagen – Innovative Konzepte – Praktische Umsetzungen, Wiesbaden 2001, S. 425–448

Fischer, T.M./Wenzel, J. (2002): Value reporting, in: DBW, 62. Jg., 2002, S. 327–335

Fischer, T.M./Wenzel, J. (2003): Wertorientierte Berichterstattung (Value Reporting) in deutschen börsennotierten Unternehmen Ergebnisse einer empirischen Studie, Forschungspapier, Katholische Universität Eichstätt 2003, S. 1–45

Fleege-Althoff, F. (1930): Die notleidende Unternehmung, Band I: Krankheitserscheinungen und Krankheitsursachen, Stuttgart 1930

Forbes (Hrsg.) (2005): CEO Compensation, Special Report, abrufbar unter: http://www.forbes.com/static/pvp2005/LIRXC25.html, Zugriff am 11.12.2005

Fortune (Hrsg.) (2004): The Fortune Global 500 World's Largest Corporations, in: Fortune, Vol. 150, No. 2, Europe Edition, July 26, 2004, S. F1-F43

Fortune (Hrsg.) (2006): The Fortune Global 500 World's Largest Corporations, in: Fortune, Vol. 154, No. 2, Europe Edition, July 24, 2006, S. F1-F45

Franke, G./Hax, H. (2004): Finanzwirtschaft des Unternehmens und Kapitalmarkt, 5. Aufl., Berlin et al. 2004

Franke, R./Kötzle, A. (1995): Controlling der Unternehmensbereiche, Frankfurt am Main 1995

Franks, J./Mayer, C. (1996): Hostile takeovers and the correction of managerial failure, in: Journal of Financial Economics, Vol. 40, 1996, S. 163–181

Franz, K.-P. (2002): Neue Anforderungen an das Controlling durch externe Berichterstattung: Value Reporting und Segmentberichterstattung, Vortragsmanuskript, Düsseldorf, 12. Juni 2002, S. 1–23

Franz, K.-P. (2004): Die Ergebniszielorientierung des Controlling als Unterstützungsfunktion, in: Scherm, E./Pietsch, G. (Hrsg.): Controlling – Theorien und Konzeptionen, München 2004, S. 271–288

Frei, N. (1998): Investor relations – Wie hege und pflege ich meinen Aktionäre von heute und morgen?, in: Frei, N./Schlienkamp, C. (Hrsg.): Aktie im Aufwind, Wiesbaden 1998, S. 163–183

Freidank, C.-Chr. (1989): Erfolgsrealisierung bei langfristigen Fertigungsprozessen, in: DB, 42. Jg., 1989, S. 1197–1204

Freidank, C.-Chr. (1990): Entscheidungsmodelle der Rechnungslegungspolitik: Computergestützte Lösungsvorschläge für Kapitalgesellschaften vor dem Hintergrund des Bilanzrichtlinien-Gesetzes, Stuttgart 1990

Freidank, C.-Chr. (1992): Revisions- und Treuhandbetriebe, in: Wittmann, W. et al. (Hrsg.): Handwörterbuch der Betriebswirtschaft, Teilband 3, 5. Aufl., Stuttgart 1992, Sp. 3570–3583

Freidank, C.-Chr. (2000a): Internationale Rechnungslegungspolitik und Unternehmenswertsteigerung, Lagebericht, in: Lachnit, L./Freidank, C.-Chr. (Hrsg.): Investororientierte Unternehmenspublizität: Neue Entwicklungen von Rechnungslegung, Prüfung und Jahresabschlussanalyse, Wiesbaden 2000, S. 3–29

Freidank, C.-Chr. (2000b): Die Risiken in Produktion, Logistik und Forschung und Entwicklung, in: Dörner, D./Horváth, P./Kagermann, H. (Hrsg.): Praxis des Risikomanagements – Grundlagen, Kategorien, branchenspezifische und strukturelle Aspekte, Stuttgart 2000, S. 345–378

Freidank, C.-Chr. (2001a): Das Prüfungswesen unter risikoorientierten und internationalen Reformeinflüssen, in: Freidank, C.-Chr. (Hrsg.): Die Rechnungslegung und Wirtschaftsprüfung im Umbruch, FS für W. Th. Strobel, München 2001, S. 245–268

Freidank, C.-Chr. (2001b): Marktorientierte Steuerung mit Hilfe der Prozesskostenrechnung, in: Freidank, C.-Chr./Mayer, E. (Hrsg.): Controlling-Konzepte – Neue Strategien und Werkzeuge für die Unternehmenspraxis, 5. Aufl., Wiesbaden 2001, S. 225–244

Freidank, C.-Chr. (2001c): Risikomanagement und Risikocontrolling in Industrieunternehmen, in: Freidank, C.-Chr./Mayer, E. (Hrsg.): Controlling-Konzepte – Neue Strategien und Werkzeuge für die Unternehmenspraxis, 5. Aufl., Wiesbaden 2001, S. 595–631

Freidank, C.-Chr. (2002): Möglichkeiten der marktorientierten Steuerung mit Hilfe des modernen Kostenmanagements, in: Reichmann, T. (Hrsg.): 17. Deutscher Controlling Congress DCC, Tagungsband, Controlling-Back to Basics, Dortmund 2002, S. 9–29

Freidank, C.-Chr. (2003): Jahresabschlussoptimierung unter Berücksichtigung der International Accounting Standards, in: Controlling, 15. Jg., 2003, S. 349–360

Freidank, C.-Chr./Bakhaya, Z. (2003): Wertorientierte Steuerung in Beschaffung und Logistik, in: Bogaschewsky, R./Götze, U. (Hrsg.): Management und Controlling von Einkauf und Logistik, FS J. Bloech, Gernsbach 2003, S. 285–306

Freidank, C.-Chr./Mayer, E. (Hrsg.) (2003): Controlling-Konzepte – Neue Strategien und Werkzeuge für die Unternehmenspraxis, 6. Aufl., Wiesbaden 2003

Freidank, C.-Chr./Paetzmann, K. (2002): Auswahl und Einsatz von Datenmaterial, Analysemethoden sowie externen Beratern zur Vorbereitung von Kreditentscheidungen – Ergebnisse einer empirischen Untersuchung vor dem Hintergrund von Basel II, in: DB, 55. Jg., 2002, S. 1785–1789

Freidank, C.-Chr./Paetzmann, K. (2003): Bedeutung des Controlling im Rahmen der Reformbestrebungen zur Verbesserung der Corporate Governance, in: ZP, Sonderheft „Corporate Governance und Controlling", 14. Jg., 2003, S. 303–325

Freidank, C.-Chr./Paetzmann, K. (2004): Die Wirkung von Rechtsnormen im Controlling – ein Analysedefizit konzeptioneller Forschung? in: Scherm, E./Pietsch, G. (Hrsg.): Controlling – Theorien und Konzeptionen, München 2004, S. 893–919

Freidank, C.-Chr./Pottgießer, G. (2003): Die Zukunft der deutschen Rechnungslegung unter besonderer Berücksichtigung des Maßnahmenkatalogs der Bundesregierung, in: Steuern und Bilanzen, 5. Jg., 2003, S. 886–893

Freidank, C.-Chr./Reibis, C. (2003): IT-gestützte Rechnungslegungspolitik auf internationaler Basis, in: Freidank, C.-Chr./Mayer, E. (Hrsg.): Controlling-Konzepte – Neue Strategien und Werkzeuge für die Unternehmenspraxis, 6. Aufl., Wiesbaden 2003, S. 621–669

Freidank, C.-Chr./Schreiber, O.K. (Hrsg.) (2002): Unternehmensüberwachung und Rechnungslegung im Umbruch, Tagungsband zur 1. Hamburger Revisions-Tagung, Hamburg 2002

Freidank, C.-Chr./Steinmeyer, V. (2005): Fortentwicklung der Lageberichterstattung nach dem
BilReG aus betriebswirtschaftlicher Sicht, in: BB, 60. Jg., 2005, S. 2512–2517

Freidank, C.-Chr./Winkler, H. (2005): Fair Value-Ermittlung unter Berücksichtigung von SFAC 7–
Konzeptionelle Fragen und praktische Anwendungsprobleme, in: Bieg, H./Heyd, R. (Hrsg.):
Fair Value: Bewertung in Rechnungswesen, Controlling und Finanzwirtschaft, München 2005,
S. 37–56

Freiling, C./Lück, W. (1986): Interne Überwachung und Jahresabschlussprüfung, in: ZfbF 1986, S.
996–1006

Frese, E. (1968): Kontrolle und Unternehmensführung: Entscheidungs- und organisationstheoreti-
sche Grundfragen, Wiesbaden 1968

Frese, E. (2000): Grundlagen der Organisation: Konzept – Prinzipien – Strukturen, 8. Aufl.,
Wiesbaden 2000

Friedag, H.R./Schmidt, W. (1999): Balanced Scorecard, Freiburg 1999

Friedemann, D. (2005): Wertorientiertes Vertriebs-Controlling, in: Gerberich, C.W. (Hrsg.):
Praxishandbuch Controlling – Trends, Konzepte, Instrumente, Wiesbaden 2005, S. 139–165

Friedrich, M.G./Flintrop, B. (2003): Sanierungsprüfung – Herausforderung für Unternehmensführung und Gutachter, in: DB, 56. Jg., 2003, S. 223–229

Fritz, W. (1996): Market Orientation and Corporate Success: Findings from Germany, in: European
Journal of Marketing, Vol. 30, 1996, S. 59–74

Fritz, W. (2004): Die Erfolgsfaktorenforschung – ein Misserfolg?, Kritische Anmerkungen zum
Beitrag von Alexander Nicolai und Alfred Kieser „Trotz eklatanter Erfolglosigkeit: Die
Erfolgsfaktorenforschung weiter auf Erfolgskurs", in: DBW, 64. Jg., 2004, S. 623–625

Fröhling, O. (2000): KonTraG und Controlling, München 2000

Froot, K.A./Scharfstein, D.S./Stein, J.C. (1994): A Framework for Risk Management, in: Harvard
Business Review, November-December 1994, S. 59–70

Fry, J.N./Killing, J.P. (1986): Strategic Analysis and Action, Englewood Cliffs 1986

Füser, K./Gleißner, W./Meier, G. (1999): Risikomanagement (KonTraG) – Erfahrungen aus der
Praxis, in: DB, 52. Jg., 1999, S. 753–758

Füser, K./Merz, Ch. (2000): Interne Überwachung minimiert die Ruinwahrscheinlichkeit, in:
Zeitschrift für Versicherungswirtschaft, 51. Jg., 2000, S. 604–606

Funke, J. (2004): Das Lösen komplexer Probleme (Solving complex problems), Version
2.1/10.11.2004, Working Paper, Psychologisches Institut der Universität Heidelberg, Heidelberg
2004, S. 1–9

Gäfgen, G. (1972): Theorie der Wirtschaftspolitik, in: Ehrlicher, W. v./Esenwein-Rothe,
J./Jürgensen, H. et al. (Hrsg.): Kompendium der Volkswirtschaftslehre, 3. Aufl., Göttingen
1972, S. 1–94

Ganguin, B/Bilardello, J. (2005): Fundamentals of Corporate Credit Analysis, New York et al. 2005

Gârleanu, N./Zwiebel, J. (2005): Design and Renegotiation of Debt Covenants, Working Paper, Wharton School, University of Pennsylvania, June 2005, S. 1–40, abrufbar unter:
http://finance.wharton.upenn.edu/~garleanu/ coven37.pdf, Zugriff am 04.12.2005

Gates, B. (1995): Der Weg nach vorn – Die Zukunft der Informationsgesellschaft, Hamburg 1995

Gatignon, H./Kimberly, J.R. (2004): Globalizing and its challenges, in: Gatignon, H./Kimberly,
J.R./Gunther, R.E. (Hrsg.): The INSEAD-Wharton Alliance on globalizing: strategies for
building successful global businesses, Cambridge 2004, S. 1–22

Gebhardt, G. (1997): Entwicklungen in der Berichterstattung über das Risikomanagement unter
Einsatz derivativer Instrumente bei deutschen Industrie- und Handelsunternehmen, in: Recht
der Internationalen Wirtschaft, 43. Jg., 1997, S. 393–401

Gebhardt, G. (2002): Risikocontrolling, in: Küpper, H.-U. (Hrsg.): Handwörterbuch Unternehmensrechnung und Controlling, 4. Aufl., Stuttgart 2002, Sp. 1713–1726

Gebhardt, G. (2003): Bilanzierung von Risiken nach HGB, IAS und US-GAAP, Vortragsmanuskript, Schmalenbach-Tagung 2003 „Aktuelle Anforderungen an das Risikomanagement der
Unternehmen", Köln 2003

Gebhardt, G./Mansch, H. (Hrsg.) (2001): Risikomanagement und Risikocontrolling in Industrie und Handelsunternehmen: Empfehlungen des Arbeitskreises „Finanzierungsrechnung" der Schmalenbach-Gesellschaft für Betriebswirtschaft e. V., ZfbF-Sonderheft Nr. 46, 2001

Gebhardt, G./Reichardt, R./Wittenbrink, C. (2003): Fair Value Accounting for (not against) Banks, Working Paper, Wolfgang Goethe-Universität Frankfurt am Main, December 2002, Revised June 2003, S. 1–44

Gehrke, I./Horváth, P. (2002): Implementation of Performance Measurement: A Comparative Study of French and German Organizations, in: Epstein, M.J./Manzoni, J.-F. (Hrsg.): Performance Measurement and Management Control: A Compendium of Research, Studies in Managerial and Financial Accounting, Vol. 12, Kidlington 2002, S. 159–180

Geiger, H. (2003): Unternehmensintegrität und Anlegerschutz – Herausforderungen für die Wirtschaftsprüfer, in: WPg, Sonderheft „Wirtschaftsprüfer im Blickpunkt der Öffentlichkeit", 56. Jg., 2003, S. 98–101

Geppert, P.P./Jörissen, H./Schilling, H. (1997): Haften ohne Pflicht: Zur Zukunft der Unternehmerhaftung und Haftpflichtversicherung, München 1997

Gerke, W./Bank, M. (2003): Finanzierung – Grundlagen der Investitions- und Finanzierungsentscheidungen in Unternehmen, 2. Aufl., Stuttgart 2003

Gernoth, J.P. (2001): Die Überwachungspflichten des Aufsichtsrats im Hinblick auf das Risiko-Management und die daraus resultierenden Haftungsfolgen für den Aufsichtsrat, in: DStR, 39. Jg., 2001, S. 299–309

Gerpott, T.J./Wittkemper, G. (1991): Verkürzung von Produktentwicklungszeiten – Vorgehensweise und Ansatzpunkte zum erreichen technologischer Sprintfähigkeit, in: Booz Allen & Hamilton (Hrsg.): Integriertes Technologie- und Innovationsmanagement – Konzepte zur Stärkung der Wettbewerbskraft von High-Tech-Unternehmen, Berlin 1991, S. 117–145

Geschka, H./Hammer, R. (1997): Die Szenario-Technik in der strategischen Unternehmensplanung, in: Hahn, D./Taylor, B. (Hrsg.): Strategische Unternehmensführung – Strategische Unternehmensplanung: Stand und Entwicklungstendenzen, 7. Aufl., Heidelberg 1997

Geschka, H./v. Reibnitz, U. (1983): Die Szenario-Technik – ein Instrument der Zukunftsanalyse und der strategischen Planung, in: Töpfer, A./Afheldt, H. (Hrsg.): Praxis der strategischen Unternehmensplanung, Frankfurt am Main 1983, S. 125–170

Giese, R. (1998): Die Prüfung des Risikomanagementsystems einer Unternehmung durch den Abschlussprüfer gemäß KonTraG, in: WPg, 51. Jg., 1998, S. 451–458

Girindus AG (Hrsg.) (2005): Geschäftsbericht 2004, Bensberg 2005

Gleich, R. (2001): Das System des Performance Measurement: Theoretisches Grundkonzept, Entwicklungs- und Anwendungsstand, München 2001

Gleißner, W. (2000): Risikopolitik und Strategische Unternehmensführung, in: DB, 53. Jg., 2000, S. 1625–1629

Gleißner, W./Füser, K. (2000): Moderne Frühwarn- und Prognosesysteme für Unternehmensplanung und Risikomanagement, in: DB, 53. Jg., 2000, S. 933–941

Gleißner, W./Meier, G. (2000): Risikomanagement als integraler Bestandteil der wertorientierten Unternehmensführung, in: Datenverarbeitung Steuer Wirtschaft Recht (DSWR), H. 1–2, o.Jg., 2000, S. 6–10

Göbel, St. (1997): Risikoorientierte Abschlußprüfung, in: Richter, M. (Hrsg.): Theorie und Praxis der Wirtschaftsprüfung: Abschlußprüfung – Interne Revision – kommunale Rechnungsprüfung, Berlin 1997, S. 41–59

Goergen, M./Renneboog, L. (2003): Why are the levels of control (so) different in German and UK companies? Evidence from initial public offerings, Finance Working Paper No. 07, in: European Corporate Governance Institute, Brussels 2003

Götze, U. (1991): Szenario-Technik in der strategischen Unternehmensplanung, Wiesbaden 1991

Götze, U./Mikus, B. (2001): Entscheidungsmodelle als Instrumente des Risikomanagements – Möglichkeiten und Grenzen, in: Götze, U./Henselmann, K./Mikus, B. (Hrsg.): Risikomanagement, Heidelberg 2001, S. 413–442

Gordon, J.N./Roe, M.J. (Hrsg.) (2004): Convergence and Persistence in Corporate Governance, Cambridge 2004

Gouillart, F. J./Sturdivant, F. D. (1994): Spend a Day in the Life of Your Customer, in: Harvard Business Review, Vol. 72, Nr. 1, 1994, S. 116–125

Grant, R.M. (1991) The Resource-based Theory of Competitive Advantage: Implications for Strategy Formulation, California Management Review, Vol. 33, 1991, S. 114–135

Grant, R.M. (2002): Contemporary Strategy Analysis, 4. Aufl., Malden/Oxford 2002

Grauer, M./Schüll, A. (2004): Zur Rolle des Data Minings im Controlling, in: Bensberg, F./v. Brocke, J., Schultz, M.B. (Hrsg.): Trendbereichte zum Controlling, Festschrift für Heinz Lothar Grob, Heidelberg 2004, S. 511–531

Gray, J./Pesqueux, Y. (1993): Evolutions Actuelles des Systèmes de Tableau de Bord, in: Revue Française de Comptabilité, Vol. 242, Février 1993, S. 61–70

Grochla, E. (1969): Modelle als Instrument der Unternehmensführung, in: ZfbF, 21. Jg., 1969, S. 382–397

Grossman, S./Hart, O. (1988): One share-one vote and the market for corporate control, in: Journal of Financial Economics, Vol. 20, 1988, S. 175–202

Grotherr, S./Jorewitz, G. (2001): Einflüsse der internationalen Rechnungslegung auf das zukünftige deutsche Bilanzsteuerrecht, in: Freidank, C.-Chr. (Hrsg.): Die Rechnungslegung und Wirtschaftsprüfung im Umbruch, FS für W. Th. Strobel, München 2001, S. 123–153

Gruson, M./Kubicek, M. (2003): Der Sarbanes-Oxley Act, Corporate Governance und das deutsche Aktienrecht, Arbeitspapier Nr. 113 des Instituts für Bankrecht der Johann Wolfgang Goethe-Universität Frankfurt am Main, März 2003

Günther, E. (1994): Ökologieorientiertes Controlling, München 1994

Günther, H.-O. (2005): Produktion und Logistik, 6. Aufl., Berlin/Heidelberg/New York 2005

Günther, T. (1997): Unternehmenswertorientiertes Controlling, München 1997

Günther, T. (2003a): Theoretische Einbettung des Controlling in die Methodologie der Unternehmensüberwachung und -steuerung, in: ZP, Sonderheft „Corporate Governance und Controlling", 14. Jg., 2003, S. 327–352

Günther, T. (2003b): Empirische Forschung zur Konsistenz von Controllingsystemen, in: Weber, J./Hirsch, B. (Hrsg.): Zur Zukunft der Controllingforschung, Wiesbaden 2003, S. 161–168

Guillén, M.F. (2000): Corporate Governance and Globalization: Is there Convergence across Countries? in: Advances in Comparative Management, Vol. 13, 2000, S. 175–204

Guillén, M.F./O'Sullivan, M.A. (2004): The changing international corporate governance landscape, in: Gatignon, H./Kimberly, J.R./Gunther, R.E. (Hrsg.): The INSEAD-Wharton Alliance on globalizing: strategies for building successful global businesses, Cambridge 2004, S. 23–48

Gumbel, P. (2005): Twilight in Italy, in: TIME, Vol. 166, No. 23, December 5, 2005, S. 20–25

Gutenberg, E. (1929): Die Unternehmung als Gegenstand der betriebswirtschaftlichen Theorie, Berlin 1929

Gutenberg, E. (1962): Unternehmensführung, Organisation und Entscheidung, Wiesbaden 1962

Gutenberg, E. (1979): Grundlagen der Betriebswirtschaftslehre, 1. Bd.: Die Produktion. 23. Aufl., Berlin et al. 1979

Habermas, J. (1981): Theorie des kommunikativen Handelns, Bd. 1: Handlungsrationalität und gesellschaftliche Rationalisierung, Frankfurt am Main 1981

Hachmeister, D. (2002): Corporate Governance, in: Ballwieser, W./Coenenberg, A.G./Wysocki, K. v. (Hrsg.): Handwörterbuch der Rechnungslegung und Prüfung, 3. Aufl., Stuttgart 2002, Sp. 487–504

Hachmeister, D. (2003): Das Controlling als Objekt der handelsrechtlichen Abschlussprüfung, in: ZP, 14. Jg., 2003, S. 437–456

Hachmeister, D. (2005): Unternehmenswertsteigerung durch Risikomanagement auf Unternehmensebene, in: ZfCM, 49. Jg., 2005, S. 134–142

Hahn, D. (1979): Frühwarnsysteme, Krisenmanagement und Unternehmensplanung, in: ZfB-Ergänzungsheft 2, 1979, S. 25–69

Hahn, D. (1985): Planungs- und Kontrollrechnung, 3. Aufl., Wiesbaden 1985

Hahn, D. (1996): Planungs- und Kontrollrechnung, 5. Aufl., Wiesbaden 1996

Hahn, D. (1988): Führung und Führungsorganisation, in: ZfbF, 40. Jg., H. 2, 1988, S. 112–137

Hahn, D. (1996): PuK Planung und Kontrolle, Planungs- und Kontrollsysteme, Planungs- und Kontrollrechnung – Controllingkonzepte, 5. Aufl., Wiesbaden 1996

Hahn, D./Hungenberg, H. (2001): PuK – Wertorientierte Controllingkonzepte, 6. Aufl., Wiesbaden 2001

Hahn, D./Krystek, U. (2000): Früherkennungssysteme und KonTraG, in: Dörner, D./Horváth, P./Kagermann, H. (Hrsg.): Praxis des Risikomanagements. Grundlagen, Kategorien, branchenspezifische und strukturelle Aspekte, Stuttgart 2000, S. 73–97

Hahn, G. (1958): Ursachen von Unternehmensmisserfolgen, Köln 1958

Hall, P./Soskice, D. (Hrsg.) (2001): Varieties of Capitalism: Institutional Foundations of Comparative Advantage, Cambridge 2001

Haller, M. (1986): Risiko-Management – Eckpunkte eines integrierten Konzepts, in: Jacob, H. (Hrsg.): Risiko-Management, Schriften zur Unternehmensführung, Bd. 33, Wiesbaden 1986, S. 7–44

Halpern, J.J./Fagin, R. (1992): Two views of belief: Belief as generalized probability and belief as evidence, in: Artificial Intelligence, Vol. 54, 1992, S. 275–317

Halpern, P.J.N. (2000): Systematic perspectives on corporate governance systems, in: Cohen, S.S./Boyb, G. (Hrsg.): Corporate governance and globalization: long range planning issues, Northampton 2000

Hammer, M./Champy, J. (1994): Reengineering the Corporation: A Manifesto for Business Revolution, Updated paperback edition of the 1993 hardcover edition to include answers to the most frequently asked questions about reengineering, New York 1994

Hannemann, R. (2003): Die Mindestanforderungen an das Kreditgeschäft der Kreditinstitute – Überblick und Öffnungsklauseln, in: Eller, R./Gruber, W./Reif, M. (Hrsg.): Handbuch MaK, Stuttgart 2003, S. 3–42

Hansmann, H./Kraakman, R. (2001): The End of History for Corporate Law, in: Georgetown Law Journal, Vol. 89, 2001, S. 439–486

Hansmann, K.-W. (2001): Industrielles Management, 7. Aufl., München/Wien 2001

Hansmann, K.-W./Raubach, U.: (1986): Der Einsatz von Kennzahlen zur Aufdeckung von Unternehmenskrisen, in: Jacob, H. (Hrsg.): Früherkennung und Steuerung von Unternehmensentwicklungen, Schriften zur Unternehmensführung, Bd. 34, Wiesbaden 1986, S. 31–47

Hanssmann, F. (1993): Entscheidungsmodelle und Entscheidungskriterien, in: Wittmann, E. et al. (Hrsg.): Handwörterbuch der Betriebswirtschaftslehre, 5. Aufl., Stuttgart 1993, Sp. 869–910

Harrigan, K.R./Porter, M.E. (1983): End-Game Strategies for Declining Industries, in: Harvard Business Review, July/August 1983, S. 111–120

Harris, M./Raviv, A. (1988): Corporate Governance. Voting Rights and Majority Rules, in: Journal of Financial Economics, Vol. 20, 1988, S. 203–235

Hart, O./Holmström, B. (1987): The Theory of Contracts, in: Bewley, T. (Hrsg.): Advances in Economic Theory, Fifth World Congress, Cambridge 1987, S. 71–155

Hartmann-Wendels, Th./Pfingsten, A./Weber, M. (2004): Bankbetriebslehre, 3. Aufl., Berlin/Heidelberg/New York 2004

Haseborg, F. ter (1995): Marketing-Controlling, in: Tietz, B./Köhler, R./Zentes, J. (Hrsg.): Handwörterbuch des Marketing, 2. Aufl., Stuttgart 1995, Sp. 1542–1553

Haug, S. (2004): Wissenschaftstheoretische Problembereiche empirischer Wirtschafts- und Sozialforschung. Induktive Forschungslogik, naiver Realismus, Instrumentalismus, Relativismus, in: Frank, U. (Hrsg.): Wissenschaftstheorie in Ökonomie und Wirtschaftsinformatik, Wiesbaden 2004, S. 85–107

Hauschildt, J. (1983): Aus Schaden klug, in: manager magazin, Heft 10, o.Jg., 1983, S. 142–149

Hauschildt, J. (1987): Erfolgs- und Finanz-Analyse – Fragengeleitete Analyse der „Vermögens-, Finanz- und Ertragslage des Unternehmens", nach Bilanzrichtliniengesetz (mit Vergleich zum Aktienrecht 1965), 2. Aufl., Köln 1987

Hauschildt, J. (2000): Unternehmenskrisen – Herausforderung an die Bilanzanalyse, in: Hauschildt, J./Leker, J. (Hrsg.): Krisendiagnose durch Bilanzanalyse, 2. Aufl., Köln 2000, S. 1–17

Hauschildt, J. (2002): Zur Stellung der empirischen betriebswirtschaftlichen Forschung, in: Manuskripte aus den Instituten für Betriebswirtschaftslehre der Universität Kiel, Nr. 561, Kiel 2002

Hauschildt, J. (2003a): Anmerkungen zum Umgang der Betriebswirtschaftslehre mit Unternehmenskrisen, in: Manuskripte aus den Instituten für Betriebswirtschaftslehre der Universität Kiel, Nr. 572, Kiel 2003

Hauschildt, J. (2003b): Zum Stellenwert der empirischen betriebswirtschaftlichen Forschung, in: Schwaiger, M./Harhoff, D. (Hrsg.): Empirie und Betriebswirtschaft, Stuttgart 2003, S. 3–24

Hauschildt, J./Grape, Ch./Schindler, M. (2006): Typologien von Unternehmenskrisen im Wandel, in: DBW, 66. Jg., 2006, S. 7–25

Hauser, D./Hopkins, R./Leibundgut, H. (2004): The Sarbanes-Oxley Act and the Role of Internal Audit, in: Der Schweizer Treuhänder, 78. Jg., 2004, S. 1057–1065

Havermann, H. (1986): Aktuelle Grundsatzfragen aus der Praxis der Unternehmensbewertung, in: Albach, H. (Hrsg.): Wirtschaft und Wissenschaft im Wandel, Frankfurt am Main 1986, S. 157–170

Hawawini, G./Subramanian, V./Verdin, P. (2003): Is Performance Driven by Industry- or Firm-Specific Factors? A New Look at the Evidence, in: Strategic Management Journal, Vol. 24, 2003, S. 1–16

Hawawini, G./Viallet, C.: Finance for Executives – Managing for Value Creation, Cincinnati 1999

Hawawini, G./Viallet, C./Vora, A. (1986): Industry Influence on Corporate Working Capital Decisions, in: Sloan Management Review, Vol. 27, 1986, No. 4, S. 15–24

Hax, H. (1974): Entscheidungsmodelle in der Unternehmung, Reinbek 1974

Hayn, S./Matena, S (2004): Prüfung des Value Reporting durch den Abschlussprüfer, in: Freidank, C.-Chr. (Hrsg.): Reform der Rechnungslegung und Corporate Governance in Deutschland und Europa, Wiesbaden 2004, S. 319–344

Hedley, B. (1983): Strategy and the „Business Portfolio", in: Hahn, D./Taylor, B. (Hrsg.): Strategische Unternehmensplanung, 2. Aufl., Würzburg/Wien 1983

Heese, K. (2003): Der risiko-, prozess- und systemorientierte Prüfungsansatz, in: WPg, Sonderheft „Wirtschaftsprüfer im Blickpunkt der Öffentlichkeit", 56. Jg., 2003, S. 223–230

Heigl, A. (1989): Controlling – Interne Revision, 2. Aufl., Stuttgart/New York 1989

Heinen, E. (1962): Die Zielfunktion der Unternehmung, in: Koch, H. (Hrsg.): Festschrift zum 65. Geburtstag von Erich Gutenberg, Wiesbaden 1962, S. 11–71

Heinen, E. (1969): Entscheidungstheorie, in: Staatslexikon, 6. Aufl., 1. Ergänzungsband, Freiburg 1969, Sp. 689–706

Heinen, E. (1986): Grundtatbestände betrieblicher Entscheidungen, in: Jacob, H. (Hrsg.): Industriebetriebslehre, 3. Aufl., Wiesbaden 1986, S. 319–380

Heinke, E. (2001): Basel II und seine Bedeutung für die mittelständische Wirtschaft, in: Zeitschrift für das gesamte Kreditwesen, 54. Jg., 2001, S. 174–178

Helbling, C. (2004): Abschlussberatung, Bern 2004

Helbling, C. (2005a): Due-Diligence-Review, in: Peemöller, V.H. (Hrsg.): Praxishandbuch der Unternehmensbewertung, 3. Aufl., Herne/Berlin 2005, S. 159–167

Helbling, C. (2005b): Absicherungsstrategien gegen Risiken des Unternehmenskaufs, in: Peemöller, V.H. (Hrsg.): Praxishandbuch der Unternehmensbewertung, 3. Aufl., Herne/Berlin 2005, S. 169–177

Helm, S./Günter, B. (2001): Kundenwert – Herausforderungen der Bewertung von Kundenbeziehungen, in: Günter, B./Helm, S. (Hrsg.): Kundenwert: Grundlagen – Innovative Konzepte – Praktische Umsetzungen, Wiesbaden 2001, S. 3–35

Henderson, B.D. (1974): Die Erfahrungskurve der Unternehmensstrategie, 2. Aufl., Frankfurt am Main 1974

Hense, H.H./Kleinbielen, H.-O. (2005): Die Bewertung des Goodwills nach US-GAAP und IAS/IFRS, in: Peemöller, V.H. (Hrsg.): Praxishandbuch der Unternehmensbewertung, 3. Aufl., Herne/Berlin 2005, S. 618–639

Herold, B. (1993): Schutz vor Naturkatastrophen, Köln 1993

Herold, B./Paetzmann, K. (1997): Innovation als Wettbewerbsfaktor in der Industrieversicherung, in: Zeitschrift für Versicherungswesen, 48. Jg., 1997, S. 671–678

Herold, B./Paetzmann, K. (1999): Alternativer Risiko-Transfer, 2. Aufl., München 1999

Hertel, A. (1999): Die Vision einer neuen Firmenversicherung, München 1999

Hess, Th./Weber, J./Hirnle, Chr./Hirsch, B./Strangfeld, O. (2005): Themenschwerpunkte und Tendenzen in der Controllingforschung – Eine empirische Analyse, in: Weber, J./Meyer, M. (Hrsg.): Internationalisierung des Controllings: Standortbestimmung und Optionen, Wiesbaden 2005, S. 29–47

Heumann, R. (2005): Value Reporting in IFRS-Abschlüssen und Lageberichten, Düsseldorf 2005

Hieber, W.L. (2003): Stichwort „Frühwarnsysteme", in: Horváth, P./Reichmann, Th. (Hrsg.): Vahlens Großes Controllinglexikon, 2. Aufl., München 2003, S. 256–257

High Level Group of Experts on Corporate Law 2002 (Hrsg.) (2002): Zur Entwicklung des Europäischen Gesellschaftsrechts: Stellungnahme der Group of German Experts on Corporate Law zum Konsultationsdokument der High Level Group of Experts on Corporate Law, in: ZIP, 23. Jg., 2002, S. 1310–1324

Hilke (1993): Markt, Marktformen und Marktverhaltensweisen, in: Wittmann, E. et al. (Hrsg.): Handwörterbuch der Betriebswirtschaftslehre, 5. Aufl., Stuttgart 1993, Sp. 2769–2782

Hippel, E. v. (1994): „Sticky Information" and the Locus of Problem Solving: Implications for Innovation, in: Management Science, Vol. 40, 1994, S. 430.

Hitt, M.A./Hoskisson, R.E./Moesel, D.D. (1996): The market for corporate control and firm innovation, in: Academy of Management Journal, Vol. 39, No. 5, 1996, S. 1084–1119

Hjelt, P. (2004): The Fortune Global 500, in: Fortune, Vol. 150, No. 2, Europe Edition, July 26, 2004, S. 51–54

Hömberg, R. (1985): Ein Vorschlag zur Analyse von Internen Kontrollsystemen für die Wirtschaftsprüfung, in: Ballwieser, W./Berger, K.H. (Hrsg.): Information und Wirtschaftlichkeit, Wiesbaden 1985, S. 481–500

Hömberg, R. (2002): Internes Kontrollsystem, in: Ballwieser, W./Coenenberg, A.G./Wisocki, K.v. (Hrsg.): Handwörterbuch der Rechnungslegung und Prüfung, 3. Aufl., Stuttgart 2002, Sp. 1228–1238

Hönerloh, A. (1997): Unscharfe Simulation in der Betriebswirtschaft – Modellbildung und Simulation auf der Basis der Fuzzy Set-Theorie, Göttingen 1997

Hoffmann, F. (1972): Merkmale der Führungsorganisation amerikanischer Unternehmen – Auszüge aus den Ergebnissen einer Forschungsreise, in: Zeitschrift für Organisation, 41. Jg., 1972, S. 145–148

Hoffmann, F. (1980): Führungsorganisation, Bd. I: Stand der Forschung und Konzeption, Tübingen 1980

Hoffmann, J. (2005): Trotz Beteiligung am Steuer bleiben, in: VDI nachrichten, o. Jg., v. 07.10.2005, S. 23

Hoffmann, O. (1999): Performance Measurement Systeme und Implementierungsansätze, Bern 1999

Hoitsch, H.-J./Winter, P. (2004): Ansätze zur ökonomischen Begründung der Vorteilhaftigkeit eines unternehmensgetragenen Risikomanagements in Industrieunternehmen, in: ZP, 15. Jg., 2004, S. 115–139

Holland, J. (1971): Bank lending relationships and the complex nature of bank-corporate relations, in: Journal of Business Finance and Accounting, Vol. 21, 1994, S. 367–393

Hollinger, H. (1971): Dynamische Management-Modelle, in: IO, Bd. 40, 1971

Hollingsworth, R. (1998): New Perspectives on the Spatial Dimensions of Economic Coordination, in: Review of International Political Economy, Vol. 5, 1998, S. 482–507

Holmström, B./Kaplan, S. (2003): The State of U.S. Corporate Governance: What's Right and What's Wrong?, in: Finance Working Paper No. 23, European Corporate Governance Institute, Brussels 2003

Homburg, C./Stephan, J./Haupt, M. (2005): Risikomanagement unter Nutzung der Balanced Scorecard, in: DB, 58. Jg., 2005, S. 1069–1075

Homburg, Ch. (1998): Quantitative Betriebswirtschaftslehre: Entscheidungsunterstützung durch Modelle, 2. Aufl. Wiesbaden 1998

Homburg, Ch./Daum, D. (1997): Marktorientiertes Kostenmanagement, Kosteneffizienz und Kundennähe verbinden, Frankfurt am Main 1997

Homburg, Ch./Klarmann, M. (2003): Empirische Controllingforschung – Anmerkungen aus der Perspektive des Marketing, in: Weber, J./Hirsch, B. (Hrsg.): Zur Zukunft der Controllingforschung – Empirie, Schnittstellen, und Umsetzung in der Lehre, Wiesbaden 2003, S. 65–88

Homburg, Ch./Krohmer, H. (2003): Marketingmanagement, Wiesbaden 2003

Homburg, Ch./Schnurr, P. (1998): Kundenwert als Instrument der Wertorientierten Unternehmensführung, in: Bruhn, M./Lusti, M./Müller, W.R./Schierenbeck, H./Studer, T. (Hrsg.): Wertorientierte Unternehmensführung – Perspektiven und Handlungsfelder für die Wertsteigerung von Unternehmen, Wiesbaden 1998, S. 169–189

Homburg, Ch./Stock, R. (2001): Theoretische Perspektive zur Kundenzufriedenheit, in: Homburg, Ch. (Hrsg.): Kundenzufriedenheit: Konzepte – Methoden – Erfahrungen, 4. Aufl., Wiesbaden 2001, S. 18–50

Homburg, Ch./Werner, H. (1998): Kundenorientierung mit System, Frankfurt am Main/New York 1998

Hommel, M. (1997): Internationale Bilanzrechtskonzeptionen und immaterielle Vermögensgegenstände, in: ZfbF, 49. Jg., 1997, S. 345–369

Hommelhoff, P (2005): Grenzsteine für die Autonomie deutscher Aufsichtsräte? in: KPMG Audit Committee Quarterly II/2005, Frankfurt am Main 2005, S. 4–5

Hommelhoff, P./Mattheus, D. (2004): BB-Gesetzgebungsreport: Verlässliche Rechnungslegung – Enforcement nach dem geplanten Bilanzkontrollgesetz, in: BB, 59. Jg., 2004, S. 93–100

Hopt, K.J./Kanda, H./Roe, M.J./Wymeersch, E./Prigge, St. (Hrsg.) (1998): Comparative Corporate Governance – The State of the Art and Emerging Research, Oxford 1998

Hornung, K./Reichmann, Th./Diederichs, M. (1999): Risikomanagement – Teil I: Konzeptionelle Ansätze zur pragmatischen Realisierung gesetzlicher Anforderungen, in: Controlling, 11. Jg., Heft. 7, 1999, S. 317–325

Hornung, K./Reichmann, Th./Form, St. (2000): Risikomanagement – Teil II: Wertorientierung und KonTraG als Determinanten des Risikomanagements der Metallgesellschaft AG, in: ZfCM, 12. Jg., 2000, Heft 3, 2000, S. 153–161

Horváth, P. (1978a): Aufgaben und Stellung des Controllers, in: BFuP, 30. Jg., 1978, S. 129–141

Horváth, P. (1978b): Entwicklung und Stand einer Konzeption zur Lösung der Adaptions- und Koordinationsprobleme der Führung, in: ZfB, 48. Jg., 1978, S. 194–208

Horváth, P. (1979): Aufgaben und Instrumente des Controlling, in: Goetzke, W./Sieben, G. Hrsg.): Controlling – Integration von Planung und Kontrolle, Köln 1979, S. 27–57

Horváth, P. (1980): Die Koordinationsaufgaben des Controlling, Schriften zur Unternehmensführung, Bd. 27, Wiesbaden 1980

Horváth, P. (1992): Internes Kontrollsystem, allgemein, in: Coenenberg, A.G./Wysocki, K. v. (Hrsg.): Handwörterbuch der Revision, 2. Aufl., Wiesbaden 1992, Sp. 882–896

Horváth, P. (1999): Richtig verstanden ist Balanced Scorecard das künftige Managementsystem, in: FAZ, 51. Jg., v. 30.08.1999, S. 29

Horváth, P. (2002a): Controlling, 8. Aufl., München 2002

Horváth, P. (2002b): Controlling – Von der Kostenkontrolle zur strategischen Steuerung, in: Gaugler, E./Köhler, R. (Hrsg.): Entwicklungen der Betriebswirtschaftslehre: 100 Jahre Fachdisziplin – zugleich eine Verlagsgeschichte, Stuttgart 2002, S. 325–354

Horváth, P. (2003a): Horváth, P.: Controlling, 9. Aufl., München 2003

Horváth, P. (2003b): Anforderungen an ein modernes internes Kontrollsystem, in: WPg, Sonderheft „Wirtschaftsprüfer im Blickpunkt der Öffentlichkeit", 56. Jg., 2003, S. 211–218

Horváth, P. (2003c): Stichwort „Management Control", in: Horváth, P./Reichmann, Th. (Hrsg.): Vahlens Großes Controllinglexikon, 2. Aufl., München 2003, S. 468

Horváth, P./Gleich, R. (2000): Controlling als Teil des Risikomanagements, in: Dörner, D./Horváth, P./Kagermann, H. (Hrsg.): Praxis des Risikomanagements. Grundlagen, Kategorien, branchenspezifische und strukturelle Aspekte, Stuttgart 2000, S. 99–126

Horváth, P./Kaufmann, L. (1998): Balanced Scorecard – ein Werkzeug zur Umsetzung von Strategien, in: Harvard Business Manager, 20. Jg., 1998, S. 39–48

Hucke, A./Ammann, H. (2003): Der Deutsche Corporate Governance Kodex. Ein Praktiker-Leitfaden für Unternehmer und Berater, Herne/Berlin 2003

Hüffer, U. (2006): Aktiengesetz, 7. Aufl., München 2006

Hütten, Ch. (2003): Qualitätssteigerung der Finanzberichterstattung durch Einführung einer Enforcement-Institution?, in: Freidank, C.-Chr./Schreiber, O.K. (Hrsg.): Corporate Governance, Internationale Rechnungslegung und Unternehmensanalyse im Zentrum aktueller Entwicklungen, Hamburg 2003, S. 123–158

Institut der Wirtschaftsprüfer (IDW) (Hrsg.) (2003a): Comment Letter on the Enterprise Risk Management Framework, Düsseldorf, 06.11.2003

Institut der Wirtschaftsprüfer (IDW) (Hrsg.) (2003b): Presseinformation 10/03, S. 2

Institut der Wirtschaftsprüfer (IDW) (Hrsg.) (2006): Wirtschaftsprüfer-Handbuch, Band I, 13. Aufl., Düsseldorf 2006

Institut der Wirtschaftsprüfer (Hrsg.) (2007): Wirtschaftsprüfer-Handbuch, Band II, 13. Aufl., Düsseldorf 2007

Institute of Internal Auditors (IIA) (Hrsg.) (1999): Statement of Responsibilities of the Internal Auditor, New York 1999

International Federation of Accountants (IFAC) (Hrsg.) (2003): Handbook of International Auditing, Assurance, and Ethics Pronouncements, New York 2003

International Group of Controlling (Hrsg.) (2001): Controller-Wörterbuch, 2. Aufl., Stuttgart 2001

Jacob, H. (1986a): Grundlagen und Grundtatbestände der Planung im Industriebetrieb, in: Jacob, H. (Hrsg.): Industriebetriebslehre, 3. Aufl., Wiesbaden 1986, S. 381–400

Jacob, H. (1986b): Die Planung des Produktions- und Absatzprogramms, in: Jacob, H. (Hrsg.): Industriebetriebslehre, 3. Aufl., Wiesbaden 1986, S. 401–590

Jaensch, G. (1966): Wert und Preis der ganzen Unternehmung, Köln/Opladen 1966

Jarrell, G.A./Brickley, J./Netter, J. (1988): The market for corporate control: the empirical evidence since 1980, in: Journal of Economic Perspectives, Vol. 2, 1988, S. 49–68

Jebens, C.Th. (2003): Was bringen die IFRS oder IAS dem Mittelstand?, in: DB, 56. Jg., 2003, 2345–2350

Jensen, J./Rodgers, R. (2001): Cumulating the Intellectual Gold of Case Study Research, in: Public Administration Review, Vol. 61, Nr. 2, 2001, S. 235–246

Jensen, M.C./Meckling, W.H. (1976): Theory of the firm: Managerial Behavior, Agency Costs and Ownership Structure, in: JPE, Vol. 3, 1976, S. 305–360

Jensen, M.C/Ruback, R. (1983): The market for corporate control, in: Journal of Financial Economics, Vol. 11, 1983, S. 5–50

Johanning, L. (1996): Value-at-Risk-Modelle zur Ermittlung der bankaufsichtlichen Eigenkapitalunterlegung beim Marktrisiko im Handelsbereich, in: Zeitschrift für Bankrecht und Bankwirtschaft, 8. Jg., 1996, S. 287–303

Jonas, M. (1995): Zur Anwendung der Discounted-Cash-Flow-Methode in Deutschland, in: BFuP, 47. Jg., 1995, S. 83–98

Jud, G. (1996): Die Überwachung der Unternehmen durch deren Organe unter Berücksichtigung der Verhältnisse in den USA und in Deutschland, Zürich 1996

Jürgens, U./Rupp, J. (2002): The German System of Corporate Governance – Characteristics and Changes, Veröffentlichungsreihe der Abteilung Regulierung von Arbeit des Forschungsschwerpunkts Technik-Arbeit-Umwelt des Wissenschaftszentrum Berlin für Sozialforschung, Berlin 2002

Kämpfer, G. (2004): Vorwort: Globalisierung verlangt neue Konzepte, in: Menzies, C. (Hrsg.): Sarbanes-Oxley Act, Stuttgart 2004, S. V-VI

Kagermann, H./Küting, K./Weber, C.-P. (Hrsg.) (2006): Handbuch der Revision – Management mit der SAP®-Revisions-Roadmap, Stuttgart 2006

Kahle, H. (2003): Unternehmenssteuerung auf Basis internationaler Rechnungslegungsstandards?, in: ZfbF, 55. Jg., 2003, S. 773–789

Kaiser, K. (2005): Erweiterung der zukunftsorientierten Lageberichterstattung: Folge des Bilanzrechtsreformgesetzes für Unternehmen, in: DB, 58. Jg., 2005, S. 345–353

Kajüter, P. (2001): Der Entwurf DRS 5 zur Risikoberichterstattung, in: WPg, 54. Jg., 2001, S. 205–209

Kajüter, P. (2002): Prüfung der Risikoberichterstattung im Lagebericht, in: BB, 57. Jg., 2002, S. 243–249

Kajüter, P. (2004): Der Lagebericht als Instrument einer kapitalmarktorientierten Rechnungslegung, in: DB, 57. Jg., 2004, S. 197–203

Kallmeyer, H. (2003): Die Europäische Aktiengesellschaft – besser als ihr Ruf?, in: DB, 56. Jg., 2003, S. I

Kaplan, R.S./Norton, D.P. (1992): The Balanced Scorecard – Measures That Drive Performance, in: Harvard Business Review, Vol. 70, Nr. 1, 1992, S. 71–79

Kaplan, R.S./Norton, D.P. (1996a): The Balanced Scorecard: Translating Strategy into Action, Boston 1996

Kaplan, R.S./Norton, D.P. (1996b): Using The Balanced Scorecard as a Strategic Management System, in: Harvard Business Review, Vol. 74, 1996b, S. 75–85

Kaplan, R.S./Norton, D.P. (1997): Balanced Scorecard: Strategien erfolgreich umsetzen, Stuttgart 1997

Kaplan, R.S./Norton, D.P. (2001): The Strategy Focused Organization: How Balanced Scorecard Companies Thrive in the New Business Environment, Boston 2001

Kappler, E. (1993): Rationalität und Ökonomik, in: Wittmann, E. et al. (Hrsg.): Handwörterbuch der Betriebswirtschaftslehre, 5. Aufl., Stuttgart 1993, Sp. 3648–3664

Karmann, A. (1992): Principal-Agent-Modelle und Risikoallokation – Einige Grundprinzipien, in: WiSt, 21. Jg., 1992, S. 557–562

Karten, W. (1972): Zum Problem der Versicherbarkeit und zur Risikopolitik des Versicherungsunternehmens, in: Zeitschrift für die gesamte Versicherungswirtschaft, 61. Jg., 1972, S. 279–299

Katterle, S. (1970): Die Koordination der betrieblichen Teilbereiche als Aufgabe der Unternehmensführung, in: ZfB, 40. Jg., 1970, Ergänzungsheft, S. 27–36

Katz, R. (1989): Marketingcontrolling in internationalen Unternehmen, in: Bruhn, M. (Hrsg.): Handbuch des Marketing: Anforderungen an Marketingkonzeptionen aus Wissenschaft und Praxis, München 1989, S. 679–696

Keasey, K./Thompson, S./Wright, M. (1997): Introduction: the corporate problem – competing diagnoses and solutions, in: Keasey, K./Thompson, S./Wright, M. (Hrsg.): Corporate Governance: Economic and Financial Issues, Oxford/New York, 1997, S. 1–17

Keiser, H. (1966): Betriebswirtschaftliche Analyse von Insolvenzen bei mittelständischen Einzelhandlungen, Opladen 1966

Keitsch, D.: Risikomanagement, 2. Aufl., Stuttgart 2004

Kern, W. (1969): Der Betrieb als Faktorkombination, in: Jacob, H, (Hrsg.): Allgemeine Betriebswirtschaftslehre in programmierter Form, S. 113–199

Kieser, E. (2000): Die Balanced Scorecard als Managementmethode, in: Kostenrechnungs-Praxis, 44. Jg., Sonderheft, 2000, S. 123–124

Kieser, E./Kubicek, H. (1992): Organisation, 3. Aufl., Berlin/New York 1992

Kilger, W. (1988): Flexible Plankostenrechnung und Deckungsbeitragsrechnung, 9. Aufl., Wiesbaden 1988

Kim, H./Hoskisson, R.E. (1997): Market (United States) versus Managed (Japanese) Governance, in: Keasey, K./Thompson, S./Wright, M. (Hrsg.): Corporate Governance: Economic and Financial Issues, Oxford/New York, 1997, S. 174–199

Kirchgässner, G. (1983): Ökonometrie: Datenanalyse oder Theorienüberprüfung? in: Jahrbücher für Nationalökonomie und Statistik, 198. Jg., 1983, S. 511–537

Kirchgässner, G. (1991): Homo Oeconomicus: Das ökonomische Modell individuellen Verhaltens und seine Anwendung in den Wirtschafts- und Sozialwissenschaften, Tübingen 1991

Kirk, J./Miller, M. (1986): Reliability and validity in qualitative research, Beverly Hills (CA) 1986

Kirsch, H. (2003a): Anforderungen an das Controlling durch internationale Rechnungslegungsstandards, in: Controlling, 15. Jg., 2003, S. 11–17

Kirsch, H. (2003b): Erfolgsstrukturanalyse auf Basis der Gliederungs- und Angabevorschriften zur IAS/IFRS-Gewinn- und Verlustrechnung, in: DB, 56. Jg., 2003b, S. 2449–2455

Kirsch, H./Steinhauer, L. (2003): Zum Einfluss der internationalen Rechnungslegung auf das Controlling, in: ZP, 14. Jg., 2003, S. 415–435

Kirsch, W. (1977): Einführung in die Theorie der Entscheidungsprozesse, 2. Aufl., Wiesbaden 1977

Kirschbaum, T. (2005): Deutscher Corporate Governance Kodex überarbeitet – Welche (Erklärungs-)Pflichten ergeben sich für Vorstand und Aufsichtsrat börsennotierter Aktiengesellschaften?, in: DB, 58. Jg., 2005, S. 1473–1477

Klausmann, W. (1983): Betriebliche Frühwarnsysteme im Wandel, in: Zeitschrift für Organisation, 52. Jg., 1983, H. 1, S. 39–45

Klingebiel, N. (1999): Performance Measurement, Wiesbaden 1999

Kloock, J. (1992): Prozesskostenrechnung als Rückschritt und Fortschritt der Kostenrechnung, Teil 1 und 2, in: krp, 36. Jg., 1992, H. 4 u. 5, S. 183–193 u. S. 237–245

Kloock, J./Sieben, G./Schildbach, Th. (1993): Kosten- und Leistungsrechnung, 7. Aufl., Düsseldorf 1993

Koch, H. (1982): Integrierte Unternehmensplanung, Wiesbaden 1982

Koch, H. (1992): Flexibilität und Unternehmensplanung, in: Hansmann, K.W./Scheer, A.-W. (Hrsg.): Praxis und Theorie der Unternehmung, Festschrift für H. Jacob, Wiesbaden 1992, S. 205–221

Köhler, A.G. (2005): Audit committees in Germany – Theoretical reasoning and empirical evidence, in: Schmalenbach Business Review, Vol. 57, 2005, S. 229–252

Köhler, A./Marten, K.-U./Hülsberg, F.M./Bender, G. (2005): Haftungsrisiken für Gesellschaftsorgane – Aktuelle Beurteilung und Gegenmaßnahmen, in: Betriebs-Berater, 60. Jg., 2005, S. 501–510

Köhler, R. (1993): Marktforschung, in: Wittmann, E. et al. (Hrsg.): Handwörterbuch der Betriebswirtschaftslehre, 5. Aufl., Stuttgart 1993, Sp. 2782–2803

Köhler, R. (2003): Stichwort „Deckungsbeitragsrechnung im Marketing“, in: Horváth, P./Reichmann, Th. (Hrsg.): Vahlens Großes Controllinglexikon, 2. Aufl., München 2003, S. 161–162

Köhler, R. (1975): Modelle, in: Grochla, E./Wittmann, W. (Hrsg.): Handbuch der Betriebswirtschaft, Band I/2, 4. Aufl., Stuttgart 1975, Sp. 2701–2715

Köhler, R. (1998): Marketing-Controlling: Konzepte und Methoden, in: Reinecke, S./Tomczak, T./Dittrich, S. (Hrsg.): Marketingcontrolling, St. Gallen 1998, S. 10–21

Köhler, R. (2003a): Stichwort „Break-Even-Analyse im Marketing“, in: Horváth, P./Reichmann, Th. (Hrsg.): Vahlens Großes Controllinglexikon, 2. Aufl., München 2003, S. 93–94

Köhler, R. (2003b): Stichwort „Kundenanalyse“, in: Horváth, P./Reichmann, Th. (Hrsg.): Vahlens Großes Controllinglexikon, 2. Aufl., München 2003, S. 425–427

Köhler, R. (2003c): Stichwort „Marketing-Controlling“, in: Horváth, P./Reichmann, Th. (Hrsg.): Vahlens Großes Controllinglexikon, 2. Aufl., München 2003, S. 474–475

Köhler, R. (2003d): Stichwort „Marketing-Früherkennung“, in: Horváth, P./Reichmann, Th. (Hrsg.): Vahlens Großes Controllinglexikon, 2. Aufl., München 2003, S. 478

Köhler, R. (2003e): Stichwort „Marketing-Controllingaufgaben“, in: Horváth, P./Reichmann, Th. (Hrsg.): Vahlens Großes Controllinglexikon, 2. Aufl., München 2003, S. 475

KölnerKomm: Zöllner, W.: Kölner Kommentar zum Aktiengesetz, Bd. 2, 2. Aufl., Köln et al. 1996

Köke, J. (2004): The market for corporate control in a bank-based economy: a governance device? in: Journal of Corporate Finance, Vol. 10, 2004, S. 53–80

Köke, J./Renneboog, L. (2003): Do corporate control and product market competition lead to stronger productivity growth?, Finance Working Paper No. 14/2003, European Corporate Governance Institute, Brussels 2003

Köndgen, J. (1996): Financial Covenants: „Symbiotische" Finanzierung im Spannungsfeld von Vertrags-, Gesellschafts- und Insolvenzrecht, in: Prüffing, H. (Hrsg.): Insolvenz-recht, Köln 1996, S. 127–157

Köthner, R. (2004): Value Reporting als neues Rechnungslegungsinstrument – dargestellt am Beispiel DaimlerChrysler AG, in: Freidank, C.-Chr. (Hrsg.): Reform der Rechnungslegung und Corporate Governance in Deutschland und Europa, Wiesbaden 2004, S. 297–317

Kötzle, A. (1993): Die Identifikation strategisch gefährdeter Geschäftseinheiten, Berlin 1993

Kohlhoff, Chr./Langenhahn, K./Zorn, St. (2000): Risikomanagement nach dem KonTraG: Zwischen Theorie und Praxis, in: ZIR, 35. Jg, 2000, S. 2–11

Kohli, A.K./Jaworski, B. (1990): Market Orientation: Antecedents and Consequences, in: Journal of Marketing, Vol. 54, 1990, S. 1–18

Koontz, H./O'Donnell, C. (1955): Principles of management: An analysis of managerial functions, New York 1955

Kotler, Ph./Keller, K.L. (2006): Marketing Mangement, 12. Aufl., Upper Saddle River 2006

KPMG Deutsche Treuhand-Gesellschaft (Hrsg.) (1998): Integriertes Risikomanagement, Berlin 1998

KPMG Deutsche Treuhand-Gesellschaft (Hrsg.) (2003): Corporate Governance im börsen- und nicht-börsennotierten Mittestand, in: KPMG Audit Committee Quarterly III/2003, Frankfurt am Main 2003, S. 6–11

KPMG Deutsche Treuhand-Gesellschaft (Hrsg.) (2004): Früherkennung und Überwindung von Unternehmenskrisen – Einblick in die Praxis von Schweizer Unternehmen, Zürich 2004

KPMG Deutsche Treuhand-Gesellschaft (Hrsg.) (2005): Ausschussbildung in deutschen Aufsichtsräten, in: KPMG Audit Committee Quarterly II/2005, Frankfurt am Main 2005, S. 6–13

KPMG Deutsche Treuhand-Gesellschaft (Hrsg.) (2007): Financial Reporting Update 2006, Frankfurt am Main 2007

Krafft, M./Rutsatz, U. (2001): Konzepte zur Messung des ökonomischen Kundenwerts, in: Günter, B./Helm, S. (Hrsg.): Kundenwert: Grundlagen – Innovative Konzepte – Praktische Umsetzungen, Wiesbaden 2001, S. 237–258

Krahnen, J.P./Weber, M. (2000): Generally Accepted Rating Principles: A Primer, Working Paper, Center for Financial Studies, Frankfurt 2000

Krall, M. (2004): Auswirkungen des Bilanzrechtsreformgesetzes und der geplanten Bilanzrechtsmodernisierung auf die handelsrechtliche Anschlussprüfung, in: Freidank, C.-Chr. (Hrsg.): Reform der Rechnungslegung und Corporate Governance in Deutschland und Europa, Wiesbaden 2004, S. 101–123

Krampe, G./Müller, G. (1981): Diffusionsfunktionen als theoretisches und praktisches Konzept zur strategischen Frühaufklärung, in: ZfbF, 33. Jg., 1981, S. 384–401

Kraus, K.-J./Haghani, S. (2004): Krisenverlauf und Krisenbewältigung – der aktuelle Stand, in: Bickhoff, N./Blatz, M./Eilenberger, G./Haghani, S./Kraus, K.J. (Hrsg.): Die Unternehmenskrise als Chance, Berlin/Heidelberg/New York 2004, S. 13–37

Krause, O. (2005): Performance-Measurement – Eine Stakeholder-Nutzen-orientierte und Geschäftsprozess-basierte Methode, genehmigte Dissertation, Technische Universität Berlin, Berlin 2005, http://deposit.ddb.de/cgi-bin/dokserv?idn=975329073&dok_var=d1&dok_ext=pdf&filename=975329073.pdf

Kreditanstalt für Wiederaufbau (KfW) (Hrsg.) (2002): Die Finanzierungsperspektiven deutscher Unternehmen im Zeichen von Finanzmarktwandel und Basel II: Auswertung der Unternehmensbefragung 2001, Frankfurt 2002

Kreditschutzverband von 1870 (Hrsg.) (2004): Auf Unternehmen gibt es keine Garantie: Insovenz-Ursachen 2003, Wien 1996, S. 1–8

Kreilkamp, E. (1987): Strategische Unternehmensplanung, 6. Aufl., Stuttgart/Berlin/Köln 1987

Krieg, W. (1971): Kybernetische Grundlagen der Unternehmensgestaltung, Bern/Stuttgart 1971

Kromrey, H. (1986): Empirische Sozialforschung: Modelle und Methoden der Datenerhebung und Datenauswertung, Opladen 1986

Kromschröder, B. (1972): Ansätze der Optimierung des Kontrollsystems der Unternehmung, Berlin 1972

Kromschröder, B. (1998): Risikomanagement, in: Lück, W. (Hrsg.): Lexikon der Rechnungslegung und Abschlussprüfung, 4. Aufl., München/Wien 1998, S. 687

Kromschröder, B. (2001): Stichwort „Risiko", in: Lück, W. (Hrsg.): Lexikon der Internen Revision, München 2001, S. 282–283

Kromschröder, B./Lück, W. für den Arbeitskreis „Externe und Interne Überwachung der Unternehmung" der Schmalenbach-Gesellschaft für Betriebswirtschaft e. V. (1998): Grundsätze risikoorientierter Unternehmensüberwachung, in: DB, 51. Jg., 1998, S. 1573–1579

Kropfberger, D. (1986): Erfolgsmanagement statt Krisenmanagement, Linz 1986

Kropfberger, D./Mödritscher, G. (2002): Psychologie der Krise, in: Feldbauer-Durstmüller, B./Schlager, J. (Hrsg.): Krisenmanagement – Sanierung – Insolvenz: Handbuch für Banken, Management, Rechtsanwälte, Steuerberater, Wirtschaftsprüfer und Unternehmensberater, Wien 2002, S. 133–158

Krumnow, J. (1998): Die Absicherung von Zins- und Währungsrisiken bei Kreditinstituten, in: Lutter, M. (Hrsg.): Handbuch der Konzernfinanzierung, Köln 1998, S. 833–870

Kruschwitz, L. (2001): Risikoabschläge, Risikozuschläge und Risikoprämie in der Unternehmensbewertung, in: DB, 54. Jg., 2001, S. 2109–2413

Kruschwitz, L. (2004): Finanzierung und Investition, 4. Aufl., München/Wien 2004

Krystek, U. (1987): Unternehmenskrisen – Beschreibung, Vermeidung und Bewältigung überlebenskritischer Prozesse in Unternehmungen, Wiesbaden 1987

Krystek, U./Müller-Stewens, G. (1997): Strategische Frühaufklärung als Element strategischer Führung, in: Hahn, D./Taylor, B. (Hrsg.): Strategische Unternehmensführung – Strategische Unternehmensplanung: Stand und Entwicklungstendenzen, 7. Aufl., Heidelberg 1997, S. 913–933

Kühn, R./Fassnacht, R. (1998): Strategische Frühwarnung als Aufgabe des Marketingcontrolling, in: Reinecke, S./Tomczak, T./Dittrich, S. (Hrsg.): Marketingcontrolling, St. Gallen 1998, S. 22–32

Küpper, H.-U. (1987): Konzeption des Controlling aus betriebswirtschaftlicher Sicht, in: Scheer, A.-W. (Hrsg.): Rechnungswesen und EDV, 8. Saarbrücker Arbeitstagung, Heidelberg 1987, S. 82–116

Küpper, H.-U. (1995): Controlling – Konzeption, Aufgaben und Instrumente, Stuttgart 1995

Küpper, H.-U. (1997): Internes Rechnungswesen, in: Hauschildt, J./Grün, O. (Hrsg.): Ergebnisse empirischer betriebswirtschaftlicher Führung – zu einer Realtheorie der Unternehmung, Festschrift für Eberhard Witte, Stuttgart 1997, S. 601–631

Küpper, H.-U. (2001): Controlling – Konzeption, Aufgaben und Instrumente, 3. Aufl., Stuttgart 2001

Küpper, H.-U. (2003): Stichwort „Beschaffungsplanungsinstrumente", in: Horváth, P./Reichmann, Th. (Hrsg.): Vahlens Großes Controllinglexikon, 2. Aufl., München 2003, S. 68

Küpper, H.-U. (2004): Notwendigkeit der theoretischen Fundierung des Controlling, in: Scherm, Ewald/Pietsch, Gotthard (Hrsg.): Controlling – Theorien und Konzeptionen, München 2004, S. 23–40

Küpper, H.-U./Weber, J./Zünd, A. (1990): Zum Verständnis und Selbstverständnis des Controlling, in: ZfB, 60. Jg., 1990, S. 281–293

Kürsten, W. (2002): „Unternehmensbewertung unter Unsicherheit", oder: Theoriedefizit einer künstlichen Diskussion über Sicherheitsäquivalent- und Risikozuschlagsmethode, in: ZfbF, 54. Jg., 2002, S. 128–144

Kürsten, W. (2003): Grenzen und Reformbedarfe der Sicherheitsäquivalentmethode in der (traditionellen) Unternehmensbewertung, in: ZfbF, 55. Jg., 2003, S. 306–314

Küting, K. (2000): Der Geschäfts- oder Firmenwert – ein Spielball der Bilanzpolitik in deutschen Konzernen, in: AG, 45. Jg., 2000, 97–106

Küting, K. (2003a): Stichwort „International Accounting Standards (IAS)", in: Horváth, P./Reichmann, Th. (Hrsg.): Vahlens Großes Controllinglexikon, 2. Aufl., München 2003, S. 300–301

Küting, K. (2003b): Stichwort „Internationale Rechnungslegung", in: Horváth, P./Reichmann, Th. (Hrsg.): Vahlens Großes Controllinglexikon, 2. Aufl., München 2003b, S. 305–310

Küting, K. (2005): Die Bedeutung der Fair Value-Bewertung für Bilanzanalyse und Bilanzpolitik: informiert der Fair Value besser über die „wahre" Unternehmenslage? in: Bieg, H./Heyd, R. (Hrsg.): Fair Value: Bewertung in Rechnungswesen, Controlling und Finanzwirtschaft, München 2005, S. 495–516

Küting. K. (2006): Der Stellenwert der Bilanzanalyse und Bilanzpolitik im HGB- und IFRS-Bilanzrecht, in: DB, 59. Jg., 2006, S. 2753–2762

Küting, K./Hütten, Chr. (1997): Die Lageberichterstattung über Risiken der künftigen Entwicklung, Annäherung an die geplante Änderung der §§ 289, 315 HGB durch das KonTraG, in: AG, 42. Jg., 1997, S. 250–256

Küting, K./Hütten, Chr. (2000): Darstellung und Prüfung der künftigen Entwicklungsrisiken und -chancen im Lagebericht, in: Lachnit, L./Freidank, C.-Chr. (Hrsg.): Investororientierte Unternehmenspublizität: Neue Entwicklungen von Rechnungslegung, Prüfung und Jahresabschlussanalyse, Wiesbaden 2000, S. 399–431

Küting, K./Weber, C.-P. (Hrsg.) (2006): Handbuch der Rechnungslegung – Einzelabschluss, Kommentar zur Bilanzierung und Prüfung, 5. Aufl., Stand 2. Ergänzungslieferung November 2006, Stuttgart 2006

Küting, K./Zwirner, Chr. (2002): Bilanzierung nach HGB: ein Auslaufmodell? – Internationalisierung der Rechnungslegung, in: StuB Steuer- und Bilanzpraxis, o.Jg., 2002, S. 785–790

Kuhl, K./Nickel, J.-P. (1999): Risikomanagement im Unternehmen – Stellt das KonTraG neue Anforderungen an die Unternehmen? in: DB, 52. Jg., 1999, S. 133–135

Kuhner, C. (2000): Neue Transparenzforderungen zur Bewältigung von Systemkrisen, in: Conrad, Chr./Stahl, M. (Hrsg.): Risikomanagement an internationalen Finanzmärkten, Stuttgart 2000, S. 331–347

Kuhner, C. (2004): New Financial Accounting Standards for the New Economy? Some Remarks on the Ongoing Debate, in: Fandel, G./Backes-Gellner, U./Schlüter, M./Staufenbiel, M. (Hrsg.), Modern Concepts of the Theory of the Firm. Managing Enterprises of the New Economy, Berlin et al. 2004, S. 590–603

Kupiec, P.H. (1995): Techniques for Verifying the Accuracy of Risk Measurement Models, in: The Journal of Derivatives, o.Jg., Winter 1995, S. 73–84

Kuß, A./Tomaczak, T. (2004): Marketingplanung, 4. Aufl., Wiesbaden 2004

Kutschera, F. v. (1972): Wissenschaftstheorie, München 1972

La Porta, R./Lopez-de-Silanes, F./Shleifer, A./Vishny, R. (1998): Law and Finance, in: Journal of Political Economy, Vol. 106, 1998, S. 1113–1155

La Porta, R./Lopez-de-Silanes, F./Shleifer, A./Vishny, R. (2000): Investor Protection and Corporate Governance,, Journal of Financial Economics, Vol. 58, 2000, S. 3–27

Labhardt, P.A. (1999): Value Reporting – Informationsbedürfnisse des Kapitalmarktes und Wertsteigerung durch Reporting, Zürich 1999

Lachnit, L. (1986): Betriebliche Früherkennung auf Prognosebasis, in: Jacob, H. (Hrsg.): Früherkennung und Steuerung von Unternehmensentwicklungen, Schriften zur Unternehmensführung, Bd. 34, Wiesbaden 1986, S. 5–30

Lachnit, L. (1992): Controlling als Instrument der Unternehmensführung, in: Deutsches Steuerrecht, 30. Jg., 1992, S. 228

Lachnit, L. (2003): Einflüsse der internationalen Rechnungslegung auf die Bilanzanalyse, in: Freidank, C.-Chr./Schreiber, O.K. (Hrsg.): Corporate Governance, Internationale Rechnungslegung und Unternehmensanalyse im Zentrum aktueller Entwicklungen, Hamburg 2003, S. 159–204

Lachnit, L./Müller, St. (2001): Risikomanagementsystem nach KonTraG und Prüfung des Systems durch den Wirtschaftsprüfer, in: Freidank, C.-Chr. (Hrsg.): Die deutsche Rechnungslegung und Wirtschaftsprüfung im Umbruch, Festschrift für W. Th. Strobel, München 2001, S. 363–393

Lachnit, L./Müller, St. (2003): Integrierte Erfolgs-, Bilanz- und Finanzrechnung als Instrument des Risikocontrolling, in: Freidank, C.-Chr./Mayer, E. (Hrsg.): Controlling-Konzepte – Neue Strategien und Werkzeuge für die Unternehmenspraxis, 6. Aufl., Wiesbaden 2003, S. 563–586

Lanfermann, G./Maul, S. (2002): Auswirkungen des Sarbanes-Oxley Acts in Deutschland, in: DB, 55. Jg., 2002, S. 1725–1732

Lanfermann, G./Maul, S. (2006): Prüfungsausschüsse werden zum Mindeststandard, in: FAZ, 58. Jg., v. 12.06.2006

Langenbach, W. (2001): Börseneinführung von Tochtergesellschaften. Eine konzeptionelle und empirische Analyse zur Optimierung der Rationalitätssicherung durch Märkte, Wiesbaden 2001

Langenbucher, G. (2003): Good Corporate Governance – oder „des Pudels" Kern, in: Wollmert, P. et al. (Hrsg.) Wirtschaftsprüfung und Unternehmensüberwachung, FS für W. Lück, Düsseldorf 2003, S. 53–75

Langenbucher, G./Blaum, U. (1994): Audit Committees – Ein Weg zur Überwindung der Überwachungskrise?, in: DB, 47. Jg., 1994, S. 2197–2206

Lanza, R.B. (2004): Making Sense of Sarbanes-Oxley Tools, in: Internal Auditor, Vol LXI:I, February 2004, S. 45–51

Lawrence, P. (1980): Managers and Management in West-Germany, London 1980

Lebas, M. (1994): Managerial Accounting in France, Overview of past tradition and current practice, in: The European Accounting Review, Vol. 3, No. 3, 1994, S. 471–487

Lebert, R. (2002): Euroratings stellt Betrieb ein, in: FTD, o.Jg., v. 10.06.2002

Leffson, U. (1987): Die Grundsätze ordnungsmäßiger Buchführung, 7. Aufl., Düsseldorf 1987

Lehner, J.M. (2005): Risikobeurteilung für Projekte – Der „Balanced-Risk"-Prozess, in: zfo, 74. Jg., 2005, S. 4–10

Lentfer, T. (2003): Die Überwachung des Risikomanagementsystems gemäß § 91 Abs. 2 AktG durch den Aufsichtsrat, Hamburg 2003

Lentfer, T. (2005): Einflüsse der internationalen Corporate Governance-Diskussion auf die Überwachung der Geschäftsführung – Eine kritische Analyse des deutschen Aufsichtsratssystems, Wiesbaden 2005

Lentfer, T./Weber, St. (2006): Das Corporate Governance Statement als neues Publizitätsinstrument, in: DB, 59 Jg., 2006, S. 2357–2363

Lenz, H. (2002): Prüfungstheorie, verhaltensorientierter Ansatz, in: Ballwieser, W./Coenenberg, A.G./Wysocki, K.v. (Hrsg.): Handwörterbuch der Rechnungslegung und Prüfung, 3. Aufl., Stuttgart 2002, Sp. 1924–1938

Lenz, H. (2004): Die Abschlussprüfung und Enforcement nach dem Bilanzkontrollgesetz – Zwei Fallbeispiele, in: BFuP, 56. Jg., 2004, S. 219–238

Lenz, P. (2007): Aktuelle europäische und US-amerikanische Entwicklungen: jetztSOX 404 auch in Europa?, Vortragsmanuskript, Konferenz „Interne Kotrollsysteme – Kostentreiber oder stategischer Erfolgsfaktor?, Frankfurt am Main 21.03.2007

Leube, H.P. (2003): Corporate Governance the American Way? in: RIW, 49. Jg., 2003, S. 98–105

Levitt, T. (1965): Expoit the Product Life Cycle, in: Harvard Business Review, November-December 1965, S. 81–94

Liefmann, R. (1909): Beteiligungs- und Finanzierungsgesellschaften – eine Studie über den modernen Kapitalismus und das Effektenwesen, Jena 1909

Liessmann, K. (2001): Strategisches Controlling – Konzept, Werkzeuge, Umsetzung, in: Freidank, C.-Chr./Mayer, E. (Hrsg.): Controlling-Konzepte – Neue Strategien und Werkzeuge für die Unternehmenspraxis, 5. Aufl., Wiesbaden 2001, S. 3–102

Liessmann, K. (2003): Strategisches Kostencontrolling – Wettbewerbsvorteile durch effiziente Kostenstruktur, in: Freidank, C.-Chr./Mayer, E. (Hrsg.): Controlling-Konzepte – Neue Strategien und Werkzeuge für die Unternehmenspraxis, 6. Aufl., Wiesbaden 2003, S. 109–139

Lim, G./Kriele, M./Rauschen, Th. (2006): Mit Szenarioanalysen das operationelle Risikokapital bestimmen – Aus den Erfahrungen in Großbritannien lernen, in: Versicherungswirtschaft, 61. Jg., 2006, S. 36–39

Lincoln, Y.S./Guba, E.G. (1985): Naturalistic Inquiry, Beverly Hills (CA) 1985

Link, J. (1995): Führungssysteme: Strategische Herausforderung für Organisation, Controlling und Personalwesen, München 1995

Link, J./Gerth, N./Voßbeck, E. (2000): Marketing-Controlling: Systeme und Methoden für mehr Markt- und Unternehmenserfolg, München 2000

Löw, E. (2006): Risikomanagement, Risikocontrolling und IFRS, in: Wagenhofer, A. (Hrsg.): Controlling und IFRS – Rechnungslegung, Konzepte, Schnittstellen, Umsetzung, Berlin 2006, S. 169–201

Löwer, W. (1994): Habilitationsverfahren unter gerichtlicher Kontrolle – Welche Maßstäbe setzt das Urteil des Bundesverwaltungsgerichts? in: Forschung & Lehre, 1. Jg., 1994, H. 11, S. 481–486

Lowenstein, L. (1998): Corporate governance and the voice of the paparazzi, Working Paper Nr. 132, Columbia Law School, 1998

Lucey, T. (1992): Management Accounting, 3. Aufl., London 1992

Lucius, R. v. (2005): Zeitungen, Milchkartons und Geldscheine sind immer gefragt, in: FAZ, 57. Jg., v. 20.08.2005

Ludewig, R./Olbrich, Th. (1999): Die gesteigerte Verantwortung des Abschlußprüfers nach dem KonTraG – Hilfsmittel zu deren Bewältigung, in: WPg, 52. Jg., 1999, S. 381–388

Ludewig, R. (1993): Revisions- und Treuhandwesen, in: Wittmann, E. et al. (Hrsg.): Handwörterbuch der Betriebswirtschaftslehre, 5. Aufl., Stuttgart 1993, Sp. 4763–4772

Ludewig, R. (2000): KonTraG- Aufsichtsrat und Abschlussprüfer, in: DB, 53. Jg., 2000, S. 634–636

Lück, W. (1991): Wirtschaftsprüfung und Treuhandwesen, 2. Aufl., Stuttgart 1991

Lück, W. (1998a): Elemente eines Risiko-Managementsystems – Die Notwendigkeit eines Risiko-Managementsystems durch den Entwurf eines Gesetzes zur Kontrolle und Transparenz im Unternehmensbereich (KonTraG), in: DB, 51. Jg., 1998, S. 8–14

Lück, W. (1998b): Der Umgang mit unternehmerischen Risiken durch ein Risikomanagementsystem und durch ein Überwachungssystem – Anforderungen durch das KonTraG und Umsetzung in der betrieblichen Praxis, in: DB, 51. Jg., 1998, S. 1925–1930

Lück, W. (2001a): Stichwort „COSO-Report", in: Lück, W. (Hrsg.): Lexikon der Internen Revision, München 2001, S. 60–61

Lück, W. (2001b): Stichwort „Interne Revision", in: Lück, W. (Hrsg.): Lexikon der Internen Revision, München 2001, S. 145–147

Lück, W. (2001c): Stichwort „Internes Überwachungssystem (IÜS)", in: Lück, W. (Hrsg.): Lexikon der Internen Revision, München 2001, S. 160–162

Lück, W. (2001d): Stichwort „Überwachung", in: Lück, W. (Hrsg.): Lexikon der Internen Revision, München 2001, S. 326–327

Lück, W. (2001e): Stichwort „Überwachungsorgane", in: Lück, W. (Hrsg.): Lexikon der Internen Revision, München 2001, S. 327

Lück, W. (2003a): Stichwort „Interne Revision im Internen Überwachungssystem (IÜS)", in: Horváth, P./Reichmann, Th. (Hrsg.): Vahlens Großes Controllinglexikon, 2. Aufl., München 2003, S. 315–318

Lück, W. (2003b): Stichwort „Interne Revisionsaufgaben", in: Horváth, P./Reichmann, Th. (Hrsg.): Vahlens Großes Controllinglexikon, 2. Aufl., München 2003, S. 321–323

Lück, W. (2003c): Stichwort „Interne Revision und Controlling", in: Horváth, P./Reichmann, Th. (Hrsg.): Vahlens Großes Controllinglexikon, 2. Aufl., München 2003, S. 318–321

Lück, W./Hunecke, J. (1998a): Das interne Überwachungssystem (IÜS) im Risiko-Managementsystem (Teil II), in: Stbg, 41. Jg., 1998, S. 180–182

Lück, W./Hunecke, J. (1998b): Die Bedeutung des Risikomanagementsystems und des Überwachungssystems zur Sicherung der Überlebensfähigkeit von Unternehmen – Theoretische Überlegungen und Empfehlungen für die Praxis, in: Stbg, 41. Jg., 1998, S. 513–518

Lück, W./Jahns, Ch. (2001): Stichwort „Controlling", in: Lück, W. (Hrsg.): Lexikon der Internen Revision, München 2001, S. 57–59

Lück, W./Makowski, A. (1996): Internal Control, in: Wirtschaftsprüferkammer-Mitteilungen, 35. Jg., 1996, S. 157–160

Lücke, W. (1986): Arbeitsleistung, Arbeitsbewertung, Arbeitsentlohnung, in: Jacob, H. (Hrsg.): Industriebetriebslehre – Handbuch für Studium und Prüfung, 3. Aufl., Wiesbaden 1986, S. 177–318

Lüdenbach, N./Frowein, N. (2003): Der Goodwill-Impairment-Test aus Sicht der Rechnungslegungspraxis, in: DB, 56. Jg., S. 217–223

Lützenrath, Ch./Peppmeier, K./Schuppener, J. (2003): Bankstrategien für Unternehmenssanierungen – Erfolgskonzepte zur Früherkennung und Krisenbewältigung, Wiesbaden 2003

Lukka, K./Kasanen, E. (1995): The problem of Generalizability: Anecdotes and Evidence in Accounting Research, in: Accounting & Accountibility, Vol. 8, Nr. 5, 1988, S. 71–90

Lustgarten, A. (2005): Getting ahead of the weather – How companies are protecting themselves against the effects of extreme events and long-term changes, in: Fortune, Vol. 151, No. 3, Europe Edition, July 26, 2004, S. 67–70

Lutter, M. (1995): Das dualistische System der Unternehmensverwaltung, in: Scheffler, E. (Hrsg.): Corporate Governance. Schriften zur Unternehmensführung, Bd. 56, Wiesbaden 1995, S. 5–26

Lutter, M. (2001): Vergleichende Corporate Governance – Die Deutsche Sicht, in: ZGR, 30. Jg., 2001, S. 224–237

Lutter, M./Homelhoff, P. (2004): GmbH-Gesetz, 16. Aufl., Köln 2004

Lutter, M./Krieger, G. (2002): Rechte und Pflichten des Aufsichtsrats, 4. Aufl., Köln 2002

Mäntysaari, P. (2005): Comparative corporate governance: Shareholders as a rule-maker, Berlin et al. 2005

Mag, W. (1992): Planung, in: Bitz, M./Dellmann, K./Domsch, M./Egner, H. (Hrsg.): Vahlens Kompendium der Betriebswirtschaftslehre, Bd. 2, 3. Aufl., München 1992, S. 1–57

Malik, F. (1992): Strategie des Managements komplexer Systeme, 4. Aufl., Bern/Stuttgart/Wien 1992

Maltry, H. (1990): Überlegungen zur Entscheidungsrelevanz von Fixkosten im Rahmen operativer Planungsrechnungen, in: BFuP, 42. Jg., 1990, S. 294–311

Mann, R. (1973): Die Praxis des Controlling, München 1973

Manzoni, J.F. (2002): Management Control: Toward a New Paradigm?, in: Epstein, M.J./Manzoni, J.F.: Performance Measurement and Management Control: A Compendium of Research, Kidlington 2002, S. 15–46

Markowitz, H.M. (1952): Portfolio Selection, in: Journal of Finance, Vol. 7, 1952, S. 77–91

Marschall, B./Heckel, M. (2001): Mittelständler müssen neue Geldquellen suchen, FTD, o. Jg., v. 18.01.2001

Marsh Ltd. (Hrsg.) (2002): Managing Risk in Europe 2002: A Survey of Mid-Sized Firms, London 2002

Martin, A. (1987): Die empirische Forschung in der Betriebswirtschaftslehre, Stuttgart 1987

Matschke, M.J./Kolf, J. (1980): Historische Entwicklung, Begriff und organisatorische Probleme des Controlling, in: DB, 33. Jg., 1980, S. 601–607

Matschke, M.J. (1993): Einige grundsätzliche Bemerkungen zur Ermittlung mehrdimensionaler Entscheidungswerte der Unternehmung, in: BFuP, 45. Jg., 1993, S. 1–24

Matschke, M.J./Brösel, G. (2005): Unternehmensbewertung, Wiesbaden 2005

Matthews, W./Goebel, R.: Zum neuen Kunden-Rating gibt es keine Alternative, in: Betriebswirtschaftliche Blätter, 51. Jg., H. 4, 2002, S. 162–164

Maul, K.H. (1977): Grundlagen des Internen Kontrollsystems, in: WPg, 30. Jg., 1977, S. 229–236

Mauthe, K.D./Roventa, P. (1982): Versionen der Portfolio-Analyse auf dem Prüfstand, in: Zeitschrift für Organisation, 51. Jg., 1982, S. 191–204

Mayer, C. (1988): New issues in corporate finance, in: European Economic Review, Vol. 32, 1988, S. 1167–1189

Mayer, C. (1998): Financial Systems and Corporate Governance: A Review of the International Evidence, in: Journal of Institutional and Theoretical Economics, Vol. 154, 1998, S. 144–176

Mayer, C. (1999): Firm Control, text of an inaugural lecture delivered to the University of Oxford on 18 February, 1999, abrufbar unter: http://www.finance.ox.ac.uk/file_links/finecon_papers/1999fe07.pdf, Zugriff am 17. 08.2005

Mayer, E. (2003): Leitbildcontrolling als Denk- und Steuerungskonzept in der Informations- und BIONIK-Wirtschaft, in: Freidank, C.-Chr./Mayer, E. (Hrsg.): Controlling-Konzepte – Neue Strategien und Werkzeuge für die Unternehmenspraxis, 6. Aufl., Wiesbaden 2003, S. 59–108

Mayer-Fiedrich, M.D. (2007), Szenariotechnik, in: Freidank, C.-Chr./Lachnit, L/Tesch, J. (Hrsg.): Vahlens Großes Auditing Lexikon, München 2007, S. 1325–1326

Mayr, A. (2002): Insolvenzursachenforschung und -prophylaxe unter besonderer Berücksichtigung der Früherkennungsproblematik, in: Feldbauer-Durstmüller, B./Schlager, J. (Hrsg.): Krisenmanagement – Sanierung – Insolvenz: Handbuch für Banken, Management, Rechtsanwälte, Steuerberater, Wirtschaftsprüfer und Unternehmensberater, Wien 2002, S. 159–191

Mayring, Ph. (2002): Einführung in die qualitative Sozialforschung, Weinheim 2002

McLeish, D.L. (2005): Monte Carlo Simulation and Finance, Hoboken 2005

Meffert, H. (1984): Marketingstrategien in stagnierenden oder schrumpfenden Märkten, in: Pack, L./Börber, D. (Hrsg.): Betriebswirtschaftliche Entscheidungen bei Stagnation, Wiesbaden 1984, S. 37–72

Meffert, H. (1995): Marketing, in: Tietz, B./Köhler, R./Zentes, J. (Hrsg.): Handwörterbuch des Marketing, 2. Aufl., Stuttgart 1995, Sp. 1472–1490

Meffert, H. (2000): Marketing, 9. Aufl., Wiesbaden 2000

Meffert, H./Bruhn, M. (1981): Beschwerdeverhalten und Zufriedenheit von Kunden, in: Die Betriebswirtschaft, 41. Jg., 1981, S. 597–613

Meise, F. (1998): Realoptionen als Investitionskalkül, München/Wien 1998

Mellerowicz, K. (1952): Der Wert der Unternehmung als Ganzes, Essen 1952

Mendel, M. (2005): Kapitalmarktfinanzierung und Transparenz für mittelständische (nicht-geratete) Unternehmen, in: ZfbF, 57. Jg., 2005, S. 172–175

Menzies, C. (Hrsg.) (2004): Sarbanes-Oxley Act, Stuttgart 2004

Mergermarket (Hrsg.) (2011): mergermarket League Tables of Legal Advisers to Global M&A Q1 2011, April 7 2011, for immediate release, London 2011

Mikus, B. (1999): Zur Integration des Risikomanagements in den Führungsprozess, in: ZP, 10. Jg., 1999, S. 85–110

Miles, M.B./Huberman, M.A. (1984): Qualitative data analysis: A sourcebook of new methods, New Delhi/London 1984

Millar, J. (1979): British management versus German management. A comparison of organisational effectiveness in West German and UK factories, Farnborough 1979

Milling, P. (1974): Der technische Fortschritt beim Produktionsprozess, Wiesbaden 1974

Mochty, L./Gorny, Chr. (2001): Anforderungen an die externe und interne Überwachung in Zeiten des organisatorischen Wandels, in: WPg, 54. Jg., 2001, S. 537–543

Modigliani, F./Miller, M.H. (1958): The Cost of Capital, Corporation Finance, and the Theory of Investment, in: American Economic Review, Vol. 48, 1958, S. 261–297

Möller, K. (2003): Stichwort „ABC-Analyse", in: Horváth, P./Reichmann, Th. (Hrsg.): Vahlens Großes Controllinglexikon, 2. Aufl., München 2003, S. 1–2

Moxter, A. (1983): Grundsätze ordnungsmäßiger Unternehmensbewertung, 2. Aufl., Wiesbaden 1983

Müller, A. (1999): Integriertes Risk Management – Herausforderung oder unverzichtbares Geschäftsfeld für die Rückversicherungsbranche? in: Versicherungswirtschaft, 1999, S. 686–690 und S. 765–771

Müller, A. (2003): Frühaufklärungssysteme im Rahmen des Marketing-Controlling, in: Pepels, W. (Hrsg.): Marketing-Controlling-Organisation: Grundgestaltung marktorientierter Unternehmenssteuerung, Berlin 2003, S. 17–43

Müller, C. (1996): Entwicklung eines wissensbasierten Systems zur Unterstützung analytischer Prüfungshandlungen im Rahmen der Jahresabschlussprüfung, Frankfurt am Main et al. 1996

Müller, M. (1998): Shareholder Value – Eine Darstellung des Konzeptes, in: Frei, N./Schlienkamp, C. (Hrsg.): Aktie im Aufwind, Wiesbaden 1998, S. 135–161

Müller, R. (1986): Krisenmanagement in der Unternehmung, 2. Aufl., Frankfurt am Main/Bern/New York 1986

Müller, St./Ordemann, T./Pampel, J. (2005): Handlungsempfehlungen für die Anwendung der IFRS im Controlling mittelständischer Unternehmen, in: BB, 60. Jg., 2005, S. 2119–2125

Müller, W. (1974): Die Koordination von Informationsbedarf und Informationsbeschaffung als zentrale Aufgabe des Controlling, in: ZfbF, 26. Jg., 1974, S. 683–693

Müller, W. (1993): Risiko und Ungewissheit, in: Wittmann, E. et al. (Hrsg.): Handwörterbuch der Betriebswirtschaftslehre, 5. Aufl., Stuttgart 1993, Sp. 3813–3825

Müller-Stewens, G./Pautzke, G. (1991): Führungskräfteentwicklung und organisatorisches Lernen, in: Sattelberger, T. (Hrsg.): Die lernende Organisation, Wiesbaden 1991, S. 183–205

MünchKommAktG: Kropff, B./Semler, J. (Hrsg.): Münchener Kommentar zum Aktiengesetz, Bd. 5/1, §§ 148–151, 161–178 AktG, §§ 238–264c, 342, 342a HGB, 2. Aufl., München 2003, und Bd. 3, §§ 76–117 AktG, MitbestG, § 76 BetrVG 1952, 2. Aufl., München 2004

MünchKommHGB: Schmidt, K. (Hrsg.): Münchener Kommentar zum Handelsgesetzbuch, Bd. 4, Drittes Buch – Handelsbücher §§ 238–342a, München 2001

Münstermann, H. (1966): Wert und Bewertung der Unternehmung, Wiesbaden 1966

Mulhern, F.J. (1999): Customer Profitability Analysis: Measurement, Concentration and Research Directions, in: Journal of Interactive Marketing, Vol. 13, 1999, S. 25–40

Myers, S.C. (1977): Determinants of corporate borrowing, in: Journal of Financial Economics, Vol. 5, 1977, S. 147–145

Narver, J.C./Slater, S.F. (1990): The Effect of a Marketing Organization on Business Profitability, in: Journal of Marketing, Vol. 54, 1990, S. 20–35

National Intelligence Council (NIC) (Hrsg.): Mapping the Global Future – Report of the National Intelligence Council's 2020 Project, Washington D.C. 2004

Neely, A./Gregory, M./Platts, K. (1995): Performance Measurement System Design, in: International Journal of Operations & Production Management, Vol. 15, 1995, S. 80–116

Neisen, G. (1989): Marketing-Controlling in einem multinationalen Unternehmen, in: Horváth, P. (Hrsg.): Internationalisierung des Controlling, Stuttgart 1989, S. 253–273

Neubeck, G. (2003): Prüfung von Risikomanagementsystemen, Düsseldorf 2003

Nicolai, A./Kieser, A. (2002): Trotz eklatanter Erfolgslosigkeit: Die Erfolgsfaktorenforschung weiter auf Erfolgskurs, in: DBW, 62. Jg., 2002, S. 579–596

Nicolai, A./Kieser, A. (2004): Von Konsensgenerierungsmaschinen, Nebelkerzen und „the Operation called ‚Verstehen'", Replik auf die Anmerkungen von Christian Homburg/Harley Krohmer und Wolfgang Fritz sowie Hans H. Bauer/Nicola Sauer zum Beitrag „Trotz eklatanter Erfolglosigkeit: Erfolgsfaktorenforscher auf Erfolgskurs", in: DBW, 64. Jg, 2004, S. 631–635

Niemeier, C.D. (2003): The Public Company Accounting Oversight Board's Role in Re-Establishing Credibility in Financial Reporting, in: WPg, Sonderheft „Wirtschaftsprüfer im Blickpunkt der Öffentlichkeit", 56. Jg., 2003, S. 112–115

Nieschlag, R./Dichtl, E./Hörschgen, H. (2002): Marketing, 19. Aufl., Wiesbaden 2002

Noble, C.H./Sinha, R.K./Kumar, A. (2002): Market Orientation and Alternative Strategic Orientations: A Longitudinal Assessment of Performance Implications, in: Journal of Marketing, Vol. 66, 2002, S. 25–39

OECD (Hrsg.) (1995): Financial markets and corporate governance. Financial Market Trends, Vol. 62, 1995, S. 13–35

OECD (Hrsg.) (1998): Shareholder value and the market in corporate control in OECD countries. Financial Market Trends, Vol. 69, 1998, S. 15–37

OECD-Ad-hoc-Arbeitsgruppe (Hrsg.) (1999): OECD-Grundsätze der Corporate Governance, in: AG, 44. Jg., 1999, S. 340–350

Oelsnitz, D. v.d. (2005): Internal Stickness: Probleme des internen Wissenstransfers, in: zfo, 74. Jg., 2005, S. 200–206

Österreichische Nationalbank (Hrsg.): Neue quantitative Modelle der Bankenaufsicht, Wien 2004

Ordemann, T./Müller, St./Brackschulze, K. (2005): Handlungsempfehlungen für mittelständische Unternehmen bei der Kreditfinanzierung, in: BB, Sonderheft 5, 60. Jg., 2005, S. 19–24

Ossadnik, W. (1984): Rationalisierung der Unternehmensbewertung durch Risikoklassen, Thun/Frankfurt am Main 1984

O'Sullivan, M. (2000): Contest for Corporate Control: Corporate Governance and Economic Performance in the United States and in Germany, New York 2000

O'Sullivan, M. (2001): A Revolution in European Corporate Governance? The Extent and Implications of Recent Developments in the Role of the Stock Market in Five European Economies, synthesis report, The European Institute of Business Administration (INSEAD), 2001

o.V. (2001): MIND – Mittelstand in Deutschland, Ergebnisse der Interviews mit 1.027 mittelständischen Unternehmern in Deutschland im Frühjahr 2001, FTD, o. Jg., v. 21.11.2001

o.V. (2004): Auch für Volkswirte Platz im Aufsichtsrat, in: FAZ, 56. Jg., v. 03.08.2004

o.V. (2005): Trinkaus bringt erste Mezzanine-Verbriefung, in: Börsenzeitung, o. Jg., v. 03.08.2005

Paetzmann, K. (1995): Unterstützung von Selbstorganisation durch das Controlling – eine systemorientierte Untersuchung auf Grundlage des Viable System Model, Frankfurt am Main et al. 1995

Paetzmann, K. (1998): Der Completion Bond als Kreditsicherungsinstrument in der Filmfinanzierung, in: BankArchiv, 46. Jg., 1998, S. 867–869

Paetzmann, K. (2001a): „Basel II" – Inhalt und Bedeutung für die Kreditpraxis, in: Meyer, B.H.; Pütz, H.C. (Hrsg.): Forderungsmanagement im Unternehmen: Sicherung von Außenständen im In- und Ausland, Heidelberg 2001, 2.6.7, S. 1–16, Loseblatt-Ausgabe

Paetzmann, K. (2001b): Finanzierung mittelständischer Unternehmen nach „Basel II" – Neue „Spielregeln" durch bankinterne Ratings, in: DB, 54. Jg., 2001, S. 493–497

Paetzmann, K. (2003a): Grundsätze eines transparenzschaffenden Controlling mit Blick auf bankinterne Ratings, in: Freidank, C.-Chr./Mayer, E. (Hrsg.): Controlling-Konzepte – Neue Strategien und Werkzeuge für die Unternehmenspraxis, 6. Aufl., Wiesbaden 2003, S. 589–620

Paetzmann, K. (2003b): Zur Übertragung von US-Konzepten eines Distressed Debt Investing auf Deutschland, in: Zeitschrift für das gesamte Kreditwesen, 56. Jg., 2003, S. 968–973

Paetzmann, K. (2004): Corporate Governance and the Control of Banks in German Family-owned Firms, paper presented at the 11th Annual Global Finance Conference, Las Vegas, April 4–6, 2004

Paetzmann, K. (2005a): Stille Liquidation als Alternative zur Insolvenz – eine Fallstudie, in: Zeitschrift für das gesamte Kreditwesen, 58. Jg., 2005, S. 194–199

Paetzmann, K. (2005b): Zur Internationalisierung des Controlling, in: Weber, J./ Meyer, M. (Hrsg.): Internationalisierung des Controllings: Standortbestimmung und Optionen, Wiesbaden 2005, S. 291–313

Paetzmann, K. (2005c): Enterprise Risk Management: Zum Einfluss der Governance-Reformen auf das Controlling und die Überwachung, in: ZP, 16. Jg., 2005, S. 267–288

Paetzmann, K. (2006a): Governance und Unternehmernachfolge, in: Achleitner, A.-K./Everling, O./Klemm, St. (Hrsg.): Nachfolgerating – Rating als Instrument der mittelständischen Unternehmensnachfolge, Wiesbaden 2006, S. 335–353

Paetzmann, K. (2006b): Feedback & Feedforward – Lehrevaluationen in der betriebswirtschaftlichen Controllinglehre, in: ZFHE, 1. Jg., 2006, S. 147–162

Paetzmann, K. (2007a): Bedeutung der Internen Revision im Rahmen der Reformbestrebungen zur Verbesserung der Corporate Governance, in: Freidank, C.-Chr./Peemöller, V. (Hrsg.): Corporate Governance und Interne Revision, Berlin 2007, S. 17–45

Paetzmann, K. (2007b): Corporate Governance, allgemein, in: Freidank, C.-Chr./ Lachnit, L/Tesch, J. (Hrsg.): Vahlens Großes Auditing Lexikon, München 2007, S. 302–304

Paetzmann, K. (2007c): Neuausrichtung des Hypothekenkreditgeschäfts in der Lebensversicherung durch Kreditverkäufe, in: Zeitschrift für die gesamte Versicherungswissenschaft, 95. Jg., 2007, S. 575–596

Paetzmann, K. (2008a): Working Capital Requirement – Steuerung der Betriebsmittel-Zyklen und Kapitalbedarfe im Maschinenbau, in: BFuP, 60. Jg., 2008, S. 82–94

Paetzmann, K. (2008b): „Insuring the Agents" – Managerdisziplinierung und Rolle der D&O-Versicherung als Instrument der Corporate Governance, in: Zeitschrift für die gesamte Versicherungswissenschaft, 96. Jg., 2008, S. 177–197.

Paetzmann (2008c): Bedeutung der Internen Revision im Rahmen der Reformbestrebungen zur Verbesserung der Corporate Governance, in: Freidank, C.-Chr./Peemöller, V. (Hrsg.): Corporate Governance und Interne Revision, Berlin 2008, S. 17–45.

Paetzmann, K. (2009): Das neue Corporate Governance-Statement nach § 289a HGB – Anforderungen an den Inhalt und Besonderheiten hinsichtlich der Abschlussprüfung, in: Zeitschrift für Corporate Governance, 4. Jg., 2009, S. 64–66.

Paetzmann, K. (2010a): Kommentar § 289 HGB Lagebericht, in: Bertram, K./Brinkmann, J./Kessler, H./Müller, St. (Hrsg.): HGB-Kommentar, 2. Aufl., Freiburg 2010, S. 1431–1468.

Paetzmann, K. (2010b): Kommentar § 289a HGB Erklärung zur Unternehmensführung, in: Bertram, K./Brinkmann, J./Kessler, H./Müller, St. (Hrsg.): HGB-Kommentar, 2. Aufl., Freiburg 2010, S. 1469–1476.

Paetzmann, K. (2011): Discontinued German Life Insurance Portfolios: Rules-in-Use, Interest Rate Risk, and Solvency II, in: Journal of Financial Regulation and Compliance, Vol. 19, No. 2, 2011, S. 117–138.

Paetzmann, K./Kaspereit, Th. (2010): Zum Einsatz von Residualgewinnmodellen bei kapitalmarktfernen Unternehmen post BilMoG – Nähert sich das Accounting Model dem Economic Model?, in: ZP, 21. Jg., 2010, S. 419–444.

Paetzmann, K./Weiler, G. (2000): Multiline Multiyear-Produkte für Industriekunden, in: Zeitschrift für Versicherungswesen, 51. Jg., 2000, S. 206–213

Pahlke, A.-K. (2002): Risikomanagement nach KonTraG – Überwachungspflichten und Haftungsrisiken für den Aufsichtsrat, in: NJW, 55. Jg., 2002, S. 1680–1688

Palaro, H./Hotta, L.K. (2006): Using Conditional Copula to Estimate Value at Risk, in: Journal of Data Science, Vol. 4, 2006, S. 93–115

Palloks-Kahlen, M. (2003a): Kennzahlengestütztes Marketing-Controlling, in: Freidank, C.-Chr./Mayer, E. (Hrsg.): Controlling-Konzepte – Neue Strategien und Werkzeuge für die Unternehmenspraxis, 6. Aufl., Wiesbaden 2003, S. 671–702

Palloks-Kahlen, M. (2003b): Stichwort „Produktlebenszyklus-Konzept", in: Horváth, P./Reichmann, Th. (Hrsg.): Vahlens Großes Controllinglexikon, 2. Aufl., München 2003, S. 583–585

Palloks-Kahlen, M. (2004): Kennzahlengestütztes operatives und strategisches Marketing-Controlling, in: Reichmann, Th. (Hrsg.): 19. Deutscher Controlling Congress DCC v. 05.05.2004, Tagungsband, Dortmund 2004, S. 191–211

Paul, St. (2003a): In- und externes Rating vor dem Hintergrund von Basel II, in: Freidank, C.-Chr./Schreiber, O.K. (Hrsg.): Corporate Governance, Internationale Rechnungslegung und Unternehmensanalyse im Zentrum aktueller Entwicklungen, Tagungsband zur 2. Hamburger Revisions-Tagung, Hamburg 2003, S. 235–278

Paul, St. (2003b): Stichwort „Bankrisiken", in: Horváth, P./Reichmann, Th. (Hrsg.): Vahlens Großes Controllinglexikon, 2. Aufl., München 2003, S. 45–46

Paul, St. (2003c): Stichwort „Risikocontrolling in Banken", in: Horváth, P./Reichmann, Th. (Hrsg.): Vahlens Großes Controllinglexikon, 2. Aufl., München 2003, S. 671–673

Paul, St./Stein, St./Horsch, A. (2002): Treiben die Banken den Mittelstand in die Krise? in: Zeitschrift für das gesamte Kreditwesen, 55. Jg., 2002, S. 578–582

Pearlstein, St. (2004): Ross Profits From Shunned Steel Assets, in: The Washington Post, October 27, 2004, Page E01, abrufbar unter: http://www. washingtonpost. com/wp-dyn/articles/A821-2004Oct26.html, Zugriff am 28.12.2005

Peemöller, V.H. (2002): Auswirkungen der Kommissionsvorschläge auf die Arbeit der Internen Revision und das Controlling, in: Freidank, C.-Chr./Schreiber, O.K. (Hrsg.): Unternehmensüberwachung und Rechnungslegung im Umbruch, Tagungsband zur 1. Hamburger Revisions-Tagung, Hamburg 2002, S. 105–128

Peemöller, V.H. (2005a): Anlässe der Unternehmensbewertung, in: Peemöller, V.H. (Hrsg.): Praxishandbuch der Unternehmensbewertung, 3. Aufl., Herne/Berlin 2005, S. 1–14

Peemöller, V.H. (2005b): Controlling – Grundlagen und Einsatzgebiete, 5. Aufl., Herne/Berlin 2005

Peemöller, V.H./Kunowski, S. (2005): Ertragswertverfahren nach IDW, in: Peemöller, V.H. (Hrsg.): Praxishandbuch der Unternehmensbewertung, 3. Aufl., Herne/Berlin 2005, S. 201–263

Peffekoven, F.P. (2004): Erkenntnistheoretische Grundlagen einer reflexionsorientierten Controllingforschung, in: Scherm, E./Pietsch, G. (Hrsg.): Controlling – Theorien und Konzeptionen, München 2004, S. 555–579

Pellens, B./Hillebrandt, F./Tomaszewski, C. (2000): Value Reporting – Eine empirische Analyse der DAX-Unternehmen, in: Wagenhofer, A./Hrebicek, G. (Hrsg.): Wertorientiertes Management, Stuttgart 2000, S. 177–207

Pellens, B./Rüthers, T. (2011): Sollen Banken den Wirtschaftsprüfer mitbestimmen? Schmalenbach-Gesellschaft diskutiert über die Abschlussprüfungen, in FAZ v. 04.04.2011

Peltzer, M. (2004): Deutsche Corporate Governance, 2. Aufl., München 2004

Perlitz, M. (1993): Frühwarnsysteme, in: Chmielewicz, K./Schweitzer, M. (Hrsg.): Handwörterbuch des Rechnungswesens, 3. Aufl., Stuttgart 1993

Perlitz, M./Seger, F. (1994): The Role of Universal Banks in German Corporate Governance, in: Business & The Contemporary World. Vol. VI, 1994, Nr. 4, S. 49–67

Perridon, L./Steiner, M. (2004): Finanzwirtschaft der Unternehmung, 13. Aufl., München 2004

Peters, Th. J./Waterman, R. H. Jr. (1982): In Search of Excellence, Lessons from America's Best-Run Companies, New York 1982

Pfeiffer, W./Metzke, G./Schneider, W./Amler, R. (1991): Technologie-Portfolio zum Management strategischer Zukunftsgeschäftsfelder, 6. Aufl., Göttingen 1991

Pfyffer, H.-U./Bodenmann, J.M. (2004): Assurance-Konzept, in: Der Schweizer Treuhänder, 78. Jg., 2004, S. 1091–1095

Philipp, F. (1967): Risiko und Risikopolitik, Stuttgart 1967

Pickett, K.H.S. (2005): The Essential Handbook of Internal Auditing, Chichester 2005

Pidd, M. (2003): Tools for Thinking – Modelling in Management Science, 2. Aufl., Chichester 2003

Pietsch, G./Scherm, E. (2004): Reflexionsorientiertes Controlling, in: Scherm, E./Pietsch, G. (Hrsg.): Controlling – Theorien und Konzeptionen, München 2004, S. 529–553

Pindyck, R.S./Rubinfeld, D.L. (2003): Mikroökonomie, 5. Aufl., München 2003

Pinkwart, A. (2002): Die Unternehmensgründung als Problem der Risikogestaltung, in: ZfB-Ergänzungsheft 5/2002, S. 55–84

Platzer, W. (1978): Empirisch-kognitive Theorie der Prüfung, in: Lechner, K. (Hrsg.): Treuhandwesen, Prüfung, Begutachtung, Beratung, Wien 1978, S. 169–180

Pollanz, M. (2001): Offene Fragen der Prüfung von Risikomanagementsystemen nach KonTraG – Paradigmenwechsel im wirtschaftlichen Prüfungswesen oder vom risikoorientierten zum systemisch-evolutionären Prüfungsansatz? in: DB, 54. Jg., 2001, S. 1317–1325

Popp, M. (2002): Vergangenheits- und Lageanalyse, in: Peemöller, V.H. (Hrsg.): Praxishandbuch der Unternehmensbewertung, 2. Aufl., Herne/Berlin 2002, S. 99–131

Popp, M. (2005): Vergangenheits- und Lageanalyse, in: Peemöller, V.H. (Hrsg.): Praxishandbuch der Unternehmensbewertung, 3. Aufl., Herne/Berlin 2005, S. 101–134

Popper, K. R. (1989): Logik der Forschung, 9. Aufl., Tübingen 1989

Porter, M.E. (1979): How Competitive Forces Shape Strategy, Harvard Business Review, March-April 1979, S. 86–93

Porter, M.E. (1980): Competitive Strategy: Techniques for Analyzing Industries and Competitors, New York 1980

Porter, M.E. (1985): Competitive Advantage: Creating and Sustaining Superior Performance, New York 1985

Porter, M. (1990): The Competitive Advantage of Nations, New York 1990

Porter, M.E. (1996): From Competitive Advantage to Corporate Strategy, in: Harvard Business Review (Hrsg.): Managerial Excellence – McKinsey Award Winners from the Harvard Business Review, 1980–1994, Boston 1996, S. 137–169

Porter, M.E. (1999): Wettbewerbsvorteile – Spitzenleistungen erreichen und behaupten, 5. Aufl., Frankfurt am Main/New York 1999

Potthoff, E. (1961): Prüfung und Überwachung der Geschäftsführung, in: ZfhF, NF, 13. Jg., 1961, S. 563–584

Prigge, St. (1999): Stichwort Corporate Governance, in: DBW, 59. Jg., 1999, S. 148–151

Pritsch, G./Hommel, U. (1997): Hedging im Sinne des Aktionärs, in: DBW, 57. Jg., 1997, S. 672–693

Public Company Accounting Oversight Board (PCAOB) (Hrsg.) (2006): Board Proposes Revised Auditing Standard on Internal Control over Financial Reporting, Washington, DC, December 19, 2006, abrufbar unter: http://www.pcaobus.org/News_and_Events/News/2006/12-19.aspx, Zugriff am 24.01.2007

Pümpin, C./Prange, J. (1991): Management der Unternehmensentwicklung, Frankfurt am Main/New York 1991

Quick, R. (1996): Die Risiken der Jahresabschlussprüfung, Düsseldorf 1996

Raiffa, H. (1973): Einführung in die Entscheidungstheorie, München/Wien 1973

Rajan, R.G./Diamond, D.W. (2000): Banks, Short Term Debt and Financial Crisis: Theory, Policy Implications and Applications, Discussion Paper, University of Chicago GSB, Chicago 2000

Rangan, S./Adner, R. (2001): Profits and the Internet: Seven Misconceptions, in: MIT Sloan Management Review, Summer 2001, S. 44–53

Rappaport, A./Sirower, M.L. (1999): Stock or Cash? The Trade-Offs for Buyers and Sellers in Mergers and Acquisitions, in: Harvard Business Review, November-December 1999, S. 147–158

Rehfeldt, M. (1998): Koordination der Auftragsabwicklung: Verwendung von unscharfen Informationen, Wiesbaden 1998

Rehkugler, H. (1999): Kapitalmarktkommunikation – ihr Beitrag zur Verbeserung der Aktienkultur in Deutschland, in: Frei, N./Schlienkamp, C. (Hrsg.): Aktie im Fokus, Wiesbaden 1999, S. 23–41

Reibis, Ch. (2005): Computergestützte Optimierungsmodelle als Instrumente einer unternehmenswertorientierten Rechnungslegungspolitik – Eine Analyse vor dem Hintergrund des Bilanzrechtsreformgesetzes, Hamburg 2005.

Reibnitz, U. v. (1991): Szenario-Technik – Instrument für die unternehmerische und personliche Erfolgsplanung, Wiesbaden 1991

Reich, M. (2000): Frühwarnsysteme, in Zerres, M.P. (Hrsg.): Handbuch Marketing-Controlling, 2. Aufl., Berlin/Heidelberg/New York 2000, S. 121–139

Reichheld, F.F. (1993): Loyalty-Based management, in: Harvard Business Review, Vol. 71, No. 2, 1993, S. 64–71

Reichmann, Th. (1996): Management und Controlling. Gleiche Ziele – unterschiedliche Wege und Instrumente, in: ZfB, 66. Jg., 1996, S. 559–585

Reichmann, Th. (2001): Controlling mit Kennzahlen und Managementberichten, 6. Aufl., München 2001

Reichmann, Th. (2003): Stichwort „Break-Even-Point-Analyse", in: Horváth, P./Reichmann, Th. (Hrsg.): Vahlens Großes Controllinglexikon, 2. Aufl., München 2003, S. 94–97

Reichmann, Th./Diederichs, M. (2003a): Stichwort „Risikobeurteilung", in: Horváth, P./Reichmann, Th. (Hrsg.): Vahlens Großes Controllinglexikon, 2. Aufl., München 2003, S. 669–670

Reichmann, Th./Diederichs, M. (2003b): Stichwort „Risikoidentifikation", in: Horváth, P./Reichmann, Th. (Hrsg.): Vahlens Großes Controllinglexikon, 2. Aufl., München 2003, S. 673–674

Reichmann, Th./Diederichs, M. (2003c): Stichwort „Risikoüberwachung", in: Horváth, P./Reichmann, Th. (Hrsg.): Vahlens Großes Controllinglexikon, 2. Aufl., München 2003, S. 683–685

Reichmann, Th./Form, St. (2000): Balanced Chance- and Risk-Management, in: Controlling, 12. Jg., 2000, Heft 4/5, S. 189–198

Reinecke, S. (2005): Überblick über das Marketing- und Verkaufscontrolling, in: Schäffer, U./Weber, J. (Hrsg.): Bereichscontrolling – Funktionsspezifische Anwendungsfelder, Methoden und Instrumente, Stuttgart 2005, S. 129–160

Reiner, G. (2006): Geheimsache Gesellschaftssatzung am Finanzmarkt Deutschland? Rechtliche Bedeutung, Publizitätspflichten und tatsächliche Verfügbarkeit für den Aktionär, in: AG, 51. Jg., 2006, S. 93–105

Reither, F. (1997): Komplexitätsmanagement: Denken und Handeln in komplexen Situationen, München 1997

Remme, W./Theile, C. (1998): Die Auswirkungen von „KonTraG" und „KapAEG" auf die GmbH, in: GmbHR, 89. Jg., 1998, S. 905–915

Rentsch, F. (1974): Markt, in: Tietz, B. (Hrsg.): Handwörterbuch der Absatzwirtschaft, Stuttgart 1974, Sp. 1301–1307

Resch, O. (2005): Data Mining, in: WISU, 34. Jg., 2005, S. 458–464

Reuscher, G. et al. (1989): Sozialistische Volkswirtschaft, 5. Aufl., Berlin 1989

Riebel, P. (1988): Deckungsbeitragsrechnung, in: Galbers Wirtschaftslexikon, 12. Aufl., 1988, Sp. 1150–1156

Robertson, J.C. (1990): Auditing, 6. Aufl., Homewood/Boston 1990

Robitaille, D.B. (2004): World-class Audit and Control Practices, in: Internal Auditor, Vol. LXI:I, February 2004, S. 74–81

Roehl-Anderson, J.M./Bragg, S.M. (2005): Controllership – The Work of the Managerial Accountant, 7. Aufl., Hoboken/NJ 2005

Rösler, P./Pohl, R. (2002): Kreditgeschäft, in: Rösler, P./Mackenthun, Th./Pohl, R.: Handbuch Kreditgeschäft, 6. Aufl., Wiesbaden 2002, S. 3–694

Rössler, St. (2001): das Audit Committee als Überwachungsinstrument des Aufsichtsrats – Ein Beitrag zur Verbesserung der Corporate Governance vor dem Hintergrund des Gesetzes zur Kontrolle und Transparenz im Unternehmensbereich (KonTraG), Landsberg am Lech 2001

Rogers, E.M. (1962): The Diffusion of Innovations, New York 1962

Rogowski, M./Wartenberg, L. v. (2002): Vorwort, in: Bundesverband der deutschen Industrie e. V. (BDI)/PwC Deutsche Revision AG (PwC) (Hrsg.): Corporate Governance in Germany, Frankfurt am Main 2002, S. 4–5

Roland Berger Strategy Consultants (Hrsg.): Untersuchung zu Ursachen und Erfolgsfaktoren von Restrukturierungen – vorläufige Ergebnisse, Berlin 2003, ohne Seiten

Rolfes, B. (1999): Gesamtbanksteuerung, Stuttgart 1999

Ross, S.A. (1973): The Economic Theory of Agency: The Principal's Problem, in: AER, Vol. 63, 1973, S. 134–139

Roth, G.H./Altmeppen, H. (2005): GmbHG Kommentar, 5. Aufl., München 2005Rudolph, B. (2002): Stellungnahme im Meinungsspiegel über „Basel II und die Zukunft des Kreditgeschäfts in Deutschland", in: Betriebswirtschaftliche Forschung und Praxis, 54. Jg., 2002, S. 604–613

Rodolph, Th. (1993): Positionierungs- und Profilierungsstrategien im Europäischen Einzelhandel, St. Gallen 1993

Ruhwedel, F./Schultze, W. (2002): Value Reporting: Theoretische Konzeption und Umsetzung bei den DAX 100-Unternehmen, in: ZfbF, 54. Jg., 2002, S. 602–632

Rulf, V. (1974): Planwirtschaft und Absatzwirtschaft, in: Tietz, B. (Hrsg.): Handwörterbuch der Absatzwirtschaft, Stuttgart 1974, Sp. 1627–1638

Rumelt, R.P. (1991): How Much Does Industry Matter?, Strategic Management Journal, Vol. 12, 1991, S. 167–185

Ruud, T.F./Bodenmann, J.M. (2001): Corporate Governance und Interne Revision: Neuorientierung der Internen Revision, um einen zentralen Beitrag zu einer effektiven Corporate Governance zu leisten, in: ST, 75. Jg., 2001, S. 521–534

Ruud, T.F./Jenal, L. (2004): Internal Control, in: ST, 78. Jg., 2004, S. 1045–1050

Salzberger, W. (2000): Die Überwachung des Risikomanagements durch den Aufsichtsrat: Überwachungspflichten und haftungsrechtliche Konsequenzen, in: DBW, 60. Jg., 2000, S. 756–773

Salzgitter AG (Hrsg.) (2005): Geschäftsbericht 2004, Salzgitter 2005

Sattler, H. (2005a): Präferenzforschung für Innovationen, in: Albers, S./Gassmann, O. (Hrsg.): Handbuch Technologie- und Innovationsmanagement. Strategie – Umsetzung – Controlling, Wiesbaden 2005, S. 361–378

Sattler, H. (2005b): Markenstrategien für neue Produkte, in: Esch, F.-R. (Hrsg.): Moderne Markenführung – Grundlagen, Ansätze, praktische Umsetzungen, 4. Aufl., Wiesbaden 2005, S. 503–521

Savelberg, A.H. (2004): Umdenken in der Mittelstandsfinanzierung notwendig, in: S Firmenberatung aktuell, o. Jg., Ausgabe 10, Oktober 2004, S. 1–5

Scapens, R.W. (1990): Researching Management Accounting Practice: The Role of Case Study Methods, in: British Accounting Review, Vol. 22, 1990, S. 259–281

Schackmann, M./Behling, N. (2004): Die Bedeutung von Covenants bei der Akquisitions- und Unternehmensfinanzierung, in: Der Finanzbetrieb, 6. Jg., 2004, S. 789–799

Schäffer, U. (2000): Kontrollieren Controller? – und wenn ja: Sollten sie es tun? WHU-Working Paper, Koblenz 2000

Schäffer, U. (2001): Kontrolle als Lernprozess, Wiesbaden 2001

Schäffer, U. (2003): Strategische Steuerung mit der Balanced Scorecard, in: Freidank, C.-Chr./Mayer, E. (Hrsg.): Controlling-Konzepte – Neue Strategien und Werkzeuge für die Unternehmenspraxis, 6. Aufl., Wiesbaden 2003, S. 485–517

Schäffer, U./Brettel, T. (2005): Ein Plädoyer für Fallstudien, in: Zeitschrift für Controlling & Management, 49. Jg., 2005, S. 43–46

Schäffer, U./Weber, J. (2001a): Controlling als Rationalitätssicherung der Führung – Zum Stand unserer Forschung, in: Weber, J./Schäffer, U. (Hrsg.): Rationalitätssicherung der Führung – Beiträge zu einer Theorie des Controlling, Wiesbaden 2001, S. 1–6

Schäffer, U./Weber, J. (2001b): Thesen zum Controlling, Forschungspapier des Center for Controlling & Management (CCM), Koblenz 2001

Schäffer, U./Weber, J./Prenzler, C./David, U. (2001): Controlleraufgaben, Forschungspapier des Center for Controlling & Management (CCM), Koblenz 2001

Schäffer, U./Willauer, B. (2002): Kontrolle, Effektivität der Planung und Unternehmenserfolg – Ergebnisse einer empirischen Erhebung, in: ZP, 13. Jg., 2002, S. 73–97

Schäffer, U./Willauer, B. (2003): Strategische Überwachung in deutschen Unternehmen, European Business School Working Paper on Management Accounting & Control No. 7, Oestrich-Winkel 2003

Scharpf, P. (2000): Finanzrisiken, in: Dörner, D./Horváth, P./Kagermann, H. (Hrsg.): Praxis des Risikomanagements. Grundlagen, Kategorien, branchenspezifische und strukturelle Aspekte, Stuttgart 2000, S. 253–282

Scheffler, E. (1993): Der Aufsichtsrat – nützlich oder überflüssig, in: ZGR, 22. Jg., 1993, S. 63–76

Scheffler, E. (1995): Betriebswirtschaftliche Überlegungen zur Entwicklung von Grundsätzen ordnungsmäßiger Überwachung der Geschäftsführung durch den Aufsichtsrat, in: AG, 40. Jg., 1995, S. 207–212

Scheffler, E. (2001): Neue Entwicklungen auf dem Gebiet der Rechnungslegung, in: Freidank, C.-Chr. (Hrsg.): Die Rechnungslegung und Wirtschaftsprüfung im Umbruch, FS für W. Th. Strobel, München 2001, S. 3–30

Scheffler, E. (2003a): Controlling als Bindeglied zwischen Vorstand und Aufsichtsrat, in: ZP, 14. Jg., 2003, S. 399–413

Scheffler, E. (2003b): Zum Stand und zur Entwicklung der Rechnungslegung in Deutschland, in: Freidank, C.-Chr./Schreiber, O.K. (Hrsg.): Corporate Governance, Internationale Rechnungslegung und Unternehmensanalyse im Zentrum aktueller Entwicklungen, Hamburg 2003, S. 59–84

Scheffler, H.E. (1984): Strategisches Controlling, in: DB, 37. Jg., 1984, S. 2149–2152

Schering AG (Hrsg.) (2004): Geschäftsordnung des Aufsichtsrats, gültig ab 01.04.2004

Schewe, G./Littkemann, J./Beckemeier, P.O. (1999): Interne Kontrollsysteme – Verhaltenswirkungen und organisatorische Gestaltung, in: WISU, 28. Jg., 1999, S. 1483–1488

Schichold, B. (2001): Zur Einrichtung eines Risikomanagementsystems in der Unternehmenspraxis, in: Freidank, C.-Chr./Mayer, E. (Hrsg.): Controlling-Konzepte – Neue Strategien und Werkzeuge für die Unternehmenspraxis, 5. Aufl., Wiesbaden 2001, S. 573–594

Schildbach, Th. (1992): Begriff und Grundproblem des Controlling aus betriebswirtschaftlicher Sicht, in: Spremann, K./Zur, E. (Hrsg.): Controlling, Wiesbaden 1992, S. 21–36

Schildbach, Th. (1993): Kölner versus phasenorientierte Funktionenlehre der Unternehmensbewertung, in: BFuP, 45. Jg., 1993, S. 25–38

Schildbach, Th./Strasser, R. (2003): Das britische Financial Reporting Review Panel als Vorbild für eine Enforcement-Institution in Deutschland, in: DStR, 41. Jg., 2003, S. 1720–1724

Schindler, J./Rabenhorst, D. (1998): Auswirkungen des KonTraG auf die Abschlussprüfung, in: BB, 53. Jg., 1998, S. 1886–1893 und S. 1939–1944

Schirrmeister, R./Kreuz, C. (2001): Der investitionsrechnerische Kundenwert, in: Günter, B./Helm, S. (Hrsg.): Kundenwert: Grundlagen – Innovative Konzepte – Praktische Umsetzungen, Wiesbaden 2001, S. 293–313

Schlüter, N./Tielmann, S. (2003): Bericht über die Paneldiskussion: Wirtschaftsprüfer im Blickpunkt der Öffentlichkeit – Wiedergewinnung öffentlichen Vertrauens in Kapitalmarktinformationen, in: WPg, Sonderheft „Wirtschaftsprüfer im Blickpunkt der Öffentlichkeit", 56. Jg., 2003, S. 120–128

Schmalenbach, E. (1933): Grundsätze ordnungsmäßiger Bilanzierung, in: ZfhF, 27. Jg., 1933, S. 225–233

Schmalenbach, E. (1948): Der Wirtschaftsprüfer als Krisenwarner, in: WPg, Nr. 2/3, 1. Jg., 1948, S. 1–3

Schmalenbach, E. (1966): Die Beteiligungsfinanzierung, 9. Aufl., Köln/Opladen 1966

Schmalensee, R. (1985): Do Markets Differ Much? in: American Economic Review, Vol. 75, 1985, S. 341–351

Schmidt, A. (1986): Das Controlling als Instrument zur Koordination der Unternehmensführung, Frankfurt am Main et al. 1986

Schmidt, H./Drucarczyk, J./Honold, D./Prigge. St./Schüler, A./Tetens, G. (1997): Corporate Governance in Germany, Veröffentlichungen des HWWA-Instituts für Wirtschaftsforschung, Bd. 31, Baden-Baden 1997

Schmidt, H./Prigge. St. (1999): Macht der Banken, in: Enzyklopädisches Lexikon für das Geld-, Bank- und Börsenwesen, 4. Auflage, Frankfurt am Main 1999, S. 1281–1285

Schmidt, H./Schleef, M. (2001): Schlägt sich die Prinzipal-Agent-Beziehung zwischen Anlageinstitution und Bank in überhöhten Transaktionskosten nieder? – Eine empirische Untersuchung interessewahrend erteilter Aufträge, in: ZfbF, 53. Jg., 2001, S. 663–689

Schmitz. J. (2007): Klavierbau: Auf Wehmut gestimmt, in: Rheinischer Merkur v. 13. Dezember 2007

Schneeweiß, Chr. (2002): Einführung in die Produktionswirtschaft, 8. Aufl., Berlin/Heidelberg/New York 2002

Schneider, D. (1965): „Lernkurven" und ihre Bedeutung in der Produktionsplanung und Kostentheorie, in: ZfbF, 17. Jg., 1965, S. 501–515

Schneider, D. (1975): Investition und Finanzierung, 4. Aufl., Opladen 1975

Schneider, D. (1984): Entscheidungsrelevante fixe Kosten, Abschreibungen und Zinsen zur Substanzerhaltung – Zwei Beispiele von „Betriebsblindheit" in Kostentheorie und Kostenrechnung, in: DB, 37. Jg., 1984, S. 2521–2528

Schneider, D. (1991): Versagen des Controlling durch eine überholte Kostenrechnung – Zugleich ein Beitrag zur innerbetrieblichen Verrechnung von Dienstleistungen, in: DB, 44. Jg., 1991, S. 765–772

Schneider, D. (2001): Risk Management als betriebswirtschaftliches Entscheidungsproblem, in: Lange, K.W./Wall, F. (Hrsg.): Risikomanagement nach KonTraG – Aufgaben und Chancen aus betriebswirtschaftlicher und juristischer Sicht, München 2001, S. 181–206

Schneider, D. (2002): Stellungnahme im Meinungsspiegel über „Basel II und die Zukunft des Kreditgeschäfts in Deutschland", in: BFuP, 54. Jg., 2002, S. 604–613

Schneider, U.H. (2000): Kapitalmarktorientierte Corporate Governance-Grundsätze, in: DB, 53. Jg., 2000, S. 2413–2417

Schröder, E.F. (1989): Aufgaben und Instrumente des Marketingcontrolling, in: Bruhn, M. (Hrsg.): Handbuch des Marketing: Anforderungen an Marketingkonzeptionen aus Wissenschaft und Praxis, München 1989, S. 647–678

Schröder, R.W. (2005): Risikoaggregation unter Beachtung der Abhängigkeiten zwischen Risiken, Baden-Baden 2005

Schüller, A. (Hrsg.) (1983): Property Rights und ökonomische Theorie, München 1983

Schuhmann, W. (1991): Informationsmanagement: Unternehmensführung und Informationssysteme aus systemtheoretischer Sicht, Frankfurt/New York 1991

Schumann, J. (1987): Grundzüge der mikroökonomischen Theorie, 5. Aufl., Berlin et al. 1987

Schumpeter, J.A. (1934): The Theory of Economic Development, Cambridge 1934

Schreyögg, G. (1993): Umfeld der Unternehmung, in: Wittmann, E. et al. (Hrsg.): Handwörterbuch der Betriebswirtschaftslehre, 5. Aufl., Stuttgart 1993, Sp. 4231–4247

Schwaninger, M. (1989): Integrale Unternehmensplanung, Frankfurt a. M./New York 1989

Schwarzecker, J./Spandl, F. (1996): Krisenmanagement mit Kennzahlen, 2. Aufl., Wien 1996

Schwellnuß, A. (2003): Stichwort „Preisuntergrenzen", in: Horváth, P./Reichmann, Th. (Hrsg.): Vahlens Großes Controllinglexikon, 2. Aufl., München 2003, S. 556–558

Seger, F. (1997): Banken, Erfolg und Finanzierung – Eine Analyse für deutsche Industrieunternehmen, Wiesbaden 1997

Senge, P.M. (1990): The fifth discipline – the art and practice of the learning organization, New York et al. 1990

Seibert, U. (1999): OECD Principles of Corporate Governance – Grundsätze der Unternehmensführung und -kontrolle für die Welt, Abdruck und Vorbemerkungen, in: AG, 44. Jg., 1999, S. 337–350

Seibert, U. (2001): Transparenz- und Publizitätsgesetz. Referentenentwurf eines Gesetzes zur weiteren Reform des Aktien- und Bilanzrechts, zu Transparenz und Publizität (TransPuG), in: ZIP, 22. Jg., 2001, S. 2192–2199

Seibert, U. (2002): Reform der Unternehmensüberwachung nach den Vorschlägen der Regierungskommission „Corporate Governance", in: Freidank, C.-Chr./Schreiber, O.K. (Hrsg.): Unternehmensüberwachung und Rechnungslegung im Umbruch, Tagungsband zur 1. Hamburger Revisions-Tagung, Hamburg 2002, S. 21–46

Seibert, U. (2003): Zum Umsetzungsstand des Berichts der Regierungskommission „Corporate Governance", in: Freidank, C.-Chr./Schreiber, O.K. (Hrsg.): Corporate Governance, Internationale Rechnungslegung und Unternehmensanalyse im Zentrum aktueller Entwicklungen, Tagungsband zur 2. Hamburger Revisions-Tagung, Hamburg 2003, S. 31–58

Seidenschwarz, B. (2003): Stichwort „heuristische Planungsinstrumente", in: Horváth, P./Reichmann, Th. (Hrsg.): Vahlens Großes Controllinglexikon, 2. Aufl., München 2003, S. 277–278

Seidenschwarz, W. (2002): Balanced Scorecard und Wertsteigerung, in: Macharzina, K./Neubürger, H.-J. (Hrsg.): Wertorientierte Unternehmensführung: Strategien, Strukturen, Controlling, Stuttgart 2002, S. 207–232

Semler, J. (1996): Leitung und Überwachung der Aktiengesellschaft, 2. Aufl., Köln et al. 1996

Semler, J./Peltzer, M. (2005) (Hrsg.): Arbeitshandbuch für Vorstandsmitglieder, München 2005

Semler, R. (1993): Maverick! The Success Story Behind the World's Most Unusual Workplace, New York 1993

SGL Carbon AG (Hrsg.) (2005): Geschäftsbericht 2004, Wiesbaden 2005

Shafer, G. (1976): A Mathematical Theory of Evidence, Princeton/London 1976

Shapiro, B.P. (1998): What the Hell Is ‚Market Oriented‘? in: Harvard Business Review, Vol. 66, Nr. 11–12, 1988, S. 119–125

Shapiro, A./Titman, S. (1998): An Integrated Approach to Corporate Risk Management, in: Stern, J.M./Chew, D.H.J. (Hrsg.): The Revolution in Corporate Finance, 3. Aufl., Malden 1998, S. 251–265

Shell International Limited (Hrsg.) (2005): The Shell Global Scenarios to 2025, London 2005

Shields, M. (1997): Research in Management Accounting by North Americans in the 1990s, in: Journal of Management Accounting Research, Vol. 9, 1997, S. 3–61

Shin, H.-H./Soenen, L. (1998): Efficiency of Working Capital Management and Corporate Profitability, in: Journal of Financial Practice and Education, Vol. 8, No. 2, 1998, S. 37–45.

Shleifer, A./Vishny, R.W. (1997): A Survey of Corporate Governance, in: Journal of Finance, Vol. 53, 1997, S. 737–784

Sieben, G. (1977): Eröffnung der Tagung, in: Goetzke, W./Sieben, G. (Hrsg.): Moderne Unternehmensbewertung und Grundsätze ihrer ordnungsmäßigen Durchführung, Köln 1977, S. 27–31

Sieben, G. (1983): Funktionen der Bewertung ganzer Unternehmen und von Unternehmensteilen, in: WISU, 12. Jg., S. 539–542

Sieben, G. (1993): Unternehmensbewertung, in: Wittmann, E. et al. (Hrsg.): Handwörterbuch der Betriebswirtschaftslehre, Teilband 3, 5. Auflage, Stuttgart 1993, Sp. 4315–4331

Sieben, G. (1995): Unternehmensbewertung: Discounted Cash flow-Verfahren und Ertragswertverfahren – Zwei völlig unterschiedliche Ansätze? in: Lanfermann, J. (Hrsg.): Internationale Wirtschaftsprüfung, Festschrift für H. Havermann zum 65. Geburtstag,, Düsseldorf 1995, S. 713–737

Sieben, G./Bretzke, W.-R. (1973): Zur Typologie betriebswirtschaftlicher Prüfungssysteme, in: BFuP, 25. Jg., 1973, S. 625–630

Sieben, G./Bretzke, W.-R. (1975): Stichwort „Prüfung, Theorie der“, in: Grochla, E../Wittmann, W. (Hrsg.): Handwörterbuch der Betriebswirtschaft, Stuttgart 1975, Sp. 3269–3278

Sieben, G./Bretzke, W.-R. (1989): Stichwort „Prüfungstheorie“, in: Lück, W. (Hrsg.): Lexikon der Abschlußprüfung, 2. Aufl., Marburg 1989, S. 617–618

Sieben, G./Russ, W. (2002): Prüfungsgesellschaften, Organisation von, in: Ballwieser, W./Coenenberg, A.G./Wysocki, K. v. (Hrsg.): Handwörterbuch der Rechnungslegung und Prüfung, 3. Aufl., Stuttgart 2002, Sp. 1790–1798

Sieben, G./Schildbach, Th. (1994): Betriebswirtschaftliche Entscheidungstheorie, 4. Auflage, Düsseldorf 1994

Sieben, G./Zapf, B. (Hrsg.) (1981): Unternehmensbewertung als Grundlage unternehmerischer Entscheidungen, Stuttgart 1981

Siegel, Th. (1985): Zur Irrelevanz fixer Kosten bei Unsicherheit, in: DB, 38. Jg., S. 2157–2159

Siegwart, H. (1986): Controlling-Konzepte und Controller-Funktionen in der Schweiz, in: Mayer, E./Landsberg, G. v./Thiede, W. (Hrsg.): Controlling-Konzepte im internationalen Vergleich, Freiburg i. Br. 1986, S. 105–131

Siener, F./Gröner, S. (2005: Bedeutung der Fair Value-Bewertung bei der Goodwill-Bilanzierung, in: Bieg, H./Heyd, R. (Hrsg.): Fair Value: Bewertung in Rechnungswesen, Controlling und Finanzwirtschaft, München 2005, S. 333–352

Simon, H. (1989): Die Zeit als strategischer Erfolgsfaktor, in: ZfB, 59. Jg., 1989, S. 70–93

Simon, H. (1992): Preismanagement, 2. Aufl., Wiesbaden 1992

Simon, H.A./Newell, A. (1958): Heuristic problem solving: The next advance for operations research, in: Operations Research, Vol. 7, 1958, S. 1–10

Singer, K. (1993): Kränkung und Kranksein: Psychosomatik als Weg zur Selbstwahrnehmung, 4. Aufl., München/Zürich 1993

Sinn, P. (2001): Controlling-Software im Mittelstand – Beispiele für praxisorientierte Umsetzungen, in: Freidank, C.-Chr. (Hrsg.): Controlling-Konzepte – Neue Strategien und Werkzeuge für die Unternehmenspraxis, Wiesbaden, 5. Aufl., Wiesbaden 2001, S. 397–428

Slywotzky, A.J./Drzik, J. (2005): Gefahren intelligent abwehren, in: Harvard Businessmanager, o. Jg., Juli 2005, S. 36–53

Smith, A. (1776): An Inquiry into Nature and Causes of the Wealth of Nations, London 1776

Smith, C.W./Warner, J.B. (1979): On financial contracting: An analysis of bond covenants, in: Journal of Financial Economics, Vol. 7, 1979, S. 117–161

Sommerlatte, T./Deschamps, J.-P. (1986): Der strategische Einsatz von Technologien – Konzepte und Methoden zur Einbeziehung von Technologien in die Strategieentwicklung des Unternehmens, in: Arthur D. Little (Hrsg.): Management im Zeitalter der strategischen Führung, 2. Aufl., Wiesbaden 1986, S. 37–76

Spannagl, Th./Häßler, A. (1999): Ein Ansatz zur Implementierung eines Risikomanagement-Prozesses, in: DStR, 37. Jg., 1999, S. 1826–1831

Specht, G./Perillieux, R. (1988): Erfolgsfaktoren technischer Führer- und Folgerpositionen auf Investitionsgütermärkten, in: ZfB, 40. Jg., 1988, S. 204–226

Spremann, K. (1990): Asymmetrische Information, in: ZfB, 60. Jg., 1990, S. 561–586

Spychinger, M. (1997): Howard Gardners Konzept der musikalischen Intelligenz im Rahmen der Entwicklung der Intelligenzforschung, in: Scheidegger, J./Eiholzer, H. (Hrsg.): Persönlichkeitsentfaltung durch Musikerziehung, Musikpädagogische Schriftenreihe, Bd. 10, Aarau 1997, S. 71–78

Stahl, W. (1992): Risiko- und Chancenanalyse im Marketing – Ansätze zur Identifikation, Untersuchung und Beurteilung von Risiken und Chancen, Frankfurt am Main et al. 1992

Stalk, G. jr. (1989): Zeit – die entscheidende Waffe im Wettbewerb, in: HARVARD manager, 9. Jg., Nr. 1, 1989, S. 37–46

Standard & Poor's (Hrsg.) (2003): Corporate Ratings Criteria 2003, New York 2003

Statistisches Bundesamt (Hrsg.) (2003): Umsatzsteuerstatistik 2002, Gruppe Vi D Steuern, Steuerpflichtige nach Rechtsformen und Größenklassen, Wiesbaden 2003

Stein, J.H. v. (1993): Betriebswirtschaftslehre, Gegenstand der, in: Wittmann, E. et al. (Hrsg.): Handwörterbuch der Betriebswirtschaftslehre, 5. Aufl., Stuttgart 1993, Sp. 470–482

Steinmann, H./Schreyögg, G. (1993): Management – Grundlagen der Unternehmensführung, 3. Aufl., Wiesbaden 1993

Stibi, E. (1995): Prüfungsrisikomodell und Risikoorientierte Abschlußprüfung, Düsseldorf 1995

Stobbe, A. (1975): Gemeinwirtschaftliche Theorie, 1. Kapitel, Berlin et al. 1975

Stolberg, K./Ziegler, M. (2000): Neuerungen beim Prüfungsbericht und beim Bestätigungsvermerk nach § 321 f. HGB, in: Lachnit, L./Freidank, C.-Chr. (Hrsg.): Investororientierte Unternehmenspublizität: Neue Entwicklungen von Rechnungslegung, Prüfung und Jahresabschlussanalyse, Wiesbaden 2000, S. 433–464

Story, J. (1999): The Frontiers of Fortune – Predicting Capital Prospects and Casualties in the Markets of the Future, Edinburgh 1999

Strenger, C./Rott, R. (2004): Wiedergewinnung von Vertrauen in die Arbeit des Aufsichtsrats, in: Freidank, C.-Chr. (Hrsg.): Reform der Rechnungslegung und Corporate Governance in Deutschland und Europa, Wiesbaden 2004, S. 223–240

Strieder, Th./Kuhn, A. (2006): Die Offenlegung der jährlichen Entsprechenserklärung zum Deutschen Corporate Governance Kodex sowie die zukünftigen Änderungen durch das EHUG, in: DB, 59. Jg., 2006, S. 2247–2250

Strobel, W. (1968): Betriebswirtschaftslehre und Wissenschaftstheorie, Besprechungsaufsatz, in: ZfbF, 20. Jg., 1968, S. 129–145

Strobel, W. (1977): Das Krisenwarnproblem des Wirtschaftsprüfers nach § 166 II AktG, in: DB, 30. Jg., 1977, S. 2153–2156

Strobel, W. (1979): Controlling und Unternehmensführung, Schriften zur Unternehmensführung, Bd. 26, Wiesbaden 1979, S. 5–40

Strobel, W. (1980): Das Aufsichtssystem haftungsbeschränkter Unternehmungen, in: Jacob, H. (Hrsg.): Schriften zur Unternehmensführung, Bd. 27, Wiesbaden 1980, S. 33–76

Strobel, W. (2001): Rückblick und Ausblick: Zur Entwicklung des Revisions- und Treuhandwesens in Norddeutschland, unveröffentlichtes Manuskript zur Abtrittsvorlesung am 27. April 2001, Hamburg 2001

Süchting, J./Paul, St. (1998): Bankmanagement, 4. Aufl., Stuttgart 1998

Swiss Reinsurance Company (Hrsg.) (2003): sigma No. 1/2003: The Picture of ART, Zürich 2003

Swoboda, P. (1973): Die Kostenbewertung in Kostenrechnungen, die der betrieblichen Preispolitik oder der staatlichen Preisfestsetzung dienen, in: ZfbF, 25. Jg., 1973, S. 353–367

Téboul, J. (2000): Le Temps des Services – Une nouvelle approche de management, 3. Aufl., Paris 2000.

Teichmann, U. (2003): Stichwort „Szenariotechnik", in: Horváth, P./Reichmann, Th. (Hrsg.): Vahlens Großes Controllinglexikon, 2. Aufl., München 2003, S. 745–746

The Association of Chartered Certified Accountants (ACCA) (Hrsg.) (2000): Firms' reports and duties to lenders in connection with loans and other facilities to clients and related covenants, Technical factsheet 53, Glasgow 2000

The Conference Board Commission on Public Trust and Private Enterprise (The Conference Board) (Hrsg.) (2003): Findings and Recommendations: Part 1 Executive Compensation – Part 2 Corporate Governance – Part 3 Audit and Accounting, New York 2003, S. 1–47, abrufbar unter: http://www.conference-board.org/pdf_free/758.pdf, Zugriff am 27.01.2005

The Institute of Chartered Accountants in England & Wales (ICAEW) (Hrsg.) (1999): Internal Control – Guidance for Directors on the Combined Code, London 1999

Theisen, M.R. (1987): Überwachung der Unternehmensführung – Betriebswirtschaftliche Ansätze zur Entwicklung erster Grundsätze ordnungsgemäßer Überwachung, Stuttgart 1987

Theisen, M.R. (1991): Der Konzern – Betriebswirtschaftliche und rechtliche Grundlagen der Konzernunternehmung, Stuttgart 1991

Theisen, M.R. (1993): Überwachung der Geschäftsführung, in: Wittmann, E. et al. (Hrsg.): Handwörterbuch der Betriebswirtschaftslehre, 5. Aufl., Stuttgart 1993, Sp. 4219–4231

Theisen, M.R. (1995): Grundsätze ordnungsgemäßer Überwachung für den Aufsichtsrat, in: Scheffler, E. (Hrsg.): Corporate Governance, Wiesbaden 1995, S. 103–124

Theisen, M.R. (2002): Grundsätze einer ordnungsmäßigen Information des Aufsichtsrats, 3. Aufl., Stuttgart 2002

Theisen, M.R. (2003): Controlling-Elemente eines Aufsichtsrats-Reporting, in: Achleitner, A.-K./Bassen, A.: Controlling von jungen Unternehmen, Stuttgart 2003, S. 261–279

Theisen, M.R. (2005): Was hat eine gute Corporate Governance mit Erfolg zu tun?, Editorial, in: DBW, 65. Jg., 2005, S. 531–534

Thießen, F. (1996): Covenants in Kreditverträgen: Alternative oder Ergänzung zum Insolvenzrecht?, in: Zeitschrift für Bankrecht und Bankpolitik, 8. Jg., 1996, S. 19–37

Thomas, L.G. III/Waring, G. (1999): Competing Capitalism: Capital Investments in American, German and Japanese Ffirms, in: Strategic Management Journal, Vol. 20, 1999, S. 729–748

Thümmel, M. (1989a): Stichwort „Aktienamt", in: Lück, W. (Hrsg.): Lexikon der Rechnungslegung und Abschlussprüfung, 2. Aufl., Marburg 1989, S. 37

Thümmel, M. (1989b): Stichwort „Rechnungshöfe", in: Lück, W. (Hrsg.): Lexikon der Rechnungslegung und Abschlussprüfung, 2. Aufl., Marburg 1989, S. 636

Tiebel, Chr. (2003): Organisatorische Einordnung des Marketing-Controlling, in: Pepels, W. (Hrsg.): Marketing-Controlling-Organisation: Grundgestaltung marktorientierter Unternehmenssteuerung, Berlin 2003, S. 207–229

Töpfer, A. (1986): Marketing-Audit als strategische Bilanz marktorientierter Unternehmensführung, in: Belz, F. (Hrsg.): Realisierung des Marketing, Festschrift für H. Weinhold-Stünzi, Bd. 1, Savisa/St. Gallen 1986, S. 253–274

Töpfer, A./Heymann, A. (2000): Marktrisiken, in: Dörner, D./Horváth, P./Kagermann, H. (Hrsg.): Praxis des Risikomanagements. Grundlagen, Kategorien, branchenspezifische und strukturelle Aspekte, Stuttgart 2000, S. 225–251

Totzek, A. (2003): Voraussetzungen für die Umsetzung der MaK – Kreditrisikostrategie, Organisationsrichtlinien, Problemkredite, in: Eller, R./Gruber, W./Reif, M. (Hrsg.): Handbuch MaK, Stuttgart 2003, S. 63–103

Treacy, W.F./Carey, M.S. (1998): Credit Risk Rating at Large U.S. Banks, Board of Governors of the Federal Reserve System, Federal Reserve Bulletin, November 1998, S. 897–921

Tversky, A./Kahneman, D. (1983): Extensional Versus Intuitive Reasoning: The Conjunction Fallacy in Probability Judgment, in: Psychological Review, Vol. 90, 1983, S. 293–315

UBS AG (Hrsg.) (1998): UBS Outlook: Risiko-Management – 14 Thesen zur risikobewussten Unternehmensführung, Zürich 1998

Uhlenbruck, W. (2002): Erfahrungen mit dem neuen deutschen Insolvenzrecht, in: Feldbauer-Durstmüller, B./Schlager, J. (Hrsg.): Krisenmanagement – Sanierung – Insolvenz: Handbuch für Banken, Management, Rechtsanwälte, Steuerberater, Wirtschaftsprüfer und Unternehmensberater, Wien 2002, S. 1347–1375

Ulbricht, T (2004): Goodwill Impairment und Bewertung immaterieller Vermögensgegenstände nach IAS und US-GAAP, in: Richter, F. (Hrsg): Unternehmensbewertung: moderne Instrumente und Lösungsansätze, Stuttgart 2004, S. 323–341

Ulrich, H. (1970): Die Unternehmung als produktives soziales System, 2. Aufl., Bern/Stuttgart 1970

Ulrich, H. (1971): Der systemtheoretische Ansatz in der Betriebswirtschaftslehre, in: Kortzfleisch, G. v. (Hrsg.): Wissenschaftsprogramm und Ausbildungsziele der Betriebswirtschaftslehre, Berlin 1971, S. 43–60

Ulrich, H. (1981): Die Betriebswirtschaftslehre als anwendungsorientierte Sozialwissenschaft, Sonderdruck aus: Geist, M.N./Kähler, R. (Hrsg.): Die Führung des Betriebes, Stuttgart 1981

Ulrich, H. (1987): Unternehmenspolitik, 2. Aufl., Bern/Stuttgart 1987

Ulrich, H./Krieg, W. (1973): St. Galler Management-Modell, 2. Aufl., Bern 1973

Useem, M. (2004): Corporate governance and leadership in a globalizing equity market, in: Gatignon, H./Kimberly, J.R./Gunther, R.E. (Hrsg.): The INSEAD-Wharton Alliance on globalizing: strategies for building successful global businesses, Cambridge 2004, S. 49–77

Verband der Wellpappen-Industrie e. V. (vdw) (Hrsg.) (2004): Zahlen und Fakten, Darmstadt 2004

Vernon, R./Wells, L.T./Rangan, S. (1996): The Manager in the International Economy, 7. Aufl., Upper Saddle River, NJ 1996

Vogler, M./Gundert, M. (1998): Einführung von Risikomanagementsystemen – Hinweise zur praktischen Ausgestaltung, in: DB, 51. Jg., 1998, S. 2377–2383

Voigt, K.-I. (1998) : Strategien im Zeitwettbewerb – Optionen für Technologiemanagement und Marketing, Wiesbaden, Hamburg 1998

Vojdani, N./Jehle, E./Schröder, A. (1995): Fuzzy-Logik zur Entscheidungsunterstützung im Logistik- und Umweltschutzmanagement, in: BFuP, 47. Jg., 1995 S. 287–305

Voyer, P. (1999): Tableau de Bord de Gestion et Indicateurs de Performance, 2. Aufl., Sainte-Foy, Quebec 1999

Wack, P. (1985): Scenarios: shooting the rapids, in: Harvard Business Review, Vol. 63, Nr. 6, 1985, S. 139–150

Wacker, P.A. (1980): Die Erfahrungskurve in der Unternehmensplanung, München 1980

Wäscher, D. (2001): Quo Vadis Vertriebscontrolling? – Neue Ansätze im Kundenmanagement, in: Freidank, C.-Chr./Mayer, E. (Hrsg.): Controlling-Konzepte – Neue Strategien und Werkzeuge für die Unternehmenspraxis, 5. Aufl., Wiesbaden 2001, S. 343–365

Wahl, A. (2003): Wiedergewinnung von Vertrauen in die Arbeit des Wirtschaftsprüfers, in: Freidank, C.-Chr./Schreiber, O.K. (Hrsg.): Corporate Governance, Internationale Rechnungslegung und Unternehmensanalyse im Zentrum aktueller Entwicklungen, Tagungsband zur 2. Hamburger Revisions-Tagung, Hamburg 2003, S. 85–122

Wahrenburg, M. (2002): Neue Wege der Kreditportfoliosteuerung, in: Strategien, Strukturen und Steuerungsansätze im Kreditwesen, iks edition, Bd. 8, 2002, S. 49–61

Wahrenburg, M./Niethen, S. (2000): Portfolioeffekte bei der Kreditrisikomodellierung, in: Johanning, L./Rudolph, B. (Hrsg.): Handbuch Risikomanagement, Bad Soden 2000, S. 1–24

Wall, F. (2003a): Stichwort „Risiko", in: Horváth, P./Reichmann, Th. (Hrsg.): Vahlens Großes Controllinglexikon, 2. Aufl., München 2003, S. 665–666

Wall, F. (2003b): Stichwort „Risikoarten", in: Horváth, P./Reichmann, Th. (Hrsg.): Vahlens Großes Controllinglexikon, 2. Aufl., München 2003, S. 667–668

Wall, F. (2003c): Stichwort „Risikocontrolling", in: Horváth, P./Reichmann, Th. (Hrsg.): Vahlens Großes Controllinglexikon, 2. Aufl., München 2003, S. 671–673

Wall, F. (2003d): Stichwort „Risikomanagement", in: Horváth, P./Reichmann, Th. (Hrsg.): Vahlens Großes Controllinglexikon, 2. Aufl., München 2003, S. 675–676

Wall, F. (2003e): Stichwort „Risikomanagement, Historie des", in: Horváth, P./Reichmann, Th. (Hrsg.): Vahlens Großes Controllinglexikon, 2. Aufl., München 2003, S. 679–680

Wall, F. (2003f): Stichwort „Risikomanagement, Organisation des", in: Horváth, P./Reichmann, Th. (Hrsg.): Vahlens Großes Controllinglexikon, 2. Aufl., München 2003, S. 665–666

Wall, F. (2003 g): Kompatibilität des betriebswirtschaftlichen Risikomanagement mit den gesetzlichen Anforderungen? – Eine Analyse mit Blick auf die Abschlussprüfung, in: WPg, 56. Jg., 2003, S. 457–471

Warncke, M. (2005): Zusammenarbeit von Interner Revision und Prüfungsausschuss, in: ZIR, 40. Jg., 2005, S. 182–187

Watts, R.L./Zimmerman, J. (1986): Positive Accounting Theory, Englewood Cliffs 1986

Webb, E. (2004): Relationships between Corporate Governance Mechanisms, Working Paper, University of San Diego, January 2004

Weber, J. (1992): Die Koordinationssicht des Controlling, in: Spremann, J./Zur, E. (Hrsg.): Controlling, Wiesbaden 1992, S. 169–183

Weber, J. (2002): Einführung in das Controlling, 9. Aufl., Stuttgart 2002

Weber, J. (2003a): Vorwort, in: Weber, J./Kunz, J. (Hrsg.): Empirische Controllingforschung, Wiesbaden 2003, S. V-VII

Weber, J. (2003b): Stichwort „Erfahrungskurve", in: Horváth, P./Reichmann, Th. (Hrsg.): Vahlens Großes Controllinglexikon, 2. Aufl., München 2003, S. 196

Weber, J. (2004): Möglichkeiten und Grenzen der Operationalisierung des Konstrukts „Rationalitätssicherung", in: Scherm, Ewald/Pietsch, Gotthard (Hrsg.): Controlling – Theorien und Konzeptionen, München 2004, S. 467–486

Weber, J./Goeldel, H./Schäffer, U. (1997): Zur Gestaltung der strategischen und operativen Planung, in: Die Unternehmung, 51. Jg., 1997, S. 273–295

Weber, J./Schäffer, U. (1998): Balanced Scorecard – Gedanken zur Einordnung des Konzepts in das bisherige Controlling-Instrumentarium, in: ZP, 9. Jg., 1998, S. 341–366

Weber, J./Schäffer, U. (1999a): Controlling als Koordinationsfunktion? – Zehn Jahre nach Küpper/Weber/Zünd, WHU-Forschungspapier Nr. 7, Oktober 1999

Weber, J./Schäffer, U. (1999b): Sicherstellung der Rationalität von Führung als Funktion des Controlling, in: Die Betriebswirtschaft, 59. Jg., Heft 6, 1999, S. 731–746

Weber, J./Schäffer, U. (2006): Einführung in das Controlling, 11. Aufl., Stuttgart 2006.

Weber, J./Schäffer, U./Langenbach, W. (1999): Gedanken zur Rationalitätskonzeption des Controlling, WHU-Forschungspapier Nr. 70, Oktober 1999

Weber, J./Weißenberger, B./Liekweg, A. (1999a): Ausgestaltung eines unternehmerischen Chancen- und Risikomanagements nach dem KonTraG, in: DStR, 37. Jg., 1999, S. 1710–1716

Weber, J./Weißenberger, B./Liekweg, A. (1999b): Risk Tracking and Reporting. Unternehmerisches Chancen- und Risikomanagement nach dem KonTraG, Schriftenreihe Advanced Controlling, Vallendar 1999

Weber, J./Willauer, B. (2000): Marktorientierte Instrumente des Controlling, Advanced Controlling, Bd. 15, Vallendar 2000

Weber, M. (1972): Wirtschaft und Gesellschaft, Grundriss der verstehenden Soziologie, 5. Aufl., Tübingen 1972

Weigand, J./Stadtmann, G./Neuser, C. (2005): Strategische Investitionen zur Abwehr neuer Konkurrenten, in: WISU, 34. Jg., 2005, S. 458–464

Weinberg, N. (2003): Criminalizing Capitalism, in: Forbes, o. Jg., v. 12.05.2003

Welge, M.K./Al-Laham, A. (1992): Planung, Wiesbaden 1992

Welge, M.K./Hüttemann, H.H. (1993): Erfolgreiche Unternehmensführung in schrumpfenden Branchen, Stuttgart 1993

Werder, A. v. (1996): Grundsätze ordnungsmäßiger Unternehmungsführung (GoF) – Zusammenhang, Grundlagen und Systemstruktur von Führungsgrundsätzen für die Unternehmungsleitung
(GoU), Überwachung (GoÜ) und Abschlussprüfung (GoA), in: Weder, A. v. (Hrsg.): Grundsätze
ordnungsmäßiger Unternehmungsführung (GoF), Sonderheft 36/1996 der ZfbF, S. 1–26

Werder, A. v./Talaulicar, T. (2005): Kodex Report 2005: Die Akzeptanz der Empfehlungen und
Anregungen des Deutschen Corporate Governance Kodex, in: DB, 2005, 58. Jg., S. 841–846

Werder, A. v./Wieczorek, B.J. (2007): Anforderungen an Aufsichtsratsmitglieder und ihre
Nominierung, in: DB, 60. Jg., 2007, S. 297–303

Werner, B./Zimmermann, H.-J. (1989): Risikoanalyse, in: Szyperski, N (Hrsg.): Handwörterbuch
der Planung, Stuttgart 1989, Sp. 1743–1749

Wernerfelt, B./Montgomery, C.A. (1988): Tobin's q and the Importance of Focus in Firm
Performance, in: American Economic Review, Vol. 78, 1988, S. 246–250

Westhausen, H.-U. (2005): Das COSO-Modell: bisher nur eine Randerscheinung in Deutschland?
in: Zeitschrift Interne Revision, 40. Jg., 2005, S. 98–103

Widmer, D./Pfyffer, H.-U. (2004): Interne Kontrolle, Kommentar der KPMG Schweiz, Zürich
2004, S. 1–62, abrufbar unter: http://www.kpmg.ch/CG/ CG_Teil_6_deutsch.pdf, Zugriff am
21.03.2005

Wie, Y. (2003): Comparative corporate governance: a Chinese perspective, The Hague 2003

Wild, J. (1974): Grundlagen der Unternehmensplanung, Reinbek bei Hamburg 1974

Wildemann, H. (1993): Just-In-Time in Forschung & Entwicklung und Konstruktion, in: ZfB, 63.
Jg., 1993, S. 1252–1270

Wildemann, H. (2003a): Leistungswirtschaftliche Risiken im Unternehmensrating gemäß Basel II,
in: Wollmert, P. et al. (Hrsg.) Wirtschaftsprüfung und Unternehmensüberwachung, FS für W.
Lück, Düsseldorf 2003, S. 501–521

Wildemann, H. (2003b): Sanierungsstrategien: Leitfaden zur Bewältigung und Abwehr von
Unternehmenskrisen, 2. Aufl., München 2003

Wilhelm, J. (2005): Unternehmensbewertung – eine finanzmarkttheoretische Untersuchung, in:
ZfB, 75. Jg, 2005, S. 631–665

Wilkens, M./Völker, J. (2001): Value-at-Risk – Eine anwendungsorientierte Darstellung zentraler Methoden und Techniken des modernen Risikomanagements, in: Götze, U./Henselmann,
K./Mikus, B. (Hrsg.): Risikomanagement, Heidelberg 2001, S. 413–442

Williams, C.A. (1998): Risk Management and Insurance, 8. Aufl., Singapore 1998

Williamson, O. E. (1975): Markets and Hierarchies: Analysis and Antitrust Implications, New
York/London 1975

Wirtschaftsprüferkammer (Hrsg.) (2004): „Jour fixe" der Wirtschaftsprüferkammer, Berlin 2004,
S. 1–58, abrufbar unter: http://www.wpk.de/pdf/ WPK_Magazin_4-2004_Jour_fixe.pdf, Zugriff
am 19.12.2005

Witt, P. (2004): The Competition of International Corporate Governance Systems, in: mir, Vol. 44,
2004, S. 309–333

Witten, V. (2001): Zur Erstellung und Prüfung des Lageberichts, in: Freidank, C.-Chr. (Hrsg.): Die
deutsche Rechnungslegung und Wirtschaftsprüfung im Umbruch, Festschrift für W. Th. Strobel,
München 2001, S. 341–361

Wittig, A. (1996): Financial Covenants im inländischen Kreditgeschäft, in: Wertpapiermitteilungen,
50. Jg., 1996, S. 1381–1391

Wittmann, E. (2001): Risikomanagement als Bestandteil des Planungs- und Kontrollsystems. Anforderungen an das Planungs- und Kontrollsystem und das Risikomanagement, in: Lange,
K.W./Wall, F. (Hrsg.): Risikomanagement nach dem KonTraG. Aufgaben und Chancen aus
betriebswirtschaftlicher und juristischer Sicht, München 2001, S. 259–281

Wittrock, O. (2005): Controller von draußen mit am Tisch, in: Handelsblatt, 67. Jg, v.
08.-10.04.2005, S. 2

Wöhe, G. (2002): Einführung in die Allgemeine Betriebswirtschaftslehre, 21. Aufl., München 2002

Wójcik, D. (2001): Change in the German model of Corporate Governance: Evidence from
Blockholdings 1997–2001, University of Oxford Working Paper, Oxford 2001

Wolbert, J. (2003): Der Aufsichtsrat sollte mit den Augen des Vorstands sehen können, in: FAZ, 55. Jg., v. 07.07.2003

Wolz, M. (2001): Zum Stand der Umsetzung von Risikomanagementsystemen aus der Sicht börsennotierter Aktiengesellschaften und ihrer Prüfer – Eine empirische Studie, in: WPg, 54. Jg., 2001, S. 789–801

Woo, C.Y./Cooper, A.C. (1982): The Surprising Case for Low Market Share, in: Harvard Business Review, Vol. 60, Nr. 6, 1982, S. 106–113

Wossidlo, P.R. (1997): Finanzielle Führung, in: Hauschildt, J./Grün, O. (Hrsg.): Ergebnisse empirischer betriebswirtschaftlicher Führung – zu einer Realtheorie der Unternehmung, Festschrift für Eberhard Witte, Stuttgart 1997, S. 445–528

Wübbenhorst, K. (1984): Konzept der Lebenszykluskosten, Darmstadt 1984

Wüstemann, J. (2002): Normdurchsetzung in der deutschen Rechnungslegung – Enforcement nach dem Vorbild der USA? in: BB, 57. Jg., 2002, S. 718–725

Wüthrich, H. (1991): Neuland des Strategischen Denkens: Von der Strategietechnokratie zum mentalen Management, Wiesbaden 1991

Wurl, H.-J./Mayer, J.H. (2001): Balanced Scorecards und industrielles Risikomanagement – Möglichkeiten der Integration, in: Klingebiel, N. (Hrsg.): Performance Measurement & Balanced Scorecard, München 2001, S. 179–213

Wyser, J./Amhof, R. (2004): Umfassendes Risikomanagement stärkt Leadership, in: Ernst & Young (Hrsg.): Praxis Spezial: Risk Management, Zürich 2004, S. 4–7

Wysocki, K. v. (1988): Grundlagen des betrieblichen Prüfungswesens, 3. Aufl., München 1988

Yin, R.K. (1989): Case Study Research, Newbury Park 1989

Yin, R.K. (2003): Case Study Research: Design and Methods, London/New Delhi 2003

Zadeh, L.A. (1965): Fuzzy sets, in: Information and Control, Vol. 8, 1965, S. 338–353

Zaeh, Ph.E. (1998): Entscheidungsunterstützung in der Risikoorientieren Abschlußprüfung – Prozeßorientierte Modelle zur EDV-technischen Quantifizierung der Komponenten des Prüfungsrisikos unter besonderer Würdigung der Fuzzy-Logic, Landsberg am Lech 1998

Zaeh, Ph.E. (2001): Risiko und Wesentlichkeit im Kontext der Abschlussprüfung nach IDW PS 240– Unter Würdigung des Bayesschen Theorems, in: Freidank, C.-Chr. (Hrsg.): Die Rechnungslegung und Wirtschaftsprüfung im Umbruch, FS für W. Th. Strobel, München 2001, S. 303–340

Zech, J. (2001): Rethinking Risk Management: The Combination of Financial and Industrial Risk, in: The Geneva Papers on Risk and Insurance, Vol. 26, 2001, S. 71–82

Zentrale Markt- und Preisberichtstelle für Erzeugnisse der Land-, Forst- und Ernährungswirtschaft GmbH (ZMP) (Hrsg.) (2002): ZMP-Rohdatenanalyse auf Basis GfK-Haushaltspanel, Bonn 2002

Zentrale Markt- und Preisberichtstelle für Erzeugnisse der Land-, Forst- und Ernährungswirtschaft GmbH (ZMP) (Hrsg.) (2003): Mafo-Briefe – Marktforschung für Agrar- und Ernährungswirtschaft, Ausgabe 1, Bonn 2003

Zerres, M.P. (2000): Einführung in das Marketing-Controlling, in Zerres, M.P. (Hrsg.): Handbuch Marketing-Controlling, 2. Aufl., Berlin/Heidelberg/New York 2000, S. 3–11

Zezelje, G. (2000): Das Customer Lifetime-Value-Management-Konzept, in: Hofmann, M./Mertiens, M. (Hrsg.): Customer-Lifetime-Value-Management, Wiesbaden 2000, S. 9–29

Zimmermann, H.-J./Angenstenberger, J./Lieven, K./Weber, R. (Hrsg.) (1993): Fuzzy-Technologien: Prinzipien, Werkzeuge, Potentiale, Düsseldorf 1993

Zingales, L. (1998): Corporate Governance, in: Newman, P. (Hrsg.): The New Palgrave Dictionary of Economics and the Law, New York, 1998, S. 496–503

Zünd, A. (1971): Aufbau und Überwachung des Internen Kontrollsystems, in: Büro + Verkauf, 40. Jg., 1971, Nr. 473, S. 40–42

Zünd, A. (1973): Kontrolle und Revision in der internationalen Unternehmung, Bern/Stuttgart 1973

Gesetze, Verordnungen, Richtlinien, Prüfungs- und Rechnungslegungsstandards, Kodizes sowie deren Entwürfe, Erläuterungen und Begründungen

AktG (2004): Aktiengesetz (AktG) vom 06.09.1965, BGBl. I 1965, S. 1089–1184, zuletzt geändert durch Gesetz vom 15.12.2004, BGBl. I 2004, S. 3408–3415

American Institute of Certified Public Accountants (AICPA) (Hrsg.) (1998): AICPA Professional Standards as of June 1, 1998, New York 1998

AO 1977 (2005): Abgabenordnung (AO) vom 16.03.1976 (BGBl. I 1976, S. 613 u. BGBl. I 1977, S. 269), neugefasst durch Bekanntmachung vom 01.10.2002 (BGBl. I 2002, S. 3866 u. BGBl. I 2003, S. 61), zuletzt geändert durch Art. 4 Abs. 22 Gesetz vom 22.09.2005 (BGBl. I 2005, S. 2809), abrufbar unter: http://bundesrecht.juris.de/bundesrecht/ao_1977/gesamt.pdf, Zugriff am 28.12.2005

APAG (2004): Gesetz zur Fortentwicklung der Berufsaufsicht über Abschlussprüfer in der Wirtschaftsprüferordnung (Abschlussprüferaufsichtsgesetz), in: BGBl. Nr. 76 vom 31.12.2004, S. 3846–3851

Association Française des Entreprises Privées & Mouvement des Entreprises de France (AFEP/MEDEF) (Hrsg.) (2003): Le gouvernement d'entreprise des sociétés cotées, Paris 2003

BAFin (2005a): Rundschreibenentwurf vom 17.02.2005, abrufbar unter: h:tp:// www.bafin.de, Zugriff am 09.10.2005

BAFin (2005b): Schreiben an den Zentralen Kreditausschuss zu § 18 KWG vom 09.05.2005, abrufbar unter: http//:www.bafin.de/schreiben/89_2005/050509. htm, Zugriff am 17.10.2005

BAKred (1998): Rundschreiben 9/1998 vom 7. Juli 1998: Überblick über die grundsätzlichen Anforderungen an die Offenlegung der wirtschaftlichen Verhältnisse nach § 18 KWG

BAKred (1999): Rundschreiben 16/1999 vom 29. November 1999: Änderung der grundsätzlichen Anforderungen an die Offenlegung der wirtschaftlichen Verhältnisse nach § 18 KWG

BAKred (2000): Rundschreiben 5/2000 vom 6. November 2000: Offenlegung der wirtschaftlichen Verhältnisse nach § 18 KWG

BAKred (2002): Rundschreiben 34/2002 vom 20. Dezember 2002: Mindestanforderungen an das Kreditgeschäft der Kreditinstitute (MaK)

BAKred (2005): Rundschreiben 18/2005 vom 20. Dezember 2005: Mindestanforderungen an das Risikomanagement (MaRisk)

BARefG (2007): Gesetz zur Stärkung der Berufsaufsicht und zur Reform berufsrechtlicher Regelungen in der Wirtschaftsprüferordnung (Berufsaufsichtsreformgesetz – BARefG), in: BGBl. I Nr. 45 vom 05.09.2007, S. 2178–2192

Basel Committee on Banking Supervision (Hrsg.) (2001): The New Basel Capital Accord, January 2001

Basel Committee on Banking Supervision (Hrsg.) (2003a): Overview of The New Basel Capital Accord, April 2003

Basel Committee on Banking Supervision (Hrsg.) (2003b): The New Basel Capital Accord, April 2003

Basel Committee on Banking Supervision (Hrsg.) (2004): Internationale Konvergenz der Kapitalmessung und Eigenkapitalanforderungen, überarbeitete Rahmenvereinbarung, Übersetzung der Deutschen Bundesbank, Basel 2004

Basel Committee on Banking Supervision (Hrsg.) (2011): Basel III: A global regulatory framework for more resilient banks and banking systems, December 2010 (rev. June 2011)

Berliner Initiativkreis German Code of Corporate Governance (Hrsg.) (2001): Der German Code of Corporate Governance (GCCG), in: Werder, A.v. (Hrsg.): German Code of Corporate Governance (GCCG), Stuttgart 2001, S. 63–119

BetrVG 1952 (2001): Betriebsverfassungsgesetz 1952 vom 11.10.1952 (BGBl. I 1952, S. 681), zuletzt geändert durch Art. 9 Gesetz vom 23.07.2001 (BGBl. I 2001, S. 1852), trat am 01.07.2004 durch Artikel 6 Abs. 2 Gesetz vom 18.05.2004 (BGBl. I 2004, S. 974) außer Kraft.

BilKoG (2004): Gesetz zur Kontrolle von Unternehmensabschlüssen (Bilanzkontrollgesetz – BilKoG), in: BGBl. I Nr. 69 vom 20.12.2004, S. 3408–3415

BilMoG (2009): Gesetz zur Modernisierung des Bilanzrechts (Bilanzrechtsmodernisierungsgesetz (BilMoG), in: BGBl. I Nr. 27 vom 28.05.2009, S. 1102–1137

BilReG (2004): Gesetz zur Einführung internationaler Rechnungslegungsstandards und zur Sicherung der Qualität der Abschlussprüfung (Bilanzrechtsreformgesetz – BilReG), in: BGBl. I Nr. 65 vom 09.12.2004, S. 3166–3182

BiRiLiG (1985): Gesetz zur Durchführung der Vierten, Siebenten und Achten Richtlinie des Rates der Europäischen Gemeinschaften zur Koordinierung des Gesellschaftsrechts (Bilanzrichtlinien-Gesetz – BiRiLiG) vom 19. Dezember 1985, BGBl. I 1985, S. 2355–2386

Bundesministerium der Finanzen (BMF) (Hrsg.) (2009): Grundsätze guter Unternehmens- und Beteiligungsführung im Bereich des Bundes, S. 1–112, abrufbar unter: http://www.bundesfinanz-ministerium.de/nn_39010/sid_04E48EC5DF264C4A1F9660AC5CD8C4BE/DE/Wirtschaft__und__Verwaltung/Bundesliegenschaften__und__Bundesbeteiligungen/Public__corporate__governance__Kodex/010709__publGov__anl, templateId=raw,property=publicationFile.pdf, Zugriff am 06.08.2011

Bundesministerium der Justiz (BMJ) (Hrsg.) (2003): Mitteilung für die Presse Nr. 10/03. Bundesregierung stärkt Anlegerschutz und Unternehmensintegrität, S. 1–3, abrufbar unter: http://www.bmj.bund.de/ger/service/pressemitteilungen/ 10000668, Zugriff am 09.10.2003

China Securities Regulatory Commission (CSRC) (Hrsg.) (2001): The Code of Corporate Governance for Listed Companies, January 7, 2001

COM/2011/778: Proposal for a regulation of the European Parliament and of the Council amending Directive 2006/43/EC on statutory audits of annual accounts and consolidated accounts, abrufbar unter: http://ec.europa.eu/internal_market/auditing/docs/reform/COM_2011_778_en.pdf, Zugriff am 01.12.2011

COM/2011/779/3: Proposal for a regulation of the European Parliament and of the Council on specific requirements regarding statutory audit of public-interest entities, abrufbar unter: http://ec.europa.eu/internal_market/auditing/docs/reform/COM_2011_779_en.pdf, Zugriff am 01.12.2011

Committee of Sponsoring Organisations of the Treadway Commission (COSO) (Hrsg.) (1994): Internal Control – Integrated Framework, Executive Summary, Jersey City/NJ 1994

Committee of Sponsoring Organizations of the Treadway Commission (COSO) (Hrsg.) (2003a): Enterprise Risk Management Framework: Executive Summary – Draft, Jersey City/NJ 2003

Committee of Sponsoring Organizations of the Treadway Commission (COSO) (Hrsg.) (2003b): Enterprise Risk Management Framework: Framework – Draft, Jersey City/NJ 2003

Committee of Sponsoring Organizations of the Treadway Commission (COSO) (Hrsg.) (2004a): Enterprise Risk Management – Integrated Framework, Jersey City/NJ 2004

Committee of Sponsoring Organizations of the Treadway Commission (COSO) (Hrsg.) (2004b): COSO Releases Enterprise Risk Management – Integrated Framework, Press Release, New York City/NY 2004

Deutscher Bundestag (Hrsg.) (1998): Entwurf eines Gesetzes zur Kontrolle und Transparenz im Unternehmensbereich, BT-Drucks. 13/9712 vom 28.01.1998, S. 1–37

Deutscher Standardisierungsrat (DSR) (Hrsg.) (2011): Endabstimmung zu E-DRS-27 Lageberichterstattung, 161_06_LB_CoverNote v. 25.11.2011, abrufbar unter: www.standardsetter.de/v4/docs/sitzungen/dsr/.../161_06_LB_CoverNote.pdf, Zugriff am 02.12.2011

DrittelbG (2004): Gesetz über die Drittelbeteiligung der Arbeitnehmer im Aufsichtsrat (Drittelbeteiligungsgesetz – DrittelbG) vom 18.05.2004 (BGBl. I 2004, S. 974), abrufbar unter: http://bundesrecht.juris.de/bundesrecht/ drittelbg/gesamt.pdf, Zugriff am 28.12.2005

EHUG (2006): Gesetz über elektronische Handelsregister und Genossenschaftsregister sowie das Unternehmensregister (EHUG) vom 10. November 2006, in: BGBl. I Nr. 52, S. 2553–2586

Empfehlung 2004/913/EG: Empfehlung der Kommission vom 14. Dezember 2004 zur Einführung einer angemessenen Regelung für die Vergütung von Mitgliedern der Unternehmensleitung börsennotierter Gesellschaften, Amtsblatt der Europäischen Union v. 29.12.2004, 2004/913/EG, Nr. L 385, S. 55–59

Empfehlung 2005/162/EG: Empfehlung der Kommission vom 15. Februar 2005 zu den Aufgaben von nicht geschäftsführenden Direktoren/Aufsichtsratsmitgliedern/börsennotierter Gesellschaften sowie zu den Ausschüssen des Verwaltungs-/Aufsichtsrats, Amtsblatt der Europäischen Union v. 25.02.2005, 2005/162/EG, Nr. L 52, S. 51–63

EStG (2005): Einkommensteuergesetz (EStG) vom 16.10.1934 (RGBl. I 1934, S. 1005), neugefasst durch Bekanntmachung vom 19.10.2002 (BGBl. I 2003, S. 179), zuletzt geändert durch Art. 4 Abs. 27 Gesetz vom 22.09.2005 (BGBl. I 2005, S. 2809), abrufbar unter: http://bundesrecht.juris.de/bundesrecht/ estg/gesamt.pdf, Zugriff am 28.12.2005

Financial Accounting Standards Board (FSAB) (2000): Statement of Financial Accounting Concepts No. 7: Using Cash Flow Information and Present Value in Accounting Measurement, Norwalk 2000

Gesetzesentwurf der Bundesregierung (1998): Entwurf eines Gesetzes zur Kontrolle und Transparenz im Unternehmensbereich, Drucksache 13/9712 v. 28.01.1998 (Regierungsbegründung), S. 1–37

GG (2002): Grundgesetz für die Bundesrepublik Deutschland (GG) vom 23.05.1949 (BGBl. 1949, S. 1), zuletzt geändert durch Art. 1 Gesetz vom 26.07.2002 (BGBl. I 2002, S. 2863), abrufbar unter: http://bundesrecht.juris.de/bundesrecht/gg/gesamt.pdf, Zugriff am 28.12.2005

HGB (2004): Handelsgesetzbuch (HGB) vom 10.05.1897, Reichsgesetzblatt 1897, S. 219–436, zuletzt geändert durch Gesetz vom 15.12.2004, BGBl. I 2004, S. 3408–3415

Institut der Wirtschaftsprüfer (IDW) (Hrsg.) (1998a): IDW Rechnungslegungsstandard: Aufstellung des Lageberichts (IDW RS HAFA 1), in: WPg, 51. Jg, 1998, S. 653–662

Institut der Wirtschaftsprüfer (IDW) (Hrsg.) (1998b): IDW Prüfungsstandard: Prüfung des Lageberichts (IDW PS 350), in: WPg, 51. Jg, 1998, S. 663–666

Institut der Wirtschaftsprüfer (IDW) (Hrsg.) (1999): IDW Prüfungsstandard: Die Prüfung des Risikofrüherkennungssystems nach § 317 Abs. 4 HGB (IDW PS 340), in: WPg, 52. Jg, 1999, S. 658–662

Institut der Wirtschaftsprüfer (IDW) (Hrsg.) (2000): IDW Standard: Grundsätze zur Durchführung von Unternehmensbewertungen (IDW S 1), verabschiedet vom HFA am 28.06.2000, in: WPg, 53. Jg., 2000, S. 825–842

Institut der Wirtschaftsprüfer (IDW) (Hrsg.) (2001a): IDW Prüfungsstandard: Das interne Kontrollsystem im Rahmen der Abschlussprüfung (IDW PS 260), in: WPg, 54. Jg., 2001, S. 821–831

Institut der Wirtschaftsprüfer (IDW) (Hrsg.) (2001b): IDW Prüfungsstandard: Grundsätze für die prüferische Durchsicht von Abschlüssen (IDW PS 900), in: WPg, 54. Jg., 2001, S. 1078–1093

Institut der Wirtschaftsprüfer (IDW) (Hrsg.) (2006): IDW Prüfungsstandard: Feststellung und Beurteilung von Fehlerrisiken und Reaktionen des Abschlussprüfers auf die beurteilten Fehlerrisiken (IDW 261), in: WPg, 59. Jg., 2006, S. 1433–1445

Institut der Wirtschaftsprüfer (IDW) (Hrsg.) (2009): IDW Standard: Anforderungen an die Erstellung von Sanierungskonzepten (IDW S 6)

Institute of Internal Auditors (IIA) (Hrsg.) (2001): Standards for the Professional Practice of Internal Auditing, Introduction, abrufbar unter: http://www. theiia.org/ecm/guideframe/cfm?doc_id=1499, Zugriff am 12.12.2001

International Accounting Standards Board (IASB) (Hrsg.) (2005): 2005 International Financial Reporting Standards (IFRSs), including standards issued up to 31 December 2004 and required to be applied on or after 1 January 2005, London 2005

KapAEG (1998): Gesetz zur Verbesserung der Wettbewerbsfähigkeit deutscher Konzerne an Kapitalmärkten und zur Erleichterung der Aufnahme von Gesellschafterdarlehen (Kapitalaufnahmeerleichterungsgesetz – KapAEG), BGBl. I Nr. 22 vom 20.04.1998, S. 707–709

KapMuG (2005): Gesetz zur Einführung von Kapitalanleger-Musterverfahren, in: BGBl. I Nr. 50 vom 19. August 2005, S. 2437–2445

KOM/2003/284: Mitteilung der Kommission an den Rat und das Europäische Parlament: Modernisierung des Gesellschaftsrechts und Verbesserung der Corporate Governance in der Europäischen Union – Aktionsplan, KOM/2003/284 vom 21.05.2003

KOM/2010/284: Grünbuch „Corporate Governance in Finanzinstituten und Vergütungspolitik", KOM/2010/284 vom 02.06.2010

KOM/2010/561: Grünbuch „Weiteres Vorgehen im Bereich der Abschlussprüfung: Lehren aus der Krise", KOM/2010/561vom 13.10.2010

KOM/2011/164: Grünbuch „Europäischer Corporate Governance-Rahmen", KOM/2011/164 vom 05.04.2011

KonTraG (1998): Gesetz zur Kontrolle und Transparenz im Unternehmensbereich (KonTraG), BGBl. I Nr. 24 vom 27.04.1998, S. 786–794

KWG (2001): Gesetz über das Kreditwesen (KWG) in der Neufassung der Bekanntmachung vom 9. September 1998, zuletzt geändert durch Artikel 5 des Gesetzes vom 20. Dezember 2001 (BGBl. I S. 3822)

MitbestG (2005): Gesetz über die Mitbestimmung der Arbeitnehmer vom 04.05.1976, (BGBl. I 1976, S. 1153), zuletzt geändert durch Art. 4 Gesetz vom 08.06.2005 (BGBl. I 2005, S. 1530), abrufbar unter: http://www.gesetze-im-internet.de/ bundesrecht/mitbestg/gesamt.pdf, Zugriff am 28.12.2005

MoMiG (2006): Gesetz zur Modernisierung des GmbH-Rechts und zur Bekämpfung von Missbräuchen (MoMiG), in: BGBl. I Nr. 48 vom 23.10.2008, S. 2026–2047

The Nasdaq Stock Market (NASDAQ) (Hrsg.) (2002): Summary of NASDAQ Corporate Governance Proposals, As of October 10, 2002, S. 1–5, abrufbar unter: http://www.nasdaq.com/about/Corp_Gov_Summary101002.pdf, Zu-griff am 27.02.2005.

NeuBankRuKapARUmsG (2006): Gesetz zur Umsetzung der neu gefassten Bankenrichtlinie und der neu gefassten Kapitaladäquanzrichtlinie (NeuBankRuKapARUmsG) vom 17.11.2006, in: BGBl. I Nr. 33 vom 22.11.2006, S. 2606–2637

New York Stock Exchange (NYSE) (Hrsg.) (2002): Corporate Governance Rule Proposals – Reflecting Recommendations from the NYSE Corporate Accountability and Listing Standards Committee, As Approved by the NYSE Board of Directors August 1, 2002, S. 1–42, abrufbar unter: http://www.nyse. com/pdfs/ corp_gov_pro_b.pdf, Zugriff am 27.01.2005

Österreichischer Arbeitskreis für Corporate Governance (ÖCGK) (Hrsg.) (2002): Österreichischer Corporate Governance Kodex in der Fassung vom September 2002

PublG (2004): Gesetz über die Rechnungslegung von bestimmten Unternehmen und Konzernen (Publizitätsgesetz – PublG) vom 15.08.1969 (BGBl. I 1969, S. 1189 u. BGBl. I 1970, S. 1113), zuletzt geändert durch Art. 3 Gesetz vom 04.12.2004 (BGBl. I 2004, S. 3166), abrufbar unter: http://www.gesetze-im-internet.de/bundesrecht/publg/gesamt.pdf, Zugriff am 28.12.2005

Public Company Accounting Oversight Board (PCAOB) (Hrsg.) (2004): PCAOB-Auditing Standard No 2– An audit of internal control over financial reporting performed in conjunction with an audit of financial statements, March 9, 2004, abrufbar unter: http://www.pcaobus.org/documents/rules_of_the_board/ Standards%20-%20AS 2.pdf, Zugriff am 10.01.2005

Public Company Accounting Oversight Board (PCAOB) (Hrsg.) (2007): PCAOB-Auditing-Standard No. 5– Audit of Internal Control Over Financial Reporting That Is Integrated with An Audit of Financial Statements, November 9, 2007, abrufbar unter: http://www.pcaobus.org/Rules/Rules_of_the_Board/Auditing_ Standard_5.pdf Zugriff am 29.12.2007

RegE KonTraG (1998): Regierungsentwurf eines Gesetzes zur Kontrolle und Transparenz im Unternehmensbereich (KopnTraG) vom 28.01.1998, Drucksache 13/9712

Regierungskommission Deutscher Corporate Governance Kodex (DCGK) (Hrsg.) (2010): Deutscher Corporate Governance Kodex (in der Fassung vom 26.05.2010)

RL 2006/43/EG: Richtlinie 2006/43/EG des Europäischen Parlaments und des Rates über Abschlussprüfungen von Jahresabschlüssen und konsolidierten Abschlüssen, zur Änderung der Richtlinien 78/660/EWG und 83/349/EWG des Rates und zur Aufhebung der Richtlinie

84/253/EWG des Rates, in: Amtsblatt der Europäischen Union vom 17.05.2006, Nr. L 157, S. 87–107

RL 2006/46/EG: Richtlinie 2006/46/EG des Europäischen Parlaments und des Rates zur Änderung der Richtlinien des Rates 78/660/EWG und 83/349/EWG (Abänderungs-Richtlinie), in: Amtsblatt der Europäischen Union vom 14.06.2006, Nr. L 224, S. 1–7

RL 2006/68/EG: Richtlinie 2006/68/EG des Europäischen Parlaments zur Änderung der Richtlinie 77/91/EWG des Rates in Bezug auf die Gründung von Aktiengesellschaften und die Erhaltung und Änderung ihres Kapitals, in: Amtsblatt der Europäischen Union vom 25.09.2006, Nr. L 264, S. 32–36

Sarbanes-Oxley Act (SOX) (2002): Sarbanes-Oxley Act of 2002 (Enrolled as Agreed to or Passed by Both House and Senate), The Library of Congress, abrufbar unter: http://thomas.loc.gov/cgi-bin/query/z?c107:H.R.3763.ENR:, Zugriff am 28.12.2005

Securities Exchange Commission (SEC) (Hrsg.) (2003): SEC Final Rule, Release Nos. 33-8238; 34-47968, Final Rule: Management's Reports on Internal Control Over Financial Reporting and Certification of Disclosure in Exchange Act Periodic Reports, 2003, abrufbar unter: http://www.sec.gov/rules/final/33-8238.htm, Zugriff am 03.03.2005

Securities Exchange Commission (SEC) (Hrsg.) (2010): SEC Final Rule, Release No. 33-9142, Final Rule: Internal Control over Financial Reporting in Exchange Act Periodic Reports of Non-Accelerated Filers, 2010, abrufbar unter: http://www.sec.gov/rules/final/2010/33-9142.pdf, Zugriff am 06.08.2010

SEEG (2004): Gesetz zur Einführung der Europäischen Gesellschaft (SEEG), in: BGBl. I Nr. 73 vom 28.12.2004, S. 3675–3701

TransPuG (2002): Gesetz zur weiteren Reform des Aktien- und Bilanzrechts, zu Transparenz und Publizität (TransPuG), in: BGBl. I Nr. 50 vom 25.07.2002, S. 1769–1781

TUG (2007): Transparenzrichtlinie-Umsetzungsgesetzes (TUG) vom 05.01.2007, in: BGBl. I Nr. 1 vom 10. Januar 2007, S. 10–32

ÜbernRUmsG (2006): Gesetz zur Umsetzung der Richtlinie 2004/25/EG des Europäischen Parlaments und des Rates vom 21. April 2004 betreffend Übernahmeangebote (Übernahmerichtlinie-Umsetzungsgesetz), in: BGBl I Nr. 31 vom 13. Juli 2006, S. 1426–1433

UMAG (2005): Gesetz zur Unternehmensintegrität und Modernisierung des Anfechtungsrechts (UMAG), in: BGBl. I Nr. 60 vom 27. September 2005, S. 2802–2808

VAG (2005): Gesetz über die Beaufsichtigung der Versicherungsunternehmen (Versicherungsaufsichtsgesetz – VAG) vom 12.05.1901 (RGBl. 1901, S. 139), neugefasst durch Bekanntmachung vom 17.12.1992 (BGBl. I 1993, S. 2, zuletzt geändert durch Art. 2 Abs. 4 Gesetz vom 22.09.2005 (BGBl. I 2005, S. 2802), abrufbar unter http://www.gesetze-im-internet.de/bundesrecht/vag/gesamt.pdf, Zugriff am 28.12.2005

Verfassung M-V (2000): Verfassung des Landes Mecklenburg-Vorpommern vom 23.05.1993 (GVO-Bl. M-V 1993, S. 372), geändert durch Gesetz vom 04.04.2000 (GVOBl. M-V 2000, S. 158), abrufbar unter: http://mv.juris.de/ mv/ Verf_MV_rahmen.htm, Zugriff am 28.12.2005

VO 1606/2002/EG: Verordnung Nr. 1606/2002 des Europäischen Parlaments und des Rates vom 19.07.2002 betreffend die Anwendung internationaler Rechnungslegungsstandards, in: Amtsblatt der EG vom 11.09.2002, Nr. L 243, S. 1–4

VorstAG (2009): Gesetz zur Angemessenheit der Vorstandsvergütung (VorstAG), in: BGBl. I Nr. 50 vom 04.08.2009, S. 2509–2511

VorstOG (2005): Gesetz über die Offenlegung der Vorstandsvergütungen (Vorstandsvergütungs-Offenlegungsgesetz – VorstOG), in: BGBl. I Nr. 47 vom 10.08.2005, S. 2267–2268

Winter Report (2002): Bericht der Hochrangigen Expertengruppe auf dem Gebiet des Gesellschaftsrechts über moderne gesellschaftsrechtliche Rahmenbedingungen in Europa vom 04.11.2002, Brüssel 2002

WpHG (2005): Gesetz über den Wertpapierhandel (Wertpapierhandelsgesetz – WpHG) vom 26.07.1994 (BGBl. I 1994, S. 1749), neugefasst durch Bekanntmachung vom 09.09.1998 (BGBl. I 1998, S. 2708), zuletzt geändert durch Art. 10a Gesetz vom 22.05.2005 (BGBl. I 2005, S. 1373

Sachverzeichnis

K. Paetzmann, *Corporate Governance*,
DOI 10.1007/978-3-642-28065-8, © Springer-Verlag Berlin Heidelberg 2012

The manufacturer's authorised representative in the EU is Springer
Nature Customer Service Centre GmbH, Europaplatz 3, 69115 Heidelberg,
Germany. If you have any concerns regarding our products, please
contact ProductSafety@springernature.com

Printed and bound by CPI Group (UK) Ltd, Croydon, CR0 4YY
27/04/2026
02097627-0003